高等院校网络教育精品教材—— 经济管理类

管理会计学

周奇志　主编

西南交通大学出版社
·成　都·

图书在版编目（C I P）数据

管理会计学 / 周奇志主编. —成都：西南交通大学出版社，2011.1

高等院校网络教育精品教材. 经济管理类

ISBN 978-7-5643-1024-0

Ⅰ. ①管… Ⅱ. ①周… Ⅲ. ①管理会计－高等学校－教材 Ⅳ. ①F234.3

中国版本图书馆 CIP 数据核字（2011）第 000891 号

高等院校网络教育精品教材——经济管理类

管理会计学

周奇志 主编

责任编辑	刘 立
特邀编辑	孟秀芝
封面设计	墨创文化
出版发行	西南交通大学出版社 （成都二环路北一段 111 号）
发行部电话	028-87600564 87600533
邮政编码	610031
网 址	http：//press.swjtu.edu.cn
印 刷	四川森林印务有限责任公司
成品尺寸	175 mm × 230 mm
印 张	32.5
字 数	767 千字
版 次	2011 年 1 月第 1 版
印 次	2011 年 1 月第 1 次
书 号	ISBN 978-7-5643-1024-0
定 价	56.00 元

前　言

现代管理会计作为现代企业会计的一个重要分支，它以预测经济前景、参与经济决策、规划经营目标、控制经营过程和考评经营业绩为基本环节，把会计学科和管理学科有机结合起来，成为旨在提高企业经济效益服务的一门边缘学科。

本书为“高等院校网络教育精品教材——经济管理类”套书系列，以通俗易懂的叙述、深入浅出的分析，对管理会计学的基本理论和方法进行了系统阐述，在此基础上引进了一些最新管理会计学的理念，使本书既呈现出系统、完整的特点，又突出重点，从而加大了管理会计学的量化研究特点。需要指出的是，本书还配有大量的练习和案例分析，有助于提高对管理会计学知识的深入理解和认识。

本书尽管为网络教育的专用教材，但也可以作为高等院校会计及财经各专业教材，还可以作为高级财务会计人员、经济管理人员自学用书和参考书。

本书在编写过程中，参考了某些学者的宝贵文献，我已在书中尽量注明（未标注的人名或企业名均为虚拟的，请勿对号入座）。尽管作者从事管理会计学的研究和教学工作十几年，但由于水平有限，书中难免有疏漏和不足之处，敬请读者批评指正。

编　者

2011 年 1 月

目 录

第一章　概　　论

☞ 学习指导

【学习目标】

本章阐述了管理会计学的基本理论。学习本章，首先要了解会计与管理的关系。这是由于会计理论和实践的发展是受管理理论影响的，管理会计的出现也是和管理上对会计的要求分不开的；在了解管理科学的发展及其对会计学科影响的基础上，深入理解管理会计产生和发展的原因、管理会计的职能和内容、管理会计的假设和原则以及什么是管理会计。其次，还必须明确管理会计作为会计学科的一个新的分支出现后，与传统的财务会计存在哪些区别与联系。通过本章的学习，我们要对管理会计有一个总的概括认识，明确它对改善企业经营管理、提高经济效益所起的作用。掌握好本章的内容，也是为以后各章的学习奠定基础。

【学习建议】

1. 学习时间：4 小时

第一节建议学习时间：1 小时

第二节建议学习时间：1 小时

第三节建议学习时间：1 小时

第四节建议学习时间：1 小时

2. 学习方法

（1）学习前可以对管理学的基本知识作个回顾。

（2）点播学习网络课程第一章。

（3）参加第 1 次在线导学直播。

【学习重难点】

重点掌握财务会计学和管理会计学的关系。

第一节　管理会计的形成和发展

管理会计是经过一定的历史过程而发展到今天的。所以，我们研究管理会计不能只从当前的情况来探讨，而应该了解它是怎样形成的，又是怎样发展起来的。

管理会计的形成与发展是寓于现代会计的形成与发展之中的。现代会计的形成和发展与生产力的进步和商品经济的发展是密不可分的。管理会计作为现代会计系统中的一个分支，同样也不例外。1494 年，由于意大利地中海城市海外贸易、商业和金融业的发展，最早地全面论述复式簿记原理的重要著作，意大利数学家陆基·巴其阿勒（Luca Pacioli）的《算术、几何及比例概要》一书在威尼斯出版。在该书中，巴其阿勒提出了“复式簿记平衡原理”，这被认为是会计发展史上的第一个里程碑，是会计史上的一次重大变革——从单式簿记发展到复式簿记，被会计史学家认为是现代会计开始形成的一个重要标志。

19 世纪中叶，具有很大生命力的股份有限公司这种企业组织形式出现了，对会计提出了新的更高的要求。它要求会计围绕正确确定“分期损益”这一中心环节解决问题，包括如何进行会计期间的确定、资本性支出和收益性支出的划分、固定资产折旧的计算、资产的计价、收入实现的确认等。这些问题的正确处理，对股份制企业经营机制的正常运行及健康发展影响极大。为维护企业内外有经济利益关系的集团和社会公众的利益，客观上要求各个企业遵守规范化的会计程序和规则，此即“公认会计原则”制定和实施的主要原因。“公认会计原则”的形成和发展，标志着财务会计进入一个新的发展阶段——现代财务会计阶段。

19 世纪中叶以后，股份有限公司巨额筹资，生产规模扩大，生产设备增多，引起间接费用在成本中所占的比重越来越大，加上产品品种日趋多样化，使间接费用的分配和吸收成为成本计算的一大难题。同时市场竞争的压力也要求企业正确计算产品成本，为产品定价提供了客观依据。因此，复式簿记原理开始纳入成本计算系统，并逐渐实现了成本会计记录与财务会计记录的有机结合。这一目标的实现经历了一个较为漫长的历史过程。正如美国著名会计学家保罗·加纳所指出的：“工厂记录与财务记录的结合，在进入 20 世纪以前，是以相当缓慢的速度发展着的，直到 1920 年，才创立了全部具体的结合方法。”

成本会计向纵深发展，从单纯的事后成本计算发展到成本计算与成本控制相结合，以便更好地为降低成本服务。具体表现是从原始的实际成本计算向标准成本系统发展。至此，管理会计的雏形已经形成。

西方现代管理会计的形成与发展，大致可区分为两大阶段——执行性管理会计阶段和决策性管理会计阶段。

一、执行性管理会计阶段（20 世纪初至 20 世纪 50 年代）

执行性管理会计是以泰罗的科学管理学说为基础形成的会计信息系统。

F.W.泰罗为提高劳动力和原材料的使用效率，对企业的制造成本系统进行了改革。他在制造工艺流程的时间分析、动作分析的基础上制定了相关的标准，以使劳动力和原材料的消耗控制在最低限度内。泰罗推行科学管理的初衷并不在于控制财务成本，但此后 P. 郎曼、H. 艾默森、G. C. 哈里森等人逐步展开对标准成本系统的研究，利用标准来进行成本控制。在工程师、会计师和管理学家的共同努力下，标准成本系统逐步成熟，到 20 世纪 20 年代，标准成本在西方已经十分普及并有了很大的发展。

1921 年，美国国会颁布《预算与会计法》，极大地推进了预算控制在私营企业中的应用。1922 年，麦金西出版了美国第一部系统论述预算控制的著作《预算控制论》。同年，H. W. 奎因斯坦出版了《管理会计：财务管理入门》，第一次提出“管理会计”这个概念。此后，麦金西、比利斯等人关于管理会计方面的论著也陆续出版，这些都标志着管理会计理论已初步形成。

该阶段的管理会计以标准成本、预算控制和差异分析为主要内容，以追求效率（efficiency）为目的，强调把事情做好。其基本特点是在企业的方针、政策等重大问题已经确定的前提下，通过标准的制定、预算的控制和差异的分析，实现严密的事前计算和事后分析的结合，促进企业提高原材料、劳动力资源的使用效率，主要解决企业内部执行过程中存在的问题，没有触及企业全局性问题、企业与环境的关系等问题。这个时期的管理会计尚处于局部性、执行性的初级阶段，因此称为执行性管理会计。

二、决策性管理会计阶段（20 世纪 50 年代至 20 世纪 80 年代）

执行性管理会计只能算是管理会计的雏形，还不是现代意义上的管理会计。现代管理会计体系的正式形成则是在 20 世纪 50 年代，从这个时期开始，管理会计广泛吸收了行为科学管理、数量经济和系统理论等方面的研究成果，成为多学科相互交叉、相互渗透的结合体，并改变了过去会计只提供历史信息的旧模式，而把研究的重心放在利用信息来预测前景、参与决策、规划未来、控制和评价企业经济活动等方面。

第二次世界大战之后，西方国家的社会经济发展出现了以下新的特点：① 科学技术迅速发展，并广泛应用于生产领域，极大地促进了社会生产力的发展。② 跨国公司大量涌现，企业规模进一步扩大，企业内部管理过程日益复杂。③ 市场条件发生了很大变化，由卖方市场向买方市场转变。企业成败的关键首先取决于企业制定的方针、决策是否正确，目标是否与环境相适应。如果决策有误，企业个别环节的效率再高也无济于事，它仍会在竞争中被淘汰。“管理的重心在经营，经营的重心在决策”开始成为企业普遍接受的管理信条。早先的执行性管理会计系统由于忽略了企业全局性问题、企业与环境的关系问题，是本末倒置的，已不能适应新的社会发展要求。

与此同时，泰罗的科学管理学说逐步为现代管理科学所取代，现代管理科学因此成为管理会计的新的理论基础，管理会计也相应地进入一个全新的历史阶段——决策性管理会计阶段。决策性管理会计以追求效益（efficiency）最大化为目的，强调把事情做对。相对于执行性管理会计，决策性管理会计大大地拓宽了理论的深度和广度。到 20 世纪 80 年代，以“决策与计划会计”和“执行会计”为主体，以“决策会计”为核心的管理会计体系已基本发展完善。

三、管理会计在我国的发展

作为会计学科的一个分支，管理会计在我国起步相当晚，具体来说是在20世纪70年代末、80年代初，会计学界才开始介绍引进西方管理会计的理论和方法并逐渐系统化。但作为管理会计实践的内容，我国并非一纸空白。事实上，我国20世纪50年代的班组经济核算，60年代的指标分解、资金归口管理以及80年代的经济责任制都应属于管理会计实践的范畴。此外，工程项目、投资项目中有关问题的预测、决策和可行性分析，以及经过几十年实践检验的具有中国特色的成本管理、财务管理经验也都从不同方面丰富了管理会计实践的内容。20世纪70年代末期，我国开始系统地引进西方管理会计的理论和方法。部分企业在管理中已开始应用本量利分析、变动成本法、投资决策、存货控制等管理会计方法。随着现代企业制度的建立和完善，管理会计在我国企业中应用的广度和深度均有所加强。在某些企业开始设立专门的管理会计机构。1996年，我国第一次将"管理会计"课程作为全国会计师资格考试中的独立课程进行考试。1997年，《会计研究》杂志专门就管理会计在我国的实际应用问题进行有奖征文讨论。这一切均表明，管理会计无论是在我国的实际应用中，还是在理论研究上都已开始呈现出良好的发展势头。

四、管理会计发展的新阶段

20世纪80年代以来，西方国家的经济发展逐步从工业经济向知识经济转变。这一转变对管理会计及其存在的社会、经济基础都产生了极其深刻的影响，并最终促使管理会计进入一个全新的发展阶段。

引起管理会计发生变化的关键因素主要有：

（1）富裕社会引起社会需求发生重大变化，导致传统的以追求规模经济为目的的大规模生产逐步被灵活的"顾客化生产"所取代。

（2）新企业观的形成。为适应生产组织的重大变革，传统的企业观和管理思想均发生了转变。新的企业观认为，现代企业是一个为最终满足顾客需求而设计的一系列作业的集合体。每一个作业成为其他作业的顾客，各种作业之间互为顾客，彼此连成一个整体，形成顾客链（customer chain），最终为外部顾客服务。换一种角度看，企业本身也就是一个由此及彼、由内到外的作业链（activity chain）。此种新的企业观要求管理会计突破传统的以产品为核心的管理体系，深入到作业层面，将管理会计和营销、管理、工程、财务及企业的其他职能有机结合起来，实现管理视角的职能交叉。

（3）企业经营目标从追求短期性的会计报表利润最大化向追求长期性的股东财富最大化目标转变。随着全球一体化的推进和市场竞争的加剧，企业只有正确树立长期发展的观点，做到居安思危、未雨绸缪，才能正确制订企业竞争战略和决策，有效消除企业的种种短期化行为和局部行为，才能在激烈的全球化竞争中及早准备，立于不败之地。企业经营目标的转变对管理会计提出了更高的信息要求。

（4）技术革新引致企业管理基础和制造环境的变革。新技术的应用极大地加快了社会生产力的发展速度，适时生产系统（just in-time production system）、全面质量管理（Total Quality

Control，TQC）、弹性制造系统（Flexible Manufacturing System，FMS）及电脑一体化制造系统（Computer Intergrated Manufacturing System，FIMS）等新技术、新方法得到了广泛的应用，使企业的生产经营进入高度电脑化、自动化、一体化的全新发展阶段。这一方面大大提高了管理会计收集和处理数据的能力，另一方面也对管理会计信息的及时性和相关性、精确度提出了更高的要求。

为适应这些变化，管理会计学家们陆续提出并完善了诸如作业成本系统、平衡计分卡、战略管理会计、质量成本会计、人力资源会计、资本成本会计、国际管理会计等一系列新的管理会计的方法，极大地拓宽了原有管理会计的广度和深度。其中又以作业成本系统的影响和实际意义最为重要，西方管理会计也因此迎来一个以“作业”为核心的“作业成本管理会计时代”。

☞案　例　　　　管理会计的产生和发展

一、背景资料

会计是随着经济的发展而发展的。管理会计是从传统的会计系统中分离出来，并成为与财务会计并列的一个会计分支。作为一个相对独立的理论及方法体系，它是随着科学技术的进步和经济的不断发展而逐步形成和发展起来的，大体经历了两个基本阶段：

（1）初步形成阶段。这一阶段始于20世纪20年代，当时资本主义在世界范围已经有了相当的发展，但是企业的管理工作还只是局限于以经验和直觉为核心的传统管理模式，企业管理混乱，资源浪费严重。因此，如何以先进的科学管理代替落后的传统管理已是一个亟待解决的问题。在这种情况下，体现科学管理理论和方法的“泰勒制”应运而生。泰勒被誉为西方科学管理之父，他在总结传统管理经验的基础上，着重从时间和空间的研究上，来制定在一定客观条件下，认为可以实现而且最有效率的标准操作方法，从而制定出相应的标准。标准制定后，就要严格执行，不允许浪费，充分调动了工人的生产积极性，进而大大提高了生产效率。这也是泰勒科学管理的核心。在推行泰勒制而使企业管理得到空前加强、生产效率得到显著提高、生产经营活动实现制度化和标准化的同时，原有的会计体系也发生了相应的变化，表现为同泰勒科学管理学说相联系的某些技术方法，如标准成本、预算控制、差异分析等相继出现，并在实践中不断充实和完善。这些内容之后都成为管理会计的内容。

（2）逐步发展阶段。这一阶段在20世纪50年代以后，正值第二次世界大战以后，资本主义国家进入战后经济恢复时期，资本高度集中，企业规模越来越大，市场竞争更加激烈，企业广泛推行职能管理，努力降低成本，重视市场研究，加强生产经营的预测和决策，强化生产经营的日常控制和考核工作，以提高其市场竞争力。在这种情况下，企业仅仅依靠提高生产效率的内部标准化管理已不能适应经济形势的要求，因此，迫切要求将企业管理的重心由提高生产效率转移到提高经济效益上来。社会经济的发展和经济理论的丰富，使得管理会计学的理论体系逐步完善，内容更加丰富，形成了预测、决策、规划、控制、考核评价的管理会计学体系。

二、分析要点

（1）管理会计产生发展的政治经济背景；

（2）管理会计产生发展的根源；

（3）管理会计与管理科学的关系；

（4）生产效率与经济效益的关系。

三、具体分析

1. 管理会计产生发展的政治经济背景

管理会计的萌芽产生于第一次世界大战以后。随着社会化大生产程度的提高，企业生产规模日益扩大，竞争日益激烈，企业的生存和发展不仅取决于产量的增长，更重要的取决于成本的高低，因此，要想在竞争中取胜，就必须加强内部管理、降低成本、提高生产效率，以期获取最大利润。第二次世界大战以后，由于科学技术日新月异，生产力迅速发展，竞争更加激烈！这迫使企业更加注重市场，在加强内部管理的同时，更加注重市场的预测、决策工作，努力提高企业的经济效益。

2. 管理会计产生发展的根源

会计和管理都是生产力发展到一定阶段的产物，并随着生产力的进步而不断发展。生产力的进步会对经济管理不断提出新的要求，会计作为管理的组成部分，必须适应这种要求。因此，社会生产力的进步，管理水平的提高，是管理会计产生发展的根本原因。同时，管理会计的产生和发展又必然与一定时期的社会历史条件密切相关。因此，现代化大生产，商品经济的高度发展，既为管理会计的产生创造了物质条件，又为其发展开辟了广阔的天地。

3. 管理会计与管理科学的关系

从管理会计产生发展的历史过程来看，它始终与管理科学相联系。管理会计的形成与现代管理科学的完善过程密切相关。现代管理科学不仅为管理会计学奠定了理论基础，而且为其内容的充实提供了理论依据，从而使管理会计学成为一门较为科学的学问。在传统科学管理理论指导下，产生了传统管理会计，在现代管理科学理论指导下，产生了现代管理会计，因此，现代管理科学理论在管理会计产生和发展过程中起到了积极的促进作用。

4. 生产效率与经济效益的关系

传统管理会计只能解决生产效率问题，而现代管理会计则解决企业的经济效益问题，那么生产效率与经济效益有什么样的关系呢？首先，生产效率只是针对生产过程的个别环节、个别方面，是企业内部的局部性问题，而经济效益一般不能直接在企业内部体现，必须通过企业同外界的联系才能体现，虽然与内部存在一定关系，但更主要地取决于外部。其次，企业提高生产效率是提高经济效益的基础，但两者之间也会出现矛盾，具体可能出现三种情况：一是生产效率高，产品也符合社会需要，因而经济效益较好；二是生产效率高，但产品不符合社会需要，则表现为经济效益差；三是生产效率低，即使符合社会需要，经济效益也是差的。因此，要想提高企业的经济效益，一方面要提高企业的生产效率，另一方面还要生产出符合社会需要的产品，两者缺一不可。

四、问题探讨

通过管理会计产生和发展的整个过程不难看出，管理会计是伴随着经济的发展而发展的，生产力的不断进步是管理会计产生发展的根本原因，商品经济的发展为管理会计的产生奠定了物质基础，管理科学的发展是管理会计产生发展的理论基础。在学习管理会计内容之前，首先应了解管理会计产生发展的基本过程，理解管理会计的理论基础，了解管理会计与其他相关学科的关系，这是学好管理会计的前提。

第二节 管理会计的职能及内容

一、管理会计的职能

管理会计的职能是指管理会计实践本身存在的必然性所决定的内在功能。管理会计的基本职能可概括为以下五个方面：预测经济前景、参与经济决策、规划经营目标、控制经营过程和评价经营业绩。

1. 预测经济前景

预测是指采用科学的方法预计推测客观事物未来发展的必然性或可能性的行为。管理会计发挥预测经济前景的职能，就是按照企业未来的总目标和经营方针，充分考虑经济规律的作用和经济条件的约束，选择合理的量化模型，有目的地预计和推测未来企业销售、利润、成本及资金的变动趋势和水平，为企业经营决策提供第一手信息。

2.参与经济决策

决策是在充分考虑各种可能的前提下，按照客观规律的要求，通过一定程序对未来实践的方向、目标、原则和方法作出决定的过程。决策既是企业经营管理的核心，也是各级各类管理人员的主要工作。由于决策工作贯穿于企业管理的各个方面和整个过程的始终，因而作为管理的有机组成部分的会计（尤其是管理会计）必然具有决策职能。企业的重大决策都应该有会计部门参加，因此，有人将其称为参与决策。管理会计发挥参与经济决策的职能，主要体现在根据企业决策目标搜集、整理有关信息资料，选择科学的方法计算有关长短期决策方案的评价指标，并作出正确的财务评价，最终筛选出最优的行动方案。

3. 规划经营目标

管理会计的规划职能是通过编制各种计划和预算实现的。它要求在最终决策方案的基础上，将事先确定的有关经济目标分解落实到各有关预算中去，从而合理有效地组织协调供、产、销及人、财、物之间的关系，并为控制和责任考核创造条件。

4. 控制经营过程

控制是对企业日常的经营活动进行严密监控和跟踪的过程。管理会计控制经营过程的职能是将经营过程事前控制同事中控制有机地结合起来，即以计划或预算为标准，并根据执行过程中的实际与计划或预算的偏差进行原因分析，以便及时采取措施进行调整，改进工作，确保经营活动的正常进行。

5. 评价经营业绩

评价是对经营活动的实际成果对照既定的目标或标准进行考核和评价的过程。管理会计履行评价经营业绩的职能，是按照分权管理的思想，通过建立责任会计或平衡记分卡来实现的，即在各部门（责任中心）及每个人均明确各自责任的前提下，逐级考评责任指标的执行情况，找出成绩和不足，从而为奖惩制度的实施和未来工作改进措施的形成提供必要的依据。

二、管理会计的基本内容

管理会计的内容是指与其职能相适应的工作内容。由于现代管理会计正处于大变革、大发展的历史时期，管理会计的职能也在发展变化，从而管理会计的内容也不可能不发生变化，但无论如何变化，管理会计的基本内容都可分为决策会计和执行会计两大部分。

到20世纪70年代，管理会计已趋于成熟并定型化。主要包括预测分析、决策分析、编制预算（计划）、成本控制、业绩考评等方面。其中，将预测分析、决策分析称为决策会计，将编制预算（计划）、成本控制、业绩考评称为执行会计。决策会计与执行会计既相互独立，又相辅相成，共同构成管理会计的基本内容。

决策会计是指管理会计系统中侧重于发挥预测经营前景和参与经营决策职能的最具有能动作用的会计子系统，它处于管理会计的核心地位，又是现代管理会计形成的关键标志之一。

执行会计是指在决策目标和经营方针已明确的前提下，为执行既定的决策方案而进行的有关规划、控制和考评，既确保奋斗目标的顺利实现，又能调动企业全体职工积极性的会计子系统。

第三节　管理会计的假设与原则

管理会计的假设与原则，是近年来人们对管理会计学基本理论进行规范性研究时，参照财务会计基本概念框架结构而提出的课题，迄今尚无定论。美国会计学会沿用构建财务会计假设和原则的框架，从会计信息论的角度，围绕“为什么提供信息”“为谁提供信息”“提供什么样的信息”和“怎样提供信息”等问题，设计了一系列管理会计基本假设和基本原则。

一、管理会计的基本假设

所谓管理会计的基本假设，是指为实现管理会计目标，合理界定管理会计工作的时空范围，统一管理会计操作方法和程序，满足信息搜集与处理的要求，从纷繁复杂的现代企业环境中抽象出来的，组织管理会计工作不可缺少的一系列前提条件的统称。管理会计基本假设的具体内容包括多层主体假设、理性行为假设、合理预期假设、充分占有信息假设等。

（1）多层主体假设。该假设规定了管理会计工作对象的基本活动空间。由于管理会计主要面向企业内部管理，而企业内部可划分为许多层次，因此，管理会计假定其会计主体不仅包括企业整体，而且还包括企业内部各个层次的所有责任单位。

（2）理性行为假设。该假设包含两重意义：第一，由于管理会计在履行其职能时，往往需要在不同的程序或方法中进行选择，就会使其工作结果在一定程度上受到人的主观意志影响，因此，管理会计假定，管理会计师总是出于设法实现管理会计工作总体目标的动机，能够采取理性行为，自觉地按照科学的程序与方法办事。第二，假定每一项管理会计具体目标的提出，完全出于理性或可操作性的考虑，能够从客观实际出发，既不将目标定得过高，也不至于含糊不清，无法操作。

（3）合理预期假定。本假设规定，为满足管理会计面向未来决策的要求，可以根据需要和可能，灵活地确定其工作的时间范围或进行会计分期，不必严格地受财务会计上的会计年度、季度或月份的约束；在时态上可以跨越过去和现在，一直延伸到未来。

（4）充分占有信息假设。该假设从信息搜集及处理的角度提出，一方面，管理会计采用多种计量单位，不仅充分占有和处理相关企业内部、外部的价值量信息，而且还占有和处理其他非价值量信息；另一方面，管理会计所占有的各种信息在总量上能够充分满足现代信息处理技术的要求。

二、管理会计的基本原则

管理会计原则是指在明确管理会计基本假设基础上，为保证管理会计信息符合一定质量标准而确定的一系列主要工作规范的统称。管理会计基本原则的内容包括最优化原则、效益性原则、决策有用性原则、及时性原则、重要性原则、灵活性原则等。

（1）最优化原则。指管理会计必须根据企业不同管理目标和特殊性，按照优化设计的要求，认真组织数据的搜集、筛选、加工和处理，以提供满足科学决策需要的最优信息。

（2）效益性原则。该原则包括两层含义：第一，信息质量应有助于管理会计总体目标的实现，即管理会计提供的信息必须能够体现管理会计为提高企业总体经济效益服务的要求；第二，坚持成本——效益原则，即管理会计提供信息所获得的收益必须大于为取得或处理该信息所花费的信息成本。

（3）决策有用性原则。现代管理会计的重要特征之一是面向未来决策，因此，是否有助于管理者正确决策，是衡量管理会计信息质量高低的重要标志。决策有用性是指管理会计信息在质量上必须符合相关性和可信性的要求。

信息的相关性是指所提供的信息必须紧密围绕特定决策目标，与决策内容或决策方案直接联系，符合决策要求。对决策者来说，不具备相关性的信息不仅毫无使用价值，而且干扰决策过程，加大信息成本，必须予以剔除。由于不同决策方案的相关信息是不同的，这就要求具体问题具体分析，不能盲目追求所谓全面完整。

信息的可信性又包括可靠性和可理解性两个方面，前者是指所提供的未来信息估计误差不宜过大，必须控制在决策者可以接受的一定可信区间内；后者是指信息的透明度必须达到一定标准，不至于导致决策者产生误解。前者规范的是管理会计信息内在质量的可信性，后者规范的是管理会计信息外在形式上的可信性。只有同时具备可靠性和可理解性的信息，才可以信赖并可能加以利用。

需要注意的是，不能将管理会计提供的未来信息应当具备的可靠性与财务会计提供的历史信息应具备的准确性、精确性或真实性混为一谈。

（4）及时性原则。该原则要求规范管理会计信息的提供时间，讲求时效，在尽可能短的时间内，迅速完成数据收集、处理和信息传递，确保有用的信息得以及时利用。不能及时发挥作用的、过时的管理会计信息，从本质上看也是没有用处的。管理会计强调的及时性，其重要程度不亚于财务会计所看重的真实性、准确性。

（5）重要性原则。虽然管理会计并不需要像财务会计那样，利用重要性原则来修订全面性原则，但也强调在进行信息处理时，应当突出重点，抓住主要矛盾。对关键的会计事项，认真对待，采取重点处理的方法，分项单独说明；对次要事项，可以简化处理，合并反映；对于无足轻重或不具有相关性的事项，甚至可以忽略不计。贯彻重要性原则，必须考虑到成本—效益原则和决策有用性原则的要求；同时它也是实现及时性的重要保证。

(6) 灵活性原则。尽管管理会计也十分讲求工作的程序化和方法的规范化，但必须增强适应能力，根据不同任务的特点，主动采取灵活多变的方法，提供不同信息，以满足企业内部各方面管理的需要，从而体现灵活性原则的要求。

第四节 管理会计与财务会计的关系

按照西方会计学的一般解释，管理会计从传统会计中分离出去之后，企业会计中相当于组织日常会计核算和期末对外报告的那部分内容就被称为财务会计（financial accounting），成为与管理会计相对立的概念。通过研究新兴的管理会计与传统的财务会计之间的联系及区别，可以帮助我们深刻理解管理会计特点的关键所在。

一、管理会计与财务会计的联系

1. 管理会计与财务会计同属于现代会计

从逻辑上看，在管理会计产生之前，也无从谈起财务会计，甚至连这个概念都没有。从结构关系看，管理会计与财务会计两者源于同一母体，都属于现代企业会计，共同构成了现代企业会计系统的有机整体。两者相互依存、相互制约、相互补充。

2. 管理会计与财务会计的最终目标相同

从总的方面看，管理会计和财务会计所处的工作环境相同，都是现代经济条件下的现代会计；两者都以企业经营活动及其价值表现为对象；它们都必须服从现代企业会计的总体要求，共同为实现企业内部经营管理的目标和满足企业外部有关方面的要求服务。因此，它们的最终奋斗目标是一致的。

3. 管理会计与财务会计相互分享部分信息

在实践中，管理会计所需的许多资料来源于财务会计系统，它的主要工作内容是对财务会计信息进行深加工和再利用，因而受到财务会计工作质量的约束；同时，部分管理会计信息有时也列作对外公开发表的范围。如现存流量表，最初只是管理会计长期投资决策使用的一种内部报表，后来陆续被一些国家（包括我国）列作财务会计对外报告的内容。

4. 财务会计的改革有助于管理会计的发展

当前我国开展的会计改革，其意义绝不仅仅限于在财务会计领域实现与国际惯例接轨，而且还在于改革能够将广大财会人员从过去那种单纯核算过去的、算“死账”的会计模式下解放出来，开拓他们的眼界，使之能腾出更多的时间和精力去考虑如何适应市场经济条件下企业经营管理的新环境，解决面临的新问题，从而建立面向未来决策的、“算活账”的会计模式，开创管理会计工作的新局面。

二、管理会计与财务会计的区别

1. 工作主体（范围）的层次不同

管理会计的工作主体可分为多层次，它既可以以整个企业（如投资中心、利润中心）为主体，又可以将企业内部的局部区域或个别部门甚至某一管理环节（如成本中心）作为其工作的主体。事实上，在多种情况下，管理会计主要以企业内部责任单位为主体。这样做，可以更加突出以人为本的行为管理。而财务会计的工作主体往往只有一个层次，即主要以整个企业为工作主体，从而能够适应财务会计所特别强调的完整核算监督整个经济过程的要求。

2. 工作侧重点（具体目标）不同

管理会计工作的侧重点在于针对企业经营管理遇到的特定问题，进行分析研究，以便向企业内部各级管理人员提供有关价值管理方面的预测决策和控制考核信息资料，其具体目标主要为企业内部管理服务，从这个意义上讲，管理会计也可称为“内部会计”。而财务会计工作的侧重点在于根据日常的业务记录，登记账簿，定期编制有关的财务报表，向企业外部有经济利害关系的团体和个人报告企业的财务状况和经营成果，其具体目标主要为企业外部服务，因此，财务会计也称为“外部会计”。

3. 作用时效不同

管理会计的作用时效不仅限于分析过去，而且还在于能动地利用已知的财务会计等资料进行预测和规划未来，同时控制现在，从而横跨过去、现在和未来三个时态。管理会计把面向未来的作用时效摆在第一位，分析过去只是为了更好地指导未来和控制现在。因此，管理会计实质上属于“活账”的“经营型会计”。财务会计的作用时效主要体现在反映过去，对此，无论从它强调客观性原则，还是坚持历史成本原则，都可以证明其反映的只是过去实际已经发生的经济业务。因此，财务会计实质上属于“呆账”的“报账型会计”。

4. 遵循的原则、标准和依据的基本概念框架结构不同

尽管管理会计也要在一定程度上考虑到“公认的会计原则”或企业会计准则的要求，利用一些传统的会计观念，但并不受它们的完全限制和严格约束，在工作中还可灵活运用预测学、控制论、信息理论、决策原理、目标管理原则和行为科学现代管理理论作为指导，它所使用的许多概念都超出了传统会计要素等的基本概念、框架。例如：在管理会计的长期投资决策中，可以不受权责发生制原则的限制而采用收付实现制；在短期经营决策中，可以不执行历史成本原则和客观性原则而充分考虑机会成本等因素；责任会计更是以其所承担的经济责任为管理对象，这大大突破了传统会计核算重物轻人的狭隘观念限制。财务会计工作必须严格遵守“公认的会计原则”，以保证其所提供的财务信息报表在时间上的前后期一致性和空间上的可比性；其基本概念的框架结构相对稳定。

5. 信息特征及信息载体不同

管理会计所提供的信息往往是为满足内部管理的特定要求而有选择的、部分的和不定期的管理信息，既包括定量信息，也包括定性信息；其计量单位丰富，既可以使用货币单位，又可选择实物量单位、时间量单位和相对数单位。其中，凡涉及未来的信息不要求过

于精确（因为无此必要和可能），只要求满足及时性和相关性的要求。由于它提供的信息往往不向社会公开，故不具有法律效能，只有参考价值。管理会计的信息载体大多为没有统一格式的各种内部报告，而且，对这些报告的种类也没有统一的规定。财务会计需定期地向企业有利害关系的集团或个人提供较为完整的、系统的、连续的和综合的财务信息。这些信息主要是以价值尺度反映的定量资料，对精确度和真实性的要求较高，至少在形式上要绝对平衡。由于它往往要向社会公开发表，故具有一定的法律效能。财务会计的信息载体为具有统一格式的凭证系统、账簿系统和报表系统，其中，社会往往要统一规定财务报告的种类。

6. 方法体系不同

管理会计可选择灵活多样的方法对不同的问题进行分析处理，即使对相同的问题也可根据需要和可能而采用不同的方法进行处理，在信息处理过程中大量运用现代数学方法。财务会计的方法则比较稳定，核算时往往只需运用简单的算术方法。

7. 工作程序不同

由于管理会计工作的程序性较差，没有固定的工作程序可以遵循，回旋余地较大，所以，企业可根据自身情况设计管理会计工作流程。这必然导致不同企业间管理会计工作的较大差异性。而财务会计则必须执行固定的会计循环程序。无论从凭证传递，到账簿的登记，直至财务报告的编制，都须按既定的程序处理，而且在通常情况下不得随意变更其工作内容或颠倒工作顺序。因而，这项工作具有一定的强制性和程序性。在实务中，我们不难发现：尽管不同企业间的实际会计管理水平可能存在较大的差异，但如果仅从财务会计工作程序的角度看，同类企业的财务会计工作程序往往是大同小异的。

8. 体系的完善程度不同

如前所述，目前管理会计体系尚不够完整，正处于继续发展和不断完善的过程中，因而它缺乏统一性和规范性。尽管财务会计工作也需要进一步改革，但就体系的完善程度而言，现在已达到相对成熟和稳定的地步，形成了通用的会计规范和统一的会计模式。正因为如此，我们说财务会计具有统一性和规范性。

9. 观念的取向不同

现代管理会计不仅看重实施管理行为的结果，而且更关注管理的过程。在管理会计观念中，企业中的每一个人都是财富和效益的创造者，属于可开发的人力资源。一方面要注意合格人才的培养并核算人力资源成本；另一方面必须密切注意管理过程及其结果对企业内部各方面人员心理和行为的影响，千方百计地调动他们的积极性和工作热情，充分发挥他们的主观能动性。

财务会计则将其着眼点放在如何真实准确地反映企业生产经营过程中人、财、物要素在供、产、销各个阶段上的分布、使用及消耗情况上，十分重视定期报告企业的财务状况和经营成果的质量。相对地，不大关心管理过程及其结果对企业内部各方面人员心理和行为的影响。

10. 对会计人员素质的要求不同

鉴于管理会计的方法灵活多样，又没有固定的工作程序可以遵循，其体系又缺乏统一性和规范性，这就决定了管理会计的水平在很大程度上取决于会计人员素质。同时，由于管理会计工作需要考虑的因素较多，涉及的内容较复杂，从而要求从事这项工作的人员必须具备较宽的知识面和较深厚的专业造诣，具有较强的分析问题、解决问题的能力和果断的应变能力。加之管理会计所涉及的问题大多关系重大，尤其是决策工作绝不允许素质较低的人员“瞎参谋”、乱指挥，所以，管理会计工作需要由复合型高级会计人才来承担。由此可见，管理会计对会计人员素质的要求起点比较高。

虽然会计人员素质的高低同样也会影响到财务会计工作的质量，但相比之下，对财务会计人员素质的要求不如对管理会计人员素质的要求高，而且侧重点也不同。财务会计工作需要操作能力强、工作细致的专门人才来承担。

☞案 例 　管理会计与财务会计的关系

一、背景资料

一般认为，管理会计是从传统会计中分离出来形成与财务会计相并列的一个会计分支，因而，它在某些方面同财务会计存在着一定的内在联系，但管理会计学是为适应现代企业管理的需要，在突破原有会计领域的基础上建立起来的一门相对独立的会计学科，故又同财务会计存在着一定的区别。

二、分析重点

（1）管理会计产生的客观必然性；

（2）管理会计与财务会计的联系；

（3）管理会计与财务会计的区别。

三、具体分析

1. 管理会计产生的客观必然性

管理会计是生产力发展到一定阶段的必然产物。我们知道，会计是伴随着经济的发展而发展的，而且会计要适应经济发展的客观需要，经济发展到一定程度，会计应适时进行改革。因此，随着生产力的进步，社会经济的不断发展，传统会计已不能满足日益增长的经济发展的需要，而由传统会计演变为财务会计。但财务会计只是记账、算账和报账的核算型会计，仍然不能满足企业经济管理的多方面需要。因此，会计要更好地为经营管理服务，就必须在财务会计基础上再派生出新的以更好地满足经营管理需要的会计，即管理会计。顾名思义，管理会计即把会计与管理结合起来的一门会计，它能够有效地服务于经营管理。它通过一系列专门的方法，利用财务会计信息及其他有关信息进行整理、计算、对比、分析等，为企业管理者提供预测、决策、规划、控制等服务。因此，管理会计是经济发展的产物，它的产生具有其客观的必然性。

2. 管理会计与财务会计的联系

一般认为，管理会计是从财务会计中分离出来的并与财务会计并重的一门新的学科。因此，它必然与财务会计存在着内在的必然联系，表现为以下几个方面：一是两者所需的会计信息很多是相同的。财务会计通过对经济业务进行全面、连续、系统、综合的核算，以提供经济活动的信息，满足对外报告的需要。管理会计很多信息资料来自于财务会计，但一般不是直接地照搬照抄，而是要进行整理加工，选择有用的信息。二是两者服务对象相互交织。一般认为，财务会计是对外提供会计信息，而管理会计是对内提供会计信息，但随着经济的发展，这种格局逐渐被打破，财务会计在对外报告满足外界有关需要的同时，也要满足内部管理的需要；管理会计在满足内部管理需要的同时，外界投资者、债权人等有时也需要了解企业预测、决策、规划、控制等方面的情况，通过管理会计报告揭示这些方面的信息。因此，财务会计既对外、又对内，管理会计既对内、也对外，两者服务对象是相互交织在一起的。三是两者所处环境相同，职能目的一致。

管理会计与财务会计都处在现代经济条件下的现代企业环境中，并统一服从于现代企业会计总体要求，共同为实现企业内部经营管理的目标和满足企业外部有关方面的要求服务，两者是从内外两个不同角度看待同一个经济问题，发挥着不同的职能作用，共同实现加强企业管理、提高经济效益的根本目的。

3. 管理会计与财务会计的区别

两者的区别主要表现为以下几个方面，见表1.1。

表1.1　管理会计与财务会计的区别

	财务会计	管理会计
核算目的	主要为企业外界服务	主要为企业内部管理服务
核算对象	以企业整体为对象，全面综合地反映经济活动情况	既可以企业整体为对象，又可以内部各责任单位为核算对象
核算依据	遵循会计原则或会计制度	服从管理者需要，可不受会计原则的约束
核算重点	反映过去	分析过去、控制现在、规划未来
核算程序	存在固定的核算程序	不存在固定的核算程序
核算方法	稳定、简单	复杂、灵活多样
核算要求	精确，存在许多平衡关系	不一定十分精确，一般没有平衡关系
信息特征	定期提供全面、系统、综合信息	不定期提供部分、有选择信息
对会计人员的素质要求	不如管理会计对人员要求的素质高	对人员的业务素质要求高

四、问题探讨

管理会计学作为会计专业的主干课、后续课，必须学完财务会计内容及其他相关学科内容后，才能学习这门课，因此，在具体学习管理会计学内容之前，先了解管理会计学与财务会计的关系，对于学习管理会计学内容至关重要。

课后练习

【案例分析】

案例1.1　　　会计信息质量——红光实业的虚假信息披露

1.“红光实业”的上市过程

红光实业是成都红光实业股份有限公司的简称，于1997年6月在上海证券交易所上市。其前身是国营红光电子管厂，始建于1958年，是在成都市工商行政管理局登记注册的全民所有制工业企业。该厂是我国“一五”期间156项重点工程项目之一，是我国最早建成的大型综合性电子束器件基地，也是我国第一只彩色显像管的诞生地。经成都市经济体制改革委员会批准，1993年5月，由原国营红光电子管厂以其全部生产经营性净资产投入，联合四川省信托投资公司、中国银行四川省分行、交通银行成都分行作为发起人，以定向募集方式设立公司。成都市科学技术委员会认定红光实业为高新技术企业，技术中心被国家经济贸易委员会、国家税务总局、海关总署认定为享受优惠政策的企业（集团）技术中心。1995年 12月，公司被四川省人民政府、国家经济体制改革委员会列为全国现代企业制度试点企业。经中国证监会批准，红光实业于1997年5月23日以每股6.05元的价格向社会公开发行7 000万股社会公众股，占发行后总股本的30.43%，实际筹得资金4.1亿元。

2. 上市前的相关信息披露

目前我国上市公司信息披露的方式与渠道中，“上市公告书”和“招股说明书”是主要部分。此外，相关渠道（从当时来看，主要是证券类报纸和电视、广播评论）的介绍与评论，也构成信息来源的一部分。但公司能否取得上市资格、公司新股发行价格的确定等，主要取决于由上市公司提供、经相关中介机构认定的财务资料等信息。而这部分信息也构成了“上市公告书”和“招股说明书”的主体。因此，下面对相关信息披露的介绍，主要基于红光实业上市前所公开披露的这两份文件。

在当时公司上市采取“总量控制，限报家数”的政策下，公司如果取得“稀缺”的“名额”，财务资料就成为后期上市运作最为关键的因素，它决定了公司能否顺利通过中国证监会的批准并取得较好的发行价格。红光实业披露的经成都市蜀都会计师事务所审计的上市前三年销售收入和利润总额情况为：1996年、1995年、1994年主营业务收入分别为42 492万元、95 676万元、83 771万元；利润总额分别为6 331万元、11 685万元、9 042万元；净利润分别为5 428万元、7 860万元、6 076万元。

红光实业在1997年4月（股票公开发行前一个月），进行了一次1∶0.4的缩股，将原来4 亿股的总股数缩减为 1.6 亿股；再按缩股后的股数对前三年净利润计算每股收益，倒算出1994—1996年的每股税后利润分别为0.380元、0.491元、0.339元；在此基础上，确定了每股6.05元的发行价格。

除财务信息外，关于拟上市公司的一些描述性信息也颇受关注，特别是关于该公司发展前景的信息。理论上，中国证监会不能也不应当批准一个没有发展前景的公司上市。因此，将拟上市公司的前景描述的“动听”且“诱人”，是招股说明书和上市公告书的主要任务之一。从红光实业所提供的“招股说明书”和“上市公告书”中可以发现，该公司是一家“前途光明灿烂”的电子企业。同时，按照招股说明书的格式要求，红光实业还提供了经会计师事务所审核的盈利预测数字：“预计公司1997年度全年净利润7 055万元，每股税后利润（全面摊薄） 0.306 3元/股，每股税后利润（加权平均）0.351 3元/股。”

由于上述信息的包装，再配合当时整个股票市场的大势，红光实业的上市认购中签率不足2.8%，锁定认购资金133亿元。

3. 中国证监会的调查结果

红光实业股票于1997年6月初上市发行，募集了4.1亿元资金；当年年报披露亏损1.98

亿元、每股收益为－0.86 元。当年上市、当年亏损，开中国股票市场之先河。为此，中国证监会进行了调查，并公布了调查结果：

(1) 编造虚假利润，骗取上市资格。红光实业在股票发行上市申报材料中称 1996 年度盈利 5 000 万元。经查实，红光实业通过虚构产品销售、虚增产品库存和违规账务处理等手段，虚报利润 15 728 万元，1996 年实际亏损 10 300 万元。

(2) 少报亏损，欺骗投资者。红光实业上市后，在 1997 年 8 月公布的中期报告中，将亏损 6 500 万元虚报为净盈利 1 674 万元，虚构利润 8 174 万元；在 1998 年 4 月公布的 1997 年年度报告中，将实际亏损 22 952 万元（相当于募集资金的 55.9%）披露为亏损 19 800 万元，少报亏损 3 152 万元。

(3) 隐瞒重大事项。红光实业在股票发行上市申报材料中，对其关键生产设备废品率上升、不能维持正常生产的重大事实未作任何披露。显然，如果红光实业在事先如实披露其亏损和生产设备不能正常运行的事实，它将无法取得上市资格，即便取得了上市资格，上市募股，也很难取得成功。

4. 相关的法律诉讼与结果

红光实业因报告巨额亏损，导致股价大跌，资本市场投资者损失惨重。此后，1998 年 12 月，上海股民姜女士向上海市浦东新区人民法院起诉红光实业管理层；2000 年年初，上海市民吴先生在成都再次起诉红光实业管理当局，但这两起诉讼都被以“起诉人的损失与被起诉人的违规行为无必然因果关系，该纠纷不属人民法院受理范围”为由，裁决不予受理。

在股民自发起诉不予受理的同时，2000 年 1 月，成都市人民检察院以犯欺诈发行股票罪，向成都市中级人民法院提起公诉。2000 年 12 月 14 日，成都市中级人民法院以欺诈发行股票罪，判处红光实业罚金人民币 100 万元；有关责任人员分别被判处 3 年以下有期徒刑。

分析讨论以下问题：

(1) 在披露的会计信息中，哪些属于财务会计的内容？哪些属于管理会计的内容？二者的区别和联系是什么？

(2) 财务会计与管理会计对信息质量的要求有哪些？

(3) 为什么会形成会计信息的失真？请进行原因分析。

(4) 会计工作者应具备哪些职业道德？

案例 1.2　　　　教训在哪里

1. 太阳神的升起和衰落

企业名称：中国太阳神集团有限公司。

企业发展的“重武器”：高达 26 亿元的太阳神品牌、有“商业黄埔军校”美誉的人才储备、中国第一个导入 CI 的企业。

产品宣传的“火力网”：利用新闻、广告和获奖效应推动产品的销售。

旗帜产品：太阳神生物健口服液、猴头菇口服液。

衰落原因：多元化发展。

1987 年年底，太阳神的前身“黄江保健品厂”在广东东莞黄江镇挂牌。随后，黄江保健品厂参加了由国家体委举办的全国第一次保健品评比活动，而“万事达生物健”一举获得了“中国运动营养金奖”，并得到了媒体的广泛报道。1988 年年初，生物健技术的持有人怀汉新辞去公职，投入“生物健”；8 月，黄江保健晶厂的厂名、商品名和商标统一更改为“太阳神”（APOLLO），当年实现销售收入 750 万元。1990 年，销售额跃升至 2.4 亿元。同年，怀汉新“杯酒释兵权”，重金聘用一批青年才俊，换下了一同创业的 9 位高层元老，并导入当时颇为先进的 CI 战略（企业形象识别系统），太阳神的广告和品牌推广，在一定程度上催熟了当时还很弱小的中国广告产业。1993 年，太阳神的营业额高达 13 亿元，市场份额最高时达 63%。此时，怀汉新吹响了多元化发展的号角。1993 年，太阳神接连上马了包括房地产、石油、边贸、酒店业、化妆品、电脑等在内的 20 多个项目，在全国各地进行大规模的收购和投资活动，短短两年间，太阳神转移到这些项目中的资金高达 3.4 亿元。但不幸的是，这些投资全部打了水漂。1995 年年底，太阳神在香港上市后，股价直跌，1997 年亏损 1.59 亿元，股价一度跌至港币 9 分左右。这一系列变故，导致了企业人才外流、市场销售继续下滑的现状。

2. 飞龙的失落

企业名称：沈阳飞龙集团。

主要产品：延生护宝液、飞燕减肥茶、伟哥开泰胶囊。

衰落原因：企业内部管理失控。

作为“文化大革命”后的第一代大学生，姜伟从辽宁省中医学院毕业后，在辽宁省中药研究所药物研究室工作。1990 年 10 月，当他来到飞龙的时候，这仅是一家注册资本 75 万元、职工 3 260 多人、生产一种名叫“飞燕减肥茶”的小工厂。随后，姜伟开发出了延生护宝液。从 1991 年开始，飞龙在东北长春等中心城市和长江三角洲的次中心城市进行轰炸式的广告投放，在报刊、电视和电台上连续进行高密集度的广告投放。1991 年，飞龙投入 120 万元广告费，实现利润 400 万元；1992 年，飞龙投入广告 1 000 万元，利润飙升至 6 000 万元；1993、1994 年飞龙的广告投入均超过 1 亿元，而利润也连续两年达到 2 亿元，一举成为中国保健品行业的龙头老大，发展速度居全国医药业首位。在飞龙集团的巅峰时期，姜伟没有盖厂房、也没有置资产，而是坚持“广告—市场—效益”的营销循环战略。在飞龙之后，巨人、三株、红桃 K 等保健品企业也都不同程度地仿效了飞龙的做法。然而，飞龙在后来的广告投入上表现为对广告投入心中无底，导致无效广告满天飞；在财务管理上长期存在只管账目、不问实际的现象，挪占、私分货款现象严重；在营销上随意发货、让利，造成严重的冲货现象和压货状况，破坏了良好的市场经营秩序。

3. 三株的溃于“蚁穴”

企业名称：济南三株实业有限公司。

产品推广的“重武器”：“农村包围城市”、人海战术、地毯式广告轰炸。

产品宣传的“火力网”：民族工业理念、电视形象广告片、专家义诊模式、农村市场四级营销体系。

旗帜产品：三株口服液。

全盛标志：从 1994—1996 年的短短三年间，三株销售额从 1 个多亿跃至 80 亿元；从 1993

年年底30万元的注册资金到1997年年底48亿元的公司净资产；在全国所有大城市、省会城市和绝大部分地级市注册了600个子公司，在县、乡有2 000个办事处，行销人员总数超过15万。

衰落原因：

(1) 多元化发展。三株进入了医疗、生物工程、材料工程、精细化工、物理电子、化妆品等诸多行业。1996年，三株先后推出“赋新康”“心脑康”“保腾康”“生态美”“吴氏治疗仪”等产品；1997年上半年，三株吞并制药厂20多家，耗资5个多亿。

(2) 管理层膨胀。四年间，三株集团及其下属机构的管理层扩大了100倍，至1997年，三株共有300多家子公司，2 000多家县级办事处和13 000多家乡镇工作站，但工作效率低下，浪费了1/3的广告投放，基层宣传品投放到位率不足20%。

(3) 不实宣传。在三株的宣传中存在大量冒用专家名义、夸大功效、诋毁同行的言语，曾被部分地方卫生部门吊销药品批准文号，并受到媒体的批评。

三株帝国衰落的导火索：常德事件。

1996年，湖南常德汉寿县退休老人陈伯顺在喝完三株口服液后去世，1998年3月，法院宣判三株败诉后，20多家媒体炮轰三株，引发了三株口服液的销售地震，从数亿元的月销售额跌至数百万元，三株开始全面亏损。1999年，三株的200多个子公司停止运营，绝大多数工作站和办事处被迫关闭，全国销售基本停止。三株集团曾培养了大批保健和营销的骨干，当初在三株集团的经理人和经销商，如今已经成为中国保健品或销售行业的中坚力量。三株时代是个令中国营销人热血沸腾的时代，但今天的三株集团明显地稳重、沉默了许多，开设药店，主要进行区域性的生产销售。1999年，“三株”实现销售收入5亿多元，上缴税金近亿元。虽然三株已经沉寂多年，但2002年中国富豪400强排名榜上，吴炳新仍然以24亿元的资产名列第18位。

分析讨论以下问题：

(1) 企业管理的职能是什么？

(2) 管理会计如何服务于企业的管理职能？

(3) 能否用管理会计的职能理论对以上案例进行分析？

(4) 说明企业战略管理的重要性。

(5) 通过对以上案例的分析，你得到哪些启发？

案例 1.3　　任天堂公司的招聘条件

美国的任天堂公司是日本任天堂公司的全资子公司，其总部位于 Redmond，WA。任天堂公司从事家庭游戏机软件和硬件产品的生产和销售，超过40%的美国家庭拥有任天堂公司的游戏系统。公司以Mario、Dontendo和Polemon游戏闻名。

任天堂公司的财务经理负责制定财务制度和现金管理的流程及投资和费用报告。他们设计和执行公司的会计流程，提供财务信息和财务分析服务。财务经理需要了解会计原则，并具有极佳的沟通和组织能力，以及高效率的工作能力。他要能高效地归纳和分析大量的数据，能承受巨大的工作压力并能处理复杂的方案。申请人应具有财政、市场、广告方面的工作经验，并有会计、金融或相关专业的学士学位。

回答下列问题：

(1) 在财务经理的工作职责中，你对哪项职责更感兴趣？

(2) 为什么任天堂公司的财务经理要有市场和广告方面的工作经验？

案例 1.4　　会计人员隐匿、拒不移交会计资料绳法加身

据《检察日报》报道，四川省成都市青白江区检察院对该市某建筑公司原财务科科长陈某以涉嫌隐匿会计资料罪依法批准逮捕。

陈某原系成都市青白江区某建筑公司财务科科长。2000 年该公司总经理更替后，陈某被免职，故对此心怀不满。在新任领导要求其移交账目手续时，陈某提出苛刻要求，在要求未能得到满足的情况下，于 2000 年 3 月离开公司时拒不交账，并将 1997 年—1999 年的资产负债表及 1998 年—2000 年的总账、明细账共计 14 本、会计凭证 56 册隐匿于其住宅内。之后，该公司及其所在的镇政府多次催促未果，使公司业务大受影响。4 月 12 日，警方根据该公司报案，以涉嫌隐匿会计资料罪对陈立案侦查，并依法对其家进行搜查，查获、扣押了其藏在家中的财务资料，遂报请检察院批准逮捕了陈某。

无独有偶，《江淮晨报》也有一则类似消息：巢湖市居巢区检察院近日对该区某商店原主办会计程某以涉嫌隐匿会计资料罪依法批捕。

程某 1991 年在某商店任主办会计。1994 年，单位倒闭，办公用品和会计资料转移至商店一空房内保管。2000 年 3 月，有人举报程某涉嫌挪用单位资金，审计机关派人依法对商店进行审计。程某对此十分不满，在审计过程中，拒不交账，将部分账册隐匿。司法机关立案调查后，程某谎称在其任职期间会计资料丢失，但又拿不出任何丢失依据。

回答下列问题：

(1) 陈某、程某为什么会被批捕？

(2) 你认为会计人员应该具备什么样的素质？

案例 1.5　　四川长虹“以成本为中心”的竞争战略

四川长虹电子集团公司（简称长虹）位于四川省绵阳市，是以电视机生产为核心，涉足空调器、数字视听产品、电池及生产技术产品系列等四大类，集科、工、贸一体化的大型国有独资公司。长虹的前身是国营长虹机器厂，是国家“一五”期间 156 项重点工程之一，也是我国唯一的机载歼击火控雷达生产基地，现在仍承担重要的军品研制的生产任务。2004 年长虹已拥有 7 个事业部门、5 个控股公司、5 个科研机构、1 个博士后工作站和 1 个现代化的综合培训中心，现有各类员工 3 万余人。长虹自进入 21 世纪以来，受国内消费环境等的影响，彩电生产与销售出现了滑坡。然而长虹人的战略观念是十分领先的，其后续研发的空调等产品为这几年的利润增加作出了重大贡献。2001 年 3 月，长虹原总经理倪润峰再次复出，企业机构进行了大幅度的调整，管理会计的功能得到了加强。譬如，在撤销原价格处的基础上合并财务部的某些功能，组建了成本管理中心，一个“以成本为中心”的企业管理模式在长虹形成。这一模式的基本特点是：以消费者为中心、以市场为导向、以现代信息技术为手段，构建符合自身特点的竞争性管理体系。

1. 以消费者为中心的技术创新战略

美国哈佛大学商学院的波特教授在其《竞争战略》一书中提出，企业获得竞争优势的战略有三种，即成本领先战略、差别化战略和集中战略。从本质上讲，竞争优势源自企业能够为顾客创造的价值，应是顾客乐意支付的超过成本部分的金额。企业要有优于其他企业的价值，就必须以低于其他企业的价格为顾客提供同样的功用，或者价格略高而提供的额外功用能抵消价格增加额。竞争优势的基本战略——"成本领先战略"和"差别化战略"，就是出自这两种思想。进一步联系这两种战略考查具体的战略目标，就衍生出第三种基本战略，即"集中战略"，它有助于排斥特定对手，使竞争行为具有更强的针对性。集中战略具体表现为成本集中与差别化集中两种实施方法。

上述战略思想在长虹的应用首先体现在技术创新上。从国际角度来看，高新技术产业的评价是按研究开发费占销售收入的比例来衡量的。据国家经济贸易委员会（简称经贸委）和国家统计局 1997 年对大中型企业技术状况的调查，我国电子制造业研究开发经费占销售收入的平均比重为 0.38%（小于 1%），属于低技术产业。而长虹每年的研究开发经费则占销售收入的 3%。长虹的技术创新充分体现了"差别化战略"和"成本领先战略"的思想，即始终将技术创新与降低成本及价格联系在一起。特别要强调的是，长虹的技术创新始终是围绕以消费者为中心而展开的。长虹的理念是以高新技术支撑市场份额，并在具体运作中领先别人一步，也就是在技术上长虹始终追求领先，其原则是"生产一代、研制一代、预研一代"，但对推向市场的产品，技术含量上只要求比别人"快半拍"。其原因在于如果超前太多，将会造成自身已有产品的积压；另外，过于超前的产品的市场占有率不高；再者，过于超前会使成本过高，老百姓就会拒绝相应的高价格。因此，长虹尽管具备高新技术，仍慎重地把握技术推向市场的时机与分寸。换言之，长虹人的战略目标非常明确，即不断满足消费者的需求。长虹自创业以来，已向市场出售 4 000 多万台彩电，至少介入了 4 000 多万户家庭的生活，这就是一个很好的佐证。

长虹人认为，社会主义初级阶段的市场由生产力所决定，层次多、结构复杂，很多问题需要高新技术才能解决。例如，在我国的一些边远地区，电视机接收效果不好，部分城市的电压不稳等，一般彩电的服务质量无法使消费者满意。这时，长虹就必须考虑这些市场的特殊性及其特点，利用自己的综合优势，在技术创新上做文章。高新技术没有国界，但有国情。在电视机这个行业，在这个特定的时期，高档市场要有高新技术，中低档市场更要求富含高新技术的产品。现阶段，老百姓购买力水平还较低，过分地强调高新技术不适合我国国情。围绕技术创新实施规模化经营，进一步降低成本，这是长虹人以消费者为中心实施技术创新的精髓。

我国大众消费的现状是，在技术功能等方面有较高水平的消费意识，而在货币支出等方面则只有较低水平的购买能力。这里的关键是看你用什么样的生产经营方式去占领市场。例如对农民的科技意识，长虹人是这样认识的："农民要求的东西并不是功能越简单越好，哪怕一些功能现在还用不上，你也必须为其准备 10 年以上。"再如数字式高清晰度彩电，现在的价格不可能为广大消费者所接受，但将来迟早会进人大众家庭，现在在技术配置上就要陆续为他们做准备。所以，在电视发射信号未进入数字化之前，长虹为我国家庭准备的数字化彩电是模拟式电视加上机顶盒数字装置。

2. 以市场为导向的财务成本管理战略

波特提出的三种竞争战略其实质就是要坚持以市场为导向。在这些战略中，成本领先战略意味着以成本为竞争的中心或先导，即要求在同业中取得低成本制造商的评价。企业通过使用独特的技术，或者借助于有利的原材料购入渠道，或者利用规模经济等，使其成本低于同业市场的平均水平，这样可以以稍低于同业平均价格的售价取得大量的市场份额。差别化战略是一种“人无我独有”的战略，即分析市场中顾客的种种需求特性，筛选出一种或几种具有代表性的需求，围绕满足需求而开发出同业所没有的新型产品投放市场。作为产品具有特殊功能的回报，企业能以高出同行业并足以补偿特殊功用成本的售价占领市场，击退部分同行业产品。集中战略则是专注于某一特定目标领域而排除市场同行业的战略。集中的本质是专攻有别于同行业的狭窄目标领域，集中战略自身并不具有占领市场取得高于同行业平均利润的作用，但它是成本领先战略与差别化战略在特定领域的强化，因而也能间接地达到相同的目的。长虹构建的以市场为导向的成本管理模式，充分体现了竞争战略思想。该模式的基本内容包括以下四个方面：

(1) 集中资金，以彩电为主导产品满足消费者的需求。这体现了集中化战略的思想。长虹之所以能由一个军工企业发展成为我国电视机行业的领头羊，主要经验就是学习借鉴了国外许多著名大公司的发展经验，结合本公司的实际，自 20 世纪 80 年代中期以来，集中有限资金，围绕彩电上规模，采取填平补齐、梯度推进的技改方式，从前端到终端，轮番推进，滚动发展。为此，长虹没有急于改善职工福利，产品没有盲目上门类“多元化”，而是把留利的 65%和证券市场上筹集的资金用在彩电技术研究开发、生产能力扩大和人才引进上。长虹奉行以彩电生产为主的发展战略，使专业化生产形成了巨大的规模效益。技术含量高、价格相对较低以及功能全的产品进入市场，给长虹的用户带来实惠，无形中就构成了明显的市场竞争优势。

长虹的经验可以概括为：在实力尚不强大的时候，一是不要急于向海外扩张，以免因耗资较大而承担巨大风险；二是不忙于搞联营，以免既耗费资金又削弱自身实力；三是不过早地搞多元化，以免分散财力和技术力量。总之，长虹人就是一门心思集中人力、物力、财力，使彩电上档次、上规模、占市场、积累资本，准备向世界 500 强冲击。

(2) 严把质量关。长虹人的口号是“质量是长虹的生命，是公司全体员工的生命”。长虹集团规定，产品的出厂标准必须高于国家标准，必须借助于不断开发新产品来提高产品质量。这充分体现了差别化战略的思想。长虹产品的质量由总经理直接领导，具体由质量处负责。公司对生产厂的质量实行双重审核：一是厂内审核。这又分质量保证体系和实物质量两种，即对生产厂的每条生产线每年都要审核一次，分季进行，每季审核一部分；对产品实物质量审核，每月每条生产线都要进行一次，并深入到成品库中检查，完不成质量指标的对当月奖金实行质量否决。二是厂外审核。长虹公司在全国 200 多个大商场设有直销柜台，派有长虹自己的直销员，每销售一台都开箱检查，统计开箱合格率。如有质量问题当天反馈给总部，每月汇总一次，如完不成公司规定的开箱合格率 99.5%的指标，就要按质量否决权的规定扣奖金。

(3) 将商家视为同盟军，加强合作。在经营上，坚持使商家得利，即让商家有钱赚、有利润。长虹 1996 年全面降价，不但与洋彩电争市场份额，为民族工业争气，更主要的是以高技术形成的低价格造福中国民众。长虹绝不会盲目降价，它有一个重要的理念作支撑——降价先降成本，抓市场先抓技术。而后来，长虹人又有了新的看法。1998 年 10 月，倪润峰说：我们绝不再降价，这不单是行业自律的问题，也是维护民族工业的大局。虽然我们技术进步很快，管理成本下降，降价的空间还很大，但为了对付世界性的经济危机，人民币不贬值是大局，长虹现在不降价也是大局，都是为了民族经济的发展。

（4）上规模、降成本，提高产品的自我配套能力。2004 年长虹已有 70 余套电器整件是自配产品，由于降低了成本，这部分产品的增值很大。在长虹看来，只有关键技术不受制，才能降低成本。例如机芯技术，这是彩电的核心，也是市场竞争的制高点。一进入 20 世纪 90 年代，长虹就推出了具有国际先进水平的 NC—2、NC—3 机芯，等于拿到了开启大屏幕彩电大众市场的钥匙。

为了降低成本、保证质量，长虹在技术上本着系统配套的原则：该自动化就用最先进的自动化，该手工的就毫不犹豫用手工，实现系统最优配置。如“红太阳一号”工程投产时，并不使用全自动生产线，改用半自动生产线，而其先进之处如机壳涂料流水线的机械手、印制线路板等仍为全自动的。长虹人是这样认识的，在国内劳动力过剩且费用相应低廉的时候，在确保质量的技术措施下，适当采用劳动密集型的策略可获得发达国家不可能达到的经济效益，并有利于资本积累，同时还可为社会提供大量的就业机会，两个效益都明显。

长虹人历来注重勤俭节约，重视成本控制。长虹财务上实行一个账号，一支笔审批。长虹人孜孜以求的就是彩电上规模。实际上，在降低成本上最有力的措施是彩电实现了大规模生产、产品纵向集成体系的建成和大量使用劳务工三项。自 1996 年开始学邯钢以采，长虹进一步推行了全面成本核算，在技术与经济结合中考核成本指标，并将其下达到事业部和分厂、车间，形成本级成本核算体系，成本指标完成好坏和奖金挂钩，完不成就扣奖金。为了抓好这项工作，公司成立了学邯钢领导小组，先以财务处成本科作为办公室，1998 年 3 月将成本科从财务处划出来，成立了专门主抓成本管理的机构，负责全公司降低成本和采购物资的价格审核工作。经过努力，1997 年全年总成本降低 17 亿元。

3. 以信息技术为支撑的营销战略

发达的通讯技术和电脑的普及运用，使及时准确地获取信息成为可能。决策离不开信息，现代企业管理要求有丰富的信息来源，完善的信息系统，以便提高企业决策的及时性和准确性。长虹人善于抓住机遇的原因之一是他们高度重视信息工作。公司建立了一套搜集、筛选信息的网络和机制，各分厂当天的产品、质量和员工状况等情况下午 4 点前要报到总经理办公室，120 个营销点每晚 9 点以前也要将政情、商情、民情送回总部，由办公室将这两方面的信息加上从文件、报刊、电台等其他渠道获取的重要信息，编印成快报送有关人员参考。董事会每月召开一次重大经济信息分析会。长虹人肯花大量时间深入市场，搜集大量的第一手资料，并善于把错综复杂的信息梳理成完整的信息链，所以能做出比较切合实际的决策。

一般来说，信息技术包括硬件设备（计算机、数据存储设备、网络、通讯设备）、软件（系统软件、应用软件）和服务（终端用户计算、技术支持、应用程序升级）。目前各种硬件容量、质量的迅速发展和软件的不断升级换代，使 IT 为组织的管理基础、组织内的业务流程、员工操作技能的提高提供了有力的支持，它已成为企业包括营销在内的各种活动的必要手段。

正是在这种现代信息技术的支撑下，长虹建立了强大的销售网络。2004 年长虹已有专职营销人员 1 100 多名，对他们实行优胜劣汰的调整机制，并不断补充综合素质优良的精兵强将到市场一线去；销售部门特别配置了 260 多部电话、电传，220 余部手机，各类汽车近 200 辆，在国内设有 120 多个经营联络处、5 000 多个营销网点、3 800 多个维修服务网点，业务范围遍及国内除台湾以外的各省区。

此外，公司内部各部门也在工作中全力向市场倾斜。广告部门及时做好广告促销；市场策划部门预先做好对市场的调研和营销策划；生产部门及时根据营销一线反馈的信息调整产品；质量部门及时追踪市场发现的情况，立即着手整改；设计部门密切关注市场热点，研究消费者的需求，开发新产品。总之，在长虹，“一切服务于市场，一切服从于市场”已经成为各部门、各班组、各员工自觉的意识和行动。长虹对每个销售网点都配备了足够的维修力量，24 小时全天候为用户服务。长虹作为平均日生产、销售 1 800 余台彩电的企业，每年采购的物资金额高达 100 亿元。为了提高整个集团的管理科学化水平，在实施机构重组的同时，实施企业资源规划系统（ERP），他们邀请国际知名的麦肯锡咨询公司对长虹集团的管理业务进行规划咨询。企业的资源规划系统是以计算机为平台、以网络为基础的整个企业的管理信息系统（MIS）。该系统对于优化企业管理流程，加强决策层对整个企业的控制能力，提高企业对市场的应变能力具有十分重要的现实意义。长虹人说干就干，他们借助于 ERP，结合价值工程等技术，围绕营销决策取得了一系列的经营成果。比如借助于 ERP，他们在降低设计成本和物资采购成本方面成绩显著。依据信息技术分析，长虹产品的设计占成本额的 80%，是降低成本的重点。他们借助于 ERP 并结合价值工程，在保证质量的前提下去掉不必要的功能，实现了降低成本的目的。如 C2919PS 彩电，机芯用 NC—3，功能齐全，有画中画、多梦音响，售价是 5 630 元（当时价格）；如果去掉画中画的功能，再用成本较低的机芯（质量一样），售价可降到 4 820 元。

在降低采购物资成本方面，公司借助于 ERP 流程规划，凡采购价值在 10 万元以上，必须由技术部门推荐三家合格供应商，实行招标，通过竞争降低成本。招标的范围越来越广，甚至废旧物资处理、宿舍下层门面房的出租都采用招标。凡是自己能做的设备不出去买。长虹从上到下深入细致的挖潜节约，使产品成本和价格稳居行业的最低水平，这也就是为什么长虹敢说产品质量技术与“洋货”一样，但价格要低 30%的道理。

在物资采购方面，长虹针对每天进入的 100 多个车皮物资，将各种规章制度（60 多种）融入 ERP 流程之中，使企业走向法治轨道。以配件的采购为例，它是多头管理、相互制约的，某种配件能不能用归设计部门审查，是否符合质量规定的要求归质量保证处审查。质量上审查合格后由生产部门安排上机做工艺适应性试验，合格后下线，到质量处作电应力、机械应力、气候条件试验，都通过了再由质量部门组织以上部门到供应商处进行质量保证能力的考察。若实物评定和质保体系都合格，才写报告请“外购器材认定领导小组”批示，进行小批试用。试用合格后才进入“合格承包商名录”，才允许计划采购员采购。若采购员不在承包商名单中采购，仅此一条就被开除。这种严格的特点在各种制度中都能体现出来，切实做到令行禁止，谁在执行制度上讲情面、徇私情，在处理上打折扣，谁就会受到处罚。

长虹在短短的20年间,从国有资产总值2 600万元发展为总资产167.8亿元的集团公司，这是与长虹一班人长期坚持竞争优势战略分不开的。商场如战场，长虹人科学地组织好了一次又一次的战役，这是现代管理学的一大贡献。总结长虹人的经验，他们始终坚持“不唯上、不唯书、只唯实”的方针，在管理上汲取国内外先进企业的好经验和好方法，并结合自己的实际形成了一套独具特色的竞争战略。目前，长虹人正在现代信息技术手段的支持下改革组织机构，完善公司治理机制，朝着规范化的现代企业制度迈进。

回答下列问题：

（1）谈谈你对管理会计的理解，本案例中哪些活动与管理会计有关？

（2）结合长虹的案例，思考管理会计、财务管理及成本会计的区别与联系。

（3）你认为成本核算与成本管理在管理会计中有什么样的地位与作用？

（案例来源：杜学森. 管理会计实训教程[M]. 1版. 南京：东南大学出版社，2005.）

第二章　成本性态分析

☞ 学习指导

【学习目标】

本章阐述的是为学习管理会计的基本内容所必须具备的一些基础知识。成本分类中，按经济用途的分类反映了成本项目的具体内容，可以说它是成本的其他分类的基础。由于按成本性态将成本重新分类是规划与控制经济活动的前提条件，因而，在学习成本的诸多分类中，首先重点掌握这类分类方法是非常重要的。成本性态分析是本章的另一基本内容，它对更好地理解后面的完全成本法、变动成本法以及标准成本制度是非常重要的。

【学习建议】

1. 学习时间：8 小时
第一节建议学习时间：2 小时
第二节建议学习时间：2 小时
第三节建议学习时间：4 小时
2. 学习方法
(1) 学习前可以对成本会计学的基本知识作个回顾。
(2) 点播学习网络课程第二章。
(3) 参加第 1 次在线导学直播。
(4) 第三节学习完成后提交作业。

【学习重难点】

重点掌握成本按性态分类和成本性态分析。

第一节　基本成本概念

成本是管理会计的核心对象，在管理会计中具有十分重要的作用。在决策方案的评价过程中，评价有关方案的优劣无非是两个标准：成本最低，或收益最大。而成本往往对收益起着制约作用。因此，在决策会计中，有关方案相关成本的预计是决策程序的重要一环。如在定价决策中，无论是成本加成定价法，还是最优价格定价法，都需要计算成本或边际成本；在零部件自制与外购决策中，需要比较自制成本和外购成本；在固定资产更新决策中，需要比较新旧设备的年使用成本等。在对经营活动实施控制的过程中，主要的控制内容就是对经营过程中发生的成本进行控制，如执行会计中的标准成本控制、存货成本控制和责任成本控制等。因此，成本在管理会计中自始至终都处于中心地位。

一、管理会计中的成本概念

成本是衡量企业经营管理水平高低和经济效益好坏的一个重要指标。随着经济的发展，企业经营管理要求的提高，成本的概念和内容都在不断发展、变化。不同研究领域对成本概念的理解也不尽相同。

广义的成本是指为达到特定目的，已经发生、应当发生或可能发生的可以用货币单位加以计量的价值牺牲。

经济学中的成本是指商品价值已经耗费的需要在商品销售收入中获得补偿的那部分价值。

成本会计把成本定义为，在一定条件下企业为生产一定种类、一定数量产品所支出的各种生产费用的货币表现，也称生产成本、制造成本或产品成本。

管理会计是以企业内部经营管理为主要服务对象，履行着预测、决策、规划、控制和考评等职能，这就需要根据各种职能的要求来核算和提供符合各种用途的成本信息，因此可把成本定义为："企业在生产经营过程中对象化的、以货币表现的、为达到一定目的而应当或可能发生的各种经济资源的价值牺牲或付出的代价。"可见，这种成本定义不局限于产品成本，也不能与生产费用等量齐观，它具有更广泛的含义。

（1）管理会计中的成本概念在时间和空间上被进一步扩展。在企业经营管理决策中由于成本计算对象的复杂化，就需要有具有不同形式和内涵的成本信息：不仅有企业整体层次上的产品成本，而且有内部各个组织作业层次上的成本；不仅有为实物生产所发生的成本，而且需要以服务、顾客、项目等为对象确定的成本；不但有按上述成本计算对象归集的历史成本，而且有为决策服务提供的各种未来成本；等等。

（2）管理会计关于成本确定的中心思想是"针对特定的决策需要确定特定的成本对象、计算特定内涵的成本"。这样，同一项费用在不同目的应用中会有不同的归类。如生产产品的原材料成本在财务会计核算中属于生产成本，在成本性态分析中是变动成本，在决策分析中会被确定为相关成本或非相关成本，在业绩评价中要归类于可控成本或不可控成本，等等。

这些成本项目在管理会计中都有其特定的意义和作用。

(3) 广义的成本观念是管理会计全面、全过程进行成本管理的基础。任何一项经济活动都期望获得超过投入的产出，在收益一定的情况下，成本高低是企业效益的决定性因素。在激烈的市场竞争中，较低的成本也是企业保证市场占有率并不断发展的关键所在。因此，企业在制订决策时，必须对相关的将要发生的成本有充分的认识；在决策执行过程中，必须对成本的发生有足够的监控；而在决策的经济活动完成后，又必须对成本进行各种意义上计量和比较，以确定经济效益、处理好经济关系等。成本问题贯穿于企业管理全过程、各个环节，是企业管理的核心问题。正因为如此，在管理会计的信息提供和系统控制中，成本被列为首要问题，对成本因素处理的正确与否直接影响到分析结果的正确与否。

二、成本分类

为适应不同的决策目的，成本可以按不同标准进行分类。

(一) 按经济用途分类

这种分类实际上是西方财务会计学上的传统分类方法。在制造业单位中，成本按其经济用途分类可分为制造成本（又称生产成本）和非制造成本（又称非生产成本）。

1. 制造成本

制造成本（生产成本）是指将材料转变为产成品而发生的成本，通常又细分为直接材料、直接人工、制造费用三大项目。

直接材料是指在产品制造过程中直接用来构成产品实体的材料耗用。确认直接材料有两个基本的限定条件：① 该材料成本须构成最终制成的产成品的实体部分。② 可以简便地追溯转移到相关产品上。如钟表制作中的各类金属材料，船坞生产中使用的钢材、木材等，酿造葡萄酒所需的葡萄鲜果等。

直接人工是指在产品制造过程中对材料进行直接加工使之形成产品所耗用的人工成本。这些人员的工作与产品直接相关，可追溯到产品上。直接材料和直接人工共同构成产品生产的主要成本。

制造费用又称间接制造费用，是指那些在产品制造过程发生，但又不能归入直接材料或直接人工的所有支出。制造费用包含的内容繁杂，通常可以进一步细分为间接材料、间接人工和其他制造费用。所谓间接材料是指在制造过程中耗用，又不便直接归入某一特定产品的材料消耗，如设备维修耗用的材料。所谓间接人工，是指为制造过程服务，但又不直接进行产品加工的人工消耗，如辅助生产部门的人工费用。所谓其他制造费用是指那些属于制造费用，又不能归入间接材料和间接人工的费用，如固定资产折旧和维修费、财产保险费、生产用电力动力费等。随着资本密集化趋势的发展，制造费用在产品制造成本总额中所占的比重不断上升，准确、合理分配制造费用遂成为成本计算的核心问题之一。

2. 非制造成本

非制造成本，也称非生产成本，具体是指与企业营销、行政管理有关的销售费用和管理费用项目。销售费用（西方财务会计也称推销成本）是指在企业营销过程中发生的费用，主要包括广告费、销售佣金、运杂费、销售人员的工资和差旅费、销售机构费用等。管理费用是指企业行政管理部门为管理和组织生产经营所发生的各项费用，主要包括管理人员工资、办公费、有关固定资产折旧、保险费、财产税等。

（二）按成本的可追溯性分类

成本的可追溯性（也称可辨认性）是指采用某一经济可行方法并循因果关系可以将成本分记至各成本对象的可能性。成本的可追溯性越强，成本计算的准确性就越高。按可追溯性的差异，成本可以划分为直接成本和间接成本。

1. 直接成本

直接成本是指那些可以容易地并准确地归属到某特定成本对象的成本。所谓“容易地”是指成本分配可以以一种经济可行的方式进行；所谓“准确地”是指成本的分配存在并遵循一定的因果关系。

2. 间接成本

间接成本是指那些无法容易或准确地归属于特定成本对象的成本，主要包括一些共同性的成本。由于间接成本与成本对象之间缺乏明确的联系，进行间接成本分配时，在一定程度上要依靠主观判断。

需要说明的是，直接成本与间接成本是一对相对概念，有时一项成本可能同时是直接成本又是间接成本，这完全取决于考察成本的角度。例如，以分公司为成本考察对象时，分公司经理的工资是直接成本；但以该分公司的部门为成本考察对象时，该费用就属于间接成本了。成本管理的一个目标就是要尽可能地把成本追溯到引起成本的作业活动中，这样，一方面可以提高成本计算的准确性，另一方面也可以提供有用的管理信息。

（三）按成本的性态分类

所谓成本性态是指成本发生额与业务量之间的依存性。以成本性态为基础将成本划分为不同种类，将有助于考察成本与业务量之间的规律性的联系，可以为企业经营决策提供许多有用的信息。有关论述详见本章第二节。

（四）按成本的可控性分类

成本的可控性是指责任单位对其成本的发生是否可以在事先预计并落实责任、在事先施加影响以及在事后进行考核的性质。以此为标志，成本可分为可控成本和不可控成本两类。所谓可控成本，就是那些发生与否、发生多少受该部门或单位所控制或受其工作好坏所影响的成本；与之相反，属于不可控成本。

关于可控成本和不可控成本的其他特性将在“责任会计”中详细讨论。

利用这种分类可以分清各部门责任，确定其相应的责任成本，考核其工作业绩。

（五）按其核算的目标分类

出于不同的核算目的，费用往往要按不同的对象归类，因而形成不同的成本项目。在目前的成本核算中，常见的有以下三种不同的成本。

1. 产品成本（业务成本）

为确定产品生产各项物资的耗量，综合反映产品的赢利能力和产品生产的效益，企业需要以产品为对象对各项费用进行归集和反映。产品成本是产品生产过程中所发生的各项耗费的总和，费用的归集与分配要遵循财务会计的各项原则，以保证产品成本的真实、可信和可比。

在管理会计中，产品成本的内涵被进一步扩大。

首先，从成本计算对象来说，产品成本不仅可以是一般意义上的实物性产品成本和服务项目的成本，还可以是针对不同顾客计算的顾客成本、针对某一项具体合同计算的项目成本，等等。这样，“产品”是一个广义的概念。

其次，从对成本计算对象和成本动因之间关系的不同认识，管理会计中的产品成本也有不同的内涵。由于同一企业往往生产多种不同的产品，必然有间接成本在各种产品之间的分配问题。严格地说，这种间接成本的分配应按照成本动因来分析费用发生和成本计算对象之间的关系，以确定不同产品产品的成本。在管理会计的信息处理和应用中，按对间接费用的不同处理方法，有三种不同内涵的产品成本。第一种是传统的成本核算系统（制造成本法或完全成本法）所计算的产品成本，它往往按单一的成本动因和唯一的成本分配比例来分配生产不同产品所发生的共同费用。第二种是变动成本法所确定的产品成本，它以产品的业务量规模作为唯一的产品动因，将成本分为变动成本和固定成本，而产品成本只包括变动生产成本。第三种是在西方国家逐渐兴起的作业成本法所确定的以作业为基础的产品成本，它考虑到多种成本动因的存在，采用多种标准进行间接费用的分配，以求更为准确地分析和反映成本计算对象和资源消耗之间的关系，提供更为准确和客观的产品成本信息。更为重要的是，以作业为基础的产品成本计算过程中所涉及的作业成本、成本动因等理念，为成本规划和控制提供了更具深度和广度的研究空间，为企业价值提升起到革命性作用。

2. 责任成本

为了分清成本发生的责任及利于成本控制和业绩评价，产品生产过程中发生的各项耗费按责任单位（责任中心）归集和核算，即形成责任成本。责任成本以各责任中心而不是以产品为核算对象，对费用的归集与分配遵循可控性原则，谁负责谁承担。为此，责任成本的核算要区分可控成本和不可控成本。责任成本的核算及可控性原则的应用是责任会计的重要内容，对企业的成本控制和业绩评价有着重要意义。

3. 质量成本

产品的质量高低往往是市场竞争成败的关键，因此，各种类型企业都把产品质量放在很重要的地位。从产品研制、生产，到销售和使用，企业都要为产品质量做很多工作，因此必然发生有关的费用。这些为了保证和提高产品质量而发生的成本，以及因为质量问题而发生的各项损失、费用，即构成质量成本。它一般包括三部分内容：预防成本、鉴定成本和故障成本。

区分产品成本、责任成本和质量成本有助于搞好成本核算、加强成本的责任管理和提高产品质量。

（六）按成本发生的时态分类

按发生时态，成本可分为历史成本和未来成本。历史成本是过去实际发生的成本。企业对外报表所提供的财务信息一般都以历史成本为基础，以保证其可靠性。未来成本则是未来将要发生的成本。它往往是由于某一项经营活动所引起的，在未来某一个时期或某几个时期可能发生的成本。在管理会计中，未来成本有着更为重要的意义，无论是进行预测、决策，还是控制，都需要预计未来成本。

第二节　成本按其性态分类

一、成本性态的含义

所谓成本性态（cost behavior）是指成本总额与业务量之间的依存关系，又称成本习性。这里的业务量（以下用 X 表示）是指企业在一定的生产经营期内投入或完成的经营工作量的统称。业务量可以使用多种计量单位表现，包括绝对量和相对量两类。其中绝对量具体又可细分为实物量（包括投产量、产出量和销售量）、价值量（包括销售收入、产值和成本）和时间量（包括人工小时和机器小时）三种形式；相对量也可以用百分比或比率（如开工率或作业率）等形式反映。业务量的不同计量单位在一定条件下可以相互换算，具体使用什么计量单位应视管理要求和现实可能而定。在最简单的条件下，业务量通常是指生产量或销售量。这里的成本发生额主要是指为取得营业收入而发生的营业成本费用，包括全部生产成本和销售（营业）费用、管理费用及财务费用等非生产成本。

按照成本与业务活动量的依存关系，我们通常将成本区分为固定成本（fixed cost）、变动成本（variable cost）和混合成本（mixed cost）三大类。

二、固定成本

（一）固定成本的概念

固定成本是指在相关范围内其成本总额不随业务量的变动而变动的成本。

在西方会计实务中，固定成本一般包括：房屋设备租赁费、保险费、广告费、不动产税捐、管理人员薪金和按使用年限法计提的固定资产折旧费等。

在我国制造业中，可以作为固定成本看待的项目有：生产成本中列入制造费用中不随产量变动的办公费、差旅费、折旧费、劳保费、管理人员工资和租赁费等；销售（营业）费用中不受销量影响的销售人员工资、广告费和折旧费等；管理费用中不受产量或销量影响的企业管理人员工资、折旧费、租赁费、保险费和土地使用税等；财务费用中不受产量或销量影响，各期发生额稳定的利息支出等。

（二）固定成本的特点及性态模型

【例 2.1】　固定成本性态模型。

安达公司为生产一种汽车配件，决定从 2005 年起向某单位租用厂房，租期两年，每月租金 10 000 元。2005 年上半年各月产量与租金的关系，见表 2.1。

表 2.1　2005 年上半年各月产量与租金的关系

月份	产量 x（件）	租金 a（元）	单位租金 y（元/件）
1	400	10 000	25.00
2	500	10 000	20.00
3	600	10 000	16.67
4	700	10 000	14.29
5	800	10 000	12.50
6	900	10 000	11.11

根据上述资料，可将 2005 年上半年各月安达公司生产的汽车配件的产量与厂房租金总额及单位配件负担租金的关系分别用图 2.1 和图 2.2 来表示。

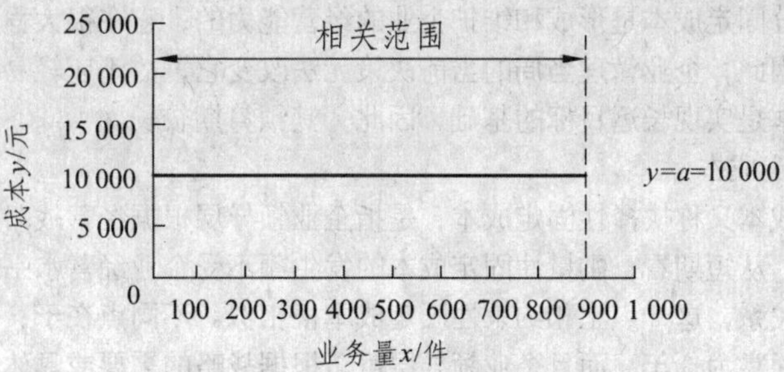

图 2.1　固定成本总额性态模型

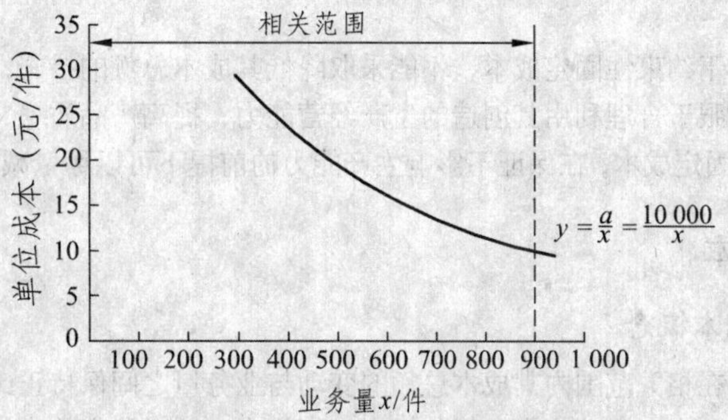

图 2.2　单位固定成本性态模型

根据上例可看出，固定成本具有以下两个特点：

(1) 固定成本总额（用 d 表示）的不变性。这一特点是其概念的再现，在平面直角坐标图上，固定成本线就是一条平行于 X 轴的直线，其总成本性态模型为 $y=a$（见图 2.1）。

(2) 单位固定成本（用 a/x 工表示）的反比例变动性。由于第一特点，单位产品负担的固定成本必然随着业务量的变动成反比例变动，其单位成本性态模型为 $y=\dfrac{a}{x}$，反映在乎面直角坐标图上就是一条反比例曲线（见图 2.2）。

（三）固定成本的分类

固定成本按其是否受企业管理当局短期决策行为影响，可进一步划分为约束性固定成本（committed fixed cost）和酌量性固定成本（discretionary fixed cost）两类。区分这两类固定成本的意义在于寻求降低固定成本的正确途径。

1. 约束性固定成本

约束性固定成本又称经营能力成本，主要是指那些与形成企业生产能力（包括物质的和组织机构的）的支出相联系的固定性成本，也就说不受企业管理当局短期决策行为影响的那部分固定成本。如固定资产折旧费、财产税、保险费、管理人员的基本工资、租金、照明费、取暖费等。

约束性固定成本有两个特点：一是其发生额的大小取决于生产经营能力的规模和质量。也就是说，这部分固定成本是形成和维护企业的经营能力的，它在很大程度上制约着企业正常的经营活动。因此，企业管理当局的当前决策无法改变它，故不应轻易削减此项成本。二是约束性固定成本是实现长远目标的基础，因此，其预算期较长。

2. 酌量性固定成本

酌量性固定成本又称抉择性固定成本，是指企业领导层根据经营战略确定的期间预算而形成的固定成本。从短期看，酌量性固定成本的发生额不受企业经营水平的影响，与企业的业务量并无直接关系，这一点上和约束性固定成本很相似。不同点在于，酌量性固定成本有效期相对较短，通常为一年，而且企业领导层可以根据战略的需要或具体情况的变化而调整不同预算期的酌量性固定成本水平。研究开发费、广告费、职工培训费都是典型的酌量性固定成本项目。

由此可见，对于约束性固定成本，不能采取降低其成本总额的措施，除非改变企业的经营方向，而只能着眼于合理利用其创造的生产经营能力，提高产品质量，相对降低其单位成本；而对于酌量性固定成本，在保证不影响生产能力的前提下可以尽量减少这部分成本开支。

三、变动成本

（一）变动成本概念

变动成本是指在相关范围内其成本总额的变动与业务量之间保持正比例关系的成本。

在西方会计实务中，变动成本一般包括：生产成本中单耗稳定的直接材料，工资率稳定的直接人工，制造费用中随产量成正比例变动的物料用品费、燃料费和动力费等；销售费用中按销量支付的销售佣金、装运费和包装费等。

在我国制造业中，可以作为变动成本看待的项目有：生产成本中直接用于产品制造的、与产量成正比例的原材料、燃料及动力、外部加工费、外购半成品、按产量法计提的折旧费和单纯计件工资形式下的生产工人工资，销售（营业）费用，管理费用，财务费用中那些与销量成正比例的费用项目。

（二）变动成本的特点及性态模型

【例 2.2】 变动成本性态模型。

承接例 2.1，安达公司生产的某汽车配件，每件产品需要消耗某种原材料 1 000 元，2005 年上半年各月中汽车配件产量与原材料成本的有关资料，见表 2.2。

表 2.2　2005 上半年各月中汽车配件产量与原材料成本的有关资料

月　份	产量 x（件）	耗用材料总成本 y（元）	单位配件耗用材料成本 b（元/件）
1	400	400 000	1 000
2	500	500 000	1 000
3	600	600 000	1 000
4	700	700 000	1 000
5	800	800 000	1 000
6	900	900 000	1 000

根据上述资料，可将 2005 年上半年各月安达公司生产的汽车配件的产量与为生产配件发生的某种原材料的总成本及单位配件耗用原材料成本的关系分别用图 2.3 和图 2.4 表示。

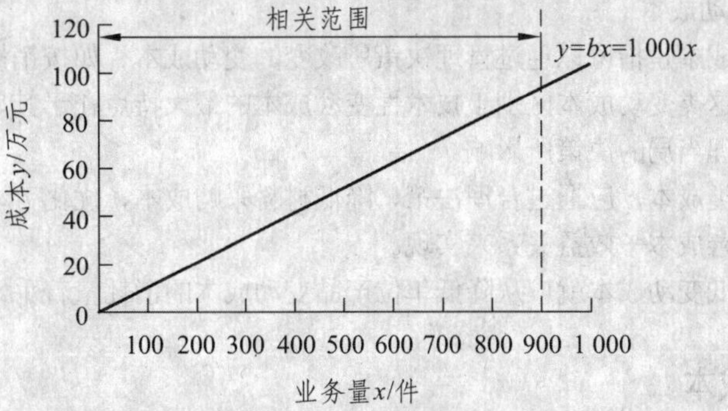

图 2.3　变动成本总额性态模型

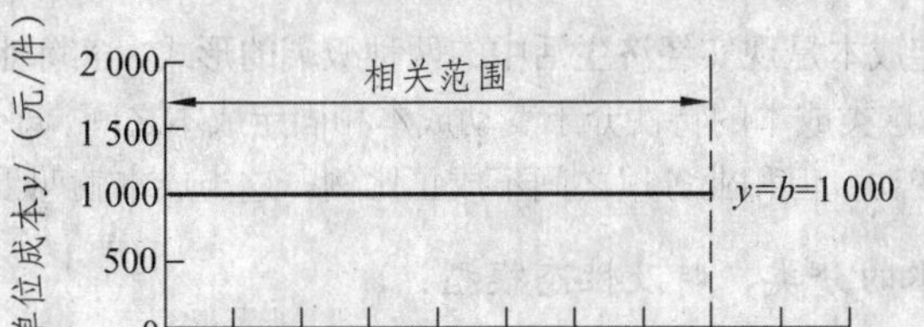

图 2.4　单位变动成本性态模型

根据上例可看出，变动成本具有以下两个特点：

(1) 变动成本总额（用 bx 表示）的正比例变动性。在平面直角坐标图上，变动成本是一条以单位变动成本为斜率的一条直线。单位变动成本越大，即斜率越大，表现为直线的坡度越陡。其总成本模型为：$y=bx$。

(2) 单位变动成本（用 b 表示）的不变性。由于变动成本总额的正比例变动性，决定了其单位变动成本不受业务量增减变动的影响而保持不变。反映在平面直角坐标图上，就是一条平行于横轴的直线，其性态模型为：$y=b$。

（三）变动成本的分类

根据成本的性质，变动成本可进一步区分为技术性变动成本（technical variable cost）和酌量性变动成本（discretionary variable cost）。区分这两类成本的意义在于寻求降低变动成本的途径。

1. 技术性变动成本

技术性变动成本是指与业务量之间存在明确的技术或实物关系的变动成本。如生产一台电脑要用一块主板、一块硬盘、一台显示器。这类成本是产品生产过程中所必然发生的成本，若企业不生产产品，其技术性变动成本则为零。

要想降低这类成本，应当通过改进设计、改革工艺技术、实现技术革新和技术革命，提高材料综合利用率、劳动生产率和产出率以及避免浪费、降低单耗实现。

2. 酌量性变动成本

酌量性变动成本是指可以通过管理决策所改变的变动成本，如按销量提取的销售佣金、商标使用费等。这类变动成本区别于技术性变动成本的最大特点在于其单位成本的发生额可以由企业高层管理当局的决策所影响。

要想降低这类成本，应通过合理决策、降低材料采购成本、优化劳动组合、严格控制制造费用开支、改善成本—效益关系来实现。

总之，要降低变动成本就应从降低单位产品变动成本的消耗量着手。

四、混合成本

（一）混合成本概念

变动成本和固定成本是现实经济生活中的两种极端的形式，实际上，大多数成本是处于两者之间的混合体。这类成本的特性介于变动成本和固定成本之间，即当业务量发生变动时，其成本总额也发生变动，但和业务量之间不成正比例。这类成本就叫混合成本。

（二）混合成本的分类、特及性态模型

混合成本与业务量的关系比较复杂，按照混合成本变动趋势的不同，又可分为阶梯式混合成本（step mixed cost）、标准式混合成本（standard mixed cost）、低坡式混合成本（slope mixed cost）和曲线式混合成本（curve mixed cost）四类。

1. 阶梯式混合成本

阶梯式混合成本又称半固定成本。这类成本的特点是：在一定业务量范围内其成本不随业务量的变动而变动，具有固定成本的特性，当业务量突破这一范围，成本就会跳跃上升，并在新的业务量变动范围内固定不定，直到出现另一个新的跳跃为止。将这种变化反映在坐标图上，其成本随业务量的增长呈现出阶梯状增长趋势。如企业化验员、保养工、质检员等人员的工资就属于这类成本。

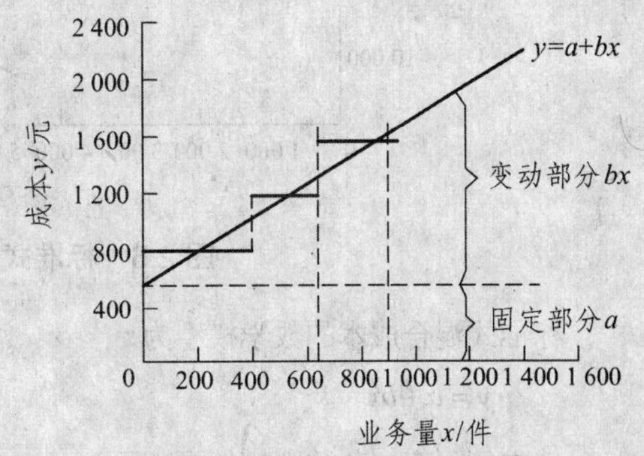

图 2.5　阶梯式混合成本性态模型

【例 2.3】　阶梯式混合成本性态模型。

甲企业每月生产的 A 产品产量在 400 件以内时，需要两名化验员，每人月工资 400 元，工资成本为 800 元。以后产量每增加 250 件，就需要在原有基础上增加一名化验员，则化验员的工资成本呈阶梯状上升，如图 2.5 所示。

阶梯式混合成本的数学模型可用分段函数来描述：

$$y = f(x) = \begin{cases} a_1, & 0 \leqslant x \leqslant x_1 \\ a_2, & x_1 < x \leqslant x_2 \\ a_3, & x_2 < x \leqslant x_3 \end{cases}$$

就本例而言，其数模型可表示为：

$$y = f(x) = \begin{cases} 800, & 0 \leqslant x \leqslant 400 \\ 1\,200, & 400 < x \leqslant 650 \\ 1\,600, & 650 < x \leqslant 900 \end{cases}$$

由于这种分段函数在进行数学处理时比较麻烦，可以设法用一个直线方程 $y = a + bx$ 来模拟它。

2. 标准式混合成本

标准式混合成本又称半变动成本。这类混合成本有一个不随业务量的变动而变动的成本额作为初始量；在此基础上的成本则类似于变动成本，和业务量的变动成正比例增减。

在实际生活中，这类成本是较为常见的。如企业的电话费用就是按固定数额计收的月租费和按通话时间及计价标准计算的通话费用两部分组成的，属于标准式混合成本；其他公用事业费用如水、电、气等费用，机器设备的维修保养费及销售人员的薪金也大多属于这类成本。

【例 2.4】　标准式混合成本性态模型。

某运输公司租人一辆大客车开展业务，合同规定，年基本租金为 20 000 元，此外客车每运行 1 km，再支付租金 0.2 元。

根据以上资料，可将该公司租用客车的运行里程和支付租金的关系用图 2.6 来表示。

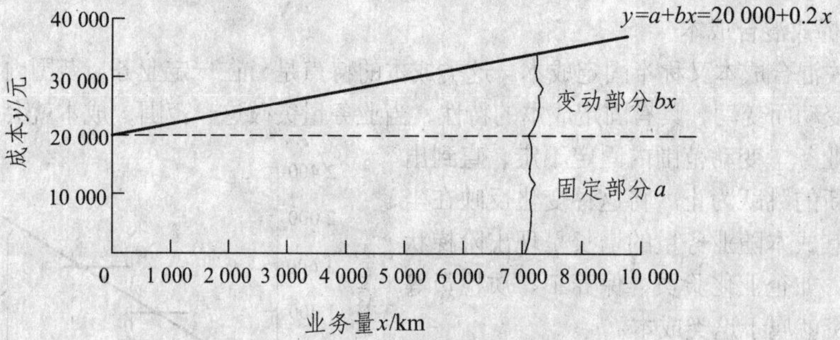

图 2.6　标准式混合成本性态模型

标准式混合成本的数学模型为：

$$y = a + bx$$

就本例而言，其数学模型可表示为：

$$y = 20\,000 + 0.2x$$

3. 低坡式混合成本

低坡式混合成本又称延期变动成本。这类成本在一定的业务量范围内其总额保持固定不变，当业务量增加到一定限度时，其超额部分的成本就随业务量成正比例变动，即变成变动成本。

在固定工资超定额计奖的工资制度下，职工在完成正常工作定额之前，无论业务量完成多少，却只能取得固定工资或基础工资；超过正常定额的职工除了可取得基础工资之外，还会得到按超定额部分和计件单价计算的超额工资。这种工资就是低坡式混合成本。此外，加班工资、浮动工资也属于这类工资。

【例 2.5】 低坡式混合成本性态模型。

某公司的装配工人执行固定工资超定额计奖的工资制度。当每月生产 A 产品的定额产量在 300 件以下时，支付 50 000 元基础工资；在此基础上，每增产 1 件 A 产品，再奖励变动性工资 100 元。

根据上述资料，可将该公司生产 A 产品的产量与该公司的装配工人工资成本的关系用图 2.7 来表示。

低坡式混合成本的数学模式可用分段函数来描述：

$$y = f(x) = \begin{cases} a_0, & 0 \leqslant x \leqslant x_0 \\ a_0 + b_0(x - x_0), & x > x_0 \end{cases}$$

就本例而言，其数学模型可表示为：

$$y = f(x) = \begin{cases} 60\,000, & 0 \leqslant x \leqslant 300 \\ 60\,000 + 100(x - 300), & x > 300 \end{cases}$$

这种分段式成本函数也可以用 $y = a + bx$ 来模拟。

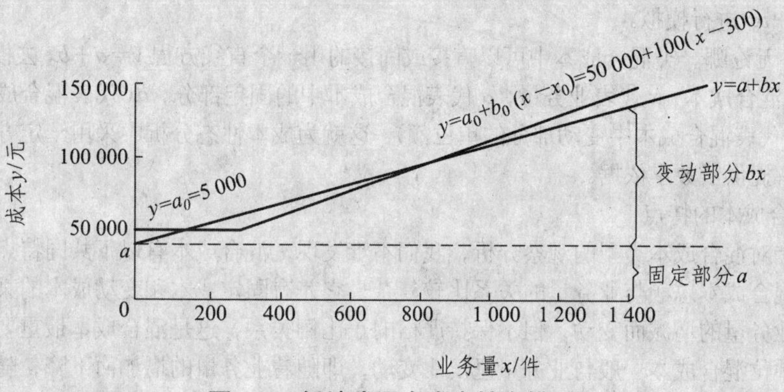

图 2.7 低坡式混合成本性态模型

4. 曲线式混合成本

曲线式混合成本通常有一个初始量，一般不变，相当于固定成本；在这个初始量的基础上，成本随业务量变动但并不存在线性关系，在平面直角坐标图上表现为一条抛物线。按照曲线斜率的不同变动趋势，这类混合成本可进一步分为以下两种类型：

（1）递减型混合成本

这类成本的特点是成本的增长幅度小于业务量的增长幅度，成本的斜率随业务量递减，反映在平面直角坐标图上是一条凸型曲线。

如热处理使用的电炉设备，每班都需要预热，因而预热而耗用的成本（初始量）属于固定成本性质，而预热后进行热处理的耗电单位成本，随着业务量的增加逐步下降，总成本呈一上凸抛物线上升。递减型混合成本的性态模型，如图 2.8 所示。

（2）递增型混合成本

这类成本的特点是成本的增长幅度随业务的增长而呈更大幅度变化，成本的斜率呈递增趋势，在平面直角坐标图上表现为一凹型曲线。如各种违约金、罚金和累进计件工资均属于这类成本。递增型混合成本的性态模型如图 2.9 所示。

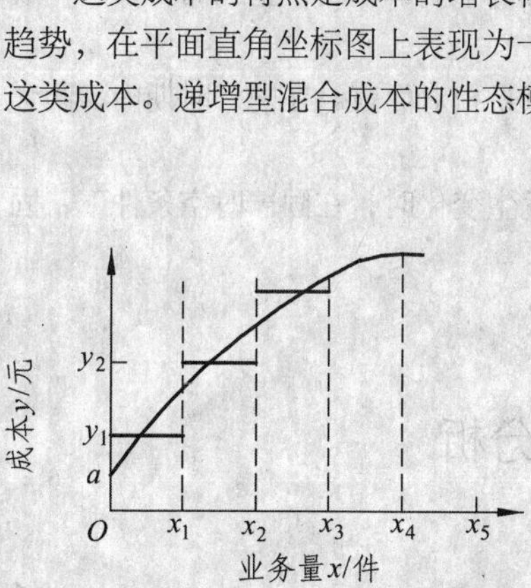

图 2.8 递减型混合成本的性态模型

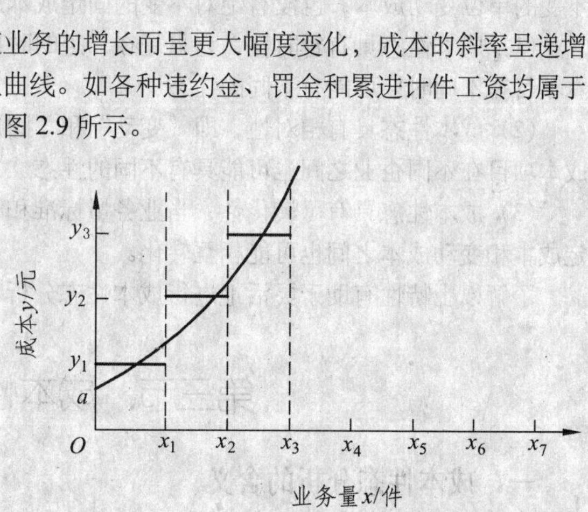

图 2.9 递增型混合成本性态模型

由于上述两种曲线式混合成本可以用阶梯式混合成本来模拟，因此，它们都可以用直线方程 $y=a+bx$ 进行模拟。

总之，无论哪一类混合成本中可以直接或间接的用一个直线方程 $y=a+bx$ 去模拟它（这里，y 代表混合成本；x 代表业务量；a 代表混合成本中的固定部分；bx 代表混合成本中的变动部分；b 代表混合成本中变动部分的单位额）。这就为成本性态分析中采用一定方法进行混合成本分解提供了数学依据。

4. 混合成本的特点

由以上对混合成本类型的观察分析，我们不难发现，混合成本有以下共同特点：

（1）混合成本总额与业务量的关系比较复杂，它兼有固定成本和变动成本的某些特征。其总额随业务量的增减而变动，但不保持严格的正比例关系，这是混合成本最重要的特征。

（2）单位混合成本一般与业务量呈反比变动，即随着业务量的增加而下降，随着业务量的减少而上升。但单位混合成本的升降幅度并不与业务量呈反比例关系。它的升降幅度一般会小于单位固定成本的升降幅度。

五、相关范围对成本性态的影响

变动成本和固定成本的“变动”和“固定”不是绝对的，必须以“一定时期”和“一定业务量”范围为前提条件。成本按性态确定为变动成本和固定成本的前提条件称为成本性态的“相关范围”。

就变动成本而言，只有单位变动成本不变，其变动成本总额才能够与产销量等业务量呈正比例变动关系，而单位变动成本只在相关范围内相对保持稳定。

就固定成本而言，只有固定成本总额不变，其单位固定成本才能够与产销量等业务量呈反比例变动关系。而固定成本总额只在相关范围内相对保持稳定。

如果从较长期和业务量的无限变动看，所有的成本总额都是混合成本，也就是没有绝对不变的单位变动成本，也没有绝对不变的固定成本总额。这说明：

（1）成本性态具有暂时性，它只是在一定的时期内保持不变。就同一企业而言，同一成本项目在不同时期可能有不同的性态。

（2）成本性态具有相对性，即“变动”和“固定”只是相对而言。在同一时期内，同一成本项目在不同企业之间也可能具有不同的性态。

（3）成本性态具有可转化性，当业务量标准和时期发生变化时，在同一时空条件下，固定成本和变动成本之间也可能相互转化。

了解以上特性有助于灵活地进行成本性态分析。

第三节 成本性态分析

一、成本性态分析的含义

成本性态分析（analysis of cost behavior）是指在成本按性态分类的基础上，按照一定程序和采用一定的方法，最终将成本总额区分为固定成本和变动成本两部分，并建立成本总额与业务量的函数关系的过程。

成本性态分析与成本按性态分类是管理会计中两个既有联系又有区别的范畴。

它们的联系在于：第一，两者的对象相同。不论是分析还是分类，都以企业的总成本为对象；第二，开展成本性态分析要以明确成本按性态分类为前提。只有了解成本按性态分类的结果，掌握固定成本、变动成本和混合成本的特性，才有可能完成成本性态分析的任务。

它们的区别是：第一，两者的性质不同。成本性态分析包括定性和定量两个方面，成本性态分类则仅仅属于定性分析。第二，两者的最终结果不同。成本性态分析的最终结果是将全部成本区分为固定成本和变动成本两个部分，并建立相应成本模型，成本按性态分类的结果是将全部成本区分为固定成本、变动成本和混合成本三大类。

二、成本性态分析的前提条件

进行成本性态分析是基于以下前提条件基础之上的。

1. 单一成本动因假设

成本性态分析是针对不同成本项目分析其成本与业务量之间的依存关系，即假定某一项目成本的发生和变化只受唯一的一个因素——业务量的影响。而事实上，企业的生产经营活动过程是复杂的，成本的发生往往受到多个因素的影响，即存在一系列的成本动因。这也是混合成本性态存在的主要原因。成本性态分析确定其中一个主要的成本动因作为自变量，因此，其分析结果只是近似的。

由于该假设，成本性态分析只能用于生产经营活动正常进行的时期。只有在正常时期，成本的发生和变化才主要取决于所确定成本动因的变化；而在非常时期，成本的发生和变化可能由其他意外因素引起，成本的发生不再是正常情况下的业务量，成本性态分析方法也将失去意义。

2. 业务量相关范围假设

成本性态分析是假设在业务量发生变化时，成本项目的固定成本总额和单位变动成本保持不变。成本与业务量间的这种对应关系只存在于一定业务量范围内，只有所分析的业务量不超出相关范围，成本性态分析的结果才是有效的。否则这种关系就会遭到破坏。如产品成本中的原材料成本一般属于变动成本，在相关范围内，原材料价格和单位产品的原材料用量保持稳定，原材料总成本和产量保持正比例变化关系。但若超出一定的业务量范围，也可能因为采购批量和采购地点的改变而引起原材料价格的变动，或由于规模效应而改变原材料用量等。总之，这些变化都会破坏原材料成本和业务量之间原有的依存关系，使线性关系变成非线性关系。

同样道理，固定成本总额不随业务量的变动而变动的特性也是相对的，超出一定的业务量范围，企业必然面临生产能力的调整、有关设备的更新等等，固定成本总额就会发生变化。混合成本的变化规律也存在同样道理的相关范围制约。

3. 业务量的相关时期假设

成本性态分析还有一个重要前提就是相关时期，相关时期的改变将使许多成本项目的性态发生变化。对于较长时期而言，所有成本都是变动的，并且这些变动和业务量之间的关系很难维持纯粹的线性关系，成本性态分析的信息和企业管理决策将完全失去其相关性。

总之，由于上述条件的客观存在，成本性态分析及其结果的应用就必须注意不超出相关范围。也正因为如此，成本性态分析只能用于短期分析，而不适用于企业的长期决策分析。

三、成本性态分析的方法

（一）成本性态分析的程序

成本性态分析的程序指完成成本性态分析任务所要经过的步骤。共有以下两种程序：

1. 分步分析程序

它属于先定性分析后定量分析的程序。在该程序下，要先对全部成本按性态进行分类；然后再进行混合成本分解，将混合成本的固定成本与单纯的固定成本合并，求出固定成本总额（假定为 $a=a_1+b_2$），将混合成本的变动部分与单纯的变动成本合并，求出变动成本总额（假定为 $bx=b_1x+b_2x$），最后建立有关成本模型 $y=a+bx$。

2. 同步分析程序

它属于定性分析与定量分析同步进行的程序。在该程序下，不需要分别进行成本按其性态分类和混合成本分解，而是按一定方法将全部成本直接一次性地区分为固定成本总额（假定为 a）和变动成本总额（假定为 bx）两部分，并建立有关成本模型 $y=a+bx$。

此程序不考虑混合成本的依据是：第一，按照单一成本动因假设，无论是总成本还是混合成本都是同一业务量 x 的函数，因此，按分步分析程序与按同步分析程序所进行性态分析的结果应是相同的；第二，在混合成本本身的数额较少，前后期变动幅度较小，对企业影响十分有限的情况下，可将其视为固定成本，以便简化分析过程。

（二）成本性态分析的方法

成本性态分析的方法是指完成成本性态分析任务必须采取的技术手段。一般地，成本性态分析有以下两大类方法：一类是定性分析法，包括账户分析法（account analysis approach）、合同确认法（contract confirm approach）、技术测定法（technical determine approach）；另一类是定量分析法，包括高低点法（high-low points method）、散点图法（scattered chart method）、回归直线法（regression line method）。

1. 定性分析法

（1）账户分析法。它是根据财务会计成本核算中各有关成本账户中成本的发生方式，首先确定变动成本、固定成本和混合成本三种形态，然后将混合成本近似地归类为变动成本或固定成本的方法。比如成本项目中的材料费直接划入变动成本，生产设备折旧费直接划入固定成本，设备修理费是混合成本，但比较接近于变动成本，因而将此项目划入变动成本。此方法在实际应用中，成本账户可以用总账或明细账。

【例 2.6】 某公司某车间的月成本见表 2.3。要求：采用账户分析法对成本进行性态分析。

表 2.3 成本性态分析——账户分析法

产量为 5 000 件时的成本								
账 户	原材料	直接人工	燃料及动力	维修费	间接人工	折 旧	行政管理	合 计
总成本（元）	10 000	12 000	4 000	2 000	2 000	8 000	2 000	40 000

分析 本例中，原材料和直接人工通常为变动成本，燃料、动力费、维修费、间接人工等虽然都会随产量变动而呈下降比例地变动，但由于我们不了解其他产量水平下的实际成本，无法对其进行成本性态分析，而只能将其先视为变动成本。行政管理费具体包括许多杂项支出，其中大部分与产量没有明显的关系，但也可能会有变动的因素。基于上述同样的原因，我们仍可将其视为固定成本。

根据以上分析，我们可将该车间的总成本分解为“固定”和“变动”两部分，并以模型 $y=a+dx$ 来描述。

其中：$a=10\,000,\quad b=\dfrac{30\,000}{5\,000}=6$

所以 $$y=10\,000+6x$$

账户分析法简单、方便，工作量较小，并且能获得关于成本和业务量依存关系的直观认识和理解，有利于成本性态分析方法的进一步利用。但由于使用这一方法，需要借助分析人员的主观判断，故不可避免地带有一些局限性：第一，该方法在确定成本性态时，仅仅依赖于某一产量水平下的一次观测值，无法反映成本随着产量变动的波动情况。因而据此进行的成本性态分析不一定能符合客观实际情况。第二，该方法在很大程度上取决于我们对某一账户成本性态的主观判断。在上例中，如果间接人工费用实际上大部分为固定费用，将使我们已得到的模型出现较大误差。所以，单纯采用账户分析法得出的结论往往是不够准确的。在实践中往往将它和其他方法结合使用。即首先采用账户分析法确定各账户的自然形态：变动成本、固定成本和混合成本；然后对混合成本项目采用后面述及的其他方法（尤其是定量分析方法）进行分解，确定其中隐含的变动成本部分和固定成本部分。从这个意义讲，账户分析法就成为其他分析方法的基础。

总体来看，虽然账户分析法在确定个别的成本项目上可能不是那么准确，但是，当企业绝大多数的成本项目都能肯定其属于固定成本或变动成本的情况下，是可以用它来进行成本性态分析的。当然在采用此法时，必须注意排除那些发生在会计期间的某些无效的以及不正常的支出，否则就会直接影响成本性态分析的准确性。

（2）合同确认法。它是根据企业与供应单位签订的各种合同、契约，以及企业内部既定的各种管理和核算制度中所明确规定的计费方法，分别确认哪些费用属于固定成本，哪些费用属于变动成本的方法。这种方法特别适用于有明确计算方法的各种初始量变动成本，如电费、水费、煤气费、电话费等各项公用事业费。其账单上的基数即为固定成本，而按耗用量多少计价部分则属于变动成本。

【例 2.7】 成化公司与本市供电局在订立合同中规定：成化公司每月需支付供电局的变压器维护费 600 元，每月用电额度 50 000 度。在额度内每度电费为 0.20 元，如超额用电则按正常电价 10 倍计算。若成化公司每月照明用电平均为 1 000 度，另生产 A 产品时，平均每件耗电 7 度。要求：为成化公司分别确定在用电额度内以及超额用电时的固定成本总额和变动成本总额各为多少？

分析 ① 首先计算在每月用电额度内生产 A 产品的最高产量：

$$\text{用电额度内A产品的最高产量}=\frac{\text{用电额度}-\text{照明用电量}}{\text{A产品每件耗电量}}$$

$$=\frac{50\,000-1\,000}{7}=7\,000\ (\text{件})$$

② 建立电费在额度内的混合成本模型：

$$y=a+bx=(600+0.20\times 1\,000)+(0.2\times 7)x$$
$$=800+1.4x\quad (0\leqslant x\leqslant 7\,000)$$

③ 建立电费在额度以上的混合成本模型：

$$y=(800+1.4\times 7\,000)+0.20\times 10\times 7\times (x-7\,000)$$
$$=-87\,400+14x\quad (x>7\,000)$$

合同确认法应用简单、方便，并且分析结果较为客观和准确。但这种方法一般只适用于有明确计算方法和规定的混合成本项目。如前面所述的阶梯式混合成本、标准式混合成本和低坡式混合成本等都可以用此法进行成本性态分析。

(3) 技术测定法。它是由工程技术人员通过某种技术方法测定正常生产流程投入—产出之间的规律性的联系，以便逐项研究决定成本高低的每个因素，并在此基础上直接估算出固定成本和单位变动成本的一种方法，也叫工程技术法、工业工程法。

采用该方法的关键之处，在于准确测定反映在一定生产技术和管理水平条件下，投入的成本与产出的数量之间有规律性联系的各种消耗量标准。如生产一定数量产品所需耗用的各种原材料的重量、机器小时、特定技术等级的人工小时等。将这些数量标准乘以相应的单位价格，便可得到各项标准成本，例如企业详细的工程设计说明书，一般都包括制造某种产品所需的各种原材料及标准耗用量，只要将其乘以原材料价格，即可高度准确地测定原材料成本是多少。根据工程设计说明书与时间动作研究，就可以准确地测定生产流程中每一步骤所耗费的时间（即人工小时），再将其乘以小时工资率，便可得到单位产品的标准人工成本。

【例 2.8】 成化公司新购置的热处理设备，其电耗属于混合成本，没有历史成本资料。据技术人员介绍，该设备每天使用前需要预热，耗电 5 度，每使用一小时耗电 20 度。假设电费为 1.5 元/度，要求：对每月电耗总成本与机器工作小时进行成本性态分析。

分析 设该月电耗总成本为 y，机器小时为 x，则

固定成本为：　$5\times1.5\times30=225$（元）

变动成本为：　$20\times1.5x=30x$

该项设备每月的电耗成本性态模型为：

$$y=225+30x$$

技术测定法适用于任何从客观立场进行观察的投入—产出过程，且产品的投入量与产出量的关系比较稳定。除上面提到了直接材料、直接人工外，也可用于办公室、装运、仓库等非制造成本的测定。

采用技术测定法，必须注意以下两点：

（1）技术测定法只有在能够测定出固定成本总额和单位变动成本的前提条件下才可行。否则，只能通过测定一系列成本与业务量的相关数据采用回归分析法再进行分析。

（2）如果技术测定法所花代价较大，应根据成本—效益原则进行取舍。

但需要说明的是，此方法是根据生产过程中工程技术特点来确定消耗量与业务量之间的依存关系，使成本性态分析有可靠而科学的依据，是在没有历史成本数据条件下可以采用的最佳成本性态分析方法。

2. 定量分析法

在企业生产经营过程中的一些技术因素保持不变的条件下，历史成本信息中所反映的成本与业务量之间的关系往往可以代表现在和未来的成本性态。根据这一基本认识，我们可以用一定的数学方法对历史成本资料进行定量分析，把混合成本和业务量之间本来的非线性关系近似地表达为线性关系，从而确定混合成本中的固定成本总额和单位变动成本因素。这即是定量分析法的一般原理。

如果以 y 代表混合成本总额，x 代表业务量，a 代表固定成本总额，b 代表单位变动成本，此时混合成本的性态模型可表示为：$y=a+bx$。

该法要求企业资料齐全，成本数据与业务量的资料要同期配套，具有相关性，并以企业的历史成本与未来成本具有相似性为前提。为此要注意以下三点：第一，所收集的数据是否因为会计政策的变化而产生较大的偏差，因为期间的成本性态与该期的会计政策密切相关；第二，选择恰当的期间，以便能消除期限较长带来的不稳定状态的影响，又能使所选择的期间可保证获得较为精确可靠的成本数据；第三，要选择适宜的业务量的计量单位。

由上述可看出，此法比较适用于生产条件较为稳定、成本水平波动不大以及有关历史资料比较完备的老企业。

定量分析法主要有高低点法、散点图法和回归分析法三种：

（1）高低点法。它是指通过观察一定相关范围内的各期业务量与相关成本构成的所有坐标点，从中选出高低两点坐标，并据此来推算固定成本总额（或混合成本中的固定部分）a 和单位变动成本（或混合成本中的变动部分的单位额）b 的一种成本性态分析方法。

下面举例说明高低点法的步骤：

【例 2.9】 成化公司 2005 年上半年各月的 A 产品产量与制造费用的资料见表 2.11。要求：用高低点法进行混合成本分解，并建立相应的制造费用性态模型。

表 2.4　A 产品产量与制造费用资料

月　份	产量 x（件）	制造费用 y（元）
1	400	100 000
2	500	110 000
3	600	125 000
4	625	130 000
5	800	150 000
6	750	150 100

分析　第一步：确定高低点坐标。

从由各期业务量与相关成本所构成的所有坐标中，找出最高业务量（假设为 $x_1=\max\limits_{1\leqslant i\leqslant n}\{x_i\}$，及同期成本（假设为 y_1）组成的高点坐标（$\mathrm{TR}'(x)=24$）和由最低业务量（假设为 $x_2=\min\limits_{1\leqslant i\leqslant n}\{x_i\}$）及同期成本（假设为 y_2）组成的低点坐标（x_2, y_2）。

本例中，根据上述资料可断定，高点坐标为（800，150 000）；低点坐标为（400，100 000）。需要说明的是，选择高低点坐标应按自变量业务量的高低为标准，而不是按因变量成本的高低来选择。本例中第 6 月的成本虽然最高，但不能以该期数据作为最高点坐标。

第二步：计算 b 值。

根据高低点坐标值计算单位变动成本（或混合成本的变动部分的单位额）b：

$$b=\frac{y_1-y_2}{x_1-x_2}$$

本例中，$b=\dfrac{150\,000-100\,000}{800-400}=125$（元/件）

第三步：计算 a 值。

计算固定成本（或混合成本的固定部分）a，只需将低点或高点的坐标值和 b 值代人下式即可：

$$a=y_i-bx_i\ \ (i=1\text{或}2)$$

本例中，$a=150\,000-125\times800=50\,000$（元）

或　$a=100\,000-125\times400=50\,000$（元）

第四步：建立成本性态模型。

将 a 和 b 的值代入：

$$y=a+bx$$

本例中，将 $a=50\,000$，$b=125$ 代人 $y=a+bx$，即建立的制造费用性态模型为：

$$y=50\,000+125x\ (400\leqslant x\leqslant 800)$$

需要说明的是，由高低点法得出的性态模型只适用于相关范围内的情况，即 $x_2\leqslant x\leqslant x_1$。就本例而言，只适用于业务量在 400～800 件（$400\leqslant x\leqslant 800$）的相关范围，超出该范围性态模型不再适用。

高低点法的优点是简便易行，便于理解。但由于它采用最高、最低两个极端点的情况来代表整体情况，不免有以偏概全之嫌，因而不太准确。为保证一定的准确度，应用此方法时，要求最高点和最低点的混合成本必须反映正常的成本水平，不能有异常情况。因此，它比较适用于作业消耗稳定的企业。

（2）散点图法。它是通过将一定时期的历史成本资料在坐标图上分别描绘出每一业务量和相应的混合成本所对应的坐标点，各成本点形成散点图。然后通过目测画出一条近似地反映混合成本平均变动趋势的成本趋势直线，据此来推算固定成本（或混合成本中的固定部分）a 和单位变动成本（或混合成本中变动部分的单位额）b 的一种成本性态分析方法。

下面举例说明散布图法的步骤：

【例 2.10】 仍按例 2.9 的资料。要求：用散点图法进行混合成本分解，并建立相应的制造费用性态模型。

分析 第一步：标出散点。

将各期业务量与相应成本的历史资料作为点的坐标标注在平面直角坐标图上。

就本例，就是将 6 个月的成本点坐标分别标在平面坐标纸上，形成散布图，如图 2.10 所示。

第二步：画线。

据目测画一条直线，使其尽可能通过或接近所有坐标点。

就本例：画线如图 2.10 所示。

第三步：读出 a 值。

在纵轴上读出该直线的截距值，即固定成本总额（或混合成本的固定部分）a。

就本例，从图 2.10 上所画直线截距 a 的读数为 45 500。

第四步：在直线上任取一点 P，测出其坐标值为（x_P，y_P）。

就本例，在直线上任取一点 P，测出其坐标为（600，125 000）。

第五步：求 b。

计算单位变动成本（或混合成本的变

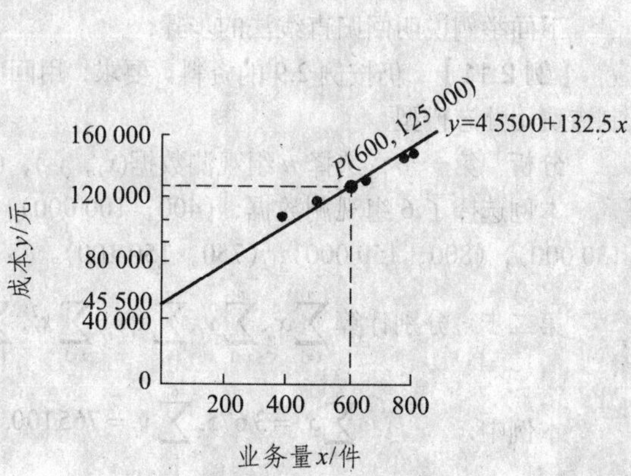

图 2.10 散点图

动部分的单位额）b，需将 x_P 和 y_P 的值代入：

$$b=\frac{y_P-a}{x_P}$$

本例中，$b=\dfrac{125\,000-45\,500}{600}$=132.50（元/件）

第六步：建立成本性态模型。

将 a、b 值代入：

$$y=a+bx$$

即建立了成本性态模型。

本例中，将 $a=45\,500$，$b=132.50$ 代入 $y=a+bx$，得到成化公司制造费用性态模型为：

$$y=45\,500+132.5x$$

运用散点图法时应注意尽可能使所画直线具有代表性，因而应使成本布点比较均匀地分布在直线的两侧，而对于个别异常的成本点，可不予考虑。

散点图法的优点是：从图上能剔除不正常因素的影响，使由此得出的成本性态模式能大致反映混合成本和业务量之间的对应关系，弥补了高低点法的不足；同时，用图表示更易于理解。但由于成本趋势直线是用目测决定的，往往不够准确；同时，目测因人而异，常有一定的主观随意性。

(3) 回归直线法。它亦称最小二乘法。它是利用微分极值原理对若干期全部业务量与成本的历史资料进行处理，并据此来推算固定成本（或混合成本中的固定部分）a 和单位变动成本（或混合成本中变动部分的单位额）b 的一种成本性态分析方法。从理论上讲，这是定量分析法中最精确和科学的一种方法。

下面举例说明回归直线法的步骤：

【例 2.11】 仍按例 2.9 的资料。要求：用回归直线法进行混合成本分解，并建立相应的制造费用性态模型。

分析 第一步：选择 n 组观测数据(x_1,y_1)，(x_2,y_2)，…，(x_n,y_n)。

本例选择了 6 组观测数据：(400，100 000)，(500，110 000)，(600，125 000)，(625，130 000)，(800，150 000)，(750，150 100)。

第二步：分别计算 $\sum_{i=1}^{n}x_i,\sum_{i=1}^{n}y_i,\sum_{i=1}^{n}x_iy_i,\sum_{i=1}^{n}x_i^2,\sum_{i=1}^{n}y_i^2$。

本例中：

$$\sum_{i=1}^{6}x_i=3\,675,\sum_{i=1}^{6}y_i=765\,100,\sum_{i=1}^{6}x_iy_i=483\,825\,000,\ \sum_{i=1}^{n}x_i^2=2\,363\,125,$$

$$\sum_{i=1}^{n}x_i^2=2\,363\,125,\sum_{i=1}^{6}y_i^2=99\,655\,010\,000。$$

第三步：计算相关系数。

$$r=\frac{n\sum_{i=1}^{n}x_iy_i-\sum_{i=1}^{n}x_i\sum_{i=1}^{n}y_i}{\sqrt{n\sum_{i=1}^{n}x_i^2-\left(\sum_{i=1}^{n}x_i\right)^2][n\sum_{i=1}^{n}y_i^2-\left(\sum_{i=1}^{n}y_i\right)^2}}$$

可以证明 $-1\leqslant r\leqslant 1$。由于成本是业务量的增函数，通常认为 $r\geqslant 0.8$ 时，成本与业务量有较密切的依存关系，也即成本与业务量高度正相关。这时可求出

$$b=\frac{n\sum_{i=1}^{n}x_iy_i-\sum_{i=1}^{n}x_i\sum_{i=1}^{n}y_i}{n\sum_{i=1}^{n}x_i^2-\left(\sum_{i=1}^{n}x_i\right)^2}$$

再求出 $a=\dfrac{\sum_{i=1}^{n}y_i-b\sum_{i=1}^{n}x_i}{n}$。

本例中：

$$r=\frac{6\times 483\,825\,000-3\,675\times 165\,100}{\sqrt{(6\times 2\,363\,125-3675^2)\times(6\times 99\,655\,010\,000-765\,100^2)}}\approx 0.992\,26>0.8$$

说明制造费用（y）与产量（x）高度正相关。所以

$$b=\frac{6\times 483\,825\,000-3\,675\times 765\,100}{6\times 2\,363\,125-3\,675^2}\approx 135.5$$

$$a=\frac{7\,651\,000-135.5\times 3\,675}{6}\approx 44\,522.92$$

第四步：建立成本性态模型。

$y=a+bx$

本例中，制造费用的成本性态模型为：

$y=44\,522.92+135.5x$

回归直线法，在有历史数据的情况下是最为实用的一种成本性态分析方法，但计算工作量较大，比较麻烦。但在计算机技术飞速发展的今天，此缺陷易被克服，从而更增加了回归直线法的实用性。但是，如果没有历史数据或历史数据太少，就得另寻他路了。

四、成本性态分析的意义及存在的问题

（一）成本性态分析的意义

成本性态分析为管理会计其他许多分析方法的实际应用奠定了基础。因而进行成本性态分析，在企业经营管理中具有十分广泛和重要的意义。

1. 成本性态分析是采用变动成本计算法的前提条件

进行变动成本计算的首要条件就是将企业在一定时期内发生的所有成本划分为固定成本和变动成本两大类。在此基础上，将与产量变动成正比例变动的生产成本作为产品成本，并据以确定已销产品的单位成本，以及作为期末存货的基础；而将与产量变动无关的所有固定成本作为期间成本处理，全额从当期的销售收入中扣除，并由此计算出企业各期间的损益。可见，进行成本性态分析，正确区分变动成本与固定成本，是进行变动成本计算的基础。

2. 成本性态分析为本量利分析提供了方便

本量利分析历来被认为是管理会计的基础分析方法而被广泛应用。在分析中所使用成本函数，就需要对过去的数据进行分析研究，并在此基础上进行成本性态分析。若不经过此程序，就不可能确定成本性态模型，也就无法进行本量利分析。

3. 成本性态分析结果可直接用于成本预测

利用成本性态模型可以直接进行未来时期的成本预测。例如，如果根据历史成本资料确定企业某项成本模型为 $y=a+bx$，我们只需根据企业预算的计划期的业务量，就可以根据上述成本模型预测计划期内企业的某项成本总额。

4. 成本性态分析是正确制订经营决策的基础

在短期经营决策中，为分清相关成本和非相关成本，首先需要按其性态将成本划分为固定成本和变动成本。固定成本既然不随业务量的变动而变动，那么在短期经营决策中大多属于非相关成本；而变动成本在大多数情况下属于相关成本。正确理解这一概念，是进行短期经营决策的关键。此外，在经营决策中还必须应用许多特殊的成本概念，而这些成本概念大多是建立在按性态进行分类的基础上的。

5. 成本性态分析有助于加强成本控制和正确进行业绩评价

一方面，成本按性态分类为采用正确的成本控制方法提供了依据。一般而言，固定成本采用总额控制的方法，而变动成本的控制重点在于单位成本。另一方面，成本性态分析为成本责任的归属提供了依据。对于生产的基层单位来说，大多数变动成本属于可控成本，而固定成本一般为较高层次的管理部门的可控成本。成本控制和业绩评价是管理中的重要环节，关于成本性态分析在其中的具体应用将在以后的相应章节介绍。

（二）成本性态分析存在的问题

1. “相关范围”的限定有局限性

如前所述，固定成本和变动成本的成本性态，只是在一段有限的期间和一个有限的业务量范围之内才是正确的。这一限定本身，就使成本性态的分析研究不可避免地带有一定的假定性。

2.“成本与业务量之间呈完全线性关系”的有关假设，不可能完全切合实际

我们进行成本性态分析是假定在相关范围内，成本的变动率是线性的，因而可用模型 $y=a+bx$ 来描述成本性态。但在许多情况下，成本与业务量之间的关系是非线性的。若要准确地描述其实际成本性态，就需要用非线性函数模型来反映，这样得出的模型可能相当复杂。对此我们不妨举例说明。

【例 2.12】 仍按例 2.9 的资料。要求：用非线性回归法进行混合成本分解，并建立相应的制造费用性态模型。

分析 为使相关性态模型更准确，我们可以用下列模型来描述制造费用的性态关系：

$$y=a+bx+cx^2$$

根据“误差平方和最小”原理，必须使误差平方和 $\left\{Q=\sum_{i=1}^{n}[y_i-(a+bx_i-cx_i^2)]^2\right\}$ 最小。

对 a、b、c 求偏导数并假设为 0，即

$$\begin{cases}-2\sum_{i=1}^{n}(y_i-a-bx_i-cx_i^2)=0\\-2\sum_{i=1}^{n}x(y-a-bx-cx^2)=0\\-2\sum_{i=1}^{n}x_i^2(y_i-a-bx_i-cx_i^2)=0\end{cases}$$

计算得：

$$\begin{cases}\sum_{i=1}^{n}y_i=na+b\sum_{i=1}^{n}x_i+c\sum_{i=1}^{n}x_i^2\\\sum_{i=1}^{n}x_iy_i=a\sum_{i=1}^{n}x_i+b\sum_{i=1}^{n}x_i^2+c\sum_{i=1}^{n}x_i^3\\\sum_{i=1}^{n}x_i^2y_i=a\sum_{i=1}^{n}x_i^2+b\sum_{i=1}^{n}x_i^3+c\sum_{i=1}^{n}x_i^4\end{cases}$$

将企业相关历史数据代入上式，即可求得 a、b、c 值，从而可确定模型：

$$y=a+bx+cx^2$$

就本例：

$$\sum_{i=1}^{6}x_i=3\,675,\sum_{i=1}^{6}y_i=765\,100,\sum_{i=1}^{6}x_iy_i=483\,825\,000,\sum_{i=1}^{6}x_i^2=2\,363\,125,$$

$$\sum_{i=1}^{6}x_i^2y_i=319\,712\,500\,000,\sum_{i=1}^{6}x_i^3=1\,574\,015\,000,\sum_{i=1}^{6}x_i^4=1\,096\,293\,000\,000$$

所以

$$\begin{cases}765\,100=6a+3\,675b+2\,363\,125c\\483\,825\,00=3\,675a+2\,363\,125b+1\,574\,015\,000c\\319\,712\,500\,000=2\,363\,125a+1\,574\,015\,000b+1\,096\,293\,000\,000c\end{cases}$$

经计算得知：

$$a \approx 59\,422.354,\ b \approx 78.380,\ c \approx 0.051$$

所以，制造费用的成本性态模型为：

$$y = 59\,422.354 + 78.380x + 0.051x^2$$

若 $x = 400$，则

$$y = 98\,934.354 \rightarrow 100\,000$$

而前面推算的线性模型为：

$$y = 44\,522.92 + 135.5x$$

将 $x = 400$ 代入，则

$$y = 98\,722.92 \rightarrow 100\,000$$

显然非线性模型比线性模型更接近实际。但非线性模型要使用二级方程或高级方程来描述。如果当引起成本变动的变量不止一个时（如成本变动同时依存于人工小时和机器工作小时这两个变量），就要使用多元线性模型来描述。而建立这些模型，往往要花费很多的时间和精力。因此，为了得到这些信息，其付出的代价还需与得到和利用它可能带来的好处进行权衡比较，才能确定取舍。

☞案　例　　ABC 股份有限公司成本性态分析案例

一、基本案情

ABC 股份有限公司本年度计划产销某产品 10 万件，固定成本总额为 30 万元，计划利润为 10 万元。实际执行结果是，产销该种产品 12 万件，成本与售价均无变动，实现利润 12 万元。

二、案例分析要点

要求：试对该公司本年度的利润计划完成情况作出评价。

分析此案例需按以下要点进行：

(1) 固定成本总额在一定时期及一定产量范围内，不直接受产量变动的影响，而保持固定不变，但按照成本习性，单位产品中所含的固定成本应随产量的增加而反比例减少。

(2) 由于成本与售价均无变动，故每件产品固定成本中的降低数，即为利润的增加数。

(3) 将由于每件产品固定成本的降低数及产量增加所引起的应该增加利润数额与实际情况对比，评价该公司本年度利润计划完成情况。

三、案例分析

(1) 按传统会计的观点来说，由于每件产品的计划利润为 1 元，现超产 2 万件，增加利润 2 万元，就是超额 20%完成了利润计划，实现了利润同产量（产值）的同步增大。

（2）从管理会计的观点来看，由于本年度实际产量 12 万件，较计划产量增长 20%，固定成本总额不变，因此

原每件产品的固定成本为：300 000/100 000＝3（元）

现每件产品的固定成本为：300 000/120 000＝2.5（元）

即每件产品就降低固定成本 0.05 元。由此，企业本年度的利润增加数应为：

① 由于每件产品固定成本降低而增加的利润：

0.5×120 000＝60 000（元）

（2）由于产量增加而增加的利润：

1×20 000＝20 000（元）

故合计 80 000（元）。可见，企业实际实现利润应比计划增加 80 000 元，即达到 180 000 元，才能同企业的产量相适应；而实际上，企业只实现了 120 000 元的利润，相差 60 000 元。因此，我们可以得出结论，该企业本年度利润计划的完成情况是不理想的，企业一定还存在着一些问题。

四、问题探讨

通过本例，试想一想说明了什么问题？

本例旨在说明成本按性态分类在企业业绩评价中的重要作用。

传统会计制度，并不将成本记录为固定或变动，成本系以支出之性质汇总。例如某公司耗用间接材料，则该项金额系以制造费用汇录，而非以固定成本或变动成本记录。事实上，一公司主管欲控制成本，或使公司价值最大化，必须了解各种作业水平下，成本是否跟随变动，成本如确实随作业之变动而变动，则必须了解其变动之幅度，如此管理人员方能从事适当的规划、分析。

课后练习

一、单项选择题

1. 某企业生产中需要的检验员同产量有着密切的关系，经验表明，每个检验员每月可检验 1 200 件产品，则检验员的工资成本属于（　　）。

A. 半变动成本　　B. 阶梯式成本

C. 延期变动成本　　D. 曲线变动成本

2. 混合成本可以用直线方程 $y=a+bx$ 模拟，其中 bx 表示（　　）。

A. 固定成本　　B. 单位变动成本

C. 变动成本总额　　D. 单位固定成本

3. 已知某项成本的习性模型为：$y=1\,000+2x$，当业务量 x 由 1 000 单位上升为 2 000 单位时，该项成本的增加量为（　　）。

A. 3 000　　B. 5 000　　C. 2 000　　D. 1 000

4. 对于制造企业来说，属于期间成本而不属于产品成本的项目有（　　）。

A. 生产工人的工资　　　　　　　　　B. 销售人员的工资

C. 生产设备的折旧费　　　　　　　　D. 直接材料

5. 成本性态是指（　　）之间在数量方面的依存关系。

A. 成本绝对量与相对量　　　　　　　B. 成本实物量和空间量

C. 成本时间量和空间量　　　　　　　D. 成本总额与特定业务量

6. 变动成本是（　　）。

A. 不受业务量影响的成本　　　　　　B. 相关范围内单位成本不变的成本

C. 相关范围内总额不变的成本　　　　D. 不受期间影响的成本

7. 当业务量增加时，固定成本会（　　）。

A. 增加　　　　B. 减少　　　　C. 保持不变　　　　D. 以上都不对

8. 在相关范围内，（　　）是企业固定成本的内容。

A. 计时工资　　B. 直线法折旧　　C. 计件工资　　D. 以上都不对

9. 在平面直角坐标图上，固定成本线是一条（　　）。

A. 以单位变动成本为斜率的直线　　　B. 反比例曲线

C. 平行于 x 轴的直线　　　　　　　D. 平行于 y 轴的直线

10. 下列费用中，由于管理当局决策行为，可调整变动的固定成本有（　　）。

A. 固定资产的折旧费　　　　　　　　B. 销售人员保底工资

C. 融资租赁费　　　　　　　　　　　D. 经营性租赁

11. 下列资料中，（　　）可用于高低点法的分析。

A. 成本与业务量为非同期数据　　　　B. 相关的资料之间有相等的时间间隔

C. 受到偶然因素干扰的资料　　　　　D. 以上都不对

二、多项选择题

1. 在相关范围内，变动成本具有的特征包括（　　）。

A. 单位变动成本不变性　　　　　　　B. 单位变动成本的反比例变动性

C. 变动成本总额的不变性　　　　　　D. 变动成本总额的同比例变动性

2. 下列属于约束性固定成本的有（　　）。

A. 科研开发费　　　　　　　　　　　B. 固定资产折旧

C. 职工培训费　　　　　　　　　　　D. 财产保险

3. 下列说法正确的有（　　）。

A. 所谓成本性态，是指成本总额与产量之间的依存关系

B. 固定成本的稳定性是没有条件的

C. 混合成本可以分为半固定成本和半变动成本

D. 混合成本介于固定成本和变动成本之间，可以分解为固定成本和变动成本两部分

三、判断题

1. 固定成本是指在特定的产量范围内不受变动的影响，但是不能认为在一定期间内总额保持固定不变。（　　）

2. 酌量性固定成本的发生额根据企业的经营方针由经理人员决定，可以认为产量决定酌量性成本。（　）

3. 高低点法，是根据历史成本资料中成本最高期和成本最低期的成本以及相应的产量，推算单位产品的增量成本，然后根据总成本和单位变动成本来确定固定成本的一种成本估计方法。（　）

4. 如果总成本＝固定成本＋单位变动成本×产量，并且在相关范围内，则单位产品的增量成本就是单位变动成本。（　）

5. 单位变动成本一般会随业务量变动而相应变动。（　）

四、计算分析题

1. 以下是石林工厂历史上发生的各种费用项目名称：

（1）直接材料；（2）间接材料；（3）直接人工；（4）间接人工；（5）工厂的公用事业费；（6）工厂的财产税；（7）销售人员用的汽车租金；（8）销售人员的招待费；（9）机器用的润滑剂；（10）坏账；（11）全体职工的奖金税；（12）广告费；（13）机器维修费；（14）生产设备折旧费；（15）全厂资产保险费；（16）产品运出费用；（17）停工工资。

要求：（1）分别说明上述各项目，哪些属于制造成本？哪些属于非制造成本？

（2）分别说明上述各项目，哪些属于变动成本？哪些属于固定成本？哪些属于混合成本？

2. 设某厂只生产一种产品，产量在一定范围内变动，对成本的影响见下表 2.5（有关数字自行计算后填入）。

表 2.5　产量变动对成本的影响

产　量（件）	总成本（元）				单位成本（元/件）			
	固定	变动	混合	合计	固定	变动	混合	合计
0	1 500	0	200		—	—	—	—
250	1 500	250	325					
500	1 500	500	450					
750	1 500	750	575					
1 000	1 500	1 000	700					

要求：根据上表中的有关数字，将其总成本（区分为“固定”“变动”“混合”和“合计”四项）和单位成本（同样区分为“固定”“变动”“混合”和“合计"四项）在图上进行反映。

3. 下表是三友公司 2006 年和 2007 年简略损益表的有关资料，假定期初、期末无存货，两年的销售单价及成本水平均无变动。

表 2.6　三友公司损益表

项　目	2006 年度		2007 年度	
销售收入		200 000		300 000
销售成本:				
直接材料	40 000		?	
直接人工	50 000		?	
变动制造费用	20 000		?	
固定制造费用	?	?	?	?
销售毛利		40 000		?
销售和管理费用:				
变动部分	?		?	
固定部分	14 000	?	?	?
净利		10 000		?

要求：根据上述已知的有关资料，结合成本性态原理，将损益表中的空白部分填入正确的数据。

5. 迅捷运输公司专门提供货运服务，用一辆卡车运输。资料表明某年内货运里程为 105 000 公里时，每公里的运输成本为 11.4 元，货运里程为 70 000 公里时，运输成本为 13.4 元。要求：

（1）计算该公司卡车作业全年成本中的变动成本及固定成本；

（2）若该公司某年内货运里程为 80 000 公里，计算总运输成本。

6. 平和公司 2009 年上半年的业务量与电费（混合成本）资料见表 2.7。

表 2.7　平和公司业务量与电费资料

月　份	业务量（千机器小时）	电费（元）
1	60	110
2	80	115
3	40	85
4	70	105
5	90	120
6	50	100

要求：（1）用高低点法求该公司的电费成本公式。

（2）用散布图法求该公司的电费成本公式。

（3）用最小二乘法求该公司的电费成本公式。

7. 百佳公司 2006 年下半年各月的机器设备维修费资料见表 2.8。

表 2.8　百佳公司机器设备维修费资料

月　份	业务量（千机器小时）	维修费（元）
1	40	580
2	32	500
3	52	700
4	48	660
5	56	740
6	44	625

要求：（1）根据上述资料采用高低点法将维修费分解为固定成本和变动成本，并写出成本公式。

（2）根据上述资料采用回归直线法将维修费分解为固定成本和变动成本，并写出成本公式。

（3）2007 年 1 月，该公司计划使用机器时数为 55 千机器小时，则预计的机器设备维修费应为多少？

8. 沙林公司 2007 年 12 个月中最高产量、最低产量、最高制造费用、最低制造费用的有关资料列示，见表 2.9。

表 2.9　沙林公司 2007 年有关资料

产量	2 月	4 月	7 月	10 月
产量（千件）	600	510	420	570
制造费用（千元）	3 160	2 800	2 450	2 650

制造费用中包括变动成本、固定成本和混合成本，经分析，各成本组成情况如下：

单位变动成本（元）　0.5

固定成本总额（千元）　260

要求：（1）根据上述资料，采用高低点法将该公司的混合成本分解为变动成本与固定成本，并写出混合成本的公式。

（2）若该公司 2008 年 1 月计划产量为 580 千件，则它的制造费用总额预计为多少？

9. 设成化公司产量和业务费用成本见表 2.10。

表 2.10 成化公司产量和业务费用成本

产量（万件）	费用（元）
12	260
15	270
10	230
9	220
8	220
14	260

要求：采用散布图法计算单位变动成本。

10. 某企业生产和销售甲产品，过去几年的相关数据见表 2.11。

表 2.11 相关数据

年度	产量 x（万件）	混合成本 y（万元）	xy	x^2
1	40	8 800	352 000	1 600
2	42	9 100	382 200	1 764
3	45	9 600	432 000	2 025
4	43	9 300	399 900	1 849
5	46	10 800	496 800	2 116
6	50	10 500	525 000	2 500
$n=6$	$\sum x=266$	$\sum y=58\ 100$	$\sum xy=2\ 587\ 900$	$\sum xx=11\ 854$

要求：(1) 用高低点法确定固定成本；

(2) 用回归直线法确定固定成本。并说明与高低点法计算结果出现差异的主要原因。

五、案例分析

案例 2.1

一、基本案情

ABC 股份有限公司本年度计划产销某产品 10 万件，固定成本总额为 30 万元，计划利润为 10 万元。实际执行结果是，产销该种产品 12 万件，成本与售价均无变动，实现利润 12 万元。

二、案例分析要点

要求：试对该公司本年度的利润计划完成情况作出评价。

案例 2.2

成都某化工厂是一家大型企业。该厂在从生产型向生产经营型的企业转型的过程中，从厂长到车间领导再到生产工人都非常关心生产实际。但过去往往要到月末才能知道月度的生产情况，这显然不能及时掌握生产信息，特别是成本和利润两大指标，如果心中无数，那便不能及时地在生产过程各阶段进行控制和调整。该厂根据他们的实际情况，决定采用量本利分析的方法来预测产品的成本和利润。

他们首先以五车间为试点。该车间主要生产环氧丙锭和丙乙醇产品。按成本与产量变动的依存关系，他们把工资费用、附加费、折旧费和大修理费等列作固定费用（约占总成本10%），把原材料、辅助材料、燃料等生产费用其他要素作为变动费用（约占成本 65%），同时把水电费、蒸汽费、制造费用、管理费用（除折旧以外）列作半变动费用，因为这些费用与产品的产量无直接比例关系，但也不是固定不变的（约占总成本的 25%）。

按照 2006 年 1～5 月的资料，总成本、变动成本、固定成本、半变动成本和产量见表 2.12。

表 2.12　2006 年 1～5 月各成本和产量资料

月 份	总成本（万元）	变动成本（万元）	固定成本（万元）	混合成本（万元）	产量（吨）
1	58.633	36.363	5.94	16.33	430.48
2	57.764	36.454	5.97	15.34	428.49
3	55.744	36.454	5.86	13.43	411.20
4	63.319	10.189	6.21	16.92	474.33
5	61.656	40.016	6.54	15.19	462.17
合计	297.116	189.476	30.43	77.21	2 206.67

2006 年 1～5 月混合成本组成，见表 2.13。

表 2.13　2006 年 1～5 月混合成本组成

月 份	修　理	扣下脚	动　力	水　费	管理费用（扣除折旧）	制造费用	$\sum y$（万元）
1	33 179.51	−15 926.75	85 560.82	19 837.16	35 680	4 995.28	16.33
2	26 286.10	−15 502.55	86 292.62	25 879.73	24 938	5 471.95	15.34
3	8 169.31	−2 682.75	80 272.87	16 221.10	26 599	5 394.63	13.43
4	12 540.31	−5 803.45	84 802.80	26 936.17	47 815	5 943.39	16.92
5	33 782.25	−26 372.50	83 819.45	24 962.00	30 234	6 428.68	15.19

会计人员用高低点法对半变动成本进行分解，结果是：

单位半变动成本 0.055 3（万元）

固定成本－0.01（万元）

固定成本是负数，显然是不对的。用回归分析法求解，单位变动成本和固定成本应为：

单位变动成本 0.0321（万元）

固定成本 1.28（万元）

根据 $y=a+bx$，经验算得，各月固定成本与预计数 1.28 万元相差很远。

1 月份：16.33－0.032 1×430.48＝2.512（万元）

2 月份：15.34－0.032 1×428.49＝1.585（万元）

3 月份：13.43－0.032 1×411.20＝0.230（万元）

4 月份：16.92－0.032 1×474.33＝1.694（万元）

5 月份：15.19－0.032 1×462.17＝0.354（万元）

会计人员感到困惑不解，不知道问题在哪里，应该采用什么方法来划分变动成本和固定成本。

案例 2.3　　电风扇的成本

刘先生是一家电风扇厂的厂长。该厂 7 月份投产一批新型电风扇，产量为 800 台，每台成本为 360 元。由于消费者对该型号电风扇不太了解，当月产出的电风扇 70%没能销售出去，于是 8 月份的产量降为 400 台，而每台成本却上升至 403 元，成本升幅超过 10%。为此，刘厂长对新型电风扇生产车间的所有员工给予严厉批评，并扣发了每个人的当月奖金。但是该生产车间主任感到委屈，并向厂长提供了相关数据。这些数据表明：8 月份成本实际上比 7 月份还要略低些。因此厂长对财务科提供的成本资料的准确性表示不满，而财务科科长坚决否认，并提供了充足的证据说明他们提供的成本信息完全是准确的。

请结合成本性态的理论，对此给出一个合理的解释并回答下列问题：

（1）电风扇的生产中哪些是固定成本？哪些是变动成本？

（2）单位变动成本与产量的关系如何？

（3）单位固定成本与产量的关系如何？

（4）在坐标系下，画出模型曲线。

案例 2.4　　仅仅是简单的复核吗

宋某是一家大广告公司分公司的经理，地处 W 市。这家公司虽然规模不大，但开业两年来盈利状况不错。可如果要在当地广告界站稳脚跟，还需要继续努力。最近，宋某得知当地政府要搞一项大型的招商引资活动，其整个策划方案通过向社会招标来完成。宋某认为这是一个难得的机会。经过调查得知，她的主要竞争对手是当地一家有 7 年经营历史的广告公司，而且，该公司的财务经理是自己青梅竹马的老朋友、大学同学王某。

王某是一名成功的会计师，但目前遇到了一些个人经济困难。他的一些个人投资项目失败了，他要在两周内筹集到 120 000 元购房款。而且，他还要为今年上大学的大儿子准备学费。

宋某想了解竞争对手的投标情况，因此，她把王海涛约出来，进行了一次非常正式又非常富有人情味的谈话：

宋某："我的公司正处于一个关键的转折点。如果我中标的话我就成功了。这将直接给公司带来500万元的收入。除此之外，良好的声誉还会带来200万元的新业务。"

王某："我的老板也很想中标，如果中标，我们公司利润将会有巨大的增长。这是一场竞争，你是新手，赢的机会恐怕不多。"

宋某："你错了，你忘了两个非常重要的因素。首先，我有总公司的资源作为后盾并有经营地区性公司的才能。第二，我也有一些社会关系。去年，我们为本市的'夜景工程'无偿资助过价值高达100万元的霓虹灯项目，并受到了市政府部门的好评，我的工作也给他们留下了很好的印象。这次活动，市政府方面希望我能够承担该项广告业务。我确信自己的投标将颇具竞争力。我唯一担心的是被你们公司击败。如果我们的标价低，方案可行，主管副市长肯定会让我承担这项工作的。"

王某："实际上，很多人认为这项工作应当由当地的广告商来做，而不应交给外地的公司。而且你的分公司规模小，如果承担这样大的项目，还必须求助于总部的支持，你可能会遇到很多麻烦。"

宋某："没错。但我是分公司的老板，我有能力化解这些矛盾，再说我也是当地人。如果有你的帮助，我中标的可能性就更大了。一旦我赢了，你也可从中获益。对于这项业务，我需要聘请一位会计师，我不会亏待你的。我会先给你8万元的奖金。另外，你的年薪将在现在的基础上提高20%，这样就可以解决你的经济困难了，毕竟我们从小是朋友，而朋友就是要互相帮助嘛。"

王某："如果我的财务状况能够改善，我会很高兴的。我当然希望你能中标，可我能帮助你做些什么呢？"

宋某："很简单，要想中标，首先要击败你们公司。我想让你复核一下我提出的标价。凭你的财务经验，应该很容易发现这个标价里的过多成本，或者错误的成本类别。通过削减过多成本、消除与项目不直接相关的成本，降低投标价格，我的公司应该有能力击败你们公司而中标的。"

要求：

(1) 如果你是王某的话，你会怎样做？充分说明你做出这一选择的原因。

(2) 如果王某同意复核标价，可能会出现什么结果？如果他复核了标价，对他个人而言有很大的风险吗？这一风险程度对其决策有影响吗？

(3) 假设王某是美国"管理会计师协会"的成员，并持有注册管理会计证书。请用管理会计师的道德准则来判断王某的提议。如果他同意复核该标价，则违反了什么准则？

案例2.5　沃尔玛如何做到"天天低价、薄利多销"

作为全球最大的零售机构，沃尔玛进人中国市场几年来，似乎一直没有扑向它的核心猎物，而是悄悄地迂回于中国的海岸线上，它在熟悉环境和等待中国加入世贸组织。

2002年，它的时机已渐成熟，这只猛虎发起了进攻。留心的人士会注意到，去年沃尔玛在中国公司新增的店铺数几乎是过去 5 年所开店数的总和。

沃尔玛的“女裤理论”是对“薄利多销”策略的最好解释：女裤的进价 8 美元，售价 12 美元，每条毛利 4 美元，一天卖 10 条，毛利为 40 美元。如果售价降到 10 美元，每条毛利 2 美元，但一天能卖 30 条，则毛利为 60 美元。那么如何做到“天天低价、薄利多销”呢？

（1）规模效应。沃尔玛要求，供应商的报价必须是给其他商家的最低价，否则免谈。在此基础上，沃尔玛以进货量巨大、帮助供应商进入世界市场、现金结算等三个理由，要求供应商降价 25%。巨大的规模和雄厚的资金实力使沃尔玛在谈判桌上取得了绝对优势。巨大的规模也使沃尔玛的各项费用和成本，在极大程度上被分摊。

（2）控制成本。首先是厉行节约。在沃尔玛中国总部，大家看到的是狭窄的过道和没有任何装修、素面朝天的办公大厅。在大厅内，随处可见“打 17909，长话可省钱”的提示；而沃尔玛国际公司总经理约翰·门泽尔和他的下属们至今还挤在一起办公，他的那间办公室小得可怜。其次是对商品优胜劣汰。每家店都要根据不同的地区和人文环境，根据顾客需求的变化，选择销售不同的产品。这项工作的目的在于让货架上的商品永远都是适销的商品。最后是降低仓储成本。沃尔玛还有一个非常有意思的降低成本的办法，就是它的分店总是一个镇一个镇、一个县一个县地渐次建立，这样可降低运输成本和广告费用，因为新店总是在上一个沃尔玛店附近建立，往往并不需要再进行大规模的宣传。

（3）扩张手法谨慎，步伐不停。在价格低廉的同时，沃尔玛更看重服务质量。因为平价的精髓在于为顾客提供了超值服务，具体表现在：①提高服务质量。当天的事必须在当天做完，日清日结，不能拖延。沃尔玛要求它的员工向每一位顾客提供让他们感到惊喜的服务，这种服务必须超过顾客原来的期望值。②经营方式多样。沃尔玛多业态并举，有折扣商店、购物广场、大卖场、山姆会员店、家居店、社区店等形式，由总公司控股，直营连锁。这些业态分别适合不同层次的消费者。③努力使品种齐全。科学配货，调整品种结构，让消费者总能买到需要的商品。

在规模战略上，沃尔玛从未停止扩张的脚步，扩张的意义在于：降低了采购成本，分摊了费用，能够与顶级的公司合作，保证了商品质量，保证了充足的货源。但其扩张时的做法也很有特色：

① 保持低调。1996 年沃尔玛进入深圳后，当地的商业企业非常恐慌。有十几家企业联手，希望政府干预。为避免树敌太多，沃尔玛尽量保持低调，甚至在开业前几次将商品价格上调。因此，多数人看到的并不是一个可怕的沃尔玛。几乎和沃尔玛同时起步的万佳百货一直保持着广东省最大商业企业的头衔，但沃尔玛的真正实力如何，可能只有沃尔玛自己知道。在对外扩张上沃尔玛保持少有的谨慎，只要政府不批准，沃尔玛便不去开店。因此它在政府眼中是一副遵纪守法的形象。

② 为了需求。从当年刚一开场卖轮胎，到现在迎合中国市场的种种调整，沃尔玛深圳山姆会员店的经理杜丽敏目睹了它诸多的变化。杜丽敏说，作为沃尔玛在中国的首家会员店，深圳山姆店一直保持着两位数的增长。与此同时，它不断地调查和迎合会员的需要，2000 年年底，深圳山姆店将第二层办公室改建成了庞大的家居装饰中心。杜经理说，增设双层、开

家居中心都是沃尔玛本土店和海外店从未有过的，而这一切的变化只是缘于满足深圳山姆店周围不断涌出的楼盘的巨大需求。

③ 人力资源永不放弃。沃尔玛的创始人沃尔顿是一个人力资源高手，他给每一个分店都物色了具有相应能力的人来担任经理。沃尔顿争取后来成为沃尔玛 CEO 的大卫 ·格拉斯加盟沃尔玛，就是一个典型的例子。沃尔顿总是以其极为饱满的热情来游说对方，并承诺给对方以股份，不管对方态度如何，沃尔顿从不放弃。沃尔顿为了得到格拉斯这个人才，整整花了 12 年的时间。

作为全球商业零售业的“巨无霸”，“沃尔玛”成功的重要因素之一就是让员工享有高度的“自治权”。而且每位商店普通员工，只要看到其他地方的商品更便宜，都有权给沃尔玛的任何产品降价。在经营上，经理们有很大的自由，他们永远不会因为尝试新方法而被解雇。

沃尔玛的领导人总是研究如何把权力与责任一起分配给相应的人，研究如何激励与约束。管理者的工作质量是由他所管理的人的工作质量来决定的。

随着公司的发展，任何显示出才能的人都有机会掌管一个部门，也许会成为一名经理，甚至职位还会更高。但是，如果你不能胜任工作，你必然会被降职或者除名。

（4）创新——沃尔玛的灵魂。沃尔玛最重要的创新，是它分析市场态势，引入了天天低价、一站式购物的销售方式。这种创新，把人们购买生活用品的方式变成了沃尔玛方式，尽管这种努力用了 30 年的时间。这种创新给沃尔玛带来了巨大的成功，但沃尔玛从未停止过创新的步伐。

1984 年，沃尔玛投入 4 亿美元巨资，与美国休斯公司合作发射了一颗商业卫星，在此基础上，又投入 7 亿美元建立了目前的计算机及卫星交互式通讯系统。凭借这套系统，公司内部、分销中心和零售店之间可以快捷地进行对话。沃尔玛直接从工厂进货，实行统一订货，统一分配，尽量减少中间流通环节，从而大大降低了成本，各分店的订货单都先汇总到总部，然后由总部统一订货，从而享受最低的批发价。

请分析：

（1）用成本性态理论解释规模效益的原理。

（2）如何节约固定成本？

（3）搜集有关沃尔玛的资料，对沃尔玛扩张成功的秘诀进一步分析。

（案例来源：杜学森. 管理会计实训教程[M]. 1 版. 南京：东南大学出版社，2005.）

第三章　变动成本法

☞ 学习指导

【学习目标】

本章阐述的是管理会计学中所采用的一种新的成本计算方法，即变动成本法。学习时首先要弄清楚传统的成本计算方法，即完全成本法及变动成本法的做法的不同；在两种方法下的产品生产成本、存活成本所包括的内容上、在计算出来的净收益上以及利润表格式上的不同。其次，要掌握完全成本法的优缺点和变动成本法的优点及局限性。

【学习建议】

1. 学习时间：10 小时

第一节建议学习时间：1 小时

第二节建议学习时间：1 小时

第三节建议学习时间：5 小时

第四节建议学习时间：3 小时

2. 学习方法

（1）学习前可以对财务会计学和成本会计学的基本知识作个回顾。

（2）点播学习网络课程第三章。

（3）第四节学习完成后提交作业。

【学习重难点】

重点掌握完全成本法和变动成本法的关系。

第一节　完全成本法概述

在介绍变动成本法之前，首先得回顾一下传统的成本会计是如何进行成本计算的。由于任何一种成本计算方法的产生，总是同其特定的经济背景相联系。成本会计中的传统做法是在上世纪 20 年代受产业革命的推动，为了配合一系列的生产程序复杂化而采用的"全部（或完全）成本法"（full costing）。在这种方法下，当计算产品生产成本与存货成本时，要把直接材料、直接人工、制造费用（包括变动性制造费用和固定性制造费用）的全部成本都包括在内。而固定性制造费用作为存货成本的组成部分，只有当产品销售出去的时候，它才构成营业成本体现在利润表中。例如，某年固定性制造费用是 40 000 元。我们共生产产品 10 000 件。这样，分摊到每件产品上的固定性制造费用就是 4 元/件（即 40 000 元/件÷10 000 件）。如果在这一年中我们销售了 8 000 件产品，那么，营业成本中将包括 32 000 元（4 元/件×8 000 件）的固定性制造费用，其余的 8 000 元（4 元/件×2 000 件）固定性制造费用，将沉淀在期末存货成本当中。正因为如此，我们可以得出结论：在完全成本法下，只要是在某个会计期内，产品的产量大于销量，就必然会有一部分固定性制造费用沉淀在期末存货成本中。

这种固定性制造费用的"沉淀化"所带来的后果有时令人困惑。因为这样处理的结果会使企业产量的大小和销量的大小一样，都对利润有直接的影响。下面我们举例说明。

【例 3.1】　假设每单位产品的直接材料、直接人工和变动性制造费用是 6 元；单位产品的销售价格是 15 元；固定性制造费用是 40 000 元；固定性管理费用是 15 000 元；每单位产品的变动性销售费用是 1 元。那么，如果生产产品 10 000 件而销售产品 8 500 件（假设无期初存货），在完全成本法下，其利润的计算见表 3.1。

表 3.1 利润表（单位：元）

项目	金额
营业收入	127 500
减：营业成本	
期初存货成本	0
本期生产成本	100 000
可供销售的产品生产成本	100 000
期末存货成本	15 000
营业成本合计	85 000
营业毛利	42 500
减：销售费用	8 500
管理费用	15 000
营业利润	19 000

从上表可知，期末存货的单位产品成本是 10 元，它是单位产品的变动生产成本 6 元以及单位产品的固定生产成本 4 元之和。

现在我再假设该企业的产量是 20 000 件，而销量仍然是 8 500 件。单位产品的变动生产成本仍然是 6 元，固定生产成本仍保持 40 000 元不变，则在完全成本法下的利润计算见表 3.2。

表 3.2 利润表（单位：元）

营业收入	127 500
减：营业成本	
期初存货成本	0
本期生产成本	160 000
可供销售的产品生产成本	160 000
期末存货成本	92 000
营业成本合计	68 000
营业毛利	59 500
减：销售费用	8 500
管理费用	15 000
营业利润	36 000

从上表可看出，营业利润从 19 000 元增加到 36 000 元。而这种增加并不是由于进行了有效的经营或者是增加了销售，而仅仅是由于产品的产量增加了一倍所造成的。同时，期末存货的单位产品成本变为 8 元/件。它包括单位产品的变动生产成本 6 元，这与前面计算的单位产品的变动生产成本是相同的。但其单位产品的固定生产成本则变成 2 元/件（即 40 000 元÷20 000 件）。显然，在前面的计算中有 6 000 元的成本（即期末存货 1 500 件，每件产品的固定生产成本按 4 元计算）包括在期末存货中，而在后面的计算中，则有 23 000 元的成本（即期末存货 11 500 件，每件产品的固定生产成本按 2 元计算）包括在期末存货成本中。这样就使得当产量较高时，从利润表中将 17 000 元（即 23 000 元－6 000 元）的固定生产成本向后递延，作为存货成本转移到了资产负债表上。

正因为在采用完全成本法时，即使销量不变，管理人员也能够根据不同的产量任意窜改利润数字，由此人们对完全成本法提出了疑义。为了避免发生由于企业产量的大小给利润的多少带来直接影响，许多人认为应该采用另外一种成本计算法，即变动成本法。

第二节 变动成本法概述

变动成本法起源于 20 世纪 30 年代的美国，最初被称为直接成本法，这主要是因为当时产品成本只包括与业务量关系较明显的直接材料和直接人工。到了 20 世纪 50 年代，随着企业环境的改变，竞争日趋激烈，要求会计能够提供与决策有关的信息。这使人们逐渐认识到传统的完全成本法所提供的信息越来越不适用于管理人员的内部决策，因此，西方的一些会计师和管理人员重新研究变动成本法并在生产经营实践中加以运用，取得了很好的效果，从此，变动成本法开始受到重视。20 世纪 60 年代以后，变动成本法风靡整个西方管理会计界，成为人们决策控制的重要工具。

一、变动成本法的概念

变动成本法是指在组织常规的产品成本计算过程中，以成本性态分析为前提，只将变动生产成本作为产品成本的构成内容，而将固定生产成本及非生产成本作为期间成本，按贡献式损益确定程序计量损益的一种成本计算模式。

二、变动成本法的理论前提

管理会计理论认为，在进行成本计算、产品成本与期间成本界定时，必须摆脱财务会计传统思维定式束缚，重新认识产品成本和期间成本的本质。即产品成本只应该包括变动生产成本，而不应包括固定生产成本；固定生产成本必须作为期间成本处理。这就构成了变动成本法的理论前提。

按照管理会计理论的解释，产品是指那些在生产过程中发生的，随着产品实体的流动而流动，随着产量的变动而变动，只有当产品实现销售收入时才能与相关收入实现配比、得到补偿的成本。期间成本是指那些不随产品实体的流动而流动，而只随产品生产经营持续期间的长短而增减，其效益随着时间的推移而消逝，不能递延到下期，只能于发生的当期计入利润表由当期的销售收入补偿的费用。

作为特定环境下人们从事生产活动结果的物质产品，与产品成本之间存在着密切的依存关系。从定性角度来看，一方面，产品是产品成本的物质承担者，没有产品实体的存在，产品成本就失去了对象化的载体；另一方面，不消耗费用和发生成本，也不能形成产品。从定量的角度来看，在相关范围内，产品成本数额的多少必然与产品产量的大小密切相关，在生产工艺没有发生实质性变化、成本水平保持不变的条件下，产品成本总额应当随着产品的产量成正比例变动。因此，在变动成本法下，只有变动生产成本才能构成产品成本的内容。

显然，这比完全成本法仅从生产过程与产品之间的因果关系出发得出“凡是在生产领域发生的成本都应列作产品成本”的结论更为合理。

尽管产品是在生产领域中形成的，但并非所有生产成本都应当构成产品成本的内容。因为生产成本中包括固定性制造费用，在相关范围内，该项费用的发生与实际产品产量的多少或有无并没有因果关系。我们不妨设想一下，如果当期产品产量为零，就不会存在“产品”这个成本的物质承担者，也就不应当有“产品成本”存在。在变动成本法下，解释这种现象十分简单，事实也的确如此。如果同样情况发生在完全成本法下，就会出现一方面产品产量为零（这里暂不考虑季节性停产的原因），而另一方面由于车间设备照提折旧而导致的固定性制造费用不为零，产品成本同时不为零的奇怪现象。

从这个意义上看，固定性制造费用（即固定生产成本）只是定期地创造了可供企业利用的生产能量，因而与期间的关系更为密切。在这一点上它与销售费用、管理费用和财务费用等非生产成本只是定期地创造了维护企业经营的必要条件一样具有时效性。不管这些能量和条件是否在当期被利用或被利用得是否有效，这种成本发生额都不会受到丝毫影响，其效益随着时间的推移而逐渐丧失，不能递延到下期。因此，在变动成本法下，固定性制造费用应当与非生产成本一样作为期间成本处理。

第三节　变动成本法与完全成本法的区别

将变动成本法与目前的完全成本法加以比较，能够更进一步认识变动成本法的本质，掌握其特点，从而更好地应用变动成本法。

一、应用的前提条件不同

变动成本法首先要求进行成本性态分析，把全部成本划分为变动成本和固定成本两部分，尤其要把混合成本性质的制造费用按生产量分解为变动性制造费用和固定性制造费用两部分；对混合成本性质的销售及管理费用（为简化起见，本书将财务费用合并计入管理费用，不再单独列示），则必须按销售量分解为变动和固定费用两部分。

完成成本法首先要求把全部成本按其经济用途划分为生产成本和非生产成本两部分，凡是在生产领域中为生产产品发生的成本归于生产成本，发生在流通领域和服务领域由于组织日常销售或进行日常行政管理及资金筹集而发生的成本则归属于非生产成本。

二、产品成本及期间成本的构成内容不同

在变动成本法下，产品成本只包括变动生产成本，固定生产成本和非生产成本则全部被作为期间成本处理。

在完全成本法下，产品成本则包括全部生产成本，只有非生产成本才作为期间成本处理。

由于产品成本及期间成本的不同，又导致销售成本及存货成本的水平不同，在期末存货和本期销售均不为零的条件下，本期发生的产品成本最终要表现为销售成本和存货成本。因为在变动成本法下固定生产成本被作为期间成本直接计入当期利润表，不可能转化为销售成本或存货成本。而在完全成本法下，固定生产成本被计入产品成本，并要在存货和销货之间进行分配，使一部分固定生产成本被期末存货吸收而递延到下期，另一部分固定生产成本作为销售成本被计入当期利润表。从而使两种成本计算法所确定的期末存货成本及销售成本的水平不同。对此我们可用图 3.1 和图 3.2 表示。

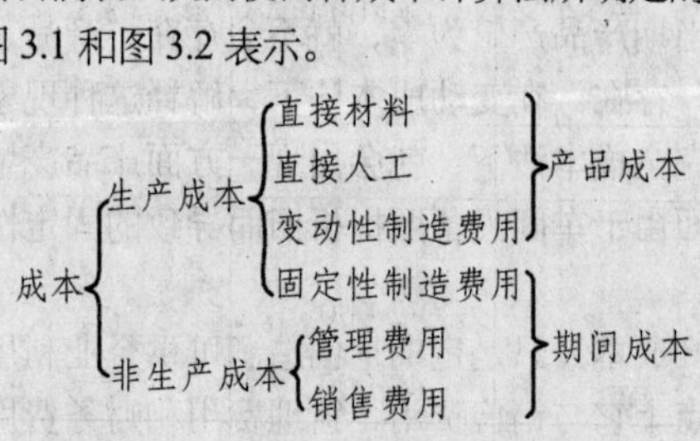

图 3.1　变动成本法下的成本构成

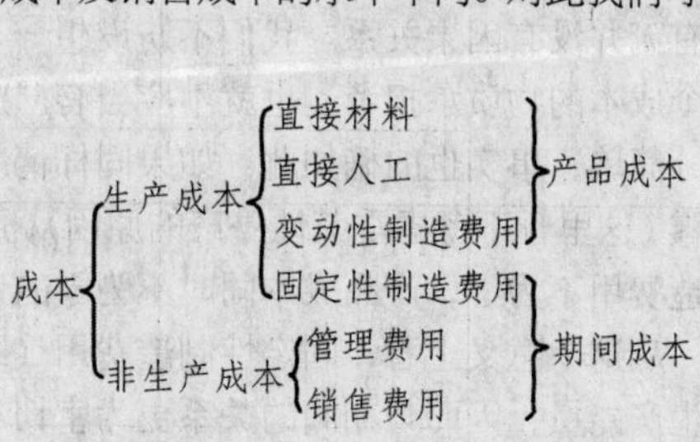

图 3.2　完全成本法下的成本构成

【例 3.2】　成化公司只生产一种产品，2005 年有关的业务量、售价及成本资料见表 3.3（假定本年投产 4 000 件，本年全部完工）。

表 3.3　成化公司 2005 年有关资料

项目	数量	项目	金额
期初存货量	0	直接材料	24 000 元
本年投产完工量	4 000 件	直接人工	12 000 元
本年销售量	3 000 件	变动性制造费用	4 000 元
期末存货量	1 000 件	固定性制造费用	10 000 元
单　价	20 元/件	变动性销售费用	600 元
		固定性销售费用	1 400 元
		变动性管理费用	300 元
		固定性管理费用	2 700 元

要求：分别用变动成本法和完全成本法计算。

(1) 该公司的产品成本和期间成本；

(2) 该公司的本年销售成本及期末产品存货成本。

分析　(1) 依上述资料分别按变动成本法和完全成本法计算的产品成本和期间成本见表 3.4。

(2) 依上述资料分别按变动成本法和完全成本法计算的销售成本和期末产成品存货成本见表 3.5。

表 3.4　产品成本及期间成本计算表（单位：元）

项　目		变动成本法		完全成本法	
		总成本	单位成本	总成本	单位成本
产品成本	直接材料	24 000	6	24 000	6
	直接人工	12 000	3	12 000	3
	制造费用	—	—	14 000	3.5
	变动性制造费用	4 000	1	—	—
	合　计	40 000	10	50 000	12.5
期间成本	固定性制造费用	10 000	—	—	—
	销售费用	2 000	—	2 000	—
	管理费用	3 000	—	3 000	—
	合　计	15 000	—	5 000	—

表 3.5 销售成本及期末产成品存货成本计算表（单位：元）

项目	变动成本法	完全成本法
期初产成品存货成本	0	0
本期产品成本	40 000	50 000
可供销售的产成品存货成本	40 000	50 000
单位产品成本	10	12.5
期末产成品存货量	1 000 件	1 000 件
期末产成品存货成本	10 000	12 500
本期产品销售成本	30 000	37 500

本例计算结果表明，按完全成本法确定的产品总成本、单位成本、期末产成品存货成本及销售产品成本要比变动成本法的相应数值高，而它的期间成本却低于变动成本法，这种差异来自于两种成本计算法对固定性制造费用的不同处理方法；它们共同的期间成本是销售费用和管理费用。

三、分期营业利润的计算程序不同

需要注意的是：在本书中，如无特别说明，凡所涉及的利润均指营业利润。不管是以后的本量利分析，还是预测、决策均如此。因为从现代会计的预测、决策、规划、控制和考评职能出发，与之关系最为密切的是主营业务收入、主营业务成本、销售费用、管理费用，因此，利润通常是指其他业务收支为零的营业利润。当然，也可假定营业外收支和投资收益之和为零，此时营业利润也就是利润总额。

两种成本计算方法在成本上的计算内容上的区别也会影响到营业利润的计算。变动成本法是以成本性态分析为前提，营业收入首先用来补偿变动成本，计算出贡献毛益，然后再用以补偿固定成本，从而确定出营业利润，我们将其称为“贡献式”损益确定程序。而完全成本计算以成本按经济用途分类为前提，首先用营业收入扣减已销售产品的销货成本，计算出营业毛利，然后用营业毛利减去非生产成本，从而确定出营业利润。我们称其为“传统式”损益确定程序。这种分期营业利润计算程序不同又导致利润表的格式不同。

在变动成本法下，营业利润按下列步骤和公式计算：

营业收入－变动成本＝贡献毛益

贡献毛益－固定成本＝利润

其中：(1) 营业收入＝售价×（1－有关销售税率）

为简化起见，假设营业收入不含销售税金及附加。

(2) 变动成本＝已售产品的变动生产成本＋已售产品的变动非生产成本

＝（单位变动生产成本＋单位变动非生产成本）×销量

＝单位变动成本×销量

(3) 固定成本＝固定生产成本＋固定非生产成本

　　　　　＝固定制造费用＋固定销售费用＋固定管理费用

在完全成本法下，营业利润按下列步骤和公式计算：

营业收入－销售成本＝营业毛利

营业毛利－营业成本费用＝利润

其中：(1) 营业收入＝售价×（1－有关销售税率）

为简化起见，假定营业收入不含销售税金及附加。

(2) 销售成本＝已销售产品的生产成本

　　　　　＝期初产品存货成本＋本期增加产成品存货成本－期末产成品存货成本

(3) 营业成本费用＝非生产成本＝销售费用＋管理费用

【例 3.3】 以例 3.2 所给资料为依据分别按变动成本法和完全成本法计算编制利润表(计算出营业利润)。

分析　根据有关原理，编制两种方法下的利润表（见表 3.5）。

表 3.5　两种成本法下的利润表（单位：元）

贡献式利润表		传统式利润表	
营业收入	60 000	营业收入	60 000
减：变动成本		减：销售成本	
变动生产成本	30 000	期初存货成本	0
变动销售费用	600	加：本期生产成本	50 000
变动管理费用	300	可供销售的产品成本	50 000
变动成本合计	30 900	减：期末存货成本	12 500
贡献毛益	29 100	销售成本	37 500
减：固定成本		营业毛利	22 500
固定制造费用	10 000	减：营业成本费用	
固定销售费用	1 400	销售费用	2 000
固定管理费用	2 700	管理费用	3 000
固定成本合计	14 100	营业成本费用合计	5 000
营业利润	15 000	营业利润	17 500

由于两种成本计算方法对固定生产成本的处理不同，有人认为必有下述三种情形存在：

(1) 当产量＝销量时

按完全成本法确定的利润＝按变动成本法确定的利润

(2) 当产量>销量时

按完全成本法确定的利润>按变动成本法确定的利润

(3) 当产量<销量时

按完全成本法确定的利润<按变动成本法确定的利润

其实，这一结论是片面的，因为两种成本计算法下的利润除了与产销量有关之外，还与发出存货的计价方法有关。事实上，上述结论只在存货按后进先出法计价时或各期生产量都相等时等一些特殊情况下才是正确的，并不具有普遍性。

【例 3.4】 金牛公司只生产一种产品，第一、第二年的产量分别为 30 000 件、24 000 件（为简化起见，假定不存在在产品，否则在完全成本法下，要将固定制造费用在完工产品和在产品之间进行分配）。存货计价采用先进先出法，每单位产品的售价为 15 元，每件变动生产成本为 5 元，固定制造费用每年发生额为 180 000 元，销售及管理费用假定都是固定费用，每年发生额为 25 000 元。假设第一年的期初存货为零，销售量为 20 000 件；第二年的销售量按以下三种情况分别计算：① 25 000 件，② 26 000 件，③ 30 000 件。要求：分别采用变动成本法和完全成本法计算。分析两种成本法下，第一、第二年利润分别见表 3.6、表 3.7。

表 3.6 变动成本法下的利润表（单位：元）

项　目	第一年	第二年		
销　量	20 000（件）	25 000（件）	26 000（件）	30 000（件）
营业收入	300 000	375 000	390 000	450 000
减：变动成本	100 000	125 000	130 000	150 000
贡献毛益	200 000	250 000	260 000	300 000
减：固定成本				
固定性制造费用	180 000	180 000	180 000	180 000
固定性销售、管理费用	25 000	25 000	25 000	25 000
固定成本合计	205 000	205 000	205 000	205 000
利润	−5 000	45 000	55 000	95 000

表 3.7 完全成本法下的利润表（单位：元）

项　目	第一年	第二年		
销　量	20 000（件）	25 000（件）	26 000（件）	30 000（件）
营业收入	300 000	375 000	390 000	450 000
减：销售成本				
期初存货	0	110 000	110 000	110 000
加：本期变动生产成本	150 000	120 000	120 000	120 000
固定性制造费用	180 000	180 000	180 000	180 000
可供销售的产品成本	330 000	410 000	410 000	410 000
减：期末存货	110 000	112 500	100 000	50 000
销售成本	220 000	297 500	310 000	360 000
营业毛利	80 000	77 500	80 000	90 000
减：销售与管理费用	25 000	25 000	25 000	25 000
利润	55 000	52 500	55 000	65 000

表 3.7 中第一年期末存货$=\left(\dfrac{180\,000}{30\,000}+5\right)\times 10\,000=110\,000$（元）。

第二年，当销量分别为 25 000 件、26 000 件、30 000 件时期末存货分别为：

$$\left(\frac{180\,000}{24\,000}+5\right)\times(10\,000+24\,000-25\,000)=112\,500(\text{元})$$

$$\left(\frac{180\,000}{24\,000}+5\right)\times(10\,000+24\,000-26\,000)=100\,000(\text{元})$$

$$\left(\frac{180\,000}{24\,000}+5\right)\times(10\,000+24\,000-30\,000)=50\,000(\text{元})$$

对比第二年的利润我们发现：

（1）当产量（24 000 件）<销量（25 000 件）时

完全成本法计算的利润（52 500 元）>变动成本法计算的利润（45 000 元）

（2）当产量（24 000 件）<销量（26 000 件）时

完全成本法计算的利润（55 000 元）＝变动成本法计算的利润（55 000 元）

（3）当产量（24 000 件）<销量（30 000 件）时

完全成本法计算的利润（65 000 元）<变动成本法计算的利润（95 000 元）

从本例中，我们可以看出上述三种情形是经不起推敲的。其实即使后期单位变动成本、固定成本总额、单价及存货计价方法都不变，也不能保证上述规律的存在。那么，两种成本计算法下营业利润是否存在某种必然联系呢？答案是肯定的，第四节我们将讨论此问题。

四、提供的信息用途不同

典型的完全成本法形成于 19 世纪，它是适应企业内部事后将间接成本分配给各种产品，反映生产产品发生的全部资金耗费，确定产品实际成本和利润，满足对外报表的需要而产生的。由于它提供的成本信息可以揭示外界公认的成本与产品在质的方面的归属关系，有助于促进企业扩大生产，刺激增产的积极性，因而能广泛地被外界所接受。因为在此法下，在单位变动成本和固定成本总额不变的条件下，只要增加产量，就可以降低单位产品成本。

变动成本法是为满足面向未来决策，强化企业内部管理的要求而产生的，由于能提供科学反映成本与业务量之间、利润与销量之间有关量的变化规律的信息，因而有助于加强成本管理，强化预测、决策、规划、控制和考评等职能，促进以销定产，减少或避免因盲目生产而带来的损失。因为在不考虑其他因素的情况下，企业的营业利润从理论上说是单价、成本和销量这三个要素的函数。所以，当单价和成本水平不变时，营业利润额应该直接与销量的多少挂钩，营业利润额的变动趋势应该直接与销量的变动趋势相联系，而这一规律只有在变动成本法下才能得到充分体现。

第四节 变动成本法的评价与应用

从变动成本法和完全成本法的比较分析中，可以清楚地看出变动成本法在确定成本和收益方面的特点，与完全成本法相比，它在理论和计算等方面均有一定管理优势，可以更有效地应用于企业的内部管理。因此应当在实践中应用推广。

一、变动成本法的优缺点

（一）变动成本法的优点

1. 从理论上来说，变动成本法更符合会计的配比原则要求。

按照配比原则，一定时期内发生的收入和费用，必须归属于这一会计期间，以便正确地计算这一期间的收益。变动成本法一方面把与产量有密切联系的直接材料、直接人工和变动性制造费用计入产品成本，并使它们按产品销量的比例转作销售成本，同当期销售收入相配比；另一方面则把与产量无关，但与会计期间有关的固定性制造费用全部计入当期损益，同当期收益相配比，因此，这样做比完全成本法更符合配比原则，也体现了谨慎性原则。

2. 变动成本法能够揭示利润和业务量之间的正常关系，有利于促使企业重视销售工作。

在完全成本法下，利润的高低不仅受销量的影响，而且在很大的程度上受产量的影响。这种现象从理论解释，其原因在于：若企业销量稳定不变或下降，不断扩大产量，期末存货相应增加，在完全成本法下固定性制造费用会随着所增加的期末存货不断转移到下一会计期间，本期利润也就不断扩大。但这样处理，其实质是把未来的收益在本期提前予以确认，会促使企业盲目扩大产量，而不注重销售。同时，销售部门扩大销售，在利润表上却表现为利润下降，这种情况不但难以为管理当局所理解，也不能据以评价销售业绩。

而变动成本法如前所述能够如实地反映利润和销量之间的正常关系，使利润真正成为反映企业经营状况的晴雨表，有助于促使企业管理者重视市场销售，认真研究市场动态，实现以销定产，防止因盲目生产带来的产品大量积压，提高企业的经济效益。

3. 变动成本法可以提供有用的成本信息，便于科学地成本分析和成本控制。

首先，变动成本法建立在成本性态分析基础上，其单位产品成本是单位变动生产成本，从而区分了变动生产成本和固定生产成本，揭示了成本总额和业务量之间的数量依存关系，使成本的预测和成本控制更方便和科学。

其次，变动成本法能更好地区分成本升降的原因，从而有利于采用正确的成本控制方法。成本变动可能有两方面原因引起：产销量的变动或成本控制水平的好坏。在采用完全成本法时，由于其单位产品成本包括了单位变动生产成本和单位固定性制造费用，它们同时受产量的变动和成本控制水平好坏的影响，因此很难分清单位产品成本升降的真正原因，而采用变动成本法可以把由产量变动引起的成本波动，同由于成本控制活动而引起的成本波动区分开来，比较容易分清成本升降的真正原因。成本升降的原因不同，其控制方法也就不同。一般地，固定成本的发生和产量之间没有直接的因果关系，其成本控制的主要方向是总额控制，一方面通过预算，严格地控制费用的发生总额，防止费用超支；另一方面，在一定的费用总额前提下，充分利用现有生产能力增加产销量，以实现费用的相对节约。而对于变动成本来说，其总额随产销量的变动而变动是正常现象，成本控制的方面应是单位产品的消耗，一般通过制定标准成本和弹性预算来控制单位变动成本，从而达到降低变动成本的目的。因此，变动成本法按成本性态提供变动成本和固定成本资料，有利于在成本控制过程中采用正确的控制方法，以取得较好的效果。

最后，变动成本法便于成本责任的归属，从而能更加客观地进行评价。一般地，就生产成本而言，变动生产成本是在产品生产过程中发生的，其成本的发生应由基层的生产班组直接负责；而固定性制造费用的发生和生产过程没有直接的联系，其数额的高低一般应由基层管理部门负责。对于销售与管理成本，其变动部分的数额高低应属于直接负责的工作人员的责任，而固定销售与管理成本的控制一般应由企业管理部门负责。变动成本法分别提供了变动生产成本、固定生产成本、变动与固定销售与管理成本资料，便于在成本分析与考核中分清成本责任的正确归属。

4. 变动成本法提供的成本和利润资料，便于企业进行短期经营决策。

从前面的例子中可以看出，完全成本法下计算的利润受到存货变动的影响，而这种影响是有违逻辑的：尽管产品的生产是企业实现利润的必要条件之一，但不是充分条件，只有产品销售出去其价值才算为社会所承认，企业也才能取得收入和利润。产品的销售，不仅是企业实现收入和利润的必要条件，也是充分条件，多销售才会多得利润。而在完全成本法下，多生产即可多得利润，这当然有悖于逻辑。至于在产销均衡的条件下，多生产当然会多得利润，但这在变动成本法和完全成本法下计算的结果是完全一致的。

完全成本法下由于产量波动而导致的利润波动，有时会达到令人无法忍受的程度，即当期增加销量不仅不会提高利润，反而会使利润下降。也就是说，完全成本法下提供的成本信息不仅无助于进行正确的决策，有时还可能是有害的。而在变动成本法下则可以完全避免上述问题的发生。

5. 采用变动成本法可以简化成本核算工作。

变动成本法将固定性制造费用列入期间成本，从贡献毛益中直接扣除，这就大大简化了产品成本计算中间接费用的分配过程，并可减少由于分配标准的多样化而可能产生的主观随意性。因而使产品成本的核算工作简化了。

（二）变动成本法的缺点

变动成本法对企业的内部管理有着重要的意义，但仍然存在以下缺点：

1. 变动成本法的成本分类有较大程度的假定性。

由于实际经济生活中混合成本的大量存在，使成本按性态分类带有假定性，同时，以变动成本法提供的成本资料为基础的各项预测、决策和控制方法的准确与否，也很大程度上取决于混合成本分解的准确性。

2. 变动成本法所计算出来的单位产品成本，不符合传统成本观念的要求。

由于变动成本法下，产品和存货成本不包括固定成本，不符合传统产品成本概念，而且这一新的成本概念不符合公认会计准则的要求，不被财务会计所接受。若企业将成本核算方法由完全成本法改变为变动成本法，利润的计算发生变化，一定时期会影响利益关系人（如政府、投资者）的利益，可能会遭到利益关系人的反对。

3. 变动成本法不能适应长期决策的需要。

由于成本与业务量之间的规律性联系只能保持在一定时期和一定业务量范围内，而长期决策往往要牵涉到较长时期的生产经营活动，变动成本和固定成本的变动都可能超出其相关范围，从而使成本按性态分类失去意义。特别在一些企业开始采用作业成本法而使全部成本法的缺陷得以改进后，变动成本法的这一缺点就更为突出。

4. 变动成本法不能满足产品定价决策的需要。

一般情况下，产品定价以弥补因生产产品而发生的支出为基础，即既要补偿变动成本，又要补偿固定成本，而变动成本法仅以单位变动成本作为定价基础，所产生的贡献毛益可能不足以补偿固定成本，从而导致企业经营的亏损。另外，随着产量的增加，单位产品所分担的固定成本下降，从而带来单位产品完全成本的下降，这是最佳经营规模决策要考虑的重要因素，而变动成本法的单位产品成本不能直观地揭示这种变化规律，产品定价时又不能充分利用这种竞争优势。

二、变动成本的应用

企业会计具有对内和对外两方面的职能，一方面要定期发布财务报告，为企业外部的有关方面服务；另一方面要通过灵活多样的方式和方法，为企业内部经营管理者提供信息。完全成本法虽然对内部经营管理有很大局限性，但按照公认会计准则的要求，企业仍然要提供符合完全成本法的会计报告，变动成本法虽然有利于企业内部的生产经营管理，却不能满足对外会计报告的要求，变动成本法与完全成本法目前是谁也取代不了谁。那么，企业为了兼顾内部和外部两方面的要求，是否需要另搞一套与完全成本法平行的按变动成本法组织的账外账呢？实际上并无必要，较为行之有效的办法是建立统一的成本计算系统，将两种方法结合起来，即日常按变动成本法组织核算，随时提供能够满足企业内部管理需要的信息基础上，定期将按变动成本法确定的成本、利润信息调整为按完全成本法模式反映的信息资料，以满足企业外部的需要。

具体做法是：

（1）把日常核算建立在变动成本法的基础上，“生产成本”“库存商品”只登记变动生产成本。

（2）设置“变动制造费用”账户，期末转入“生产成本”账户，再设置“固定制造费用”账户，归集本期发生的固定性制造费用；期末将已销产品应分摊的固定性制造费用转入“主营业务成本”账户，其金额可通过下列公式计算求得：

$$\text{固定制造费用分配率}=\frac{\text{产成品存货中月初固定性制造费用}+\text{本月发生的固定性制造费用}}{\text{本月已销售产品数量}+\text{期末在产品约当产量}+\text{期末产成品数量}}$$

（3）“主营业务成本”账户仍按完全成本法使用，已销售产品的变动成本从“库存商品”账户结转，应负担的固定性制造费用从固定制造费用账户结转。“管理费用”“销售费用”仍按完全成本法使用，只是明细账分为变动费用项目和固定费用项目两大部分。

（4）根据有关账户资料加以调整，其调整公式如下：

$$\text{完全成本法下的期末产品存货成本}=\text{变动成本法下的期末产品存货成本}+\text{期末产成品存货中的固定性制造费用}$$

$$\text{完全成本法下的营业利润}=\text{变动成本法下的营业利润}+\text{两种成本法下的营业利润差额}$$

其中，两种成本法下的营业利润差额为：

$$\text{完全成本法下的营业利润}-\text{变动成本法下的营业利润}$$

$$=\text{完全成本法下期末产成品存货中的固定生产成本}+\text{完全成本法下期初产成品存货中的固定生产成本}$$

$$=\text{期末产品存货中的单位固定生产成本}\times\text{期末产成品存货量}-\text{期初产成品存货中的单位固定生产成本}\times\text{期初产成品存货量}$$

这样，利用前面设置的账户及其调整公式，便可分别编制变动成本法下的利润表和资产负债表，以及完全成本法下的利润表及资产负债表。

但在实务中，有些企业却以完全成本法为基础，并不单独设置变动成本法计算程序，当企业内部管理进行预测、决策、规划、控制和考评，需要有关会计资料时，利用现有的完全成本法的会计资料，将全部成本分解为变动成本和固定成本。一种做法是，在"生产成本""制造费用""管理费用""销售费用""财务费用"的明细账中，将成本项目和费用项目按"固定成本"和"变动成本"分设，平时登记上述账户明细账时，就按变动成本和固定成本登记，这样做便于期末汇总，但却加大了平时工作量。另一种做法是利用完全成本法下的有关上述账户数据按混合成本的分解方法将上述成本费用进行分解，运用变动成本法原理计算企业内部所需的各种指标、数据。这种做法保留了传统的完全成本法计算程序，以它为基础，从中取得运用变动成本法时所需会计资料，对现有成本计算程序不作变更，避免了变更成本计算程序带来的麻烦。这也就是有些企业日常核算仍按完全成本法而不按变动成本法组织核算的主要原因。

【例 3.5】 以例 3.4 资料验证两种成本计算法下营业利润差额的变动规律。

分析 依据例 3.4 的资料及结果计算见表 3.8。

表 3.8 两种成本法下营业利润差额计算表（单位：元）

年数	产量（件）	销量（件）	完全成本法下确定的营业利润减去变动成本下确定的营业利润	期末存货中固定制造费用减去期初存货中固定制造费用
第一年	30 000	20 000	55 000 − (−5 000) = 60 000	$\frac{180\ 000}{30\ 000}\times 10\ 000-0=60\ 000$
第二年	24 000	25 000	52 500 − 45 000 = 7 500	$\frac{180\ 000}{24\ 000}\times(10\ 000+24\ 000-25\ 000)-60\ 000=7\ 500$
		26 000	55 000 − 55 000 = 0	$\frac{180\ 000}{24\ 000}\times(10\ 000+24\ 000-26\ 000)-60\ 000=0$
		30 000	65 000 − 95 000 = −30 000	$\frac{180\ 000}{24\ 000}\times(10\ 000+24\ 000-30\ 000)-60\ 000=-30\ 000$

通过以上计算可看出：

$$\text{完全成本法下确定的营业利润}-\text{变动成本法下确定的营业利润}=\text{期末产成品存货中固定性制造费用}-\text{期初产成品存货中固定性制造费用}$$

☞案　例　　变动成本法——利凯工艺制品有限公司业绩考核案例

一、基本案情

利凯工艺制品有限公司宣告业绩考核报告后，二车间负责人李某情绪低落。原来，二车间主任李某任职以来积极开展降低成本活动，严格监控成本支出，考核却没有完成责任任务，严重挫伤了工作积极性。财务负责人了解情况后，召集了有关成本核算人员，寻求原因，将采取进一步行动。

利凯工艺制品有限公司自 1997 年成立并从事工艺品加工销售以来，一向以“重质量、守信用”为原则，在同行中经营效果及管理较好。近期，公司决定实行全员责任制，寻求更佳的效益。企业根据三年来实际成本资料，制订了较详尽的费用控制方法。

材料消耗实行定额管理，产品耗用优质木材，单件定额 6 元；工人工资实计件工资，计件工资历，计件单价 3 元；在制作过程中需用专用刻刀，每件工艺品限领 1 把，单价 1.3 元；劳保手套每生产 10 件工艺品领用 1 付，单价 1 元。

当月国定资产折旧费 8 200 元，推销办公费 800 元，保险费 500 元，租赁仓库费 500 元，当期计划产量 5 000 件。

车间实际组织生产时，根据当月订单组织生产 2 500 件，车间负责人李某充分调动生产人员工作积极性，改善加工工艺，严把质量关，杜绝了废品，最终使材料消耗由定额的每件 6 元，降低每件 4.5 元；领用专用工具刻刀 2 400 把共 3 120 元。但是在业绩考核中，却没有完成任务，出现了令人困惑的结果。

二、分析要点

试用管理会计相关内容分析出现这一考核结果的原因。

三、案例分析

1. 定性分析

产品成本计算有两种方法，即完成全成本法和变动成本法。完全成本法所提供的会计信息可以揭示外界公认的成本，与产品在质的方面的归属问题，广泛地被外界所接受；而变动成本法，强化为企业内部管理的要求而产生，有助于加强成本管理，它是实行成本责任管理的基础。采用变动成本法有助于将固定成本和变动成本指标分解落实给各个责任单位，分清各部门责任，就该案例车间主任李杰的责任成本应是产品的变动生产成本部分。该公司在改变成本管理模式——实行成本责任管理，确认和考核李杰的责任成本时，应采用变动成本法。

2. 定量分析

采用完全成本法，定额成本（单位：元）和实际成本（单位：元）分别是：

定额成本：

直接材料费用	30 000（6×5 000）
直接人工费用	15 000（3×5 000）

制造费用 17 000

其中：

工具 6 500（1.3×5 000）

劳保用品 500（1×5 000÷10）

折旧费用 8 200

办公费用 800

保险费用 500

租赁费用 500

定额总成本 62 000

定额单位成本 12.40

按实际产量 2 500 件计算定额成本 31 000（12.40×2 500）

实际成本：

直接材料 11 250（4.5×2 500）

直接人工 7 500（3×2 500）

制造费用 13 370

其中：

工具 3 120 （1.3×2 400）

劳保用品 250（1×2 500÷10）

折旧费用 8 200

办公费用 800

保险费用 500

租赁费用 500

实际总成本 32 120

从上面计算结果，实际成本 32 120 元大于定额成本 31 000 元，得出结论：没有完成责任成本。

采用变动成本法，定额成本与实际成本资料如下：

首先将费用划分成固定性费用和变动性费用两部分，只有变动生产费用才是车间主任李杰能够控制的，是责任成本。

定额成本：

单位变动成本

直接材料 6

直接人工 3

变动性制造费用 1.4

其中：工具 1.3

劳保用品 0.1

单位变动成本合计 10.4

按实际产量 2 500 件计算的变动性生产成本 26 000（10.4×2 500）

实际成本：

直接材料	11 250（4.5×2 500）
直接人工	7 500（3×2 500）
变动性制造费用	3 370
其中：工具	3 120（1.3×2 400）
劳保用品	250（1×2 500÷10）
实际总成本	22 120

上面计算结果实际成本 22 120 元比李某的责任成本 26 000 元小，说明成本比责任成本降低了 3 880 元（26 000 元－22 120 元），所以李某完成了责任成本，而且比责任成本降低了。前面的结果扭曲了事实。

四、问题探讨

生产部门确定和考核责任成本，采用变动成本法。那么其他部门进行业绩考核，确定责任成本，又如何确定呢？其他部门即非生产部门责任成本的确定仍然是将该部门的成本（费用）划分成变动成本（费用）和固定成本（费用）两部分，只有变动成本（费用）才是该责任部门所控制的，反之，固定成本则不被其控制。

课后练习

一、单项选择题

1. 在变动成本法下，固定性制造费用应当列作（　　）。

A. 非生产成本　　B. 期间成本

C. 产品成本　　D. 直接成本

2. 在变动成本法下（　　）。

A. 变动生产成本是产品成本，固定生产成本与非生产成本均是期间成本

B. 固定生产成本和变动生产成本构成产品成本，而非生产成本被当作期间费用

C. 固定生产成本是产品成本，变动生产成本与非生产成本构成期间成本

D. 固定生产成本、变动生产成本与非生产成本都属于产品成本

3. 下列有关变动成本法论述不正确的是（　　）。

A. 各期营业净利润的多少只与销售量多少有关，与其他因素无关

B. 产品成本不受产量的影响

C. 提供的产品成本信息不符合对外报告的要求

D. 提供的资料不适于长期决策的需要

4. 变动成本法下的变动成本包括（　　）。

A. 变动性制造费用

B. 直接材料和直接人工

C. A 和 B

D. 直接材料、直接人工、变动性制造费用、变动性销售费用和变动性管理费用

5. 变动成本法把本期发生的固定性制造费用和管理费用、销售费用全部列作（ ）。

A. 间接成本　　B. 差额成本

C. 期间成本　　D. 边际成本

6. 变动成本法下，产品成本包括（ ）。

A. 直接材料、直接人工和制造费用

B. 直接材料、直接人工和变动性制造费用

C. 直接材料、直接人工和固定性制造费用

D. 直接材料、直接人工和固定成本

7. 完全成本法与变动成本法下产品成本都包括（ ）。

A. 直接材料、直接人工和直接费用　　B. 直接材料、直接人工和制造费用

C. 固定性生产成本　　D. 变动性生产成本

8. 在前后期生产成本水平不变的条件下，哪种方法可以按公式“本期销货成本＝单位产品成本×本期销售量”计算销货成本（ ）。

A. 完全成本法　　B. 变动成本法

C. 完全成本法、变动成本法都可以　　D. 完全成本法、变动成本法都不能

9. 在完全成本法下（ ）。

A. 变动生产成本构成产品成本，固定生产成本与非生产成本构成期间成本

B. 固定生产成本与变动生产成本构成产品成本，非生产成本构成期间成本

C. 固定生产成本构成产品成本，变动生产成本与非生产成本构成期间成本

D. 固定生产成本、变动生产成本与非生产成本一起构成产品成本

10. 如果期末产品存货成本增加，采用变动成本法计算的净收益与采用完全成本法的净收益的关系为（ ）。

A. 两者相等　　B. 前者大于后者

C. 前者小于后者　　D. 两者没有关系

11. 某公司本年销售收入总额为 1 200 万元，变动成本法产品成本总额 500 万元，固定成本为 250 万元，非生产成本为 100 万元，则该公司的营业毛利（ ）。

A. 450 万元　　B. 550 万元　　C. 350 万元　　D. 都不对

12. 某公司本年度按变动成本法计算的税前净利润 5 000 万元，期初存货中固定性制造费用为 300 万元，期末存货中固定性制造费用为 400 万元，则按完全成本法计算的营业净收益为（ ）。

A. 4 900 万元　　B. 5 100 万元　　C. 5 400 万元　　D. 5 700 万元

13. 假设某企业某年共生产产品 20 000 个，固定制造费用为 40 000 元，当年销售产品 10 000 个。则在完全成本法下，分摊到每个产品上的固定制造费用应为（ ）。

A. 2 元　　B. 4 元　　C. 2.5 元　　D. 3.5 元

14. 假设某公司产品期初存货中的固定性制造费用为 2 000 元，期末存货中的固定性制造费用为 3 000 元，则按完全成本法计算的净收益与变动成本法计算的净收益相差（ ）。

A. 1 000 元　　B. 5 000 元　　C. 2 000 元　　D. 3 000 元

15. 完全成本法与变动成本法结合应用时，日常核算应以哪种方法为基础（　　）。

A. 变动成本法　　B. 完全成本法

C. 二者同等重要　　D. 二者的结合应用既无必要性也无可能性

16. 下列公式正确的为（　　）。

A. 营业收入－变动成本＝贡献毛益

B. 营业收入－直接材料－直接人工＝贡献毛益

C. 营业收入－变动生产成本＝贡献毛益

D. 以上均错

17. 某公司本年销售总额为 1 200 万元，变动成本法产品成本总额为 500 万元，固定成本为 250 万元，非生产成本为 100 万元，则该公司的营业毛利为（　　）。

A. 450 万元　　B. 550 万元　　C. 350 万元　　D. 650 万元

18. 变动成本法下产品成本中一定不包含的项目为（　　）。

A. 原材料　　B. 车间照明用电

C. 生产工人的工资　　D. 按机器小时计提的专用设备折旧费

19. 变动成本法下，生产量发生变动，存货发生流转但销售水平不变，则营业利润的数额（　　）。

A. 发生较大变动　　B. 不变

C. 增加　　D. 减少

20. 在计算产品成本和存货成本时，只包括在生产过程中所消耗的直接材料、直接人工和变动制造费用，而把固定制造费用全数一笔列入损益表的成本计算方法为（　　）。

A. 归纳成本计算法　　B. 吸收成本计算法

C. 全部成本计算法　　D. 变动成本计算法

21. 采用变动成本法计算产品成本时必须按业务量分解为变动成本和固定成本的费用是（　　）。

A. 制造费用　　B. 管理费用　　C. 销售费用　　D. 以上均包括

22. 变动成本法与完全成本法可共用的销货成本计算公式为（　　）。

A. 本期销货成本＝期末存货成本＋本期发生的产品成本－期初存货成本

B. 本期销货成本＝单位产品变动生产成本×本期销售量

C. 本期销货成本＝单位产品完全生产成本×本期销售量

D. 以上均错

23. 变动成本法的一项基本原则是：期间成本全部作为当期费用处理。这一程序所依据的理由是（　　）。

A. 期间成本是不可控的，不应分配计入特定产品的成本

B. 期间成本数量一般不大，若将其计入产品成本，会得不偿失

C. 期间成本的分配是武断的，会导致错误的管理决策

D. 无论是否生产，期间成本都会发生，所以将其分配计入产品成本，将本期经营活动的成本予以递延是不恰当的

24. 按完全成本法确定的产品总成本与单位成本要比变动成本法的相应数值（　　）。

A. 高　　B. 低　　C. 相等　　D. 不一定

25. 在变动成本法下，固定生产成本作为期间成本能否转化为存货成本或销货成本（　　）。

A. 可能　　B. 不可能　　C. 一定　　D. 以上均不正确

26. 某企业只生产一种产品，2002 年度的有关成本资料如下：

直接材料	10 元
直接人工	12 元
变动性制造费用	8 元
固定性制造费用	20 元
变动销售费用	9 元
固定销售费用	24 元
变动管理费用	14 元
固定管理费用	15 元

采用变动成本法时，该企业的产品成本是（　　）。

A. 30 元　　B.53 元　　C.50 元　　D.112 元

二、多项选择题

1. 下列有关变动成本法的论述正确的是（　　）。

A. 各期营业净利润的多少只是与销量多少有关，与其他因素无关

B. 产品成本不受产量的影响

C. 提供的产品成本信息不符合对外报告的要求

D. 提供的资料不适于长期决策的需要

E. 能够提供科学反映成本与业务量之间，利润与销售量之间有关量的变化规律的信息

2. 变动成本法下期间成本包括（　　）。

A. 管理费用　　B. 销售费用

C. 制造费用　　D. 固定生产成本　　E. 非生产成本

3. 变动成本法使用的贡献式损益表与完全成本法使用的传统式损益表包含的共同指标有（　　）。

A. 营业收入　　B. 变动成本

C. 贡献边际　　D. 营业毛利

E. 营业净利润

4. 当以下哪些条件同时满足时，完全成本法下本期销货成本等于单位产品成本乘以本期销售量（　　）。

A. 存货计价方法各期一致　　B. 单位变动生产成本各期一致

C. 固定生产成本各期一致　　D. 期初、期末存货数量相等

E. 前后期产量一致

5. 按完全成本法确定的营业净利润指标有时难于被管理者理解，不便于正确决策的原因在于（　　）。

A. 当某期销售量较上期增力口时，营业净利润比上期减少

B. 当某期销售量比上期减少时，营业净利润却比上期增加

C. 当某期销售量最高时，营业净利润却不是最高

D. 当某期销售量最低时，营业净利润却不是最低

E. 当前后期产量与销量均不变时，营业净利润发生变化

6. 变动成本法是与完全成本法相对立的，这两种成本计算法在损益确定程序上不相同，而这又导致了以下区别（　　）。

A. 营业净利润的计算公式不同

B. 销货成本的计算公式不同

C. 所编制的损益表格式及提供的中间指标有所不同

D. 提供的信息用途不同

E. 计算出来的营业利润可能不同

7. 完全成本法下生产成本包括（　　）。

A. 直接材料　　B. 间接材料

C. 直接人工　　D. 制造费用　　E. 销售费用

8. 变动成本法的优点是（　　）。

A. 所提供的资料易于被管理部门理解和掌握

B. 能提供每种产品盈利能力的资料，有利于管理人员决策

C. 便于分清各部门的经济责任，有利于成本控制

D. 简化了成本的计算

E. 鼓励企业提高产品生产的积极性

9. 下列属于采用变动成本法计算盈亏的公式为（　　）。

A. 销售毛利总额－营业费用＝税前净利

B. 销售收入总额－变动成本总额＝贡献毛益总额

C. 贡献毛益总额－期间成本总额＝税前净利

D. 销售收入总额－已销售的生产成本总额＝销售毛利

E. 销售收入总额－已销售的生产成本总额＝贡献毛益总额

10. 变动成本法的局限性表现在（　　）。

A. 不符合传统成本概念的要求

B. 所确定的成本数据不符合通用会计报表编制的要求

C. 所提供的成本资料难以适应长期决策的需要

D. 所提供的分期损益难以为管理部门所理解

E. 以上全对

11. 不会引起变动成本法和完全成本法确定的营业净利润产生差额的有（　　）。

A. 非生产成本　　B. 固定生产成本

C. 销售收入　　D. 变动生产成本　　E. 以上均正确

12. 变动成本法与完全成本法下，产品成本均包括（　）。

A. 直接成本　　B. 直接人工

C. 直接材料　　D. 制造费用　　E. 变动制造费用

13. 在单位产品销售价格及成本水平不变的条件下，下列说法正确的是（　）。

A. 销售量相同，则变动成本法确定的各期营业净利润额就相等

B. 前后期产量不变时，完全成本法确定的营业净利润只与销售量有关

C. 某期销量比上期增加时，该期按变动成本法确定的营业净利润也比上期增加

D. 前后期产量不一致时，即使销量相等，变动成本法与完全成本法确定的营业利润仍存在狭义差额

E. 当某期销售量比上期减少时，该期按完全成本法确定的营业利润将比上期减少

14. 完全成本法的优点体现在（　）。

A. 有利于编制对外财务报表

B. 有利于管理人员进行长期经营决策

C. 比变动成本法更能反映企业生产经营的实际情况

D. 有利于提高企业的生产积极性

E. 便于分析部门的经济责任

15. 为了结合运用完全成本计算法与变动成本计算法，下列各项中，属于企业需设的不同于完全成本法核算的账户是（　）。

A. 销售收入　　B. 变动性制造费用

C. 管理费用　　D. 存货中的固定性制造费用

E. 以上全对

16. 变动成本法与吸收成本法在（　）反面是一致的。

A. 变动销售费用处理　　B. 管理费用处理

C. 固定制造费用处理　　D. 直接人工、直接材料处理

17. 下列说法正确的有（　）。

A. 完全成本发下，全部成本都计入产品成本

B. 完全成本发下，各会计期发生的全部生产成本要在完工产品和在产品之间分配

C. 变动成本法下，利润＝销售收入－销售成本－固定制造费用－销售和管理费用

D. 变动成本法提供的资料不能充分满足决策的需要

18. 如果企业期初与期末均有存货，则按完全成本法和按变动成本法计算的利润可能（　）。

A. 相等　　B. 完全成本法计算的较高

C. 变动成本法计算的较高　　D. 以上三者均不对

19. 变动成本法克服了完全成本法的很多缺点，不过变动成本法本身也有一定的局限性，主要有（　）。

A. 变动成本法的产品观念不符合会计准则

B. 改用变动成本法时会影响有关方法及时获得收益

C. 变动成本法提供的资料不能充分满足决策的需要

D. 变动成本法不能提供对外报告成本信息

20. 以下有关变动成本法的应用表述中，正确的有（　　）。

A. 各成本费用科目要按变动费用和固定费用分别设置

B. “生产成本”科目只记录存活的变动成本

C. “固定制造费用”科目没有期初期末余额

D. “库存商品”科目的使用没有变化

三、判断题

1. 只要各期销量相等，单价及成本水平不变，变动成本法的各期利润即相等。（　　）

2. 在变动成本法下，产品成本中包括全部的变动成本而不包括固定成本，固定成本作为期间成本在发生的当期全部直接转为费用。（　　）

3. 当产量增加时，完全成本法会导致单位成本提高。（　　）

四、计算分析题

1. 吉祥公司 2006 年度有关成本与产量记录如下：

生产量	50 000 件
销售量	35 000 件
直接材料	160 000 元
直接人工	200 000 元
变动性制造费用	150 000 元
固定性制造费用	75 000 元

根据上述资料，要求：

（1）按照完全成本法，计算期末存货及单位成本。

（2）按照变动成本法，计算期末存货及单位成本。

2. 成化公司只生产一种产品，第一、第二年的生产量分别为 170 000 件和 140 000 件，销售量分别为 140 000 件和 160 000 件，存货的计价采用先进先出法。每单位产品的售价为 5 元。生产成本：每件变动成本 3 元（其中包括直接材料 1.30 元，直接人工 1.50 元，变动性制造费用 0.20 元）；固定性制造费用每年的发生额为 150 000 元。销售与行政管理费：变动性费用为销售收入的 5%；固定性费用每年发生额为 65 000 元。要求：

（1）根据上述资料，分别采用变动成本法计算和完全成本法计算，确定第一和第二年的税前利润。

（2）具体说明第一年和第二年分别采用两种成本计算方法据以确定的税前利润发生差异的原因。

（3）具体说明采用完全成本法计算所确定的第一年和第二年的税前利润发生差异的原因。

（4）设立有关账户，按变动成本法计算反映第一年和第二年发生的有关业务；并通过“存货中的固定性制造费用”账户，在账户体系中按完全成本法计算确定第一年和第二年对外编制的损益表中的净收益和资产负债表中的产成品这一项目列示的数字。

3. 成化公司生产单一品种的产品，2006 年有关生产、销售和成本的资料如下：

期初存货量	0 件
本年投产完工量	12 500 件
本年销售量	10 000 件
单价	40 元
直接材料	80 000 元
直接人工	30 000 元
变动性制造费用	50 000 元
固定性制造费用	90 000 元
变动性销售及管理费用	7 500 元
固定性销售及管理费用	40 000 元

要求：（1）按完全成本法计算产品单位成本。

（2）按变动成本法计算产品单位成本。

（3）分别按完全成本法和变动成本法编制损益表。

4. 风帆公司按变动成本法核算的 2007 年 1 月产品成本资料如下（该公司采用先进先出法计价）：

单位产品成本	50 元
本期固定制造费用	30 000 元
期初存货数量	500 件
本期完工产品	6 000 件
本期销售产品	5 500 件
销售价格	100 元/件
固定性销售及管理费用	45 000 元

已知上期产品单位固定生产成本为 5 元。要求：

（1）计算完全成本法下期末存货成本。

（2）计算完全成本法下本期营业净利润。

5. 南方公司生产一种产品，2006 年和 2007 年的有关资料如下：

	2006 年	2007 年
销售收入（6 元/件）	1 200	1 200
年初存货（件）	0	100
年末存货（件）	100	100
产量（件）	300	200
固定生产成本（元）	600	600
单位变动生产成本（元）	1.5	1.5
销售及管理费（元）（全部为固定费用）	100	100

要求：（1）按完全成本法，分别算出 2006 年及 2007 年的单位产品成本。

（2）假设存货计价采用先进先出法，采用完全成本法编制两年的损益表，并说明为什么两年的销售量相当，单位变动成本及固定成本总额均无变动，而计算的税前利润不同。

(3) 按变动成本法编制两年的损益表。

(4) 试说明两种方法计算的税前利润为何不同，指出哪种成本法较重视生产，哪种成本法较重视销售，你认为哪种成本法计算的税前利润合理?

6. 成化公司只生产一种产品，第一、第二年产量分别为 8 000 件和 5 000 件，销售量分别为 7 000 件和 6 000 件。每件产品售价为 50 元，生产成本为：每件变动成本 10 元，固定生产成本每年发生额 80 000 元，销售及管理费用为：变动销售及管理费用每件 5 元，固定销售及管理费用，每年 60 000 元。要求：

(1) 分别采用两种成本法计算产品单位成本。

(2) 分别采用两种成本法计算税前利润。

(3) 分析两种成本计算的税前利润发生差异的原因，并进行调整。

7. 成化公司最近两年只生产和销售 A 产品，有关 A 产品产销的基本情况以及按完全成本法编制的两年简明职能式损益表的数据见表 3.9、表 3.10。如果成化公司的固定生产成本是以生产量为基础分摊于 A 产品；另每件 A 产品分摊变动销售及管理费用 1 元。要求：

(1) 按完全成本法分别计算第一年、第二年 A 产品的产品单位成本。

(2) 第一年和第二年的产品销售量相同，销售单价和成本水平均无变动，为什么第二年的税前净利润较第一年要高出 4 800 元?

表 3.9 A 产品产销的基本情况

基本资料	第一年	第二年
生产量（件）	8 000	10 000
销售量（件）	8 000	8 000
销售单价（元/件）	15	15
单位变动生产成本（元/件）	8	8
固定生产成本总额（元）	24 000	24 000

表 3.10 A 产品按完全成本法编制的两年简明职能式损益表

摘 要	第一年	第二年
销售收入	120 000	120 000
销售成本	88 000	83 200
销售毛利	32 000	36 800
销售及管理费用	20 000	20 000
税前净利	12 000	16 800

(3) 按变动成本法编制第一年和第二年的损益表。

(4) 通过对两种不同方法编制的损益表进行对比，你认为哪种方法较为合理？为什么？

8. 成化公司专门生产 B 产品，最近两年的有关数据见表 3.11，要求：

(1) 分别按两种成本计算方法求出两年的 B 产品的单位成本。

(2) 分别按两种成本计算方法编制近两年的比较损益表。

(3) 通过两张比较损益表的对比，评述哪种方法较为合理。

表 3.11　B 产品最近两年的基本资料

基本资料	第一年	第二年
生产量（吨）	3 000	2 000
期初存货量（吨）	0	1 000
期末存货量（吨）	1 000	0
销售单价（元/吨）	50	50
单位变动生产成本（元/吨）	18	18
固定性制造费用（元）	60 000	60 000
固定销售及管理费用（元）	15 000	15 000

五、综合题

1. 某公司每件产成品的直接材料成本为 180 元，本月发生的直接人工为 50 000 元，变动制造费用为 60 000 元，固定制造费用为 40 000 元。原材料费用在产品成本中所占的比重较大，原材料是在生产开始时一次就全部投入。本月完工入库 5 000 件产成品，本月销售 4 000 件(全部为本月生产)。每件成品的销售价格为 302 元，本月发生的变动销售和管理费用为 80 000 元，固定销售和管理费用为 20 万元。要求：

(1) 计算本月生产的每件产成品的成本（按照变动成本法和完全成本法分别计算）以及单位变动成本、边际贡献率、变动成本率。

(2) 按照变动成本法和完全成本法分别计算本月的利润以及盈亏临界点的销售量，并分析利润存在差异的原因。

(3) 选择您认为比较合理的结果计算本月的安全边际率和销售利润率，并判断安全等级。

2. 企业有一个基本生产车间，只生产一种产品。该企业采取变动成本计算制度，月末对外提供财务报告时，对变动成本法下的成本计算系统中有关账户的本期累计发生额进行调整。有关情况和成本资料如下：

(1) 本月投产 100 件产品，期末完工 95 件，期初产成品存货 10 件，本月销售 90 件，单价为 1 200 元。

(2) 变动成本计算法下期初产成品存活成本 900 元，期初库存材料成本 1 000 元，期初在产品存货 5 件，期初在产品存货成本 600 元。

(3) 固定制造费用账户的期初余额为 3 600 元，其中，在产品 3 000 元，产成品 600 元。

（4）在产品和完工产品成本分配采用约当产量法，材料及加工费用在产品约当完工产品的系数均为0.5。

（5）本月购买材料16 000元，本月发生费用如下：

直接材料	10 000元
直接人工	1 000元
变动制造费用	900元
固定制造费用	7 000元
变动销售和管理费用	8 000元
固定销售和管理费用	4 000元

要求：（1）计算变动成本法下本月发生的生产成本。

（2）计算变动成本法下本月完工产品成本和期末在产品成本。

（3）企业对产成品存货计价采取先进先出法，要求确定变动成本法下的月末存货成本。

（4）月末对有关账户的本期累计发生额进行调整时，固定制造费用在完工产品与在产品之间的分配采用约当产量法；发出产成品应负担的固定制造费用也应按先进先出法计算，写出有关调整数额的计算过程和调整分录。

（5）计算对外提供财务报告时的税前经营利润。

第四章　本量利分析

☞学习指导

【学习目标】

学习本章，要弄清楚什么是本量利分析以及本量利分析所涉及的各因素之间的相互关系如何，为什么说本量利分析首先是通过测算保本点来进行的？保本点的概念与计算以及各有关因素变化对保本点销量的影响如何？如何测算实现目标利润销量？什么是安全边际？如何进行计算？如何测算多种产品的保本点销量？根据本量利分析方法的原理，还可以进行敏感性分析。

【学习建议】

1. 学习时间：22 小时

第一节建议学习时间：2 小时

第二节建议学习时间：6 小时

第三节建议学习时间：2 小时

第四节建议学习时间：4 小时

第五节建议学习时间：4 小时

第六节建议学习时间：4 小时

2. 学习方法

（1）学习前可以对前面几章的基本知识作个回顾。

（2）点播学习网络课程第四章。

（3）参加第 2 次在线导学直播。

（4）第四节学习完成后提交作业。

【学习重难点】

重点掌握保本分析（包括单一产品保本分析和多产品保本分析）。

企业管理者利用关于成本性态的信息，可以进行许多有用的分析。其中就包括成本、业务量、利润分析（简称本量利分析或 CVP 分析）。它研究成本和利润这二者是如何随着业务量（经营活动水平）的变化而变化。前几章所讲的成本性态分析为本章的保本点的确定创造了前提条件，变动成本法又为保本点的计算提供了依据。因此，本量利分析是成本性态分析和变动成本法的合乎逻辑的发展。

第一节 本量利分析概述

一、本量利分析的基本含义

本量利分析（Cost-Volume-Profit Analysis，简称 CVP 分析）是成本、业务量和利润关系分析的简称，又称损益平衡分析、保本分析等，是指在变动成本计算模式的基础上，通过数学模型，对变动成本、固定成本、业务量、单价和利润五因素之间进行综合分析，揭示它们之间的内在规律性，为会计预测、决策、规划、控制和考评提供必要财务信息的一种定量分析方法。

本量利分析是管理会计的基本方法之一，无论在西方还是我国，本量利分析的应用都十分广泛。它与经营风险分析相联系，可促使企业努力降低风险；与预测技术相结合，企业可进行保本预测、确保目标利润实现的业务量预测等；与决策融为一体，企业据此可进行生产决策、定价决策和投资不确性分析；企业还可以将其应用于全面预算、成本控制和业绩评价。

二、本量利分析的基本假定

通过本量利分析所建立和使用的有关数学模型和图形，都是基于以下基本假定为前提条件的：

1. 线性假定

假定成本性态分析工作已经完成，总成本可表示为 $y=a+bx$，销售收入收入可表示为 $y=px$，即成本、销售收入都是产销量的一元线性函数。

2. 相关范围假定

假定在一定时期、一定业务量范围内，单价、单位变动成本、固定成本总额保持不变。

3. 产销平衡和品种结构稳定假定

假定在只安排一种产品生产的条件下，生产出来的产品总是可以找到市场，实现产销平衡；对于多产品生产的企业，假定在以价值形式表现的产销总量发生变化时，原来的各种产品的产销额在全部产品销售总额中所占的比重并不发生变化，且仍能实现产销平衡。

规定上述假定，可以十分便利地使用简单的数学模型或图形来揭示变动成本、固定成本、业务量、单价和利润五因素之间的规律性，有助于初学者深刻理解本量利分析的基本原理。同时，了解上述假定，也会为在实际工作中应用本量利分析原理指明努力方向：即不能盲目套搬本量利分析的现成结论，必须从动态的角度去研究企业经营条件、市场与价格、生产要素、品种结构与技术条件等诸因素的实际变动情况，调整修正分析结论、克服本量利分析的局限性，积极运用动态分析、风险分析和敏感性分析等技术，为企业的生产经营管理服务。

三、本量利分析的基本模型

本量利分析所考虑的相关因素包括单价 p，单位变动成本 b，固定成本总额 a，销售量 x，利润 π。它们之间的关系可用以下模型表示：

$$\begin{aligned}\pi &= px-(a+bx)\\ &= px-bx-a\\ &= (p-b)x-a\end{aligned}$$

在产销多品种产品的条件下（设为 n 种产品）：

$$\begin{aligned}\pi &= \sum_{i=1}^{n} p_i x_i - \sum_{i=1}^{n} b_i x_i - a\\ &= \sum_{i=1}^{n}(p_i-b_i)x_i - a\end{aligned}$$

其中：p_i 为第 i 种产品价格；b_i 为第 i 种产品单位变动成本；x_i 为第 i 种产品销量。

在本量利分析中，贡献毛益是一个十分重要的概念。所谓贡献毛益是指产品的销售收入与相应变动成本的差额，又称边际贡献、贡献边际或创利额。它除了以总额（记作 T_{cm}）表示外，还有单位贡献毛益（记作 cm）和贡献毛益率（记作 cmR）两种形式。单位贡献毛益是指销售单价减去单位变动成本后的差额，也可用贡献毛益总额除以有关销售量求得；贡献毛益率是指贡献毛益总额占销售收入总额的百分比，又等于单位贡献毛益占单价的百分比。

贡献毛益的这三种形式可以相互转换，模型如下：

$$T_{\mathrm{cm}} = px - bx = (p-b)x = px\cdot \mathrm{cmR}$$

$$\mathrm{cm} = p - b = \frac{T_{\mathrm{cm}}}{x} = p\cdot \mathrm{cmR}$$

$$\mathrm{cmR} = \frac{T_{\mathrm{cm}}}{px} = \frac{\mathrm{cm}}{p}$$

与贡献毛益率（cmR）密切关联的指标是变动成本率（bR）。所谓变动成本率是指变动成本占销售收入的百分比，或指单位变动成本占单价的百分比。有关模型为：

$$\mathrm{bR} = \frac{bx}{px}\times 100\% = \frac{b}{p}\times 100\%$$

从定义不难看出，贡献毛益率与变动成本率有如下关系：

$$\text{cmR} + \text{bR} = 1$$

即 $$\text{cmR} = 1 - \text{bR}$$

可见，贡献毛益率与变动成本率属于互补性质，变动成本率高的企业，则其贡献毛益率低，创利能力小；反之，变动成本率低的企业，则贡献毛益率高，创利能力大

【例 4.1】 成化公司只生产 A 产品，单价 p 为 10 元/件，单位变动成本 b 为 6 元/件，固定成本 a 为 40 000 元，2005 年销售 A 产品 15 000 件。要求：

（1）计算单位贡献毛益（cm）、贡献毛益总额（T_{cm}）及贡献毛益率（cmR）；

（2）计算营业利润（π）；

（3）计算变动成本率（bR）；

（4）验证贡献毛益率（cmR）与变动成本率（bR）的关系

分析 （1）单位贡献毛益$(\text{cm}) = p - b = 10 - 6 = 4$（元/件）

贡献毛益$(T_{\text{cm}}) = \text{cm} \cdot x = 4 \times 15\,000 = 60\,000$（元）

贡献毛益率$(\text{cmR}) = \dfrac{\text{cm}}{p} \times 100\% = \dfrac{4}{10} \times 100\% = 40\%$

（2）营业利润$(\pi) = (p - b) \cdot x - a = (10 - 6) \times 15\,000 - 40\,000 = 20\,000$（元）

（3）变动成本率$(\text{bR}) = \dfrac{b}{p} \times 100\% = \dfrac{6}{10} \times 100\% = 60\%$

（4）$\text{cmR} + \text{bR} = 40\% + 60\% = 1$

第二节 保本分析

保本分析是本量利分析的基础，其基本内容是分析确定产品的保本点，从而确定企业经营的安全程度。

一、保本分析概述

1. 保本分析的定义

所谓保本，就是指企业在一定时期的收支相等即盈亏平衡、不盈不亏、利润为零，当企业处于这种特殊情况时，称企业达到保本状态。保本分析就是研究企业恰好处于保本状态时本量利关系的一种定量分析方法，又叫盈亏平衡分析、两平分析、够本分析等。保本分析的关键是保本点的确定。

2. 保本点的定义及表现形式

保本点是指能使企业达到保本状态的业务量总称。在该业务量水平上，稍微增加一点业务量，企业就有盈利；反之，稍微减小一点业务量，企业就会发生亏损。在我国，保本点又被译作盈亏临界点、盈亏平衡点、盈亏两平点、损益分界点等。为简化起见亦可将其记作 BEP。

单一品种的保本点有两种表现形式，一是保本点销售量（简称保本量），一是保本点销

售额（简称保本额），它们都是标志企业达到收支平衡实现保本的销售业务量指标，统称为保本点业务量。在平面直角坐标系下的单一品种保本图上，保本点 BEP 是由上述保本量或保本额决定其所在位置的。因此，保本点的确定就是计算保本量或保本额。在多品种条件下，虽然也可以按具体品种计算各自的保本量，但由于不同产品的销售量不能相加，因而只能确定它们的保本额，或根据品种结构确定各自的保本量，不能确定总保本量。

二、单一品种产品保本点模型

根据保本点的定义及本量利分析的基本模型，令$(p-b)x-a=0$，可知：

保本量(x_0)模型：$x_0=\dfrac{a}{p-b}$

保本额(s_0)模型：$s_0=px_0=\dfrac{a}{\text{cmR}}=\dfrac{a}{1-\text{bR}}$

【例 4.2】 根据例 4.1 所给资料，求成化公司保本点业务量。

分析

$$x_0=\frac{40\,000}{10-6}=10\,000\ (\text{件})$$

$$s_0=10\,000\times10=100\,000\ (\text{元})$$

或

$$s_0=\frac{40\,000}{\dfrac{10-6}{10}}=100\,000\ (\text{元})$$

$$x_0=\frac{100\,000}{10}=10\,000\ (\text{件})$$

☞案　例　　单品种本量利分析——常印冰淇淋加工厂决策分析案例

一、基本案情

常印曾经是一乡镇企业的经营策划者，他一直渴望自己能够成为一个老板，也在随时寻找自己发展事业的大好时机。

常印的家就在镇政府所在地，他们的镇每逢公历的“二、五、八”就有方圆近百里的人到这里赶集，他发现每逢这时，都有百里以外的企业到这里批发或零售雪糕、冰淇淋。大小商贩、个人要排出很长的大队前来购买。尤其是天气渐暖以后，更是如此，有些甚至两手空空、悻悻而归。他也时常看到乡村的娃娃花着高价，吃到劣质的所谓的冰淇淋。于是他决定自己创办一个冰淇淋加工厂，让自己的父老乡亲随时吃到价廉可口的冰淇淋，在酷暑之时，给企盼着凉爽的人们驱走燥热。

常印家的所在乡镇，方圆几十里没有一个冷制品厂，人们渴望能有一个随时批发，零售雪糕、冰淇淋的厂家。尤其生活在这里的农民，绝大多数都是机械化种田，秋收，农闲时间很多，大半年的空闲时间很多人都想再趁机搞些能带来收入的“小买卖”。近年来，人们的收入多了，生活观念也在变化，村里村外的娃娃，即使是成人也如此，都企盼着随时吃到口感好的雪糕或冰淇淋。于是常印坚定了信心，开始进行市场调查。调查显示：

（1）需求量资料：周边 5 个乡镇，每个乡镇下约有 8 万人口，总计约有 40 万人口，按现有生活水平和消费观念估算，在 1、3、4、5、11、12 月淡季，每日也需 40 000 支冰淇淋，在 2、6、7、8、9、10 月则日需量将达到 80 000～90 000 支，经咨询有关部门测算，若考虑乡间距离的远近和其他竞争市场的因素，该加工厂若能保证冰淇淋的质量，价位合理，将占 60%～65% 的市场，即在淡季，日需求量将达到 24 000～26 000 支，旺季，日需求量将达到 48 000～58 500 支。

（2）成本费用资料：他为了减少风险，打算去长春市的某个冷饮厂租设备，全套设备年租金需 4.5 万元（可以房产等实物作抵押，不必支付货币资金）；租库房和车间每月固定支付租金 2 000 元；工人可到市场随时招聘，按现行劳务报酬计算，每生产 1 000 支冰淇淋可支付各种工人（包括熬料、打料、拔模、包装工人）计件工资 28 元；聘用管理人员、采购入员各一名，月薪分别 1 500 元，技术人员一名，月薪 2 000 元（包括设备的维护和修理）；每月固定支付卫生费和税金 1 000 元。在生产冰淇淋时，按市价计算所耗各种费用如下（以每锅料为标准，每锅料能生产 1 000 支冰淇淋）：

主要材料 188 元

其中：

- 优质淀粉 100 元
- 白砂糖 30 元
- 奶　粉 56 元
- 食用香精 2 元

其　他 52 元

其中：

- 水　费 3 元（其中 1 元为冰淇淋耗用）
- 电　费 15 元
- 煤炭费 5 元
- 氨（制冷用） 4 元
- 包装纸棍 25 元

（3）生产能力：从设备的运转能力来看，日生产能力 12 锅；由于考虑机器设备的维修，节假日和天气情况（阴雨天）等原因，预计全年可工作 300 天左右。

（4）定价：按现行同等质量冰淇淋的市场平均价定价，0.35 元/支。

（5）资金来源：依靠个人储蓄（不考虑利息费用）。

经过两个月的调查与考核，常印坐下来重新考虑，他不知道是否应当设立这个加工厂？它每年能给自己带来多少利润呢？

二、分析要求

（1）试用本量利分析法分析常印冰淇淋厂是否应开立？

（2）他每年能获利多少？

（3）他若想年获利 18 万，能实现吗？若不能实现，可以采取哪些措施，可行吗？

三、案例分析

本案例属于单品种保本或盈利情况下本量利分析，具体分析如下：

1. 可行性分析。

（1）成本资料：

单位变动成本：

项目	金额
材料	214 元
其中：优质淀粉	100 元
白砂糖	30 元
奶粉	56 元
食用香精	2 元
包装纸、棍	25 元
水贵	1 元
生产工人工资	28 元
变性制造费用	26 元
其中：水费	2 元
电费	15 元
煤炭费	5 元
氨	4 元
单位变动成本合计	268 元

固定成本：

项目	金额	
固定性制造费用	129 000 元	
其中：生产管理人员工资	36 000 元	（2×1 500×12）
技术人员工资	24 000 元	（2 000×12）
设备租金	45 000 元	
车间仓库租金	24 000 元	（2 000×12）
其他固定性费用	12 000 元	
卫生费、税金	12 000 元	（1 000×12）

（2）年销售量：

淡季日需求量 24 000～26 000 支

旺季日需求量 48 000～58 500 支

日生产能力 1 000×12＝12 000（支）

所以每天尽最大生产能力仍供不应求。

全年最高销量可达 12 000×300＝3 600 000（支）相当于 3 600 锅

（3）$保本量=\dfrac{固定成本}{单价-单位变动成本}=\dfrac{141\,000}{350-268}=1\,720\ (锅)$

年销售量 3 600＞保本量 1 720，而且远远大于保本量，所以常印冰淇淋加工厂应该设立，可以圆其“老板梦”。

2. 年获利水平的测算。

$$预测利润 = (单价 - 单位变动成本) \times 销量 - 固定成本$$
$$= (350 - 268) \times 3\,600 - 141\,000$$
$$= 154\,200（元）$$

所以年可获利 154 200 元。

3. 根据上述条件若想年获利 180 000 元，不能实现。若想实现 180 000 元利润，应从以下几方面努力：① 降低单位变动成本；② 降低固定成本；③ 扩大销售量；④ 提高价格；⑤ 扩大规模。

（1）其他条件不变，降低单位变动成本。

$$单位变动成本 = 单价 - \frac{目标利润 + 固定成本}{销售量}$$
$$= 350 - \frac{180\,000 + 141\,000}{3\,600} = 261（元）$$

如果其他条件不变，将单位变动成本降到 261 元，即降低 7 元（＝268 元－261 元），就目前物价和工资水平来看，将影响产品质量，会导致市场销量下降，甚至会影响企业的形象。该办法不可行。

（2）其他条件不变，降低固定成本。

$$固定成本 = (单价 - 单位变动成本) \times 销量 - 目标利润$$
$$= (350 - 268 \times 3\,600 - 180\,000)$$
$$= 115\,200（元）$$

其他条件不变将固定成本降到 115 200 元，即降低 25 800 元（＝141 000 元－115 200 元）方可实现。经与各出租方、税务、防疫机关协商，及目前工资水平调查，表明固定成本不可能降低。该办法不可行。

（3）扩大销量。

从上述调查和分析可以看出，企业产品供不应求，完全可以扩大销量，但是设备生产能力不允许。

（4）提高价格。

$$单价 = 单位变动成本 + \frac{目标利润 + 固定成本}{销售量}$$
$$= 268 + (180\,000 + 141\,000) / 3\,600$$
$$= 357（元）$$

其他条件不变，将单价提高到 357 元，即可实现。就目前同类同质产品的市价均低于 357 元，如果提高到 357 元，将影响产品的销量，所以仍然不可行。

（5）其他条件不变，扩大规模。

从案情和上述分析可以看出，要想实现目标利润 180 000 元，也可从扩大规模入手。即再租设备、雇人员，就市场需求量来看是可以的，但是资金情况，设备、车间、仓库等承租情况还有待进一步调查。

四、问题探讨

本案例只是从保本量与销售量比较，保本量小于销售量，方案可行。但这里并没有考虑该方案的安全程度。

研究一个方案是否可行，首先要测量保本点销售量（额）与预计销售量（额）的关系，其次决策者还应分析方案的安全边际率（额）。一般认为：安全边际率 10% 以下，方案较危险；10%～20% 的安全边际率，方案值得注意；20%～30% 的安全边际率，方案较安全；30%～40% 的边际率，方案较安全；40% 以上的安全边际率，方案很安全。所以决策者在做决策时应多方面考虑，作出较安全的决策。

三、多品种产品保本点模型

上面的保本分析都是假定在单一产品条件下进行的。但在实际经济生活中，绝大多数企业都不止生产经营一种产品，而是同时生产和销售多种产品。这就需要进一步探讨多品种条件下的保本点模型问题。

在多品种条件下，可以运用的量本利分析方法有多种，包括：综合贡献毛益率法、顺序法、联合单位法、分算法和主要品种法。

（一）综合毛益率法

此种方法是将各种产品的贡献毛益和销售收入分别汇总，计算综合贡献毛益率（以下简记作 cmR′），然后据此测算综合保本点销售额。相关模型为：

$$\text{综合保本额}=\frac{\text{全厂固定成本}}{\text{综合贡献毛益率}}=\frac{a}{\text{cmR}'}$$

该法的关键是正确计算综合贡献毛益率，对此有三种计算方法：

1. 总额法

总额法是指根据一定条件下全厂各种产品创造的贡献毛益总额与销售收入总额之比来确定综合贡献毛益率的一种方法。

$$\text{综合贡献毛益率(cmR}')=\frac{\text{全厂贡献毛益总额}}{\text{全厂销售收入总额}}\times 100\%=\frac{\sum T_{\text{cm}}}{\sum px}\times 100\%$$

上式中的各项总额资料，既可以按事先计划的资料确定，也可以按最近一期或几期的实际资料来确定。当利用计划资料时，被称为计划总额法；利用实际资料时，又叫近期总额法。不论采用什么资料，分子分母的归属期必须一致。

由于总额法只需掌握全厂贡献毛益总额和销售收入总额，不必了解每一品种的单价、单位变动成本和销量资料，就可以计算出 cmR′，故比较简单。但该方法无法进一步确定每一品种的保本点等指标。

【例 4.3】 成化公司组织三种产品的生产经营，2006 年全厂预计发生固定成本总额为 13 650 元，其他有关资料见表 4.1。

表 4.1 成化公司计划资料（金额单位：元）

品种	销量（件） ①	单价 ②	单位变动成本 ③	销售收入 ④=①×②	贡献毛益 ⑤=①×(②-③)	贡献毛益率 ⑥=⑤÷④
甲	1 000	40	28	40 000	12 000	30%
乙	3 000	10	6	30 000	12 000	40%
丙	1 500	20	10	30 000	15 000	50%
合计				100 000	39 000	

要求：测算 2006 年成化公司的综合保本额。

分析 因为 $\text{cmR}'=\dfrac{\sum T_{\text{cm}}}{\sum px}\times 100\%=\dfrac{39\,000}{100\,000}\times 100\%=39\%$

所以 2006 年成化司的综合保本额 $=\dfrac{a}{\text{cmR}'}=\dfrac{13\,650}{39\%}=35\,000$(元)

2. 全厂贡献毛益率总和法

它要求先计算每一品种为全厂创造的贡献毛益率（记作 cmR″），再求所有品种的该项指标之和，即可求得综合贡献毛益率。即

$$\text{综合贡献毛益率}(\text{cmR}')=\sum\begin{matrix}\text{每种产品为全厂}\\\text{创造的贡献毛益率}\end{matrix}=\sum_{i=1}^{n}\text{cmR}''_i$$

其中：

$$\begin{matrix}\text{某种产品为全厂}\\\text{创造的贡献毛益率}\end{matrix}(\text{cmR}'')=\frac{\text{该产品创造的贡献毛益}}{\text{全厂销售收入之和}}\times 100\%$$

$$=\frac{T_{\text{cm}i}}{\sum p_i x_i}\times 100\%$$

此法适用于已知每种产品为全厂创造的贡献毛益率的企业采用。缺点依然是无法进一步确定每种产品的保本点。

【例 4.4】 按例 4.3 资料。要求：按全厂贡献毛益率总和法测算 2006 年成化公司的综合保本额。

分析 $$\text{cmR}''_{甲}=\frac{12\,000}{100\,000}\times 100\%=12\%$$

$$\text{cmR}''_{乙}=\frac{12\,000}{100\,000}\times 100\%=12\%$$

$$\text{cmR}''_{丙}=\frac{15\,000}{100\,000}\times 100\%=15\%$$

由此知： $\text{cmR}'=12\%+12\%+15\%=39\%$

所以 2006 年成化公司的综合保本额 $=\frac{13\,650}{39\%}=35\,000$（元）

显然，按此法计算的综合贡献毛益率同总额法计算结果相同。

3. 加权平均法

它是指在掌握每种产品本身的贡献毛益率（记作 cmR_i）的基础上，按各项产品销售额占全厂销售额的比重（记作 B_i）进行加权平均，据以计算综合贡献毛益率的一种方法。即

$$综合贡献毛益率(\text{cmR}')=\sum\left(\begin{matrix}某种产品的\\贡献毛益率\end{matrix}\times\begin{matrix}该产品的\\销售额比重\end{matrix}\right)=\sum_{i=1}^{n}(\text{cmR}_i\cdot B_i)$$

其中：

$$\begin{matrix}某种产品的\\贡献毛益率\end{matrix}(\text{cmR}_i)=\frac{该产品的贡献毛益}{该产品的销售收入}\times 100\%=\frac{T_{\text{cm}_i}}{p_i x_i}\times 100\%$$

$$=\frac{该产品的单位贡献毛益}{该产品的单价}\times 100\%=\frac{\text{cm}_i}{p_i}\times 100\%$$

$$\begin{matrix}某种产品的\\销售额比重\end{matrix}(B_i)=\frac{该产品计划销售额}{全厂各种产品计划销售额合计}\times 100\%=\frac{p_i x_i}{\sum_{i=1}^{n}p_i x_i}\times 100\%$$

在加权平均法下，不仅可以计算综合保本额，而且还可以在此基础上按销售比重将其分解，计算出每一品种的保本额，再用每种产品的保本额除以该产品的单价，就可以求出它们的保本量。

【例 4.5】 仍按例 4.3 资料。要求：按加权平均法测算 2006 年成化公司的综合保本额以及每种产品的保本额和保本量。

分析 $$B_{甲}=\frac{40\,000}{100\,000}\times 100\%=40\%$$

$$B_{乙}=\frac{30\,000}{100\,000}\times 100\%=30\%$$

$$B_{丙}=\frac{30\,000}{100\,000}\times 100\%=30\%$$

由此知：$cmR' = 30\% \times 40\% + 40\% \times 30\% + 50\% \times 30\% = 39\%$

所以 $\quad$ 2006 年成化公司的综合保本额 $= \dfrac{13\,650}{39\%} = 35\,000$(元)

甲产品的保本额 $= 35\,000 \times 40\% = 14\,000$ (元)

乙产品的保本额 $= 35\,000 \times 30\% = 10\,500$ (元)

丙产品的保本额 $= 35\,000 \times 30\% = 10\,500$ (元)

上述三种计算综合贡献毛益率的方法其实质是一样的，只是它们分别适用于掌握资料详略不同的各种情况。尽管加权平均法要求掌握比其他两种方法更为详细更为具体的资料，但它也因能够提供比其他两种方法更为有用的信息而更具有实用性。由于在管理会计实务中，大多按加权平均法计算综合贡献毛益率,故也有人将综合贡献毛益率法直接称为加权平均法。

（二）顺序法

顺序法是指按照事先规定的品种顺序，依次用各种产品的贡献毛益补偿全厂的固定成本，进而完成多品种条件下本量利分析的一种方法。该法通常要以事先掌握各种产品贡献毛益和销售收入计划数为前提，并按各产品贡献毛益率的高低确定品种的销售顺序。由于人们对待风险的态度不同，在确定品种顺序时会选择截然不同的两种标准：一种是乐观的排列，即假定各品种的销售顺序是按其贡献毛益率由高到低排列的，贡献毛益率高的产品先实现销售，低的后售出；另一种是悲观的排列，即假定顺序恰恰与乐观排列相反。下面我们举例说明顺序法的原理及步骤。

【例 4.6】 仍按例 4.3 资料。要求：用顺序法测算 2006 年成化公司的综合保本额。

分析 首先根据有关资料编制顺序分析表，见下表 4.2。

表 4.2 顺序分析表（金额单位：元）

顺序	品种	贡献毛益率 cmR_i	销售收入 px_i	累计销售收入 $\sum px_i$	贡献毛益 T_{cm_i}	累计贡献毛益 $\sum T_{cm_i}$	全厂固定成本 a	累计损益 $\sum p_i$
i		①	②	③	④=①×②	⑤	⑥	⑦=⑤−⑥
1	甲	30%	40 000	40 000	12 000	12 000	13 650	−1 650
2	乙	40%	30 000	70 000	12 000	24 000		+10 350
3	丙	50%	30 000	100 000	15 000	39 000		+25 350

接着进行保本分析时，需利用表 4.2 的第⑦栏所列示的“累计损益”数据。

(1) 若能在第⑦栏找到零时，则零所在行的累计销售收入就是保本额。即当 $\sum_{i=1}^{n} p_i = 0$ 时，$\sum_{i=1}^{n} p_i x_i$ 为保本额。

(2) 若在第⑦栏中找不到零时，可按下列模型确定保本额：

$$保本额=\frac{保本产品前}{累计销售额}+\frac{|保本产品前累计损益|}{保本产品的贡献毛益}$$

$$=\sum_{i=1}^{n}p_i x_i+\frac{\left|\sum_{i=1}^{n}p_i\right|}{\text{cmR}_n+1}$$

上式中的保本产品是指“累计损益”栏中第一次出现正值时所对应的产品；上式中的 n 满足：$\sum_{i=1}^{n}p_i<0,\sum_{i=1}^{n+1}p_i>0$。

本例属于第（2）种情况，即在第⑦栏中找不到零项，则

$$2006\text{ 年成化公司的综合保本额}=40\,000+\frac{|-1\,650|}{40\%}=44\,125\text{（元）}$$

（三）联合单位法

联合单位法是指在事先掌握品种之间客观存在的相对稳定产销实物量比例的基础上，确定每一联合单位的单价和单位变动成本，进行本量利分析的一种方法。

如果一家企业生产的多个产品之间的实物产出量之间存在着较稳定的数量关系，而且所有产品的销路都很好，那么就可以用联合单位代表按实物量比例构成的一组产品。比如某企业生产的 A、B、C 三种产品的销量比为 1∶2∶3，则一个联合单位就相当于一个 A 产品、两个 B 产品和三个 C 产品的集合，其中 A 产品为标准产品。以这种销量比可计算出每一联合单位的联合单价和联合单位变动成本。在此基础上，可以按单一品种的本量利分析法计算联合保本量。相关模型为：

$$联合保本量=\frac{固定成本}{联合单价-联合单位变动成本}$$

其中：联合单价等于一个联合单位的全部收入；联合单位变动成本等于一个联合单位的全部变动成本。

在此基础上，还可计算出每种产品的保本量：

某产品保本量＝联合保本量×该产品销量比

再以每种产品的单价乘以该种产品的保本量，可求出其保本额。

【例 4.7】　仍按例 4.3 资料。要求：用联合单位法进行保本分析。

分析　（1）确定产品销量比。

甲：乙：丙＝1：3：1.5

（2）联合单价＝40×1＋10×3＋20×1.5＝100（元/联合单位）

（3）联合单位变动成本＝28×1＋6×3＋10×1.5＝61（元/联合单位）

(4) $\text{联合保本量}=\frac{13\,650}{100-61}=350$（联合单位）

(5) 计算各种产品保本量：

甲产品保本量＝1×350＝350（件）

乙产品保本量＝3×350＝1 050（件）

丙产品保本量＝1.5×350＝525（件）

(6) 计算各种产品保本额：

甲产品保本额＝350×40＝14 000（元）

乙产品保本额＝1 050×10＝10 500（元）

丙产品保本额＝525×20＝10 500（元）

（四）分算法

分算法是指在一定条件下，将全厂固定成本按一定标准在各种产品之间进行分配，计算出每种产品的保本额；然后，再将各种产品的保本额汇总，从而求得综合保本额的一种本量利分析方法。

分算法的关键是要合理分配固定成本，对于专属于某种产品生产时发生的固定成本即专属固定成本，如生产某种产品的专用设备的折旧费及基本维修费，应该由该产品负担；对于应由多种产品共同负担的固定成本即共同固定成本，则应选择合适的分配标准进行分配。常用的分配标准有销售额、产品重量、长度、体积、工时、贡献毛益或材料耗用量等。鉴于固定成本需要由贡献毛益来补偿，故按照各种产品之间的贡献毛益比重分配固定成本最为合理。

这种方法可以提供各产品计划与控制所需要的详细资料，故受到基层管理部门的重视与欢迎。但在选择分配标准时容易出现问题，尤其是品种较多时比较麻烦。

【例 4.8】 仍按例 4.3 资料。

要求：用分算法进行保本分析（假定固定成本按贡献毛益的比重分配）。

分析 $\text{固定成本分配率}=\frac{13\,650}{39\,000}=0.35$

分配给甲产品的固定成本＝12 000×0.35＝4 200（元）

分配给乙产品的固定成本＝12 000×0.35＝4 200（元）

分配给丙产品的固定成本＝15 000×0.35＝5 250（元）

所以 $\text{甲产品的保本量}=\frac{4\,200}{40-28}=350$（件）

甲产品的保本额＝40×350＝14 000（元）

同理，乙产品和丙产品的保本量分别为 1 050 件和 525 件；它们的保本额均为 10 500 元。

（五）主要品种法

主要品种法是指在特定条件下，通过在多种产品中确定的一种主要品种，完成多品种条件下本量利分析任务的一种方法。

如果企业生产经营的多种产品中有一种是主要产品，其他产品的销售比重及提供的贡献毛益很小，或是无足轻重的副产品。为简化计算，可以按主要产品的贡献毛益率来计算综合保本额。即

$$综合保本额=\frac{固定成本}{主要产品的贡献毛益率}$$

这种方法的依据在于主要产品必然是企业生产经营的重点，其所提供的贡献毛益应是补偿企业全部固定成本的主要来源。该法适用于主要产品比较突出或便于划分的企业。因此，应以何种标准来确定主要产品，是应用该法的关键。一般是以贡献毛益指标作为标准，另外在确定主要品种时只能选择一个品种。

【例 4.9】　成化公司生产 A、B、C 三种产品，有关资料见表 4.3；本期发生的固定成本为 13 650 元。要求：

（1）如果分别以销售额和贡献毛益率和贡献毛益作为主要品种的标准，应当选择哪种产品作为主要品种?

（2）以贡献毛益为判断主要品种的标志，计算成化公司本期最保守的保本额。

表 4.3　有关资料（单位：元）

品种	销售收入		贡献毛益		贡献毛益率
	金额	比重	金额	比重	
A	2 250	22.5%	900	90%	40%
B	100	1%	80	8%	80%
C	7 650	76.5%	20	2%	0.26%
合计	10 000	100%	1 000	100%	-

分析　（1）如果以销售额为判断标准，则 C 产品应为主要品种；如果以贡献毛益率为判断标准，则 B 产品应为主要品种；如果以贡献毛益为判断标准，则 A 产品应为主要品种。

（2）$\begin{matrix}成化公司最\\保守的保本额\end{matrix}=\begin{matrix}A产品\\保本额\end{matrix}=\frac{13\,650}{40\%}=34125$（元）

以上五种方法中，显然联合单位法、主要品种法和分算法都属于将多品种条件下的本量利分析转化或简化为单一产品本量利分析的形式，又有各自的运用条件。如联合单位法必须在有严格产品规律的联产品生产企业应用；主要品种法要求品种主次分明；而分算法则要求能够客观地将固定成本在各产品之间进行分配。综合贡献毛益率法一般要求资料齐备，产品结构相对稳定；顺序法比较特殊，要求事先确定品种顺序，而且分析结果可能因人而异。总之，在实际应用时，应根据具体情况，选择适合本企业特点的方法进行多品种本量利分析。

☞案 例　　多品种本量利分析——金辉建材商店案例

一、基本案情

金辉建材商店是一个乡镇企业，位于镇政府所在地，自 1994 年营业以来，一直经营各种建材及日杂用品。商店以货真价廉、服务热情深受当地消费者的信赖。几年来，销售量占到整个市场销量的 70%，经营效果在周边同业中位居首位。多年来与各商家建立了固定的协作关系赢得了厂家的信任。2000 年年初，几个大的厂家派人找到商店的经理金辉，欲将金辉建材商店作为厂家指定的代卖店。欲与其合作的厂家有：长岭乡石棉瓦厂，该厂的石棉瓦质量好，价位合理，近几年一直是老百姓的首选品种；长春市第二玻璃厂，该厂的玻璃在这里也畅销；双阳鼎鹿水泥厂，鼎鹿水泥是优质水泥，每年都热销。他们均可以先将货物送上门，待到销售交款。如果剩余还可由厂家将货物取回，这样连同周转资金都可节省下来。经理金辉开始进行市场调查。

金辉商店位于镇政府所在地，交通便利，而且本镇及周围村民生活水平较高，近几年来随着生活观念、消费意识的转变，人们都想将原有的草房、砖房重建成砖房、楼房，充分改善居住环境。据统计，过去的 2 年，本镇每年就有 400 余户兴建房舍，而且现在有上升的趋势；由于本镇刚刚由乡转变成镇，镇企业规划办决定在 5 年内，将原有企业的办公场所包括办公楼和生产的车间、仓库进行改扩建，同时还要新建几家企业；再有外镇的需求，可预测每年石棉瓦可需 45 000 块，水泥 18 000 袋，玻璃 9 000 平方米，而且它们的需求是成比例的，一般比例为 5∶2∶1。

由于厂家送货，一是货源得以保证；二是节约运费降低成本，节省人力财力；三是树立企业形象，在巩固市场占有率 70%的同时，预计可扩大市场占有率 5%以上。

厂家提供商品的进价是石棉瓦 12 元/块，水泥 14 元/袋，玻璃 8.5 元/平方米；行业平均加价率为 9.3%，金辉商店在市价平均价位以下，制定销售价为：石棉瓦 13 元/块，水泥 15.2 元/袋，玻璃 9.2 元/平方米。

如果将商店作为代卖点，由于厂家批量送货，还需租仓库两间，月租金 750 元；招临时工一名，月工资 450 元，每年支付税金 5 000 元（工商部门估税）。

金辉经过一个月的调查，静下来核算了过去几年经营石棉瓦、水泥、玻璃每年可获利润 20 000 元，他要重新预测代卖三种商品后会带来多少利润之后做决策。

二、分析要点

(1) 确定维持原有获利水平的销量并决策。

(2) 如果与厂家协作，年获利多少?

(3) 若想获利 40 000 元，可行吗?

三、案例分析

此案例可采用多品种本量利分析法，而且在建筑过程中，石棉瓦、水泥、玻璃的耗用比例基本是稳定的，所以三种商品销量比例稳定，石棉瓦∶水泥∶玻璃为 5∶2∶1。可以采用联合单位法分析。假定以玻璃为标准产品，则具体分析如下：

将石棉瓦、水泥、玻璃三种商品作为联产品，根据案情分析，知

联合单位变动成本为：

5×13＋2×15.2＋1×9.2＝104.6（元）

联合单价为：

5×12＋2×14＋1×8.5＝96.5（元）

固定成本为：

(750＋450)×12＋5 000＝19 400（元）

1. 确定维持原有利润 20 000 元的销量。

$$\text{目标利润销售量}=\frac{\text{固定成本+目标利润}}{\text{单价}-\text{单位变动成本}}=\frac{20\,000+19\,400}{104.6-96.5}=4\,864\ (\text{联合单位})$$

实现原有利润 20 000 元各种商品销量：

石棉瓦　　4 864×5＝24 320（块）

水　泥　　4 864×2＝9 728（袋）

玻　璃　　4 864×1＝4 864（平方米）

根据调查可预测年销售量：

石棉瓦　　45 000×75%＝3 3750（块）

水　泥　　1 800×75%＝13 500（袋）

玻　璃　　9 000×75%＝6 750（平方米）

三种商品的销量折合 6750 联合单位，大于实现 20 000 元的销量。所以可以与各厂家协作，将商店作为厂家代卖店。

2. 预计年获利水平。

$$\text{预计利润额}=\left(\text{联合单价}-\frac{\text{联合单位}}{\text{变动成本}}\right)\times\text{预计销售量}-\text{固定成本}$$
$$=(1\,046-96.5)\times 6\,750-194\,000=35\,275\ (\text{元})$$

即根据调查可预计年获利润 35 275 元。

3. 若想实现 40 000 元利润，可进行下列分析：

(1) 降低单位变动成本。

经与各厂商商议，单位变动成本即各厂家送货价格已不能再下降，所以想通过降低单位变动成本不可行。

(2) 降低固定成本。

由于厂家集中送货，厂家考虑运费成本，只能批量送货，所以必须租仓库，且租金不能

下调，工资不能下降，税金是税务机关依据相关法规核定，即固定成本已不能再降，想通过降低固定成本实现利润 40 000 元不可行。

(3) 提高价格。

商店现有定价低于市场平均价格，有一定的弹性空间，但必须保证提高价格后仍不超过市场平均价格或行业允许加价额度，否则将会影响市场销售。

$$单价=\frac{固定成本+目标利润}{预计销量}+单位变动成本$$

$$=(19\,400+40\,000)/6\,750+96.5=105.3\ (元)$$

低于市场平均价 105.47 元（96.5 元×109.3%）不会影响销售量，所以将联合单价提到 1 053 元就可实现目标利润 40 000 元。即

石棉瓦单价＝12×105.3/96.5＝13.09（元/块）

水泥的单价＝14×105.3/96.5＝15.28（元/袋）

玻璃的单价＝8.5×105.3/96.5＝9.28（元/平方米）

(4) 扩大销售量。

该商店预计销售达到整个市场的 75%，已经是较乐观的占有率，想达到更多的销量，必须追加较高的费用，所以通过扩大销量实现目标利润 40 000 元不可行。

通过上述分析，只有提高售价才能实现目标利润 40 000 元。

四、问题探讨

本案例多品种本量利分析是采用联合单位法，那么可否采用综合贡献边际率法呢?

联合单位法和综合贡献边际率法的适用条件有所不同：联合单位法适用于多种产品的销售有固定的比例，无论销量多或少，固定的比例并不改变；综合贡献边际率法则是各种产品在销售时一视同仁，认为它们在销售过程中机会是均等的。而本案例商品的销量不均衡，且成稳定的比例，所以适用于联合单位法，而不宜采用综合贡献边际率法。

四、企业经营安全程度的评价指标

(一) 安全边际指标

许多企业在确认保本点时，还要考虑企业经营的安全程度，确定安全边际指标。

安全边际是指根据现有或预计的销售业务量（包括销售量和销售额两种形式，分别计作 x_1 和 S_1）与保本点业务量之差所确定的定量指标。包括绝对量和相对量两种形式：安全边际的绝对量，具体又分为安全边际销售量（简称安全边际量，记作 MS 量）和安全边际销售额（简称安全边际额，记作 MS 额）；安全边际相对量，又称安全边际率（记作 MSR），相关模型分别为：

安全边际量＝现有（实际）或预计（计划）的销售量－保本量

即　　$MS量=x_1-x_0$

安全边际额＝现有（实际）或预计（计划）的销售额－保本额

即　　$MS额 = S_1 - S_0 = (x_1 - x_0)p$

$$安全边际率 = \frac{安全边际量}{现有或预计销售量} = \frac{安全边际额}{现有或预计销售额}$$

即　　$$MSR = \frac{x_1 - x_0}{x_1} = \frac{S_1 - S_0}{s_1}$$

安全边际量与安全边际率都是正指标，即越大越好。安全边际率越大，企业发生亏损的可能性就越小，企业经营安全程度就越高。表 4.4 列示了西方企业评价经营安全程度的一般标准。

表 4.4　评价企业经营安全程度的一般标准

安全边际率（MSR）	10%以下	10%～20%	20%～30%	30%～40%	40%以上
安全程度	危险	不安全	较安全	安全	很安全

需要特别注意的是：超过保本点以上的安全边际所提供的贡献毛益就是利润，即

$$利润(\pi) = 安全边际量 \times 单位贡献毛益 = (x - x_0)(p - b)$$

$$= 安全边际额 \times 贡献毛益率 = (S - S_0) \cdot cmR$$

从而有：$销售利润率 = \frac{利润}{销售额} = 安全边际率(MSR) \times 贡献毛益(cmR)$

（二）保本作业率指标

企业经营的安全程度，不仅可以用安全边际、安全边际率等正指标来评价，也可以用反指标——保本点作业率来反映。所谓保本点作业率，又叫“危险率”（danger Rate，记作 dR），是指保本点业务量占现有或预计销售业务量的百分比。其相关模型为：

$$保本点作业率 = \frac{保本量}{现有或预计销售量} = \frac{保本额}{现有或预计销售额}$$

即　　$$dR = \frac{x_0}{x_1} = \frac{S_0}{S_1}$$

由于该指标是反指标，越小说明越安全。安全边际率与保本点作业率的关系是：

$$MSR + dR = 1$$

【例 4.10】　仍按例 4.1 资料，要求：

（1）计算安全边际指标；

（2）计算保本点作业率；

（3）验证安全边际率与保本点作业率的关系；

（4）评价该企业的经营安全程度。

分析 （1）$\text{MS 量}=x_1-x_0=15\ 000-10\ 000=5\ 000(\text{件})$

$$\text{MS 额}=S_1-S_0=(x_1-x_0)p=5\ 000\times10=50\ 000(\text{元})$$

$$\text{MSR}=\frac{x_1-x_0}{x_1}=\frac{5\ 000}{15\ 000}\approx33.33\%$$

（2）$\text{dR}=\frac{x_0}{x_1}=\frac{10\ 000}{15\ 000}\approx66.67\%$

（3）$\text{MSR}+\text{dR}=33.33\%+66.67\%=1$

（4）因为 $\text{MSR}=33.33\%\in(30\%,40\%)$，故成化公司经营是安全的。

五、本量利分析图

在平面直角坐标系下使用解析几何模型反映本量利关系的图形，称为本量利分析图，也称保本图、盈亏临界图、损益平衡图等。这些图实际上已经超出了单纯讨论保本或保本点的范围，其中许多图不仅能反映出固定成本、变动成本、销售量、销售收入和保本点、亏损区和盈利区，而且还可以反映出贡献毛益、安全边际以及相关范围，甚至可以提供单价、单位变动成本和单位贡献毛益的水平。

本量利分析图虽然有直观、简明、形象的优点，但因为它是依靠目测绘制出来的，所以不可能十分准确，只是直观揭示出本量利相互依存的变化规律，并不能据以进行准确的计算，通常应与数学模型结合使用。

本量利分析图通常有基本式、贡献毛益式和量利式三种。

（一）基本式

基本式本量利分析图属于最常见的并能反映最基本的本量利关系的图形。它能清晰地反映保本点所处的位置，同时也能揭示安全边际、保本点、利润三角区与亏损三角区的关系，按坐标轴横轴所代表的业务量不同又可将其分为销量式本量利分析图和金额式本量利分析图。

销量式本量利分析图的数学模型是：

总收入　$y=px$

总成本　$y=a+bx$

固定成本　$y=a$

金额式本量利分析图的数学模型是：

总收入　$y=S$

总成本　$y=a+\text{bR}\cdot S$

固定成本　$y=a$

由于总收入线、总成本线、固定成本线均为直线，根据两点确定一条直线，很容易便可绘出本量利分析图。以例 4.1 资料为例：

由　总收入　$y=10x$

总成本　$y=40\ 000+6x$

固定成本　$y=40\ 000$

可绘制销量式本量利分析图如图 4.1 所示。

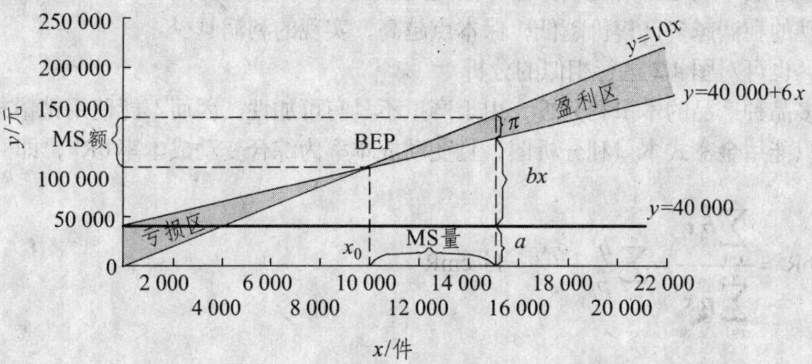

图 4.1 基本式（横轴由销售量表示）本量利分析图

由 总收入 $y=S$

总成本 $y=40\ 000+0.6S$

固定成本 $y=40\ 000$

可绘制金额式本量利分析图如图 4.2 所示。

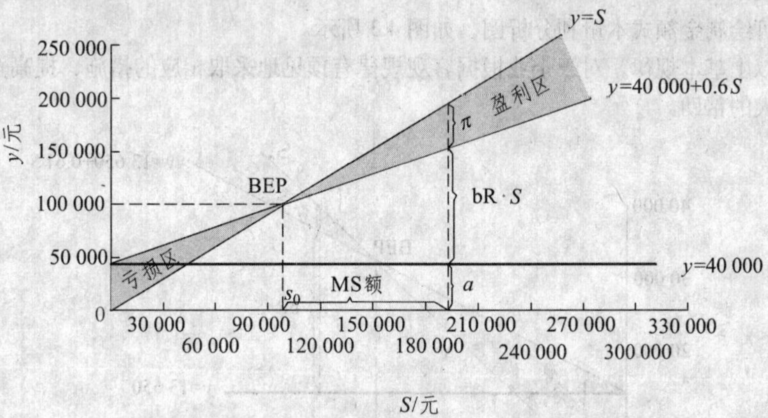

图 4.2 基本式（横轴由金额表示）本量利分析图

通过观察图 4.1 可以掌握本量利之间的如下规律：

(1) 在保本点不变的情况下，销售量越大，实现的利润越多或亏损越少；销售量越少，实现的利润越少或亏损越多。

(2) 在销售量一定的情况下，保本点越高，企业实现的利润越少；保本点越低，实现的利润越多。

(3) 在销售收入确定的情况下，保本点的高低取决于固定成本的高低和单位变动成本的大小。固定成本越高或单位产品的变动成本越高，保本点就越高；固定成本越低，或单位产品的变动成本越低，保本点就越低。

(4) 在总成本确定的情况下，保本点的高低受单位产品售价的影响。售价越高，保本点越低，实现的利润越多；售价越低，保本点越高，实现的利润越少。

同样，也可对图 4.2 进行相似的分析

对于多品种产品的本量利分析，由于产量不具有可加性，因而不能使用销量式本量利分析图，而只能用金额式本量利分析图，且变动成本率为综合变动成本率 bR′，即

$$\mathrm{bR}' = \frac{\sum_{i=1}^{n} b_i x_i}{\sum_{i=1}^{n} p_i x_i} = \sum_{i=1}^{n} \frac{b_i}{p_i} \cdot \frac{p_i x_i}{s} = 1 - \mathrm{cmR}'$$

其中：总收入 $S = \sum_{i=1}^{n} p_i x_i$ 。

以例 4.3 资料为例：

由　总收入　　$y = S$

　　总成本　　$y = 13\,650 + 0.61S$

　　固定成本　$y = 13\,650$

由此可绘制金额式本量利分析图，如图 4.3 所示。

明确以上基本规律，对于企业根据客观规律有预见地采取相应的措施，提高企业经济效益将有较大的帮助。

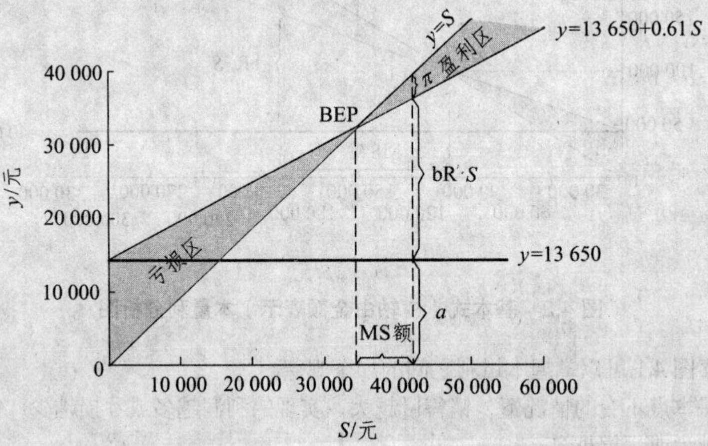

图 4.3　多品种基本式（横轴由金额表示）本量利分析图

（二）贡献毛益式

贡献毛益式本量利分析图的特点是将固定成本线置于变动成本线之上，总成本线是一条平行于变动成本线的直线，它能直观地反映贡献毛益与其他各因素的关系，贡献毛益式本量利分析图（销量式）的数学模型是：

总收入　　$y=px$

总成本　　$y=a+bx$

变动成本　$y=bx$

仍以例 4.1 资料为例：

由　总收入　　$y=10x$

总成本　　$y=40\,000+6x$

变动成本　$y=6x$

可绘制贡献毛益式本量利分析图如图 4.4 所示。

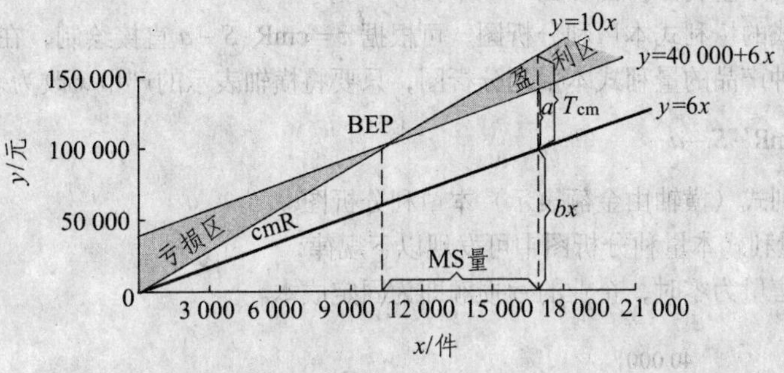

图 4.4　贡献毛益式（横轴为销量表示）本量利分析图

关于金额式的贡献毛益式本量利分析图可由：

$$y=S$$

$$y=a+\mathrm{bR}\cdot S$$

$$y=\mathrm{bR}\cdot S$$

直接绘出，在此从略。

对于多品种产品的贡献毛益式本量利分析图，只要将横轴表示产量 x 改为表示金额 S，由

总收入　　$y=S$

总成本　　$y=a+\mathrm{bR}'\cdot S$

变动成本　$y=\mathrm{bR}'\cdot S$

即可绘制出贡献毛益（横轴由金额表示）本量利分析图，这里从略。

通过对图 4.4 的分析，不难发现以下变化规律：

（1）贡献毛益率 cmR 越大，利润区域越大；反之，贡献毛益率越小，利润区域也越小。贡献毛益率的高低，直接影响着利润的多少。

（2）只要单价大于单位变动成本，必然有贡献毛益存在。

（3）贡献毛益应当首先补偿固定成本，只有超过固定成本的部分才构成企业的利润。

（三）量利式

为了更简明地反映利润和业务量的依存关系，可以省略成本因素，制作量利图。它

是一种简化的本量利分析图，却受到企业高层经理人员的欢迎，因为它特别简明扼要，易于理解。

量利式本量利分析图（销量式）的数学模型是：

$$\pi = (p-b)x - a$$

仍以例 4.1 资料为例：

由 $$\pi = (10-6)x - 40\ 000 = 4x - 40\ 000$$

可绘制出量利式本量利分析图如图 4.5 所示。

对于金额式的量利式本量利分析图，可根据 $\pi = \text{cmR} \cdot S - a$ 直接绘制，在此从略。

对于多品种产品的量利式本量利分析图，只要将横轴表示的产量 x 改为表示金额 S，由

$$\pi = \text{cmR}' \cdot S - a$$

就可绘制出量利式（横轴由金额表示）本量利分析图。

从图 4.5 量利式本量利分析图中可发现以下规律：

（1）当销售量为零时，企业的亏损额即为固定成本。

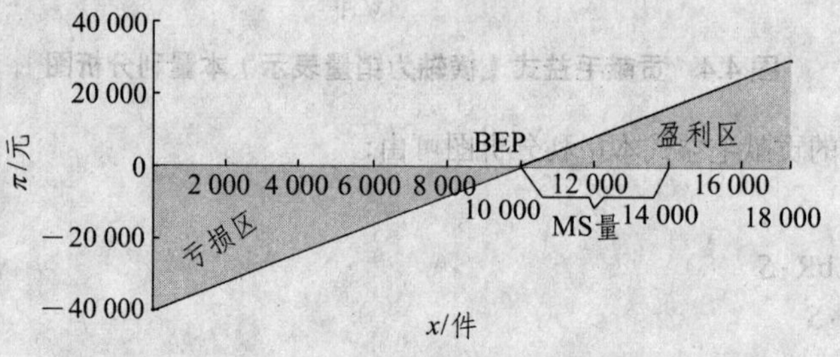

图 4.5　量利式本量利分析图（横轴由销量表示）

（2）当产品的销售价格及成本水平不变时，销售量越大，利润越多，或亏损越少；反之，销售量越小，利润也越少，或亏损越多。

第三节　保利分析

保本分析是特殊条件下的本量利分析。虽然它有助于简化本量利分析过程，了解企业的最低生存条件以评价企业经营的安全程度，并且为企业的经营决策提供了一些有用信息，然而毕竟保本不是企业的经营目标。在市场经济中，企业经营的目标是盈利，在不断盈利中求生存，求发展。因此，企业不会满足于利润为零的保本分析，而更注重在确保实现目标利润条件下的本量利分析。

一、保利分析概述

（一）保利分析的定义

保利就是确保目标利润的实现。所谓保利分析，就是指将目标利润引进本量利分析的基本数学模型，在单价和成本水平既定的情况下，在确保企业目标利润实现的正常条件下，充分揭示成本、业务量和利润三者之间关系的本量利关系。

将目标利润引进本量利分析模式，在以目标管理为基本特征的现代企业管理中具有重要意义。通过保利分析，可以首先确定为实现目标利润而应达到的目标销售量和目标销售额，从而以销定产，确定目标生产量、目标生产成本以及目标资金需要量等，为企业实施目标控制奠定了基础，从而为企业短期经营明确了方向。

（二）保利点的定义

保利点是指企业实现目标利润或目标税后利润的业务量所对应的点。所谓目标利润（简记作 T_π）或实现目标税后利润（简记作 TT_π）的业务量，是指在单价和成本水平既定的条件下为确保事先确定的目标利润或目标税后利润能够实现而达到的销售量（记作 x_2）和销售额（记作 S_2）的统称（简称保利量、保利额）。为此，实现目标或目标税后利润的业务量又称“保利点业务量”。其中：目标利润是指企业在未来一定时期内，经过努力应该达到的最优化利润控制目标。目标税后利润是指企业在未来一定时期应该实现的税后利润目标。

二、保利点的确定

与保本点的确定方法一样，保利点也可按单一品种和多品种计算确定。

（一）单一品种保利点模型

1. 实现目标利润保利点模型

根据保利点的定义和本量利关系的基本公式，令

$$T_\pi=(p-b)x-a$$

即可得相关模型：

$$x_2=\frac{a+T_\pi}{p-b}$$

$$S_2=px_2=\frac{a+T_\pi}{\text{cmR}}$$

【例 4.11】 仍按例 4.1 资料，假定成化公司 2006 年的目标利润为 12 000 元，价格和成本水平与 2005 年完全相同。要求：计算 2006 年实现目标利润的业务量。

分析

$$x_2=\frac{a+T_\pi}{p-b}=\frac{40\,000+12\,000}{10-6}13\,000\quad(\text{件})$$

$$S_2=px_2=10\times13\,000=130\,000\quad(\text{元})$$

即成化公司 2006 年要实现目标利润 12 000 元，必须销售 A 产品 13 000 件或实现销售收入 130 000 元方可完成目标利润。

2. 实现目标税后利润保利点模型

对于企业所有者而言，只有企业在一定时期所实现的税后利润才归属所有者，它是企业所有者取得投资报酬、实现资本保值增值的重要保证，也是企业换取盈余公积、分配股利形成企业内部积累的重要依据，因此，企业的目标税后利润以及确保目标税后利润实现的保利分析，更受投资者关注，也更受企业管理人员的重视。

由于，目标税后利润 $\mathrm{TT}_\pi = T_\pi(1-\mathrm{tR})$；其中 tR 为所得税率，因此可得相关模型：

$$x_2 = \frac{a + \dfrac{\mathrm{TT}_\pi}{1-\mathrm{tR}}}{p-b}$$

$$S_2 = px_2 = \frac{a + \dfrac{\mathrm{TT}_\pi}{1-\mathrm{tR}}}{\mathrm{cmR}}$$

【例 4.12】 仍按例 4.1 资料，假定成化公司 2006 年的目标税后利润为 8 040 元，所得税率为 33%，价格和成本水平与 2005 年完全相同。

要求：计算成化公司 2006 年实现目标税后利润的业务量。

分析

$$x_2 = \frac{a + \dfrac{\mathrm{TT}_\pi}{1-\mathrm{tR}}}{p-b} = \frac{40\,000 + \dfrac{8\,040}{1-33\%}}{10-6} 13\,000\ (\text{件})$$

$$S_2 = px_2 = 10 \times 13\,000 = 130\,000\ (\text{元})$$

由此可知，只要 $\mathrm{TT}_\pi = T_\pi(1-\mathrm{tR})$，则无论税前税后，保利点业务量是一致的。

（二）多品种保利点模型

多品种保利点分析与多品种的保本分析一样，不能用实物量表现，只能用货币量表现。因此，多品种保利点模型也和保本点模型一样有多种方法确认，前面讲述的综合贡献毛益利润法、顺序法、联合单位法、分算法和主要产品法等也同样适用于保利点的确定，并且基本原理大同小异，在此我们只简单介绍综合贡献毛益法。

1. 实现目标利润保利点模型

在多品种情况下，设 $S = \sum_{\pi=1}^{n} p_i x_i$，应有综合保利额：

$$S_2 = \frac{a + T_\pi}{\mathrm{cmR}}$$

第 i 种产品保利额 $(S_i)_2 = S_2 \cdot \dfrac{p_i x_i}{S}$

第 i 种产品保利量 $(x_i)_2 = \dfrac{(S_i)_2}{p_i}$

2. 实现目标税后利润保利点模型

仍由 $TT_{\pi} = T_{\pi}(1 - tR)$ 可知：

$$综合保利额\ S_2 = \frac{a + \dfrac{TT_{\pi}}{1 - tR}}{cmR'}$$

每种产品实现目标税后利润的保利额及保利量模型与实现目标利润的保利额及保利量完全相同，不再赘述。

【例 4.13】　仍按例 4.3 资料，假定 2006 年的目标利润为 6 825 元，价格与成本水平与 2005 年完全相同，要求：

（1）计算 2006 年实现目标利润的综合销售额；

（2）计算各种产品的保利额、保利量。

分析　（1）综合保利额 $S_2 = \dfrac{a + T_{\pi}}{cmR'} = \dfrac{13\,650 + 6\,825}{39\%} = 52\,500$（元）

（2）甲产品保利额 $(S_{甲})_2 = S_2 \cdot \dfrac{p_{甲} x_{甲}}{S} = 52\,500 \times 40\% = 21\,000$（元）

乙产品保利额 $(S_{乙})_2 = S_2 \cdot \dfrac{p_{乙} x_{乙}}{S} = 52\,500 \times 30\% = 15\,750$（元）

丙产品保利额 $(S_{丙})_2 = S_2 \cdot \dfrac{p_{丙} x_{丙}}{S} = 52\,500 \times 30\% = 15\,750$（元）

甲产品保利量 $(x_{甲})_2 = \dfrac{(S_{甲})_2}{p_{甲}} = \dfrac{21\,000}{40} = 525$（件）

乙产品保利量 $(x_{乙})_2 = \dfrac{(S_{乙})_2}{p_{乙}} = \dfrac{15\,750}{10} = 1\,575$（件）

丙产品保利量 $(x_{丙})_2 = \dfrac{(S_{丙})_2}{p_{丙}} = \dfrac{15\,750}{20} \approx 788$（件）

从中可看出为实现 6 825 元目标利润，成化公司 2006 年至少应实现销售收入 52 500 元，如品种结构不变，需销售甲、乙、丙产品分别为 525 件、1 575 件、788 件，即实现销售收入分别为 21 000 元、15 750 元、15 750 元。

三、保本点业务量与保利点业务量模型对比

（1）两者都是由本量利关系的基本模型推导而来，只不过前者假设利润为零，后者将利润假定为目标利润或税后目标利润，因此，保本分析和保利分析的实质都是本量利分析，只不过保本分析是当目标利润为零的特殊情况。

（2）不论保本分析还是保利分析，凡是计算有关销售量指标时，均以单位边际利润为分母；凡是计算有关销售额指标时，均以边际利润率为分母，其区别在于利润额不同，前者为零，后者为目标利润或目标税后利润。

第四节 因素变动分析

在前面的本量利分析中，为了简便，一般假设只有销售量是变动因素。但在实务中，产品的销售价格、变动成本、固定成本和品种结构等因素都有可能发生变化，从而会导致保本点发生变化，并进一步影响企业目标利润的实现。因此，我们需要分析各因素可能的变动及其影响，以实现目标利润或避免出现亏损。

一、有关因素变动对保本点的影响分析

为了便于说明，下面举例分析各有关因素变动对保本点的影响。

【例 4.14】 金牛公司只生产和销售一种产品，单价为 10 元，单位变动成本为 6 元，固定成本为 10 000 元，则目前的保本点为:

$$x_0 = \frac{a}{p-b} = \frac{10\,000}{10-6} = 2\,500 \text{（件）}$$

$$S_0 = px_0 = 10 \times 2\,500 = 25\,000 \text{（元）}$$

1. 销售价格变动的影响

假定在例 4.14 中，产品单价从 10 元提高到 11 元，其他因素不变，则

$$x_0 = \frac{10\,000}{11-6} = 2\,000 \text{（件）}$$

$$S_0 = 11 \times 2\,000 = 22\,000 \text{（元）}$$

可见，提高销售价格导致了保本点的降低，这意味着企业用较少产品销售提供的贡献毛益就可以弥补固定成本。如果销售量不变，企业会取得更多的利润。

上述销售价格变动对保本点的影响在本量利分析图上的表现如图 4.6 所示。

销售价格的提高在图 4.6 中表现为销售收入线的斜率变大，致使保本点左移，由 x_0 至 x_1 这一段也由原来的亏损区域变成了盈利区域。

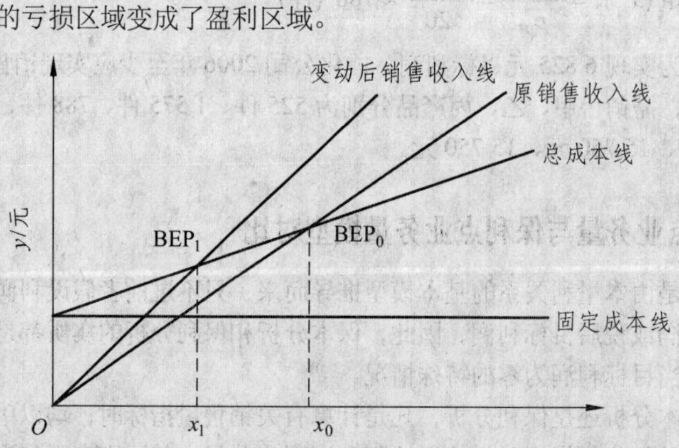

图 4.6 销售价格变动的本量利分析图

2. 单位变动成本变动的影响

假定在例 4.14 中，由于原材料涨价而导致产品单位变动成本增加到 7.5 元，其他因素不变，则

$$x_0 = \frac{10\,000}{10-7.5} = 4\,000 \ (\text{件})$$
$$S_0 = 10 \times 4\,000 = 40\,000 \ (\text{元})$$

可见，单位变动成本的提高引起了保本点的提高，这意味着企业同样的销售所取得的利润会下降。因为单位贡献毛益的降低，一方面导致弥补固定成本需要有更多产品销售带来的贡献毛益；另一方面，同样的销售量的盈利能力也在降低。

上述单位变动成本变动对保本点的影响在本量利分析图上的表现如图 4.7 所示。

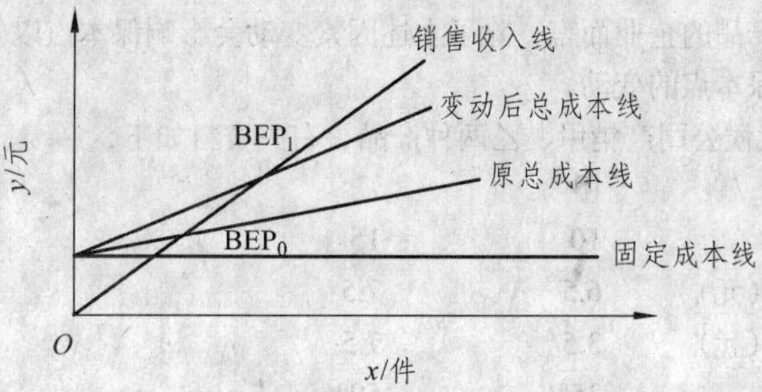

图 4.7　单位变动成本变动的本量利分析图

图 4.7 显示，由于单位变动成本的上升，导致了变动后总成本线的斜率增加，保本点右移了，导致亏损区扩大而盈利区减小。

3. 固定成本变动的影响

假定在例 4.14 中，成化公司为了促销而发生了 4 800 元的广告费用，即固定成本增加了 4 800 元，则

$$x_0 = \frac{14\,800}{10-6} = 3\,700 \ (\text{件})$$
$$S_0 = 10 \times 3\,700 = 37\,000 \ (\text{元})$$

可见，固定成本的提高引起了保本点的提高，除非企业能增加销售量或采取别的措施（如提高售价、降低单位变动成本等），否则企业的利润会下降，因为需要有更多的产品销售带来的贡献毛益用以弥补固定成本。

上述固定成本变动对保本点的影响在本量利分析图上的表现如图 4.8 所示。

图 4.8 显示，由于固定成本的上升，导致了总成本线的上移和保本点的右移，自然亏损区变大而盈利区变小了。

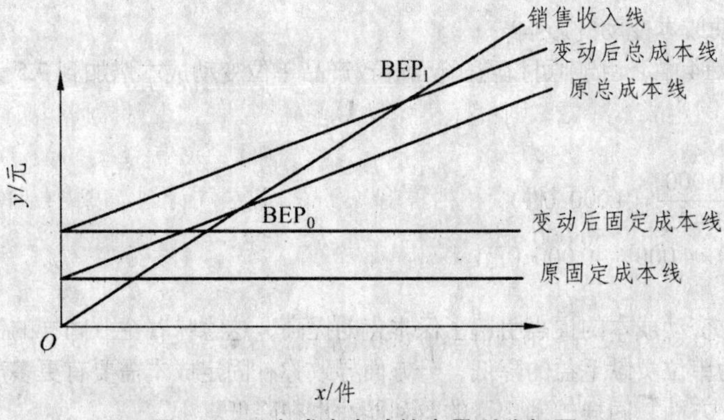

图 4.8 固定成本变动的本量利分析图

4. 品种结构变动的影响

对于产销多种产品的企业而言，除了上述因素变动会影响保本点以外，产品销售品种结构的变化也会引起保本点的变动。

【例 4.15】 武侯公司产销甲、乙两种产品，有关资料如下：

	甲	乙
销售价格（元）	10	15
单位变动成本（元）	6.5	7.5
单位贡献毛益（元）	3.5	7.5
贡献毛益率	35%	50%
销售比重	40%	60%

若固定成本总额为 10 000 元，则

$$cmR' = 35\% \times 40\% + 50\% \times 60\% = 44\%$$

$$综合保本额 = \frac{10\,000}{44\%} = 22\,727.27\ (元)$$

若甲、乙产品销售比重由目前的 4∶6 变成 6∶4，则

$$cmR' = 35\% \times 60\% + 50\% \times 40\% = 41\%$$

$$综合保本额 = \frac{10\,000}{41\%} \doteq 24\,390.24\ (元)$$

可见，产品销售品种构成的变动也会引起保本点的变动：当贡献毛益率低的产品的销售比重增加时，保本点会上升；反之，则会下降。

二、有关因素变动对保利点的影响分析

保利点模型是保本点模型的拓展与延伸，导致保本点变化的各个因素都可能对实现目标利润产生影响。此外，在进行实现目标税后利润的分析时，所得税税率的变动也会有影响。以下分别作具体说明。

1. 固定成本变动的影响

从实现目标利润的模型中可以看出，如若其他条件不变，固定成本与目标利润之间是此消彼长的关系。固定成本降低，则目标利润增大，或者会使实现目标利润的销量降低。以下举例说明。

【例 4.16】 设青羊公司为生产和销售单一产品，该公司计划年度内预计销售产品 3 600 件，全年固定成本预计为 50 000 元。该产品单价为 50 元，单位变动成本为 25 元。则计划年度的目标利润为:

$$T_\pi = 3\ 600 \times (50 - 25) - 50\ 000 = 40\ 000\ (\text{元})$$

或者先确定计划年度的目标利润为 40 000 元，则

$$x_2 = \frac{50\ 000 + 40\ 000}{50 - 25} = 3\ 600\ (\text{件})$$

假设例 4.16 的其他条件不变,只是固定成本减少了 10 000 元,则目标利润不仅可以实现,还能超目标 10 000 元。或者在较预计销量为低的销量下实现目标利润，即

$$x_2 = \frac{40\ 000 + 40\ 000}{50 - 25} = 3\ 200\ (\text{件})$$

2. 单位变动成本变动的影响

假设例 4.16 中的其他条件不变，只是单位变动成本由 25 元降低为 20 元，则预计实现利润 58 000 元[3 600×(50－20)－50 000]，即比原定目标多实现 18 000 元。或者实现目标利润的销量降低为:

$$x_2 = \frac{50\ 000 + 40\ 000}{50 - 20} = 3\ 000\ (\text{件})$$

3. 销售价格变动的影响

在保本点分析中可看出，销售价格的变动对保本点的影响最为直接，其对实现目标利润的影响也是一样。设例 4.16 中的产品单价由 50 元下降到 45 元，其他条件不变，则可实现利润 22 000 元[即 3 600×(45－25)－50 000]，比目标利润少 18 000 元。此时实现目标利润的销量应为:

$$x_2 = \frac{50\ 000 + 40\ 000}{45 - 25} = 4\ 500\ (\text{件})$$

也就是说如果销量可以超过预计的 3 600 件而达到 4 500 件，则目标利润尚能实现，否则就无法实现。

4. 所得税税率变动的影响

如果企业的目标利润确定为目标税后利润，除了上述因素的变动会对实现目标税后利润产生影响外，所得税税率的变动也会对其产生影响。

例 4.16 中所定的目标利润为 40 000 元，折算成目标税后利润则为 26 800 元[40 000 ×(1－33%)]。实现这一目标税后利润的销量应为：

$$x_2=\frac{50\,000+\dfrac{26\,800}{1-33\%}}{50-25}=3\,600\ (件)$$

假定计划年度的所得税税率由33%提高到40%，则实现原定目标税后利润的销量要达到：

$$x_2=\frac{50\,000+\dfrac{26\,800}{1-40\%}}{50-25}=3\,787\ (件)$$

如果销量只能达到 3 600 件，则税后利润只能实现 24 000 元[即(13 600×25－50 000)×(1－40%)]，低于目标税后利 2 800 元。

5. 多因素同时变动的影响

在现实经济生活中，以上各个因素往往不是孤立存在，而是相互影响的。这表现为管理人员在作出某项决策时，需综合考虑各因素之间的关联性。或者说，企业可以通过多因素的共同变动以实现目标利润，消除一些因素对企业利润的不利影响。

下面仍以例 4.16 来说明多因素共同变动的影响：

（1）提高售价，同时增加广告费用以实现预期产品销量。

在例 4.16 中，若青羊公司准备将售价提高到 55 元的同时增加 10 000 元的广告费用，以实现企业预期的销量，则公司利润为：

3 600×(55－25)－50 000－10 000＝48 000（元）

显然，公司利润比预期增加了 8 000 元（即 48 000 元－40 000 元）公司可以采取这些措施。

（2）增加固定成本，同时降低单位变动成本。

在例 4.16 中，若青羊公司准备进行一项技术改造，估计需投入 35 000 元。改造后，单位变动成本可降低到 15 元，则公司利润为：

3 600×(50－15)－50 000－35 000＝41 000（元）

可见，通过采取此项措施，青羊公司利润增加了 1 000 元（即 41 000 元－4 000 元）。

（3）降低售价，同时增加销量。

在例 4.16 中，若青羊公司生产能力还有剩余，能增加产量至 5 000 件，但为了使增加产量后产品还能销售出去，公司需将价格降低至 45 元，则公司利润为：

5 000×(45－25)－50 000＝50 000（元）

可以看出，这能使青羊公司利润增加 10 000 元（即 50 000 元－40 000 元）。若销量计划能够实现，这些措施是可行的。

需要说明的是，上述分析过程并不是分析“多因素同时变动对保利点的影响”时的唯一视角，当然也不是唯一的顺序。企业应结合自身的情况，从对实现目标利润影响较大的因素开始，由大到小顺序分析，而且这种分析往往要反复进行。

此外，产品品种结构变动对保利点的影响问题在此没有涉及，可参见“品种结构变动对保本点的影响”的内容，其道理同样适用于对保利点影响的分析。

第五节 敏感性分析

通过第四节因素变动分析可得出结论：为使企业经营状况向好的方向发展，就应千方百计地扩大销量、提高单价，或降低单位变动成本、减少固定成本。在产销多品种的条件下只要产销能平衡，还应想方设法增加贡献毛益率大的产品比重。由利润

$$T_{\pi}=(p-b)x-a=(x-x_0)(p-b)$$

可知，降低保本点，也就增加了安全边际，从而也就增加了利润，因此，上述措施的实质都是为了使企业获得更多的利润。在第四节中，我们只知道这些因素的变动会引起利润同向或反向的变动，但引起变动的幅度有多大，并没有进行研究，而敏感性分析就解决了这个问题。

一、敏感性分析

敏感性分析是一种分析风险的方法，主要用以分析变量发生变化时，结论会发生什么样的变化。

敏感分析有两种主要的方法。

(1) 依次测试各个变量，然后确定各个变量发生多大的变化将使结论发生质变（如盈变亏或可行变不可行）。

在本量利分析中，就是要分析模型中的一个或几个变量在多大的范围内变动时，企业仍可以保持盈利而不至亏损；或者说，当一个或几个变量的变动超出了许可的范围时，如何调整其他变量以确保企业经营目标的实现，即要确定使目标发生质变的各个变量变动的界限。

(2) 进行“如果……怎么办？”分析。

销售价格下降10%怎么办？或产销量下降20%怎么办？或人工成本增加20%怎么办？对此可通过对各个变量对结论影响程度的依次进行分析，来确定模型对各个变量的敏感度。

因此，通过敏感性分析可以揭示致使企业亏损或项目失败的原因及关键变量。一旦这些临界变量确定下来，企业管理当局就应进行仔细分析，评估这些影响出现的可能性，并对敏感变量进行控制。

二、本量利分析中有关变量下限临界值的确定

所谓本量利分析中有关变量下限临界值，就是可以满足企业实现保本点的各个指标的最大值/最小值，一旦这些变量超出了该临界值，企业就由盈利转变为亏损。

由本量利基本模型：

$$\pi=(p-b)x-a$$

可推导出销量、单价、单位变动成本和固定成本的临界值分别为：

$$x=\frac{a}{p-b},\qquad p=\frac{a+bx}{x}$$

$$b=\frac{px-a}{x},\qquad a=(p-b)x$$

【例 4.17】 设锦江公司只生产一种产品，单价 10 元，单位变动成本 6 元，全年固定成本估计 200 000 元。计划销售量为 500 000 件。要求：计算锦江公司由盈利转为亏损的各个因素的临界值。

分析 锦江公司全年利润为：

$$\pi=(10-6)\times 500\,000-200\,000=1\,800\,000\ (元)$$

1. 销售量的最小允许值

$$x=\frac{200\,000}{10-6}=50\,000\ (件)$$

即销售量的临界值为 50 000 件，销售量如果小于 50 000 件时，企业将发生亏损，即销售量下降幅度不能超过 90%$\left(即\ \dfrac{500\,000-50\,000}{500\,000}\times 100\%\right)$。

2. 销售单价的最小允许值

$$p=\frac{200\,000+6\times 500\,000}{500\,000}=6.4\ (元)$$

即单价的临界值为 6.4 元，单价如果下降到 6.4 元以下，企业将发生亏损，即单价下降幅度不能超过 36%$\left(即\ \dfrac{10-6.4}{10}\times 100\%\right)$。

3. 单位变动成本的最大允许值

$$b=\frac{10\times 500\,000-200\,000}{500\,000}=9.6\ (元)$$

即单位变动成本的临界值为 9.6 元，如超过 9.6 元，企业将发生亏损，即单位变动成本的增长不能超过 60%$\left(即\ \dfrac{9.6-6}{6}\times 100\%\right)$。

4. 固定成本的最大允许值

$$a=(10-6)\times 500\,000=2\,000\,000\ (元)$$

即固定成本的临界值为 2 000 000 元，如超过 2 000 000 元，企业将发生亏损，即固定成本的增长幅度不能超过 900% $\left(即\ \dfrac{2\,000\,000-200\,000}{200\,000}\times100\%\right)$。

通过上述敏感性分析可知，只要控制了各因素的变化范围，就可以保证企业不发生亏损。

需要注意的是，除产品售价、单位变动成本、固定成本和销量外，还有诸如产品品种结构等影响企业利润的因素，这些因素的敏感性分析要略为复杂一些，但同样可以遵循上述思路加以分析、计算。

三、敏感系数分析

前面我们谈到产品售价、单位变动成本、固定成本和销量的变动都会对企业的期间利润产生影响，但它们的敏感程度是不一样的。也就是说，有的因素比较敏感，较小的变化就会引起利润的大幅度变动；而有的因素的敏感程度就不那么显著，需要有较大的变动才会对利润产生较为明显的影响。

通常采用敏感系数来测度变量的敏感程度，计算公式如下：

$$敏感系数\ M=\frac{目标值变动率}{因素值变动率}$$

如果目标值为利润，则

$$M=\frac{利润变动率}{因素值变动率}$$

设

$$利润变动率\ K_\pi=\frac{变动后利润-变动前利润}{变动前利润}$$

$$销售变动率\ K_x=\frac{变动后销售-变动前销售}{变动前销售}$$

$$单价变动率\ K_p=\frac{变动后单价-变动前单价}{变动前单价}$$

$$单位变动成本变动率\ K_b=\frac{变动后单位变动成本-变动前单位变动成本}{变动前单位变动成本}$$

$$固定成本率变动\ K_a=\frac{变动后固定成本-变动前固定成本}{变动前固定成本}$$

由此可直接计算销量、单价、单位变动成本和固定成本的敏感系数依次为：

$$M_x=\frac{K_\pi}{K_x}=\frac{(p-b)x}{\pi},\ M_p=\frac{K_\pi}{K_p}=\frac{px}{\pi}$$

$$M_b = \frac{K_\pi}{K_b} = \frac{bx}{\pi},\quad M_a = \frac{K_\pi}{K_a} = -\frac{a}{\pi}$$

敏感系数的高低以其绝对值反映：当敏感系数绝对值大于 1 时，称该种因素为敏感性高的因素；敏感系数绝对值小于等于 1 时，称该种因素为敏感性低的因素。确定敏感系数的目的，是使企业管理人员清楚地知道，在影响利润的诸因素中，其敏感程度哪个高，哪个低，以便分清主次，及时采取必要的调整措施，确保目标利润的完成。

上述 4 个敏感系数与每个因素变动百分比无关，即不管每个因素增加或减少多少百分比，敏感系数都是固定不变的。这样，我们就可以依敏感系数公式对四个因素的敏感性进行比较。

由于 $|M_x| - |M_a| = 1$

$$|M_p| - |M_b| = |M_x|$$

在企业盈利的条件下将 4 个敏感系数按大小排列可得到如下结论：

（1）单价的敏感系数最高且 M_p>1。

（2）销量的敏感系数大于固定成本的敏感系数，且 M_x>1，销量的敏感系数既不会最高，也不会最低，即销量的敏感系数可能第二，也可能第三。

（3）单位变动成本的敏感系数不会最高，有第二、第三、第四 3 种可能。

（4）固定成本敏感系数不会最高，也不会第二，只能是第三或第四。

【例 4.18】 新化公司只生产一种产品，单价 4 元，单位变动成本 2.6 元，固定成本 80 000 元，计划销量 200 000 件。要求：分别计算 4 个因素的敏感系数。

分析 利润为：

$$\pi = (4-2.6)\times 200\,000 - 80\,000 = 200\,000\ (元)$$

则

$$M_x = \frac{(4-2.6)\times 200\,000}{200\,000} = 1.4$$

$$M_p = \frac{4\times 200\,000}{200\,000} = 4$$

$$M_b = \frac{-2.6\times 200\,000}{200\,000} = -2.6$$

$$M_a = \frac{-80\,000}{200\,000} = -0.4$$

敏感系数的高低依次为：$|M_p| > |M_b| > |M_x| > |M_a|$。

完全满足对敏感性系数进行比较所得到的结论。

有了敏感系数，我们就可以进行利润的敏感性分析。由敏感系数公式可知，任意因素以任意幅度单独变动对利润的影响程度为：

$$销量单独变动对利润变动率影响\ (K_\pi)_x = \frac{(p-b)x}{\pi}\cdot K_x$$

$$单价单独变动对利润变动率影响\ (K_\pi)_p = \frac{px}{\pi}\cdot K_p$$

单价变动成本单独变动对利润变动率影响 $(K_\pi)_b = \frac{px}{\pi} \cdot K_b$

固定成本单独变动对利润变动率影响 $(K_\pi)_a = -\frac{a}{\pi} \cdot K_a$

【例 4.19】　按例 4.18 资料，要求：

（1）每个因素单独增长 10%时，利润的变动程度；

（2）每个因素单独降低 10%时，利润的变动程度。

分析　（1）销量增加 10%时：

$$(K_\pi)_x = 1.4 \times 10\% = 14\%$$

单价增加 10%时：

$$(K_\pi)_p = 4 \times 10\% = 40\%$$

单位变动成本增加 10%时：

$$(K_\pi)_b = -2.6 \times 10\% = -26\%$$

固定成本增加 10%时：

$$(K_\pi)_a = -0.4 \times 10\% = -4\%$$

（2）销量减少 10%：

$$(K_\pi)_x = 1.4 \times (-10\%) = -14\%$$

单价减少 10%时：

$$(K_\pi)_p = 4 \times (-10\%) = -40\%$$

单位变动成本减少 10%时：

$$(K_\pi)_b = -2.6 \times (-10\%) = 26\%$$

固定成本减少 10%时：

$$(K_\pi)_a = -0.4 \times (-10\%) = 4\%$$

由此可知，销量和单价单独增加 10%时，利润将增长 14%和 40%，单位变动成本和固定成本单独增加 10%时，利润将减少 26%和 4%。当每个因素单独减少 10%时和增加 10%时的变动幅度相同，只是方向相反。

由　$(K_\pi)_x = 1.4K_x$

$(K_\pi)_p = 4K_p$

$(K_\pi)_b = -2.6K_b$

$(K_\pi)_a = -0.4K_a$

可绘出利润的敏感性分析图如图 4.9 所示。

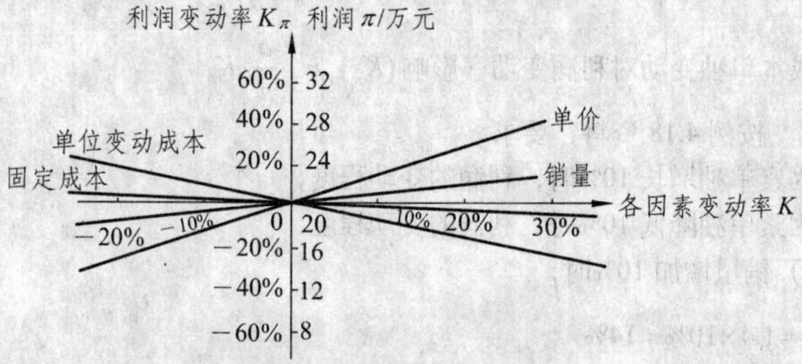

图 4.9 利润敏感性分析图

图 4.9 更具直观性，图中各直线的斜率表示各因素的敏感系数，斜率为正，表示此因素变化与利润变化同向；斜率为负，表示此因素变化与利润变化反向。斜率的绝对值越大，则其敏感程度越高；反之，则越低。

通过前面分析表明当企业处在相同的经营水平时，因素变动的百分比不同，敏感系数并不发生变化。但如果经营水平发生变化，各因素的敏感系数是否会发生变化呢？

【例 4.20】 假设例 4.18 中新化公司计划销量不是 200 000 件，而是 190 000 件或 210 000 件。那么新化公司预期实现的利润就分别变化为 186 000 元和 214 000 元。假设各影响因素单独增加 10%，则相关因素敏感系数见表 4.5。

表 4.5 相关因素敏感系数

影响因素	190 000 件			210 000 件		
	利润（元）	利润变动率	敏感系数	利润（元）	利润变动率	敏感系数
销售价格	262 000	40.86%	4.09	298 000	39.25%	3.93
销售量	212 600	14.30%	1.43	243 400	13.74%	1.38
单位变动成本	136 600	−26.56%	−2.66	159 400	−25.51%	−2.55
固定成本	178 000	−4.30%	−0.43	206 000	−3.74%	−0.37

可见，企业经营水平不同时，各因素的敏感系数是不一样的。总体上说，经营水平越接近保本状态，敏感系数越大。

第六节 本量利分析的扩展

前面的本量利分析都是建立在本量利分析的基本假定之上的，而实际经济生活中，情况往往比较复杂，很难满足基本假定的要求。比如产销并不平衡；收入、成本与业务量之间是不完全线性关系、非线性关系；有关因素在未来期间的状况不能确定等。本节就是基于这样的背景，探讨如何进行本量利分析。

一、产销不平衡时的本量利分析

在前面的保本点的计算分析中，产销被假定是平衡的，不存在产成品存货。但实际上企业的产销往往是不平衡的。那么，产销平衡假定的改变对保本点的计算模型有何影响呢?

如果企业的利润表是以变动成本法为基础编制的，产销是否平衡对保本点的计算模型没有影响，因为每期保本点的计算模型都为:

$$S_0=\frac{a}{\text{cmR}}$$

但由于企业对外提供的利润表是以完全成本法为基础编制的，当期发生的固定成本并不全部计入当期的销售成本，期末的产成品存货还要吸收一部分固定成本，这就为保本点的计算模型带来一个问题：公式中的分子 a 应该用利益表中销售成本所包含的固定成本呢？还是应该用当期全部的固定成本？对此我们可举例说明。

【例 4.21】 蜀都公司只生产和销售一种产品，有关资料如下:

销售单价 105 元/件，单位变动成本 95 元/件，固定成本 750 000 元，今年产品的生产量 100 000 件，销售量是 90 000 件。要求：确认蜀都公司的保本点模型。

分析 (1) 按当期发生的全部固定成本确认的保本点:

$$x_0=\frac{750\,000}{105-95}=75\,000\ (件)$$

$$S_0=105\times75\,000=7\,875\,000\ (元)$$

(2) 按当期计入利润中的固定成本确认的保本点:

$$当期计入利润表中的固定成本=75\,000\times\frac{9}{10}=675\,000\ (元)$$

$$x_0=\frac{675\,000}{105-95}=67\,500\ (件)$$

$$S_0=105\times67\,500=7\,087\,500\ (元)$$

显然，两种方法确认的保本点并不相同，那么作为企业管理人员在决策时应以哪种方法为基础呢？我们可根据保本点、安全边际与企业利润的关系予以验证。

$$利润\ \pi=90\,000(105-95)-675\,000=225\,000\ (元)$$

安全边际自然应根据企业产品的销量而不是产量来计算，则按当期发生的全部固定成本确认的保本量下的安全边际为:

$$\text{MS}量=90\,000-75\,000=15\,000\ (件)$$

因为 $\pi=\text{MS}量\times\text{cm}$

所以 $\pi=15\,000\times10=150\,000\ (元)\neq225\,000\ (元)$

而按当期计入利润表中的固定成本部分计算的保本量下的安全边际为:

$$MS量 = 90\,000 - 67\,500 = 22\,500\text{（件）}$$

$$\pi = 22\,500 \times 10 = 225\,000\text{（元）}$$

由此可以看出，按后一种方法所计算的保本量与利润表的相关指标协调，从而使前面本量利分析的方法和相关指标能够在实务中得到应用。因此，在企业产销不平衡时应按照计入利润表的固定成本确认保本点。

二、不完全线性关系的本量利分析

当产销量、单价、成本和利润呈完全线性关系时，总收入线和总成本线都是一条直线，它们的交点（保本点）是唯一的。但如果它们之间呈不完全的线性关系，总收入线和总成本线就会表现为一条折线，那么它们的交点（保本点）就可能不是只有一个而有多个了。

假设某公司只生产和销售一种产品，产销量平衡，单价也不变，但其总成本却随着生产能力利用率的变动而呈非正比例变动。此时的本量利分析图如图 4.10 所示。

图 4.10 的纵坐标代表销售收入和成本，横坐标代表生产能力利用率。从图中可以看出，总成本线是一条折线，固定成本线在生产能力利用率达到了一定水平时出现了一次跳跃，出现了平行与横轴的两条横线，这表明固定成本在此处发生了跳跃式增加。可能是当企业生产能力利用率达到一定水平时需要在某些方面追加一定的固定支出（如维修费用等），才能保证生产的正常进行。固定成本线的突然跳跃进一步导致了总成本线的跳跃（总成本线中的虚线部分）。

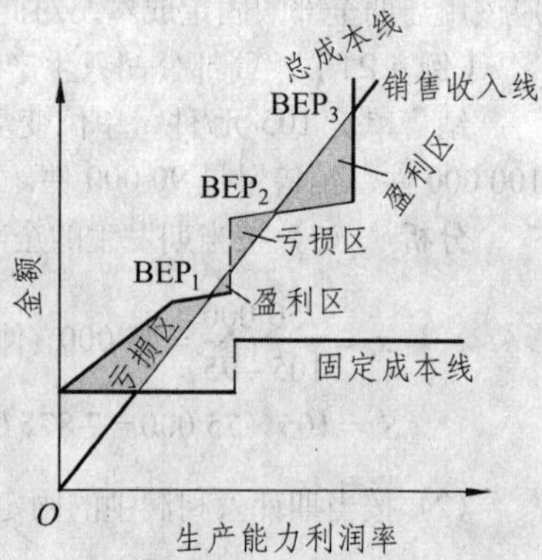

图 4.10　不完全线性关系的本量利

总成本线的转折除了固定成本增加所引起的跳跃式增加以外，都是源于变动成本线的变化，也因此产生了总成本线与总收入线的三个交点，即公司存在着三个保本点。BEP_1 是总成本线发生第一次转折后与销售收入线的交点，这次转折代表着单位变动成本的降低，这可能是随着企业产品产量的增加，原材料的采购成本和产品的生产成本都由于批量效率（如批量购买材料所获得的价格折扣、工人熟练程度增加导致单位产品人工成本下降等）而下降，所以，变动成本线的斜率相对降低。BEP_1 表示在此时出现了总收入和总成本相等，其左方为亏损区，右方为盈利区。但随着生产能力利润率的提高，公司需要增加一定的固定支出才能满足产量增加的需要，于是导致了总成本线的跳跃，也导致公司由盈利转入亏损（以图中虚线和总成本线的交点为界）。BEP_2 是总成本线在跳跃后与收入线的第二个交点，它意味着在增加的产销量带来的贡献毛益弥补了增加的固定成本后，公司出现了第二次的盈亏平衡，公司随后再一次由亏转盈。随着产销量的进一步增加，单位变动成本会发生相应的增加（一般当产量超过了正常界限后，会出现一些不经济因素，如高额的加班费等），导致总成本线的斜率又有了提高，产生了总成本线和销售收入线的第三个交点（即图中的 BEP_3），代表着公司又一次由盈转亏。

当然，实务中，随着产量的增加，公司可能需要降低产品售价以扩大销量，这意味着销售收入线也可能会成为一条折线，转折后销售收入线的斜率会降低，可能会增加更多的总成本线和销售收入线的交点（保本点），从而使本量利分析会更加复杂。显然，具体了解在不同产销量水平下公司的盈亏如何交替，对于正确地进行生产经营决策和有效地改善生产管理，都是十分有用和必要的。

我们也可以把图 4.10 中折线看做是由几段直线连接起来的。这样，在相关范围内，就可以用直线方程来描述有关变量之间关系。所以，一般所说的本量利分析图，实际上只是为了便于说明有关变量之间的基本关系而列示的简化形式。当然，在一定时期，企业管理者也不必考虑其生产和销售的所有可能范围，本量利分析只是一种短期决策工具，而只需分析确定企业当前产销量的有效范围，即各变量目前可能处于的相关范围。

三、非线性关系的本量利分析

不完全线性关系只是线性关系“不完全”，那么可以如前所述，将整个业务量范围划分为若干个区间，每个区间内收入、成本与业务量之间要么已是完全线性关系（即直线关系），要么比较接近完全线性关系。如果划分区间后，收入、成本与业务量之间不仅不是完全线性关系，甚至不能比较接近完全线性关系，或者区间必须划分得非常细。显然，在此情况下，就不能采用前面区分区间的方法，而要采用曲线分析方法。也就是首先用曲线方程来描述收入与成本，再据以建立利润模型，进而进行本量利的有关分析。

当收入或成本随业务量的增长表现为一条直线时，其线性方程为 $y=a+bx$；而当收入或成本随业务量的增长表现为沿曲线而不是直线散布时，就有可能应用非线性回归。

非线性回归分析中最常用的数学模型是：

$$y=a+bx+cx^2$$

其中：y 为收入或成本，x 为业务量，a 为常数，b 和 c 为自变量的系数。

非线性关系的本量利分析，就是通过对有关数据的搜集和加工，求取非线性回归模型的系数；再分别求 x 的一阶和二阶导数，以分别确认保本点和保利点。

（一）非线性回归分析

就非线性关系的本量利分析而言，可以有以下三种情况：

1. 收入为直线而成本是曲线

比如企业的产品在同类产品市场中占有率很低，其销售数量的改变不足以影响产品的市场价格，此时销售收入与销售量之间呈现直线关系。而成本与产量之间可能呈现非线性关系，且与直线关系差别很大，那么就应该采用非线性数学模型来描述成本的性态。

2. 成本为直线而收入是曲线

此种情况与上一种情况相反。比如企业的产品在同类产品市场占有率较高，那么其销售数量的改变就可以对产品的市场价格产生影响，价格成为销售量的函数。销售收入也不再是直线而成为曲线，应该采用非线性数量模型来描述收入。而对于产量规模较大的企业来说，产量的变化虽然会对总成本产生一些“非线性”的影响，但通常影响不大，总成本线至少可以近似地认为是直线。

3. 收入和成本都为曲线

当企业的状况介于上述两种情况之间，收入和成本就可能都是曲线，这就需要用不同的非线性数学模型来分别描述收入和成本，进而建立利润数学模型并以此模型为基础进行本量利分析。

下面举例说明在企业的收入线和总成本线均为曲线的情况下如何进行回归分析及本量利分析。

【例 4.22】 设某企业为生产和销售单一产品的企业，其产量和成本的历史数据见表 4.6。

表 4.6 历史资料

月 份	y（成本）	x_1（产量）	$x_2=x_1^2$	x_1y	x_2y	x_1x_2	x_1^2	x_2^2
1	60	2	4	120	240	8	4	16
2	80	3	9	240	720	27	9	81
3	200	8	64	1 600	12 800	512	64	4 096
4	130	6	36	780	4 680	216	36	1 296
5	230	9	81	2 070	18 630	729	81	6 561
6	280	10	100	2 800	28 000	1 000	100	10 000
Σ	980	38	294	7 610	65 070	2 492	294	22 050

上表中为方便进行回归分析，亦将运算中所需有关数据列入表中。

历史数据显示，企业的总成本与产量之间并非线性关系（可以通过相关系数进行判断），也难以近似描述为线性关系，所以应采用非线性数学模型来描述成本性态。

设成本数学模型为：

$$y=a+bx_1+cx_1^2$$

令 $x_2=x_1^2$ 以便将二次方程转换为一次方程，并采用多元线性回归方法来确定回归系数，即

$$y=a+bx_1+cx_2$$

根据多元线性归分析，可得：

$$\begin{cases}\sum y=na+b\sum x_1+c\sum x_2\\ \sum x_1y=a\sum x_1+b\sum x_1^2+c\sum x_1x_2\\ \sum x_2y=a\sum x_2+b\sum x_1x_2+c\sum x_2^2\end{cases}$$

将表 4.6 中的有关数据代入上面的联立方程，则有：

$$\begin{cases}980=6a+38b+294c\\ 7\,610=38a+294b+2\,492c\\ 65\,070=294a+2\,492b+22\,050c\end{cases}$$

解上述方程组，可得：

$$a=57.11,\ b=-1.34,\ c=2.34$$

所以 $y=57.11-1.34x_1+2.34x_2$

或 $y=57.11-1.34x_1+2.34x_1^2$

上式即为描述该企业成本性态的非线性数学模型。

必须说明的是，非线性回归分析所采取的数学模型，不仅限于前述的一元二次方程，也可以选择指数方程、对数方程、高次方程和简单的一元一次回归方程。至于哪一种数学模型的描述更符合收入或者成本的特征，则需要考虑它们的标准差和置信区间。标准差和置信区间是统计学中的两个常用概念。标准差也称均方差，是方差的平方根；而方差则是用来表示随机变量与期望值之间离散程度的一个量。根据统计学原理，在概率分布为正态分布的情况下，随机变量出现在预期值±1 个标准差范围内的概率为 68.26%；出现在预期值±2 个标准差范围内的概率为 95.44%；而出现在预期值±3 个标准差范围内的概率为 99.72%。这种“预期值±x 个标准差”就是置信区间。通俗点说，置信区间就是指在同样的信赖程度（即同样的概率）下，预期值的取值范围到底有多大。显然，在给定自变量 x（如产销量）的情况下，因变量 y（成本或收入）的取值范围越小（即越肯定）越好；或者说，置信区间越狭窄，说明所选择的回归数学模型越适合于规定条件下的收入或成本的描述。

以下通过上例的数学模型与“回归直线法”下的一元一次数学模型比较，来说明不同回归数学模型下置信区间的差异和方程的取舍。

根据例 4.22 中的有关数据及 $y=57.11-1.34x+2.34x^2$ 这个数学模型，为计算标准差和置信区间，见表 4.7。

表 4.7 有关数据

月 份	y	x	y'（预期值）	$y-y'$	$(y-y')^2$
1	60	2	63.79	−3.79	14.36
2	80	3	74.15	5.85	34.22
3	200	8	196.15	3.85	14.82
4	130	6	133.31	−3.31	10.96
5	230	9	234.59	−4.59	21.07
6	280	10	277.71	2.29	5.24
Σ	980	38	979.70	0.30	100.67

$$\text{标准差}\ \delta=\sqrt{\frac{\sum(y-y')^2}{n}}=\sqrt{\frac{100.67}{6}}=4.10$$

假设计划年度预计产量为 7，则成本的预期值为：

$$y' = 57.11 - 1.34x + 2.34x^2$$
$$= 57.11 - 1.34 \times 7 + 2.34 \times 7^2$$
$$= 162.39 \text{ (元)}$$

在 68.26%的置信水平下，成本预期值的置信区间为：

$$y = y' \pm 4.10$$

则 $y_1 = 166.49, \quad y_2 = 158.29$

也就是说，当产量为 7 时，成本有 68.26%的可能是在 166.49 元至 158.29 元之间。显然，一元一次数学模型下的置信区间要宽得多，或者说预期值的离散程度大得多。说明一元二次回归数学模型更适合于描述该项成本，而仅就两个模型的某一预期值来说，是无法决定模型的取舍的。

（二）非线性关系的本量利分析

如前所述，当收入与成本均表现为曲线时，需要分别确定其各自的回归模型，进而建立利润数学模型，并在此基础上进行本量利分析。

【例 4.23】 设某企业为生产和销售单一产品的企业（假定产销平衡），其收入、成本与产销量之间为非线性关系。通过进行非线性回归分析，其收入与成本可以由下列回归数学模型分别来描述：

$$\text{TR} = 5.6x - 0.05x^2$$
$$\text{TC} = 10 - 0.4x + 0.7x^2$$

其中：TR 为收入；TC 为成本；x 为产销量。

有关的本量利分析如下：

1. 确定保本点

$$\pi = \text{TR} - \text{TC} = 5.6x - 0.05x^2 - 10 + 0.4x - 0.7x^2 = -0.75x^2 + 6x - 10$$

令 $\pi = 0$ 可得：

$$x_1 = 2.367 \text{ (万件)}, \quad x_2 = 5.633 \text{ (万件)}$$

这意味着收入线与总成本线有两个交点（保本点），它们分别相交于销售量为 2.367 万件和 5.633 万件处，如图 4.11 所示。

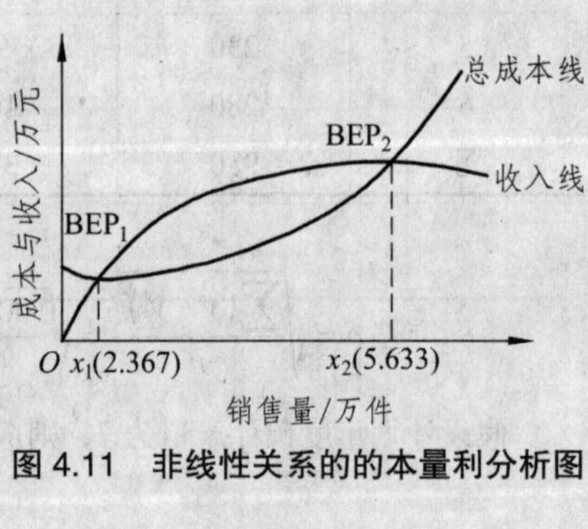

图 4.11 非线性关系的的本量利分析图

2. 确认利润最大化下的销量和最大利润

求 x 的一阶导数 $\frac{d\pi}{dx}$，当 $\frac{d\pi}{dx} = -1.5x + 6 = 0$ 时，可实现利润最大化，解得 $x = 4$（万件）。也就是说，当产销量达到 4 万件时，企业实现的利润最大。此时的利润为：

$$\pi = -0.75x^2 + 6x - 10 = 2 \text{（万元）}$$

3. 确认最优售价

当 $x = 4$ 时，有：

$$\text{TR} = 5.6x - 0.05x^2 = 5.6 \times 4 - 0.05 \times 4^2 = 21.6 \text{（万元）}$$

此时，最优售价 $p = \dfrac{\text{TR}}{x} = \dfrac{21.6}{4} = 5.4$（元）

四、不确定情况下的本量利分析

如前所述，企业产品的销售价格、销售数量、单位变动成本和固定成本总额等因素的变动都会引起利润的变动。如果这些因素在计划期间的变动情况可以确定，比如销量由现在的多少件增加或减少到多少件、单位变动成本会上升或降低到什么水平，等等，那么由此所引起的利润的变动也就可以确定。但实际上，对这些因素的预计或多或少总会带有不确定性。如果不确定性较大或有多种可能性，那么在进行本量利分析时，就应该运用概率技术以提高分析结果的可靠性。在经济活动中，某一事件在同样条件下可能发生也可能不发生，这类事件被称为随机事件。而概率就是用来表示随机事件发生可能性大小的数值，其取值范围在0～1。不确定状况也就是概率状况，不确定状况下的本量利分析就是将概率分析方法应用到本量利分析中。具体来说，就是首先确定各个因素在不同概率条件的预计数值，然后计算各种组合情况下的保本点或保利点，再根据各种组合下的组合概率计算组合期望值，最后以各组合期望值的合计数作为最终的预测值。

（一）不确定状况下的保本点分析

【例 4.24】 成化公司只生产和销售单一产品。经过全面的分析与研究，预计未来年度的单价、单位变动成本和固定成本的估计值及相应的概率见表4.8。

表 4.8　各估计值及概率

项　目	单价（元）	单位变动成本（元）				固定成本（元）	
估计值	15	14	10	9.5	9	60 000	50 000
概率（P）	0.8	0.2	0.7	0.2	0.1	0.3	0.7

要求：对成化公司的产品进行本量利分析。

分析　根据以上资料预测保本点的过程见表4.9。

表 4.9　预测保本点

单价	单位变动成本	固定成本	组合	保本点	组合概率	期望值
(1)	(2)	(3)	(4)	$(5)=\dfrac{(3)}{(1)-(2)}$	$(6)=(1)\times(2)\times(2)$	$(7)=(5)\times(6)$
15 $P=0.8$	10 $P=0.7$	50 000 $P=0.7$	1	10 000	0.392	3 920
		60 000 $P=0.3$	2	12 000	0.168	2 016
	9.5 $P=0.2$	50 000 $P=0.7$	3	9 091	0.112	1 018
		60 000 $P=0.3$	4	10 909	0.048	524
	9 $P=0.1$	50 000 $P=0.7$	5	8 333	0.056	467
		60 000 $P=0.3$	6	10 000	0.024	240
14 $P=0.2$	10 $P=0.7$	50 000 $P=0.7$	7	12 500	0.098	1 225
		60 000 $P=0.3$	8	15 000	0.042	630
	9.5 $P=0.2$	50 000 $P=0.7$	9	11 111	0.028	311
		60 000 $P=0.3$	10	13 333	0.012	160
	9 $P=0.1$	50 000 $P=0.7$	11	10 000	0.014	140
		60 000 $P=0.3$	12	12 000	0.006	72
预测保本量 $\sum$						10 723

从表 4.9 可看出，由单价、单位变动成本和固定成本三个因素所决定的保本点有 12 种可能出现的结果，而每一种结果都是这三个因素（即随机事件）在各自出现的可能性（即概率）情况下进行组合计算所得。如在单价为 15 元（$P=0.8$）、单位变动成本为 10 元（$P=0.7$）、固定成本为 50 000 元（$P=0.7$）这种组合下，保本量为 10 000 件；而在单价为 15 元（$P=0.8$）、单位变动成本为 10 元（$P=0.7$）、固定成本为 60 000 元（$P=0.3$）这种组合下，保本量变为 12 000 件。以每一种结果乘以与这种结果相应的组合概率，就是该种组合下的期望值，而这 12 种结果的期望值的合计数就是保本量的预测值，即 10 723 件。

本章前面的保本点分析均定在确定的条件下进行的，即假定未来情况是确定的（即随机事件的概率为 1），或者说假定未来情况就属于上述 12 种组合中的某一种。而运用概率技术则是将各种可以预计到的可能性都考虑进去了，所以预测的结果会更加接近未来的实际情况。当然，运用概率技术进行保本点分析，其工作量相对来说是比较大的。同时，也要求对随机事件的概率的预测比较准确。

（二）不确定状况下的利润分析

【例 4.25】 在例 4.24 中，假设成化公司未来年度的产品销量可以保证达到 20 000 件（即概率 $P=1$），其他因素的估计值及相应的概率仍见表 4.8。

要求：预测成化公司未来年度的利润。

分析　根据以上资料预测未来年度利润的过程见表 4.10。

表 4.10　预测未来年度利润（单位：元）

销量	单价	单位变动成本	固定成本	组合	利润	组合概率 P	期望值
(1)	(2)	(3)	(4)	(5)	(6)=(1)×[(2)−(3)]−(4)	(7)=(1)×(2)×(3)×(4)	(8)=(6)×(7)
20 000 $P=1$	15 $P=0.8$	10 $P=0.7$	50 000 $P=0.7$	1	50 000	0.392	19 600
			60 000 $P=0.3$	2	40 000	0.168	6 720
		9.5 $P=0.2$	50 000 $P=0.7$	3	60 000	0.112	6 720
			60 000 $P=0.3$	4	50 000	0.048	2 400
		9 $P=0.1$	50 000 $P=0.7$	5	70 000	0.056	2 920
			60 000 $P=0.3$	6	60 000	0.024	1 440
	14 $P=0.2$	10 $P=0.7$	50 000 $P=0.7$	7	30 000	0.098	3 940
			60 000 $P=0.3$	8	20 000	0.042	840
		9.5 $P=0.2$	50 000 $P=0.7$	9	40 000	0.028	1 120
			60 000 $P=0.3$	10	30 000	0.012	360
		9 $P=0.1$	50 000 $P=0.7$	11	50 000	0.014	700
			60 000 $P=0.3$	12	40 000	0.006	240
预期利润 $\sum$							47 000

从表4.10可看出，在不确定状况运用概率技术进行利润分析，其方法与前面预计保本点的做法基本相同，也是先计算每一种组合下的利润，再乘以相应的组合概率以计算期望值，各期望值的合计数就是预期利润。所不同的是增加了销量这一因素（随机事件）。在本例中，销量的概率定为1，如果销量有多种可能性，就需要进行概率分析分别确定各种销量条件下的概率。此时，各种组合的数量会成倍放大，利润预测也会变得更加复杂，但基本做法仍同上。

课后练习

一、单项选择题

1. A产品的单位变动成本6元，固定成本300元，单价10元，目标利润为500元，则实现目标利润的销售量为（　　）件。

A. 200　　B. 80　　C. 600　　D. 100

2. 提高安全边际率的方法是（　　）。

A. 降低销售　　B. 减少固定成本　　C. 降低单价　　D. 提高单位变动成本

3. 下列关于敏感系数的说法不正确的是（　　）。

A. 敏感系数＝目标值变动百分比÷参量值变动百分比

B. 敏感系数越小，说明利润对该参数的变化越不敏感

C. 敏感系数绝对值越大，说明利润对该参数的变化越敏感

D. 敏感系数为负值，表明因素的变动方向和目标值的变动方向相反

4. 甲企业2005年销售收入3 000万元，产品变动成本1 800万元，销售和管理变动成本100万元，固定成本600万元。则（　　）。

A. 制造边际贡献为1 100万元　　B. 产品边际贡献为1 100万元

C. 变动成本率为60%　　D. 销售利润为600万元

5. 在正常销售量不变的条件下，盈亏临界点的销售量越大，说明企业的（　　）。

A. 经营风险越小　　B. 经营风险越大

C. 财务风险越小　　D. 财务风险越大

6. 某企业每月固定制造费用20 000元，固定销售费用5 000元，固定管理费用50 000元。单位变动制造成本50元，单位变动销售费用9元，单位变动管理费用1元。该企业生产一种产品，单价100元，所得税税率为30%，本年至少应销售（　　）件产品才能保证不亏损。

A. 22 500　　B. 1 875　　C. 7 500　　D. 3 750

7. 单一产品的固定成本不变，单价和单位变动成本都上升，则盈亏临界点销售量（　　）。

A. 一定上升　　B. 一定下降

C. 一定不变　　D. 三种情况都可能出现

8. 根据本量利分析原理，只能降低安全边际而不会降低盈亏临界点销售额的措施是（　　）。

A. 提高单价，其他条件不变　　B. 降低正常销售额，其他条件不变

C. 降低单位变动成本，其他条件不变　　D. 压缩固定成本，其他条件不变

9. 假设某企业只生产销售一种产品，单价 50 元，边际贡献率 40%，每年固定成本 300 元，预计下年产销量 20 万件，则价格对利润影响的敏感系数为（　　）。

A. 10　　B. 8　　C. 4　　D. 40%

10. 下列关于安全边际和边际贡献的表达中，错误的是（　　）。

A. 边际贡献的大小，与固定成本支出的多少无关

B. 边际贡献率反映产品给企业做出贡献的能力

C. 提高安全边际或提高边际贡献率，可以提高利润

D. 降低安全边际率或提高边际贡献率，可以提高销售利润率

11. 若盈亏临界点作业率为 60%，变动成本率为 50%，安全边际量为 1200 台，单价为 500 元，则正常销售额为（　　）万元。

A. 120　　B. 100　　C. 150　　D. 无法计算

二、多项选择题

1. 使盈亏临界点下降的业务有（　　）。

A. 提高单价　　B. 增加固定成本

C. 扩大销售量　　D. 降低单位变动成本

2. 企业销售利润等于（　　）。

A. 正常销量×单位边际贡献　　B. 实际订货额×边际贡献率

C. 安全边际量×单位边际贡献　　D. 安全边际额×边际贡献率

3. 提高企业安全性的途径包括（　　）。

A. 扩大销售量　　B. 降低固定成本

C. 降低单位变动成本　　D. 降低单价

4. 下列等式正确的有（　　）。

A. 边际贡献＝固定成本＋销售利润

B. 边际贡献率＝单位边际贡献÷单价

C. 加权平均边际贡献率＝$\sum$（各产品边际贡献率×各产品占总销售的比重）

D. 加权平均边际贡献率＝$\sum$各产品边际贡献÷$\sum$各产品销售收入×100%

5. 下列等式正确的有（　　）。

A. 固定成本＝单价×销量－单位变动成本×销量－销售利润

B. 变动成本＝变动销售成本＋变动销售和管理费

C. 固定成本＝固定销售成本＋固定销售和管理费

D. 销量＝（固定成本＋销售利润）÷单位边际贡献

6. 某企业只生产一种产品，单价为 10 元，单位变动成本为 6 元，固定成本 5 000 元，销量 1 000 件。欲实现目标利润 2 000 元，不可采取的措施有（　　）。

A. 单价提高到 12 元，其他条件不变

B. 单位变动成本降低至 3 元，其他条件不变

C. 固定成本降低至 4 000 元，其他条件不变

D. 销量增加至 1 500 件，其他条件不变

7. 下列说法正确的有（　　）。

A. 只有安全边际才能为企业提供利润

B. 盈亏临界点销售额扣除变动成本后只能为企业收回固定成本

C. 安全边际部分的销售减去其自身变动成本后成为企业利润

D. 安全边际中的边际贡献等于企业利润

8. 下列关于边际贡献和边际贡献率的说法正确的是（　　）。

A. 边际贡献＝销售收入－销售成本

B. 边际贡献可以分为制造边际贡献和产品边际贡献

C. 制造边际贡献又称为生产边际贡献，产品边际贡献又称为总营业边际贡献

D. 边际贡献率可以理解为每一元销售收入中边际贡献所占的比重

9. 下列说法正确的有（　　）。

A. 所谓成本性态，是指成本总额与产量之间的依存关系

B. 固定成本的稳定性是没有条件的

C. 混合成本可以分为半固定成本和半变动成本

D. 混合成本介于固定成本和变动成本之间，可以分解为固定成本和变动成本两部分

10. 可以提高销售利润的措施是（　　）。

A. 提高安全边际率　　B. 提高边际贡献率

C. 降低变动成本率　　D. 降低盈亏临界点作业率

11. 下列可以视为盈亏临界状态的有（　　）。

A. 销售收入总额与成本总额相等　　B. 销售收入线与总成本线的交点

C. 边际贡献与固定成本相等　　D. 变动成本与固定成本相等

12. 已知 2005 年某企业共计生产销售甲乙两种产品，销售量分别为 10 万件和 15 万件，单价分别为 20 元和 30 元，单位变动成本分别为 12 元和 15 元，单位变动销售成本分别为 10 元和 12 元，固定成本总额为 100 万，则下列说法正确的有（　　）。

A. 加权边际贡献率为 56.92%　　B. 加权边际贡献率为 46.92%

C. 盈亏临界点销售额为 213.13 万元　　D. 甲产品盈亏临界点销售量为 3.28 万件

13. 下列表达正确的有（　　）。

A. 安全边际率＝1－销售利润率

B. 安全边际率＝1－盈亏临界点作业率

C. 安全边际×边际贡献率＝安全边际率×边际贡献

D. 销售利润率＝安全边际率×边际贡献率

三、判断题

1. 因为安全边际是正常销售额超过盈亏临界点销售额的差额，并标明销售额下降多少企业仍不至亏损，所以安全编辑部分的销售额也就是企业的利润。（　　）

2. 已知固定成本、盈亏临界点销售额、销售单价，即可计算得出单位变动成本。（　　）

3. 通常，边际贡献是指产品边际贡献，即销售收入减去生产制造过程中的变动成本和销售、管理费中的变动费用之后的差额。（ ）

4. 敏感系数越大，说明利润对该参数的变化越敏感。（ ）

5. 在单价与单位变动成本同方向、同比例变动的情况下，如果固定成本不变，则盈亏临界点业务量会发生改变。（ ）

6. 依据边际贡献方程式，产品边际贡献是销售收入减去产品变动成本以后的差额，因此，提高产品边际贡献的途径有两个：一是提高销售单价，二是降低单位产品变动成本。（ ）

7. 敏感分析的目的之一，就是提供能引起目标发生量变的各参数变化的界限，其方法称为最大最小法。（ ）

8. 在其他条件不变的情况下，固定成本降低额即是目标利润的增加额。（ ）

9. 企业生产 A 产品，单价 10 元，变动制造费用 5 元/件，变动销售与管理费用 1 元/件；固定制造费用总额 20 000 元，固定销售与管理费用 5 000 元，所得税率为 33%，正常销售量为 20 000 件，则安全边际率为 68.75%实现目标净利 3.35 万元的销量为 14 625 件。（ ）

10. 某企业只生产一种产品，单价 2 元，单位变动成本 1.8 元，固定成本 30 000 元，销量为 100 000 件，若企业拟采取提高单价的方法扭转亏损，在其他参数不变的情况下，单价的最小值应为 2.10 元。（ ）

11. 安全边际率为 25%，表明很安全。（ ）

四、计算分析题

1. 甲产品单位售价为 30 元，单位变动成本为 21 元，固定成本为 450 元。要求：

(1) 计算盈亏临界点的销售量。

(2) 若要实现目标利润 180 元，计算销售量。

(3) 若销售净利润为销售额的 20%，计算销售量。

(4) 若每单位产品变动成本增加 2 元，固定成本减少 170 元，计算盈亏临界点的销售量。

(5) 就上列资料，若销售量为 200 单位，计算单价应调整到多少才能实现利润 350 元（单位变动成本及固定成本不变）。

2. 第一机器制造厂只生产一种产品，单位产品售价 5 元；单位产品变动成本 3 元；全月固定成本 32 000 元；全月预计销售量 20 000 件。要求：

(1) 做盈亏临界图。

(2) 计算以下各项指标：

A. 盈亏临界点的销售量（用实物单位表现）；

B. 安全边际；

C. 预计利润。

(3) 该厂通过市场调查，认为单位产品的售价如果提高到 5.50 元，全月预计可销售 18 000 件。请重新作以下各项：

A. 计算新情况下的盈亏临界点的销售量，安全边际，预计可实现的利润。

B. 在盈亏临界图上同时反映原来的和变动后的有关指标。

C. 计算要销售多少件，才能使利润比提价后预计的利润再增加 10%。

(4) 该厂通过调查研究，认为由于出现了一些新情况，单位产品的售价将降低到 4.60 元，同时每月还需增加广告费 4 000 元。请重新计算新情况下的下列指标：

A. 盈亏临界点的销售量；

B. 计算要销售多少件，才能使利润此售价变动前（即单位售价仍为 5 元时）的利润增加 10%。

3.成化生产甲产品，其单位售价为 10 元，单位成本为 6 元，全年固定成本总额为 4 000 元，预计全年销售产品共 4 000 件。要求：

(1) 绘制甲产品的盈亏临界图。

(2) 计算甲产品的盈亏临界点。

(3) 计算甲产品的安全边际、安全边际率、贡献毛益率和销售利润率。

(4) 如果固定成本降低 20%，计算新的盈亏临界点。

(5) 不考虑 (4) 的情况下，如果单位变动成本降低 10%，计算新的盈亏临界点。

4. 华为公司 1997 年的简明损益表（单位：元）显示如下：

销售收入	160 000
减：销售成本	120 000（其中变动成本占 60%）
销售毛利	40 000
减：营业费用	50 000（其中固定成本占 50%）
净亏损	－10 000

经财务人员分析，企业亏损的原因是对产品的广告宣传不够，1998 年如果能增加广告费 4 000 元（全为固定成本），可使销售量大幅度增加，就能扭亏为盈。要求：

(1) 计算该公司 1998 年度盈亏临界点销售额。

(2) 如果该公司 1998 年度计划实现利润 14 000 元，则其销售额应为多少？

5. 某厂生产和销售 A、B 两种产品，产品的单位售价分别为：产品 A 5 元，产品 B 2.50 元。贡献毛益率分别为：产品 A 40%，产品 B 30%。全月固定成本 72 000 元。要求：

(1) 设本月各产品的预计销售量分别为：产品 A 30 000 件，产品 B 40 000 件。请计算以下各项指标：

A. 盈亏临界点的销售量（用金额表现）。

B. A、B 两种产品的盈亏临界点的销售量（用实物单位表现）。

C. 用金额表现的安全边际。

D. 本月的预计利润。

(2) 设每月增加广告费 9 700 元，可使产品 A 的月销售量增加到 40 000 件，而产品 B 的月销售量将减少到 32 000 件，请具体说明采取这一措施是否合算。

(3) 根据上述第二项的有关数据，重新计算用金额表现的盈亏临界点的销售量。

6. 李先生为飞达钟表公司的总经理，最近参加了厦门大学的一项管理会计培训班，他深信能将所学用于他的事业。他对本量利分析尤其感兴趣。因此，他为飞达公司编制了如表 1 的一份分析表：

表 4.11　分析表（单位：元）

时钟每台售价		8.00
每台变动成本		
材料	2.00	
人工	1.80	
变动制造费用	1.00	
贡献毛益		3.20
每年固定成本：		
设备折旧费	12 000	
房屋租金	24 000	
销售费用	16 000	
管理费用	20 000	
固定成本合计	72 000	

要求：（1）计算盈亏临界点的销售量。

（2）为使飞达公司管理人员直观地了解本量利分析，请绘制盈亏临界图。

（3）该公司去年利润为 19 200 元，则去年销售时钟多少台?

（4）李先生目前聘有一位专职业务员和一位兼职业务员。如果将兼职业务员改聘为专职业务员，估计销售收入每年能增加 24 000 元，但每年需增加开支 8 000 元。请问应否将兼职业务员改聘为专职?

7. 西单公司生产某种产品，单位售价为 15 元，单位变动成本为 9 元，全年固定成本总额为 9 000 元。要求：

（1）计算该产品的贡献毛益率。

（2）计算该产品的盈亏临界点销售额。

（3）该公司预计本年度销售收入为 25 000 元，则其利润为多少?

（4）该公司经理希望能增加利润 15 000 元，则销售收入应增加多少?

（5）该公司业务经理深信，只要增加广告开支，则必能使销售收入增加 30 000 元。请问广告开支最多可增加多少，而仍能使利润保持不变?

（6）该公司最近收到某一批发商订购该产品 2 000 件。该公司希望使其全年利润增加 3 000 元，请问对该批发商的报价应为多少?

8. 某厂生产中需用一种设备，有两种型号可供选择。型号 A 每台购价为 1 400 元，可用 4 年，使用期限终了可收回残值 200 元；它每开动 1 小时需花运转费 0.85 元，每年还需花维修费 120 元。型号 B 每台购价为 550 元，可用 4 年，无残值；它每开动 1 小时需花运转费和维修费共 1.40 元。

设有以下两种情况：

（1）这种设备每年需开动 400 小时，才能满足生产上的需要。

（2）这种设备每年需开动 600 小时，才能满足生产上的需要。

要求：请据以分别确定在上述两种情况下以购买哪一种型号的设备为宜?

9. 某企业只产销一种产品，上年的销售量为 2 万件，单价为 120 元，单位变动成本为 100 元，固定成本为 30 万元，要求通过计算回答下列互不相关的问题：

(1) 如果计划年度保证经营该产品不亏损，应把有关因素的变动幅度控制在什么范围(在考虑某一因素的变动时，假设其他因素不变)。

(2) 计算各因素对利润的敏感系数，并按照敏感程度由高到低的顺序排列。

(3) 如果计划年度增加 5 万元的广告费，预计可以增加销量 10%，其他条件不变，判断是否对企业有利。

(4) 假设该企业计划年度拟实现 50 万元的目标利润，可通过降价 10 个百分点来扩大销量实现目标利润，但由于受生产能力的限制，销售量只能达到所需销售量的 30%，为此，还需在降低单位变动成本上花工夫，但分析人员认为经过努力单位变动成本只能降低 15 元，因此，还需要进一步压缩固定成本支出。针对上述现状，您认为应该如何去落实目标利润。

10. 某企业生产和销售甲、乙、丙三种产品，全年固定成本为 144 000 元，有关资料见表 4.12。

表 4.12　有关资料

产品	单价	单位变动成本	单位边际贡献	销量
甲	100	80	20	1 000
乙	100	70	30	2 000
丙	80	40	40	2 500

要求：(1) 计算加权平均边际贡献率。

(2) 计算盈亏临界点的销售额。

(3) 计算甲、乙、丙三种产品的盈亏临界点的销售量。

(4) 计算安全边际。

(5) 预计利润。

(6) 如果增加促销费用 10 000 元，可使甲产品的销量增至 1 200 件，乙产品的销量增至 2 500 件，丙产品的销量增至 2 600 件。请说明是否应采取这一促销措施?

11. 企业只生产一种产品，年产销量为 5 万件，单位产品售价为 20 元。为了降低成本，计划购置新生产线。买价为 200 万元，预计使用寿命 10 年，到期收回残值 2 万元。据预测可使变动成本降低 20%，产销量不变。现有生产线的年折旧额为 6 万，购置新生产线后现有的生产线不再计提折旧。其他的固定成本不变。目前生产条件下的变动成本为 40 万元，固定成本为 24 万元。要求：

(1) 就算目前的安全边际率和利润。

(2) 计算购置新生产线后的安全边际率和利润。

(3) 判断购置新生产线是否经济。

(4) 如果购置新生产线，企业经营安全性水平有何变化?

五、综合题

某公司每件产成品的直接材料成本为180元，本月发生的直接人工为50 000元，变动制造费用为60 000元，固定制造费用为40 000元。原材料费用在产品成本中所占的比重较大，原材料是在生产开始时一次就全部投入。本月完工入库5 000件产成品，本月销售4 000件(全部为本月生产)。每件成品的销售价格为302元，本月发生的变动销售和管理费用为80 000元，固定销售和管理费用为20万元。要求：

(1) 计算本月生产的每件产成品的成本（按照变动成本法和完全成本法分别计算）以及单位变动成本、边际贡献率、变动成本率；

(2) 按照变动成本法和完全成本法分别计算本月的利润以及盈亏临界点的销售量，并分析利润存在差异的原因；

(3) 选项您认为比较合理的结果计算本月的安全边际率和销售利润率，并判断安全等级。

六、案例分析

贡献毛益——珍珍食品加工有限公司

(一) 基本案情

2000年年初，珍珍食品加工有限公司的财务副经理接到公司财务报告，报告显示，在食品销售过程中销量下降，使收益下滑，在即将召开的董事会上，讨论进一步行动方案。

珍珍食品加工有限公司（简称珍珍公司）是设在长春市中心，专门从事多种食品加工销售的有限责任公司。主要经营主食面包，老式酸面包和热狗面包，且分别由三个车间独立加工制作。它是长春市优质食品生产商和销售之一。自1995年年初成立并生产销售以来，一直颇受广大消费者的信赖与好评，因此市场占有率和盈利水平一直很好。

自从 1999 年上半年以来，珍珍公司的销量开始下滑，而且仍有继续下降的势头，尤其是热狗面包的销售市场几乎已丧失殆尽。究其原因主要有四方面：第一，消费者在购买食品时，往往在注意质量、口感的同时，更关心价格的问题，因而他们常常去选择价格低的品种；第二，从消费者的需求来看，随着生活水平和消费观念的变化，对食品的需求呈多样化；第三，市场上竞争不断加剧，新的生产商不断出现，由于消费者的“猎奇”心理，珍珍公司丧失了一些顾客；第四，从销售渠道上看，该公司的食品主要是面向商场、食杂店和普通超市，它们的销售逐渐受到冲击，自然也使珍珍公司失去了很多市场。

近两年，在长春市内出现了多家仓储超市，这些商家主要打出“天天低价，日日省钱”等销售口号，它们的出现在多方面冲击了原有的大商场、食杂店和普通超市：第一，仓储超市货物品种全，选择方便，随意；第二，大多仓储超市都有“现场制造现场出售”的食品，花样多，价格廉，且消费者亲眼目睹，干净卫生，食得放心。董事会研究，由于原有“热狗面包”车间的设备暂时无法转作他用，拟将原有的热狗面包转产“珍珍面点糕”，这样既能充分利用原有的设备。又不必重新聘请面点师（面点师工资实行计件工资制）。经市场调查，得到生产“珍珍面点糕”的相关资料如下：

(1) 成本费用资料。

按月支付下列费用：

折旧费　2 000
设备维修费　850
管理人员工资　12 000
办公费　2 500

每筐“珍珍面点糕”费用：

面粉　12
鲜鸡蛋　9
白砂糖　2.5
面点师工资　3
水电费　2
包装袋等其他　2

(2) 销量预测资料（见表 4.13)。

表 4.13　销量预测（单位：筐）

月　份	4	5	6	7	8	9	10	11	12
销　量	6 050	6 000	5 650	5 580	5 020	5 480	5 820	6 100	6 050

(3) 销售及成本资料。

根据市场平均价位，定价 39 元/筐，同时董事会也掌握了 3 月份其余两种食品的相关资料，见表 4.14。

表 4.14　3 月份销售及成本资料

费　用	销售（元）	成本（元）
其中：面粉	100 000	78 000
白砂糖	50 000	35 000
鲜奶		10 000
鲜鸡蛋	60 000	
其他	30 000	33 000
其中：面点师工资	10 000	33 000
折旧费（车间）	8 000	8 000
维修费	16 000	1 600
管理人员工资	4 000	4 000
办公费	2 500	2 500

（二）分析要点

(1) 珍珍公司转产“珍珍面点糕”可行吗?

(2) 试计算 3 月份其他两种食品贡献毛益总额?

(3) 珍珍公司如何才能使销量上升?

（案例来源：王忠，周剑杰，胡静波. 管理会计学教学案例[M]. 1 版. 北京：中国审计出版社，2001.）

第五章　预测分析

☞ 学习指导

【学习目标】

学习本章，首先要弄清楚什么是预测分析，还要明确它与决策分析的关系；其次，学习时应注意的是定量分析法和定性分析法的结合使用问题。

【学习建议】

1. 学习时间：16 小时

第一节建议学习时间：3 小时

第二节建议学习时间：6 小时

第三节建议学习时间：3 小时

第四节建议学习时间：2 小时

第五节建议学习时间：2 小时

2. 学习方法

（1）学习前可以对管理学的基本知识作个回顾。

（2）点播学习网络课程第五章。

（3）参加第 1 次在线导学直播。

（4）第二节学习完成后提交作业。

【学习重难点】

重点掌握销售预测。

第一节　预测分析概述

一、预测分析的意义

预测是指根据过去和现有的信息，运用一定的科学手段和方法，预计和推测事物发展的必然性或可能性的行为。即根据过去和现在预计未来，由已知推断未知的过程。

预测的范围很广，而对于现代企业来说，就是要进行经营预测。所谓经营预测，是指企业根据现有的经济条件和掌握的历史资料以及客观事物的内在联系，对生产经营活动的未来发展趋势和状况进行的预计和测算。

管理会计中的预测分析是指运用专门的方法进行经营预测的过程。

经营成败的关键是决策，而决策的基础是科学的预测，预测分析直接为决策服务，是决策的先导与前提。没有准确的预测，要做好符合客观发展规律的科学决策是难以想象的，但预测并不能代替决策，因为预测分析要解决的是如何科学准确地预见或描述未来的问题，而决策的结论则直接支配未来的行动方案。

预测分析也要为规划服务，它所提供的许多数据最终被纳入预算，成为编制预算的基础。但预测分析可以反复循环进行，并可根据需要选用不同方法，其信息只是有指导性，起参考作用；而计划或预算的程序则具有相对稳定性，其信息具有严肃性和强制性。预测可在计划之前进行，也可在计划或预算的执行过程中进行，以指导修正计划或预算。

总之，企业要在市场竞争中立于不败之地，就必须掌握“鉴往知来”的本领。企业不仅要了解市场的过去和现状，更为重要的是企业必须面向未来，对未来发展趋势做出科学的预计和推测，缺乏科学预测的管理是盲目的和不健全的。

二、预测的基本原理

任何事物的发展趋势总是有一定规律的。在一定条件下，人们可以认识、掌握这个规律并利用规律。企业在其经营活动中，各因素之间的相互关系，也必然会存在一些客观规律，企业的经营预测正是建立在这些规律的基础上。它们实质上就成为预测的基本原理。企业只有全面掌握和运用这些基本原理，才能使预测工作建立在科学而可信的基础上。预测的基本原理包括以下几点：

1. 可知性原理

可知性原理也称为规律性原理。它属于认识论方面的理论研究。辩证唯物主义认为，世界是物质的，事物的发展尽管千姿百态，但还是各有其自身固有的变化规律。这些规律可以为人们认识和掌握。这就意味着，任何预测对象的未来发展趋势和状况都是可以预知的。只要人们掌握了事物的发展变化规律，就可以预测事物的未来发展状况。由此可见，可知性原理是人们自觉主动地从事预测活动的重要理论基础之一。一切预测活动都奠基于可知性原理。

2. 可能性原理

任何事物的发生、发展都受其内外因的支配与影响。内因是事物发展变化的原动力，外因是事物发展变化的条件。内因对事物未来发展方向起决定性作用，外因则在不同程度上对其施加影响。这种影响可能使事物内部矛盾发生变化，也可能不会发生变化。如果事物内部矛盾发生了变化，就有可能引起质变，从而改变事物性质。作为预测对象的任何事物，其未来发展趋势和状况，也必然在内外因共同作用下出现。因此，它的发展变化具有多种可能性，而不是只存在单一的可能性。这就是预测活动的可能性原理。后面的因果预测法就是奠基于可能性原理。

3. 连续性原理

俗话说，“冰冻三尺，非一日之寒。”事物的发生、发展往往不是突变性的，而是连续性的，它或多或少地与过去和现在存在一定的联系。如果没有预测对象发展变化的过去和现在，就不可能存在发展变化的未来。从这个意义上说，未来是过去和现在的延伸。因此，连续性原理认为，了解过去和现在是预测未来的基础和出发点。下述的趋势预测分析法就奠基于连续性原理。

4. 可控性原理

如前所述，预测对象未来的发展变化是在内外因的共同作用下产生的，它有着一定的发展规律。人们在掌握其规律性的情况下，可以发挥自己的主观能动性和创造性，使事物朝着符合人们愿望的方向发展，这就是可控性原理。如果人们对事物未来的发展变化只能听之任之，无法对它施加任何影响，那么，人们所进行的预测活动就没有什么实际意义了。

三、预测分析的原则

1. 灵活性原则

预测分析可灵活采用多种方法，不能指望有一种能适应任何情况，绝对成功的预测方法是不存在的。选择预测方法，必须具体问题具体分析，结合企业的具体情况，尽量选择简便易行、成本低效率高的方法。如有可能，应将多种预测方法所得到的预测结果进行对比分析，找出产生差异的原因，并进行修正，以使预测结果更趋于正确。

2. 可信性原则

尽管预测不是主观随意猜测，但也不可避免地带有一定的“估计”成分，出现误差也在所难免。一个成功的预测应能对预测中出现的误差范围进行预计，只要出现的误差在允许的范围内，预测结果就是可信的。换言之，一个不能对预测误差进行预计的预测则是不可信的，不可信的预测，也就失去了预测本身的意义。

3. 效益性原则

进行预测总要付出一定的代价，即预测费用。一般而言，企业在预测方面的花费，同由于对未来经营状况估计不足而造成的损失相比往往是微不足道的。但是，有时企业可能由于对预测方法选择不当，或者为片面追求预测精度等原因而浪费预测费用，使得投入大于产出，也就失去了预测的意义。只有预测费用较低，而效益很高的预测才是可行的。

四、预测分析的程序

为做好经济活动的预测分析工作，保证这一工作的顺利进行，一般应采取以下几个工作步骤：

1. 确定预测对象

要进行预测分析，首先必须确定预测对象，即确定预测分析的具体内容、范围、目的和要求。预测对象是根据企业经营的总体目标来设计和确定的，确定预测对象是做好预测分析的前提，是制订预测分析计划、确定信息资料来源、选择预测方法和组织预测人员的依据。

2. 收集和整理资料

预测分析所需的资料是进行预测分析的重要依据。要做好经济活动的预测分析工作，必须掌握有关预测对象从过去到现在的经济数据资料和其他信息资料，这些资料有过去的纵向资料，有现在的横向资料，有市场信息、同行业的竞争情况，有国内外经济发展趋势等。在占有大量资料的基础上，还要对这些资料进行整理、归纳、鉴别，去伪存真，去粗取精。尽量从中发现与预测对象有关的各因素之间的规律性和相互依存关系。

3. 选择预测方法

对不同的预测对象和内容，应采用不同的预测方法，不能一成不变。

对于那些可以建立数学模型的预测对象，应反复筛选比较，以确定最恰当的定量预测方法；对于那些缺乏定量资料无法开展定量分析的预测对象，应当结合以往经验选择最佳的定性预测方法。

4. 分析判断

根据预测模型及掌握的未来信息，进行分析判断，揭示事物的变化趋势，并预测其发展结果。

5. 检查验证

将预测结果与实际数进行比较，计算预测中产生的误差并找出误差产生的原因，用以验证选用的预测方法是否恰当有效，以便及时对原选择的预测方法加以修正。

6. 修正预测值

定量分析时，由于数学模型不可能把非计量因素考虑进去，因而会影响到预测的精确度，所以需要结合定性分析的结论对其预测值进行修正和补充说明。

7. 报告预测结论

将修正后的预测结论以报告形式传输给企业有关管理人员，作为经营决策的第一手资料。

五、预测分析的基本内容

在市场经济条件下，市场决定生产，因此销售预测成为企业经营决策的基础和首要环节；根据市场和企业自身的实际情况并在进行挖潜后的基础上对成本作出预测；销售预测及成本预测决定了企业的利润预测；要实现企业的目标利润必须要有资金支持，从而还应对资金要求作出预测，以便筹集必要的资金，以满足生产经营的需要。因此，预测分析的基本内容包括销售预测、成本预测、利润预测和资金预测。

六、预测分析的方法

预测分析的具体方法很多，据国外统计，已多达数百种。具体方法的选择受分析对象、目的、时间以及精确程度等因素的影响。但概括起来讲，一般方法可分为两大类，即定量分析法和定性分析法。

（一）定量分析法

定量分析法又称数量分析法。它主要是根据过去和现在比较完整的信息资料，运用统计、现代数学方法，对所取得的资料进行科学的加工和处理，充分揭示有关经济变量之间的规律性关系，作为对未来发展趋势预测的依据，据以建立能够反映有关变量之间规律性联系的各种预测模型的方法体系。定量分析法按照具体做法，又可分为以下两种类型：

1. 趋势预测分析法

它是指将时间（月、年）作为制约预测对象变化的自变量，把未来作为历史的自然延续，属于按事物自身发展趋势进行预测的一种预测分析方法。也称“时间序列分析法”，包括平均法和时间序列回归分析法，此种预测分析方法多用于销售预测，也可用于成本预测。

2. 因果预测分析法

因果预测分析法是根据预测对象与其他相关指标之间的相互依存、相互制约的规律性联系，来建立相应的因果数学模型进行预测的方法。属于这种方法的有：本量利分析法、回归分析法、经验曲线预测分析法、投入产出法、经济计量法等多种方法，此种预测方法可用于销售预测、成本预测、利润预测和资金预测等全部经营预测分析。

趋势预测分析法与因果预测分析法的主要区别在于：前者的自变量是时间单位（月或年），后者的自变量是时间单位以外的业务量。

（二）定性分析法

定性分析法又称非数量分析法，是指由有关方面的专业人员根据个人经验和知识，并考虑到政治、经济形势、市场前景、消费倾向、价格政策对预测对象的影响，结合预测对象的特点进行综合分析，对事物的未来状况和发展趋势做出推测的一种预测方法。它一般不需要进行复杂的定量分析。这种预测方法在企业缺乏完备的历史资料，或主要因素难以作定量描述的情况下尤为适用。

经营预测的定性分析方法主要包括：市场调查法、专业人员判断分析法。定性分析主要适用于销售预测，也适用于成本预测、利润预测和资金预测等全部经营预测分析。

（三）定量分析法与定性分析法的关系

定量分析法与定性分析法在实际应用中并非互相排斥，而是相互补充，相辅相成。经营预测人员要根据企业的具体情况和预测的对象，把它们正确地结合起来运用。在占有比较完备的资料的条件下，应先用一定的数学方法进行加工处理，找出有关变量之间的规律性的联系作为预测未来的一个重要依据。但是，任何数学方法的应用都是以过去资料赖以产生的条件作为基础来预测未来，这些过去资料赖以产生的条件有可能在本期已发生较大变化，而这种变化又可能无法计量，如国家的方针政策以及政治经济形势的变动、消费者心理以及习惯的改变、投资者的意向以及职工素质的变动等等，这样，根据数学模型得到的结果，还要根据这些因素进行修正，依靠熟悉情况和业务的专家进行分析判断，提出修正意见，在这种情况下得出的结果就具有十分重要的参考价值。由此可见，只有把定量分析和定性分析正确地结合起来，相互取长补短，才能提高预测分析的准确性和预测结论的可信性。

七、预测分析的误差估计方法

一个可信的预测，应能给出误差估计，如果不能对预测误差进行合理的估计，其预测结果就不具有可信性。由于预测的已知数据资料和方法不同，预测误差估计的方法也不可能完全相同，只能根据预测的已知数据资料和方法，来选择预测误差估计的方法，下面介绍几种常用的误差估计方法。

（一）利用 n 期历史数据资料的误差估计

假设 n 期历史数据资料为：(x_1, y_1)，(x_2, y_2)，…，(x_n, y_n)，x_i 为自变量，y_i 为实际值（$i=1,2,\cdots,n$），其对应的预测值为 $\overline{y}_1,\overline{y}_2,\cdots,\overline{y}_n$，预测期的自变量为 x_{n+1}，$\overline{y}=\sum_{i=1}^{n} y_i \frac{W_i}{W}$ 为 n 期实际值的平均值，其中：W_i 为 $y_i(i=1,2,\cdots,n)$ 的权数，$W=\sum_{i=1}^{n} W_i$ 为权数之和，称 $\frac{W_i}{W}$ 为饱和权数，即有 $\sum_{i=1}^{n}\frac{W_i}{W}=1$。

1. 平均误差

（1）考虑预测期自变量的平均误差法。

考虑预测期自变量的平均误差法是用来预测期最近的 n 期历史数据，每期实际值与该期（或第 $n+1$ 期）预测值之差的绝对值除以该期自变量，求和后乘以 $\frac{1}{n}$，再乘以预测期的自变量，作为平均误差的一种方法。

$$\text{平均误差 } \delta=\left(\frac{|y_1-\overline{y}_1|}{x_1}+\frac{|y_2-\overline{y}_2|}{x_2}+\cdots+\frac{|y_n-\overline{y}_n|}{x_n}\right)\cdot\frac{1}{n}\cdot x_{n+1} \quad ①$$

或

$$\text{平均误差 } \delta=\left(\frac{|y_1-\overline{y}_{n+1}|}{x_1}+\frac{|y_2-\overline{y}_{n+1}|}{x_2}+\cdots+\frac{|y_n-\overline{y}_{n+1}|}{x_n}\right)\cdot\frac{1}{n}\cdot x_{n+1} \quad ①'$$

（2）不考虑预测期自变量的平均误差法。

① 绝对值平均误差法。

绝对值平均误差法是将历史数据各期实际值与预测值（或平均值）之差的绝对值乘以饱和权数，求和后，再除以 n，作为平均误差的一种方法。

$$\text{平均误差 } \delta=\frac{\sum_{i=1}^{n}|y_i-\overline{y}_i|\cdot\frac{W_i}{W}}{n} \quad ②$$

或 平均误差 $\delta=\dfrac{\sum_{i=1}^{n}\left|y_i-\overline{y}\right|\cdot\dfrac{W_i}{W}}{n}$ ②′

② 回归标准误差平均法

回归标准差平均法是将历史数据各期实际值与预测值之差的平方乘以饱和权数，求和后，再开平方（称为回归标准差），作为平均误差的一种方法。

$$\text{平均误差 } \delta=\sqrt{\sum_{i=1}^{n}(y_i-\overline{y}_i)^2\cdot\frac{W_i}{W}} \quad ③$$

③ 标准差平均法。

标准差平均法是将历史数据各期实际值与平均值之差的平方乘以饱和权数，求和后，再开平方（称为标准差），作为平均误差的一种方法。

$$\text{平均误差 } \delta=\sqrt{\sum_{i=1}^{n}(y_i-\overline{y})^2\cdot\frac{W_i}{W}} \quad ④$$

上述公式②、②′、③、④的可信程度不如公式①、①′，一般情况下，应尽量应用公式①、①′，除非在历史数据很多或不能应用公式①、①′的情况下，公式②、②′、③、④才有一定的应用价值。

2. 最大误差法

（1）考虑预测期自变量的最大误差法。

它是将历史数据各期实际值与预测值之差的绝对值，除以该期对应的自变量，取其最大值，乘以预测期自变量，作为最大误差的一种方法。

$$\text{最大误差 } \varDelta=\max\left\{\frac{\left|y_1-\overline{y}_1\right|}{x_1},\frac{\left|y_2-\overline{y}_2\right|}{x_2},\dots,\frac{\left|y_n-\overline{y}_n\right|}{x_n}\right\}\cdot x_{n+1} \quad ⑤$$

（2）考虑预测期预测值（因变量）变动范围的最大误差法。

它是通过分析预测值的变动范围，用预测值变动的上、下限来估计最大误差的一种方法。假设 M 为预测值变动的上限（如销售预测中企业的市场最大份额或企业的最大生产能力），m 为预测值变动的下限（如销售预测中企业的市场最小份额或在最不利条件下企业的销售量或销售额）。

$$\text{最大误差 } \varDelta=M-m \quad ⑥$$

（3）考虑标准差δ的最大误差法。

根据统计学的原理，在概率（可用饱和权数表示）为正态分布的情况下，随机变量 y（即实际值）出现在区间$[\overline{y}-3\delta,\overline{y}+3\delta]$内的概率为 99.73%，因此，不妨认为实际值与预测值的最大误差不超过3δ。

最大误差 $\varDelta = 3\delta = 3\sqrt{\sum_{i=1}^{n}(y_i - \overline{y}) \cdot \frac{W_i}{W}}$ ⑦

公式⑦只适合平均法，且在历史数据很多的情况下，才有应用价值。

（二）利用连续可微函数 $y=f(x)$ 的误差估计

假设采用因果预测分析法进行预测，已经建立了预测值 y 与自变量 x 的连续可微函数 $y = f(x)$。

1. 一般误差法

如果由 x 计算 y 时，x 有误差 Δx，则由此计算的 y 值有：

绝对误差 $|\Delta y| \approx |f'(x) \cdot \Delta x|$ ⑧

相对误差 $\frac{|\Delta y|}{|y|} = \frac{|f'(x) \cdot \Delta x|}{|f(x)|}$ ⑨

2. 最大误差法

在自变量 x 的变动范围内，利用微积分学原理，求 $f(x)$ 的最大值 M 和最小值 m。

最大误差 $\varDelta = M - m$ ⑥′

上式与公式⑥形式完全相同，只是前者是离散变量，后者为连续变量，所以将该式注为⑥′。

第二节 销售预测

一、销售预测概述

销售预测是指在充分调查研究的基础上预计市场对本企业产品在未来时期的需求趋势的经营预测。在现代市场经济条件下，企业生产经营方针既不是“以产定销”，也不单纯是“推销促销”，而是在研究市场的基础上，自觉满足社会需要，以需定销，以销定产，努力适应和开发市场。作为商品经营者的企业必然十分关心在未来一定时期内哪些产品适销对路，企业能在市场上占有多大份额，经营某项业务究竟能赚取多少利润，成本多高，需用多少资金等。因此，在企业预测系统中，销售预测处于先导地位，它对于指导利润预测、成本预测和资金预测，进行长短期决策，安排经营计划，组织生产等都起着重要的作用。

影响销售的因素很多，一般包括外部和内部两大因素。外部因素有：(1) 当前市场环境；(2) 企业的市场占有率；(3) 经济发展趋势；(4) 竞争对手情况等。内部因素有：(1) 产品的价格；(2) 产品的功能和质量；(3) 企业提供的配套服务；(4) 企业的生产能力；(5) 各种营销手段的应用等。预测时应区分轻重缓急并综合地考虑这些因素，选择适当的方法进行预测。

常用的销售预测方法很多，下面分别介绍定量分析法和定性分析法。

二、定量分析法

定量分析法主要包括趋势预测分析法和因果预测分析法。

（一）趋势预测分析法

趋势预测分析法在销售预测中的应用较为普遍，其具体应用形式包括平均法和时间序列回归分析法。

1. 平均法

平均法是指根据所掌握的特定预测对象若干时期的销售量历史资料，按照一定方法进行处理，计算其平均值，以确定预测销售量的一类方法。具体包括算术平均法、加权平均法、指数平滑法等。

影响平均法预测值的主要因素有两个，其一是计算平均数所选择的期数 n（即数据的个数），其二是每期数据的权数。对同一个预测内容，由于选择的期数和权数不同，可能会得到完全不同的结果，而期数和权数的选择，又常因人的主观认识不同而不同。平均法的实质就是预测值取前 n 期实际值的平均数，因而预测值只能在所取 n 个数据中的最大值和最小值之间变动，而不会超出这个范围，这也就大大限制了平均法在经营预测中的应用。下面以销售量预测为例加以说明。

【例 5.1】 成化公司的小家电商品吹风机 1995—2005 年的销售量见表 5.1。

表 5.1　销售资料（单位：万台）

年份	1995	1996	1997	1998	1999	2000	2001	2002	2003	2004	2005
时间序列	1	2	3	4	5	6	7	8	9	10	11
销售量（Q_t）	144	145	175	196	202	214	230	263	286	324	348

要求：采用平均法中的 n 种方法预测 2006 年销售量，并进行误差估计。

分析　（1）加权平均法。

加权平均法是指在掌握全部 n 期资料（如上例 $n=11$）的基础上，按近大远小的原则确定各期权数，并据以计算加权平均销量的一种方法。其数学模型为：

$$预测销售量(\bar{Q})=\frac{\sum 某期销售量\times 该期权数}{各期权数之和}=\frac{\sum_{t=1}^{n}(Q_t W_t)}{\sum_{t=1}^{n}W_t}$$

其中权数 W_t 必须满足以下条件：

$$W_{t+1}>W_t \quad (t=1,2,3,\cdots,n-1)$$

权数的确定可以按以下两种方法计算：

① 自然权数法。

该法要求按自然数 1，2，…，n 的顺序确定权数，即令

$$W_1 = 1,\ W_2 = 2, \cdots, W_n = n$$

② 饱和权数法。

该法要求各期权数之和为 1，即令

$$\sum_{t=1}^{n} W_t = 1 \quad (0 < W_t < 1)$$

如当 $n=3$ 时，可令 $W_1 = 0.2, W_2 = 0.3, W_3 = 0.5$ （或令 $W_1 = 0.1, W_2 = 0.3, W_3 = 0.6$ ）；当 $n=5$ 时，可令 $W_1 = 0.04, W_2 = 0.08, W_3 = 0.13, W_4 = 0.25, W_5 = 0.5$ ，依此类推。

假定例 5.1 的权数按自然权数法确认，则

$$\begin{aligned}\sum_{t=1}^{11}(Q_t \cdot W_t) &= 144\times1+145\times2+175\times3+196\times4+202\times5+214\times6+\\ &\quad 230\times7+263\times8+286\times9+324\times10+348\times11\\ &=17\,393\ (\text{万台})\end{aligned}$$

$$\sum_{t=1}^{11} W_t = \frac{(1+11)\times 11}{2} = 66$$

所以 $\quad$ 2006 年的预测销售量 $= \dfrac{\sum_{t=1}^{11}(Q_t W_t)}{\sum_{t=1}^{11} W_t} = \dfrac{17\,393}{66} \approx 264$ （万台）

显然，如果改变期数和权数，就会得到不同的预测结果。

加权平均法的优点是既可以利用 n 期全部历史数据，又充分考虑了远近期间对未来的不同影响。其缺点就是不能按统一的方法确定各期的权数值。因而也有人主张只按最后 m ($m<n$) 期的数据计算加权平均预测销售量。按后一种形式计算加权平均值的方法叫做移动加权平均法。从理论上看，移动加权平均法与加权平均法除了在选用资料的时期长短不同外，没有本质的区别。

(2) 算术平均法。

它又称简单平均法，是各期权数都为 1 时的加权平均法。因此，算术平均法是加权平均法的特殊情况。其数学模型为：

$$\text{预测销售量}(\bar{Q}) = \frac{\text{已知时间序列各期销售业务量之和}}{\text{时间序列期数}} = \frac{\sum_{t=1}^{n} Q_t}{n}$$

若例 5.1 按算术平均法进行预测，则

$$\begin{aligned}\sum_{t=1}^{10} Q_t &= 144+145+175+196+202+214+230+263+286+324+348\\ &= 2\,527\ (\text{万台})\end{aligned}$$

所以　　$2006\text{年的预测销售量} = \frac{\sum_{t=1}^{11} Q_t}{n} = \frac{2\,527}{11} \approx 230$（万台）

算术平均法的优点是计算过程简单，缺点是没有考虑远近期销售业务量的变动对预测期销售状况的不同影响程度，从而使不同时期资料的差异简单平均化。所以，该法只适用于各期销售业务量比较稳定、没有季节性变动的食品和日常用品等的预测。

（3）指数平滑法。

指数平滑法是指在综合考虑有关前期预测销售量和实际销售量信息的基础上，利用事先确定的平滑指数预测未来销售量的一种方法。其数学模型是：

$$\begin{aligned}\text{预测销售量}(\bar{Q}_t) &= \text{平滑系数}\times\text{前期实际销售量}+\\ &\quad(1-\text{平滑系数})\times\text{前期预测销售量}\\ &= \alpha\cdot Q_{t-1}+(1-\alpha)\cdot\bar{Q}_{t-1}\end{aligned}$$

α 表示平滑指数，它是个经验数据，其取值范围通常在 0.3～0.7。平滑指数具有修匀实际数所包含的偶然因素对预测值的影响的作用，平滑指数取值越大，则近期实际数对预测结果的影响就越大；平滑指数取值越小，则近期实际数对预测结果的影响就越小。因此，进行近期预测或销量波动比较大时的预测，应采用较大的平滑指数；进行长期预测或销量波动比较小时的预测，可采用较小的平滑指数。

在例 5.1 中，假设α=0.3，1995 年的预测销售量等于当年的实际销售量。

要求：① 用指数平滑法预测 1996—2005 年的销售量。

② 预测 2006 年的销售量。

分析　① 根据题意，可编制指数平滑法计算表见表 5.2。

表 5.2　指数平滑法计算表（单位：万台）

年份	本期实际值 Q_t	平滑指数 α	前期实际值 Q_{t-1}	$1-\alpha$	前期预测值 $\bar{Q}_{t-1}$	本期平滑预测值 $\bar{Q}_t$
1995	144	–	–	–	–	144
1996	145	0.3	144	0.7	144	144
1997	175	0.3	145	0.7	144	144.3
1998	196	0.3	175	0.7	144.3	153.51
1999	202	0.3	196	0.7	153.51	166.257
2000	214	0.3	202	0.7	166.257	176.979 9
2001	230	0.3	214	0.7	176.979 9	188.085 9
2002	263	0.3	230	0.7	188.085 9	200.660 1
2003	286	0.3	263	0.7	200.660 1	219.362 1
2004	324	0.3	286	0.7	219.362 1	239.353 5
2005	348	0.3	324	0.7	239.353 5	264.747 5

② 2006年的销售量＝0.3×348＋(1－0.3)×264.747 5＝289.723 3（万台）。

需要说明的是在表5.2中，预测1996年的销量时，取α＝0.3，其含义在于：确定1996年的预测值，1995年的实际值的权数只占30%，而1995年的预测值的权数却占70%。似乎确定预测期的预测值主要考虑过去期间的预测值而不是其实际值，其实不然。1995年的预测值144万台只是一个起点，从以后各期来观察，确定预测值实际上还是以过去期间的实际值为主导。我们只要将指数平滑法的数学模型“$\bar{Q}_t = \alpha \cdot Q_{t-1} + (1-\alpha)\cdot \bar{Q}_{t-1}$”展开就可以证明这一点。

$$
\begin{aligned}
\bar{Q}_2 &= \alpha Q_1 + (1-\alpha)\bar{Q}_1 \\
\bar{Q}_3 &= \alpha Q_2 + (1-\alpha)\bar{Q}_2 \\
&= \alpha Q_2 + (1-\alpha)\bar{Q}_2 \cdot [\alpha Q_1 + (1-\alpha)\bar{Q}_1] \\
&= \alpha Q_2 + \alpha(1-\alpha)Q_1 + (1-\alpha)^2\bar{Q}_1
\end{aligned}
$$

同理

$$
\begin{aligned}
\bar{Q}_4 &= \alpha Q_3 + \alpha(1-\alpha)Q_2 + \alpha(1-\alpha)^2 Q_1 + (1-\alpha)^3\bar{Q}_1 \\
\bar{Q}_5 &= \alpha Q_4 + \alpha(1-\alpha)Q_3 + \alpha(1-\alpha)^2 Q_2 + \alpha(1-\alpha)^3 Q_1 + (1-\alpha)^4\bar{Q}_1
\end{aligned}
$$

其余依此类推。

当α＝0.3时，确定$\bar{Q}_5, Q_4, Q_3, Q_2, Q_1$和$\bar{Q}_1$的权数分别为：1，0.3，0.21，0.147，0.102 9，0.240 1。由此可见，越是近期的实际值，其权数越大，越是远期的实际值，其权数越小，而$\bar{Q}_1$不过是一个起点而已，预测值与第一期相距越远，则$\bar{Q}_1$的权数也就越小。

此时权数之和$(1-\alpha)^{t-1} + \sum_{i=2}^{t}\alpha(1-\alpha)^{i-2} = 1$，即加权平均法预测模型里的分母为1。

由此可见，我们完全可以将加权平均法、算术平均法、指数平滑法统称为平均法，其区别是在于数据的个数和权数的权值有所不同而已。

（4）误差估计。

由于平均法只有前n期实际值和平均值，没有前n期预测值，且只适合预测值在固定范围内上下波动的情况，所以用误差估计②′、④、⑦比较合适。假定本例用公式④计算平均误差如下。

加权平均法：

$$
\delta = \sqrt{\begin{aligned} &(144-264)^2\times\frac{1}{66} + (145-264)^2\times\frac{2}{66} + (175-264)^2\times\frac{3}{66} + (196-264)^2\times\frac{4}{66} + \\ &(202-264)^2\times\frac{5}{66} + (214-264)^2\times\frac{6}{66} + (230-264)^2\times\frac{7}{66} + (263-264)^2\times\frac{8}{66} + \\ &(286-264)^2\times\frac{9}{66} + (324-264)^2\times\frac{10}{66} + (348-264)^2\times\frac{11}{66} \end{aligned}}
$$

$\approx 61.574\,4$（万台）

算术平均法：

$$\delta=\sqrt{\frac{\begin{array}{l}(144-230)^2+(145-230)^2+(175-230)^2+(196-230)^2+\\(202-230)^2+(214-230)^2+(230-230)^2+(263-230)^2+\\(286-230)^2+(324-230)^2+(348-230)^2\end{array}}{}}$$

$=65.245\,7$（万台）

指数平滑法：

$$\delta=\sqrt{\begin{array}{l}(144-271.947\,5)^2\times 0.008\,474+(145-271.947\,5)^2\times 0.012\,106+\\(175-271.947\,5)^2\times 0.017\,294\,4+(196-271.947\,5)^2\times 0.024\,706\,2+\\(202-271.947\,5)^2\times 0.035\,294\,7+(214-271.947\,5)^2\times 0.050\,421+\\(324-271.947\,5)^2\times 0.072\,03+(263-271.947\,5)^2\times 0.102\,9+\\(286-271.947\,5)^2\times 0.147+(324-271.947\,5)^2\times 0.21+(348-271.947\,5)^2\times 0.3\end{array}}$$

$=58.728\,6$（万台）

还可以利用公式⑦计算它们的最大误差 3δ 依次为：184.723 2（万台）、195.737 1（万台）和 176.185 8（万台）。

尽管三种方法估计误差均比较大，但相比之下，指数平滑法的预测销量 271.947 5 万台更具有可信性。

综上可知，对同一种产品销量的预测，采用“加权平均法”“算术平均法”“指数平滑法”的预测结果依次为：264 万台、230 万台和 271.947 5 万台。即使采用同一种方法，比如加权平均法，由于选择期数不同，其预测结果也多不相同，但不管各自预测结果如何，其预测值始终在最大值 348 和最小值 144 之间，各种平均法的预测值均不会超过此范围。当销量呈明显上升趋势或下降趋势时，显然采用平均法进行预测是不妥当的，上例就说明此点。

2. 时间序列回归分析法

它是指通过分析一段时期内销售量（Q）与时间（t）的函数关系，来建立回归模型并据此进行预测的方法。鉴于产品寿命周期不同阶段的销售量函数模型分别表现为直线、二次曲线和对数曲线等形式，因此时间序列回归分析法又分为直线回归法和曲线回归法（包括二次曲线回归法和对数曲线回归法）两大类。

（1）直线回归法。

这里的直线回归法就是第二章成本性态分析中的直线回归法，所不同的只是那里将成本作为业务量的函数，而这里是将销售量（额）作为时间 t 的函数。

【例 5.2】 仍用例 5.1 资料。

要求：采用直线回归法预测 2006 年销售量，并进行误差估计。

分析 有关数据计算见表 5.3。

表 5.3　直线回归法的计算

时间序列 t	销量 Q（万台）	预测销量 $\bar{Q}_t$（万台）	t^2	Q_2
1	144	144	1	20 736
2	145	290	4	21 025
3	175	525	9	30 625
4	196	784	16	38 416
5	202	1 010	25	40 804
6	214	1 284	36	45 796
7	230	1 610	49	52 900
8	263	2 104	64	69 169
9	286	2 574	81	81 796
10	324	3 240	100	104 976
11	348	3 828	121	121 104
$\sum t=66$	$\sum Q=2\,527$	$\sum Q_t=17\,393$	$\sum t^2=506$	$\sum Q^2=627\,347$

$$\text{相关说明 } \gamma=\frac{11\times 17\,393-66\times 2\,572}{\sqrt{(11\times 506-66^2)\times(11\times 627\,347-2\,527^2)}}\approx 0.983\,8>0.8$$

说明 Q 与 t 之间高度正相关，存在线性关系。因此，可用数学模型 $Q=a+bt$ 描述其变动趋势。将有关数据代入 a、b 的计算公式可得：

$$b=\frac{11\times 17\,393-66\times 2\,527}{11\times 506-66^2}\approx 20.281\,8$$

$$a=\frac{2\,527-20.281\,8\times 66}{11}\approx 108.036\,5$$

所以成化公司销量数学模型为：

$$Q=108.037\,1+20.281\,8t$$

预测 2006 年的销量，即当 $t=12$ 时的 Q 值：

$$Q=108.036\,5+20.281\,8\times 12=351.418\,1\text{（万台）}$$

误差分析：

① 最大误差法。

由误差估计公式⑤，得直线回归法的最大误差：

$$\begin{aligned}\varDelta=\max\Bigg(&\frac{|144-128.318\,9|}{1},\frac{|145-148.600\,7|}{2},\frac{|175-168.882\,5|}{3},\frac{|196-189.164\,3|}{4},\\&\frac{|202-209.441\,1|}{5},\frac{|214-229.727\,9|}{6},\frac{|230-250.009\,7|}{7},\frac{|263-270.291\,5|}{8},\\&\frac{|286-290.573\,3|}{9},\frac{|324-310.855\,1|}{10},\frac{|348-331.136\,9|}{11}\Bigg)\times 12\\&=15.6811\times 12=188.173\,2\text{（万件）}\end{aligned}$$

② 平均误差法。

由误差估计公式①，直线回归法的平均误差：

$$\delta=\left(\frac{|144-128.3189|}{1}+\frac{|145-148.6007|}{2}+\frac{|175-168.8925|}{3}+\frac{|196-189.1643|}{4}+\frac{|202-209.4411|}{5}+\frac{|214-229.7279|}{6}+\frac{|230-250.0097|}{7}+\frac{|263-270.2915|}{8}+\frac{|286-290.5733|}{9}+\frac{|324-310.8551|}{10}+\frac{|348-331.1369|}{11}\right)\times\frac{1}{11}\times 12$$

$$\doteq 35.4135\ (万台)$$

这说明，通过回归直线法预测的成化公司 2006 年销量 351.418 1 万台，最大误差不超过 188.173 2 万台，平均误差 35.413 5 万台。

（2）曲线回归法。

从销售预测的角度来看，将过去一定时期的历史资料描绘在直角坐标系上，这些点多数都形成一条曲线，而不是直线。尽管其局部可以以直代曲，采用直线回归法进行预测，但有时这些曲线非常规范，比如接近指数曲线、对数曲线、三角函数曲线、幂函数曲线、多项式曲线等，在不违反效益成本性原则的前提下，采用曲线回归法会得到比直线回归法更好的效果。下面就指数曲线回归法和二次曲线回归法举例说明。

【例 5.3】 仍用例 5.1 资料。

要求：采用指数曲线回归法预测 2006 年销售量，并进行误差估计。

分析 首先，将 1995—2005 年销售量描绘在以横轴为时间、纵轴为销售量的直角坐标系上如图 5.1 所示。

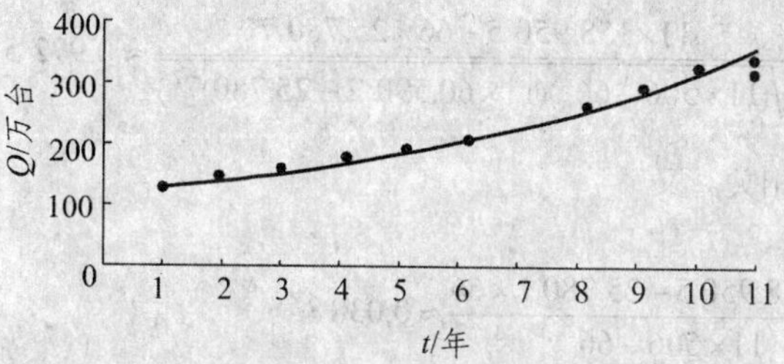

图 5.1 销售函数图

此曲线可用指数曲线较好逼近，可建立相应数学模型：

$Q=a\cdot b^t$（Q：销售量，t：年数）

两边取对数得：

$$\lg Q=\lg a+t\lg b$$

根据对数直线方程 $\lg Q=\lg a+t\lg b$，利用线性回归法，可得：

$$\lg b=\frac{n\sum_{i=1}^{n}t_i 1aQ_i-\sum_{i=1}^{n}\lg Q_i\cdot\sum_{i=1}^{n}t_i}{n\sum_{i=1}^{n}t_i^2-\left(\sum_{i=1}^{n}t_i\right)^2}$$

$$\lg a=\frac{\sum_{i=1}^{n}\lg Q_i-\lg b\sum_{i=1}^{n}t_i}{n}$$

从而建立起对数直线趋势方程，再利用原对数求出销售量 Q。

根据本题数据加工成表 5.4。

表 5.4 对数直线回归分析法

年数 t_i（$n=11$）	Q	$\lg Q$	$t\lg Q$	t^2	$(\lg Q)^2$
1	144	2.158	2.158	1	4.657 0
2	145	2.164 4	4.322 8	4	4.671 7
3	175	2.243	6.729 0	9	5.031
4	196	2.292 3	9.169 2	16	5.254 6
5	202	2.305 4	11.527	25	5.314 9
6	214	2.330 4	13.982 4	36	5.430 8
7	230	2.361 7	16.531 9	49	5.577 6
8	263	2.42	19.36	64	5.856 4
9	286	2.456 4	22.107 6	81	6.033 9
10	324	2.510 5	25.105	100	6.302 6
11	348	2.541 6	27.957 6	121	6.459 7
$\sum t_i=66$		$\sum\lg Q=25.780\ 7$	$\sum t\lg Q=158.950\ 5$	$\sum t^2=506$	$\sum(\lg Q)^2=60.590\ 2$

$$相关系数\ \gamma=\frac{11\times158.950\ 5-66\times25.780\ 7}{\sqrt{(11\times506-66^2)(11\times60.590\ 2-25.780\ 7^2)}}\approx0.992\ 5>0.8$$

说明 t 与 $\lg Q$ 高度正相关。又

$$\lg b=\frac{11\times158.950\ 5-25.780\ 7\times66}{11\times506-66^2}\approx0.038\ 8$$

$$\lg a=\frac{25.780\ 7-0.038\ 8\times66}{11}\approx2.110\ 9$$

所以 $\lg Q=2.110\ 9+0.038\ 8t$

预测 2006 年的销售量，可令 $t=12$ 即得：

$$\lg Q=2.110\ 9+0.038\ 8\times12=2.576\ 5$$

$$Q=10^{2.576\ 5}=377.137\ 7\ （万台）$$

误差分析：

① 最大误差法。

由误差估计分式⑤，可知指数曲线回归法的最大误差为（计算过程略）56.085 6 万台。

② 平均误差法。

通过计算（过程略）可知指数曲线的平均误差为 21.490 5 万台。

【例 5.4】　仍用例 5.1 资料。

要求：采用二次曲线回归法预测 2006 年销售量，并进行误差估计。

分析　根据图 5.1 可看出，可用二次曲线模型较好逼近，设相关模型为：

$$Q = a + bt + ct^2$$

利用最小平方法，可求得标准方程组：

$$\begin{cases}\sum_{i=1}^{n} Q_i = na + b\sum_{i=1}^{n} t_i + c\sum_{i=1}^{n} t_i^2 \\ \sum_{i=1}^{n} t_i Q_i = a\sum_{i=1}^{n} t_i + b\sum_{i=1}^{n} t_i^2 + c\sum_{i=1}^{n} t_i^3 \\ \sum_{i=1}^{n} t_i^2 Q_i = a\sum_{i=1}^{n} t_i^2 + b\sum_{i=1}^{n} t_i^3 + c\sum_{i=1}^{n} t_i^4\end{cases}$$

从而解出 a、b、c 建立起二线曲线模型进行趋势预测。

根据本题数据加工成表 5.5。

将表 5.5 中有关数据代入上述方程组得：

$$\begin{cases}2\,527 = 11a + 66b + 506c \\ 17\,393 = 66a + 506b + 4\,356c \\ 143\,965 = 506a + 4\,356b + 39\,974c\end{cases}$$

表 5.5　二次曲线回归分析法

年数 $t_i(n=11)$	销量 Q_i	t_i^2	t_i^3	t_i^4	t_iQ_i	$t_i^2Q_i$
1	144	1	1	1	144	144
2	145	4	8	16	290	580
3	175	9	27	81	525	1 575
4	196	16	64	256	784	3 136
5	202	25	125	625	1 010	5 050
6	214	36	216	1 296	1 284	7 704
7	230	49	343	2 401	1 610	11 270
8	263	64	512	4 096	2 104	16 832
9	286	81	729	6 561	2 574	23 166
10	324	100	1 000	10 000	3 240	32 400
11	348	121	1 331	14 641	3 828	42 108
$\sum t_i = 66$	$\sum Q_i = 2\,527$	$\sum t_i^2 = 506$	$\sum t_i^3 = 4\,356$	$\sum t_i^4 = 39\,974$	$\sum t_iQ_i = 17\,393$	$\sum t_i^2Q_i = 143\,965$

解得：$\begin{cases} a \approx 136.8549 \\ b \approx 6.9810 \\ c \approx 1.1084 \end{cases}$

由此得到成化公司销量预测模型：

$$Q = 136.8549 + 6.9810t + 1.1084t^2$$

2006 年预测的销售量为：

$$Q = 136.8549 + 6.9810 \times 12 + 1.1084 \times 12^2 = 380.2365 \text{（万台）}$$

误差分析：

① 最大误差法。

同前面一样我们可以计算出二次曲线回归法的最大误差为 61.503 6（万台）。

② 平均误差法。

同样通过计算可知二次曲线回归法的平均误差为 17.126 6（万台）。

通过对比，指数曲线回归法和二次曲线回归法更具有可信性。

（二）因果预测分析法

因果预测分析法是利用事物发展的因果关系来推测事物发展趋势的一种预测方法。它一般是根据过去掌握的历史资料，找出预测对象与其相关事物的变量之间的依存关系，建立相应的因果预测的数学模型，然后通过对数学模型的求解来确定预测对象在计划期的销售量或销售额。

在实际生活中，因果预测分析法的应用比较常见，如：铝材厂可根据未来城市发展规划、旅馆业商业建设规模等资料，预测中近期铝合金门窗柜台的销售量；建材厂可根据某地区基建工程指标和企业市场占有率预测某种标号水泥在该地的未来销售量；为主机配套服务的配件附件厂可根据主机生产厂未来生产计划、库存配件附件量以及消耗情况，来预测本企业可望实现销售的配件附件数量等。

1. 因果预测分析法的程序

（1）确定影响销量的主要因素 $x_i (i = 1,2,\cdots,n, i \geqslant 1)$。

确定 x_i 一定要以客观事实为依据，并应能定量考察。可根据事物之间的内在规律以往经验或历史资料进行相关判断。发达国家往往考虑以下变量作为影响未来销量的主要因素：① 国民生产总值；② 国民收入；③ 人口（特定消费人口）；④ 个人可支配收入（用于消费品预测）；⑤ 相关产品销量或产量；⑥ 需求的价格弹性与收入弹性；⑦ 市场占有率等。

一般情况下，自变量 x_i 越多，预测结果就越有可能接近实际，但定量分析的过程会很复杂；反之，x_i 越少，则预测模型越容易建立，但可能出现的预测误差会很大。为简化分析，对于不太重要的非定量因素或偶然因素可忽略不计。

（2）根据有关资料确定销量 y 与 x_i 之间的数量关系，建立因果预测模型。

预测变量与相关重要因素之间存在着直接或间接的经济联系。所谓直接联系是指一种产品产销量的增减会直接引起另一产品产销量的相应增减，如汽车与汽车轮胎、家具与把手等。间接联系是指一种产品产销量的增减会引起另一种或多种产品产销量的一定变化，但不一定有固定的数量关系，如火柴用量的减少是打火机、煤气点火器等不断投入市场的结果等。

预测模型既可以在原有经验模型的基础上加以适当调整，又可以利用相关期间内历史资料进行数学处理，如利用回归分析法等建立预测模型。

(3) 根据未来有关自变量 x_i 变动情况，预测销售量。

建立起来的因果预测模型，原则上应能事先掌握和了解有关因素的定量资料，可以利用国家公开发表的统计资料，国民经济发展计划以及其他相关资料，也可利用由企业自行安排或委托他人进行市场调查，而取得的有关信息。

2. 因果预测分析的方法

由于影响销售量的主要因素很多，而影响不同产品销售量的主要因素又各不相同，因而不同产品销售量的因果预测模型也各不相同。常见的因果预测分析方法有回归分析法、马尔可夫分析法和关联指标推测法。

(1) 回归分析法。

回归分析法包括线性回归分析和非线性回归分析两种，线性回归分析又分为一元线性回归分析（也称简单线性回归法）和多元线性回归分析；非线性回归分析又分为一元非线性回归分析（也称曲线回归分析）和多元非线性回归分析。

【例 5.5】 新都家具厂通过调查发现，家具的销量与居民住房建筑许可证数量有很大关系，调查得知本地区连续 6 年的历史资料见表 5.6。

表 5.6 新都家具厂连续 6 年历史资料

年 度	2001	2002	2003	2004	2005	2006
民房建筑许可证（万个）	4	6	5	9	11	13
本地区家具销量（万套）	12	13	12.5	14.5	15	16

如果该厂的市场占有率为 25%，预计 2007 年可发放的民房建筑许可证为 15 万个。

要求：采用一元线性回归法预测该厂 2007 年的家具销量。

分析 整理历史资料见表 5.7。

表 5.7 历史资料整理加工结果

年 度	家具销量 y_i（万套）	民房建筑许可证 x_i（万个）	x_iy_i	x_i^2	y_i^2
2001	12	4	48	16	144
2002	13	6	78	36	169
2003	12.5	5	62.5	25	156.25
2004	14.5	9	130.5	81	210.25
2005	15	11	165	121	225
2006	16	13	208	169	256
	$\sum y_i=83$	$\sum x_i=48$	$\sum x_iy_i=692$	$\sum x_i^2=448$	$\sum y_i^2=1160.5$

说明 x 与 y 高度正相关。又

$$相关系数\gamma = \frac{6\times692-83\times48}{\sqrt{(6\times448-48^2)(6\times1160.5-83^2)}} \approx 0.9966 > 0.8$$

$$b = \frac{168}{6\times448-48^2} = 0.4375$$

$$a = \frac{83-0.4375\times48}{6} = 10.333$$

得预测模型：

$$y = 10.33 + 0.4375x$$

本地区 2007 年家具销量：

$$y = 10.33 + 0.4375\times15 = 16.8955\text{（万套）}$$

新都家具厂 2007 年预测家具销量＝16.897 5×25%≈4.22（万套）

其误差估计可参照前述，在此略。

【例 5.6】 金华公司专门生产电冰箱的压缩机，而决定电冰箱压缩机销量的主要因素取决于电冰箱的销量以及广告的宣传情况。假定某地区最近几年电冰箱的销量以及金华公司电冰箱压缩机的实际销售和广告费支出情况见表 5.8。假定 2007 年该地区电冰箱的销售预测为 252 万台，金华公司计划广告费支出 5.6 万元。要求：用二次线性回归法预测金华公司 2007 年电冰箱压缩机的销量。

表 5.8 金华公司冰箱压缩机销售情况表

年　度	2002	2003	2004	2005	2006
压缩机销量（万台）	28	35	42	50.4	56
电冰箱销量（万台）	140	168	196	210	231
广告费（万元）	1.4	1.4	2.8	2.8	4.2

分析 设 y 为金华公司压缩机的销量；x_1 为金华公司广告费支出；x_2 为该地区电冰箱销量。根据表 5.8 所给资料，将有关数据计算并示于表 5.9 中。

表 5.9 金华公司冰箱压缩机销售预测计算表

年度	y（万元）	x_1（万元）	x_2（万元）	x_1^2	x_2^2	x_1x_2	x_1y	x_2y
2002	28	1.4	140	1.96	19 600	196	39.2	3 920
2003	35	1.4	168	1.96	28 224	235.2	49	5 880
2004	42	2.8	196	7.84	38 416	548.8	117.6	8 232
2005	50.4	2.8	210	7.84	44 100	588	141.12	10 584
2006	56	4.2	231	17.64	53 361	970.2	235.2	12 936
合计	211.4	12.6	945	87.24	183 701	2 538.2	582.12	41 552

该公司电冰箱压缩机的预测模型为：

$$y = a + bx_1 + cx_2$$

其中：
$$\begin{cases}\sum y = na + b\sum x_1 + c\sum x_2 \\ \sum x_1 y = a\sum x_1 + b\sum x_1^2 + c\sum x_1 x_2 \\ \sum x_2 y = a\sum x_2 + b\sum x_1 x_2 + c\sum x_2^2\end{cases}$$

将表 5.9 的数据代入上面的方程组得：

$$\begin{cases}211.4 = 5a + 12.6b + 945c \\ 582.12 = 12.6a + 37.24b + 2\,538.2c \\ 41\,552 + 945a + 2\,538.2b + 183\,701c\end{cases}$$

解之得：
$$\begin{cases}a \approx -8.17 \\ b \approx 2.77 \\ c \approx 0.23\end{cases}$$

所以 $y = -8.17 + 2.77x_1 + 0.23x_2$

2007 年金华公司电冰箱压缩机的销量预计为：

$$y = -8.17 + 2.77 \times 5.6 + 0.23 \times 252 = 65.302 \text{ (万只)}$$

其误差估计在此略。

【例 5.7】 长江公司对过去的历史资料分析发现，其家用摄像机的销售与所在地区的人均消费存在着密切关系，但属于非线性关系，可用二次方程来描述。该地区最近几年摄像机的销售及地区人均消费资料见表 5.10。假定 2007 年该地区人均消费为 0.9 万元。要求：采用非线性回归模型，预测长江公司 2007 年摄像机的销量。

表 5.10 长江公司家用摄像机销售情况表

年　度	2000	2001	2002	2003	2004	2005	2006
摄像机销量（万元）	20	28	42	52	51	50	46
人均消费（万元）	0.3	0.6	0.8	1.2	1.2	1.1	1

分析 设 y 为长江公司摄像机销量；x 为该地区人均消费，则长江公司销售量预测模型为：

$$y = a + bx + cx^2$$

其中：
$$\begin{cases}\sum y = na + b\sum x + c\sum x^2 \\ \sum xy = a\sum x + b\sum x^2 + c\sum x^3 \\ \sum x^2 y = a\sum x^2 + b\sum x^3 + c\sum x^4\end{cases}$$

为此，首先根据表 5.10 所给资料，将有关数据计算并示于表 5.11 中。

表 5.11　长江公司家用摄像机销售预测计算表

年　度	y（万台）	x（万台）	xy	x^2	x^2y	x_3	x^4
2000	20	0.3	6	0.09	1.8	0.027	0.008 1
2001	28	0.6	16.8	0.36	10.08	0.216	0.129 6
2002	42	0.8	33.6	0.64	26.88	0.512	0.409 6
2003	52	1.2	62.4	1.44	74.88	1.728	2.073 6
2004	51	1.2	61.2	1.44	73.44	1.728	2.073 6
2005	50	1.1	55	1.21	60.5	1.331	1.464 1
2006	46	1	46	1	46	1	1
合　计	289	6.2	275	6.18	293.58	6.542	7.158 6

将表 5.11 的数据代入上述方程组：

$$\begin{cases}289 = 7a + 6.2b + 6.18c \\ 275 = 6.2a + 6.18b + 6.542c \\ 293.58 = 6.18a + 6.542b + 7.158\,6c\end{cases}$$

解之得：$\begin{cases}a \approx 12.60 \\ b \approx -1.23 \\ c \approx 31.26\end{cases}$

由此得到销量模型为：

$$y = 12.60 - 1.23x + 31.26x^2$$

据此可预测长江公司 2007 年摄像机的销量为：

$$\begin{aligned}y &= 12.60 - 1.23 \times 0.9 + 31.26 \times 0.9^2 \\ &= 36.814\ (\text{万台})\end{aligned}$$

其误差估计略。

(2) 马尔可夫分析法。

马尔可夫（A. A. Markov）是俄国数学家，他在 20 世纪初发现：自然界和社会界有一类事物的变化过程与事物的近期状态有关而与事物的过去状态无关，即事物的第 n 次试验结果仅取决于第 $n-1$ 次试验结果，第 $n-1$ 次试验结果仅取决于第 $n-2$ 次试验结果，依次类推……这一系列转移过程的集合我们称为马尔可夫链。对马尔可夫链的演变趋势和状态加以分析，用以预测事物未来状态的研究称为马尔可夫分析法。

在销售预测中，马尔可夫分析法是通过预测同类产品不同品牌各自的未来市场占有率，进而预测它们的销售量。

假设市场上有 $A_1, A_2, \cdots, A_n$ 共 n 种品牌的同类产品，它们未来各自市场占有率的计算步骤如下：

① 计算第1期（即本期）市场占有率。

设 $S_1^{(0)},S_2^{(0)},\cdots S_n^{(0)}$ 为 $A_1,A_2,\cdots,A_n$ 等 n 种品牌产品的上期市场占有率，用矩阵记为 $S^{(0)}=(S_1^{(0)},S_2^{(0)},\cdots S_n^{(0)})$，$p_{ij}$ 为上期购买 A_i 品牌产品的顾客本期转移购买 A_i 品牌产品顾客的概率。当 $i=j$ 时，表示上期购买 A_i 品牌产品的顾客本期仍然购买 A_i 品牌产品顾客的概率，用矩阵记为：

$$M=\begin{bmatrix} p_{11}p_{12}\cdots p_{1n} \\ p_{21}p_{22}\cdots p_{2n} \\ \vdots \ \ \vdots \\ p_{n1}p_{n2}\cdots p_{nn} \end{bmatrix}$$

且称 M 为转移概率矩阵。

由于第1期（本期）市场占有率取决于上期市场占有率和转移概率，则 n 种品牌产品第1期（本期）市场占有率分别为：

$$\begin{aligned} S_1^{(1)} &= P_{11}S_1^{(0)}+P_{21}S_2^{(0)}+\cdots+P_{n1}S_n^{(0)} \\ S_2^{(1)} &= P_{12}S_1^{(0)}+P_{22}S_2^{(0)}+\cdots+P_{n2}S_n^{(0)} \\ &\vdots \\ S_n^{(1)} &= P_{1n}S_1^{(0)}+P_{2n}S_2^{(0)}+\cdots+P_{nn}S_n^{(0)} \end{aligned}$$

将上述结果写成矩阵乘法形式为：

$$S^{(1)}=(S_1^{(0)},S_2^{(0)},\cdots,S_n^{(0)})\begin{bmatrix} P_{11}P_{12}\cdots P_{1n} \\ P_{21}P_{22}\cdots P_{2n} \\ \vdots \ \ \vdots \ \ \ \vdots \\ P_{n1}P_{n2}\cdots P_{nn} \end{bmatrix}=S^{(0)}M$$

② 求第2期（下期）市场占有率。

$$S^{(2)}=S^{(1)}M=S^{(0)}M^2$$

若顾客购买爱好变化不大，则第 k 期市场占有率：

$$\begin{aligned} S^{(k)}=S^{(k-1)}M &= \text{各品牌产品第 } k-1 \text{ 期市场占有率} \times \text{转移概率矩阵} \\ =S^{(0)}M^k &= \text{各品牌产品第 0 期市场占有率} \times \text{转移概率矩阵的 } k \text{ 次方} \end{aligned}$$

在市场要求总量变化不大，则第 k 期 A_i 品牌产品预计销量为：上期市场销售同类产品总量 $Q\cdot S_i^{(k)}$。

【例5.8】 设某地区有A、B、C三种品牌的洗衣粉，通过市场调查得知：A品牌洗衣粉上月份的顾客有60%在本月份仍购买A品牌洗衣粉，有20%转移购买B品牌洗衣粉，有20%转移购买C品牌洗衣粉。B品牌洗衣粉上月份的顾客在本月份仍购买B品牌洗衣粉的有70%，有10%转移购买A品牌洗衣粉，有20%转移购买C品牌洗衣粉。C品牌洗衣粉上月份的顾客有 80%在本月份仍购买 C 品牌洗衣粉，有 10%转移购买 A 品牌洗衣粉，有 10%转移购买 B 品牌洗衣粉。如果各种转移概率最大误差不超过±5%，又设上月份该地区市场共销售洗衣粉 100 万包，其中 A、B、C 品牌依次为 30 万包、40 万包、30 万包。要求：

（1）预测本月份三种品牌洗衣粉市场占有率；

（2）预测下月份三种品牌洗衣粉市场占有率；

（3）假设市场需求洗衣粉总量无多大变化，试预测 A、B、C 三种牌号洗衣粉下月销量，并做出误差估计。

分析　（1）上月份三种品牌洗衣粉市场占有率分别为：

A 品牌市场占有率 $S_1^{(0)}=\dfrac{30}{100}=0.3$

B 品牌市场占有率 $S_2^{(0)}=\dfrac{40}{100}=0.4$

C 品牌市场占有率 $S_3^{(0)}=\dfrac{30}{100}=0.3$

本月份市场占有率：

$$S_1^{(0)}=(0.3,0.4,0.3)\begin{bmatrix}0.6 & 0.2 & 0.2\\0.1 & 0.7 & 0.2\\0.1 & 0.1 & 0.8\end{bmatrix}=(0.25,0.37,0.38)$$

（2）下月市场占有率有：

$$S^{(2)}=S^{(1)}M=(0.25,0.37,0.38)\begin{bmatrix}0.6 & 0.2 & 0.2\\0.1 & 0.7 & 0.2\\0.1 & 0.1 & 0.8\end{bmatrix}=(0.225,0.347,0.428)$$

或有：$$S^{(2)}=S^{(0)}M^2=(0.3,0.4,0.3)\begin{bmatrix}0.6 & 0.2 & 0.2\\0.1 & 0.7 & 0.2\\0.1 & 0.1 & 0.8\end{bmatrix}^2=(0.225,0.347,0.428)$$

（3）预测下月销量为：

A 品牌洗衣粉销量 $Q_A=100\times0.225=22.5$（万包）

B 品牌洗衣粉销量 $Q_B=100\times0.347=34.7$（万包）

C 品牌洗衣粉销量 $Q_C=100\times0.428=42.8$（万包）

由此可知，本月份 A、B、C 三种品牌洗衣粉市场占有率依次为 25%、37%、38%，下月份依次为 22.5%、34.7%、42.8%，下月预测销量依次为 22.5 万包、34.7 万包、42.8 万包。

误差估计：

因第 k 期市场占有率 $S^{(k)}=S^{(0)}\cdot M^k$ 是期数 k 的函数。

$$\frac{\mathrm{d}S^{(k)}}{\mathrm{d}k}=k\cdot S^{(0)}\cdot M^{k-1}$$

又因为 $k=2$

所以 $$\frac{\mathrm{d}S^{(k)}}{\mathrm{d}k}=2\cdot S^{(0)}\cdot M^{1}=2(0.25,0.37,0.38)$$

由前面误差估计公式⑧，每种品牌洗衣粉转移概率的误差不超过：

$$2\times(0.25,0.37,0.38)\times|\pm5\%|=(0.025,0.037,0.038)$$

A 品牌洗衣粉误差不超过 $22.5\times0.025=0.562\ 5$（万包）

B 品牌洗衣粉误差不超过 $34.7\times0.037=1.283\ 9$（万包）

C 品牌洗衣粉误差不超过 $42.8\times0.038=1.626\ 4$（万包）

马尔可夫分析预测法实际运用所需资料少，只需近期资料就可预测未来。它主要用于短期市场预测。从前面介绍可看出，马尔可夫分析预测法的实用效果如何，很大程度上取决于市场调查工作的好坏，这可从整个预测过程很明显地看出来，预测的准确程度决定于基期市场占有率和研究期转移概率，而这两种相对指标的正确与否，完全依赖于市场调查的准确程度。

（3）关联指标推测法。

它是指在已知两种或两种以上的产品之间的市场需求具有十分密切关系的情况下，根据某一种或几种产品的需求量来推测另一种产品需求量的一种预测方法。

【例 5.9】 龙泉汽车轮胎厂根据对历史资料的调查和分析，其所在地区汽车轮胎的社会需求量大约是汽车产量的 6 倍。2006 年该地区汽车产量为 100 000 辆，预计 2007 年增产 50%，此外，该地区目前已有汽车 300 000 辆，估计每辆汽车平均每年需更换 2 个轮胎，该厂的市场占有率为 60%。如果预计 2007 年增产 50%的误差不超过±3%，要求：预测该厂 2007 年的轮胎销量并做出误差估计。

分析 设预测轮胎销量为 y，汽车产量为 x。由题知：

$$y=(30\ 000\times2+6x)\times60\%=360\ 000+3.6x$$

2007 年预测轮胎销量为：

$$y=360\ 000+3.6\times100\ 000\times(1+50\%)=900\ 000\ (个)$$

即该厂 2007 年预测轮胎销量为 900 000 个。

误差估计：

因 $$|\Delta x|=100\ 000\times50\%\times3\%=1\ 500\ (个)$$

$$y'_x=3.6$$

由误差估计公式⑧，预测误差不超过：

$$|\Delta y|=|y'_x\cdot\Delta x|=3.6\times1\ 500=5\ 400\ (个)$$

在后面的成本预测、利润预测和资金预测中，其误差估计与销售预测误差估计基本相同，故不再赘述。

☞案 例　　销售预测——华美汽车配件制造公司案例

一、案例背景

华美汽车配件制造公司的主打产品为火花塞，其销售的主要地区为东北三省。根据历史资料显示，华美汽车配件制造公司火花塞销售量的主要决定因素是东北三省汽车需求量。最近5年相关的东北三省汽车需求量（华美汽车配件制造公司所占份额部分）以及华美汽车配件制造公司火花塞销售量的有关资料见表5.12。

表5.12　需求及销售资料

年度 n	相关汽车需求量（百万台）	火花塞销售量（百万只）
1996	4	75
1997	4.5	81
1998	4.8	84
1999	5.4	90
2000	6	95

二、分析要点

(1) 根据上述资料，建立火花塞销售量的预测模型。

(2) 如果2001年相关的汽车需求量为6.3百万台，预测该公司火花塞的销售量。

三、具体分析

以 x 代表相关的东北三省汽车需求量，y 代表火花塞销售量，a 代表原来社会拥有的汽车对火花塞的需求量，b 代表每百万台相关汽车销售量对火花塞的需求量，火花塞销售量的预测模型则为 $y=a+bx$。采用最小二乘法就可按下列步骤进行预测分析：

1. 据历史资料计算并编列下表5.13。

表5.13　历史资料

年度 n	相关汽车需求量（百万台 x_j）	火花塞销售量（百万只 y_i）	x_iy_i	x_i^2
1996	4	75	300	16
1997	4.5	81	364.5	20.25
1998	4.8	84	403.2	23.04
1999	5.4	90	486	29.16
2000	6	95	570	36
合计 $n=5$	24.7	425	2 123.7	124.45

(2) 计算 a、b 的值。

$$a=\frac{\sum x_i^2\sum y_i-\sum x_i\sum x_iy_i}{n\sum x_i^2-(\sum x_i)^2}=\frac{124.45\times425-24.7\times2\,123.7}{5\times124.45-(24.7)^2}=35.84$$

$$b=\frac{n\sum x_i y_i}{n\sum x_i^2-(\sum x_i)^2}=\frac{5\times 2\,123.7-24.7\times 425}{5\times 124.45-(24.7)^2}=9.95$$

(3) 华美汽车配件制造公司火花塞销售量的预测模型为:

$y=35.84+9.95x$

(4) 预测 2001 年火花塞销售量:

火花塞销售量=35. 84+9.95×6.3=98.525(百万台)

四、问题探讨

就企业的角度来说,销售预测是订购材料、安排人工、规划生产、处理财务的基础。企业的全面预算通常是从编制销售预算开始的,良好的销售预算有赖于可靠的销售预测。销售预测的方法很多,有些方法要求有内外备用资料,有些方法只需要内部的历史资料。各种方法难易不同,繁简不等。本案例所采用的分析方法是因果分析法。该方法简便易行、成本低廉,其运用原理为:产品的销售一般总会与社会经济的这些或那些因素相关,甚至有时完全取决于某些因素。通过找出与预测对象(因变量)相关的因素(自变量)以及它们之间的依存关系,来建立相应的因果预测的数学模型,然后利用数学模型来确定预测对象在计划期的销售指标。

三、定性分析法

定性分析法主要包括市场调查法和专业人员判断分析法。

(一) 市场调查法

市场调查法是指在市场调查的基础上,根据产品销售的具体特点和调查所得的资料,结合其他预测方法进行销售预测的方法。所谓市场调查是指通过了解与特定产品有关的供销环境和各类市场情况,做出该产品有无现实市场或潜在市场以及市场大小的结论的过程。它是销售预测的基础。

市场调查法可采取四种方式:① 全面调查,即对涉及同一商品的所有销售对象进行逐个了解,经综合整理后,探明该商品在未来一定时期内销售量(或销售额)的增减变动趋势;② 重点调查,即通过对有关商品在某些重点销售单位历史销售情况的调查,经综合分析后,基本上掌握未来一定期间内该商品销售变动的总体情况;③ 典型调查,即有意识地选择具有代表性的销售单位(或用户等有关因素),进行系统、周密的调查,经分析综合后,总结出有关商品供需变化的一般规律,借以全面了解它们的情况;④ 抽样调查,即按照随机原则,从有关商品的销售对象的总体中,抽出某个组成部分进行调查,经分析推断后,测算出有关商品的需求总量。

市场调查一般可以从以下几个方面进行:

1. 对产品本身的调查

任何产品都有其市场的寿命周期,通常可以分为试销期、成长期、成熟期、饱和期和衰退期五个阶段，每一种产品都有其各自的寿命周期。即使对同一种产品来讲，由于受到科学技术水平、社会经济发展水平以及消费环境变化的影响，其在不同的社会时期的寿命周期有不断缩短的趋势。对产品本身的调查，就是要查清产品在当前市场的寿命周期长度以及所处的寿命周期阶段，以把握产品的市场销售前景。

2. 对消费者情况的调查

一种产品能否销售主要决定于市场需求，而消费者的情况、消费心理、个人爱好、消费的风格习惯，对产品及其供应者的要求等都会影响到对产品的需求量。因此，掌握消费者的爱好和对产品的购买意图等是市场调查的一项很重要的内容，对生活消费品的销售预测来讲尤为如此，因为生活消费品使用面广，挑选性强，消费者的消费意愿极易变化，消费行为对市场需求的影响更为直接。

3. 对市场竞争情况的调查

市场经济离不开竞争，要能在市场竞争中求得生存和发展，既要清楚本企业产品的竞争能力，更要了解竞争对手的情况，包括在产品的设计、生产、销售、价格等方面有哪些新动向，对销售将会产生什么影响，以知己知彼，比较本企业产品的优势、劣势及市场占有率。

4. 对商品的采购渠道的调查

就是要了解同类商品生产厂家及其他进货渠道的分布情况，以及这些厂家等价生产、经营商品的花色、品种、质量、包装、价格、运输等方面的情况，并确定各项因素对销售量的影响。

5. 对经济发展趋势的调查

一国或地区的社会经济发展趋势都会直接或间接地影响到市场需求。因此，了解国民收入增长情况、社会商品购买力情况、消费动向、行业生产增长速度和规模等，将有助于对产品的市场需求做出正确的判断。

（二）专业人员判断分析法

专业人员判断分析法是通过一些具有丰富经验的经营管理人员或知识渊博的外界经济专家对企业一定期间特定产品的销售业务量情况作出判断和预计的一种方法。此法一般适用于不具备完整可靠的历史资料，无法进行定量分析的企业。

判断分析法具体又包括以下三种方法：

1. 推销员判断法

此法又称意见汇集法，是由企业的推销人员根据他们的调查，将各个顾客或各类顾客对特定预测对象的销售预测值填入卡片或表格，然后由销售部门经理对此进行综合分析以完成预测销售任务的一种方法。

此法的原理是：基层销售人员最熟悉市场，能直接倾听顾客的意见，因而能够提供直接反映顾客要求的信息。

采用此法进行销售预测所需的时间短、费用低、比较实用。一般适用于不便直接向顾客调查的公司。但这种方法是建立在假定推销人员都能够向企业反映真实情况的基础上，而推销人员的素质各异，他们对形势的估计有可能过于乐观或悲观，从而干扰预测结论。如果企业在销量方面对其规定定额，则他们就会有意地低估预测值，为自己留有充分的余地；若企业按预测销售业务量核拨业务经费，则推销员就有可能有意高估预测值。另外也可能因为顾客对预测对象不了解或推销员介绍的资料不够详细，而使得所汇报的意见过于分散。为此可采取以下措施：

（1）把企业过去的预测与实际销量资料、企业的未来规划以及未来的社会经济发展趋势信息都提供给各推销人员，供他们参考。

（2）组织多人对同一产品或市场进行预测判断，再将这些数据加以平均处理，以消除人为的偏差。

2. 经营管理人员判断法

此法是由企业召集有关经营管理人员，特别是那些最熟悉销售业务的销售主管人员，以及各地经销商负责人集中开会，由他们在会上根据多年的实践经验和判断能力对特定产品未来销售量进行判断和预测的一种方法。

这种方法能够集思广益、博采众长、快捷、实用，但预测结果也会受到有关人员主观判断能力的影响。因此，应用此法时，应事前向预测人员提供近期有关政治、经济形势以及市场情况的资料，并在他们各自预测的基础上进行讨论、分析、综合平衡，最终做出结论。

我们把推销员判断法和经营管理人员判断法统称为集合意见法。

【例 5.10】 某零售企业为确定明年化妆品的销售预测值，要求经理和业务科、计划科、财会科以及化妆商品部的售货员作出年度销售预测。

分析 第一步：首先是三位经理、不同管理单位和五位售货员经各自的分析判断，做出预测。假设各自的预测情况分别见表 5.14、表 5.15 和表 5.16。

表 5.14 经理的预测（单位：元）

经 理	估计值				期望值	权 数
	最高额	概 率	最低额	概 率		
甲	5 800	0.9	5 500	0.1	5 770	0.5
乙	6 000	0.7	5 500	0.3	5 850	0.3
丙	5 400	0.8	5 200	0.2	5 360	0.2

表 5.15 不同管理单位的预测（单位：元）

单 位	估计值						期望值	权 数
	最高额	概 率	中等额	概 率	最低额	概 率		
业务	6 000	0.2	5 500	0.6	5 000	0.2	5 000	0.4
计划	5 800	0.3	5 400	0.5	3 900	0.2	5 220	0.3
财会	6 200	0.1	5 800	0.5	5 000	0.4	5 520	0.3

表 5.16 售货员的预测（单位：元）

售货员	估计值						期望值	权数
	最高额	概率	中等额	概率	最低额	概率		
甲	5 000	0.3	3 500	0.5	2 000	0.2	3 650	0.2
乙	4 800	0.2	4 000	0.6	3 000	0.2	3 960	0.1
丙	4 500	0.2	4 200	0.5	3 400	0.3	4 020	0.3
丁	4 300	0.3	3 800	0.5	3 300	0.2	3 850	0.2
戊	4 000	0.2	3 800	0.7	2 000	0.1	3 660	0.2

第二步：对上面各类人员预测方案进行综合。

综合时应考虑同类人员中各人的经验丰富程度和预测准确性与重要程度，对其预测方案期望值给予不同权数，这样可采用加权平均法进行综合。综合预测值的计算公式为：

$$\bar{y}_i = \frac{\sum_{i=1}^{n} \bar{y}_i W_i}{\sum_{i=1}^{n} W_i} \quad (W_i \geqslant 0)$$

式中：$\bar{y}_i$ 表示第 j 类预测人员的综合预测值，在本例中假设 $j=1$，2，3 分别代表经理类、管理单位类和售货员类；$\bar{y}_i$ 表示 j 类人员中第 i 位的方案期望值；W_i 表示 j 类人员中第 i 位方案期望值的比重或权数；n 表示 j 类人员含有的人数总量。

根据表 5.14，表 5.15 和表 5.16 相关数据，得各类的综合预测值分别为：

（1）经理类，$j=1$。即

$$\bar{y}_1 = 5\,770 \times 0.5 + 5\,850 \times 0.3 + 5\,360 \times 0.2 = 5\,712 \text{（元）}$$

（2）管理单位类，$j=2$。即

$$\bar{y}_2 = 5\,000 \times 0.4 + 5\,220 \times 0.3 + 5\,520 \times 0.3 = 5\,442 \text{（元）}$$

（3）售货员类，$j=3$。即

$$\bar{y}_3 = 3\,650 \times 0.2 + 3\,960 \times 0.1 + 4\,020 \times 0.3 + 3\,850 \times 0.2 + 3\,660 \times 0.2 = 3\,834 \text{（元）}$$

第三步：对三类综合预测值加以综合。

在综合三方面的预测值时，一般应视其重要程度的不同，给予不同权数。一般来说，经理的预测方案统揽全局，既能体现领导部门的要求，又能反映企业经营管理的现状，因而应给予较大的权数；而业务人员的预测方案，由于与他们承担的责任一般偏低，所以应给予较小的权数；至于管理单位的预测方案，因他们直接从事经营管理活动，其预测值一般较能反映客观实际，故其权数应高于业务人员的方案。假设本例中经理方案的权数为 3，管理单位方案的权数为 2，业务人员方案的权数为 1，则企业的预测值为：

$$\overline{y}_3=\frac{5\,712\times3+5\,422\times2+383.4\times1}{3+2+1}=5\,302.3\ (元)$$

第四步：对企业综合值做综合适当调整。

第三步得到的综合值是经过对三类人员所做预测值进行加权平均后得到的。通过观察发现该综合值既低于经理层的综合预测值，也低于管理层的综合预测值，显然是受业务层综合预测值偏低的影响所致，从而显得有点保守。为此可对企业综合值进行适当调整，可以召开会议，互相交换意见，经过互相启发，互相补充，克服个人主观判断的局限性。在充分发表意见的基础上，由预测组织者果断拍板，确定最终预测值。

3. 专家判断法

专家判断法是由见识广博、知识丰富的经济专家根据他们多年的实践经验和判断能力对特定产品的未来销售量进行判断和预测的一种方法。

专家判断法是国外广泛运用的一种预测方法。在具体运用中，主要采用两种形式：一是专家会议法；二是德尔菲法。

(1) 专家会议法。

专家会议法就是邀请有关方面的专家，通过会议的形式，对企业的生产经营或某个产品及其发展前景作出评价，并在专家们分析判断的基础上，综合专家们的意见，对该企业或产品的市场需求及其发展趋势作出量的预测。

为使这种会议卓有成效，会前需要进行一定的调查研究，提供一定的资料，如市场动态资料；不同厂家所生产的同类产品的质量、性能、成本、价格对比资料，以及同类产品的历史销售资料等等。同时，会前也需要做一些组织性工作。它需要解决两个主要问题：一是如何选择专家，包括确定专家的数目；二是如何让专家充分发表意见。

专家选得是否合适，将决定预测结果的可靠性和全面性。所谓专家，一般是指在某些专业方面积累了丰富的经验、知识，并且有解决该专业问题的能力的人。他们能在不确定的条件下对问题进行估计和预测，提出建议和看法。因此，选什么专家就同所估计的问题的性质有关。例如，要预测企业达到的某种目标的重要意义，有经验的高层管理人员就是专家；为了获得科学技术发展方面的重要信息，企业内技术工程师就是专家；为了预测市场行情，则资深的销售经理就是专家，如此等等。但为使问题研究得更全面、更深入一些，也需要吸收一些“对立面”“少数派”参加。

确定专家的数目也很重要，因为对于复杂的问题，需要有多方面的专家参加。专家多一些，可以使问题讨论得更深入一些，意见也反映得更全面一些。但参加的人数太多，组织工作比较难做，而且归纳意见也比较费事，从而影响效率，因此，专家数目应适当，一般以6～10人为好。专家的数目还取决于问题的复杂性、现有相关信息的数量以及专家对企业问题的熟悉程度等。

如何让专家把意见充分的表达出来是组织工作的关键。在会议上，应让与会者畅所欲言，各抒己见，自由讨论；会议主持人不要谈自己有什么设想、看法或方案，以免影响与会专家的思想。对专家所提出的各种各样的方案和意见，不应持否定态度，应表示热情欢迎。强调会议上不要批评别人的方案，大家畅谈自己的方案，敞开思路，各谈各的，方案多多益善。在此基础上，综合各专家的意见，整理出有关企业生产经营或有关新产品的质量、性能、特点、价格、竞争能力和市场需求的质的分析材料，再结合市场行情及其发展变化趋势，确定市场未来需求量预测。

专家会议预测法也存在一些缺点：如参加会议的专家人数有限（一般不超过 10 人），会影响代表性；容易受个别权威专家的左右，形成意见一边倒；由于与会者的个性和心理状态，如不愿意发表与多数人不同的意见，出于自尊心不愿意当场修改原来发表过的、即使是依据不充分的意见。所以会议的最后综合意见，可能并不完全反映与会专家的全部意见。但是，在难以进行量的分析情况下，此法也不失为很有实用价值的预测方法。

（2）德尔菲法。

它是 20 世纪 40 年代由美国兰德（RAND）公司首创和使用的。这种方法是按规定的程序，采用背对背的反复函询方式，征询专家小组成员意见，经过几轮的征询与反馈，使各种不同意见渐趋一致，经综合、整理、归纳各专家的意见后，作出预测判断。

德尔菲法有以下三个特点：① 匿名性，即每次专家的分析判断都是在背靠背情况下进行的。② 反馈性，即预测结果是在经过几轮征询，专家不断修正其预测意见基础上得出的。③ 统计性，即在轮番征询过程中，每次专家意见都经过统计归纳处理，专家意见逐渐趋向一致，预测值趋于收敛。

【例 5.11】 某公司准备开发一种新产品，由于该产品没有销售记录，公司特聘请 7 位专家采用德尔菲法预测其一定时期内的销售量。经过这些专家连续三次预测，对该产品最乐观、最悲观和最有可能 3 种情况的销售量水平做出各自的估计。预测所取得的数据见表 5.17。要求：预测该产品未来销售量。

表 5.17 德尔菲法专家意见汇总表（单位：件）

专家编号	第一次判断情况			第二次判断情况			第三次判断情况		
	最高	最可能	最低	最高	最可能	最低	最高	最可能	最低
1	2 300	2 000	1 500	2 300	2 000	1 700	2 300	2 000	1 600
2	1 500	1 400	900	1 800	1 500	1 100	1 800	1 500	1 300
3	2 100	1 700	1 300	2 100	1 900	1 500	2 100	1 900	1 500
4	3 500	2 300	2 000	3 500	2 000	1 700	3 000	1 700	1 500
5	1 200	900	700	1 500	1 300	900	1 700	1 500	1 100
6	2 000	1 500	1 100	200	1 500	1 100	2 000	1 700	1 100
7	1 300	1 100	1 000	1 500	1 300	1 000	1 700	1 500	1 300
平均值	1 986	1 557	1 214	2 100	1 643	1 286	2 086	1 686	1 343

分析 该公司在最后一次预测销售量的基础上，按算术平均法预测该新产品未来销售量为：

$$\frac{2\,086+1\,686+1\,343}{3}=1\,705 \text{（件）}$$

德尔菲法的主要缺点是：预测过程主要是凭专家主观判断，缺乏一定客观标准，轮番函询时间较长。此方法多用于缺乏数据资料的长期预测。

通过上述对销售预测定量分析法和定性分析法的介绍，我们看到定量分析与定性分析并不存在严格的界线，有些方法本身就是定性分析与定量分析的结合，如马尔可夫分析法、产品寿命周期分析法都是在市场调查的基础上，先通过定性分析，再采用定量分析的方法进行预测。因此，要想提高预测的准确程度，就应采用多种预测方法从不同的角度进行预测，并分析各种方法之间产生的差异，以确定每种预测方法的可信程度。

第三节 成本预测

一、成本预测概述

（一）成本预测的意义

成本预测是根据历史成本资料以及企业现有的经济、技术条件和今后的发展前景，对未来一定时间内有关产品或劳务的成本水平和变动趋势所进行的科学预计和推测。成本预测是正确编制成本预算的重要依据。通过成本预测可以把握成本的历史、现状和将来的发展趋势，确定成本变动与产量之间的相互关系，使目标成本的确定具有可靠的客观依据。成本预算也只有在成本预测的基础上才能正确地进行编制。通过成本预算能够揭示企业生产经营各个方面与产品成本之间的内在联系。因此，在企业制订各有关的经营决策，如生产决策、定价决策、存货决策、投资决策等时，它也是不可缺少的重要依据。

（二）成本预测的程序

成本预测通常按以下步骤进行：

1. 根据企业的经营总目标，提出目标成本草案

目标成本是指企业为实现经营目标所应达到的成本，也是企业未来期间成本管理所应达到的目标。目标成本的确定一般可用以下两种方法：

（1）按目标利润进行预测。

这种方法是以事先确定的目标利润为前提，通过市场调查，根据销售预测和国内外同类企业的信息资料，考虑具有竞争力的价格水平，按照预计销售收入扣除目标利润就可得到所需的目标成本。其公式为：

$$\begin{aligned}\text{目标成本} &= \text{预计单价} \times \text{预计销售量} - \text{目标利润} \\ &= \text{预计销售收入} - \text{目标利润}\end{aligned}$$

这种方法可以使目标成本与目标利润的水平衔接起来，但它无法直接确定目标固定成本和目标单位变动成本指标，还需在此基础上继续分析。

（2）以先进的成本水平作为目标成本。

确定目标成本还可以从本企业的历史最好的成本水平或国内外同类产品先进水平中选择标准，也可以按照上年实际水平扣减成本降低率作为目标成本。它也可称为标准成本、计划成本或定额成本。这种方法可以直接确定单位目标成本，但无法与目标利润联系起来。

以上两种方法如果结合起来使用，则更具实践意义。

2. 预测成本的发展趋势

目标成本提出后，企业还需要利用有关总成本模型预测总成本发展趋势，以检验在现有条件下实现目标成本的可能性与现实性。

3. 修订目标成本

经过上一步骤，既可以了解企业在目前条件下实现目标成本的可能性究竟有多大，又能促使企业积极采取措施降低成本，并测算出这些措施对未来成本水平的影响，这就为形成最终下达的目标成本方案奠定了基础。若经过测算比较，原定目标成本草案与现实可能相距太大，难以达到，则应适当修正目标，使之尽量符合客观实际，并与相应保证措施相联系。

成本预测的方法很多，常用的主要是定量分析法中的高低点法、加权平均法、本量利分析法、回归分析法、学习曲线预测法等。

二、高低点法

其原理我们在前面已经介绍过。下面举例说明其原理：

【例 5.12】 假定昌隆公司只生产一种产品，从它最近一年的历史成本数据中获悉该公司产量最高的月份为 12 月，共生产了 1 万件，其总成本为 370 000 元；产量最低的月份为 4 月，共生产 6 000 件，其总成本为 250 000 元。若计划年度 1 月份的产量为 8 000 件，预测其总成本与单位成本各为多少?

分析 把上述有关资料列表如下（见表 5.18）。

表 5.18 有关资料

摘 要	高点（12 月份）	低点（4 月份）	差异（Δ）	摘要	高点（12 月份）	低点（4 月份）	差异（Δ）
业务量（x）元	10 000	6 000	$\Delta x=4\,000$	总成本（y）元	370 000	250 000	$\Delta y=120\,000$

$$b=\frac{\Delta y}{\Delta x}=\frac{120\,000}{4\,000}=30\ \text{（元/件）}$$

将 b 值代入高点总成本模型：

$$370\,000=a+30\times 10\,000$$

所以 $a=70\,000$（元）

代入低点总成本模型，其结果也一样。

由此可得昌隆公司总成本模型为：

$$y=70\,000+30x$$

若计划年度 1 月份的产量为 8 000 件（6 000<8 000<10 000），则其总成本为：

$$70\,000+30\times 8\,000=310\,000\text{（元）}$$

其单位成本为：$\dfrac{310\,000}{8\,000}=38.75$（元/件）

高低点法是一种最简易的预测分析方法，在产品成本的变动趋势比较稳定的情况下，采用此法比较适宜。但若企业的各期成本变动幅度较大时，采用此法则会造成较大误差。

三、加权平均法

加权平均法是根据若干期固定成本总额和单位变动成本的历史资料，按照事先确定的权数（假设用 W 表示）进行加权，以计算加权平均的成本水平，从而确定成本预测模型，进而预测未来总成本的一种定量分析方法。其模型为：

$$y=a+bx=\frac{\sum aW}{\sum W}+\frac{\sum aW}{\sum W}x$$

【例 5.13】　某企业生产甲产品，最近 4 年的成本资料见表 5.19。

表 5.19　某企业最近四年的成本资料（单位：元）

年　份	固定成本	单位变动成本	年　份	固定成本	单位变动成本
2003	22 000	60	2005	28 000	45
2004	24 000	50	2006	30 000	40

要求：预测 2007 年年产量为 1 200 件时成本总额和单位产品成本。

分析　根据上述资料按距 2007 年远近分别加权，假定 2006 年加权数为 4，2005 年加权数为 3，2004 年加权数为 2，2003 年加权数为 1。

2007 年预计成本总额：

$$y=\frac{22\,000\times 1+24\,000\times 2+28\,000\times 3+30\,000\times 4}{1+2+3+4}+\frac{60\times 1+50\times 2+45\times 3+40\times 4}{1+2+3+4}$$
$$=82\,000\text{（元）}$$

$$2007\text{ 年预计单位产品成本}=\frac{82\,000}{1\,200}=68.33\text{（元/件）}$$

此法适用于对那些具有详细固定成本与变动成本历史资料的产品进行成本预测，否则，就只能采用上述的高低点法或后面的回归分析法等。

四、回归分析法

这里的回归分析法与第二节销售预测中的回归分析法完全相同，只是变量的内容发生了变化。在此仅以直线回归法为例。

【例 5.14】 成化公司生产甲产品，6 年来的成本资料见表 5.20。

表 5.20 成化公司成本资料

年 份	2001	2002	2003	2004	2005	2006
总产量（千件）	48	53	55	68	90	116
总成本（万元）	50	54	56	64	85	104

要求：若 2007 年计划产量为 135 千件，试用直线回归分析法预测 2007 年的成本总额。

分析 根据表 5.20 的数据和计算中所需项目列表计算见表 5.21。

表 5.21 直线回归法对有关数据加工整理

期数 n	产量 x_i（万件）	成本 y_i（万元）	x_iy_i	x_i^2	y_i^2
1	48	50	2 400	2 304	2 500
2	53	54	2 862	2 809	2 916
3	55	56	3 080	3 025	3 136
4	68	64	4 352	4 624	4 096
5	90	85	7 650	8 100	7 225
6	116	104	12 064	13 456	10 816
$n=6$	$\sum x_i=430$	$\sum y_i=413$	$\sum x_iy_i=32\,408$	$\sum x_i^2=34\,318$	$\sum y_i^2=30\,689$

$$\text{相关系数}\ \gamma=\frac{6\times 32\,408-430\times 413}{\sqrt{(6\times 34\,318-430^2)(6\times 30\,689-413^2)}}\approx 0.998\,6>0.8$$

说明 x 与 y 高度正相关，计算回归系数：

$$b=\frac{6\times 32\,408-430\times 413}{6\times 34\,318-430^2}=0.802$$

$$a=\frac{413-0.802\times 430}{6}=11.36$$

由此得成化公司总成本模型为：

$$y=11.36+0.802x$$

当产量为 135 千件时，成本为：

$$y=11.36+0.802\times 135=119.63\quad(\text{万元})$$

即 2007 年计划产量为 135 千件时，成本总额为 119.63 万元。

如果影响成本的因素有两个，可建立二元线性回归模型。具体的可参见第二节销售预测有关内容。

五、本量利分析法

该法是在销售预测和利润预测的基础上，结合本量利分析进行的。该法主要应用于目标成本预测，具体情况又分为以下两种情况。

（一）按全部产品进行目标成本预测

在考虑产品销售税金的情况下：

目标成本＝预测销售收入－目标利润－应纳产品销售税金

（二）按单项产品预测目标成本

目标成本=(预计单价－单位产品销售税金－单位产品目标利润)×预测销售量

或： 目标成本＝预计单价×(1－销售税率)×预测销售量－该产品目标利润

【例 5.15】 假定金华公司预测甲产品全年销售量为 230 000 件，预计售价 28 元/件，产品销售税率为 5%，预计产品目标利润为 1 600 000 元。要求：试确定该产品的目标成本。

分析 目标成本＝28×(1－5%)×230 000－1 600 000=4 518 000（元）

六、学习曲线预测法

学习曲线也称经验曲线。我们知道，在现实经济生活中存在着这样一种现象，即当人们进行某项工作取得经验后，其工作效率就会提高，对于工业企业来说也是如此。当企业重复生产某种产品时，随着生产的不断进行，生产该种产品所需的劳动时间将会不断减少。这种取得经验后的经济效果直接反映在劳动成本及其有关的直接成本中。

重复生产某项产品的次数越多，经验越丰富，生产效率就越高，从而生产单位产品所耗费的时间也就越少。如果按照不同产量计算生产一个单位产品平均所用的时间，则其平均所用的时间是产量的单调下降指数曲线，该指数曲线就是学习曲线。这一经验曲线可以直接反映出随着生产的不断重复，其单位产品所需的平均耗费时间的下降趋势。单位产品耗费时间减少意味着单位产品成本的降低。学习曲线现象的存在，特别是在生产大型产品如飞机制造、轮船、计算机等行业中更为明显。

学习曲线可用以下数学模型来描述：

$$y = ax^{-b}$$

其中：y 为生产 x 产品时平均单位产品所需直接人工小时数；a 为生产第一件产品时所需的直接人工小时数；x 为产品产量；b 为经验系数（学习率指数）$(0<b<1)$。

该模型表明平均单位成本随产品产量的增加而成指数降低，其几何图形如图 5.2 所示。

如果设 L 表示生产 x 单位产品所需的全部劳动小时数，则学习曲线模型还可表示为：

$$L = y \cdot x = ax^{(1-b)}$$

这一模型表明总人工小时数随产量的增加而递减率增加，其几何图形如图 5.3 所示。

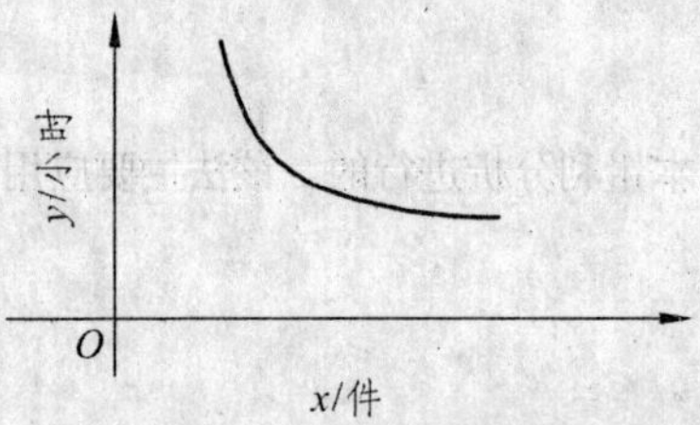

图 5.2　$y=ax^{-b}$的函数图形

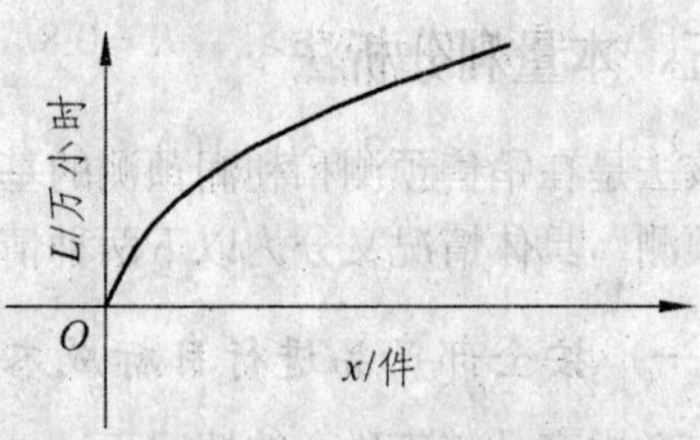

图 5.3　$L=ax^{(1-b)}$的函数图形

很多工业生产行业的资料都证明，累计产品每增加一倍，单位产品所需的平均耗费时间，几乎按同一固定比例下降，这是一个客观规律，我们称这一固定比例为学习率 R，根据这一规律，可按下述方法确定学习率 R。

设 x 为某一特定水平的生产量，如果根据生产记录，能够知道生产 x 个单位产品和生产 $2x$ 个单位产品所需的平均耗费时间为 $y(x)$和 $y(2x)$，则学习率为：

$$R=\frac{y(2x)}{y(x)}\times 100\%$$

在相关范围内，不论 x 取何值，学习率 R 均不变。因此，学习曲线也就用这个百分比来命名。例如，某工业企业生产两个单位产品平均每个用了 45 小时，生产 4 个单位产品平均每个用了 36 小时，则学习率为：

$$R=\frac{y(4)}{y(2)}=\frac{36}{45}=0.8$$

对于生产该种产品，在相关范围内，不论 x 取何值，都应有 $R=0.8$。因此称该工业企业的学习曲线为 80% 的经验曲线。

实践证明，工业企业中确实存在着 80% 的学习曲线，这是被实践证明了的客观规律。80% 学习曲线意味着，在以平均劳动小时进行计算时，当每次产品生产的数量是原有产量一倍的时候，则生产每一单位产品的平均劳动小时数，将减少到原生产所需的平均劳动小时数的 80%。

【例 5.16】　假设锦江大型机械设备厂，直接人工小时符合 80% 学习曲线，该企业到目前共生产出新型 A 设备 50 台，根据成本资料记载，生产 50 台 A 设备时，平均每台产品需 320 直接人工小时，现有一设备公司欲向该厂订购 40 台新型 A 设备。要求：

（1）如果接受该订单，则累计生产到 90 台时，预测平均每台产品所需直接人工小时数。

（2）预测接受 40 台 A 设备所需的全部直接人工小时数。

（3）如果单位人工小时的成本是 20 元，预测生产完 40 台设备所需直接人工小时成本为多少？

分析　（1）设学习曲线模型为：

$$y=ax^{-b}$$

已知 $x_1=50$ 台时，

$y_1 = 320$ (h)，学习率 $R = 0.8$

又意味着当 $x_2 = 2x_1 = 2\times 50 = 100$（台）时，

$$y_2 = 0.8y_1 = 0.8\times 320 = 256 \text{ (h)}$$

从而有：$\begin{cases} 320 = a\times 50^{-b} \\ 256 = a\times 100^{-b} \end{cases}$

解之得：$\begin{cases} b = 0.3219 \\ a = 1127 \end{cases}$

故学习曲线模型为：

$$y = 1127x^{-0.3219}$$

$$L = yx = 1127x^{0.6781}$$

$$y(90) = 1127\times 90^{-0.3219} = 265 \text{ (h)}$$

（2）$L = L(90) - L(50) = 265\times 90 - 320\times 50 = 7\,850$ (h)

（3）所需人工小时成本 $= 7\,850\times 20 = 157\,000$（元）

企业可以根据订货价格和预计成本决定是否接受该批订货。很明显，一个企业可以将对学习曲线效应敏感的产品定以低价。因为业务量的增加可以使企业更充分地利用学习曲线，并使企业在与竞争对手的竞争中保持市场领先的地位。

第四节　利润预测

一、利润预测概述

利润是企业在一定会计期间进行经营活动的结果，是营业收入减去与之相配比的费用后的余额。利润预测是按照企业经营目标的要求，通过对影响利润变动的成本、产销量等因素的综合分析，对未来一定时间内可能达到的利润水平和变动趋势所进行的科学预计和推测。利润预测是在销售预测和成本预测的基础上进行的。利润预测是正确编制利润预算的重要依据。通过利润预测，可以合理地确定目标利润，使企业这一总体奋斗目标具有科学性、可靠性和得以顺利实现的可能性。

利润预测一般可以根据销售预测中预计的销售量和有关销售价格、成本等资料，运用本量利相互关系、贡献毛益、经营杠杆、安全边际等概念来建立相应的数学模型。其中最常用的有以下四类共 7 种方法：

（一）应用本量利分析的基本模型

1. 预计利润(π)＝(销售单价×销量)－[固定成本总额＋(单位变动成本)×销量]
$= px - (a + bx)$

（二）应用贡献毛益的基本模型

2. 预计利润(π_1)＝贡献毛益总额－固定成本总额

$=T_{cm}-a$

＝(销售单价×销量一单位变动成本×销量)一固定成本总额

$=(px-bx)a$

3. 预计利润(π_1)＝(单位贡献毛益×销量)－固定成本总额

$=\text{cm}\cdot x-a$

4. 预计利润(π_1)＝(销售单价×销量)×贡献毛益－固定成本总额

$=px\cdot \text{cmR}-a$

（三）应用经营杠杆的基本模型

5. 预计利润(π_1)＝基期利润×(1＋产销业务量变动率×经营杠杆系数)

$=\pi_0\times(1+K_3\cdot \text{DOL})$

（四）应用安全边际的基本模型

6. 预计利润(π_1)＝安全边际量×单位贡献毛益＝MS 量×cm

7. 预计利润(π_1)＝安全边际额×贡献毛益率＝MS 额×cmR

以上 7 种方法中，除第 5 种方法外，其余均在前面讲述。本章重点论述经营杠杆系数在利润预测中的应用。

二、经营杠杆系数在利润预测中的应用

（一）经营杠杆的基本原理

产品成本按成本性态划分为固定成本和变动成本两部分，固定成本和变动成本之间的这种比例在管理会计中称为成本结构。

由于成本结构不同，如果固定成本所占的比重较大，在固定成本总额较高的成本结构下，单位产品分摊的固定成本数额也就较大。因此，当产销量发生变动时，利润一方面直接随产销量变动而变动；另一方面产销量变动导致单位产品固定成本的变动，又间接影响利润额的变动。这样，利润会以更大幅度变动。

所以，经营杠杆是指由于固定成本的存在，从而使企业利润的变动幅度大于产销量的变动幅度的现象。不同产品、不同企业、不同时期的成本结构不同，就会产生不同的经营杠杆。如果企业只有变动成本而没有固定成本，也就不存在成本结构，自然也不会产生经营杠杆现象。因此，对于同一产销业务量而言，经营杠杆越大，说明企业的成本结构中固定成本数额也越高。

（二）经营杠杆的定量

如果将企业的产销业务量固定在一个水平上，即可计算企业的经营杠杆大小程度。经营杠杆的大小程度是通过经营杠杆系数表达的。经营杠杆系数（Degree of Operating Leverage,

DOL。）又称经营杠杆率的倍数，是指在一定业务量基础上，利润的变动率相当于产销业务量变动率的倍数。计算经营杠杆系数，可分别采用理论公式和简化公式。

理论公式为：

$$经营杠杆系数(DOL)=\frac{利润变动率}{产销业务量变动率}=\frac{K_0}{K_3}$$

按上式计算 DOL，必须以掌握利润变动率(K_0)和产销业务各量变动率(K_3)为前提。这就不便于利用 DOL。进行预测。为了事先能够确定经营杠杆系数，在实践中可按以下应用公式进行计算：

$$经营杠杆系数(DOL)=\frac{基期贡献毛益}{基期利润}=\frac{T_{cm}}{\pi}$$

这样就可以直接利用基期数据预测未来期经营杠杆系数。

【例 5.17】 某企业连续 3 年的有关资料见表 5.22。

表 5.22 企业资料（金额单位：万元）

时间项目	第一年	第二年	第三年
单位贡献毛益销售量	40	40	40
	10 000	20 000	30 000
贡献毛益	40 000	800 000	1 200 000
固定成本	300 000	300 000	300 000
利润	100 000	500 000	900 000

要求：（1）分别利用理论公式和简化公式计算第二年和第三年的经营杠杆系数；

（2）预测第四年的经营杠杆系数。

分析 （1）利用理论公式计算。因为

$$第二年的利润变动率(K_0)=\frac{500\,000-100\,000}{100\,000}\times100\%=+400\%$$

$$第二年的销售变动率(K_3)=\frac{20\,000-10\,000}{10\,000}\times100\%=+100\%$$

$$第三年的利润变动率(K_0)=\frac{900\,000-500\,000}{500\,000}\times100\%=+80\%$$

$$第三年的销售变动率(K_3)=\frac{30\,000-20\,000}{20\,000}\times100\%=+50\%$$

所以

$$第二年的经营杠杆系数(DOL)=\frac{400\%}{100\%}=4$$

$$第三年的经营杠杆系数(DOL)=\frac{80\%}{50\%}=1.6$$

利用简化公式计算：

$$第二年的经营杠杆系数(DOL)=\frac{400\,000}{100\,000}=4$$

$$第三年的经营杠杆系数(DOL)=\frac{80\,000}{50\,000}=1.6$$

(2) 预测第四年的经营杠杆系数 $(DOL)=\frac{1\,200\,000}{900\,000}=1.33$

从上面论述我们不难看出经营杠杆系数的变动规律：

(1) 只要固定成本不等于零，经营杠杆系数恒大于 1。

(2) 在前后期单价、单位变动成本和固定成本不变的情况下，产销量越大，经营杠杆系数越小；产销量越小，经营杠杆系数越大。所以产销量的变动与经营杠杆系数的变动方向相反。

(3) 成本指标的变动与经营杠杆系数的变动方向相同。

(4) 单价的变动与经营杠杆系数的变动方向相反。

(5) 在同一产销量水平上，经营杠杆系数越大，利润变动幅度就越大，风险也就越大。

(三) 经营杠杆系数在利润预测中的应用

1. 预测产销业务量变动对利润的影响

在已知营业杠杆系数 DOL、基期利润π和产销值变动率 $K_。$的情况下，可按以下数学模型来预测未来利润变动率 K 和利润预测额π_1。

未来利润变动率(K_0)＝产销量变动率×营杠杆系数＝$K_3\cdot \text{DOL}$

预测利润额(π_1)＝基期利润×(1＋产销量变动率×营杠杆系数)

$=\pi(1+K_3\cdot \text{DOL})$

【例 5.18】 仍按例 5.17 资料及其计算结果，假定第四年预计的销售量变动率为＋10%。要求：预测第四年的利润变动率和利润额。

分析 依题意可知第四年预测的经营杠杆系数为 1.33，第三年利润为 900 000 元，则

预测第四年的利润变动率$(K_0)=+10\%\times1.33=+13.3\%$

预测第四年的利润$(\pi_1)=900\,000\times(1+10\%\times1.33)=1\,019\,700$ （元）

2. 预测为实现目标利润应采取的调整产销量措施

在已知经营杠杆系数 DOL、基期利润和目标利润π_1或目标利润变动率 K_0 的情况下，可按下列模型预测销量变动率 K_3：

$$销量变动率(K_3)=\frac{目标利润-基期利润}{基期利润\times经营杠杆系数}=\frac{\pi_1-\pi}{\pi\cdot \text{DOL}}$$

或

$$K_3=\frac{目标利润变动率}{经营杠杆系数}=\frac{K_0}{\text{DOL}}$$

【例 5.19】 已知：上年利润为 200 000 元，预测下一年的经营杠杆系数为 2，目标利润

为 240 000 元，目标利润变动率为 20%。要求：测算为确保目标利润的实现销售量的变动率。

分析 销售量变动率 $(K_3)=\dfrac{240\,000-200\,000}{200\,000\times 2}=+10\%$

或 $K_3=\dfrac{20\%}{2}=10\%$

第五节 资金预测

一、资金预测概述

资金预测是根据历史资料及销售等其他资料，对未来一定时间内的资金需要量所进行的科学预计和推测。由于销售额是影响资金需要量大小的最重要的因素，因而资金预测也是在销售预测的基础上，进一步分析销售额与资金总额之间的依存关系或分别分析销售额与资金各个项目之间的依存关系来进行的。

对资金需要量的预测，既可以分项目进行预测，比如对固定资金需要量、流动资金需要量等分别进行预测，再加总求出资金需要总量；也可直接进行资金需要总量预测。

二、资金需要量的分项目预测

（一）固定资金需要量预测

固定资金需要量预测是对未来一定时期内企业进行生产经营活动所需固定资金进行预计和测算，要预测固定资金需要量，首先要预测固定资产的需要量，再根据每项固定资产所需资金进行固定资金需要量预测。

由于企业的固定资产种类繁多，生产经营活动对各类固定资产需要的具体情况非常复杂，所从事的行业不同，其差别也很大。预测时不可能逐一详细计算，而必须有重点地进行。在工业企业全部固定资产中，生产设备是企业进行生产经营活动的主要物质技术基础，是决定生产经营的基本因素。它品种繁多、构成复杂、数量很大、占用资金较多，因比，固定资产需用量的预测应以生产设备为重点。在正确预测生产设备需用量的基础上，其他各类固定资产可以根据生产设备配套的需要量合理地进行测算。在固定资产需要量预测的基础上，便可进行固定资金需要量预测，具体分为以下三步进行。

第一步，根据企业某类设备现有台数、计划生产任务需用台时定额总数和单占设备全年计划有效工作台时数计算某类设备多余或不足，相关计算公式为：

某类设备多余(＋)或不足(－)台数＝某类设备现有台数－某类设备需用量

$$\text{某类设备现需用量}=\frac{\text{计划生产任务需用台时定额总数}}{\text{单台设备全年计划有效工作台时数}}$$

其中：

$$\text{计划生产任务需用台时定额总数}=\sum\left(\text{每种产品计划产量}\times\text{单位产品台时定额}\right)\times\text{定额改进系数}$$

$$\text{定额改进系数}=\frac{\text{预计新定额}}{\text{现行定额}}$$

$$\text{单台设备全年计划有效工作台时数}=\left(\text{全年制度工作日数}-\text{设备检修停台日数}\right)\times\text{每日开班数}\times\text{每班工时数}$$

全年制度工作日数，是指全年日历数减去节假日和双休日（10天＋104天）以后的工作日数，按251天计算。设备检修停台日数，一般可以根据设备检修计划并参照上年有关的实际资料加以估计。每日开工班数，根据实际情况按一班、两班或三班计算，每班工作时数，一班制按8小时计算，两班制平均按7.5小时计算，连续生产的设备，通常是不间断地操作的，全年制度工作日数按日历数计算，每日制度工作时数按24小时计算。

第二步，企业的其他配套性设备，如厂房、动力设备、传导设备、运输设备等，它们的需要量与生产设备有一定的比例关系。配套性固定资产需要量，可在测定生产设备需要量的基础上，按照它们在基期与生产设备的比例关系，结合预测期提高设备利用率的要求进行测算。将测算期需要量与基期实用数进行比较，就可求出预测期该类设备的多余或不足量。

对于非生产性固定资产的需要量，应按照企业的实际需要和可能条件决定，一般是在企业现有非生产性固定资产的基础上，结合职工人数的增加和改善职工物质文化生活的实际需要，估算出预测期需要增加的非生产性固定资产项目。

第三步，在预测出固定资产需用量以后，根据各项固定资产的重置价值，求出合计数，就是预测的固定资金需要量。

【例5.20】 成化公司现有某类机床24台，计划年度生产A、B两种产品，年产量分别为600件和400件，单位产品定额台时分别为100台、120台时，定额改进系数为90%，该公司实行两班制生产，每班工作平均7.5小时，全年工作日数251天，每台机床检修停台日数预计16天，企业每增加一台机床，就要增加一台动力设备，机床增加5～10台，还需扩大厂房面积50 m^2，公司计划年度改扩建职工浴池300 m^2。如果每台机床重置价为120 000元，配套动力设备5 000元，改扩建厂房及职工浴池预计每平方米需资金分别为1 000元和1 500元。要求：(1) 确定计划年度机床需用量；(2) 对计划年度所需固定资金做出预测。

分析 (1) 机床多余(＋)或不足(－)台数 $=24-\dfrac{(600\times100+400\times120)\times90\%}{(251-16)\times2\times7.5}=-4$（台）

(2) 固定资金需要量 $=(120\,000+5\,000)\times4+300\times1\,500=950\,000$（元）

可知：该公司机床缺少4台，计划年度固定资金需要量为950 000元。

（二）流动资金需要量预测

预测流动资金需要量的方法很多，其中常见的有资金占用比例法、定额日数计算法、因素测算法和余额测算法等。这些方法，有的只适合对某些流动资产所需用流动资金的预测，有的既可以对某些流动资产所需流动资金进行预测，也可以对全部流动资金需要量进行预测。

1. 资金占用比例法

资金占用比例法是根据影响流动资金需要量的相关指标（如净产值、营业收入、营业费用、营业利润等指标），按基期流动资金实际平均占用额与相关指标的比例关系，来预测流动资金需要总量的一种方法。其基本计算公式是：

$$\text{预测期流动资金需要总量}=\text{预测期相关指标}\times\text{基期相关指标流动资金率}\times(1\pm\text{预测期流动资金周转速度变动率})$$

其中：

$$\text{基期相关指标流动资金率}=\frac{\text{基期流动资金实际占用额}-\text{不合理平均占用额}}{\text{基期相关指标实际数额}}$$

流动资金周转率提高取负数，降低取正数。

2. 定额日数计算法

定额日数计算法又称周转期预测法，它是根据流动资金完成一次循环所需要的日数（资金定额日数）和每日平均周转额（每日平均资金占用额），来计算流动资金需要量的一种方法。此种方法的详细计算比较复杂，但结果比较准确，它是预测流动资金需要量的基本方法，通常适用于原材料及主要材料、辅助材料、燃料、修理用备件、包装物、低值易耗品、在产品、自制半成品、产成品、外购商品等存货类流动资产所需流动资金的预测。计算公式为：

$$\text{某项流动资产所需流动资产定额}=\text{该项流动资产每日平均周转额}\times\text{资金定额日数}$$

3. 因素测算法

因素测算法又称因素调整法，它是以有关流动资金项目上年度的实际平均需要量为基础，根据预测年度的生产任务和加速流动资金周转的要求，进行分析调整，来预测流动资金需要量的一种方法。计算公式如下：

$$\text{流动资产需要量}=(\text{上年流动资产实际平均占用额}-\text{不合理平均占用额})\times(1\pm\text{计划年度生产增减百分率})\times(1\pm\text{流动资产周转速度减增百分率})$$

该种方法计算比较简单，易掌握，但预测结果不太精确，因此它通常用于品种繁多，规格复杂、用量较小、价格较低的资金占用项目的预测。

4. 余额测算法

余额测算法是以上年结转余额为基础，根据预测年度发生数额、推销数额来测算流动资金需用量的一种方法。其计算公式如下：

$$\text{流动资金需用量}=\text{预测年度期初结余额}+\text{预测年度发生额}-\text{预测年度摊销额}$$

该方法适用于流动资金占用数额比较稳定的项目，如待摊费用等。

三、资金需要总量预测

在资金总量预测中，常用的定量分析方法是因果分析法中的回归分析法、销售百分比法和编制现金预算法，在此只介绍前两种方法，第三种方法将在第八章全面预算管理中介绍。

（一）回归分析法

回归分析法，在销售、成本预测中都是重要的预测方法，在资金需要量预测中，是假定在销售预测的基础上，对过去若干期的销售量（额）和资金需要量进行分析和研究，确定反映销售量（额）与资金需要量之间依存关系的回归直（曲）线，从而预测未来期间的资金需要量。

（二）销售百分比法

销售百分比法又称预计资产负债表法，它是在销售预测的基础上，假定销售收入与资产负债表中某些资产、负债项目存在稳定的百分比关系，根据预计销售额和相应的百分比预计资产、负债和所有者权益，然后利用会计恒等式确定融资需求的一种方法。

我们知道，资产负债表是反映企业在某一特定日期资产、负债和所有者权益情况的报表。企业资金来源的渠道有两条：一是增加负债；二是增加所有者权益。因此，通过预计资产的增加、减少，可以帮助其确定需要筹措的资金量。

下面举例说明销售百分比法预测资金需求量的步骤。

【例 5.21】 邛海公司 2006 年实际销售额 360 000 元，税后净利 14 400 元，并发放普通股利 7 200 元，现假设该公司固定资产已被充分利用。邛海公司 2006 年 12 月 31 日的资产负债表见表 5.23。

表 5.23　邛海公司资产负债表

2006 年 12 月 31 日　　　　单位：元

资　产		负债和所有者权益	
货币资金	18 000	应付账款	36 000
应收账款	36 000	应交税金	36 000
存　货	108 000	长期借款	108 000
固定资产	86 400	股　本	74 400
无形资产	42 000	未分配利润	36 000
合　计	290 400	合　计	290 400

如果公司预计 2007 年销售额将增加到 480 000 元，并仍按 2006 年的股利发放率支付股利，假设计划期 2007 年零星资金需要量将增加 2 000 元。要求：预测 2007 年需要追加的资金量。

分析　（1）找出基期资产负债表中随销售额（量）变动而变动的项目。通常情况下，货币资金、应收账款、存货等流动资产，会随销售额（量）的变动而发生相应地变动。销售额（量）的变动是否会引起固定资产的变动，则应视基期的固定资产是否已经利用充足而定，如果固定资产已经被充分利用，则随销售额（量）的变动，固定资产就需追加投资；否则就不必追加投资。而长期投资一般与销售额（量）的变动无密切关系。负债与所有者权益中，应付账款、应交税金等流动负债会随销售额（量）的变动而相应地发生变动，长期负债、股东权益等一般不随销售量的变动而变动。

就本例而言，2006 年资产负债表中随销售额变而变动的项目有：货币资金、应收账款、存货、固定资产、应付账款、应交税金、未分配利润。

（2）将各随销售额（量）变动而变动的项目去除以基期的销售额（量），计算各项目的销售百分比。即

$$\text{各相关项目的销售百分比}=\frac{\text{该项目基期金额}}{\text{基期销售额(量)}}\times 100\%$$

本例的销售百分比见表 5.24。

表 5.24　销售百分比表

资　　产	占销售百分比	负债和所有者权益	占销售百分比
货币资金	5%	应付账款	10%
应收账款	10%	应交税金	10%
存　货	30%	长期借款	不变动
固定资产	24%	股　本	不变动
无形资产	不变动	未分配利润	变动
合　计	69%	合　计	20%

（3）将资产以销售百分比表示的合计数减去负债以销售百分比表示的合计数，求出预测年度每增加 1 单位销售额（量）所需追加的资金的百分比。

从表 5.22 中可以看出，销售收入每增加 100 元，将多占用资金 69 元，但同时增加 20 元的资金来源（暂不考虑内部形成的资金来源），尚有 49 元的资金缺口，即 2007 年每增加 1 元的销售收入需追加的资金百分比为：

69%－20%＝49%

（4）将预测年度的销售额（量）乘以所需追加资金的百分比，扣除企业内部形成的资金来源，加上预测年度零星资金需要量，即为预测年度需追加资金的预测值。

对本例而言，其内部形成的资金来源：

$$\text{预计未分配利润的增加额}=480\,000\times\frac{14\,400}{360\,000}\times\left(1-\frac{7\,200}{14\,400}\right)=9\,600\text{（元）}$$

所以 2007 年邛海公司预计追加的资金量为：

(480 000－360 000)×49%－9 600＋2 000＝51 200（元）

编制预计的资产负债表见表 5.25。

表 5.25　邛海公司预计资产负债表

2007 年 12 月 31 日　　　　单位：元

项　目	2006 年末资产负债表	占 2006 年销售%	2007 年末资产负债表
资　产			
货币资金	18 000	5%	26 000①
应收账款	36 000	10%	48 000
存　货	108 000	30%	144 000
固定资产	86 400	24%	115 200
无形资产	42 000	不变动	4 200
资产合计	290 400	69%	375 200
负债及所有者权益			
负　债			
应付账款	36 000	10%	48 000
应交税金	36 000	10%	48 000
长期借款	108 000	不变动	108 000
负债合计	180 000	20%	204 000
所有者权益			
股　本	74 400	不变动	74 400
未分配利润	36 000	变动	45 600②
所有者权益合计	110 400		120 000
负债及所有者权益合计	290 400		324 000
可用资金总额			324 000
需筹措资金			51 200③
合　计			375 200

注：① 26 000＝5%×48 000＋2 000

② 45 600＝36 000＋9 600

③ 51 200＝375 200－324 000

通过以上计算可看出，邛海公司 2007 年预计资金总量为 375 200 元，与 2006 年相比需增加 84 800 元，如果考虑资金来源将随销售增长而增长，那么仍需筹措资金 51 200 元。

销售百分比法由于在计算销售百分比时，假定有关资产、负债项目将随销售额（量）成正比变化，因此较适用于近期追加资金量的预测，而回归分析法由于考虑了最近若干年的历史资料，故较适用于长期资金需求量的预测。

课后练习

一、单项选择题

1. 下列方法属于因果预测法的有（　　）。

A. 相关分析法　　B. 经验分析法　　C. 指数平滑法　　D. 移动平均法

2. 下列方法不属于趋势预测方法（　　）。

A. 回归分析法　　B. 指数平滑法　　C. 简单平均法　　D. 移动平滑法

3. 只适用于销售额基本稳定的产品的预测方法是（　　）。

A. 定性预测法　　B. 算术平均法　　C. 趋势平均法　　D. 指数平均法

4. 在进行销售量预测时，近期资料权数大，远期资料权数小的方法是（　　）。

A. 指数平滑法　　B. 算术平均法　　C. 趋势平均法　　D. 定性分析法

5. 某企业不具备完整可靠的历史资料，无法进行定量分析，销售预测时宜采用（　　）。

A. 趋势分析法　　B. 因果预测法　　C. 加权平均法　　D. 判断分析法

6. 下列项目中，管理会计短期筹资预测常用的方法是（　　）。

A. 集合意见法　　B. 因素变动预测法

C. 指数平滑法　　D. 百分比法

7. 假设某企业计划年度的预计销售收入为 500 000 元，产品税率为 8%，要实现的目标利润为 80 000 元，则企业的目标成本为（　　）。

A. 380 000 元　　B. 460 000 元　　C. 620 000 元　　D. 120 000 元

8. 下列预测方法中；属于定性分析法的是（　　）。

A. 相关分析法　　B. 移动平均法　　C. 回归分析法　　D. 集合意见法

9. 销售预测中，趋势平均法一般比较适用于下列哪种情况的企业（　　）。

A. 各期产品的生产和销售量逐渐增加　　B. 各期产品销售额基本稳定

C. 各期产品的生产和销售量大幅度变动　　D. 各期产品生产量基本稳定

9. 在企业预测系统中，处于先导地位的是（　　）。

A. 销售预测　　B. 成本预测　　C. 利润预测　　D. 筹资预测

10. 指数平滑法和趋势平均法的主要差别在于（　　）。

A. 前者属于因果预测法，后者属于趋势预测法

B. 二者关于前后各个时期资料对预测的影响程度的不同看法

C. 前者实质上是一种加权平均法，后者则否

D. 前者属于趋势预测法，后者属于因果预测法

二、多项选择题

1. 预测的基本程序包括（　　）。

A. 确定预测目标　　B. 收集整理资料

C. 选择预测方法　　D. 综合分析预测　　E. 计算预测误差

2. 指数平滑法对不同时期的资料（　　）。

A. 取不同的权数　　B. 取相同的权数

C. 越是近期的资料权数越大　　D. 越是远期的资料权数越小

E. 越是远期的资料权数越大

3. 下列预测方法中属于数量预测方法的是（　　）。

A. 趋势分析法　　B. 回归分析法　　C. 高低点法

D. 移动平均法　　　　E. 指数平滑法

4. 下列项目中，属于定性分析法的是（　　）。

A. 相关分析法　　　　B. 经验分析法　　　　C. 集合意见法

D. 直接调查法　　　　E. 集体思考法

5. 下列各项目中，属于趋势预测法的是（　　）。

A. 移动平均法　　　　B. 回归分析法　　　　C. 简单平均法

D. 指数平滑法　　　　E. 相关分析法

6. 销售预测中，常用的定量方法有（　　）。

A. 算术平均法　　　　B. 趋势平均法　　　　C. 直线回归法

D. 指数平滑法　　　　E. 经验分析法

7. 下列各项中，适用于长期性预测的是（　　）。

A. 销售百分比法　　　B. 趋势平均法　　　　C. 指数平滑法

D. 直线回归预测法　　E. ABC 分类法

8. 预测与决策的关系主要表现为（　　）。

A. 预测是决策的基础　　　B. 预测为决策服务

C. 预测是决策的先导　　　D. 预测是决策科学化的前提

E. 在一定程度上采说，预测就是决策

9. 在资料缺乏的情况下，可选用以下哪些方法进行预测（　　）。

A. 经验分析法　　　　B. 回归分析法　　　　C. 直接调查法

D. 集合意见法　　　　E. 指数平滑法

三、计算题

1. 成化公司 2006 年各月的实际销售额（单位：千元）见表 5.26。

表 5.26　2006 年实际销售额

月　份	1	2	3	4	5	6	7	8	9	10	11	12
实际销售额（千元）	20	25	28	32	35	40	44	56	54	60	58	62

要求：根据上表资料，分别用“加权平均法”和“指数平滑法”（设$\alpha=0.4$，2006 年 1 月份该公司销售额的预测值为 22 千元）预测该公司 2007 年 1 月份的销售额并进行误差估计。

2. 成化公司 1～17 期的销售额见表 5.27。

表 5.27　1～17 期销售额

期　间	1	2	3	4	5	6	7	8	9	10	11	12	13	14	15	16	17
销售额	120	140	175	180	160	175	190	180	185	220	200	210	240	225	220	235	250

要求：根据上述资料，用“直线趋势法”计算该公司地 18、19 两期销售额的预测值。

3. 成化公司只生产一种产品（产品甲），其近 7 年的产量和历史成本数据见表 5.28。

表 5.28 产量和历史成本数据

年 度	2001	2002	2003	2004	2005	2006	2007
产量（吨）	400	280	480	500	540	520	600
总成本（千元）	4 000	3 800	5 000	5 200	5 600	5 400	6 000

若 2008 年度的产量预测为 650 吨。要求：运用高低点法预计 2008 年度产品甲的总成本及单位成本。

4. 假设成化公司近 7 年来的产品产量与成本数据见表 5.29。

表 5.29 产品产量与成本数据

年 份	产量（千件）	总成本（千元）
2001	14	1 307.6
2002	13.9	1 301.6
2003	14.2	1 319.6
2004	13	1 247.6
2005	14	1 307.6
2006	14.1	1 310.5
2007	15	1 367.6

若 2008 年产量预计为 14.8 千件。要求：运用因果预测分析法预测 2008 年度该产品的总成本和单位成本。

5. 某公司在 2006 年度厂房设备的利用率达到 100%，当年实际销售收入为 500 000 元，税后净利为 20 000 元，发放的普通股股利为 8 000 元。

若该公司在下一年度销售收入将增至 800 000 元，并按本年度股利发放率发放股利；折旧提取数为 20 000 元，其中 60%用于改造现有的厂房设备；又假定 2007 年度的零星资金需要量为 10 000 元。

该公司 2006 年末的资产负债表见表 5.30。

表 5.30 资产负债表

2006 年 12 月 31 日 单位：元

资 产		负债及所有者权益	
1. 现 金	10 000	1. 应付账款	50 000
2. 应收账款	85 000	2. 应付票据	5 000
3. 存 货	80 000	3. 长期负债	115 000
4. 厂房设备（净额）	150 000	4. 普通股股本	200 000
5. 无形资产	55 000	5. 留存收益	10 000
资产总计	380 000	负债及所有者权益总计	380 000

要求：运用销售百分比法预测 2007 年需要追加的资金流量。

6. 假定某公司 2006 年度的生产能力只利用了 70%，实际销售收入总额为 425 000 元，获得税后净利 21 250 元，并以 8 500 元发放股利。该公司 2006 年末的简略资产负债表见表 5.31。

表 5.31　资产负债表

2006 年 12 月 31 日　　　　单位：元

资　产		负债及所有者权益	
现　金	10 000	应付账款	50 000
应收账款	75 000	应交税金	25 000
存　货	100 000	应付票据	15 000
厂房设备（净额）	150 000	长期负债	100 000
无形资产	30 000	普通股股本	175 000
		留存收益	20 000
资产总计	385 000	负债及所有者权益总计	385 000

若该公司计划年度（2007 年）预计销售收入总额将增加到 500 000 元，并仍按 2006 年度股利发放率支付股利；折旧提取数为 30 000 元；又假定 2007 年零星资金需要量为 10 000 元。要求：按销售百分比法预测计划年度需要追加多少资金。

四、案例分析

销售预测——成化家用电器厂案例

成化家用电器厂引进国外先进技术试制一批新的毛皮大衣和高级呢绒服装的清洁吸尘器。这种产品在当地还没有销售记录。于是，工厂决定聘请专家多人预测该项新产品明年投放市场后可能的销售量。

在预测前，他们首先对产品的样式、特点和性能用途及可能的售价连同其他地区和国外市场的销售情况做了详细介绍，同时发给每人一张书面意见表，让各人进行判断，经过三次反馈得到资料见表 5.32。

表 5.32　预测相关资料

专家姓名	第一次预测（台）			第一次预测（台）			第一次预测（台）		
	最低	可能	最高	最低	可能	最高	最低	可能	最高
A	2 100	7 000	11 900	3 300	7 000	11 900	3 600	8 000	12 800
B	1 500	5 000	9 100	2 100	5 500	9 800	2 700	6 000	12 000
C	2 700	6 500	11 900	3 300	7 500	11 900	3 300	7 000	12 000
D	4 200	8 500	20 000	3 900	7 000	15 300	3 300	5 000	20 000
E	900	2 500	5 600	1 500	4 500	7 700	2 100	5 500	10 400
F	2 000	4 500	9 800	1 800	5 000	10 500	2 100	5 500	10 400
G	1 500	3 000	5 600	1 200	3 500	11 300	2 700	4 500	9 600
H	1 900	3 500	6 800	2 400	4 500	9 100	2 400	4 500	10 400
I	2 100	4 500	13 800	2 100	5 000	15 100	2 100	8 000	10 400
平均数	2 100	5 000	10 500	2 400	5 500	11 400	2 700	6 000	12 000

对资料加以整理并运用概率进行测算，最低销售量、可能销售量和最高销售量的概率分别为 0.2、0.5、0.3。

该厂零售店经理从该市各大服装公司了解到去年的毛皮大衣和高级呢绒中西服装的销售量有十分密切的关系。已知国外市场为 1∶3，国内市场为 1∶23，零售店经理估计该市可能比例为 1∶35，销售量约 18 429 台。

该厂销售人员对如何预测其销售量产生了不同意见：

第一种意见认为，只要把专家预测判断数加以平均，再加以适当考虑概率因素便可，此作为销售预测量。

第二种意见认为，应排除专家预测中的各种最大和最小因素后，才能加以平均，因此也无需考虑概率因素。

第三种意见，则坚持按服装和产品的比例来确定全年的销售量，认为无需考虑专家预测的因素。

上述几种方案，哪种方案最合理（说明理由）？具体预测的销售量应为多少？

（案例来源：杜学森. 管理会计实训教程[M]. 1 版. 南京：东南大学出版社，2005.）

第六章　短期经营决策

☞ 学习指导

【学习目标】

本章主要内容包括产品生产决策、产品销售决策、产品定价决策、存货决策等。应了解短期经营决策包括的基本内容；掌握产品生产的决策以及分析方法；了解产品定价决策的基本方法；掌握最优价格的确定；熟练计算确定库存订货批量、再订货点，确定最优生产批量和进行设备最优利用的决策分析。

【学习建议】

1. 学习时间：20 小时

第一节建议学习时间：2 小时

第二节建议学习时间：4 小时

第三节建议学习时间：6 小时

第四节建议学习时间：4 小时

第五节建议学习时间：4 小时

2. 学习方法

（1）学习前可以对管理学和成本性态分析等基本知识作个回顾。

（2）点播学习网络课程第六章。

（3）参加第 2 次在线导学直播。

（4）第五节学习完成后提交作业。

【学习重难点】

重点掌握生产决策和定价决策。

如前所述，经营预测分析可为经营决策提供科学的依据。经营预测是为经营决策服务的，它是经营决策的基础。经营预测着重于提供一定条件下企业生产经营各个方面未来可能实现的数据，而经营决策则以它为基础，通过分析比较，权衡利害得失，从中选取最优的方案。因此，经营预测是经营决策的先导，它是经营决策科学化的前提。没有科学、可靠的预测，企业难以做出符合客观实际的科学决策。在实际工作中，企业只有将经营预测与经营决策有机结合起来使用，才能取得良好的效果。因此，经营决策是经营预测的必然延伸。

第一节 决策分析概述

一、决策分析的意义

所谓决策，是指为了实现一定的目标而从若干备选方案中选取一个最优方案的过程。西方学者将决策描述为“在不同方案中进行选择”。

管理会计中的决策分析是指为了实现企业预定的目标，由各级管理人员在科学预测的基础上，结合本单位的内部条件和外部环境，对未来经营战略、方针、措施与方法的各种备选方案可能导致的结果，进行测算和对比分析，权衡利弊，从中选出最优方案的整个过程。

决策分析是企业经营管理的核心。“管理的重心在经营，经营的重心在决策”理念已日益被管理理论界和实务界所接受。1978 年诺贝尔经济学奖获得者、美国著名经济学家西蒙（Herbert A.Simon）教授认为，组织就是由大大小小的决策者所组成的系统，决策居于经营管理的核心地位并贯穿于企业管理的整个过程中。他提出，所谓管理就是“决策—执行—再决策—再执行”的不断反复行进的反馈过程。

为决策提供切实可靠的及时、有用的信息是管理会计的重要任务。市场经济条件下，企业经营的外部环境瞬息万变，这在很大程度上增加了决策的难度。经验表明，决策的正确性很大程度上依赖于决策前信息收集的完整性和决策前计算、分析的科学性；而决策一经确定，还要编制相应的预算，通过预算控制，促使企业实现经营目标。

二、决策分析的特点

1. 决策总是面向未来

这就是说，决策总是谋划、解决将来事件的活动。我们知道，经济活动的未来绝不可能是过去活动的简单重复，也不可能完全脱离过去活动的影响。从管理学的角度分析，经济活动的将来是可以判断、推测的，但很难精确地予以量化。换句话说，经济活动的未来是一种随机变量，其发生受多种不确定性因素的影响。决策的这一特性，为我们在决策分析中采用定性分析与定量分析相结合的方法奠定了基础。

2. 决策要有明确的目标

决策就是要解决未来的某些问题，没有目标的决策是毫无意义的决策。决策目标的建立，一方面为确定备选方案提供前提，另一方面又可在决策实施以后，通过实施结果与目标的比较分析，对决策水平进行评价。

3. 决策的备选方案一般是两个或两个以上

决策过程的核心在于分析比较，评价选优。两个或两个以上备选方案为比较、分析创造了条件，也才有可能存在“最优”选择问题。即使只有一个方案，也有选择与否的决策，从这个意义上讲，它也存在两个方案。

4. 决策要考虑人的因素

决策的结果总会是一个确定的实施方案。而任何方案的实施，总是要由一定的人或团体来完成的。这就要求在决策过程中，除充分考虑方案本身的优劣外，还要考虑备选方案对实施人员的要求以及实施人员对备选方案的适应程度。如果因各种原因企业的实施人员不能实施某备选方案时，即使该备选方案与其他备选方案相比具有明显的优点，也不能被选为实施方案。

三、决策分析的原则

为保证决策的科学性，使得决策能够达到预期的目标，决策必须遵循以下几个原则。

1. 信息原则

决策要以相关信息为依据，收集与决策相关的信息贯穿于决策的整个程序之中。掌握充分、准确、及时和相关的信息是进行科学决策的必要前提和条件。

2. 择优原则

决策要从有助于实现一定决策目标的未来各种可能行动方案中选取最优的方案。这是一个分析对比、综合判断的过程。这个过程要以择优为原则。决策者所掌握的信息越充分，综合判断能力就越强，实现优中择优的可能就越大。

3. 合理配置利用资源原则

经济学原理告诉我们，资源是稀缺的。现代化企业的生产经营活动必须取得并利用一系列的人力、物力和财力资源。在正常情况下，资源条件就是决策方案实施的客观制约因素。因此，在决策中，为了保证决策方案的实施具有客观基础，就必须以合理配置并充分利用稀缺资源为原则。

4. 反馈原则

企业的决策总是依存于一定的主客观环境和条件。经济活动不仅复杂而且具有高度的不确定性，因此，原先从择优原则为基础选取的方案付诸实施之后，其原来所赖以依存的主客观环境和条件可能发生了变化，从而使得决策方案的论证和择优的主客观环境和条件与最优方案的实施所面临环境和条件不同。这就要求决策者要以反馈原则为指导，根据反馈信息所揭示的新情况，对原先决策方案进行适当的修改和调整，使之更具有客观现实性。

四、决策分析的程序

决策分析的程序也可称为决策制定过程。因为决策分析是一个过程，而不是简单的选择方案的行为。决策分析一般按以下步骤进行:

1. 明确经营问题

确定经营目标应以发现并明确经营问题为前提，这就需要调查企业内外环境，根据理想与现实的差距进行企业诊断，提出存在的问题，为进一步开展决策分析工作创造条件。在企业的经营活动中，决策所面临的问题多种多样，例如新产品的研制和开发问题、生产如何组织问题、生产力如何提高问题、生产设备如何充分利用和更新问题、产品售价如何确定问题、存货水平如何确定问题等。这就要求决策者首先能发现并明确经营问题。

2. 确定决策目标

任何决策都是为达到一定的目标，因此，确定目标是决策分析的出发点。决策目标是针对经营中所存在的问题确定的，是企业未来努力的方向。确定决策目标应符合以下几点要求：

（1）目标要具体化：确定的目标要具体明确，不能过于笼统抽象，以免被误解。

（2）目标要数量化：尽可能地用可计量的数量指标表达决策目标。

（3）明确约束条件：凡是附有条件的目标，应充分揭示其约束条件。

3. 拟定备选方案

在决策目标确定后，应充分考虑现实与可能，设计制订各种可能实现目标的备选方案。备选方案的提出，一般要经过形成基本设想、作出初步方案、最后形成备选方案的反复补充修改的过程。在这个过程中，应充分体现解放思想、鼓励创新和集思广益的精神。

4. 对备选方案进行评价

这一过程需要对各备选方案采用定量分析方法进行可行性研究，从不同侧面分析各方案在技术上和经济上的先进性、合理性与可能性，对各方案作出初步评价。

在初步评价的基础上，还要进一步考虑各种非计量或非货币性因素的影响。例如，要考虑国际、国内政治和经济环境的变动趋势，人们心理、习惯、风俗等因素的变化，产品质量，雇员士气等，在此基础上进行定性分析。

5. 选择最优方案

在对各备选方案进行定量与定性分析的基础上，全面权衡利弊得失，按照一定的原则、要求确定择优的标准及有关方法，最后筛选出较为理想的、相对最优的方案。

6. 决策方案的实施和跟踪反馈

最优方案选定以后，就要组织实施，这是决策分析过程的延伸。因为在组织落实决策方案的过程中，可能会出现不曾预料到的新情况、新问题，通过信息的及时反馈，随时调整目标或修正方案，乃至作出下一轮新的决策，使决策过程处于动态良性循环之中。

五、决策分析的分类

决策分析贯穿于生产经营活动的始终，涉及的内容较多，按照不同的标志可将其分为若干不同的种类，主要有：

（一）根据决策期的长短分类

根据决策期的长短的不同，决策可以分为短期决策和长期决策。

1. 短期决策

短期决策，主要涉及一年以内的有关经营活动、并只对短期的收支和盈亏产生影响的决策类型，具体如生产决策、营销决策、定价决策等。这些决策一般不涉及大量资金的投入，考虑的多是如何有效利用组织现有的人力、物力资源以取得最优经济效果的问题。

进行短期决策的分析和评价，重点在于考虑不同方案对成本、利润的影响。由于决策期较短，因此一般不考虑货币的时间价值。

2. 长期决策

长期决策，又称资本支出决策、生产能力决策或投资决策，是短期决策的对称。它一般涉及大量的资金投入，并对企业较长期间的收支和盈亏产生影响，如固定资产的购置、改扩建、更新、新产品开发等。这些决策主要是为了满足企业生产经营的长期需要，投资金额比较大，因此不能由当年的产品销售得到完全补偿，属于资本性支出范畴；由于影响的时间比较长，因此须认真分析比较各种方案的社会、经济效益。长期决策的正确与否直接关系到企业未来能否保持良好的经营状态和竞争力。

进行长期决策的分析和评价要特别重视货币时间价值因素和风险对投资方案的影响。

（二）根据决策支持信息的特点分类

根据决策时决策者所掌握信息的不同，决策可以分为确定型决策、风险型决策和不确定型决策。

1. 确定型决策

所谓确定，是指与决策相关的客观条件、自然状态和现金流量都是确定、已知的，不存在任何未知和不确定的因素。如在生产决策中，各个时期的产量、变动成本、固定成本、废品率等，都是确定的，并可以以具体的数值表现出来。

对于确定型决策，决策就比较容易，决策者可以根据完全确定的情况和数据选择最有利的方案。

2. 风险型决策

所谓风险，是指决策相关因素的未来情况不能完全确定，但可以明确知道各种可能的结果及各种可能结果出现的概率。与之相对应的决策类型称为风险型决策。

3. 不确定型决策

所谓不确定，是指虽然知道决策相关因素可能出现的结果，但不知道各种可能结果出现的概率，或二者都不知道的情况。如在新产品试验前，我们知道结果只有成功和不成功两种可能，但在最终结果出来之前我们并不能明确知道成功与不成功出现的概率具体是多少。

与不确定相对应的决策类型称为不确定型决策，对于不确定型决策需要采用有别于确定型决策的、特殊的决策方法。

（三）根据决策项目间的关系分类

根据决策项目之间关系的不同，决策可以分为独立方案决策、互斥方案决策和优化组合方案决策。

1. 独立方案决策

所谓独立方案决策，是指方案相对独立存在，不受其他方案影响的决策类型。独立方案决策只需要考虑方案本身的可行性即可，而不需要进行方案间的选优。是否接受特殊订货的决策就属于独立方案决策。

2. 互斥方案决策

所谓互斥方案，是指多个互相排斥，不能同时并存的投资方案。进行互斥方案决策就是在确定各个备选方案已具备财务可行性的基础上，再利用决策方法比较方案间的优劣，进而选取最优方案的过程。租赁或举债购买的决策就属于互斥方案决策。

3. 优化组合方案决策

所谓优化组合方案决策，是指涉及的若干方案可以同时进行，但在条件约束下，需要考虑方案间的优化组合以实现企业效益最优的决策。如生产能力有限的情况下，如何生产不同产品的组合决策就属于该决策类型。

（四）根据投资对象分类

根据投资对象的不同，决策主要可以分为项目投资决策和金融资产投资决策等。

1. 项目投资

项目投资以特定项目为投资对象。工业企业的项目投资主要包括以新增生产能力为目的的新建项目投资和以恢复或改善生产能力为目的的更新改造项目两大类，前者属于外延扩大再生产的范畴，后者属于内延扩大再生产的范畴。

其中，新建项目投资还可以进一步细分为单纯固定资产投资和完整工业项目投资。单纯固定资产投资的特点在于，投资只考虑为取得固定资产而发生的资本投入，而不包括流动资金的垫付；完整工业项目投资不但包括固定资产投资，而且包括流动资产投资，有时还要考虑相应的其他长期资产（如无形资产）的投资。

2. 金融资产投资

金融资产投资是指以证券等金额资产为对象的投资。金融资产投资不属于本书介绍的重点。

（五）其他分类

经营决策除上面介绍的几种分类以外，还可以根据其他标准进行分类。如按决策的重要性可以分为战略性决策和战术性决策；根据决策的层次可以分为高层决策、中层决策和基层决策；根据决策目标的多寡可以分为单一目标决策和多目标决策等等。

第二节 短期经营决策的相关概念

一、短期经营决策必须考虑的重要因素

由于短期经营决策的结果只会影响或决定企业近期经营实践的方向、方法和策略，其侧重于收入、成本、利润、产品生产等方面，策划如何充分利用企业现有规模、人财物资源和

经营环境，以取得尽可能大的经济效益而实施的决策。因而，短期经营决策不考虑货币的时间价值，也不考虑投资的风险价值，影响短期经营决策的重要因素是：相关收入、相关成本和相关业务量。

（一）相关收入

相关收入是指与特定决策方案相联系，能对决策产生重大影响，在短期经营决策中必须予以充分考虑的收入。如果某项收入只属于某个经营决策方案，即若有这个方案存在，就会发生这项收入，若该方案不存在，就不会发生这项收入，那么，这项收入就是相关收入。相关收入的计算，要以特定决策方案的单价和相关销量为依据。相关收入包括差量收入、边际收入等。

1. 差量收入

管理会计中把不同备选方案的有关指标之间的数额差异统称为“差量”。差量收入就是指两个备选方案的预期收入的差额，也称差别收入。如果两个备选方案的预期收入相等或不涉及预期收入，则差量收入可视为零。

对于独立决策方案，由于预期产量增减所形成的收入差异也称为差量收入。

2. 边际收入

通常收入与业务量是紧密相关的，收入的增减会随业务量的增减而增减，因此，我们可以建立起收入与业务量的函数。在数学上，边际收入就是收入对业务量的一阶导数，也即收入的差量与业务量的差量之比在业务量的差量无限变小时的极限。在现实的经济活动中，业务量之差不会无限变小，最小只能小到一个单位，否则就没有什么实际意义了。因此，在现实经济活动中，边际收入的计量，就是业务量增加或减少一个单位所引起的收入变动。因此，我们可以把边际收入看成是差量收入的特殊情形。

与相关收入相对立的概念是无关收入，如果无论是否存在某决策方案，均会发生某项收入，那么就可以断定该项收入是上述方案的无关收入。显然，在短期经营决策中，不考虑无关收入，否则，就有可能导致决策失误。

（二）相关成本

相关成本是指与特定决策方案相关联的成本。其基本特征是：① 相关成本是一种未来成本。因为决策总是面向未来的，与之相关联的成本也只能是未来将发生的成本，而不是也不可能是已经发生的历史成本。② 相关成本是一种有差别的未来成本。即使是未来成本，只有可供选择的不同方案之间预期成本额上存在差别的成本，才是与决策有关的相关成本。换言之，没有差别的未来成本也不是相关成本。例如，某公司需要更新一台关键设备，甲和乙两种类型的设备都能够满足公司的要求。如果甲和乙两种类型的设备价格都是 10 000 元，那么，尽管它们都是未来成本，但无论该公司选择甲设备还是选择乙设备，其预期成本都没有差别。因此，从成本这个层面上看，10 000 元的未来成本不是相关成本。如果我们进一步假设，甲设备是国产设备，其价格是 10 000 元，而乙设备是进口设备，其价格为 12 000 元，则相关成本是 2 000 元，而不是 12 000 元或 10 000 元。因为不管该公司选定哪一个方案，其无差别成本 10 000 元都要发生。就甲设备与乙设备的决策而言，相关成本就是这 2 000 元值不值得发生的问题。相关成本是决策关注的焦点，属于相关成本的有：差量成本、边际成本、机会成本、假计成本、付现成本、重置成本、专属成本、可延缓成本、可避免成本等。

1. 差量成本

差量成本也称差别成本，有广义和狭义之分。广义差量成本，是指不同备选方案的成本差额。不同方案在产品构成、制造方法、产销水平、固定资产使用情况等方面都可能存在差异，决策时须将一个方案涉及的成本与其他方案的成本进行比较，方案间的成本差异就是所谓的广义差量成本。该成本概念具有比较和预测的性质，主要应用于经营计划的编制。

狭义差量成本，专指由于生产能力利用程度的不同而引起的成本差额，具体表现为因产量增加或减少而引起的变动性费用的差额。但在实际应用中，通常会将狭义差量成本概念扩大一些，把一部分受生产设备能力影响的固定性费用也包括进去，例如，当业务量的变动超出了固定成本的相关范围，差量成本也包括了部分固定成本的差异。狭义的差量成本接近于边际成本概念。

差量收入与差量成本之差称为差量利润或差别利润。

【例 6.1】 成化公司一分公司现有剩余生产能力 1 000 机器小时，这剩余的生产能力可以生产 A 部件 3 000 件，也可以生产 B 部件 2 500 件。若生产 A 部件的总成本为 65 000 元，生产 B 部件总成本为 75 000 元，两者的生产成本相差 10 000 元。在这里，这两个备选方案中 A、B 两种部件预计生产成本之间的差额 10 000 元，即是 A、B 两种产品生产方案之间的差量成本。

假如上述 A、B 两种部件的单位销售价格分别是 42 元和 45 元，A 部件的预计销售收入为 126 000 元，B 部件的预计销售收入为 92 500 元，两者相差 33 500 元，这 33 500 元即是两个备选方案中 A、B 两种部件销售方案的差量收入。差量收入与差量成本的差额就是差量利润，从成化公司这一案例中，我们可知 A、B 两种产品生产方案的差别利润是 33 500－10 000＝23 500（元）。

2. 边际成本

边际成本理论上是指业务量无限小变动时，成本的变化量。但由于实际业务量的变动不可能是无限小的，因此，边际成本的经济含义就是指增加或减少一个单位产品所引起的成本变化量，也就是业务量变动一个单位时的差量成本。和变动成本一样，边际成本一般随产量范围的变动而变动。

决策中，常用到两条有关边际成本的规律：

（1）当产品的平均成本（指每单位产品平均的生产成本）等于边际成本时，平均成本最低。即当实际产量低于理想产量时，增加产量的边际成本小于总的平均成本；反之亦然。

（2）产品的边际收入等于边际成本时，企业的利润最大化。

【例 6.2】 设成化公司的产品生产总成本函数为：

$$\mathrm{TC}(x)=20\,000+12x+0.02x^2$$

其中：x 表示产量，$\mathrm{TC}(x)$ 表示生产的总成本。

根据微分原理，可知边际成本等于总成本函数的一阶导数，即

$$TC'(x)=12+0.04x$$

则

$$AC(x)=\frac{20\,000+12x+0.02x^2}{x}=\frac{20\,000}{x}+12+0.02x$$

假设产品的单位售价为 24 元/件，则企业的总收入函数为：

$$TR(x)=24x$$

边际收入等于总收入函数的一阶导数，即

$$TR'(x)=24$$

由前面所述的两条规律可知，当平均成本等于边际成本时平均成本最低，即

$$TC'(x)=AC(x)$$

$$12+0.04x=\frac{20\,000}{x}+12+0.02x\Rightarrow x=1\,000\ (件)$$

就是说当产量为 1 000 件时，平均成本最小，为 52 元/件。

当边际收入等于边际成本时企业利润最大化：

$$TR'(x)=TC'(x)\quad 即\quad 24=12+0.04x$$

解得 $x=300$（件）

就是说当产销量为 300 件时，企业的总利润最大化。

差量成本、边际成本以及变动成本之间既有差别又有联系。当处在固定成本的相关范围内，差量成本就等于变动成本，而如果考虑业务量一个单位时成本变动时，这三个成本概念取得一致。但更多情况下，这三个成本概念存在一定的差别。

3. 机会成本

所谓机会成本是指因为执行一种方案而放弃次优方案所损失的潜在收益。也就是说企业资源的运用是以牺牲掉其他投资方向上所可能取得的利益为代价的，机会成本就是为了计量这种代价。

【例 6.3】 川蜀公司现有一空闲厂房，若利用厂房进行热卖产品加工需购置一台机器设备，价值约 35 000 元，生产的产品若能全部售出，一月可获纯利润 15 000 元。但此厂房若出租每年可获得租金收入 150 000 元。若川蜀公司决策是前一种方案，即进行热卖产品的加工，那么出租可获得的租金收入就会丧失，这样，进行热卖产品的加工方案的成本就应该包括失去的租金收入 150 000 元。这 150 000 元就是进行热卖产品的加工方案的机会成本。

机会成本虽然不是实际支出，也不计入账册，有时甚至难以计量，但是，在进行决策时，要把它作为一个现实的重要因素加以考虑，否则，就可能做出错误的选择，不能取得应有的效果。

当然，如果某项资源只有一个用途，别无选择，那么，其机会成本就等于零。例如，某工人失业在家待业，某公司招聘了该工人，该工人对是否应聘的选择就不存在机会成本问题。

机会成本在决策中的意义在于它有助于决策者全面考虑可能采取的各种行动方法，以便为有限的资源寻求最为有利的使用途径。

4. 假计成本

假计成本又称应付成本，是机会成本的一种表现形式。假计成本并未实际支付，因此也不在企业的利润表上列示，但在决策中却需要估计其发生额。

例如，企业自有资金的利息在不实际计算、支付的情况下就是假计成本。决策中忽略假计成本，势必会影响对经营成本的正确判断。

5. 付现成本

付现成本也称现金支付成本，是指某个项目计划实施时需要立即支付现款或需在短期内支付现金的成本。该成本概念对于资金紧缺、支付能力受到限制的企业有特别重要的意义，这些企业往往会采取付现成本最小的方案取代总成本最小的方案。

【例 6.4】 某公司Ⅱ型机器设备突然报废，这是一台关键的加工设备，需立即进行重置。现有两个生产厂家愿意提供这台设备，A 生产厂家设备售价 100 000 元，需一次付清货款；B 厂家设备售价 120 000 元，货款可以分期偿付，先付现金 20 000 元，其余价款分五次付清。因该公司现有流动资金缺乏，仅有银行存款 25 000 元。因此该公司选择了第二种方案，即先支付一部分货款后分期支付的形式。那么，此时的付现成本就是 20 000 元。

6. 重置成本

重置成本是指假设以现在的价格重新购置或重新建造目前持有的资产所需发生的成本。存货的重置成本就是以当前的市场价格重新购入同样的原材料、产成品所需支付的费用；固定资产的重置成本是指现在重新建造或购置安装同样的固定资产所需要的全部支出，再扣除累计折旧后的金额。考虑通货膨胀因素的影响，在产品定价决策中大多也要以重置成本为基础。

7. 专属成本

专属成本是指可以明确归属于某种或某批产品或某一部门等特定对象的成本。如专门生产某种或某批产品的设备折旧、专门为某批产品租用的库房租金等。专属成本是由于某一特定对象（如某种或某批产品或某个部门）的存在而发生的，如这一特定对象不存在，就不会发生相应的专属成本，所以，在进行和特定对象有关的决策分析时必须考虑专属成本因素。一般情况下，变动成本和具体分析对象直接相关，都属于专属成本，没有必要对变动成本的这一属性专门分析研究，所以专属成本主要是针对固定成本进行分析的。

【例 6.5】 四方公司专有一机床用来生产 B 型产品，该机床每年发生设备折旧 6 000 元，同时该公司还有一台切割机床，用来切割 D、F、G 三种产品，该切割机床每年发生设备折旧 1 560 元。上述用来生产 B 型产品的机床的设备折旧费 6 000 元就属于专属成本。

8. 可避免成本

可避免成本是指成本的发生与否或发生额的大小受到经营决策影响的成本。也就是说，如果企业采用了某一特定方案，与之联系的某项支出就必然会发生；但如果不采用该方案，则该项支出也就不会发生，这些成本就属于可避免成本。如酌量性固定成本就属于可避免成本。

9. 可延缓成本

可延缓成本是指与可以推迟到以后执行而暂时不会对企业的整体经营活动产生太大影响的项目相关的成本，如设备维修和保养费用。

与可避免成本不同，可延缓成本虽然目前可以不支付，但将来仍必须支出，属于不可避免成本范畴。

与相关成本对立的概念是无关成本。它是指对某一未来决策方案的选择没有影响，不能导致决策差别的成本项目。那些与决策问题无关、发生与否及发生多少都不受决策项目影响的成本属于无关成本。在短期经营决策中，不能考虑无关成本，否则，可能会导致决策失误。

无关成本主要包括沉没成本、共同成本、不可避免成本、不可延缓成本等。

1. 沉没成本

沉没成本，也称旁置成本，原指已发生的不能回收的成本。沉没成本与特定的经营决策无关，不可能通过现在或将来的任何决策改变，因而在决策时可以旁置不理。

例如，某企业现有一台生产设备，原价 20 000 元，已提折旧 16 000 元，企业在进行设备更新决策时，该项设备的历史成本 20 000 元，账面价值 4 000 元都是沉没成本。尽管该设备登记在财务会计有关账户上，处理时财务会计也会做出相应的记录，但管理会计在是否购买新设备、购买哪一种新设备的决策时，就无须再考虑这一项成本。我们要考虑的是其变现价值，因为这是一项未来成本。

目前，多将沉没成本理解为与差量成本相对应的无关成本。

2. 共同成本

共同成本是指那些由几种、几类商品或若干个部门共同承担的成本，它是同专属成本相对应的一个成本概念。由于变动成本基本上是专属成本，因而管理会计中的共同成本主要指的是共同的固定成本如企业管理人员的工资、福利费、管理部门固定资产的折旧费、修理费、租赁费等。此外，也包括应由各“联产品”共同负担的联合成本。

3. 不可避免成本

它是与可避免成本相对应的成本概念，具体指那些在企业经营中必然要发生的、与特定的决策方案没有直接联系的成本。也就是说，其发生与否、发生额的多少不受某一特定的决策行动的影响。约束性固定成本就属于典型的不可避免成本。

4. 不可延缓成本

它是与可延缓成本相对应的成本概念，指必须马上支付、不可以推迟到以后再支付的成本，或者虽可以推迟支付但推迟会对企业的正常运转产生重大不利影响的成本。前者如生产工人工资、税金，后者如研发费等。

（三）相关业务量

相关业务量是指在短期经营决策中必须认真考虑的，与特定决策方案相联系的产量、销量或生产工时等。尽管相关业务量对决策方案的影响往往是通过对相关收入和相关成本的影响而实现的，但这恰恰从另一方面说明相关业务量是短期经营决策中不可忽视的重要因素。实践证明，在短期经营决策过程中，许多相关收入和相关成本的计量失误往往出于对相关业务量的判断错误。如在是否增产某种非亏损产品的决策中，应考虑的相关业务量不是该产品的全部产量，而是单纯增产的数量；又如，在半成品深加工的决策中，如果半成品与产成品的投入产出关系不是1∶1，则两个方案的相关产量就会不一样。因此，正确判断相关业务量也是生产经营决策中不可忽视的一个方面。

二、短期经营决策的内容

短期经营决策的具体内容较多，概括地说主要包括生产决策、定价决策和存货决策三大类。

（一）生产决策

生产决策是指短期内，在生产领域中，围绕是否生产、生产什么、怎样生产以及生产多少等方面问题而展开的决策。如新产品开发的品种决策；亏损产品是停产、转产或增产的决策；有关产品是否深加工的决策；单一产品生产数量决策；多种产品生产数量决策；零部件是自制还是外购的决策；适用不同加工设备的决策以及风险型生产决策和不确定型决策。

（二）定价决策

定价决策是指短期内，在流通领域中，围绕如何确定销售产品价格水平的问题而展开的决策。这种决策经常采用的方法包括：以成本为导向的定价方法；以需求为导向的定价方法；以特殊要求为导向的定价方法；调价决策的方法及定价策略等。

（三）存货决策

存货决策是指为确定存货既能满足生产需要，又能使其储备总成本最低的进货批量和进货时间而展开的决策，并称此进货批量为经济订货量，进货时间为再订货点。确定经济进货批量和再订货点能使企业的存货保持在最优水平上，使存货占用的资金得到最经济、最合理、最有效的使用。

三、短期经营决策分析的评价标准

短期经营决策通常不改变企业现有生产能力，涉及的时间比较短。因此，在分析时不考虑货币的时间价值和投资的风险价值。评价的标准主要有以下三种情况：

（1）收益最大（或利润最大）。在多个互斥可行的备选方案中，将收益最大的方案为最优方案。其中，收益＝相关收入－相关成本。

（2）成本最低。当多个互斥可行方案均不存在相关收入或相关收入相同时，以成本最低的方案为最优方案。

（3）贡献毛益最大。在多个互斥方案均不改变现有生产能力、固定成本时，以贡献毛益最大的方案为最优方案。

上述三个评价标准中，本质是收益（或利润）最大，成本最低和贡献毛益最大是收益（或利润）最大的特殊情况，因为在不存在相关收入或相关收入相同的情况下，成本最低的方案，收益必然最大；在固定成本稳定不变的情况下，可将其视之为无关成本，在此情况下贡献毛益大的方案，收益（或利润）必然大。因此，成本最低和贡献毛益最大是收益最大的替代价值标准。

四、短期经营决策分析常用的方法

在经营决策中，需要采用不同的决策分析方法对各备选方案进行比较和判断，以选择最优方案。从实际工作中看，经常采用的基本决策方法有差量分析法、相关分析法和最优分析法。

（一）差量分析法

差量分析法是指在进行两个互斥方案的决策时，以差量利润指标作为评价方案取舍标准的一种方法。

该方法一般要通过编制差量利润分析表计算差量利润指标。差量利润分析表的一般格式见表6.1。

表 6.1　差量利润分析表

方案项目	A 方案	B 方案	差异额
相关收入	R_A	R_B	ΔR
相关成本	C_A	C_B	ΔC
差量利润			ΔP

表中的差量利润等于差量收入与差量成本之差，即 $\Delta P = \Delta R - \Delta C$，其绝对值表示企业多获得的利润或少发生的损失。

差量收入等于两方案相关收入之差，即 $\Delta R = R_A - C_B$；差量成本等于两方案相关成本之差，即 $\Delta C = C_A - C_B$。

根据差量利润做出决策的判断标准是：若 $\Delta P > 0$，则 A 方案优于 B 方案；若 $\Delta P = 0$，则 A 方案与 B 方案的效益相同；若 $\Delta P < 0$，则 B 方案优于 A 方案。

由于此法需要以各有关方案的相关收入和相关成本作为基本数据，因此一旦相关收入和相关成本的内容界定得不准确、不完整，就会直接影响决策质量，甚至会得出错误结论，所以，必须进行细致的相关分析，尤其对相关成本项目须逐一列出具体的明细项目。

差量分析法比较科学、简单、实用，能够直接揭示中选的方案比放弃的方案多获得的利润或少发生的损失。通常适用于独立方案决策或只有两个备选方案的互斥决策，但要按此法对两个以上互斥方案做出决策，就必须逐次进行筛选，故比较麻烦。

（二）相关分析法

它是指在多个备选方案中，分别就同一个与方案相关指标（如收益、贡献毛益或成本）进行计算，根据各个方案金额的大小来确定最优方案的方法。收益、贡献毛益最大的方案为最优方案，或成本最低的方案为最优方案。在只有两个备选方案的情况下，差量分析法与相关分析法的本质完全相同，其结果也完全相同，只是计算顺序不同。对于只有一个方案，就某个相关指标进行计算，以确定是否采纳的过程，属于相关分析法的特殊情况。在备选方案超过两个时，采用相关分析法比采用差量分析法更容易些。

在短期经营决策中还广泛采用"利润或成本无差别点分析法"，这实质是差量分析法派生出来的方法，即在多个互斥的备选方案中，通过求解利润或成本无差别量（即使两个备选方案利润或成本相等时的业务量）来确定某个备选方案相关业务量，使利润最大或成本最低的变动范围，做出互斥方案决策的一种方法。利润或成本无差别点分析法包括利润无差别点和成本无差别点分析法。

（三）最优分析法

它是研究如何合理安排和分配有限的人力、物力、财力等资源，找出使资源充分发挥潜力，使价值标准最大化（或收益最大）或最小化（如成本最小）方案的方法。解决这类问题需要微积分中最大最小值原理及运筹学中线性规划、动态规划等高等数学方法。在最优分析法中，并不需要事先设计一个或几个备选方案，而是通过分析过程来形成一个最优方案。

上述三种方法是经营决策分析中常用的基本方法，其他如贡献毛益法、CVP 分析法、单纯形法等只不过是上述基本方法的具体应用。此外，在风险型决策分析中，还可将概率分析法与相关分析法结合使用；在不确定决策分析中，还有大中取小法、小中取大法、大中取大法等，将在后面述及。

第三节　生产决策

生产决策是企业经营决策的重要一环。一个企业经常碰到的决策问题，大多是生产方面的决策问题，这些需要决策的问题，往往有多种方案可以进行，不同的方案，往往经济效益相差很多。通过生产决策，选取一个最佳方案，就能提高企业的经济效益。

一、生产品种决策

（一）新产品开发的品种决策

开发新产品涉及固定资产投资，属于长期投资决策。此处的新产品开发只是为了利用剩余的生产能力而生产企业目前并不生产的产品，不涉及长期资金投入，因此决策中不考虑其对企业长期利益的战略影响，而只是以充分利用现有生产能力、获取短期最大利润为目标。此类决策主要采用差量分析法或相关分析法。

【例 6.6】　成化公司的年设计生产能力为 1 800 000 机器小时，目前只生产甲产品，生产能力尚有 20%的剩余。现在有乙和丙两种新产品可供选择，两种产品的有关资料见表 6.2。

表 6.2　乙、丙两产品有关资料

项　目	甲产品	乙产品	丙产品
所耗机时（小时/件）	20	10	15
销售单价（元/件）	22	8	12
单位变动成本（元/件）	12	4	7

假设新产品的投产不会引起企业原有固定成本的变动，新产品的销售也没有市场限制，要求分别就以下几种情况做出生产哪一种产品的决策分析：

（1）增加新产品不需追加专属固定成本，也不影响原有产品的生产和销售，且剩余生产能力无法转移。

（2）生产乙产品需增加一批专用模具，总价值 160 000 元，假设无残值；而生产丙产品时，受某一道关键工序的限制，老产品将要减产 5 000 件，剩余生产能力也不能转移。

（3）在第（2）种的基础上，假设剩余生产能力可以对外出租，租金收入 100 000 元。

分析　（1）由于该项决策不引起固定成本的变动，且没有机会成本，因此，可采用相关分析法，确认各个方案的贡献毛益总额，并取其金额大者，需要注意的是不可直接比较单位贡献毛益，因为生产能力是有限的，生产不同产品产出量是不同的，决策的结果应该是有限的生产能力产生最大的效益。

$$乙产品贡献毛益=(8-4)\times\frac{1800\,000\times 20\%}{10}=144\,000\ （元）$$

$$丙产品贡献毛益=(12-7)\times\frac{1800\,000\times 20\%}{15}=120\,000\ （元）$$

显然乙产品贡献毛益比丙产品贡献毛益大 24 000 元（＝144 000 元－120 000 元），所以应选择生产乙产品。

本题也可以采用差量分析法。编制差量利润分析表计算有关指标见表 6.3。

表 6.3　差量利润分析表（单位：元）

项目 \ 方案	乙方案	丙方案	差异额（乙－丙）
相关收入	288 000	288 000	0
相关成本	144 000	168 000	−24 000
差量利润			0−(−24 000)=24 000

因为差量利润 $\Delta P=24\,000>0$，所以应选择乙方案。

（2）如果生产乙产品，购买专用模具的 160 000 元支出属于专属成本；如果生产丙产品，会导致原有产品的减产，由此造成 50 000（5 000×22－5 000×12）元的损失，应属于生产丙产品的机会成本。同样可以采用相关分析法或差量分析法进行决策。

相关分析法：

乙产品贡献毛益＝36 000×(8－4)－160 000＝－16 000（元）

丙产品贡献毛益＝24 000×(12－7)－50 000＝70 000（元）

丙产品提供的贡献毛益大于乙产品提供的贡献毛益 86 000（元）＝70 000－(－16 000)所以应选择生产丙产品。

差量分析法：

编制差量利润分析表见表 6.4。

表 6.4　差量利润分析表（单位：元）

项目＼方案	乙方案	丙方案	差异额（乙－丙）
相关收入	288 000	288 000	0
相关成本	304 000	218 000	86 000
差量利润			0－86 000＝－86 000

因为差量利润 $\Delta P = -86\,000 < 0$，所以应选择丙方案。

(3) 剩余生产能力不仅可以用于开发新产品，还可以出租。在这种情况下，就有三个备选方案可供选择。读者用相关分析法不难看出，剩余生产能力出租比开发新产品更合算。当然也可以用差量分析法进行决策分析，只是相对麻烦。

（二）亏损产品的决策

在激烈的市场竞争中，企业生产的某些产品会因为质量较次，款式陈旧，功能欠缺等原因，造成滞销积压而发生亏损，从而产生了亏损产品是否要停产或转产的决策问题。从管理会计的角度看，亏损产品按其能否创造贡献毛益可分为两类：一类是贡献毛益为正数，我们把它称之为虚亏损产品。另一类是贡献毛益为负数，我们把它称之为实亏损产品。对于实亏损产品，显然应该停产，因为生产越多，亏损越大。而对于虚亏损产品，其亏损原因在于它所提供的贡献毛益不足以弥补它所负担的固定成本，一旦停产，它所负担的固定成本非但得不到补偿，反而要由其他的盈利产品来负担，从而造成企业的利润减少，甚至亏损。基于此，虚亏损产品一般不应停产。对此问题的决策可采用相关分析法进行分析。

【例 6.7】　假定青羊公司本年产销 A、B、C 三种产品。有关资料见表 6.5。要求：为青羊公司作出亏损产品是否停产的决策。

表 6.5　A、B、C 产品有关资料

项目	A 产品	B 产品	C 产品
销售量（件）	7 000	3 500	2 800
销售单价（元/件）	14	42	18
单位变动成本（元/件）	6	32	10
固定成本总额（元）	100 000（按各产品的销售额比例分摊）		

分析　采用相关分析进行决策分析。

A、B、C 三种产品应分摊的固定成本分别为：33 175 元、49 763 元、17 062 元。

所以　$\pi_A = 98\,000 - 42\,000 - 33\,175 = 22\,815 > 0$(盈利)

$\pi_B = 147\,000 - 112\,000 - 49\,763 = -14\,763 < 0$ (亏损)

$\pi_C = 50\,400 - 28\,000 - 17\,062 = 5\,338 > 0$ (盈利)

那么 B 产品是否要停产呢？

B产品提供的贡献毛益＝147 000－112 000＝35 000＞0（盈利）

显然三种产品均为企业提供了贡献毛益，其中A、C产品均为盈利产品，而B产品则亏损14 763元，究其原因是由于分摊了企业全部固定成本的一半左右的固定成本49 763元，但其贡献毛益只有35 000元，因此其亏损14 763元。从整个企业来看全厂共盈利13 400元（＝22 825元－14 763元＋5 338元）。注意到固定成本总额是无关成本，因为无论B产品是否停产，它总是要发生的。如果停产B产品，则全厂的贡献毛益将减少35 000元，而B产品所分摊的固定成本49 763元将由A、C两种产品分摊，计算知停产B产品会使青羊公司发生亏损，共亏损21 600元（＝113 400元－35 000元－100 000元）。

结论：由于亏损B产品能提供贡献毛益35 000元，因此不应停产。

至于亏损产品是否要转产的决策问题，同样可以用相关分析法进行决策分析，但需要注意两点：

（1）转产的产品必须是用亏损产品停产后腾出的生产能力生产的，没有占用其他产品的生产能力；

（2）转产的产品提供的贡献毛益必须大于原亏损产品提供的贡献毛益。

若满足上述两点，则转产方案可行，否则不可行。

若亏损产品停产后，将腾出来的生产能力出租给其他企业，则应将租金收入作为继续生产亏损产品的相关成本（机会成本）考虑，再运用相关分析法分析判断即可。

（三）有关产品是否深加工的决策

某些制造企业生产的产品可按不同的加工深度组织经营，如深加工前的半成品、联产品或副产品既可以直接销售，又可以进行一定深度的加工。因此，这类企业就会面临对上述产品究竟是直接销售还是进一步加工的决策。

在这类决策中，深加工前的半成品、联产品或副产品的成本（无论是变动成本还是固定成本）都属于沉没成本，是与决策无关的成本，相关成本只包括与深加工有关的成本，而相关收入则包括直接出售和加工后出售的有关收入。一般以收益或贡献毛益为标准，采用差量分析法或相关分析法进行决策分析。

【例6.8】 武侯公司年产A半成品100 000件，它可立即出售，售价84元/件，其单位变动成本为38元/件，固定成本总额为500 000元。A半成品进一步加工可成为产成品B，售价为132元/件，但把A半成品加工成产成品B需追加单位变动成本41元和专属固定成本500 000元。要求：根据所给资料为武侯公司作出A半成品是否应进一步加工成B产成品的决策。

分析：可用差量分析法进行决策分析，编制差量利润分析表见表6.6。

表6.6 差量利润分析表

方案 项目	进一步加工	出售半成品	差异额
相关收入	13 200 000	8 400 000	4 800 000
相关成本	4 600 000	0	4 600 000
差量利润			200 000

因为差量利润为

$$\Delta P = 200\,000 > 0$$

所以，应选择将 A 半成品进一步加工成 B 产品再出售方案，因为这样可使武侯公司多获利 200 000 元。

【例 6.9】　青羊公司对同一种原材料进行加工，可同时生产甲、乙两种产品，年产量分别为 3 000 吨、1 000 吨。全年共发生 400 000 元共同成本，甲、乙产品分别负担 300 000 元、100 000 元。其中乙产品可以直接对外出售，也可以进一步加工为丙产品后出售。企业已具备将 80%的乙产品深加工的生产能力，且无法对外转移。乙产品与丙产品的投入产出比为 1∶0.7。每深加工 1 吨乙产品需要追加可变成本 20 元。如果租入设备一台，年租金 22 000 元，可以使乙产品的深加工能力达到 100%。甲、乙、丙产品的价格分别为 200 元、135 元、240 元。要求：青年公司是直接出售乙产品，还是深加工 80%、100% 的乙产品为丙产品?

分析　在这个决策中，青羊公司面临三种选择：直接出售乙产品、深加工 80% 的乙产品和深加工 100% 的乙产品。对比可采用相关分析法进行决策分析。

直接出售乙产品的相关损益＝相关收入－相关成本

＝1 000×135－0＝135 000（元）

深加工 80% 的乙产品的相关损益＝(1 000×0.7×80%×240＋1 000×20%×135)－1 000×80%×20

＝145 400（元）

深加工 100% 的乙产品的相关损益＝1 000×0.7×240－(1 000×20＋22 000)

＝126 000（元）

通过比较相关损益可看出，将乙产品的 80% 深加工、20% 直接出售最合算。

【例 6.10】　成化公司在生产主要产品的同时，需处理一种下脚料，共 100 吨。若当废料处理，每吨需支付处理费用 20 元；若当副产品继续加工后出售，单位变动成本 12 元，专属固定成本 6 000 元，单位售价 100 元。在此情况下，是继续加工后出售还是当废料立即处理呢?

分析　可采用差量分析法进行决策分析，为此编制差量利润分析表见表 6.7。

表 6.7　差量利润分析表

项目 \ 方案	继续加工后出售	分离后产即出售	差异额
相关收入	10 000	0	10 000
相关成本	7 200	2 000	5 200
差量利润（元）			4 800

因为差量利润为

$$\Delta P = 4\,800\,(\text{元}) > 0$$

所以应选择继续加工再出售为宜。

二、生产数量决策

在生产的产品品种确定以后，决策者就要面临生产多少的问题。企业已正式投产的产品，在价格已定及现有生产经营条件下，产品的生产数量究竟为多少时，才能使企业利润最大，就是生产数量决策问题。在此我们主要介绍单一产品数量决策、多品种产品数量决策以及最优生产批量决策问题。

（一）单一产品生产数量决策

单一产品数量决策的评价标准是利润最大。如果已知利润是产销量的连续可微函数，当边际利润为零（即边际收入等于边际成本）时，利润最大，以此来确定可使利润最大的产品生产数量。

【例 6.11】 成化公司生产甲产品，已知单位售价 70 元，该产品的总成本函数为 $TC=15\,000+10x+0.003x^2$。要求：为获取最大利润，做出生产多少甲产品的决策。

分析 由题知，利润为：

$$\pi = 70x-(15\,000+10x+0.003x^2)$$
$$=-0.003x^2+60x-15\,000$$

令 $$\frac{d\pi}{dx}=-0.006x+60=0$$

得 $$x=10\,000\ （件）$$

故该公司为获得最大利润，应生产 10 000 件甲产品。

（二）多品种生产数量决策

当企业利用现有生产能力生产两种或两种以上的产品时，由于企业的资源是有限的，即受到生产能力、材料供应、市场销售、资金等各种资源的限制，生产的总规模不能超越这些约束条件，就会遇到每种产品各生产多少才能使利润最大化，也即产品最优组合的决策，或称为企业资源的合理利用决策。

如果企业生产的多种产品之间在企业的生产能力上或市场需要上都互不相关，则不存在多种产品之间的生产数量决策问题。

如果企业生产的多种产品之间在企业的生产能力上互不相关，但在市场需要上却相互影响，比如洗衣粉多销必然影响肥皂的销售。在这种情况下，企业应尽可能生产和销售贡献毛益比较大的产品。

如果企业生产的多种产品在企业的生产能力上相互影响，一种产品增产了，必然影响其他产品的生产，从而产生多品种产品数量决策。

由于确定产品组合时，一般不改变现有生产能力，因此，固定成本为无关成本，在这种情况下，贡献毛益最大的产品组合，其利润也必然最大。所以，通常以贡献毛益大小作为评价方案优劣的标准。

产品最优组合决策通常采用最优分析法进行决策分析，经常采用的是线性规划问题中的图解法和单纯形法。线性规划问题是指在一定的目标下（如利润最大或成本最小）将有限资源最有效地分配到各项经济活动中去的一种数学模型。通常，在一个数学模型中有若干个需要确定的未知数，称为决策变量。把模型所要达到的目标表示成这些变量的函数，称为目标函数。在实现目标的过程中，会有各种客观条件的限制，将其表示成与决策变量有关的等式或不等式，称为约束条件，满足全部约束条件的决策变量组成的集合，称为可行解集，只有两个变量的可行解集也称为可行解区域。线性规划模型的特点是目标函数和约束条件都是线性的。

1. 只生产两种产品的数量决策

如果企业只生产两种产品，可用线性规划问题中的图解法求得最优组合（当然也可用单纯形法求得最优组合，只是比图解法麻烦得多），具体步骤为：

（1）根据两种产品的有关资料，确定目标函数和约束条件；

（2）根据约束条件，在平面直角坐标系中绘出相应的直线，确定产品组合的可行解区域；

（3）在可行解区域内，确定使目标函数达到最优的产品组合。

【例 6.12】 青羊公司生产 A、B 两种产品，每种产品都要经过一车间和二车间进行加工才能完成，有关资料见表 6.8。要求：确定 A、B 产品最优组合。

表 6.8 A、B 两产品有关资料

项 目	A 产品	B 产品	最大生产能力
单位贡献毛益（元）	14	8	
一车间单位产品加工时间（小时）	15	5	36 000
二车间单位产品加工时间（小时）	6	12	26 400
预测销售量（件）	2 400	1 800	

分析 （1）确定目标函数及约束条件。设 A 产品的产量为 x_1，B 产品的产量为 x_2，贡献毛益总额为 T_{cm}，则

目标函数：$T_{cm}=14x_1+8x_2$

约束条件：
$$\begin{cases}15x_1+5x_2\leqslant 36\,000 \to L_1: 15x_1+5x_2=36\,000\\ 6x_1+12x_2\leqslant 26\,400 \to L_2: 6x_1+12x_2=26\,400\\ 0\leqslant x_1\leqslant 2\,400 \to L_3: x_1=2\,400,\quad L_4: x_1=0\\ 0\leqslant x_2\leqslant 1\,800 \to L_5: x_2=1\,800,\quad L_6: x_2=0\end{cases}$$

本题的实质是：在同时满足上述四个约束条件的前提下，求得 T_{cm} 的最大值及其所对应的 x_1 和 x_2 值，也即 A、B 产品的最优产量组合。

（2）根据目标函数及约束条件，作图 6.1。

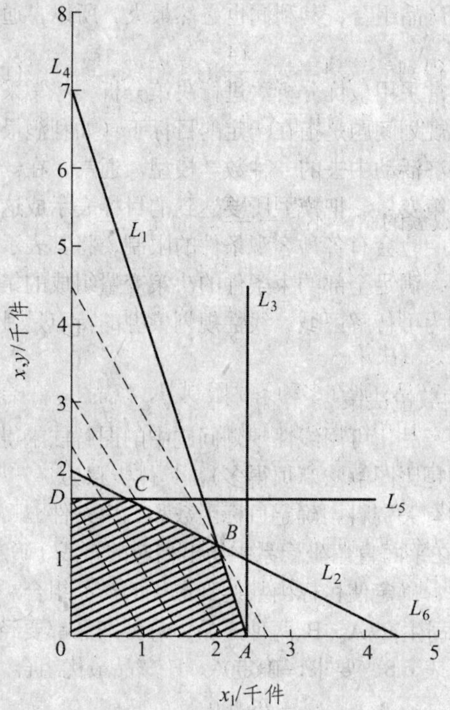

图 6.1 产品最优组合图

图中满足 4 个约束条件的可行解区域是由直线 L_1、L_2、L_3、L_4、L_5 及 L_6 围成的闭凸五边形 *OABCD*。在这个区域内，任何一组产量都满足全部约束条件。在区域之外，任何一组产量都不能满足全部约束条件。

（3）确定使目标函数达到最优的产量组合。可以证明，使目标函数达到最优的产量组合一定在角点上取得。从图 6.1 知本例的 5 个角点坐标为：$O(0,0)$、$A(2\,400,0)$、$B(2\,000,1\,200)$、$C(800,1\,800)$、$D(0,1\,800)$。将其分别代入目标函数得：

$$T_{cm}(0,0)=0$$
$$T_{cm}(2\,400,0)=14\times 2\,400=33\,600\ (元)$$
$$T_{cm}(2\,000,1\,200)=14\times 2\,000+8\times 1\,200=37\,600\ (元)$$
$$T_{cm}(800,1\,800)=14\times 800+8\times 1\,800=25\,600\ (元)$$
$$T_{cm}(0,1\,800)=8\times 1\,800=14\,400\ (元)$$

上述计算结果表明，角点 *B* 的目标函数值最大，因此，生产 A 产品 2 000 件，B 产品 1 200 件是最佳安排，它可使青羊公司获得最大贡献毛益 37 600 元。

当角点比较多时，以上求解比较麻烦，为此可将目标函数改写成目标函数簇（我们在图中用虚线表示）：

$$x_2 = \frac{T_{cm}}{8} - \frac{7}{4}x_1$$

取不同的 T_{cm} 值，即可得到一簇斜率为 $-\frac{14}{8}$ 的平行线，这簇平行线从最小值 $T_{cm}=0$ 开始，向可行解区域内平移，该平行线簇离开可行解区域的最后一点即为使 T_{cm} 为最大的最优解。从图 6.1 可知，此点正好是 B 点。

应当指出，若目标函数簇的斜率不是 $-\frac{14}{8}$，而是 $-\frac{4}{8}$，则它将平行于等生产线 L_1。此时，在线段 BC 上的任一点均为最优解，这种情况称为可选择的最优解。又若目标函数簇的斜率为－3 时，它将平行于等生产线 L_2，则线段 AB 上任一点均为最优解。

2. 生产两种以上产品数量决策

如果企业生产两种以上产品，则在多种条件限制下，产品生产的合理安排问题不能再用图解法而要用单纯形法加以解决。用单纯形法求解时，一般是列表进行交换，因此又称表上作业法。

为叙述简便起见，我们仍以两种产品为例来说明此方法的操作原理，对于两种以上的产品可以运用同样的方法来进行，但是计算将相当繁琐，一般采用计算机来运作求解。

下面我们就以例 6.12 为例来说明单纯形法的运作原理。

对例 6.12 的约束条件中的不等式，分别加上一个非负变量，使之化为等式，从而得到线性规划问题的标准型式。

$$\begin{cases} 15x_1 + 5x_2 + x_3 = 3\,600 & ① \\ 6x_1 + 12x_2 + x_4 = 26\,400 & ② \\ x_1 + x_5 = 2\,400 & ③ \\ x_2 + x_6 = 1\,800 & ④ \\ x_1、x_2、x_3、x_4、x_5、x_6 \geqslant 0 \end{cases}$$

$$\max \quad T_{cm} = 14x_1 + 8x_2 + 0\cdot x_3 + 0\cdot x_4 + 0\cdot x_5 + 0\cdot x_6 \qquad ⑤$$

这些附加变量 x_3、x_4、x_5、x_6 表示没有被利用的四种资源（可指没有被利用的设备能力），它们被称为松弛变量。由于它们未被利用，当然也不会创造贡献毛益，所以在目标函数中，它们的系数应当为 0。

将有关方程的系数填入单纯形表的相应行列中，可得初始单纯形表（单纯形表之一），见表 6.9。

表 6.9　单纯形表之一

方　程	x_1	x_2	x_3	x_4	x_5	x_6	b	比值
①	15	5	1	0	0	0	36 000	2 400
②	6	12	0	1	0	0	26 400	4 400
③	1	0	0	0	1	0	2 400	2 400
④	0	1	0	0	0	1	1 800	∞
⑤	[14]	8	0	0	0	0	T_{cm}	—

因为是求 $\max T_{cm}$，所以变换从目标函数方程中最大系数 14 开始（表中用方括号标明）即先将 x_1 这一列开始变换。为此要计算各行的比值 $\left(\frac{b}{x_1}\right)$: $\frac{36\,000}{15}=2\,400$, $\frac{26\,400}{6}=4\,400$, $\frac{2\,400}{1}=2\,400$, $\frac{1\,800}{0}=\infty$，最小正比值为 2 400。因第一行与第三行的比值均为 2 400，按规则应从第一行着手变换：将第一行第一列的数值变换为 1，第一列的其他各行的数值均变换为 0，从而得到新的单纯形表见表 6.10 单纯形表之二。

表 6.10　单纯形表之二

方程	x_1	x_2	x_3	x_4	x_5	x_6	b	比　值
⑥＝①/15	1	$\frac{1}{3}$	$\frac{1}{15}$	0	0	0	2 400	7 200
⑦＝②－⑥×6	0	10	$-\frac{2}{15}$	1	0	0	12 000	1 200
⑧＝③－⑥	0	$-\frac{1}{3}$	$-\frac{1}{15}$	0	1	0	0	0
⑨＝④	0	1	0	0	0	1	1 800	1 800
⑩＝⑤－⑥×14	0	$\left[\frac{10}{3}\right]$	$-\frac{14}{15}$	0	0	0	$T_{cm}-33\,600$	

目标函数方程⑩的最大系数为 $\frac{10}{3}$，所以应对 x_2 这一列进行变换，最小正比值 1 200 出现在第二行。用前面的方法可得表 6.11 单纯形表之三所示的结果。

表 6.11　单纯形表之三

方程	x_1	x_2	x_3	x_4	x_5	x_6	b
⑪＝⑥－$\frac{1}{3}$×⑦	1	0	$\frac{2}{25}$	$-\frac{1}{30}$	0	0	2 000
⑫＝⑦/10	0	1	$-\frac{1}{25}$	$\frac{1}{10}$	0	0	12 000
⑬＝⑧＋$\frac{1}{3}$×⑦	0	0	$-\frac{2}{25}$	$\frac{1}{30}$	1	0	400
⑭＝⑨－⑦	0	0	$\frac{1}{25}$	$-\frac{1}{10}$	0	1	
⑮＝⑩－$\frac{10}{3}$×⑦	0	0	$-\frac{4}{5}$	$-\frac{1}{3}$	0	0	$T_{cm}-37\,600$

此时，目标函数方程⑮中的自变量的系数已无大于零的数了，其表达式为:

$$T_{cm}=37\,600-\frac{4}{5}x_3-\frac{1}{3}x_4$$

我们看到 x_3、x_4 的系数均为负数，这说明若要用剩余设备能力 x_3 和 x_4，就必须支付附加费用（其贡献毛益为负）。因此，只有当 $x_3=x_4=0$ 时，也即不再利用这些设备能力时，目标函数达到最大值（37 600）。将 $x_3=x_4=0$ 代入方程⑪和方程⑫可得 $x_1=2\,000$；$x_2=1\,200$。即A、B 产品的产量分别为 2 000 件和 1 200 件时，青羊公司可获最大经济效益。

（三）最优生产批量决策

在成批生产单一品种的企业里，如果全年产品生产总量是固定的，这时就会遇到每批产品生产多少、全年分几批生产最为经济的问题；同样，在成比生产多种产品的企业里，如果全年每种产品的生产量都是固定的，有些设备要分批轮换生产几种不同的产品，也会遇到每批产品生产多少、全年分几批生产最为经济的问题，这就是最优生产批量的决策问题。

对于这类问题进行决策，通常以相关总成本最低作为评价方案优劣的标准。经常采用的方法是最优分析法。

由于全年生产量固定，因此，产品的生产成本与生产批量无关，与生产批量相关的成本只有调整准备成本和储存成本。

1. 调整准备成本

调整准备成本是指每批产品生产开始前因进行准备工作而发生的成本，包括调整机器、准备工卡模具、布置生产线、清理现场等项费用。一般情况下，每批的调整准备成本是固定的，因此全年的调整准备成本总额和全年的生产批次成正比；在全年总需求量一定的情况下，生产批次与生产批量成反比，因此，年调整准备成本与生产批量成反比。

2. 储存成本

储存成本是保存存货所付出的代价，包括仓储设备的折旧费和修理费、仓储设备的租金、保管员的工资、保险费、资金占用成本，以及损坏、被窃的损失等在内的各项费用。这些费用中，有一些是不随储存数量的变动而变动的固定成本，如自有仓库设备的折旧费，因此属于最优生产批量的决策无关成本。而有些则是随储存数量的变动而变动的成本（称为变动储存成本），如仓储设备的租金，因此属于决策相关成本。在每天的需用量一定的情况下，生产批量越大，全年平均的储存数量就越大，变动储存成本越高；反过来，生产批量越小，变动储存成本越低。

这两类成本可以表示在平面直角坐标图中，如图 6.2 所示。

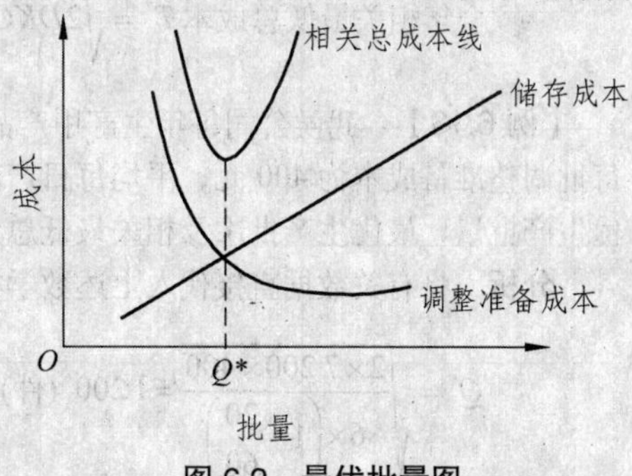

图 6.2　最优批量图

由图 6.2 可以看出，年调整准备成本与生产批量的变动呈反向关系；年储存成本与生产批量的变动呈正向关系；最优生产批量是使两者之和即相关总成本最小的生产批量，而这一点恰恰在相关总成本线的切线等于零的地方。因此，建立总成本曲线的数学模型，对其求导，并令导数等于零，就可以把最优生产批量推导出来。

1. 一种产品分批生产时的最优生产批量

为建立相关模型，设定以下一些符号：

D——全年生产量；　　Q——生产批量；

K——每批调整准备成本；　　C——单位产品全年储存成本；

P——每日生产量；　　d——每日领用量；

T——全年相关总成本；　　N——订货批次。

则有：全年相关总成本＝调整准备成本＋平均变动储存成本

其中：调整准备成本＝全年生产批次×每批调整准备成本＝$\frac{D}{Q}\cdot K$

平均变动储存成本＝年平均储存量×单位产品年储存成本

$$=\frac{\text{每批生产终了最高储存量}}{2}\times\text{单位产品年储存成本}$$

$$=\frac{Q}{2}\left(1-\frac{d}{P}\right)\cdot C$$

即有：$T=\frac{D}{Q}\cdot K+\frac{Q}{2}\cdot C\cdot\left(1-\frac{d}{P}\right)$

令　$T'_Q=-\frac{D}{Q^2}\cdot K+\frac{C}{2}\left(1-\frac{d}{P}\right)=0$

得　　最优生产批量$Q^*=\sqrt{\frac{2DK}{C\cdot\left(1-\frac{d}{P}\right)}}$

最优生产批次$N^*=\frac{D}{Q^*}$

全年相关最低总成本$T^*=\sqrt{2DKC\left(1-\frac{d}{P}\right)}=\frac{2DK}{Q^*}$

【例 6.13】　武侯公司每年生产甲产品 7 200 件，成批组织生产每件年储存成本为 6 元，每批调整准备成本为 400 元，平均每日产出 60 件，每日耗用 20 件。要求：确定甲产品的最优生产批量、最优生产批次及相关最低总成本。

分析　将有关数据直接代入上述数学模型：

$$Q^*=\sqrt{\frac{2\times7\,200\times400}{6\times\left(1-\frac{20}{60}\right)}}=1\,200\ (\text{件})$$

$$N^* = \frac{7\,200}{1\,200} = 6 \text{（批）}$$

$$T^* = \frac{2 \times 7\,200 \times 400}{1\,200} = 4\,800 \text{（元）}$$

即最优生产批量为 1 200 件，全年最优批次为 6 批，此时相关成本为 4 800 元。

除了运用数学模型之外，还可以采用列表法确定最优生产批量。仍以上例为例，先假设几种可能的生产批次（在实际工作中，一般由生产部门提供），分别计算相关总成本，见表 6.12。

表 6.12 最优生产批量计算表

可能的生产批次(D/Q)	8	7	6	5	4
生产批量(Q)	900	1 030	1 200	1 440	1 800
平均储存量（件）	225	258	300	360	450
年储存成本（元）	1 800	2 064	2 400	2 880	3 600
年准备成本（元）	3 200	2 800	2 400	2 000	1 600
年成本合计（元）	5 000	4 864	4 800	4 880	5 200

比较表中的年成本合计可知，甲产品的最优生产批量为 1 200 件，全年最优批次 6 批，此时年成本最低，为 4 800 元，与数学模型得出的结论是相同的。

需注意的是，上述最优生产批量的计算需遵循一些基本假设：

（1）产品的全年需要量能较为准确地确定。实际上，由于受市场的影响，全年需求量较难准确确定。

（2）假设产品的耗用或销售是均匀发生的。模型中的年均储存量的计算即是以此假设为基础的。

（3）不考虑保险储备。一方面，保险储备虽然影响储存成本，但这种影响对于各批生产都是一样的，可以作为无关成本；另一方面，利用这一假设可以简化计算。只有在第二和第三项假设前提下，前述年均储存量的计算才能是最高储存量的 1/2。

2. 几种产品轮换分批生产的最优生产批量

企业用同一种设备依次轮换分批生产几种产品时，根据各种产品生产批次都相同，年调整准备成本之和与年平均储存成本之和相等时，相关总成本最低的原理，可得出最优生产批次：

$$N^* = \sqrt{\frac{\sum D_i C_i \left(1 - \frac{d_i}{P_i}\right)}{2\sum K_i}}$$

第 i 种产品的最优生产批量：

$$Q_i^* = \frac{D_i}{N^*}$$ （式中 $i = 1, 2, \cdots, n$ 分别代表第 i 种产品）

【例 6.14】 青江公司有设备一台，分批轮换生产甲、乙两种产品，有关资料见表 6.13。

表 6.13 甲、乙两产品有关资料

项 目	甲产品	乙产品
全年生产量(D_i)	9 000 件	6 000 个
每批调整准备成本(K_i)	180 元	196 元
单位产品年储存成本 (C_i)	2 元	4 元
每日生产量(P_i)	50 件	60 个
每日领用量(d_i)	20 件	40 个

要求：确定甲、乙两种产品的最优生产批量。

分析 最优生产批次为：

$$N^* = \sqrt{\frac{9\,000 \times 2 \times \left(1 - \frac{20}{50}\right) + 6\,000 \times 4 \times \left(1 - \frac{40}{60}\right)}{2 \times (180 + 196)}} = 5 \text{（批）}$$

甲产品最优生产批量：

$$Q^*(\text{甲}) = \frac{9\,000}{5} = 1\,800 \text{（件）}$$

乙产品最优生产批量：

$$Q^*(\text{乙}) = \frac{6\,000}{5} = 1\,200 \text{（个）}$$

三、生产组织决策

前面我们分别介绍了生产什么和生产多少的决策问题。生产组织决策则是要解决如何组织和安排生产的问题，即怎样生产的问题。下面我们主要介绍零部件是自制还是外购的决策、选用不同加工设备的决策和设备出租或出售的决策。

（一）零部件是自制还是外购的决策

通常，制造业为生产产品需要多种零部件，这些零部件可以外购，也可以自制。从定性分析的角度看，外购零部件可以分享供应商规模化生产的成本优势和技术优势，可以减少投资从而减少风险等，而自制零部件则可以控制零部件质量，保证及时供货等，因此各有长处。从定量分析的角度看，无论是自制还是外购，其收益都是相同的，因此，只要比较成本的高低就可以做出适当决策了。在这里还有一点需要强调，如果自制零件需购买新设备，这就是一个长期投资决策问题了，切不可将设备折旧作为专属成本运用相关分析法进行决策，否则会造成决策失误。生产决策中的零部件自制或外购决策是在现有设备闲置且没有更好用途的情况下进行的，因此从这意义上讲，自制或外购决策的本质是剩余生产能力的利用问题。

1. 零部件的需要量确定时自制或外购的决策

一般地，如果企业在一定时期内的零部件需要量能预测确定，则可用相关分析法比较自制和外购方案的相关成本，成本较低的方案为较优方案。自制方案的相关成本主要包括制造过程中的变动成本、可能发生的专属成本和机会成本以及未来可避免的固定成本；外购方案的相关成本即为此而支付的外购价格、运费等。

【例 6.15】 新都公司是一家制造企业，每年需用 1 800 件 K 部件，其市场售价为 25 元/件，公司有能力安排辅助生产车间进行生产。要求：就以下各不相关情况做出 K 部件是自制还是外购的决策分析。

(1) 公司已具备生产 K 部件的能力，并无法转移。辅助生产车间年固定成本总额为 50 000 元，生产 K 部件的单位变动成本为 20 元/件。

(2) 公司尚不具备自行生产 K 部件的能力，若自制需租入有关专用设备，月租金 2 200 元，K 部件单位变动成本 20 元/件。

(3) 自制批量组织生产，每天能生产 25 件，每天耗用 5 件，每批调整准备成本为 840.5 元；若外购，每次订货成本为 160 元，每件 K 部件年储存成本 2.5 元。

分析 可用相关分析法进行决策分析。

(1) 自制 K 部件相关成本＝20×1 800＝36 000（元）

外购 K 部件相关成本＝25×1 800＝45 000（元）

所以应选择自制 K 部件，可比外购节约 9 000 元。

(2) 自制 K 部件相关成本＝20×1 800＋2 200×12＝62 400（元）

外购 K 部件相关成本＝25×1 800＝45 000（元）

所以应选择外购 K 部件，可比自制节约 17 400 元。

(3) 与自制生产批量有关的成本＝$\sqrt{2\times1800\times840.5\times2.5\times\left(1-\frac{5}{25}\right)}$＝2 460（元）

自制相关总成本＝2 460＋20×1 800＝38 460（元）

与外购批量有关的最低成本＝$\sqrt{2\times1800\times160\times2.5}$＝1 200（元）

(有关内容详见本章第五节)

外购相关总成本＝1 200＋25×1 800＝46 200（元）

所以应选择自制 K 部件，可比外购节约 7 740 元。

2. 零部件的需求量不确定时自制或外购的决策

需求量不确定时，可分为以下两种情况讨论：

(1) 自制不增加专属成本或机会成本时：若自制单位变动成本小于外购单位购买成本，应自制。若自制单位变动成本等于外购单位购买成本，自制与外购都一样；若自制单位变动成本大于外购单位购买成本，应外购。

(2) 自制需增加专属成本或机会成本时：若自制单位变动成本大于或等于外购单位购买成本，应外购；若自制单位变动成本小于外购单位购买成本，采用“成本无差别点”分析法进行决策。它实际上是差量分析法派生出来的一种方法。所谓成本无差别点（即两个备选方案相关成本相等时的业务量）确定某个备选方案相关业务量使相关成本最低的变动范围，来做出互斥方案决策的一种方法。

若设 a 为自制增加的专属成本或机会成本，b 为自制时的单位变动成本，P 为外购时的单位购买成本（即买价），其决策过程是，求出成本无差别点：

$$x_0 = \frac{a}{P-b}$$

当需求量大于 0 小于 x 时，应外购；当需求量等于 x_0 时，自制与外购都一样；当需求量大于 x_0 时，应自制。

【例 6.16】 龙泉公司需用的 F 配件即可以自制，又可以从市场上购买，市价 20 元/件，每年自制 F 配件需增加专属成本 30 000 元，单位变动成本为 14 元/件。要求：就下列两种不相关情况做出需求量在什么范围内 F 配件自制或外购的决策。

（1）不存在数量折扣。

（2）存在数量折扣，当购买量大于等于 8 000 件时，单价为 17 元/件。

分析 （1）成本无差别点：

$$x_0 = \frac{30\,000}{20-14} = 5\,000 \text{（件）}$$

故当需求量小于 5 000 件时应外购，大于 5 000 件时应自制，等于 5 000 件时自制或外购均可。

（2）需求量在 8 000 件以内的成本无差别点：

$$x_0 = \frac{30\,000}{20-14} = 5\,000 \text{（件）}$$

需求量大于等于 8 000 件时的成本无差别点：

$$x_0 = \frac{30\,000}{17-14} = 10\,000 \text{（件）}$$

故购入量小于 5 000 件时外购，大于 5 000 件小于 8 000 件时自制，大于等于 8 000 件小于 10 000 件时外购，大于 10 000 件时自制，购入量为 5 000 件或 10 000 件时，自制外购均一样。本例如图 6.3 所示。

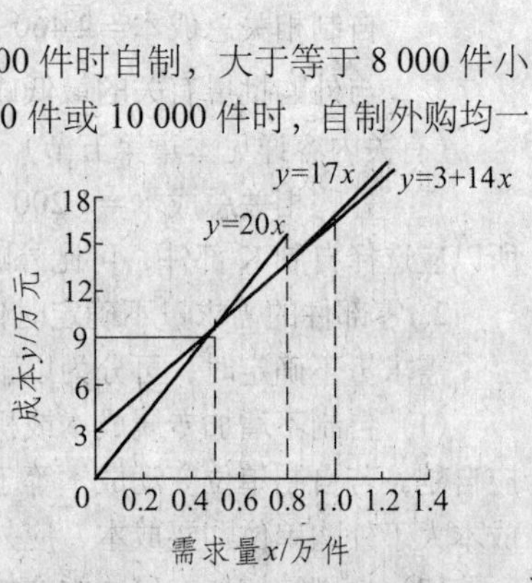

图 6.3 配件外购与自制成本分界图

上面我们对自制或外购的分析都是立足于短期决策角度的，但从企业长期发展的战略高度来看，自制或外购决策属于产业链纵向整合的范畴，财务并非是唯一重要的因素。某些从财务上看不甚合算的自制产品，由于其涉及企业的长期战略决策，放弃自制的话会影响到企业的战略优势，因而，即使在财务方面看来自制是不合算的产品或中间产品，企业也会选择自行生产。

作为企业战略的自制或外购决策，应从确定企业的战略取向入手，通过价值链分析，辨识企业战略的核心活动，同时结合企业相对竞争地位分析，综合各个方面信息作出应该自制或外购的决策。具体决策步骤如图 6.4 所示。

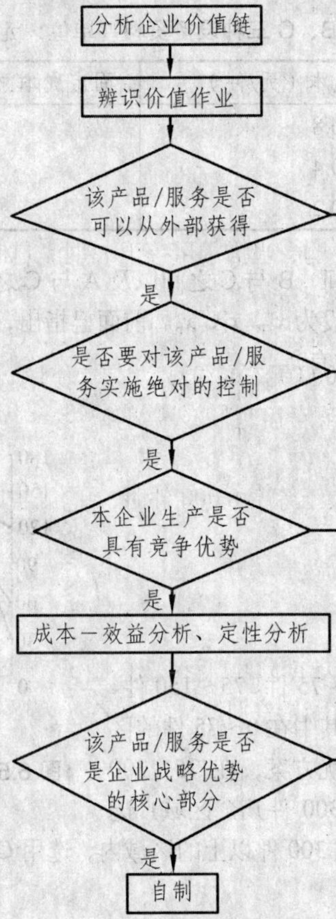

图 6.4 作为企业战略的自制或外购决策

（二）选用不同生产工艺技术方案的决策

企业在做好产品品种、数量决策之后，就要考虑选用什么样的生产工艺技术来加工，即是选用不同生产工艺技术方案的决策。

采用先进的生产工艺技术，由于劳动生产率高、劳动强度低、材料消耗少，可以导致较低的单位变动成本，但往往采用先进的设备装置，导致固定成本高；而采用传统的生产工艺技术时，情况就会相反，因设备比较简陋，虽然固定成本较低，但单位变动成本可能较高。对此，可采用成本无差别点分析法进行决策。

在进行此类决策时，应充分考虑市场情况和加工业务水平，因地制宜地选择合适的生产工艺技术方案，既不能不顾实际，贪大求洋，盲目追求过高的技术，也不能借口节约而长期采用落后工艺。

【例 6.17】 假定龙泉公司在生产一种零件时，可使用 A、B、C 三种设备，其成本资料见表 6.14。要求：据以作出不同批量下适用不同加工设备的决策分析。

表 6.14　A、B、C 三种设备资料（单位：元）

设备名称	单位变动成本（元/件）	固定成本总额（一次调整准备成本）
A	0.8	30
B	0.4	60
C	0.2	120

分析　先分别计算出 A 与 B 之间、B 与 C 之间以及 A 与 C 之间的成本平衡点（用此时的加工批量表示）。这些平衡点分别设为 x_1、x_2、x_3。前面已指出，成本平衡点是指两种方案预期成本总额相等时的加工批量，故有：

$$\begin{cases}30+0.8x_1=60+0.4x_1\\60+0.4x_2=120+0.2x_2\\30+0.8x_3=120+0.2x_3\end{cases}$$

解得
$$\begin{cases}x_1=75\ (\text{件})\\x_2=300\ (\text{件})\\x_3=150\ (\text{件})\end{cases}$$

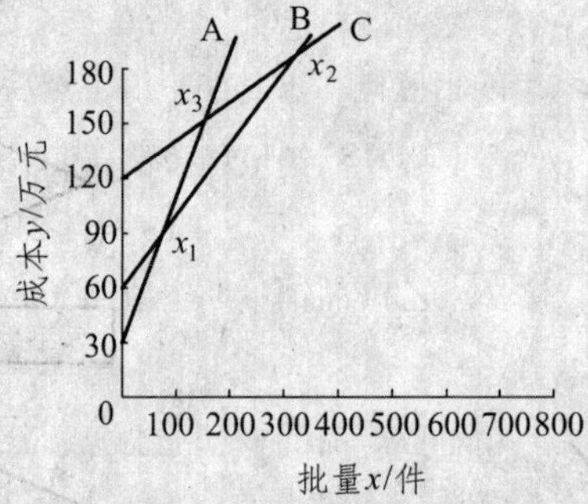

图 6.5　成本无差别点业务量图

于是，整个产量区域被划分为 0～75 件、75～150 件、150～300 件、300 件以上 4 个区域。其中在 0～75 件的区域内，选用 A 设备成本最低，为最优方案；在 75～300 件的区域内（含 75～150 件，150～300 件几个区域）选用 B 设备成本最低，为最优方案；在 300 件以上的区域内，选用 C 设备成本最低，为最优方案。

为使结果更加明确、直观，可用图 6.5 表示。

四、非确定条件下的生产决策

在本章第一节的决策分析分类中，根据决策支持信息的特点分类，决策可分为确定型决策、风险型决策和不确定型决策。上述生产决策中的生产品种决策、生产数量决策、生产组织决策都是确定型决策，这类决策所涉及的各种备选方案的各项条件都是已知的，且一个方案只有一个明确的结果，只要经过比较分析就可在多个互斥备选方案中选出最优方案。

在生产经营决策中，涉及的每个备选方案一般都有多种可能结果，企业对此应如何进行决策方案的分析评价呢？下面分两种情况进行分析评价。

（一）风险型生产决策

这类决策所涉及的各种备选方案的各项条件都是已知的，且一个方案有多种结果都是确定的，每种结果出现的概率都是已知的，对于这种类型生产决策一般采用概率分析法以收益

（利润）最大（或边际利润最大、成本最低）为标准进行分析评价。

【例 6.18】 青羊公司为开拓市场，拟推出一种新产品，现有甲、乙两个品种可供选择，其售价和成本水平在计划期内不会发生变化，但预计市场销量不确定。有关资料如表 6.15 所示。要求：据以作出应生产何种新产品的决策。

表 6.15　甲、乙产品有关资料

产品	销售单价（元/件）	单位变动成本（元/件）	固定成本总额（元）	预计销量水平的概率分布					
				700 件	900 件	1 000 件	1 100 件	1 300 件	1 500 件
甲	40	15	32 000	—	0.1	0.1	0.3	0.3	0.2
乙	60	32		0.1	0.2	0.2	0.4	0.1	—

分析　本例中甲、乙两种产品的预计单位贡献毛益是确定的，分别为 25 元/件（=40 元－15 元）和 28 元/件（=60 元－32 元），但同时存在多种销量水平，为此，应根据不同销量水平的相应概率求其期望值，然后再分别计算贡献毛益总额，以便做出决策。

甲产品销量期望值＝900×0.1＋1 000×0.1＋1 100×0.3＋1 300×0.3＋1 500×0.2
＝1 210（件）

乙产品销量期望值＝700×0.1＋900×0.2＋1 000×0.2＋1 100×0.4＋1 300×0.1
＝1 020（件）

甲、乙产品的贡献毛益总额分别为：

1 210×25＝30 250（元）

1 020×28＝28 560（元）

显然生产甲产品的预期贡献毛益总额比乙产品高 1 690 元（=30 250 元－28 560 元），故应生产甲产品。

（二）不确定型生产决策

如前所述，不确定型决策是指决策者事先不知道决策可能出现的后果，或者虽然知道决策的可能后果但不知道出现各种后果的概率的各种决策。在这种情况下，企业如何进行经济决策方案的分析评价呢？对于这类不确定性决策问题，其选择最优方案的标准通常取决于决策者对未来所持的态度，例如是乐观态度还是审慎、稳健态度。不同的态度所选用的决策分析方法有所不同。但是，在实践中，人们通常先把不确定性问题转化为以下两种情况处理：

（1）如果知道决策的几种可能结果，但不知道出现各种结果的客观概率，可以人为地给出各种可能结果的主观概率，把不确定型生产决策转化为风险型生产决策，从而采用概率分析法进行决策分析。

（2）选择其他标准进行评价分析，如小中取大法、大中取小法、小中取大法、折中决策法。分别介绍如下：

① 小中取大法。

小中取大法也称为悲观决策法。由于此法由瓦尔德（Wald）首创，因此，在有关文献上也称瓦尔德决策准则。其基本思路是：先从各个方案中选出一个最小的收益值，然后从中选出一个收益值最大的方案作为决策方案。

【例 6.19】 假设金宝公司为了扩大甲产品产量。经过市场调查，针对三种可能出现的自然状态，拟定了三种不同的产量方案，对每个方案在三种自然状态下可能形成的边际利润，也作了相应的估计，见表 6.16。

表 6.16 甲产品有关资料

方案 \ 边际利润（元） \ 销路	自然状态		
	销路较好	销路一般	销路较差
2 000 件	40 000	29 000	21 500
2 500 件	49 000	28 000	18 600
3 000 件	58 500	33 600	7 000

要求：采用小中取大法为该公司作出生产数量的决策。

分析 首先找出各个方案的"最小收益值"（本例中即"最小边际利润值"）。

生产 2 000 件的最小收益值为 21 500 元；

生产 2 500 件的最小收益值为 18 600 元；

生产 3 000 件的最小收益值为 7 000 元。

其次，以最小收益值最大的方案为最优方案。通过比较可以看到，在上述三个方案中，生产 2 000 件是这些最小收益值方案中收益最大的方案，所以生产 2 000 件为最优方案。

这种做法是从最不利的情况下选择最满意的方案，所选择的是最小值中的最大值，因此称为小中取大的悲观决策方法。

② 大中取小法。

大中取小法也称最小的最大后悔值决策法。此法由萨凡奇（Savage）首创，因此，在有关文献上也称为萨凡奇决策准则。当某种自然状态出现时，就可以很清楚地看出哪一个方案是最优方案。如果决策者当初没有选择这个方案，而是采用了其他方案，就会感到后悔。最优方案的收益值与所采用方案的收益之差就称为后悔值，即损失额。大中取小就是从各个方案的最大后悔值中选择最小值的方案作为中选方案。

【例 6.20】 仍用例 6.19 的资料。要求：采用大中取小法进行生产数量的决策。

分析 首先，找出在不同自然状态下各个方案的最大收益值。

销路较好：58 500 元

销路一般：33 600 元

销路较差：21 500 元

其次，计算在不同自然状态下各个方案的后悔值。其计算公式为：

方案的后悔值＝最大收益值－该方案的收益值

根据第一步骤的计算结果，在销路较好的情况下，最大收益值的方案为生产 3 000 件，其最大收益值为 58 500 元，因此：

生产 2 000 件的后悔值＝58 500－40 000＝18 500（元）

生产 2 500 件的后悔值＝58 500－49 000＝9 500（元）

生产 3 000 件的后悔值＝58 500－58 500＝0（元）

同理可计算在销路一般时，生产 2 000 件、2 500 件、3 000 件的后悔值分别为 4 600 元、5 600 元、0 元；在销路较差时，生产 2 000 件、2 500 件、3 000 件的后悔值分别为 0 元、2 900 元、14 500 元。

通过比较可知，生产 2 000 件的最大后悔值为 18 500 元、生产 2 500 件的最大后悔值为 9 500 元、生产 3 000 件的最大后悔值为 14 500 元。

最后，再从各个方案的最大后悔值中，选择最小的方案作为最优方案。显然，生产 2 500 件的最大后悔值 9 500 元最小，因此，生产 2 500 件是该公司最优方案。

这种做法是从最不利的情况下选择后悔值即损失额最小的方案作为最优方案。

综上所述，无论是“小中取大法”还是“大中取小法”，都是决策者对不确定性决策方案持审慎、稳健态度。

③ 大中取大法。

大中取大法是在各种不确定决策方案中，选择最有利的市场需求情况下具有最大收益值的方案作为最优方案的决策方法。

【例 6.21】 仍用例 6.19 的资料。要求：采用大中取大法为该公司作出生产数量的决策。

分析 从表 6.16 中可看出，最大收益值均集中在销路较好栏，而最大收益值中的最大值是 58 500 元，因此，生产 3 000 件的方案为最优方案。

由此可见，大中取大法的基本点是选择最有利情况下的最大收益值的方案作为最满意方案。一般而言，它是决策者对前途非常乐观并充满信心的选择标准。

④ 折中决策法。

折中决策法基于上述方法之间，它要求决策者对未来情况持一定的乐观态度，但也不能盲目乐观，而应采取一种现实主义的折中标准。具体做法是：

首先要求决策者根据实际情况和自己的实践经验确定一个乐观系数 $\alpha(0\leqslant\alpha\leqslant1)$。$\alpha$ 的数值大小根据不同决策的对象和当时具体情况而定。它也可能是经验数据。如果 α 的数值接近于 1，则说明比较乐观；如果 α 接近于 0，则说明比较悲观。

其次，计算每个备选方案的预期价值。其计算公式为：

预期价值＝最高收益值×α＋最低收益值×$(1-\alpha)$

最后从各个备选方案的预期价值中选择最大的作为最优方案。

【例 6.22】 仍用例 6.19 的资料。已知该公司将乐观系数定为 0.7。

要求：用折中决策法进行生产数量的决策。

分析 每种产量的预期价值计算如下：

2 000 件方案的预期价值＝40 000×0.7＋21 500×(1－0.7)＝34 450（元）

2 500 件方案的预期价值＝49 000×0.7＋18 600×(1－0.7)＝39 880（元）

3 000 件方案的预期价值＝58 500×0.7＋7 000×(1－0.7)＝43 050（元）

显然生产 3 000 件方案的预期价值最大，故生产 3 000 件方案为最优方案。

第四节 定价决策

产品定价决策是最复杂的管理决策之一。定价决策将影响企业的经营规模、产品组合和长期获利能力。选择一项适当并且能被市场所接受的售价，对企业的成功有着不可低估的影响。

一、定价决策的范围

管理会计中的定价决策只是在一定的范围内才起作用的，而并非适用于所有商品的价格确定。

西方将高度发达的市场经济环境中的价格划分为垄断价格、完全自由竞争价格和企业可控价格三大类。其中，垄断价格（无论是国家垄断价格还是企业财团垄断价格）对于个别企业来说，始终具有强制性的支配效能，企业只有执行的义务，没有变更的权利，不存在定价决策问题。在完全自由竞争条件下，即当市场上某种商品的供应者与消费者的数量都很多，又很分散，则此时完全由供求规律支配所形成的价格为完全自由竞争价格。由于个别企业的市场占有率较低，若擅自换价或降价，只会失去原有市场或招致损失。因此，企业必须根据市场客观的供求规律去测定均衡价格并自觉地执行它，而不必为如何制定价格去操心，因为这一职能将由市场本身有效地执行。只有企业可控价格才属于管理会计中的定价决策范围。所谓企业可控价格是指企业可以自行进行决定的价格。企业的经济效益与定价决策的好坏有着密切的联系。

二、定价决策应考虑的因素

（一）商品的价值

价格是商品价值的货币表现，商品价值是形成价格的基础，也是价格波动的中心，因此，定价决策首先应考虑商品的价值及价值规律的要求。

（二）成本的约束

成本既是补偿生产耗费的尺度，同时也是定价的重要依据之一。因为企业生产并销售产品，在主观上总是期望产品的价格必须足以收回产品的生产和销售成本并为投资者提供足够的利润，因此，产品成本客观上成了定价时重要的约束因素。

（三）商品的质量

“优质优价”是价值规律在市场上的直接体现，所以，定价时必须考虑商品的质量因素，以便针对不同的质量等级确定不同的价格策略。从某种程度上讲，商品的质量是商品价格的决定因素之一。

（四）供求关系

市场上某种商品的供求关系影响该种商品的价格，商品价格又对供求关系产生影响，二者相互制约。价格提高，需求减少，价格回落需求增加；供大于求，价格回落，供小于求，价格趋升，这是价值规律的客观反映。因此，确定商品价格时，必须考虑并尽力反映当时的供求关系。

价值规律主要是通过价格的波动来表现的。价格下降，使生产规模缩小，从而供不应求又使价格上升；价格上升，又使生产规模扩大，从而供过于求又使价格下降。当供求平衡时所对应的市场价格及商品供应量称为“供求均衡点”。上述供求价格关系如图 6.6 所示。

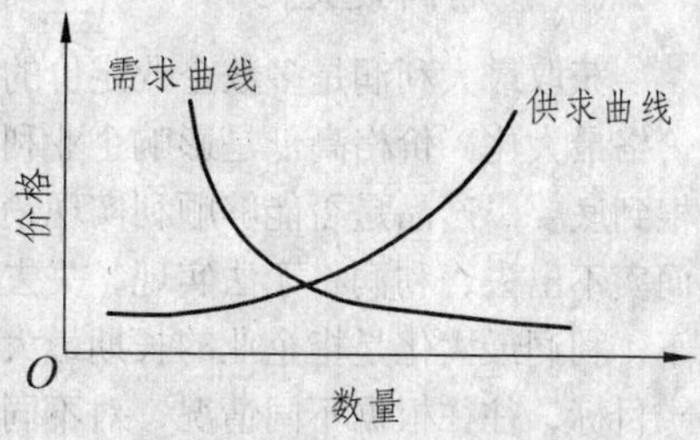

图 6.6 供求价格关系图

（五）价格弹性

价格变化所引起的产品需求量改变的程度称为价格弹性，一般用价格需求弹性系数（简称弹性系数）来反映。设 P_0 和 Q_0 分别为初始售价和初始需求量，P_1 和 Q_1 分别为新售价和新需求量，则弹性系数（E）可由下式得出：

$$E=\frac{(Q_1-Q_0)/Q_0}{(P_1-P_0)/P_0}$$

需求弹性系数等于需求量变动比率与售价变动比率之商。

由于价格和需求变动的方向相反，所以，一般用 E 的绝对值 $|E|$ 来进行比较。$|E|$ 大，说明价格稍有变动，需求量就会变动很大，如高档耐用消费品就属于这种情况；$|E|$ 小，说明价格虽有较大的变动，需求量却变动很小，如由于生理因素决定的日常生活必需品就是如此。明确价格弹性原理，对定价决策分析有重要指导意义，对于价格弹性不同的产品应分别采用不用的定价策略。

（六）商品的市场生命周期

商品的市场生产周期包括四个阶段，即投入期、成长期、成熟期、衰退期。在不同的阶段定价策略应有所不同。投入期的价格，既要补偿高成本，又要能为市场所接受；成长期和成熟期正需产品大量销售，扩大市场占有率的时机，要求稳定价格以利开拓市场；进入衰退期后，一般应采取降价措施，以便充分发掘老产品的经济效益。

（七）其　他

对于产品定价，除考虑以上主要因素外，还需考虑其他一些相关因素，如竞争目标、竞争对手的实力，潜在购买者的购买力和购买心理，企业当时的生产能力以及供求关系等。

三、企业的定价目标

一般认为，企业要做好定价工作，必须按定价程序做好以下三项工作：第一是确定定价目标；第二是研究和选择定价方法；第三是研究和制定定价策略、掌握定价技巧。确定定价目标，是每一个企业制定产品价格的首要过程。所谓定价目标，就是指每一种产品的价格在实现以后应达到的目标。在定价决策中，要求所选择的价格，能够为实现企业所期望的各项目标提供最大的可能性。但实际上，没有一项价格能够同时实现企业的各项目标。所以，管理部门在制订一项价格之前，应当确认最重要的目标。企业的定价目标一般有以下几种：

（一）利润最大化

获取最大利润是多数企业定价的最基本目标，也是最终目标，但利润最大化并不意味着价格最大化。价格高低是影响企业利润的重要因素，但不是唯一因素。企业利润的实现，归根到底要以产品是否能够顺利实现销售，是否能够满足市场需要为前提。如果产品定价过高而卖不出去，利润将无法实现，失去市场比少赚一些利润的损失将更大。因此，在一般情况下，利润最大化是指企业的长期最大利润，而且是所有产品的最大利润。不同企业为实现这一目标，往往根据不同情况，对不同产品选择不同的定价目标。

（二）目标投资报酬率

目标投资报酬率是企业经常采用的注重长期利润的一种定价目标，是指投资者确定的每一单位投资应获得的纯利或毛利，通常用百分比表示。这种目标既不盲目追求一时的高利，也不急于限利求销，而是力图保持长期稳定的收益。在选择报酬率时，应当慎重研究，分析计算，既要能够保证利润目标的实现，又能为消费者所接受。

（三）保持和提高市场占有率

市场占有率是指某一特定品牌产品的销售量占本行业同种产品销售量的百分比，也称市场份额。它是反映企业经营状况好坏和产品竞争能力强弱的一个重要指标，能否维持和提高市场占有率，对企业来说有时比获得预期收益更为重要，企业要发展，产品就必须要有稳定的销路。只有销售量不断扩大，才能在不断满足市场需求的同时，使企业的利润稳步增长。

定价决策是一项极其复杂的工作，管理决策者在制定价格时必须在短期目标与长期目标之间进行权衡。从长期来看，价格必须补偿全部成本并能带来充分的投资报酬。但从这点出发，很可能会导致企业采取不够灵活的定价策略，使企业在短期经营中无力与雄心勃勃的竞争对手较量，甚至妨碍企业实现长期目标。成本数据可以作为定价决策的依据，但不应妨碍管理决策者在需求扩大或竞争压力增加大时对价格进行调整。

鉴于此，我们只介绍以成本为导向的定价决策方法、以市场为导向的定价决策方法、以特殊要求为导向的定价决策方法、调价决策方法和定价策略。

四、以成本为导向的定价决策方法

成本是企业生产和销售产品所发生的各项费用的总和，是构成产品价格的基本因素，也是价格的最低经济界限。从长期角度看，销售价格必须以补偿全部的生产、管理和销售成本，并为投资者提供合理的利润，以维持企业的生存和发展。以成本为基础制定产品价格，不仅能保证生产中的耗费得到补偿，而且能保证企业必要的利润。因此，成本加成定价法是最普遍采用的产品定价方法，也是最基本的产品定价方法。

成本加成定价的出发点是产品售价应是以补偿产品生产、销售过程中所发生的成本，并能提供合理的利润。以公式表示如下：

价格＝成本×(1＋加成率)

影响成本加成定价结果的主要因素包括：(1) 成本基础。有的企业以完全成本作为加成的基础，而有的只把变动成本作为加成基础，因此，成本加成定价法又区分为完全成本加成定价和变动成本加成定价。不同的方法对固定成本采取了不同的补偿方式。(2) 业务量水平。由于产品生产的固定成本和变动成本会随着产量变动而变动，因此如何确定合理的产销量水平，是运用成本加成定价法应慎重考虑的问题。(3) 加成率。根据产品的特性、市场的竞争、行业的惯例，不同产品、行业适用不同的加成率。同时，有的企业会确定一个相对稳定的加成率，而有的企业会根据企业目标和市场环境的变化不断调整加成率。

成本加成定价法认为成本是影响价格的主要因素，生产者在价格决定过程中发挥主导作用，需求者的影响至多只在考虑加成率的大小时有所体现。而一旦出现市场需求增加的现象，企业是通过延长订货期而不是提价来解决的。

(一) 完全成本加成定价法

完全成本加成定价法以产品生产的完全成本作为定价基础，具体做法就是以产品制造成本为基础加乘一定的百分比确定产品价格，即

价格＝完全成本×(1＋加成率)

【例 6.23】 假设都江公司新投产一种产品——产品 A，预计年产销量 200 000 件。有关成本、费用的预测见表 6.17。经研究决定，在制造成本的基础上加成 40%作为产品的目标售价。要求：确定 A 产品的目标售价。

表 6.17 A 产品有关资料（金额单位：元）

成本项目	单位数	合计数
直接材料	18	3 600 000
直接人工	6	1 200 000
变动性制造费用	3	600 000
固定性制造费用	9	1 800 000
合　计	36	7 200 000

分析 A 产品的报价单见表 6.18。

表 6.18 A 产品报价单（单位：元/件）

成本项目	报　价
直接材料	18
直接人工	6
变动性制造费用	3
固定性制造费用	9
单位产品制造成本合计	36
成本加成（40%）	14.4（36×40%）
目标售价	50.4（36＋14.4）

除上述的以完全制造成本为定价基础的做法外，也有的企业以包括完全制造成本、销售费用、管理费用在内的所有成本为定价基础，加成率也相应降低。不过这种做法不利于企业控制销售费用、管理费用，存在一定的弊端。

另外，由于完全成本无法在企业生产经营的本量利之间建立明确的联系，管理人员难以预测价格和销售量变动对利润的影响，因此一部分企业选择以变动成本为基础的加成定价方法。

（二）变动成本加成定价法

变动成本加成定价法的原理和具体决策过程与完全成本加成定价法基本相同，不同点在于采用了不同的成本基础，计算公式如下：

价格＝变动成本×(1＋加成率)

根据变动成本内涵不同，既可以以变动性制造成本为定价基础，也可以以包括变动性制造成本、变动性销售管理费用在内的全部变动性成本为基础，通常而言前者确定的加成率要高于后者。

【例 6.24】 仍以例 6.23 资料并假设单位变动性期间费用为 3 元/件。假设公司决定在变动成本的基础上加成 68%制定 A 产品的批发价格。要求：确定 A 产品的目标售价。

分析 可编制 A 产品报价单见表 6.19。

表 6.19 A 产品报价单

成本项目	报 价
直接材料	18
直接人工	6
变动性制造费用	3
变动性期间费用	3
单位产品变动成本合计	30
成本加成（68%）	20.4（30×68%）
目标售价	50.4

上两例中两种方法的定价结果相同，但加成比例不同，需要补偿的内容也不一样。完全成本加成定价法下，加成部分需要补偿企业经营的管理费用和销售费用；而变动成本加成定价法中，加成部分需要补偿的是企业生产经营过程中发生的各项固定性费用，补偿后的剩余部分才构成企业的经营利润。

加成率的确定是成本加成定价法的难点，常见的做法是在确定目标利润后倒推加成率，计算公式如下：

$$\text{完全成本加成定价法加成率}=\frac{(\text{投资额}\times\text{预期投资报酬率})+\text{非制造成本}}{\text{产量}\times\text{单位产品制造成本}}$$

$$\text{变动成本加成定价法加成率}=\frac{(\text{投资额}\times\text{预期投资报酬率})+\text{固定成本}}{\text{产量}\times\text{单位产品制造成本}}$$

成本加成定价法的历史悠久，至今仍被相当一部分企业所采用。黑格（Hague）等人的调查结果表明，产品的价格大体上等于社会平均成本与社会平均利润之和。但就其部分企业的具体实践而言，成本只是确定了价格底限，即企业要持续经营的话，价格就须高于该“最低价格”，而实际的定价要考虑的因素还很多。另外，成本加成定价容易使人造成这样的误解：成本越高，利润越多。这种观念实际上歪曲了利润来源的真相，遏制了企业提高效率、节约成本的动力。

五、以市场需求为导向的定价决策方法

在市场经济环境下，企业必须以市场为导向，以销定产，在其他条件不变、销售量或销售结构一定的情况下，产品销售价格越高，销售收入也越高，从而实现的利润就越多。但销售价格提高，市场需求就会减少，从而销量趋于减少，而且随着销量减少，以销定产，生产规模缩小，达不到规模经济的效果，产品单位成本又会相应地提高，反过来导致利润减少。由此可见，产品销售价格的变动与影响利润变动因素之间存在着错综复杂的消长关系。定价决策的中心问题就是如何根据这种关系确定价格、数量的最优组合，以促进企业在一定市场容量下实现利润最大化。在这个基础上形成的销售价格就是最优销售价格。因此，如何以市场为导向，适应一定市场环境，正确地确定产品的最优价格就成为产品定价决策的关键所在。

对企业自行定价的产品，究竟如何以市场需求为导向进行定价决策呢？高价可创造高的单位贡献毛益，而低价有促销的功能，那究竟是定价越高越好还是越低越好呢？为此必须把价格和市场需求量联系起来考虑：定价过高，企业销量就会越少，一旦达不到保本点，企业就会发生亏损；定价偏低，可能无法提供贡献毛益或贡献毛益较少，也会发生亏损。

可见，最优价格既不是水平最高的价格也不应为水平最低的价格。确定最优售价应充分考虑价格、收入、成本、销量之间的关系。从而采用利润最大化定价法进行产品定价决策。由于收入和成本函数有“连续型”和“离散型”之分，故最优价格的确定有公式法与列表法两种方法。

1. 公式法

公式法是指销售收入函数与成本函数均是产销量的连续可微函数时，当边际利润等于零时，也即边际收入等于边际成本时利润最大，此时的销量、价格即是使企业利润最大时的销量-售价组合，这一价格就是最优价格。

【例 6.25】 金牛公司生产甲产品欲投放市场，经预测甲产品的收入函数和成本函数分别为：

$$\mathrm{TR}=120x-0.01x^2$$

$$\mathrm{TC}=100\,000+5.6x+0.001x^2$$

要求：用公式法确定销量—售价的最优组合。

分析　令 $\dfrac{\mathrm{dTR}}{\mathrm{d}x}=\dfrac{\mathrm{dTC}}{\mathrm{d}x}$，即

$$120-0.02x=5.6+0.002x$$

解得　　$x=5\,200$ (件)

由于只有一个极值点 $x=5\,200$ 件，故该点就是使利润最大的销量，此时产品单价为:

$$P=\frac{\text{TR}}{x}=120-0.01x=120-0.01\times5\,200=68 \text{ (元)}$$

故甲产品的销量为 5 200 件，单价 68 元时为最优销量—售价组合。

此法的优点是：以微分极值原理为理论依据，可直接将收入函数和成本函数对销量求导数，计算结果比较精确。缺点在于售价与销量的函数关系以及总成本函数关系不容易确定，另外，只有可微函数才能求导数，对于非连续函数则无法用公式法，只能借助于列表法求之。

2. 列表法

如果收入函数和成本函数都是离散的，可以通过列表法找到使利润最大的销量和单价，该点的销量、售价就是最大销量—售价组合。

【例 6.26】　新津公司销售丙产品，通过产品试销、市场预测分析和本企业成本情况，取得有关资料如表 6.20。要求：确定丙产品最优价格。

表 6.20　丙产品有关资料

价格（元）	82	78	74	68.5	66	61.5	58	54.5
销量（万元）	225	250	275	300	325	350	375	400
销售收入（万元）	18 450	19 500	20 350	20 550	21 450	21 525	21 750	21 800
变动成本（万元）	1 935	2 150	2 200	2 400	2 567.5	2 765	2 850	3 040
固定成本（万元）	3 000	3 000	3 250	3 250	3 250	3 500	3 500	3 500

根据上述资料，对边际收入、边际成本、边际利润、总成本及利润计算见表 6.21。

表 6.21　丙产品利润（单位：万元）

销量（万件）	价格	销售收入（TR）	边际收入	总成本（TC）			边际成本	边际利润	利润（π）
				变动成本	固定成本	合计			
225	82	18 450	—	1 935	3 000	4 935	—	—	13 515
250	78	19 500	1 050	2 150	3 000	5 150	215	835	14 350
275	74	20 350	850	2 200	3 250	5 450	300	550	14 900
300	68.5	20 550	200	2 400	3 250	5 650	200	0	14 900
325	66	21 450	900	2 567.5	3 250	5 817.5	167.5	732.5	1 563.5
350	61.5	21 525	75	2 765	3 500	6 265	447.5	−372.5	15 260
375	58	21 750	225	2 850	3 500	6 350	85	140	15 400
400	54.5	21 800	50	3 040	3 500	6 540	190	−140	15 260

表中的边际收入是指销量每增加一个单位（25 万件）所增加的收入。边际成本是指销量每增加一个单位（25 万件）所增加的成本。边际利润是边际收入与边际成本之差（也等于销量每增加一个单位所增加的利润）。从表中可以看出，当销量为 325 万件，单价为 66 元时，公司利润最大，为 15 632.5 万元。因此，单价为 66 元时为最优价格。

从上例可以看出，边际利润为零时的价格 68.5 元，或边际利润（140）从正数最接近于 0 时的价格 58 元，或边际利润（−140）从负数最接近于零的价格 54.5 元都不是最优价格。边际利润为零也不能说明降价毫无意义，也就是说，在离散情况下“边际收入等于或最接近边际成本，即边际利润等于或最接近零时的价格为最优价格”这一结论已不具有普遍性。利润最大的价格既不一定是边际利润为零时的价格，也不一定是边际利润最接近于零时的价格，也不一定是边际利润从负数最接近于零时的价格。

六、以特殊要求为导向的定价决策方法

以特殊要求为导向的定价决策方法是指企业面临生产能力、市场需要发生了变化或为了扩大或维护企业的市场占有率，或参加订货会议以及投资活动过程中遇到强劲的竞争对手等环境下所采用的定价方法。这种定价基本上属于“一次性”定价。

以特殊要求为导向的定价决策所采用的方法是本量利分析法，其基本模式如下：

项目	金额	
单位变动成本：		
直接材料	××元	
直接人工	××元	
变动制造费用	××元	
变动期间费用	××元	
单位变动成本合计	A 元	价格下限
成本加成：		
加：单位固定成本	××元	弹性区间
	B 元	
加：单位预期利润	××元	
目标价格	D 元	价格上限

上述模式表明，企业在特殊环境下，价格应该定在$[A, D]$这个区间内，即价格 P 应满足：$A \leqslant P \leqslant D$，$A$ 为价格的下限，D 为价格上限。至于实际价格如何，则由企业管理决策者根据实际情况斟酌确定。从长远的角度看，价格应维持在上限 D 上，$D-A$ 是价格变动的弹性区间或者是企业削价的最大容许程度。具体地说：

（1）当企业存在闲置生产能力，又不能转移时，为了充分利用企业的闲置生产能力，占领市场。在短期内，企业只要将价格定在 A 元以上就可以了。也就是说，当企业存在闲置生产能力时，如果企业不亏损，其产品价格至少应该定为 A 元。

【例 6.27】　假设青羊公司生产并在国内销售一种电话机，目前企业对外的批发价为 40 元/部，有关的单位成本计算见表 6.22。

表 6.22　电话机有关成本资料（单位：元）

项　目	单位成本
变动成本：	
直接材料	24
直接人工	3
销售佣金	1
其他变动性费用	2
固定成本：	
管理人员工资	0.5
折旧类	4.5
每部电话机成本	35

目前公司的生产能力尚有剩余，可进一步利用。现有一外贸公司要求按每部 30 元的价格订购 200 000 部该产品销往海外市场。由于该客户是主动联系的，因此青羊公司不必支付销售佣金。问青羊公司应否接受外贸公司的订货?

分析　30 元/部的价格远低于青羊公司目前 40 元/部的批发价格，且表 6.22 的成本计算资料也显示该定价尚不足补偿每件产品 35 元的成本，拟不应接受该批订货。但考虑到企业还有部分闲置的生产能力，此外变动成本中的佣金也是无关成本，因此青羊公司的财务人员针对该批特殊订货作了相关成本分析见表 6.23。

表 6.23　相关成本分析资料（单位：元）

		增量收益
增量收入	200 000×30	6 000 000
直接材料	200 000×24	(4 800 000)
直接人工	200 000×3	(600 000)
其他变动性费用	200 000×2	(400 000)
合　计		200 000

也就是说如果接受定价，可为青羊公司提供 200 000 元的贡献毛益，所以应接受该笔追加订货。其实本题中 $A=30$ 元/部，考虑到追加订货不需支付佣金，故 $A=29$ 元/部<30 元/部的报价，基于此也应接受订货。

以低于成本的价格接受特殊订货仍有利可图，原因在于企业固定成本属于沉没成本，不管是否接受特殊订货，这部分成本都已发生，是决策的非相关成本。此外本例中，销售佣金也属无关成本。因此，通过对相关收入和相关成本的正确分析，可以有助于企业正确决策。

【例 6.28】　假设例 6.27 中，青羊公司为接受该笔特殊订货需专门定制一批特殊的模具，购置价格 250 000 元。问青羊公司应否接受外贸公司的订货?

分析　由于在模具上的追加投入是决策的相关成本（专属成本），因此应加以考虑。决策的相关成本分析见表 6.24。

表 6.24　相关成本分析资料（单位：元）

		增量收益
增量收入	200 000×30	6 000 000
直接材料	200 000×24	（4 800 000）
直接人工	200 000×3	（600 000）
其他变动性费用	200 000×2	（400 000）
追加投资（专属成本）		（250 000）
合　计		（50 000）

可见，在需追加投入的情况下接受该笔特殊订货就变得不可行了。

一般而言，接受特殊订货必须具备以下几个条件：

① 企业须有多余的生产能力，接受订货后不必进行大量的固定资产投资。

② 特殊订货的价格可以低于正常价格，但不能低于变动性制造成本（A）。

③ 接受特殊订货后不能影响企业的正常销售。如本例中的客户不是将订货的产品销售到青羊公司尚未开发的海外市场，而是投放于国内市场，那么就可能会引起青羊公司既有市场的价格混乱，公司可能会得不偿失。这一点是进行特殊订货决策中应充分重视的。

（2）从长期的角度看，如果企业要保本，其产品价格至少应定为 B 元，实际上，这就是保本点的价格。

$$B = b + \frac{a}{x} = A + \frac{a}{x}$$

（3）企业的经营目标不是为了保本而是实现预期的利润，因此，企业要实现预期利润，其产品价格至少应定在 D 元。实际上，这就是实现目标利润的价格水平。

$$D = b + \frac{a + \pi_{目}}{x} = B + \frac{\pi_{目}}{x}$$

上述后两种情况，有助于在市场需求发生了变化或参加订货会议、贸易洽谈会以及投标活动过程中，迅速地报出基于一系列不同销量或订货量情况下的产品价格基础。

【例 6.29】　假设金牛公司在生产能力范围内生产甲产品的单位变动成本为 40 元，固定成本总额为 10 000 元，现在公司的销售部门准备参加商品交易会，此行之目的是实现目标利润 20 000 元。销售部门要求提供销量在 500～1 000（包括 500 和 1 000），每间隔 100 件的保本点价格和实现预期利润的价格，以便作为贸易洽谈时的重要依据。

分析　根据上述资料，依据公式：

$$B = b + \frac{a}{x} \quad 及 \quad D = b + \frac{\pi_{目} + a}{x}$$

计算并编制报价单，见表 6.25。

表 6.25 报价表

销售量（件）	500	600	700	800	900	1 000
保本点价格（元）	60	56.67	54.92	52.25	51.11	50
预期利润价格（元）	100	90	82.86	77.50	73.33	70

有了上述报价单，销售部门就可以根据不同订货量下的产品价格基数合理确定公司的产品价格。

七、调价决策的方法

在非完全自由竞争市场经济环境下，不可能指望某种产品的价格会一成不变，企业必须随时了解市场对产品的需求，对某些产品的价格进行适当的调整，以使企业取得最大的利润。调价决策的方法一般有两种：

（一）需求价格弹性法

在市场经济条件下，价格与销量存在着紧密的依存关系，通常表现为价格提高，销量下降；价格降低，销量增加。也就是说，价格的变动与销量的变动方向相反，若设 x 为销量，P 为价格，则价格与销量的依存关系可表示为：

$$x = f(P)$$

如果 x 是 P 的连续可导函数，价格与销量的变动幅度用价格变动率（$\Delta P/P$）和销售变动率（$\Delta x/x$）来反映，则价格的变动率对销量变动率的影响程度可用需求价格弹性（E）来表示：

$$E = \lim_{\Delta P \to 0} \frac{\frac{\Delta x}{x}}{\frac{\Delta P}{P}} = \frac{P}{x} \lim_{\Delta P \to 0} \frac{\Delta x}{\Delta P} = \frac{P}{x} f'(P)$$

由于销量 x 是价格 P 的单调减函数，故应有 $f'(P) \leqslant 0$。

在实际经济活动中，需求价格弹性被定义为：

$$E = \frac{\Delta x}{x} \bigg/ \frac{\Delta P}{P} \qquad ①$$

E 也称为需求价格弹性系数，由此可得：

$$\frac{\Delta x}{x} = E \cdot \frac{\Delta P}{P} \qquad ②$$

由于 $\frac{\Delta x}{x}$ 与 $\frac{\Delta P}{P}$ 的变动方向相反，由①式知，价格弹性 $E \leqslant 0$，这就是说当价格增加或减少 $H\%$ 时，销量则减少或增加 $|E| \cdot H\%$。

当$|E|>1$即$E<-1$时称为价格弹性大；

当$|E|<1$即$-1<E\leqslant 0$时称为价格弹性小。

当企业掌握了某种产品的价格弹性后，就可以利用价格弹性进行调价决策。

当需求价格弹性为已知时，使得企业利润最大的价格是：

$$P_1=P+\Delta P=\frac{b}{2}+P\left(1-\frac{1+E}{2E}\right)$$

调价金额　$\Delta P=\frac{b}{2}-\frac{P(1+E)}{2E}$

由此可得如下结论：

（1）$|E|=1\Leftrightarrow \Delta P=\frac{b}{2}>0$，应提价；

（2）$|E|>1\Leftrightarrow \frac{P(1+E)}{2E}>0\Leftrightarrow\begin{cases}\frac{b}{2}>\frac{P(1+E)}{2E}\Leftrightarrow \Delta P>0,\text{ 应提价}\\ \frac{b}{2}=\frac{P(1+E)}{2E}\Leftrightarrow \Delta P=0,\text{ 不调价}\\ \frac{b}{2}<\frac{P(1+E)}{2E}\Leftrightarrow \Delta P<0,\text{ 应降价}\end{cases}$

（3）$|E|<1\Leftrightarrow \Delta P>0$，应提价。

【例 6.30】　某产品在某市经销，经测定其需求价格弹性系数为-4，该产品现行价格为38元/件，年均销量80 000件，固定成本总额为480 000元，试就下列两种情况，做出在什么价格水平才能使企业利润最大？

（1）单位变动成本为31元/件；

（2）单位变动成本为24元/件。

分析　（1）调价金额　$\Delta P=\frac{31}{2}-\frac{38\times(1-4)}{2\times(-4)}=1.25$（元）

$$P_1=38+1.25=39.25\text{（元）}$$

此时利润　$\pi=x\left(1+\frac{\Delta P}{P}\cdot E\right)(P_1-b)-a$

$$=80\,000\times\left[1+\frac{1.25}{38}\times(-4)\right](39.25-31)-480\,000$$

$$\approx 93144\text{（元）}$$

比不调价多获得$93144-[(38-31)\times 80\,000-480\,000]=13144$（元）的利润。

（2）调价金额　$\Delta P=\frac{24}{2}-\frac{38\times(1-4)}{2\times(-4)}=-2.25$（元）

$$P_1=38-2.25=35.75\text{（元）}$$

此时利润　$\pi = 80\,000 \times \left[1 + \frac{-2.25}{38} \times (-4)\right](35.75 - 24) - 480\,000$

$\approx 682\,632$ (元)

比不调价多获得 $682\,632 - [(38-24)\times 80\,000 - 480\,000] = 42\,632$(元) 的利润。

由此可知，当单位变动成本为 31 元时，应提价 1.25 元，售价为 39.25 元；当变动成本为 24 元，应降价 2.25 元，售价为 35.75 元。

上述方法是建立在需求价格弹性为已知的基础上，而要求得需求价格弹性，则必须掌握价格与销量依存关系的数学模型，而在实际工作中却很难找到或要花费高昂的代价，此时也就没有必要去确定价格与销量的依存关系。为此可采用下列方法进行调价决策。

（二）利润无差别点法

利润无差别点法是指利用调价后预计销量与利润无差点销量之间的关系进行调价决策的一种方法，也称为价格无差别点法。

利润无差别点销量是指某种产品为确保原有盈利能力，在调价后应至少达到的销量指标。其模型为:

$$\text{利润无差别点销量}x_0 = \frac{\text{固定成本}(a) + \text{调价前可获利润}(\pi_0)}{\text{拟调单价}(P_1) - \text{单位变动成本}(b)}$$

$$= \frac{\text{调价前可获贡献毛益}(T_{\mathrm{cm}_0})}{\text{拟调单价}(P_1) - \text{单位变动成本}(b)}$$

（1）若调价后预计销量$>x_0$，则可考虑调价；

（2）若调价后预计销量$<x_0$，则不能调价；

（3）若调价后预计销量$=x_0$，则调价与不调价的效益一样。

在此类决策中，需要综合考虑最大生产能力，调价后预计销量因素，是否追加专属成本，绝对剩余生产能力能否转移等条件。

【例 6.31】 锦江公司生产甲产品，其单价为 110 元/件，可销售 12 000 件，固定成本为 350 000 元，单位变动成本为 70 元/件，实现利润 130 000 元。假定公司现有最大生产能力为 20 000 件。要求：利用利润无差别点法评价以下各不相关条件下的调价方案的可行性。

（1）若该产品的单价降低为 100 元/件，预计销量可达到 18 000 件左右；

（2）若该产品的单价降低为 90 元/件，预计销量可达到 24 000 件左右；

（3）若调低该产品单价为 90 元/件，预计最大销量可达到 28 000 件，但公司必须追加 60 000 元固定成本才能具备生产 28 000 元产品的能力；

（4）若调高该产品单价为 120 元/件，只能争取到 9 000 件订货（剩余生产能力无法转移）；

（5）若调价水平与销量情况同（4），但剩余生产能力可以转移，可获贡献毛益 70 000 元。

分析　（1）利润无差别点销量$= \frac{350\,000 + 130\,000}{100 - 70} = 16\,000$（件）

因为　最大生产能力 20 000 件＞预计销量 18 000 件＞利润无差别点销量 16 000 件
所以应当考虑调价。

(2) 利润无差别点销量＝$\dfrac{350\,000+130\,000}{90-70}=24\,000$（件）

因为　最大生产能力 20 000 件＜利润无差别点销量和预计销量 24 000 件
所以不应调价。

(3) 利润无差别点销量＝$\dfrac{350\,000+130\,000+60\,000}{90-70}=27\,000$（件）

因为　最大生产能力和预计销量 28 000 件＞利润无差别点销量 27 000 件
所以应当考虑调价。

(4) 利润无差别点销量＝$\dfrac{350\,000+130\,000}{120-70}=9\,600$（件）

因为　预计销量 9 000 件＜利润无差别点销量 9 600 件
所以不应调价。

(5) 利润无差别点销量＝$\dfrac{350\,000+(130\,000-70\,000)}{120-70}=8\,200$（件）

因为　预计销量 9 000 件＞利润无差别点销量 8 200 件
所以应当考虑调价。

八、定价策略

企业在定价决策中，除了借助数学模型进行定量分析外，还应根据企业本身的实践经验和判断力进行必要的定性分析，并采取灵活的策略，随机应变。在此我们着重探讨产品生命周期的定价策略。

不同的产品生命周期中，影响定价的因素不同，具体的定价策略也不同。

（一）投入期

作为刚刚投入市场的新产品，虽然具有一定的技术、经济优势，甚至还可能是独家生产经营，但由于产品结构和工艺尚未定型，质量也不太稳定，大批生产的能力也未形成，加上消费者对新产品缺乏了解和信任，因而销路有待打开，产品开发是否成功还没有把握。基于此，企业可采取以下定价策略：

1. 撇油法定价

指在新产品上市的时候订出很高的价格，而在市场趋于成熟后再逐步降低价格。这样做的目的是在市场初始形成的短期内获得最大化的垄断利润，迅速补偿产品开发和推介费用。该定价方法的不利之处在于，高额的利润会在短期内引来大量的竞争者。

目前部分手机产品的定价就属于比较典型的撇油法。新款手机面市时，价格都很高，但随着销量的上升，价格就逐步下降了。通过撇油法定价的反复应用，企业可以在各个消费层次中撇取最大的利润。

2. 渗透法定价

即在投入期，以低价投放新产品以期能在短时间内得到市场的认可，并迅速占领市场份额，同时建立高的进入壁垒。采取渗透法定价的企业以牺牲短期利益为代价换取长久的市场地位。

由于产量尚少，技术还不成熟，生产成本较高，市场营销费用也高，因此，这一阶段的成本是比较高的。但是采用不同策略，成本对定价决策的影响是不一样的。采取渗透法的企业，为追求成熟期的高利润，很可能会把价格订得比成本低。

（二）成长期

产品经过投入期的试销和改进，技术日趋成熟，质量也基本稳定，逐渐形成销售高峰，产品进入成长期，在成长期，由于营销的作用，产品已为消费者所熟悉，并在竞争中占有较大优势，市场需求量扩大，利润也开始迅速增长。

成长期是产品开发的关键时期，企业应该努力稳定和适当提高产品的质量，扩大生产能力；另一方面应在保证市场供应，维持、扩大市场占有率的情况下，通常采用目标价格策略，修正预测值，确定最优价格。具体做法是使该阶段的目标利润率高于整个生命周期里的平均利润率。这样不仅可以使产品的成长期成为企业获利最多的时期，而且企业也有了降价促销的后续手段，从而在销售困难时期可以以数量补充盈利，使整个寿命期内的产品利润最大化。

（三）成熟期

在成熟期，产品已被市场所接受，市场份额也基本确定，这个阶段企业主要根据占领的市场份额和相对品质确定定价策略。

由于规模化生产的原因，成熟期的产品成本一般比较低，价格高于平均成本，企业可以实现稳定的利润。在这个阶段，企业可以通过附加功能等方式创造差异性，也创造提价空间。

（四）衰退期

在衰退期，产品剩余的寿命期间有限，企业基本不做研究开发投入，也不扩大生产能力。企业目标在于尽可能回收现金，并将收回的现金投入新产品的研发。随着市场需求的逐步减少，价格逐步下降，利润空间越来越有限，企业就逐步撤出市场。

第五节　存货决策

存货是指企业在生产经营过程中为销售或耗用而储存的各种物资。存货过多或存货不足对企业都是不利的，存货过多必然增加资金占用，不仅增加资金成本，还会增加储存费用；存货不足会影响企业生产、销售正常进行，造成停工待料、停售待货，发生销售违约赔偿等损失。采购或投入的存货批量过少，会引起存货不足；批量过多，又会增加相关成本。存货决策就是确定使存货既能满足生产需要，又能使其储备总成本最低的进货量及进货时间，并称此进货批量为经济（最优）订货量，进货时间为再订货点。

一、存货储备总成本的构成内容

（一）采购成本

采购成本是指由存货的买价和运杂费等构成的成本，通常作为存货本身的入账价值，其总额等于采购数量（年需用量 D）与单位采购成本（U）的乘积，即采购成本$=DU$（若为自制存货，采购成本即为存货生产成本）。若不考虑大批量采购可享受价格优惠（即商业折扣）等因素，则在全年采购总量既定的情况下，每次订货数量的大小对于全年采购成本总额就没有影响，所以存货的采购成本对于确认经济（最优）订货批量就是无关成本；反之，则为相关成本。

（二）订货成本

订货成本是指企业为办理订货业务而发生的成本，可分为与订货次数直接相关的变动订货成本以及与订货次数无关的固定订货成本两部分。变动订货成本主要包括每次办理订货时所要发生的文件处理费、邮电费、差旅费等，其全年总额等于全年订货次数与每次订货费用（即单位变动订货成本）的乘积。设 Q 为每次订货量，K 为每次订货的变动订货成本，则全年变动订货成本$=\dfrac{D}{Q}\cdot K$（若为自制存货，订货成本即指调整准备成本）。尽管每次订货费用与每次订货数量的大小无关，但因为在全年订货总量既定的情况下，每次订货数量的大小直接影响全年订货次数，从而影响全年变动订货成本总额，所以存货的变动订货成本对于确认经济（最优订货）批量是相关成本。固定订货成本主要包括采购部门的管理费、采购人员的工资等，其发生额与每次订货数量的大小无关，所以它对于确认经济（最优）订货批量是无关成本。

（三）储存成本

储存成本是指企业因持有存货而发生的成本，可分为与库存量直接相关的变动储存成本以及与库存量无关的固定储存成本两部分。变动储存成本主要包括仓储费、保险费、存货所占用资金的应计利息费用等，其全年总额等于全年平均库存量$\left(\dfrac{Q}{2}\right)$与单位存货年均储存专用（即单位变动储存成本 C）的乘积，即全年变动储存成本为$\dfrac{Q}{2}\cdot C$。因为每次订货数量的大小直接影响全年平均库存量，从而影响全年变动储存成本总额，所以存货的变动储存成本对于确认经济（最优）批量是相关成本。固定储存成本主要包括企业自有库房及设备的折旧费、维修费、仓库工作人员的工资等，其发生数额与每次订货数量的大小无关，所以它对于确认经济（最优）订货批量是无关成本。

（四）缺货成本

缺货成本是指因存货不足而导致的损失，如停工待料损失、延期交货损失、临时应急购货的额外支出、因错失商机而造成的损失，以及在信誉上蒙受的损失等，其总额等于平均缺货量与单位缺货成本的乘积。若企业不允许发生缺货，则缺货成本应为零，所以对于确认经济（最优）订货批量是无关成本；反之，则因为每次订货数量的大小会影响全年平均缺货量，从而影响全年缺货成本总额，所以是相关成本，设缺货成本＝E。

设与经济（最优）订货批量的相关总成本为 T，则有：

$$T = D \cdot U + \frac{D}{Q} \cdot K + \frac{Q}{2}C + E$$

二、经济（最优）订货批量的确定与应用

（一）一般经济订货批量模型

一般而言，订货批量的多少会引起变动订货成本和变动储存成本的变化。订货批量的减少，一方面可以使存货的变动储存成本随着企业平均库存量的下降而下降；另一方面又会使订货次数和变动订货成本增加。反之，订货批量的增加，一方面可使订货次数及变动订货成本减少；另一方面又可使存货的变动储存成本随企业平均存货水平的提高而增加。这样，从经济效益的观点看，就需要对企业的订货批量作出决策，以使企业的总存货成本在一定时期内保持最低。在实际工作中，经济订货批量一般是指相关订货成本和相关储存成本最低时的每次订货数量。

在建立一般经济订货批量模型前，有必要作出一定的假设。这里，我们假设订货一次全部到达，订货后能立即收到，存货被均匀耗用。这样，就不存在缺货成本问题。此外，为使问题简化，我还可假定存货的订购价格不会随存货批量的变化而变化。这样，企业与经济订货批量有关的存货成本只包括年变动订货成本和变动储存成本。即

存货相关总成本＝变动订货成本＋变动储存成本

$$T = \frac{D}{Q} \cdot K + \frac{Q}{2} \cdot C$$

在年需求量 D 一定的条件下，每次订货批量越多，年订货次数就越少，订货成本相应下降，但平均库存量上升将引起储存成本的相应增加；反之，如果订货批量下降，则年平均库存量下降，储存成本也相应减少，但同时订货成本会提高。年变动订货成本、年变动储存成本及年相关总成本之间的关系如图 6.7 所示。

图 6.7 表明，年储存成本与年订货成本相等时，总成本最小。对比结论，也可通过数学推导求得。

欲求 $T = \frac{D}{Q}K + \frac{Q}{2}C$ 的极值，可令其变量的一阶导数为零。由于自变量仅有采购批量 Q，函数为 T，则 T 为 Q 的一阶导数 T'：

$$T_a' = \frac{D}{Q^2}K + \frac{C}{2}$$

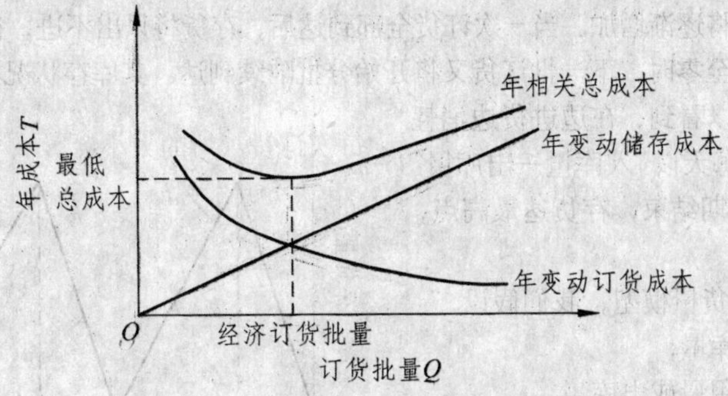

图 6.7 经济订货批量及最低总成本图

令 $T_a' = 0$，有:

$$\text{经济订货量}\ Q^* = \sqrt{\frac{2DK}{C}}$$

$$\text{最优订货次数}\ N^* = \frac{D}{Q^*} = \sqrt{\frac{CD}{2K}}$$

由此可知年最低相关总成本:

$$T^* = \sqrt{2DKC} = Q^*C$$

【例 6.32】 高新公司全年需用甲材料 2 880 kg，单位采购成本为 20 元，每次订货成本为 10 元，变动储存成本为每年每千克 4 元。要求计算该公司的经济订货量，年最低相关总成本及年采购次数。

分析 据题意知:

$$D = 2\,880(\text{kg}),\ K = 10\,(\text{元}),\ C = 4\,(\text{元})$$

则最优订货量为:

$$Q^* = \sqrt{\frac{2DK}{C}} = \sqrt{\frac{2\times 2\,880\times 10}{4}} = 120\ (\text{kg/次})$$

全年订货次数为:

$$N^* = \frac{D}{Q^*} = \frac{2\,880}{120} = 24\ (\text{次})$$

全年最低相关总成本为:

$$T^* = \sqrt{2DKC} = Q^*C = 120\times 4 = 480\ (\text{元})$$

（二）存货陆续到达、陆续进库、陆续消耗的模型

有时，企业的订货不是一次全部到达，而是分批陆续到达（制造业的陆续均匀生产、均衡

销量也属这种情形），而企业因生产经营的需要，也不是等存货全部运抵仓库才开始使用，而是边入库补充边出库耗用。在这种情况下，通常都是存货的入库量大于陆续进货、陆续消耗的出库量，存货库存将逐渐增加。当一次订货全部到达后，存货将只出不进，存货库存将不断下降。而当存货下降至零时，下一批订货又将开始分批陆续到达。其库存状况如图 6.8 所示。

从图 6.8 中可以看到，在边进货边消耗的进货期，存货量每天以“入库量—出库量”的速度积聚，进货期结束，存货达最高点，以后逐渐下降。

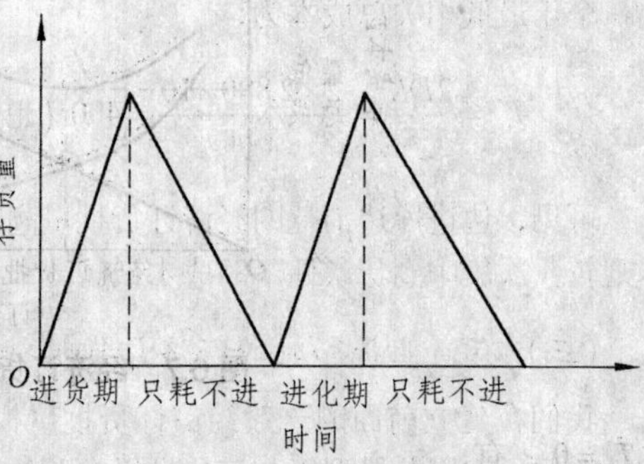

图 6.8　库存状况图

求建立经济订货量模型，我们假设：

J 代表每日入库量；

d 代表每日领用量或出库量；

其他符号经济含义同前。

则企业与订货批量有关的总成本为：

$$T=\frac{D}{Q}\cdot K+\frac{Q}{2}\left(1-\frac{d}{J}\right)\cdot C$$

上式中关于年平均储存量 $\frac{Q}{2}\left(1-\frac{d}{J}\right)$ 的计算过程为：

进货期每日库存增加：$J-d$

进货期终了最高储备量 $=\frac{Q}{J}(J-d)=Q\cdot\left(1-\frac{d}{J}\right)$

故　　平均储存量 $=\dfrac{0+Q\left(1-\frac{d}{J}\right)}{2}=\frac{Q}{2}\cdot\left(1-\frac{d}{J}\right)$

同理对 T 求导，我们可以得到此时的经济订货批量模型：

$$Q^*=\sqrt{\frac{2DK}{C\left(1-\frac{d}{J}\right)}}$$

$$N^*=\frac{D}{Q^*}$$

$$T^*=\sqrt{2DKC\left(1-\frac{d}{J}\right)}=\frac{2DK}{Q^*}$$

仍以前面的高新公司为例，现假定该材料在供应期内每天入库量为 36 kg，日消耗量（出库量）为 11 kg，其他条件相同，则此时的最优订货批量为：

$$Q^*=\sqrt{\frac{2DK}{C\left(1-\frac{d}{J}\right)}}=\sqrt{\frac{2\times 2\,880\times 10}{4\left(1-\frac{11}{36}\right)}}=144\ \text{（kg/次）}$$

采购次数为：

$$N^* = \frac{D}{Q^*} = \frac{2\,880}{144} = 20\ (次)$$

全年最低相关总成本为：

$$T^* = \frac{2DK}{Q^*} = \frac{2 \times 2\,880 \times 10}{144} = 400\ (元)$$

可见，边进库边消耗的经济订货批量高于一次集中到货条件下的经济订货批量，而总成本则较一次集中到货条件下的成本低。

（三）有商业折扣时的经济订货批量

我们在建立前面的一般经济订货批量模型时曾经以存货的采购价格不随批量的变动而变动的假设，因此模型以与订货批量有关的订货成本和储存成本为基础。但在经济活动中，销方往往视购方的订货批量大小而给予订购方一定的价格折扣（即商业折扣）。一般而言，订货量越大，折扣也越大。在这种条件下考虑经济订货批量时，除订货成本和储存成本是相关成本外，采购成本也是经济订货批量决策中的相关成本。这就是说，在企业享有商业折扣时，订货成本、储存成本和采购成本总和为最低的批量，就是最优订货批量。

【例 6.33】 新津果茶厂每年需用某果茶原料 15 000 kg，每次订货成本为 200 元，这种原料每千克的年平均变动储存成本为 5 元，材料的采购价格为每千克 30 元，一次订货数量在 3 000 kg 以上时可获 5% 的折扣，一次订货数量在 5 000 kg 以上时可获 6%的折扣。要求：确定经济订货批量。

分析 企业在不享受折扣以及两种享受折扣条件下的相关总成本分别计算如下：

(1) 不享受商业折扣时：

$$经济订货批量\ Q^* = \sqrt{\frac{2DK}{C}} = \sqrt{\frac{2 \times 15\,000 \times 200}{5}} = 1\,095\ (kg/次)$$

存货成本项目	计算过程	成本金额（元）
采购成本	$15\,000 \times 30$	450 000
订货成本	$\frac{15\,000}{1\,095} \times 200$	2 740
储存成本	$\frac{1\,095}{2} \times 5$	2 738
年相关总成本		455 478

(2) 订货批量为 3 000 kg，享受 5% 折扣时：

存货成本项目	计算过程	成本金额（元）
采购成本	$15\,000\times30\times(1-5\%)$	427 500
订货成本	$\frac{15\,000}{3\,000}\times200$	1 000
储存成本	$\frac{3\,000}{2}\times5$	7 500
年相关总成本		436 000

（3）订货批量为 5 000 kg，享受 6% 折扣时：

存货成本项目	计算过程	成本金额（元）
采购成本	$15\,000\times30\times(1-6\%)$	423 000
订货成本	$\frac{15\,000}{5\,000}\times200$	600
储存成本	$\frac{5\,000}{5}\times5$	12 500
年相关总成本		436 100

从上面的计算可以看出，订货批量为 3 000 kg 时成本最低。

（四）允许缺货时的经济订货批量

有时，企业因某种原因导致缺货，通过对缺货的受害者支付少量的缺货费用可作些弥补，而不致对企业信誉、生产经营活动造成特别重大的影响，也不至于为避免存货短缺而增加保险储备量所付出的代价大于因缺货所带来的损失。此时，从经济效益的观点来看，发生存货短缺还是有利的，所以企业可以作出允许缺货的决策。

这样，企业的最低存货量就不是零，而是所能允许的最大缺货量，所以最低存货可能出现负数。比如，设每次订货量 Q=1 000 kg，允许缺货量 S=200 kg。则在允许缺货决策条件下，S 即为下次订货到达前已存在的累计缺货。当收到下次订货 1 000 kg 时，其中的 200 kg 首先将用于补足累计的缺货，使存货从 −200 增至 0，进货的其余 800 kg 再用于建立存货。因此，在允许缺货决策条件下，存货的最高量将不是一次订购的存货数量，而是存货购入量减去累计缺货量，其平均库存量则为 $\frac{Q-S}{2}$，存货的动态情况如图 6.9 所示。

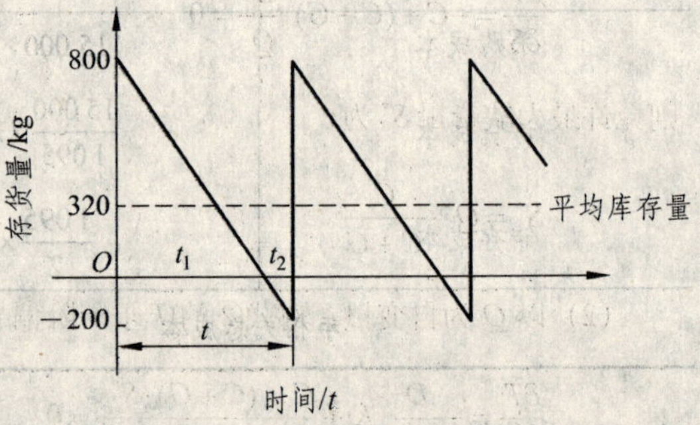

图 6.9　库存状况图

设 t 代表两次订货的间隔期，t_1 代表库存量为正数的时间，则有：

$$t=t_1+t_2=\frac{Q}{d},\ t_1=\frac{Q-S}{d},\ t_2=\frac{S}{d}$$

t_1 期间的平均存货量为 $\frac{Q-S}{2}$；

t_2 期间的平均存货量为 0。

t 期间的平均存货量为 t_1 与 t_2 两个期间存货量的平均值。

即
$$\frac{\frac{Q-S}{2}t_1+0\cdot t_2}{t}=\frac{\frac{Q-S}{2}\cdot\frac{Q-S}{d}}{\frac{Q}{d}}=\frac{(Q-S)^2}{2Q}$$

平均缺货量计算如下：

$$\frac{0\cdot t_1+\frac{S}{2}\cdot t_2}{t}=\frac{\frac{S}{2}\cdot\frac{S}{d}}{\frac{Q}{d}}=\frac{S^2}{2Q}$$

又设 G 为单位存货的年缺货成本，则与经济订货批量有关的相关总成本为：

$$T=\frac{D}{Q}\cdot K+\frac{(Q-S)^2}{2Q}\cdot C+\frac{S^2}{2Q}\cdot G \qquad ①$$

整理后有：

$$T=\frac{D}{Q}\cdot K+\frac{QC}{2}-SC+\frac{S^2C+S^2G}{2Q} \qquad ②$$

有关允许缺货量、经济订货批量以及最低相关总成本的模型，可通过以下方法建立：

（1）以 S 为自变量，对式②的 T 求一阶偏导数，并令其为零，有：

$$\frac{\partial T}{\partial S}=-C+(C+G)\cdot\frac{S^*}{Q^*}=0$$

则允许最大缺货量 S^* 为：

$$S^*=Q^*\cdot\frac{C}{C+G}$$

（2）以 Q 为自变量，对式②的 T 求一阶偏导数，并令其为零，可求得经济订货批量：

$$\frac{\partial T}{\partial Q}=-\frac{D}{Q^{*2}}\cdot K+\frac{C}{2}-\frac{(C+G)\cdot S^{*2}}{2Q^{*2}}=0$$

即 $$Q^*=\frac{2DK+(C+G)S^{*^2}}{C}$$

将 S^* 代入有:

$$Q^{*2}=\frac{2DK}{C}\cdot\frac{C+G}{G}$$

即 $$Q^*=\sqrt{\frac{2DK}{C}\cdot\frac{C+G}{G}}$$

(3) 将 S^*、Q^* 同时代入式②,可求得最低相关总成本为:

$$T^*=\sqrt{2DKC\cdot\frac{G}{C+G}}$$

此外,将 Q^* 值代入 $S^*=Q^*\frac{C}{C+G}$,可求得直接计算允许最大缺货量的模型为:

$$S^*=\sqrt{\frac{2DK}{G}\cdot\frac{C}{C+G}}$$

【例 6.34】 高新制造公司全年需用甲零件 5 000 件。公司经理在进行各种权衡以后做出了允许缺货的决策。每批零件从外部购入时所需订货成本为 40 元,单位零件年平均变动储存成本为 0.4 元,单位零件缺货年均成本为 2 元。要求:(1) 计算经济订货批量;(2) 计算允许的最大缺货量;(3) 计算最低相关总成本。

分析 根据资料知:$D=5\,000$,$K=40$,$C=0.4$,$G=2$

(1) 经济订货批量为:

$$Q^*=\sqrt{\frac{2DK}{C}\cdot\frac{C+G}{G}}=\sqrt{\frac{2\times5\,000\times40}{0.4}\times\frac{0.4+2}{2}}\approx1\,096\text{ (件)}$$

(2) 允许最大缺货量为:

$$S^*=Q^*\cdot\frac{C}{C+G}=1\,096\times\frac{0.4}{0.4+2}\approx183\text{ (件)}$$

(3) 最低相关总成本为:

$$T^*=\sqrt{2DKC\cdot\frac{G}{C+G}}=\sqrt{2\times5\,000\times40\times0.4\times\frac{2}{0.4+2}}\approx365\text{ (元)}$$

三、订货点法

经济订货批量模型解决了"定货量是多少"的问题,但没有解决"什么时候订货",即再订货点（Recorder Point，ROP）应如何确定。从企业发出订货单到收到存货之间要有一定的时间间隔，在这段时间内存货仍在耗用，因此，不能等到库存为零了再提出订货申请，而要考虑一定的提前期。订货点法通过再订货点的确定解决了这个问题。

再订货点的确定主要考虑订货提前期时间的长短及提前期内材料的耗用水平。

（1）订货提前期的耗用稳定。

如果前置时间内原材料呈均匀耗用的话，订货点的确定就比较简单，其模型为：

再订货点 R＝订货提前期 L×单位时间耗用量 d

（2）订货提前期的耗用不稳定。

如果存货消耗不均匀或出现延期交货的情况，按前面的模型确认再订货点的话，现有库存就可能在新订购的材料未运抵之前就已用完，出现缺货现象。为防止缺货现象的出现，企业通常会考虑设置一个安全储备量，起到一定的缓冲作用。安全储量实质上起到的是一种保险作用，其大小取决于存货消耗的稳定性及对未来需求的预测，部分企业通过决策人的经验判断决定安全储备量。

考虑安全储备量后的再订货点可以根据如下模型确认：

再订货点 R＝订货提前期 L×单位时间正常耗用量 d＋安全储备量 B

【例 6.35】 温江公司大批量生产一种产品，每年需要消耗原材料 A 总量（D）360 000 kg，采购价格 150 元/kg，每千克原材料 A 的年储存成本（C）4 元，每次的订货成本（K）50 元。公司不允许出现缺货。要求：

（1）计算温江公司的经济订货量；

（2）假设温江公司从发出订货申请到收到原材料需要 1 天，企业每天耗用 1 000 kg 原材料 A，确认此时温江公司的再订货点；

（3）假设由于市场方面的问题，温江公司预计原材料 A 交货期可能出现延误，为此采购部经理建议设置 2 000 kg 的安全储备。确认此时温江公司的再订货点。

分析 （1）$Q^*=\sqrt{\dfrac{2DK}{C}}=\sqrt{\dfrac{2\times 360\,000\times 50}{4}}=3\,000$（件）

此时　相关总成本 $T^*=Q^*\cdot C=3\,000\times 4=12\,000$（元）

即每次订货 3 000 件，公司投资在原材料 A 上存货相关成本总和最低为 12 000 元。

（2）$R=L\cdot d=1\times 1\,000=1\,000$（kg）

即在原材料 A 库存还剩 1 000 千克时，采购部门就应该发出订货单。

（3）$R=L\cdot d+B=1\times 1\,000+2\,000=3\,000$（kg）

即温江公司采购部门在原材料 A 库存还剩 3 000 kg 时就应该发出订货申请。

四、存货控制的简便方法

（一）存货管理的 ABC 法

工商业的存货品种繁多，存货与存货之间差异很大。有的存货品种数量不多，但价值却很高，无疑是存货管理的重点；而有的存货尽管品种数量繁多，但是相对价值和绝对价值都不高，即使管理不那么严格，问题也不会很大。针对这种情况，企业可以实行存货的分类管理，ABC 法就是其中的一种。

存货管理的 ABC 法，是对价值高的存货实施较为严格的监管控制，对价值低的存货采取较为宽松的监管控制的一种存货管理方法。通常，根据金额标准（基本标准）和品种数量标准（辅助标准）对企业存货进行分类，其中，那些相对品种数量少、价值高的存货项目列为 A 类；品种数量多、价值低的列为 C 类；其余归入 B 类。日常管理中，对 A 类存货实施重点管理，对 B 类和 C 类存货的控制严格性和检查的经常性逐次减低。

进行存货的 ABC 管理时，企业要把存货按品种数量及金额进行归集和分组，并分别计算各组存货占全部存货品种数量的比例、耗用金额的比例。一般而言，三类存货的数量品种及金额比重大体见表 6.26，或如图 6.10 所示。

表 6.26 相关资料（单位：元）

存货种类	品种数量比重	金额比重
A 类	10%	70%
B 类	20%	20%
C 类	70%	10%

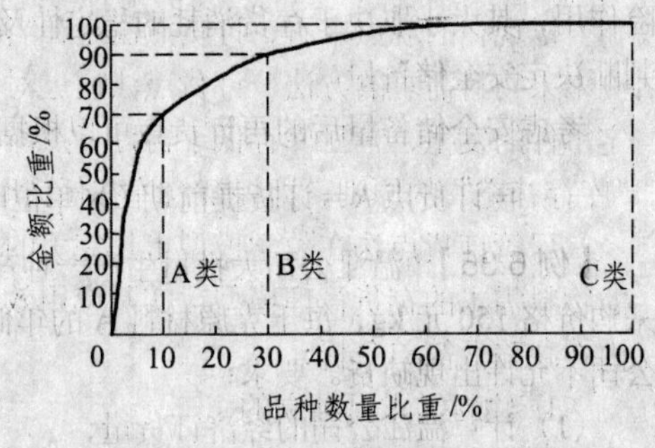

图 6.10 存货管理的 ABC 法型

ABC 法特别适用于那些原材料库存量大、种类繁多、价值差别较大的企业，通过“抓大放小”的分类管理，在有效地提高管理效率的同时也降低了存货管理的成本。但在实施过程中要注意的是，这种以金额为标准的分类方法并不一定适合所有的企业，如：有的存货虽属 C 类，但确是生产中的重要部件，一旦缺货将发生生产的停滞。因此可在存货 ABC 分类的基础上再配合区分重要程度的管理模式。

（二）红线法、双箱法

1. 红线法

所谓红线法，就是在储存材料的容器中划一条警戒线，当库存量下降到警戒线时企业就向外发出订单，补充存货。

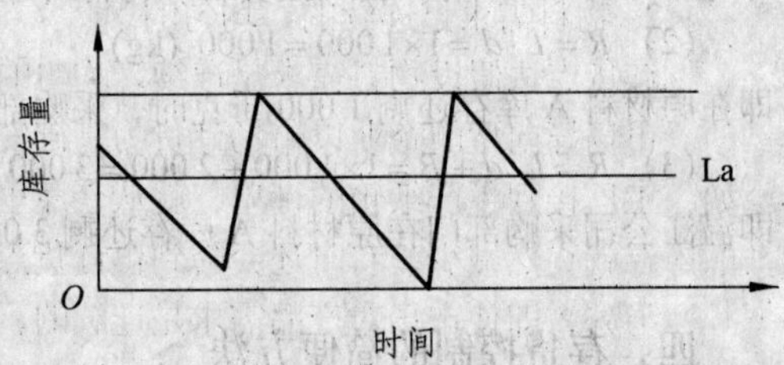

图 6.11 存货管理的红线法

图 6.11 中 La 就是红线，当存货随着生产消耗而减少至露出红线时，企业即向供货商提出订货申请，同时用红线以下的储备量维持正常的生产需要。红线法主要适用于液态存货的管理。

2. 双箱法

利用双箱法进行存货管理的企业将存货分为大小两箱储存，当大箱内的存货用完时即向外发出订单补充存货，同时以小箱内的存货维持正常生产需求。其原理基本类同红线法。

双箱法等主要适用于那些数量多、价值低的存货（即 ABC 法下的 C 类）的日常管理。

五、从订货点法到 MRP

（一）订货点法的缺陷

出现于 20 世纪 40 年代的订货点法是早期的存货管理的模型。确定再订货点是订货点法的核心，其基本模型是：

$$R = Ld + B$$

以现在的观点来看，订货点法是在当时的条件下建立起来的、以历史数据为经验依据预测未来物料需求的方法。订货点法通过对订货提前期的预测，并设置安全储备量以应对不确定事件的发生，一旦库存低于再订货点库存，就需要马上订货以补充库存。它的基本思想是“库存补充”的原则，即保证仓库在任何时候都有一定数量的存货，以备随时取用。

尽管订货点法在数学模型上是完美的，但是它是建立在一系列假设基础上的、针对个别的物料需求的存货管理模型，实际应用效果并不令人满意。下面我们针对订货点法的假设、内在缺陷做简单分析：

1. 物料需求是独立的

订货点法是面向零件的，它没有考虑物料之间的联系，而是针对每项物料分别确定再订货点。但是在实际生产中，各项物料必须是配套的，如：为组装一套茶具，在需要一把茶壶的同时也就产生了 4 个茶杯的需求。而订货点法无视这种生产的内在逻辑关系，因而可能在装配时发生各项物料不匹配的情况。

例如，需要 20 种零件组装的产品，即使每种零部件供货率都达到 95%，但是联合供货率也只有 35%。可以想象，如果依靠订货点法进行多部件（几十、上百个部件）产品的生产原材料管理的话，缺货会是常事，不缺货却只能是小概率事件。而这种不匹配并不是预测精度的问题，而是订货点模型的内在缺陷所导致的。

2. 物料需求是连续的、均匀的

订货点法假设物料需求是连续、均匀的，而实际上生产中物料的消耗是间断的、不稳定的。市场导向型的企业以市场订货为基础安排生产，对原材料存货的需求也应以之为基础。如，工厂接到生产纸箱的订单，就从仓库里领用相应数量、质量的底板投入生产，该种纸板的库存就突然减少，有时还会降到再订货点以下，企业就应该安排订货。

另外，即使市场对产品需求是连续的，也可能由于一次投料、分批产出的原因，导致对零部件的需求也不是连续、均匀的。这就提出了如何确定需求时间的问题。

3. 库存补充原则

订货点法是建立在“库存补充”的假设上的。所谓补充，就是在消耗后再填充到原先的某个水平。也就是说，物料库存一旦低于再订货点，企业就必须马上发出订货申请，以重新填满仓库。这不符合实际情况。如服装厂根据客户订单设计款式并采购布料，不同订单采用的布料也各不一样，当一批产品完工后该种布料也用完了，但并不需要再发出订单重新填满仓库。

4. 提前期是已知的、确定的

受各种因素的影响，实际的订货提前期并不像模型假设一样是已知和确定的，而是经常在较大范围内变动。

5. “何时订货”是存货管理的核心

从上面的分析中我们可以看出来，实际生产中存货量的关键在于“何时需货”，而订货点法却以“何时订货”确定再订货点并作为模型的核心，无疑是本末倒置的。

（二）MRP

在实际应用中，订货点法的内在缺陷及假设的不合理性逐步被社会所认识。1970 年，J.A.Orlicky 等人在美国生产和库存管理协会（APICS）的学术年会上，首次提出了物料需求计划（Material Requirements Planning，MRP）概念和基本框架，并得到该协会的大力支持和推广普及。MRP 成为新的、真正具有现代意义的存货管理模型。

1. MRP 与订货点法的主要区别

（1）时间分段概念。

所谓时间分段，就是为库存数据加上时间坐标，按时间记录库存状态。传统的存货管理模式大体上包含如下几个指标：

库存量＋已订货量－需求量＝可供货量

假设某企业存货记录显示：材料 A 库存 50 kg，已经发出订货 100 kg，计划生产需用 200 kg。根据上式：

80＋100－200＝－20（kg）

该式子说明该企业材料 A 短缺 20 kg，因此应该增加订货。该公式解决了订什么货和订多少货的问题，但却没有解决应什么时候订货的问题。表面上看，当可供货量为负值的时候，就应该订货。但具体分析就会碰到很多问题，如：已发出的订货什么时候到，是一次到还是分次到，什么时候才是该批订货的实际需求时间。对于这些问题，MRP 通过时间分段概念加以解决，根据上面的简例，实际的情况可以见表 6.27。

表 6.27　相关资料（单位：kg）

时间（天）	0	1	2	3	4	5	6	7
库存量	80	80	80	20	－40	0	0	0
已订货量	0	0	0	0	100	0	0	0
需求量	0	0	60	60	60	0	0	20
可供货量	80	80	20	－40	0	0	0	－20

通过表 6.27 的记录，我们就可以获得有关存货的时间性信息了：目前，库存量 80 kg，

已经发出订货 100 kg 将在第 4 天到达；前 6 天的库存量＋已订货量和需求量相当，但是时间上不吻合，第 3 天将出现库存短缺。如果已订货可以提前一天到达的话，就可以避免第 3 天的缺货；第 7 天的库存短缺应通过新的订货满足，具体的订货日期可以通过订货提前期推算出来。

可以看到，给库存数据加上时间坐标后，反映的内容丰富了，能提供更多有用的管理信息。但同时我们也看到，数据量由原先的 4 个数据变成了 32 个数据，而在大型企业中对数以百计的库存项目而言，数据量之大就必须依靠电脑来处理了。

（2）独立需求和从属需求概念。

所谓独立需求，是指物品的需求独立于其他物品之外，并且也不是从其他物品的需求中派生出的需求；所谓从属需求，是指物品的需求与其他物品有关联，或是从其他物品的需求中派生出的需求。例如，对汽车零部件的需求由汽车的整体需求来决定，生产阶段的汽车需求由销售阶段的需求来决定。一般而言，最终产品是独立需求项，而其他如原材料、零件等都属于从属需求项。

独立需求项的需求量和需求时间通常由预测、客户订单等外在因素确定，并通过主生产计划（MPS）确定下来；而一旦独立需求项确定后，从属需求项的需求量和需求时间就可以由 MRP 系统来决定了。

2. MPR 的基本框架

（1）MRP 的输入信息。

MRP 系统的输入信息包括：主生产计划、物料清单、独立需求项的需求量预测、库存记录等。对主生产计划和物料清单介绍如下：

① 主生产计划。

主生产计划，是关于生产什么和什么时候产出的权威性计划。该计划只考虑最终项目，如产品，或处于产品结构中最高层次的装配件，这些装配件可以根据总装计划装配成不同的产品。主生产计划考虑的时间范围通常为 3～18 个月。表 6.28 是一张以月为时区的模拟化的主生产计划：

表 6.28 以月为时区的模拟化的主生产计划

产品代码	时间（月）											
	1	2	3	4	5	6	7	8	9	10	11	12
K90	600	500	500	500	500	500	450	450	450	450	450	450
Y90	230	250	300	300	300	300	300	300	300	300	300	300
M70	320	300	280	280	280	280	280	280	280	280	280	280
M69	120	150	180	180	180	180	180	180	180	180	180	180
H77	110	130	150	150	150	150	150	150	150	150	150	150
月合计	1 380	1 330	1 410	1 410	1 410	1 410	1 360	1 360	1 360	1 360	1 360	1 360

② 物料清单。

MRP 赋予每项物料一个独立、唯一的物料代码。主生产计划和物料清单、库存记录都通过物料代码来描述。

物料清单（Bill Of Material，BOM）是一种产品结构文件，它在列示了某一产品的所有构成项目的同时，也指明了这些项目之间的结构关系。物料清单中所包含的产品结构信息，是分解物料需求的技术依据。为使 MRP 系统有效运作，就必须保证 BOM 和库存建立文件的数据完整性。

图 6.12 是一张模拟的多级产品结构层次图，表 6.29 是相应的多级物料清单。

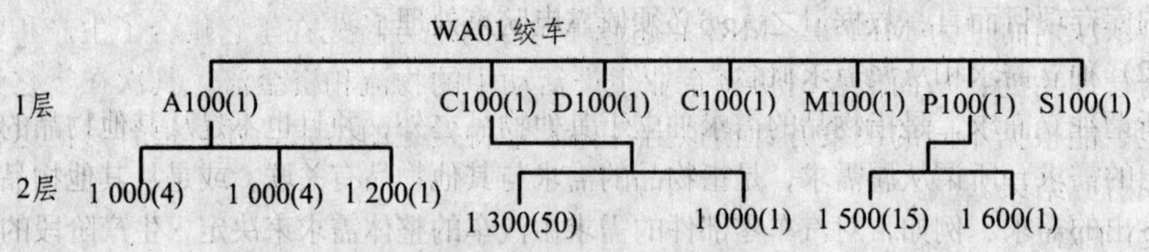

图 6.12　多级产品结构层次

（2）MRP 的输出信息。

MRP 的主要输出信息包括：订货通知、订货变更通知（要求提前或推迟下达订单的完工日期）、撤销订单的通知（要求撤销或推迟下达的订单）、物料库存状态分析的备用数据、未来一段时间的计划订单。根据管理当局的不同需求，MRP 还可以输出许多有关存货的其他信息。

由于 MRP 以一种全新的、科学的方法进行企业的库存管理，有效降低了企业在存货上的投资，并增强了生产的灵敏性，同时也开辟了制造业生产管理的新途径。

表 6.29　多级物料清单

物料代码：QA0l

物料代码	说　明	每件号	计量单位	层　次
A100	滑车组件	1	个	1
1000	轴 1 英寸×4 英寸	4	个	2
1100	轮 6 英寸	4	个	2
1200	滑架车	1	个	2
C100	钢丝绳吊钩	1	个	1
1300	钢丝绳 1/4 英寸	50	一打	2
1400	吊钩	1	个	2
D100	轮毂	1	个	1
G100	齿轮箱	1	个	1
M100	5 马力控制盒	1	个	1
P100	悬挂控制盒	1	个	1
1500	电线 3 线	15	一打	2
1600	控制盒	1	个	2
S100	传动轴 1 英寸×24 英寸	1	个	1

3. MRP之后的发展

（1）MRPⅡ。

1980年代初，西方在MRP的基础上发展出了MRPⅡ。MRPⅡ以MRP为核心，将生产、财务、销售、工程技术、采购等企业生产经营的各个子系统结合成一个有机的整体。MRPⅡ全称是制造资料计划（Manufacturing Resource Planning），英文的缩写还是MRP，为了以示区别而记为MRPⅡ。MRPⅡ超越MRP的地方首先在于它集合了生产和财务两方面的管理功能，从而能及时协调企业生产活动中的物流和资金流；其次在于它具有模拟功能，能根据不同的决策方针模拟出各种未来将发生的结果，并且很容易把这种模拟转化成财务结果。

（2）ERP。

ERP（Enterprise Resource Planning），即企业资源计划，是在MRPⅡ的基础上通过前馈的物流和反馈的信息流和资金流，把客户需求和企业内部的生产活动，以及供应商的制造资源整合在一起，即把经营过程的所有参与者如供应商、客户、制造工厂、分销商网络纳入一个紧密的供应链中，体现完全按用户需求制造的一种供应链管理思想的功能网链结构模式。

但无论是MRPⅡ，还是ERP，都已超出了存货管理的狭隘范畴，而演化成为企业经营的全面管理系统。

课后练习

一、单项选择题

1. 短期经营决策是指不涉及新的固定资产投资，一般只涉及年以内的有关经济活动。以下项目中不属于短期经营决策的有（　　）。

A. 在生产多种产品品种的情况下，如何实现产品的最优组合

B. 在自制零部件需要投入一定专属固定成本的情况下，对自制和外购方案进行选优

C. 寻找最佳的产品定价

D. 对联产品进一步加工所需的新设备作出是否投资的决策

2. 进行短期经营决策常用的方法有（　　）。

① 本量利分析法　② 差量分析法　③ 现金流量折现法

④ 成本平衡法　⑤ 线性规划法　⑥ 边际分析法

A. ①②③④⑤⑥　B. ①②④⑤⑥

C. ①②③⑥　D. ①②④⑥

3. 利用同一设备是生产甲产品还是生产乙产品，这一选择可通过比较甲、乙两个产品的（　　）来进行。

A. 净收益　B. 变动成本　C. 销售量　D. 单价

4. 在进行产品增产决策时，对增产产品的选择是以每一机器小时提供的贡献毛益的大小为依据，这是因为（　　）。

A. 各种产品的贡献毛益不同

B. 对于各种产品，每一机器小时生产出来的数量不同

C. 产品增产后总的效益取决于剩余生产能力的多少

D. 各种产品的单位净收益不同

5. 假设某厂有剩余生产能力 1 000 机器小时，有四种产品甲、乙、丙、丁，它们的单位贡献毛益分别为 4 元、6 元、8 元和 10 元，生产一件产品所需的机器小时各为 4、5、6 和 7 小时，则该厂应增产的产品是（　　）。

A. 甲产品　B. 乙产品　C. 丙产品　D. 丁产品

6. 有一企业正同时生产三种产品甲、乙、丙，它们的贡献毛益分别是 200 元、120 元和 130 元。现在这三种产品的年利润分别是 5 000 元、50 200 元和－800 元，这时企业有多种方案可供选择，其中最好的是（　　）。

A. 将亏损 800 元的丙产品停产

B. 丙产品停产，用其腾出的生产能力生产总贡献毛益较大且超过产品丙的产品

C. 亏损产品丙继续生产

D. 丙产品停产，利用其腾出的生产能力转而生产年利润最高的产品乙

7. 在产销平衡的情况下，一个企业若同时生产多种产品，其中一种单位贡献毛益为正的产品最终变为亏损产品，其根本原因在于（　　）。

A. 该产品存在严重积压

B. 该产品的总成本太高

C. 该产品上分担的固定成本相对较高

D. 该产品销量太小

8. 根据企业目前的生产情况，生产能力尚有一定剩余，现有一客户要求追加订货，则该企业接受这一订货的前提是（　　）。

A. 对方出价高于该产品的总成本，并有一定的利润率

B. 生产追加的产品不需要再增加固定成本

C. 对方出价不应低于该产品的市场的售价

D. 对方出价要高于该产品的变动成本，并能补偿因此而新增的固定成本

9. 设一生产电子器件的企业为满足客户追加订货的需要，增加了一些成本开支，其中（　　）是专属固定成本。

A. 为及时完成该批产品的生产，需要购入一台新设备

B. 为及时完成该批追加订货，需要支付职工加班费

C. 生产该批产品机器设备增加的耗电量

D. 该厂为生产该批产品及以后的生产，租了一间新的厂房

10. 在零部件自制或外购的决策分析中，自制差别成本不包括（　　）。

A. 零部件自制的变动成本

B. 与企业所有生产能力相对应的固定性制造费用

C. 自制零部件所需的直接材料

D. 因自制零部件而增加的专属固定性制造费用

11. 设某厂需要零件甲，其外购单价为 10 元，若自行生产，每单位变动成本为 6 元，且需要为此每年追加 10 000 元的固定成本。根据上述情况，通过计算可知，当该零件的年需要量在（ ）件时，两种方案等效。

A. 2 500 B. 3 000 C. 2 000 D. 1 800

12. 某厂生产某种产品需要一种零件，其外购价格最高为 1.2 元，这一价格随采购数量的不同而变化：每增加 1 000 件，单价降低 0.1 元。若该零件自制能满足生产需要，不需追加固定成本，其单位成本保持不变，为 1 元/件，则当该零件的数量在 0～5 000 件变动时，自制和外购方案的成本平衡点将是（ ）。

A. 不存在 B. 2 000 C. 2 000～3 000 D. 1 800

13. 某公司生产一种化工产品甲，进一步加工可 0 以生产高级化工产品乙。甲、乙两种产品在市场的售价分别是 50 元/千克和 120 元/千克，但乙的生产每年需要追加固定成本 20 000 元，变动成本为 10 元/千克。若每一千克甲产品可加工 0.6 千克乙产品，则该公司应该（ ）。

A. 进一步加工生产产品乙。

B. 当产品甲的年销售数量超过 1 250 千克（或乙超过 750 千克）时，将产品甲进一步加工成产品乙

C. 将产品甲出售，不应进一步加工

D. 两种方案任选其一

14. 对联产品作出是否进一步加工的决策要运用差量分析法，这一方法比较的对象是（ ）。

A. 预期增加的收入与可分成本 B. 联产品收入与联产品成本

C. 预期增加的收入与联产品成本 D. 联产品收入与可分成本

15. 在下列经营决策方法中，决策指标属于反指标的决策方法是（ ）。

A. 单位资源贡献边际分析法 B. 贡献边际总额分析法

C. 相关损益分析法 D. 相关成本分析法

16. 下列关于相关成本的说法，正确的是（ ）。

A. 可延续成本属于比较典型的相关成本

B. 边际成本属于决策无关成本

C. 专属成本是指能够明确归属特定决策方案的固定成本

D. 专属成本是与共同成本相对立的成本

17. 在联产品深加工与否决策中需要考虑的成本是（ ）。

A. 可分成本 B. 联合成本 C. 不可延续成本 D. 不可避免

18. 下列短期经营决策分析中，正确的是（ ）。

A. 在新产品开发与否决策中，如果不追加专属成本，只能用单位资源贡献边际分析法分析

B. 在特殊订单接受与否决策中，如果该订单的出价高于正常的销售价格，则应该接受该订单

C. 在企业不具备自制能力时，全年需要量不确定时可以采用成本无差别点法进行决策

D. 如果亏损产品的收入低于变动成本法下的销售成本，此时需要作出是否继续生产的决策

19. DL公司2008年电视机产量为1万台，由生产发生的变动成本1 800元/台，由于受金融危机的影响，当年销售电视机发生亏损400万台，生产电视机发生的完全成本为2 350元/台，每年固定发生的成本为825万元，则下列说法不正确的是（　　）。

A. 如果不生产，剩余能力不可以转移，则不应该停止生产

B. 如果不生产，剩余能力可以转移，生产其他产品产生的贡献边际是200万元，则应该停止生产

C. 如果要保证不亏损，则需要提高50%的产量

D. 如果要保证20%的安全边际率，则需要提高80%的产量

二、多项选择题

1. 在生产经营决策中，下列各项成本需要考虑的包括（　　）。

A. 考虑是否生产某产品时，专门用于生产该产品的专用设备发生的折旧费

B. 公司原定粉刷办公大楼成本5 000元，目前资金比较紧张，暂时推迟该计划，但不会对企业正常业务产生影响

C. 考虑是否生产某产品时，企业总部管理人员的工资

D. 在半成品深加工与否决策中，半成品本身的变动成本

2. 某企业准备利用剩余生产能力开发新产品，有M、N两种可选。M、N产品的预计单价分别为100、200元/件，单位变动成本分别为80、90元/件，消耗乙材料的单耗定额分别为10、18 kg/件，现有材料1 000 kg，则下列说法正确的有（　　）。

A. M产品的单位资源贡献边际为2元/kg

B. N产品的单位资源贡献边际为1.67元/kg

C. 如果不涉及专属成本，则应该开发M产品

D. 如果涉及专属成本需要追加的专属成本相等，则应该开发M产品

3. 在某一方案的决策中，可能形成该项目的相关成本有（　　）。

A. 增量成本　　B. 加工成本

C. 不可延缓成本　　D. 可延缓成本

4. 机会成本的特点有（　　）。

A. 非实际支出　　B. 不记入账册

C. 是实际支出　　D. 记人账册　　E. 决策时就加以考虑

5. 下列成本中，属于相关成本的（　　）。

A. 可避免成本　　B. 不可避免成本

C. 沉没成本　　D. 应负成本　　E. 重置成本

6. 某企业正在进行一项固定资产更新决策，其中，旧机器原价100 000元，净值60 000元，可变现价值35 000元，这三个数据中属于非相关成本是（　　）。

A. 原价　　B. 净值

C. 可变现价值　　　　D. 原价与可变现价值　　　　E. 净值与可变现价值

三、判断题

1. 在企业的短期经营决策中，需要考虑的成本是企业的实际成本支出。（　）

2. 固定成本是固定发生的成本，在短期经营决策中属于决策无关成本。（　）

3. 如果亏损产品的单价大于该产品的单位变动成本，则该亏损产品不应停产。（　）

4. 成本无差别点业务量是指能使两个方案总成本相等的业务量。如果实际业务量超过成本无差别点的业务量，则固定成本低的方案好。（　）

四、计算分析题

1. 某公司为制造型企业，依订单安排生产。该公司下年度有两项订货，但由于生产能力有限，只能接受其中一项。第一项订货可带来的收益为120 000元，而公司总成本需增加70 000元；第二项订货可带来的收益为105 000元，而公司总成本需增加50 000元。该公司现有厂房于三年前购入，当时购入价格为150 000元，厂内生产设备三年前购置成本为65 000元，机器设备的保养成本与是否生产产品无关，为每年20 000元（不包括折旧），该公司还以5 000元购买了为期一年的在职人员人身保险。要求：

(1) 计算该公司的沉没成本；

(2) 计算该公司的差别成本及收入；

(3) 计算该公司各项订单的机会成本。

2. 设某厂现有生产能力为10 000机器小时，可用于生产产品 A或产品B，这两种产品的有关资料见表6.30。

表6.30　有关资料

项　目	产品A	产品B
每件所需机器小时	2	1
单位售价（元）	40	30
单位变动成本（元）	12	10
固定成本（元）	20 000	20 000

要求：根据上述资料确定该厂现有生产能力应生产产品A还是产品B。

3. 现有一生产流水线，同时生产两种产品甲和乙。该设备的生产能力为30 000机器小时，目前产品甲和乙的产量分别为2 000件和3 000件，生产能力尚有一定剩余。有关资料见表6.31。

表6.31　有关资料

项　目	产品甲	产品乙
单位售价（元）	20	16
单位变动成本（元）	14	12
每件所需机器小时	5	4

要求：该设备剩余生产能力应增产何种产品，增产的产量是多少？

4. 设有一企业生产 A、B、C 三种产品，有关资料见表 6.32。

表 6.32 有关资料（单位：元）

项　目	产品 A	产品 B	产品 C
销售收入	45 000	48 000	13 000
制造与管理成本			
变动成本	27 000	30 000	9 500
固定成本	8 000	9 000	2 000
	35 000	39 000	11 500
毛利	10 000	9 000	1 500
销售费用			
变动成本	3 000	4 000	1 500
固定成本	2 000	3 000	1 000
	5 000	7 000	2 500
净收益	5 000	2 000	−1 000

要求：确定产品 C 应否停产。若停产后原由产品 C 承担的固定成本由产品 A 和产品 B 按 1 : 2 承担，则对它们的净收益有何影响？

5. 现有一专门化生产厂家，制造特殊产品甲，年设计生产能力为 20 000 件，销售单价为 120 元，该产品的单位成本资料见表 6.33。

表 6.33 单位成本资料（单位：元）

直接材料	36
直接人工	20
制造费用	
变动性制造费用	14
固定性制造费用	26
合　计	96

目前该厂的生产能力实际利用率只达到 70%。现有一客户在贸易洽谈会上要求他们制造甲产品 5 000 件，并在产品性能上有一些特殊要求，需要该厂另购一台专用设备，预计全年的专属固定成本为 50 000 元，但客户只出价每件 90 元。要求：试分别用差量分析法和贡献毛益法为该厂作出是否接受这批订货的决策分析。

6. 某厂只生产产品 A 一种产品，目前的产量为 80 000 件，单位售价 10 元，有关资料见表 6.34。

表 6.34　有关资料（单位：元）

	全厂合计	单位产品
销售收入（80 000 件，每件 10 元）	800 000	10 000
销售产品制造成本	650 000	8.125
毛利	150 000	1.875
销售费用	120 000	1.50
经营收益	30 000	0.375

该厂生产能力如充分利用，最大产量可提高到 110 000 件。上表列出的销售产品制造成本中包括固定成本 250 000 元；销售费用中包括固定成本 80 000 元，其余的 40 000 元为销售运费，每件 0.50 元。现有客户前来订货 20 000 件。每件只出价 7.50 元，但由客户前来取货，该厂不必支付销售运费。要求：请据以确定应否接受该项特定订货?

7. 通用电子公司在生产中需要零件甲 20 000 件，该公司有能力生产该零件，但亦可从市场上购买，外购单价为每件 10 元。若由公司自行生产，则有成本资料见表 6.35。

表 6.35　成本资料（单位：元）

20 000 件成本	合　计	单位产品
直接材料	20 000	1
直接人工	80 000	4
变动制造成本	40 000	2
固定制造成本	80 000	4
总成本	220 000	11

其中自制情况下的固定成本中有 20 000 元在外购情况下不会发生的。要求：试分析通用电子公司应自制，还是到市场去购买零件甲?

8. 某厂生产中一个月需用零件 A 10 000 件，外购价每件 3 元，如自行制造，每件单位成本为 3.30 元，它包括：

直接材料	0.90
直接人工（0.2 小时）	1.60
制造费用（0.2 小时×4 元）	0.80
合　计	3.30

制造费用每小时分配率 4 元，是按下列方法计算：

零件 A 制造部门正常开支每月直接人工小时共 2 000 小时，月制造费用预算预计费用总额为 8 000 元，其具体内容是：

间接人工	3 000
物料	500
动力	1 100
管理人员工资	2 700
折旧	400
其他	300
合计	8 000

制造费用中，前三项为变动性费用，后两项为固定性费用。要求：请据以确定零件 A 宜于自制还是外购?

9. 某厂生产汽车发动机需用的活塞，外购单价为 500 元，采购过程中的固定费用为 6 000 元，现该厂金工车间有剩余生产能力可以自制，自制的单位成本为（单位：元）：

直接材料	180
直接人工	120
变动制造费用	120
固定制造费用	130
单位成本	550

在固定制造费用中包含的专属固定费用为每年 16 000 元。要求：试据上述资料判断活塞是自制还是外购合算?

10. 设某厂只生产 A 产品，现有生产能力每月可生产 200 000 件，经过初步加工即可出售，其有关资料如下（单位：元）：

单位售价	12.40
单位成本：	
直接材料	2.40
直接人工	3. 20
固定性销售费用	0.60
变动性制造费用	1. 40
固定性制造费用	1. 60
变动性销售费用	1. 60
单位成本合计	10.80
单位利润	1.60

如对该产品进一步加工后再行出售，单位售价可增加到 15 元，进一步加工的追加成本如下：

直接人工（每单位）	1.30
变动性制造费用（每单位）	0.80
变动性销售费用（每单位）	0.40
固定性制造费用（全月）	30 000
固定性销售费用（全月）	20 000

要求：请据以确定应否对这种产品作进一步的加工？

11. 设有一石油联产品，其联合加工阶段的成本为 100 000 元，产品 X 和产品 Y 将在下一阶段分开生产，这一阶阶段的有关资料见表 6.36（设销售数量不受限制）。

表 6.36　有关资料

产　品	生产数量	单　价	销售收入
产品 X	1 000 000（升）	0.09（元/升）	90 000（元）
产品 Y	500 000（升）	0.06（元/升）	30 000（元）
合计			120 000（元）

现产品 Y 可进一步加工为 Z，产品 Z 的单位售价为 0.08 元/升。1 升的产品 Y 可加工出 1 升的产品 Z，加工需要追加的成本为 40 000 元。要求：试据以作出是否进一步加工产品 Y 的决定。

12. 设成化公司生产 A、B 两种产品，有关资料见表 6.37。

表 6.37　有关资料（单位：元）

项　目	产品 A	产品 B
单位售价	20	12
单位变动成本	10	8
单位贡献毛益	10	4

该厂现有生产能力：直接人工小时 200 000 小时，生产产品 A 每单位需用 4 小时，产品 B 需用 5 小时。产品 B 最多只能销售 20 000 件，产品 A 最多只能销售 30 000 件。要求：如何合理安排 A、B 两种产品的生产，才能为企业提供最多的贡献毛益（用图解法求解）。

13. 设一企业生产甲、乙两种产品。在原材料的消耗上，甲、乙产品分别为 6 kg/件和 8 kg/件，但原材料最多只能供应 4 800 kg。两产品的电力消耗定额分别为：甲产品 6 kW/件、乙产品 4 kW/件，该公司电力用量最多只能是 3 600 kW。此外，产品乙最大销售量为 500 件，产品甲无此限制。两种产品的售价及成本资料见表 6.38。

表 6.38　售价及成本资料（单位：元）

项　目	产品甲	产品乙
单位售价	65	50
单位变动成本	35	25
固定成本总额	6600	5400
单位贡献毛益	30	25

要求：怎样合理安排甲、乙两种产品的生产，使企业获得最大的贡献毛益总额（用图解法求解）。

14. 假定一企业每年需耗用材料 A 8 000 件，每次订货成本为 20 元，存货甲的单位年平均储存成本为 2 元。预计该材料每天最大耗用量为 35 件，每次订货需要 8 天。要求：

（1）分别用“逐次测定法”和“公式法”计算其“经济订货量”及最低存货成本。

（2）为该公司确定“再订货点”。

15. 设生产中对某种零件的月需要量为 1 000 件（一个月按工作 20 天计算）；一批零件投产需花的准备成本为 25 元，储存成本中的变动成本每月每件为 0.10 元；在生产周期内，每天的生产量为 200 件，每天领用量 50 件。要求：计算其一次投产的最优批量应为多少？由它所决定的总成本是多少？

16.企业只生产一种产品，年产销量为 5 万件，单位产品售价为 20 元。为了降低成本，计划购置新生产线。买价为 200 万元，预计使用寿命 10 年，到期收回残值 2 万元。据预测可使变动成本降低 20%，产销量不变。现有生产线的年折旧额为 6 万，购置新生产线后现有的生产线不再计提折旧。其他的固定成本不变。目前生产条件下的变动成本为 40 万元，固定成本为 24 万元。要求：

（1）计算目前的安全边际率和利润；

（2）计算购置新生产线后的安全边际率和利润；

（3）判断购置新生产线是否经济?

（4）如果购置新生产线企业经营安全性水平有何变化?

五、综合题

正保公司常年生产甲产品，甲产品的生产需要耗用零件 A，而全年需要 A 零件 20 000 个。该零件既可以自制也可以外购。如果自制，单位变动成本法下的销售成本 15 元，单位固定生产成本 1 元，无其他成本；如果外购，外购单价 14.5 元，另外发生运输费用总额 12 000 元。要求：

（1）如果自制能力无法转移，对于 A 零件自制还是外购？节约成本多少?

（2）如果自制能力可以转移，这部分剩余生产能力可以用于生产 B 产品，预计可以获得边际贡献 10 000 元，对于 A 零件，自制还是外购？节约成本多少?

（3）如果该公司目前没有自制能力，零部件的全年需用量无法确定，如果自制需要每年发生固定成本 20 000 元，对于 A 零件自制还是外购?

（4）如果自制 A 零件用于生产甲产品，还需要发生直接人工 5 元/件，发生固定非生产成本 10 元/件，变动非生产成本 2 元/件，无固定生产成本，生产单位甲产品需要 2 个零件，如果销售甲产品，单价为 42 元/件。计算变动成本法下的盈亏临界点销售量、盈亏临界点销售额、盈亏临界点作业率、安全边际，安全边际率？如果要使目标利润保持为 20 000 元，需要销售量为多少件?

（5）如果甲产品还可以深加工成乙产品，现有的生产能力可以将 70% 的甲产品深加工成乙产品。如果甲产品全部深加工成乙产品，需要额外 15 000 元租入一台设备，甲乙产品的投入产出比是 1：1.5。同时，只要深加工，就还需要发生 10 000 元的固定管理费，单位乙产品需要加工费 2 元，市场售价为 2 元/件。判断是否需要深加工?

六、案例分析

案例 6.1

成都美声乐器厂设置甲、乙两个车间，分别生产小提琴和中提琴两种乐器。生产费用都能按车间划分，企业管理费按固定比例分配给两个车间。乐器生产工人可按任务在车间之间调动。每加工一把小提琴需要 30 小时，中提琴需要 60 小时。一般小提琴年生产 1 000 把以下，中提琴生产 600 把以下，销售量没有问题。2005 年该厂有关生产和销售资料见表 6.39。

表 6.39 2005 年生产销售资料

项 目	小提琴	中提琴	合 计
生产和销售量（把）	800	500	
销售收入（元）	600 000	600 000	1 200 000
销售成本（元）			
原材料	280 000	200 000	480 000
工资	72 000	90 000	162 000
其他费用	72 000	150 000	222 000
小计	424 000	440 000	864 000
利润	176 000	160 000	336 000
销售利润率	29.33%	26.67%	28%

厂长认为生产小提琴利润比较高，2006 年安排小提琴多生产 100 把，中提琴减少 100 把，乙车间调一部分工人支援甲车间。年终有关生产和销售资料见表 6.40。

表 6.40 2006 年生产和销售资料

项 目	小提琴	中提琴	合 计
生产和销售量（把）	900	400	
销售收入（元）	675 000	480 000	1 155 000
销售成本（元）			
原材料	315 000	160 000	475 000
工资	81 000	81 000	162 000
其他费用	78 000	144 000	222 000
小计	474 000	385 000	859 000
利润	201 000	95 000	296 000
销售利润率	29.77%	19.79%	25.63%

对于这一结果，厂长大为吃惊，这两年费用的耗用水平并没有变化，为什么多生产了利润高的小提琴，总利润反而低了呢?

对于 2007 年计划如何安排，厂长感到困惑，要求会计科长分析利润下降的原因，帮助制定 2007 年生产计划，并预计其利润。

案例 6.2

成都红云制鞋厂生产一种高级室内拖鞋，年生产能力为 100 000 双，根据销售预测编制计划年度利润表 6.41。

表 6.41　计划年度预计利润表

销售收入	（每双售价 10 元）	800 000
	单位成本	总成本
生产成本	8.125	650 000
其中：原材料	4.025	322 000
加工费	0.975	78 000
管理费用*	3.125	250 000
销售费用	1.50	120 000
其中：门市部销售计件工资	0.50	40 000
管理费用	1.00	80 000
税前利润	0.375	30 000

注：*表示管理费用 80%是固定成本。

年初东方宾馆直接来厂订货 30 000 双，但每双只愿出价 7.50 元，而且必须一次全部购置，否则不要。此项业务不会影响该厂在市场上的正常需要量。

对东方宾馆的订货，厂长认为对方出价 7.50 元，大大低于生产和销售成本，而且还影响 10 000 双的正常销售，可能造成亏损，不应接受。生产科长算了一笔账，认为即使减少正常销售，10 000 双按 7.50 元计算接受 30 000 双订货对企业还是有利的，应该接受。销售科长认为正常销售量应该保证，不能减少。接受 30 000 双订货，缺少的 10 000 双的加工能力可采取加班的办法来完成，但要支付加班费每双 1.80 元，其他费用不变。生产科长对销售科长的建议竭力反对，认为这 10 000 双肯定亏本。销售科长坚持认为这样对企业更有利。他们带着这个问题要求会计科长答复：

(1) 厂长的意见对吗?

(2) 生产科长的账是怎样算的？企业的利润是多少?

(3) 按销售科长的建议，企业利润是多少?

(4) 应该采用哪一个方案?

(5) 如果加班生产 10 000 双，各方面费用要增加 40 000 元（包括加班费），应如何决策?

案例 6.3

某有线电厂原为军工产品生产企业，由于经济体制的改革，军工产品生产任务减少，以致该厂二车间停工。为了适应改革的需要，该厂决定开发民用新产品。在该厂各有关部门深入调查研究的基础上，厂长召开了由各部门领导参加的新产品开发决策会议。现将会议记录摘要如下：

（1）新产品开发科。在众多的民用新产品开发领域中，我们初步选择了“小型多功能电动粉碎机”（以下简称 XTF）。该机在日本已生产多年，销售情况良好，我们有能力试制。XTF 产品生产工艺简单，投产快，生产周期短，适应二车间现有生产条件，并且随时可以转产其他产品。XTF 是运用微型电动机带动特制刀具高速旋转，用以粉碎、搅拌各种食品的馅料。加工过程迅速，使用方便，密封操作安全卫生，耗电少。如加工肉糜，每小时可加工 8 千克，耗电仅 1/6 度。XTF 产品适用于小型企事业单位、个体饮食店和家庭加工。

（2）销售科。XTF 产品在我国尚无企业生产，目前市场上只有小型手动粉碎机供应，售价在 8～12 元不等，小型手动粉碎机与 XTF 相比，功能少，效率低，质量不过硬。根据我们对用户抽样调查的结果表明，如 XTF 产品质量有保证，定价合理，本市将有 3%的家庭，全国将有 10%的小型集体所有制和个体经营饮食店对 XTF 产品感兴趣。本市人口 1 000 万，按 5 口人为一户计算，需求量为 6 万台（即 1 000 万台×3%）。全国小型集体所有制和个体经营饮食店约为 100 万家，需求量为 10 万台（即 100 万台×10%），预计市场总需求量为 16 万台。XTF 产品市场寿命周期估计为 8 年，平均每年市场需求量为 2 万台。价格和销售量预测结果见表 6.42。

表 6.42 价格和销售预测

价格（每台）	60 元	58 元	57 元	52 元
销售量（每年）	8 000 台	12 000 台	14 000 台	20 000 台

其中：XTF 产品销售税率为 5%。

（3）技术设备科。XTF 产品由微型电机 1 台，开关 1 个，塑料件 1 套，电源线 3 米，粉碎刀片 4 把，轴承 1 副，橡皮圈 3 套以及其他辅件 1 套等零部件组成。生产 TXF 产品有两套方案可供选择。其一，外购全部零部件，我厂只进行组装，这样，二车间原有机器设备多余，可出售，由于组装主要是手工操作，不需增添其他设备；其二，利用二车间现有机器设备自制塑料件、橡皮圈和电源线，其余零部件外购，最后进行组装（关于自制零部件材料、工时消耗定额和组装工时消耗定额略）。

（4）生产科。根据二车间现有生产能力和 XTF 产品材料、工时消耗定额，预计每年产量情况如下：如全部零部件外购，第一年年产量为 10 000 台，以后每年比上年增长 20%；如部分零部件自制，其余外购，则第一年年产量为 6 000 台，以后每年比上年增长 2 000 台。

（5）供应科。XTF 产品生产所需材料和外购零部件市场价格，见表 6.43。

表 6.43 资 料

产 品	零件自制的材料成本	零件外购的价格	部分零件自制的材料成本和部分零件的外购成本	零件全部外购的外购成本
微型电机（1 台）	—	26.00	26.00	26.00
开关（1 个）	—	1.00	1.00	1.00
塑料线（1 套）	8.50	14.00	8.50	14.00
电源线（3 米）	0.40	0.50	0.40	0.50
粉碎刀片（4 把）	—	1.00	1.00	1.00
轴承（1 副）	—	2.00	2.00	2.00
橡皮圈（3 套）	1.10	1.50	1.10	1.50
件（1 套）	—	2.00	2.00	2.00
合 计			42.00	48.00

(6) 财会科。二车间年固定成本为 70 000 元（包括生产工人工资）。二车间长期停产，造成企业流动资金不足，如生产 XTF 产品需增加流动资金 80 000 元。目前银行贷款较困难，如采用其他方法筹集资金，则利息率高达 10%。如将二车间多余设备出售，每年可减少折旧费用 10 000 元。如采用零部件全部外购方案生产，由每台要加上 2 元其他变动费用。

根据提供的资料，请财务科长计算一下是自制部分零件有利，还是全部零件外购有利，定价多少。

案例 6.4

成化机床厂历年来生产三种产品：刨床、铣床和专用机床，其实有生产能力的产品生产结构为 50%、40%和 10%。

2006 年该厂销售部门根据市场需求进行了预测，计划部门初步平衡了生产能力，编制了 2006 年产品生产计划，财会部门打算据此进行产品生产的决策。

该厂多年生产的老产品刨床，由于造价高，定价低，长期亏损。尽管是亏损产品，但是市场上仍有其一定的需求量，为满足市场需要，仍继续生产。财会部门根据产品生产计划预测了成本和利润，见表 6.44。

表 6.44 2006 年成本—利润预测表

产 品	刨 床	铣 床	专用机床	合 计
销售收入	654.6	630.7	138.3	1 423.6
销售成本	681.9	564.5	106.8	1 353.2
销售利润	−27.3	66.2	31.5	70.4

厂长阅读了该表以后，对财会部门提出了这样几个问题：

(1) 2006 年本厂目标利润能否达到 100 万元？

(2) 刨床产品亏损 27.3 万元，影响企业利润，可否考虑停产？

(3) 若能增置设备，扩大生产能力，能否增产增利？

带着这些问题，财会部门与销售、生产等部门一起，共同研究，寻找对策。若干天后，他们提出了以下四个方案，希望有关专家经过分析比较，确定其中的最优方案。

A 方案：停止生产刨床，按原计划生产铣床和专用机床。

B 方案：停止生产刨床后，根据生产能力的平衡条件，铣床最多增产 40%，专用机床最多增产 10%。

C 方案：在 2006 年产品生产计划不变的情况下，根据更新改造基金情观可投资 10 万元，增加 4 台设备，使铣床增产 10%。估计新设备使用期为 10 年。

D 方案：在 C 方案基础上挖潜力，进一步平衡生产能力，调整产品生产计划。该厂铣床系列是最近几年开发的新产品，由于技术性能好，质量高，颇受用户欢迎，目前已是市场供不应求的产品。故根据市场预测，调整产品生产结构，压缩刨床产品生产计划 30%，铣床在原方案基础上可增产 36%。

另外，财会人员运用回归分析法，在计算出单位产品变动成本的基础上，计算出了变动成本占销售收入的比率。在 2006 年的成本资料基础上，考虑到原材料调价因素，其结果如下：

产品：	刨床	铣床	专用机床
变动成本占销售收入百分比：	70%	69%	55%

前些年，该厂私自生产 C5150 大立车，由于其决策不当，惨遭失败，被迫下马，造成了 28 万多元的经济损失。

案例 6.5

成化仪表接插件厂生产 Z12 型插头座，2005 年产品单位变动成本和销售价格以及平均月产量资料，见表 6.45。

表 6.45 资 料

产品型号	装配零件（元）	装配工人工资（元）	包装材料（元）	合计（元）	售价（元）	平均月产量（套）
甲：K4P 插头	1.298 7	0.20	0.001 3	1.50	2.50	5 000
K4A 插座	0.848 8	0.15	0.001 2	1.00	2.00	
乙：J4P 插头	0.918 7	0.18	0.001 3	1.10	2.00	4 000
J4A 插座	0.468 8	0.13	0.001 2	0.60	1.00	
丙：K4PJ 插头	1.597 8	0.20	0.001 3	1.80	2.50	9 000
K4PJ 插座	1.148 8	0.15	0.001 2	1.30	2.00	
丁：J4PJ 插头	1.019 7	0.18	0.001 3	1.20	2.00	7 000
J4PJ 插座	0.568 8	0.13	0.001 2	0.70	1.00	

根据销售部门预测 2006 年市场对产品甲和产品乙的需求量将增加 20%，对产品丙和产品丁的需求量将增加 30%。

根据计划部门预测，2006 年该厂总的生产能力将提高 7%，即从 2005 年的每月 25 000 套增加到 26 750 套。但是，若产品甲和产品丙增产 7%以上，这两种产品的一部分通用零件将不得不外购；若产品乙和产品丁增产 10%以上，这两种产品的一部分通用零件也将不得不外购。

根据会计部门估算，若使用外购零件，产品甲、乙、丙、丁的零件费用将分别提高 15%、18%、10%和 16%。试问：

（1）2006 年该厂生产应做如何安排才最为有利？

（2）若产品甲和产品丙增产 7%以上，这两种产品各自的专用零件也不得不外购一部分，从而将使产品甲的零件费用提高 35%，而不是 15%，产品丙的零件费用提高 25%，而不是 10%；其他情况仍同前所述。该厂生产计划又应做如何安排？

案例 6.6

成化制桶厂专门生产用于灌装化工原料及食油等液体商品的包装容器，主要产品为 200 公升钢桶。生产钢桶的主要原材料是 1.25 cm 钢板，每只钢桶耗用钢板 24.5 kg，钢板一项在钢桶全部成本中占到 85%以上。

该厂产品历来只供应国内市场，每只钢桶售价 35 元，使用的钢板是国产块板，每千克 1.00 元。2006 年年初，该厂开始承接外商订货，2 月间，先后接到两位外商订货。一位要求定制 B 型 200 kg 钢桶 12 000 只，开价每只折合人民币 36 元；另一位要求定制 D 型 200 kg 钢桶 12 000 只，开价每只折合人民币 34.5 元。交货期都为 3 月底。B 型和 D 型钢桶质量要求高，必须使用进口钢板，用量与国内产品一样。另外，为达到国际市场上对包装液体用钢桶所要求的光洁度标准，每只钢桶要增加油漆以及人工擦洗费用 3.50 元。

进口钢板质优价廉，但因为要使用外汇，所以进口钢板由进出口公司限量供应。进口钢板的供应及使用情况如见表 6.46。

表 6.46　进口钢板的供应及使用情况

产品型号	订货数量	需要钢板			钢板单价（折合人民币）	供应数量最高限数
		品　种	单　耗	总　耗		
B 型	12 000 只	进口块板	24.5 kg	294 000 kg	0.93 元	350 000 kg
D 型	12 000 只	进口卷板	24.5 kg	294 000 kg	0.86 元	300 000 kg

注：进口钢板限额内在保证出口商品生产有余时，可生产 B 型或 D 型钢桶内销，内销钢桶售价统一 35 元。

该厂现有生产能力为每月 60 000 只，国家计划规定至少保证国内统配 40 000 只，商品出口创汇，企业可按规定留存 3%。厂长要求财务部门对 3 月份生产计划提出意见。

案例 6.7

成化通讯设备厂 2006 年准备生产一种 CM85 型的电子产品；其每月客户订货量为 800 台。这种产品可以自己生产，也可以向外转包，委托其他企业生产。有关 CM85 型的售价、成本和人工生产时间的资料如下：

每台售价	50 元
每月人工	1 000 小时
每小时直接人工成本	3 元
每小时变动制造成本	2 元
每月固定费用	2 000 元

该产品由#1、#2 和#3 三种部件构成，而每一种部件又由一个或几个零件构成。具体资料如下：

	部件#1	部件#2	部件#3
零件数	1	2	5
单位零件的材料成本	8 元	4 元	2 元
单位零件的直接人工时间	1 小时	0.25 小时	0.2 小时
向外转包单位产品的合同价格为 48 元其中每种部件合同价格	17 元	13 元	18 元

装配成本极小，可略而不计。

该厂会计人员通过分析计算，向厂长递送了一份关于 CM85 型生产和外购的经济分析报告，以供决策。分析报告如下：

单位产品售价	50.00 元	
单位产品自制的变动成本：		
直接材料	26.00 元	
其中：部件#1	8 元	
部件#2	8 元	
部件#3	10 元	
直接人工	7.5 元	
其中：部件#1（1 只×1 小时×3 元）	3 元	
部件#3（2 只×0.25 小时×3 元）	1.5 元	
部件#3（5 只×0.2 小时×3 元）	3 元	
变动制造费用（2.5 小时×2 元）	5.00 元	
变动成本合计		38.50 元
单位产品的贡献毛益		11.50 元

$$\text{每月自制产品的利润}=\frac{100\text{小时}}{2.5\text{小时}}\times 11.50\text{元}-2\,000\text{元}=2\,600\ (\text{元})$$

每月获得的向外转包 400 台的利润 = 400 台×(50 元－48 元) = 800（元）

月利润总额：3 400 元

厂长看完报告后，表示满意，当即作出决策：每月自制 CM85 型 400 台，外购 400 台。试问：厂长做出的这样决策是否明智？为什么？

案例 6.8

成化橡胶厂 2007 年所需从青岛购进 103 橡胶帆布 750 吨，每次订购费 50 元（不包括铁路运输费），每吨单价 6.250 元，储存费用率 12%。

该厂距青岛 1 700 km，通过铁路整车发货每吨运输费为 31.40 元，而作为零担发货则每吨为 124.50 元。按铁路运输规定，不足 30 吨的货物均作零担处理。现制订出不同的订购批量如下：

全年订购次数	150	75	50	25	15	10
每次订购批量（吨）	5	10	15	30	50	75

管理人员甲运用基本经济批量模式，通过计算，认为每次订购批量应为 10 吨，而管理人员乙却持不同意见。你认为如何？

第七章　长期投资决策

☞ 学习指导

【学习目标】

本章主要讲述了以下几个问题：长期投资决策的意义、特点及影响长期投资决策的重要因素；结合实例具体介绍评价投资效益的一般方法；投资方案经济评价中“资金时间价值”的计量和“风险”程度的估量问题等；长期投资决策中的敏感分析。应掌握影响长期投资决策的重要因素、评价投资效益的一般方法及其具体应用。

【学习建议】

1. 学习时间：26 小时

第一节建议学习时间：2 小时

第二节建议学习时间：7 小时

第三节建议学习时间：3 小时

第四节建议学习时间：6 小时

第五节建议学习时间：6 小时

第六节建议学习时间：2 小时

2. 学习方法

（1）点播学习网络课程第七章。

（2）参加第 3 次在线导学直播。

（3）第五节学习完成后提交作业。

【学习重难点】

重点掌握长期投资决策的动态评价分析方法。

长期投资是指企业为了适应今后生产经营上的长远需要而投入大量资金，能在较长时间内（一年以上）获取报酬或收益的资金投放活动。从广义上看，长期投资包括两个方面：第一，证券投资。例如，购买其他公司发行的股票和债券，通过掌握其股权和债权，对发行证券公司进行控制或产生影响。第二，直接投资兴办新企业或扩大原有企业。例如在固定资产的新建、改建、扩建和更新，资源的开发和利用，现有产品的换型、改造，新产品的研发等方面的各项支出。管理会计中涉及的长期投资通常是指第二种。

与长期投资有关的各项支出在会计上称为资本支出（capital expenditure）。资本支出的特点是：它在支出发生当期一般不可能直接转化为本期费用，全部由本期销售收入补偿，而是在未来若干期内连续分次转化为各期费用，分批补偿回收。在尚未完全收回投资之前，长期投资的合理存在形式必然是资产项目。与其相对立的概念是收益支出（revenue expenditure）。后者是指在日常经营中发生的各项支出，如各种生产成本和费用，它们的效益只限于本期，并由本期销售收入来补偿。进行长期投资决策必须首先将收益支出同资本支出区别开来。

第一节　长期投资决策概述

一、长期投资决策的特征

（1）从内容方面来看，长期投资决策主要是对企业固定资产方面进行的投资决策。如为了生产新产品的而购置设备、建设厂房等，或为了提高现有的生产能力而增购设备、扩建厂房等。

（2）长期投资决策的效用是长期的。一项成功的长期投资，可以使企业在未来数年内获得效用。

（3）长期投资决策占用资金庞大，既需要一次性投入大笔资金以形成投资项目的主体，又要有相当的资金保证建设期和建成后投入运营期间与投资项目直接相联系的开支；同时还要设立专门部门进行筹资和投资工作。

（4）长期投资决策具有不易逆转性，如果投资正确，形成的优势可以在较长时期内保持。

二、长期投资决策的意义

（1）对于保持和提高企业生产经营能力、长期获利能力具有决定性的作用，因而会影响企业的竞争地位。因为长期投资决策主要是在固定资产方面进行的投资决策。固定资产表现为企业实实在在持有的资产，它能使企业产出产成品，并最终销售出去获得盈利。没有固定资产提供的产成品，企业就不能正常运营。因此，固定资产投资属于战略性投资的范畴。成功的长期投资决策可以为企业带来大量的收入,不正确的投资决策则可以彻底毁灭一个企业。

（2）改变企业未来的成本结构，影响企业未来的经济效益。由于长期投资决策的效用是长期的，势必会影响企业未来的成本和效益。例如，投资购买一项先进的机器设备，必然会降低未来产品的加工成本。即使投资失败，企业也将承担该项设备的购置成本。企业在保本点以上成本、收入和利润均由企业对未来投资的决策来决定。此外，由于未来因素的不确定性，投资项目在未来长期的效用期间所承担的风险也比较大。

(3) 资本支出数额大，若投资正确，今后可以为企业带来丰厚的投资收益。但风险也大，企业必须审时度势，避免因不正确的投资决策而导致亏损，并妨碍从其他投资中获得利润。

三、长期投资决策的一般程序

鉴于长期投资本身所具有的时间长、耗资多、风险大、不可逆转性等特点，以及长期投资决策的重要性，这就要求企业必须按一定的程序，运用科学的方法进行分析评价，以保证决策的正确性。长期投资决策一般包括以下五个步骤：

1. 投资项目的提出

投资项目既可由班组长提出，也可由总经理提出。基层提出的主要是战术性项目，所需资本不多，其方案由主管人员写出。高层提出的主要是战略性项目，其方案一般由生产技术、市场、财务等方面的专家组成的专门小组写出。

管理当局应鼓励各级部门广泛提出各项投资项目，以便找到足够的有利可图的投资机会。为了使有限的资本用得其所，有必要加以筛选、分类、排队，经过系统的研究分析，确定一个符合企业长期目标的投资项目系列，然后根据主客观条件，有选择地编入资本支出预算。

2. 投资项目的评价

每项投资均应从技术、经济和社会效益等方面进行可行性分析和评价。财务管理人员主要负责其中的盈利分析，即检查项目投产后的收入是否可靠，成本是否合理，能提供多少利润，有多大风险等，并提出是否采纳和采纳先后次序决策的建议。有些投资项目的方案是在财务人员参与下写出的，对其分析和评价自然就简单得多。盈利分析虽然为衡量项目的可取性提出了重要的依据，但在决定取舍时，尚应考虑对本企业其他产品销售的影响、对同行业竞争的影响、对本企业商誉的影响、对职工生活和情绪的影响、消费者组织的反映、有关法律规定等非计量因素。

3. 投资项目的决策

投资项目经过评价后，应由有权批准者审批。投资额较小的项目，有时中层经理就有权批准；投资额较大的项目由总经理审批；投资额巨大的项目往往由董事会拍板定案。各级有权审批的项目投资额，一般由董事会事前规定。工程技术人员、市场研究人员和财务人员等容易就项目中各自的专业方面进行单方面的分析评价，因此审批项目时就必须高瞻远瞩，对技术上的先进性、经济上的合理性和社会影响等方面进行全面分析，综合地权衡利弊。对战略性投资项目，应该集思广益，集体决策，以免失误。

决策一般可分以下三种：① 采纳建议，批准项目；② 拒绝建议，否定项目；③ 责令重新调查研究。

4. 投资项目的实施

投资项目批准后，即进行筹款，付诸实施。大项目一般交由提出部门或由原设计人员等组成的专门小组，负责拟订具体的实施计划，并按计划执行。在执行过程中，要对施工进度、工程质量和成本开支严加控制，以便保质保量地如期完成投资，而又使支出不超过预算。

5. 投资项目的再评价

在投资项目实施过程中，要继续严密注视作为决策依据的信息是否可靠，情况是否有变化，预测是否准确，投资是否仍然有利。一旦发现原方案有不妥之处，或情况有重大变化，就应对原方案重新审议。必要时应修改原方案，甚至终止投资。这样固然损失很大，但及时改正可以避免更大损失。

四、长期投资决策评价指标的含义及其分类

（一）长期投资决策评价指标的含义

长期投资决策评价指标是指用于衡量和比较长期投资项目可行性优劣，以便据以进行方案决策的定量化标准与尺度，是由一系列综合反映投资效益、投入产出关系的量化指标构成的。

长期投资决策评价指标比较多，从财务评价的角度看，包括：原始投资回收率、投资利润率、投资利税率、资本利润率、年平均投资报酬率、静态投资回收期、动态投资回收期、净现值、净现值率、现值指数、内部收益率、年均净现值、年均净现值率等。

（二）长期投资决策评价指标的分类

长期投资决策评价指标可以根据不同的分类标志做出各种不同的分类，但常用的分类标志主要有以下两种：

1. 按是否考虑货币时间价值分类

这里所谓是否考虑货币时间价值，是指在有关指标计算过程中，是否利用了货币时间价值的计算形式。简单地说，就是是否需要运用折现率来计算复利现值和年金现值。

以此为标志可将全部评价指标分为静态指标和动态指标两大类。

所谓静态指标，就是指在计算过程中不考虑货币时间价值因素的指标。主要包括原始投资回收率、投资利润率、静态投资回收期等指标。

动态指标与静态指标恰恰相反，在计算过程中必须充分考虑或利用货币时间价值的计算技巧。主要包括动态投资回收期、净现值、净现值率、获利指数、内部收益率、年均净现值和年均净现值率等指标。

在长期投资决策评价指标的所有分类中，这种分类最为重要。

2. 按指标在决策中所处的地位不同分类

以此为标志，可将全部评价指标分为主要指标和辅助指标。

所谓主要指标是指在投资决策中作为取舍标准的指标，如净现值、内部收益率等指标。

而辅助指标是指在投资决策中的参考指标，如所有的静态评价指标，动态指标中除了净现值和内部收益率外的其他指标。

当主要指标与辅助指标结论相反时，以主要指标为准，当主要指标之间结论相反时，就要考虑相关辅助指标以帮助决策。

除上述两种分类之外，还有其他许多分类标志，如按指标性质不同可分为在一定范围内

越大越好的正指标和越小越好的反指标；按指标的作用不同可分为反映盈利能力的指标和反映偿债能力的指标；按指标本身的数量特征不同可分为绝对量指标和相对量指标；按计算的难易程度可分为简单指标和复杂指标，等等。

第二节　影响长期投资决策的因素

影响长期投资决策有三大因素，即折现率、项目计算期和现金净流量。折现率也就是投资者要求的最低报酬率、筹资者的资金成本率，它是由货币的时间价值、投资的风险价值和通货膨胀补偿价值三项因素共同决定的；项目计算期，它是由项目的建设期和项目的生产经营周期两个因素决定的；现金净流量，它是由现金流入量和现金流出量两个因素确定的。

一、折现率

折现率也称贴现率，它是由货币的时间价值、投资的风险价值和通货膨胀补偿价值共同决定的，故只有解决这三者的计量问题，才能讨论折现率。

（一）货币的时间价值

1. 货币时间价值的概念

货币时间价值在西方又称为时间价值，是货币随着时间的推移而形成的增值。西方经济学的传统解释认为：即使是在没有风险和通货膨胀的情况下，今天的 1 元钱的价值也大于一年后 1 元钱的价值。原因在于：投资者进行投资就必须推迟消费，对投资者推迟消费的耐心应给予报酬，这种报酬的量应该与推迟消费的时间成正比。西方经济学者对货币时间价值的解释，只是说明了货币时间价值的表面现象，并没有揭示货币时间价值的本质。

第一，货币的时间价值是在企业的生产经营过程中产生的。

西方学者把货币的时间价值解释为“是对投资者推迟消费的耐心的一种报酬”，既不科学，也不全面。因为，只有把货币投入到生产经营过程，使劳动者借助于生产资料生产出新的产品，创造出新的价值，才能实现其价值的增值。由此可见，货币的时间价值只能在社会生产经营过程中产生。

第二，货币时间价值的真正来源是劳动者创造的剩余价值。

根据马克思的劳动价值学说，货币只有投入生产和流通过程才能实现其价值的增值，这部分价值增值是劳动者在生产过程中创造的，是作为生产资料货币表现的资金同劳动力相结合的结果。任何货币如果不投入生产过程、不同劳动力相结合，都不能自行增值，更不会具有时间价值。因此，货币时间价值的真正来源是劳动者创造的剩余价值。

第三，货币时间价值的确定是以社会平均资金利润率或平均投资报酬率为基础的。

货币的时间价值一般以单位时间（通常为一年）的报酬与投资额的百分率表示，即用利息率表示；但表示货币时间价值的利息率是不同于一般的利息率的。一般的利息率如存款利率、贷款利率、债券利率等都是投资报酬率的表现形式，这些投资报酬率除了包括货币时间价值因素外，还包括风险价值和通货膨胀因素。作为货币时间价值表现形态的利息率，应以社会平均资金利润率或平均投资报酬率为基础。

综上所述，货币的时间价值是在不考虑风险和通货膨胀条件下的社会平均资金利润率或平均投资报酬率。它是在生产经营过程中产生，其真正来源是劳动者创造的剩余价值。时间价值可以有两种表现形式：其相对数即时间价值率是指扣除风险报酬率和通货膨胀率后的社会平均资金利润率；其绝对数即时间价值额是资金在生产经营过程中带来的真实增值额，可以用一定数额的资金与时间价值率的乘积表示。

2. 货币时间价值的计算

计算货币时间价值的基本因素包括：① 现值。指现在收款或付款的价值，又叫本金。用 P 表示。② 终值。指若干期以后的未来价值，包括本金和利息，又叫本利和。用 F 表示。③ 利率。用 i 表示。④ 期数。用 n 表示。

货币时间价值的计算有两种制度：单利制和复利制。单利制是指当期利息不计入下期本金，从而不改变计息基础，各期利息额不变。复利制是指各期末形成的利息计入下期本金，改变计息基础，使每期利息额递增，利上生利。也就是说，在复利制下，利息本身也具有获取利息的能力，相当于在单利制下每年末将本期的利息取出重新存入银行。在扩大再生产条件下，企业运用资本所取得的收益往往要再投入到经营中周转，不使之闲置。这一过程与复利制的原理相同。因此，按复利制计算和评价企业货币时间价值比使用单利制要准确一些。马克思也揭示了利润不断资本化的条件下，资本将按几何级数增长。因此，资本的积累要用复利来计算。在西方国家和国际贸易惯例中，也按复利制计算货币时间价值，以反映货币不断运动、不断增值的规律。因此，在长期投资决策考虑货币时间价值因素时，必须按复利制计算有关指标。

3. 复利终值与现值的计算

（1）一次性收付款复利终值与现值的计算

一次性收付款是指在某一特定时点上发生的某项一次性收款或付款业务，经过一段时间再发生相应的一次性付款或收款业务。例如，向银行存入一笔资金 10 000 元，年利率 8%，经过 2 年后，一次可取出本利和 11 664 元。

①一次性收付款复利终值的计算

设本金或现值为 P，利率为 i，期数为 n，终值为 F，则单利与复利的区别见表 7.1。

表 7.1　单利与复利的区别

各期末终值	单　利	复　利
第 1 期	$P=(1+i)$	$P=(1+i)$
第 2 期	$P=(1+i)+Pi=P(1+2i)$	$P=(1+i)+P(1+i)i=P(1+i)^2$
第 3 期	$P=(1+2i)+Pi=P(1+3i)$	$P(1+i)^2+P(1+i)^2i=P(1+i)^3$
⋮	⋮	⋮
第 n 期	$P=(1+ni)$	$P=(1+i)^n$

设上例中：

$$P=10\,000\,(元),\ i=8\%,\ n=2$$

则　　按单利计算的终值＝10 000(1＋2×8%)＝11 600（元）

按复利计算的终值＝$10\,000(1+8\%)^2=11\,664$（元）

从上述比较中，可以得出复利终值计算公式。当本金为 P，利率为 i，每期复利次，n 期末的终值计算公式如下：

$$F=P(1+i)^n$$

式中：$(1+i)^n$ 为复利终值系数，可记作 $(F/P,i,n)$。根据不同的 i 和 n，可以计算出多个 $(1+i)^n$ 的值。该值可以查阅复利终值系数表（见附录一）。

【例 7.1】 设本金为 1 500 元，利率为 9%，期数为 5 年时，终值为多少?

分析 $F=1\,500(1+9\%)^5=1\,500(F/P,9\%,5)$

从附表 1 中可以查出 $(F/P,9\%,5)=1.538$，则

$$F=1\,500\times1.538=2\,307\ （元）$$

② 一次性收付款复利现值的计算。

已知将来某一时期的值即终值或本利和，求其现在的价值即现值或本金，这个过程也叫折现或贴现。此时，所用的利率称贴现率或折现率。所以，在计算现值时，时间价值就表现为贴现率或折现率。计算现值的公式可以由复利终值的公式移项而得到：

$$P=\frac{F}{(1+i)^n}=F(1+i)^{-n}$$

式中：$(1+i)^{-n}$ 为复利现值系数，记作 $(P/F,i,n)$。该系数亦可通过查表求得（见附录二）。即上式可以写成：

$$P=F(P/F,i,n)$$

显然，复利终值系数与复利现值系数互为倒数。

【例 7.2】 2 年后要得到 50 000 元，存款利率为 6%，问现在一次性应向银行存人多少钱?

分析 $P=50\,000\times(1+6\%)^{-2}=50\,000\times(P/F,6\%,2)$

从附表 2 中查得 $(P/F,6\%,2)=0.89$，则

$$P=50\,000\times0.89=44\,500\ （元）$$

（2）系列收付款复利终值与现值的计算。

系列收付款是指 n 期内多次发生的收付款业务，形成多点收付款数列。

① 系列收付款复利终值的计算。

图 7.1 中的 $R_t(t=0,1,2,3,\cdots,n)$ 表示 n 期内的系列收付款，均大于零，t 表示系列收付款发生的时点。每次系列收付款复利终值的计算方法与一次性收付款复利终值的计算方法相同。每次系列收付款复利终值之和即为所要求的系列收付款的复利终值。

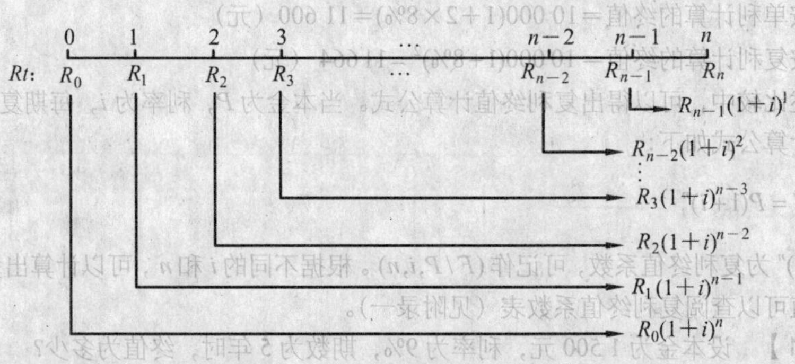

图 7.1　系列收付款复利终值的计算

不同时间的分次性收付款项，按一定的利率换算的复利终值之和，称为系列收付款的复利终值。

设系列收付款复利终值为 F_R，各项系列收付款的复利终值分别为 $F_0,F_1,F_2,\cdots,F_n$，则

$$
\begin{aligned}
F_R &= \sum_{i=1}^{n} F_t \\
&= F_0+F_1+F_2+\cdots+F_{n-2}+F_{n-1}+F_n \\
&= R_0(1+i)^n+R_1(1+i)^{n-1}+R_2(1+i)^{n-2}+\cdots+R_{n-2}(1+i)^2+ \\
&\quad R_{n-1}(1+i)^1+R_n(1+i)^0 \\
&= \sum_{i=0}^{n} R_t(1+i)^{n-t}
\end{aligned}
$$

【例 7.3】　第 1 年年初向银行存款 200 元，第 2 年年末向银行存款 300 元，第 3 年末向银行存款 100 元，问第 4 年年末一共能得到多少元（银行存款利率为 8%）？

分析　$F_R=200(1+8\%)^4+300(1+8\%)^2+100(1+8\%)$

$=200(F/P,8\%,4)+300(F/P,8\%,2)+100(F/P,8\%,1)$

$200\times1.360+300\times1.166+100\times1.080$

$=729.8$（元）

② 系列收付款复利现值的计算。

不同时点的分次收付款按一定的利率换算的复利现值之和，即为系列收付款的复利现值。每次收付款的复利现值计算方法与一次性收付款的相同。

设系列收付款分别是 $R_0,R_2,R_3,\cdots,R_n(R_x\geqslant0)$，它们相应的现值分别为 $P_0,P_2,P_3,\cdots,P_n$，系列收付款的现值 P_R 为：

$$
\begin{aligned}
P_R &= P_0 + P_2 + P_3 + \cdots + P_n \\
&= R_0(1+i)^0 + R_1(1+i)^{-1} + R_2(1+i)^{-2} + \cdots + R_n(1+i)^{-n} \\
&= \sum_{i=0}^{n} R_t(1+i)^{-n}
\end{aligned}
$$

如图 7.2 所示。

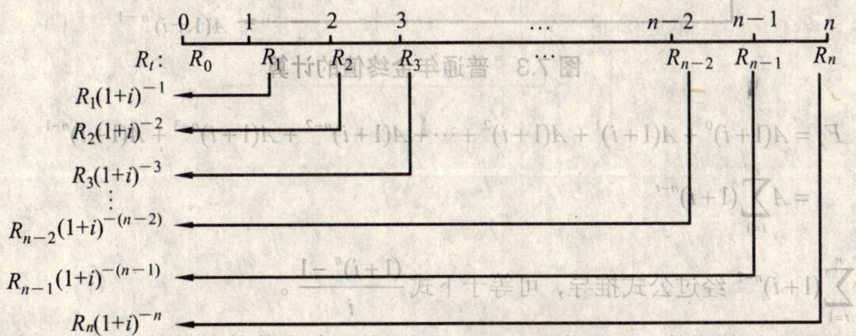

图 7.2 系列收付款复利现值的计算

【例 7.4】 若银行存款利率为 8%，第 1 年年末需用 500 元，第 3 年年末需用 600 元，第 4 年年末需用 700 元。为保证这些资金需要，现在应该向银行存款多少元?

分析
$$
\begin{aligned}
P_R &= 500(1+8\%)^{-1} + 600(1+8\%)^{-3} + 700(1+8\%)^{-4} \\
&= 500(P/F,8\%,1) + 600(P/F,8\%,3) + 700(P/F,8\%,4) \\
&= 500\times 0.926 + 600\times 0.794 + 700\times 0.735 \\
&= 1\,453.9\ (\text{元})
\end{aligned}
$$

4. 年金终值和年金现值的计算

它适用于分期、等额方式发生的现金流量时间价值的计量。

所谓年金是依照相同时间间隔在连续若干期收入或付出的一系列数额相等的款项。它必须同时具备两个特征：一是时间间隔相等，比如每年收付一次；二是每次收付的数额相等。在现实经济生活中，分期等额形成或发生的各种偿债基金、折旧费、养老金、保险金、租金、等额分期收款或付款、零存整取储蓄存款中的零存数、整存零取储蓄存款中的零取金额、定期发放的固定奖金、债券利息和优先股股息以及等额回收的投资额等，都属于年金的范畴。

年金又包括普通年金、即付年金、递延年金和永续年金。其中普通年金应用最为广泛，其他几种年金均可在普通年金的基础上推算出来。以后凡涉及年金问题若不特殊说明均指普通年金。

（1）普通年金终值的计算。

收付款发生在每期期末的年金为普通年金，用 A 表示。普通年金终值是一定时期内各期等额系列收付款的复利终值之和，用 F_A 表示，如图 7.3 所示。

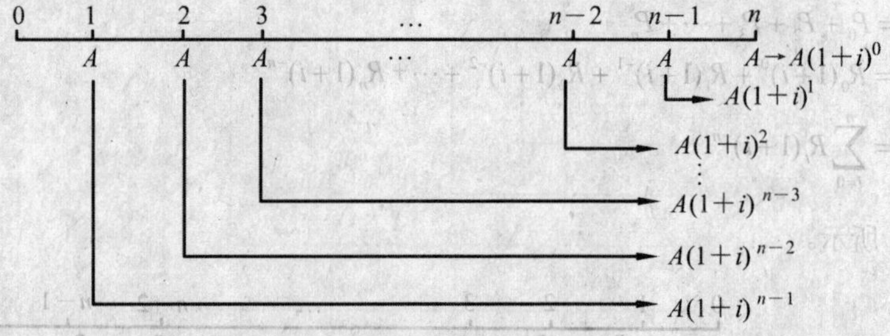

图 7.3　普通年金终值的计算

$$F_A = A(1+i)^0 + A(1+i)^1 + A(1+i)^2 + \cdots + A(1+i)^{n-2} + A(1+i)^{n-3} + A(1+i)^{n-1}$$
$$= A\sum_{t=1}^{n}(1+i)^{n-t}$$

式中：$\sum_{t=1}^{n}(1+i)^{n-2}$ 经过公式推导，可等于下式 $\frac{(1+i)^n-1}{i}$。

该式为年金终值系数，可记作 $(F/A,i,n)$。则普通年金终值的计算公式可写成：

$$F = A\frac{(1+i)^n-1}{i} = A(F/A,i,n)$$

$(F/A,i,n)$ 的值可以通过查表求得（见附录三）。

【例 7.5】　某公司计划连续 3 年于每年年末存入银行 60 000 元，作为第 3 年年末建一停车场的基金，若年利润为 12%，问 3 年后积累的基金是多少？

分析　$F_A = 60\,000(F/A,12\%,3) = 60\,000 \times 3.374 = 202\,440$（元）

即 3 年后积累的基金为 202 440 元。

如果已知年金终值 F_A，求年金 A，这个过程称为偿债基金的计算。根据普通年金终值的计算公式可得：

$$A = \frac{F}{(F/A,i,n)} = F\cdot\frac{i}{(1+i)^n-1}$$

式中：$\frac{i}{(1+i)^n-1}$ 为偿债基金系数，简记作 $(A/F,i,n)$。

(2) 普通年金现值的计算

一定时期内每期期末系列等额收付款的现值之和称为普通年金现值，记作 P_A。如图 7.4 所示。计算公式如下：

$$P_A = A(1+i)^{-1} + A(1+i)^{-2} + \cdots + A(1+i)^{-n}$$
$$= A\sum_{i=1}^{n}(1+i)^{-t}$$

式中：$\sum_{i=1}^{n}(1+i)^{-t}$ 为年金现值系数或年金贴现系数，简记为 $(P/A,i,n)$。经过公式推导得

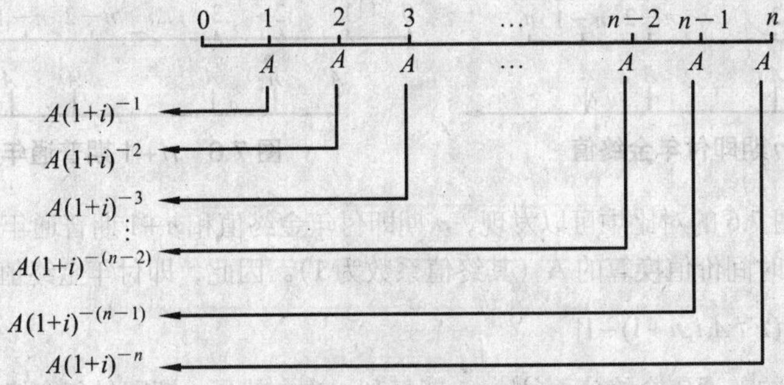

图 7.4　普通年金现值的计算

$$\sum_{i=1}^{n}(1+i)^{t}=\frac{1-(1+i)^{-n}}{i}$$

故普通年金现值的计算公式可写成：

$$P_A=A(P/A,i,n)=A\cdot\frac{1-(1+i)^{-n}}{i}$$

$(P/A,i,n)$ 可通过查表求得（见附录四）。

【例 7.6】　某公司准备现在将一笔款项存入银行，作为向一所大学提供的奖学金。该公司计划今后 20 年内每年年末提供奖学金 100 000 元。若银行存款利率为 10%，问现在应向银行存入多少款项？

分析　$P_A=100\,000(P/A,10\%,20)=100\,000\times8.514=851\,400$（元）

即现在应存入银行 851 400 元。

与年金现值计算相反的过程是资本回收额的计算。已知年金现值为 P_A，求年金 A。计算公式为：

$$A=P/(P/A,i,n)$$
$$=P\cdot\frac{i}{1-(1+i)^{-n}}$$
$$=P\cdot\frac{i(1+i)^{n}}{(1+i)^{n}-1}$$

式中：$\dfrac{i}{1-(1+i)^{-n}}$ 为资本回收系数，可利用求年金现值系数的倒数求得。

5. 其他种类年金问题

（1）即付年金终值与现值的计算。

即付年金是指每期期初发生的等额系列收付款。即付年金终值就是每期期初等额系列收付款的终值之和。该终值可以根据普通年金终值加以调整计算得出。如图 7.5、图 7.6 所示。

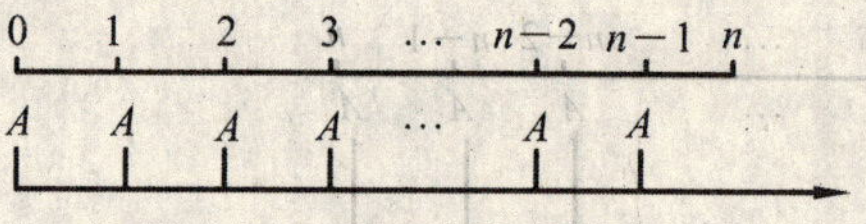

图 7.5 n 期即付年金终值

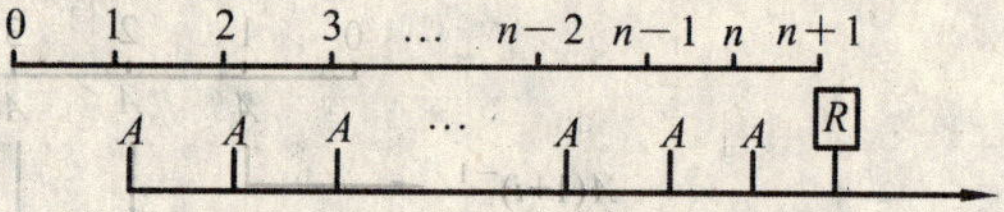

图 7.6 $n+1$ 期普通年金终值

从图 7.5、图 7.6 的对比中可以发现，n 期即付年金终值和 $n+1$ 期普通年金终值相比，前者少一个不需用时间价值换算的 A（其终值系数为 1）。因此，即付年金终值的计算公式为：

$$F_A = A[(F/A,i,n+1)-1]$$

或者将 n 期的普通年金终值再往 $n+1$ 期复利一次，就是 n 期即付年金终值。故其计算公式还可为：

$$F_A = A(F/A,i,n)(1+i)$$

【例 7.7】 某公司计划连续 3 年于每年初存入银行 60 000 元，作为第 3 年末建一停车场的基金，若年利率为 12%，问 3 年后积累的基金是多少？

分析 $F_A = 60\,000(F/A,12\%,3)(1+12\%) = 60\,000 \times 3.374 \times 1.12 = 226\,732.8$（元）

或 $F_A = 60\,000[(F/A,12\%,3+1)-1] = 60\,000 \times (4.779-1) = 226\,740$（元）

两种方法产生的误差 7.2 元是由于系数表的尾数误差而形成的，并不影响其公式的正确性。

即付年金现值是每期期初等额系列收付款的现值之和，如图 7.7 所示。

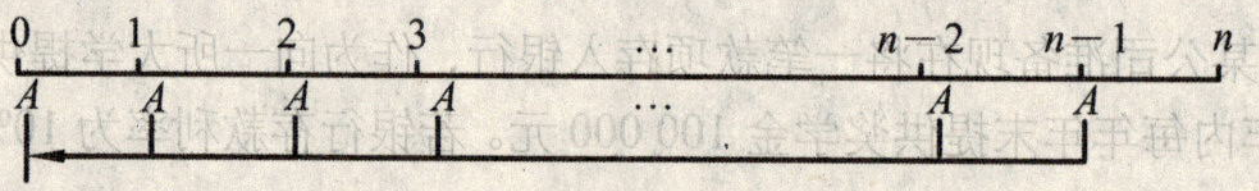

图 7.7 n 期即付年金现值

根据图 7.7 可知，n 期即付年金现值比 $n-1$ 期普通年金现值多一个不需要用时间价值换算的 A，即第一期期初的 A。所以 n 期即付年金现值的计算公式为：

$$P_A = A[P/A,i,n-1)+1]$$

或 $$P_A = A(P/A,i,n)(1+i)$$

【例 7.8】 某公司拟连续 4 年于每年年初投资 100 000 元建设一个项目，若现在一次备足这些款项，当年折现率为 8%时，现在应一次性准备多少元？

分析 $P_A = 100\,000[(P/A,8\%,3)+1] = 100\,000 \times (2.577+1) = 357\,700$（元）

或 $P_A = 100\,000(P/A,8\%,4)(1+8\%) = 100\,000 \times 3.312 \times 1.08 = 357\,696$（元）

（2）递延年金现值与终值的计算

递延年金是指在一段时期（如 $m+n$ 期）内，从第 1 期期初开始，隔了 m 期（$m \geqslant 1$）以后，才于后 n 期期末发生系列等额收付款的年金形式。递延年金现值是指在前 m 期没有收付款时，后 n 期的普通年金贴现到 m 期的第 1 期期初的现值。如图 7.8 所示。

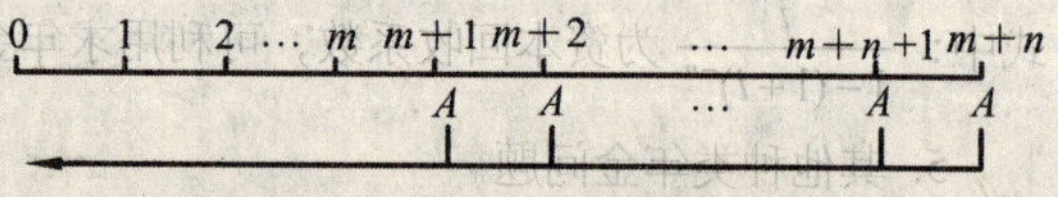

图 7.8 $m+n$ 期递延年金现值

从图 7.8 中可知，$m+n$ 期递延年金现值比 $m+n$ 期普通年金现值要少 m 期的普通年金现值。所以，其计算公式可为：

$$P_A = A[(P/A,i,m+n)-(P/A,i,m)]$$

或 $$P_A = A(P/A,i,n)(1+i)^{-m}$$

【例 7.9】　有一种保险要求现在一次支付保费，第 16 年年初至第 20 年年初，每年可领取保险金 1 500 元，期望利率为 8%，购买这种保险需花多少元？

分析　$P_A = 15\,000[(F/A,8\%,19)-(P/A,8\%,14)] = 15\,000\times(9.604-8.244) = 2\,040$ （元）

或　$P_A = 1\,500(P/A,8\%,5)(1+8\%)^{-14} = 1\,500\times3.993\times0.34 = 2\,036.43$ （元）

递延年金终值的计算方法与普通年金终值相同。

（3）永续年金现值的计算。

永续年金是指无限期的等额系列收付款的特种年金，也就是当期限 $n\to+\infty$ 时的普通年金。即

$$P_A = \lim_{n\to+\infty} A\cdot\frac{1-(1+i)^{-n}}{i} = \frac{A}{i}$$

【例 7.10】　准备设立一项科研奖励基金，在以后每年末支付科研奖金 100 000 元，当年利率为 8%，问现在应一次性存款多少元？

分析　$P_A = \dfrac{A}{i} = \dfrac{100\,000}{8\%} = 1\,250\,000$ （元）

即现在应一次性存款 1 250 000 元。

6. 货币时间价值系数表的使用

在上述复利终值与现值、年金终值与现值的计算中，可以已知 P,i,n，求 F 值；或已知 F,i,n，求 P 值；或已知 A,i,n，求 P 或 F。除此之外，还有已知 P,n,F，求 i；已知 A,n,P 或 F，求 i；以及求 n 等问题，以下分别加以讨论。

（1）求利率 i。

一次性收付款复利终值计算公式为 $F=P(1+i)^n$，由此可得出利率的计算公式为：

$$i=\sqrt[n]{F/P-1}$$

永续年金的利率可根据永续年金现值计算公式 $P=\dfrac{A}{i}$ 得出：

$$i=\frac{A}{P}$$

普通年金现值系数和终值系数计算较为复杂，无法直接推导出 i 的计算公式，可改用内插法求解。

【例 7.11】 已知现在向银行借款 10 000 元，以后 6 年内每年末归还 2 400 元，问借款利率是多少?

分析 因为 $P = A(P/A,i,n)$，则

$$10\,000 = 2\,400\,(P/A,i,6)$$

$$(P/A,i,6) = 4.167$$

查一元年金现值系数表，当 $n=6$ 时，可在表上查到现值系数接近于 4.167 的两千值 4.111 和 4.231，对应的利率分别为 12%，11%，用内插法求之:

$$
\begin{array}{ll}
\left.\begin{array}{r}\left.\begin{array}{r}11\%\\ i\end{array}\right\}x\\ 12\%\end{array}\right\}1\% &
\left.\begin{array}{r}\left.\begin{array}{r}4.231\\ 4.167\end{array}\right\}0.064\\ 4.111\end{array}\right\}0.12
\end{array}
$$

$$\frac{x}{1\%} = \frac{0.064}{0.12} \Rightarrow x = 0.53\%$$

所以 $x = 11\% + 0.53\% = 11.53\%$

即银行借款利率为 11.53%。

【例 7.12】 本金为 1 000 元，要在 10 年内达到 3 倍，问利率是多少?

分析 因为 $F = P(1+i)^n$，则

$$3\times 1\,000 = 1\,000(1+i)^{10}$$

$$(1+i)^{10} = 3 \quad 即 \quad (F/P,i,10) = 3$$

查一元复利终值表，$n=10$ 时，复利终值系数接近于 3 的两个值 2.839 和 3.106 对应的利率分别为 11%和 12%，用内插法求之。

$$
\begin{array}{ll}
\left.\begin{array}{r}\left.\begin{array}{r}11\%\\ i\end{array}\right\}x\\ 12\%\end{array}\right\}1\% &
\left.\begin{array}{r}\left.\begin{array}{r}2.839\\ 3\end{array}\right\}0.161\\ 3.106\end{array}\right\}0.267
\end{array}
$$

$$\frac{x}{1\%} = \frac{0.161}{0.267} \Rightarrow x = 0.6\%$$

$$i = 11\% + 0.6\% = 11.6\%$$

(2) 求期间 n。

求期间 n 时，仍须使用内插法。

【例 7.13】 某公司拟进行一项投资，数额 150 000 元，该投资在效用期内每年能获得 40 000 元现金流入。企业期望的投资报酬率为 10%，问公司几年内能收回投资额?

分析 因为 $P = A(P/A,i,n)$，则

$$150\,000 = 40\,000(P/A,10\%,n)$$

$$(P/A,10\%,n) = 3.75$$

查一元年金现值表，当 $i=10\%$ 时，年金现值系数接近 3.75 的值是 3.791 和 3.170，对应的期数分别为 5 和 4，用内插法求之：

$$\left.\begin{array}{l}\left.\begin{array}{l}4\\n\end{array}\right\}x\\5\end{array}\right\}1\qquad\left.\begin{array}{l}\left.\begin{array}{l}3.17\\3.75\end{array}\right\}0.58\\3.791\end{array}\right\}0.621$$

$$\frac{x}{1}=\frac{0.58}{0.621}\Rightarrow x=0.93$$

$$n=4+0.93=4.93$$

即该项投资要用 4.93 年才能回收。

(3) 名义利率与实际利率的换算。

在上面的讨论中，我们始终假定利率是年利率，一年复利一次。但在实际生活中，经常存在一年复利多次的情况，如某些债券半年计息一次等。凡是每年复利次数超过一次的年利率在经济上叫名义利率，每年复利一次的年利率才为实际利率。当每年复利多次时，名义的年利率需要换算为实际利率。

设名义利率为 R，实际利率为 i，一年复利 m 次，则实际利率 i 的计算公式为：

$$i=\left(1+\frac{r}{m}\right)^{m}-1$$

用该公式求出的实际利率往往带有小数，不便查表。因此，在实际工作中较少运在实际工作中，经常使用的是下列方法。

将复利终值计算公式 $F=P(1+i)^{n}$ 加以调整，令 $\frac{r}{m}\to i,mn\to n$，则该公式为：

$$F=P(1+r/m)^{mn}$$

【例 7.14】 某公司从银行借款 1 000 元，年利率 12%，按季复利计息，问 2 年后应向银行偿付多少本利?

分析 $F=P\left(1+\frac{r}{m}\right)^{mn}=1\,000\left(1+\frac{12\%}{4}\right)^{4\times2}$

$=1\,000(1+3\%)^{8}=1\,000\times1.267$

$=1\,267$ (元)

即 2 年后应还本利和 1 267 元。

(二) 投资的风险价值

1. 风险概述

风险是指在某个特定状态下和给定时间内可能发生的结果的变动。当人们只能够事先确定采取某种行动可能形成的多种结果，以及每种结果出现可能性的程度，而行动的最终结果究竟会怎样，人们不能预知，这就是风险。与风险相联系的另一个概念是不确定性，即人们事先只知道采取某种行动可能形成的各种结果，但不知道它们出现的概率，或者二者都不知道，而只能做粗略的估计。在实践中很难对二者加以区分，因为对风险问题的概率往往只能进行估计和测算，而不能准确知道，而对不确定性问题也可以估计一个概率，因此，当说到风险时，可能指的是确切意义上的风险，但更可能指的是不确定性，这里对二者不加以区分。某一行动的结果具有多种可能而不肯定，就叫风险；反之，若某一行动的结果是肯定的，就叫无风险。

投资风险是指估计的投资报酬率与实际（或期望）投资报酬率的变异程度，即偏离程度。投资风险可能给投资者带来超出预期的收益，也可能带来超出预期的损失。一般来说，投资者对意外损失的关注比对意外收益要强烈得多，因此，人们研究风险时侧重减少损失，主要从不利的方面来考虑风险，经常把风险看成是不利事件发生的可能性。

投资风险是客观存在的，投资决策所涉及的时间越短，风险就越小，在经营决策中一般不考虑风险因素，但在长期投资决策中，就不能不考虑投资风险。一般做法是，先对投资风险进行计量，再根据风险与收益的正相关性，计算出投资的风险价值，即风险报酬率，也称风险补偿率。

2. 投资风险的计量

投资风险的大小通常用变异系数 V 表示，也称标准离差率。由于风险与概率直接相关，计算变异系数必须按下列顺序进行。

（1）计算期望报酬率（额）。

设 x_i 为第 i 种可能结果的预计报酬率（额），P_i 为第 i 种可能结果出现的概率，$i=1,2,3,\cdots,n$，则期望报酬率（额）：

$$\bar{E}=\sum_{i=1}^{n}x_iP_i$$

由于 $0\leqslant P_i\leqslant 1,\ \sum_{i=1}^{n}P_i=1$，不难看出，期望报酬率（额）就是以概率为权数的加权平均报酬率（额）。

（2）计算标准差。

标准差 δ 是反映预计报酬率（额）x_i 偏离期望报酬率（额）$\bar{E}$ 的程度，其计算公式：

$$\delta=\sqrt{\sum_{i=1}^{n}(x_i-\bar{E})^2P_i}$$

δ 越小，说明偏离程度越小，风险也就越小；反之，δ 越大，说明偏离程度越大，风险也就越大。

（3）计算变异系数。

标准差是反映偏离程度的一个重要指标，但它是一个绝对数，只能用来比较期望值相同的互斥方案之间偏离程度的大小。对期望值不同的互斥方案之间偏离程度大小的比较，就要计算一个相对数即变异系数 V，其计算公式：

$$V=\frac{\delta}{\overline{E}}$$

变异系数V越小，变异（偏离）程度越小，风险也就越小；反之，变异系数V越大，变异（偏离）程度越大，风险也就越大。而且不论不同方案之间的期望值是否相同，均可用变异系数来衡量风险的大小。因此，变异系数是计量风险的一种可靠方法。

【例 7.15】　有两个投资方案 A、B，预计有三种结果，其投资报酬率及概率分布见表 7.2。

表 7.2　A、B 方案投资报酬率及其概率分布

x_i		8%	10%	12%
P_i	A 方案	0.2	0.6	0.2
	B 方案	0.1	0.4	0.5

试比较 A、B 两方案投资风险的大小。

（1）分别计算 A、B 方案的期望报酬率：

$$\overline{E}_{\mathrm{A}}=8\%\times0.2+10\%\times0.6+12\%\times0.2=10\%$$

$$\overline{E}_{\mathrm{B}}=8\%\times0.1+10\%\times0.4+12\%\times0.5=10.8\%$$

（2）分别计算 A、B 方案的标准差：

$$\delta_{\mathrm{A}}=\sqrt{(8\%-10\%)^2\times0.2+(10\%-10\%)^2\times0.6+(12\%-10\%)^2\times0.2}$$
$$=1.26\%$$

$$\delta_{\mathrm{B}}=\sqrt{(8\%-10.8\%)^2\times0.1+(10\%-10.8\%)^2\times0.4+(12\%-10.8\%)^2\times0.5}$$
$$=1.33\%$$

（3）分别计算 A、B 方案的变异系数：

$$V_{\mathrm{A}}=\frac{\delta_{\mathrm{A}}}{\overline{E}_{\mathrm{A}}}=\frac{1.26\%}{10\%}=12.6\%$$

$$V_{\mathrm{B}}=\frac{\delta_{\mathrm{A}}}{\overline{E}_{B}}=\frac{1.33\%}{10.8\%}=12.3\%$$

因$V_{\mathrm{A}}=12.6\%>V_{\mathrm{B}}=12.3\%$，即方案 A 的投资风险略大于方案 B 的投资风险。

3. 投资风险价值的计量

风险价值是指投资者因冒风险进行投资而要求的，超过货币时间价值（也即i_f）的那部分通常按百分率计量的额外报酬，又称风险报酬率或风险补偿率。至于风险价值的绝对数，即风险报酬额，由于不经常使用，本书没有提及，以后凡涉及风险价值，均以风险报酬率表示。一般决策者都是厌恶风险的，在投资风险增加的情况下，他们总要求得到比无风险情况下更高的收益率，这样才肯去冒险。风险报酬率的计算公式：

$$i_r = \beta \cdot V$$

式中，β 为风险报酬系数，即将变异系数 V（风险）转化为风险价值的一种系数。

从上式可以看出，计量风险报酬率的关键在于确定一个恰当的风险报酬系数 β，β 值的大小主要取决于投资者对待风险的态度，投资者乐意冒风险，则往往取较小的 β 值，要求的风险报酬率就低；投资者不乐意冒风险，则常常取较大的 β 值，要求的风险报酬率就高。β 值是一个经验数据，可参考下列方法来确定。

（1）根据以往的同类项目加以确定。

在不考虑通货膨胀的前提下，投资报酬率 i 等于无风险和通货膨胀时的 i_f 与风险报酬率 i_r 之和，即

$$i = i_f + i_r = i_f + \beta \cdot V$$

$$\beta = \frac{i - i_f}{V}$$

参照以往同类项目的历史资料，运用上述公式即可确定 β。

【例 7.16】 某公司准备进行一项投资，此类项目的投资报酬率为 20%，其变异系数为 0.5，无风险报酬率为 14%，试求 β 系数。

分析 $\beta = \frac{20\% - 14\%}{0.5} = 12\%$

（2）根据 $i = i_f + \beta \cdot V$ 及投资报酬率和变异系数的历史数据资料，运用一元线性回归法加以确定。

$$\beta = \frac{n\sum i_i V_i - \sum V_i \sum i_i}{n\sum V_i^2 - (\sum V_i)^2}$$

（3）由企业领导或企业组织有关专家分析加以确定。

前两种方法，都必须在历史资料比较充分的情况下才能采用。如果缺乏历史资料，则可由企业领导，如总经理、总会计师等根据经验加以确定，也可由企业组织有关专家分析确定。

确定 β 值后，根据投资项目的变异系数 V 按公式 $i_f = P \cdot V$ 即可计算出投资者要求的风险报酬率。

4. 消除风险因素的计量

计算出风险报酬率 i_r 后，包含 t 年风险因素的一元货币，消除风险因素后的币值为：$\frac{1}{(1+i_r)^t}$。

【例 7.17】 利用例 7.15 与例 7.16 的资料。要求：

（1）分别计算 A、B 方案的风险报酬率；

（2）分别计算 A、B 方案中一元货币 1～5 年消除风险因素后的币值。

分析 （1）$i_r(\mathrm{A}) = 12\% \times 12.6\% = 1.51\%$

$i_r(\mathrm{B}) = 12\% \times 12.3\% = 1.48\%$

（2）A 方案 1～5 年消除风险因素的币值依次是：

$$\frac{1}{1+1.48\%}, \frac{1}{(1+1.48\%)^2}, \frac{1}{(1+1.48\%)^3}, \frac{1}{(1+1.48\%)^4}, \frac{1}{(1+1.48\%)^5}$$

即 0.9 854，0.9 710，0.9 569，0.9 429，0.9 292

（三）通货膨胀与通货膨胀率

通货膨胀是指因纸币发生量超过商品流通中的实际需要量，使得一个时期的物价普遍上涨，货币购买力下降，相同数量的货币只能购买比前期还少的商品所引起的货币贬值。通货膨胀一般用物价指数增长的百分比来表示，即一年后购买相同货物所需的货币量比现在需要的货币量所增加的百分比数，称为通货膨胀率。

持续通货膨胀，是一种世界性的现象。在现实经济生活中，按通用货币表现的一切货币支出，自然而然地包含了通货膨胀的影响。在长期投资决策中，如果不计通货膨胀的影响，就会使计算出来的各项经济指标的数值中包含虚假的因素，不能真实地反映各个投资方案可以取得的真实效益，并可能引起判断和决策上的失误。

通货膨胀和货币的时间价值都是随时间的推移而显示出它们的影响的。货币的时间价值意味着货币会随着时间的推移而增值；通货膨胀意味着货币会随着时间的推移而贬值。货币的时间价值是利用折现率按复利进行计算的；通货膨胀后币值是利用通货膨胀率来进行计算的，这里的通货膨胀率是预计的，而不是政府机构已公布的过去年份的通货膨胀率。

通货膨胀分为定率通货膨胀和变率通货膨胀两种情况，分述如下：

1. 定率通货膨胀

定率通货膨胀是指各年通货膨胀率都是同一个固定值的通货膨胀。

假定定率通货膨胀率为 f，不包含通货膨胀的一元货币，第 t 年的物价水平为 $(1+f)^t$，包含 t 年通货膨胀的一元货币，消除 f 年通货膨胀的币值为 $\frac{1}{(1+f)^t}$。

【例 7.18】 设一般物价指数增长百分比表现的年通货膨胀率为 5%，求 1 元货币 1～5 年的物价水平及消除通货膨胀后的币值。

分析 1～5 年的物价水平依次是：

$$(1+5\%)^1, (1+5\%)^2, (1+5\%)^3, (1+5\%)^4, (1+5\%)^5$$

1～5 年消除通货膨胀的币值依次是：

$$\frac{1}{1+5\%}, \frac{1}{(1+5\%)^2}, \frac{1}{(1+5\%)^3}, \frac{1}{(1+5\%)^4}, \frac{1}{(1+5\%)^5}$$

其数值见表 7.3。

表 7.3 1 元货币物价水平及消除通货膨胀的币值

年 度	0	1	2	3	4	5
物价水平	1	1.050 0	1.102 5	1.157 6	1.215 5	1.276 3
消除通货膨胀影响的币值	1	0.952 4	0.907 0	0.863 9	0.822 7	0.783 5

从计算中可以发现，由于每年的通货膨胀率相同，通货膨胀对货币价值的影响与货币时间价值的计算方法一样，只是贴现率换成通货膨胀率而已。

2. 变率通货膨胀

变率通货膨胀是指各年的通货膨胀率并不是一个定值，即每一年的通货膨胀率都有可能不同。此时，应当按照每年的具体情况，逐年分析计算每年至第 0 年的累计通货膨胀率，并按照该通货膨胀率计算每一年度消除通货膨胀影响的币值。

设 f_i 为第 i 年通货膨胀率，$i=1,2,\cdots,n$，F_t 为第 t 年累计通货膨胀率，$i=1,2,\cdots,n$，n 为计算系数。则

$$F_t=(1+f_1)(1+f_2)\cdots(1+f_t)-1=(1+F_{t-1})(1+f_t)-1$$

不包含通货膨胀的一元货币，第 t 年的物价水平为 $1+f_t$，包含 t 年通货膨胀的一元货币，消除 t 年通货膨胀后的币值为 $\dfrac{1}{1+F_t}$。

【例 7.19】 按一般物价指数增长百分比的表现预计 1～5 年通货膨胀率依次为 5%、6%、5%、5%、6%。求 1 元货币 1～5 年的物价水平及消除通货膨胀后的币值。

分析 （1）1～5 年的累计通货膨胀率依为：

$$F_1=(1+5\%)-1=5\%$$
$$F_2=(1+5\%)(1+6\%)-1=11.3\%$$
$$F_3=(1+5\%)(1+6\%)(1+5\%)-1=16.87\%$$

或 $$F_3=(1+11.3\%)(1+5\%)-1=16.87\%$$
$$F_4=(1+5\%)(1+6\%)(1+5\%)(1+5\%)-1=22.71\%$$

或 $$F_4=(1+16.87\%)(1+5\%)-1=22.71\%$$
$$F_5=(1+5\%)(1+6\%)(1+5\%)(1+5\%)(1+6\%)-1=30.07\%$$

或 $$F_5=(1+22.71\%)(1+6\%)-1=30.07\%$$

1～5 年的物价水平依次是：

$$1+F_1,\ 1+F_2,\ 1+F_3,\ 1+F_4,\ 1+F_5$$

1～5 年消除通货膨胀的货币值依次是：

$$\frac{1}{1+F_1},\ \frac{1}{1+F_2},\ \frac{1}{1+F_3},\ \frac{1}{1+F_4},\ \frac{1}{1+F_5}$$

其数值见表 7.4。

表 7.4 1 元货币物价水平及消除通货膨胀影响的币值

年 度	0	1	2	3	4	5
物价水平	1	1.050 0	1.113 0	1.168 7	1.227 1	1. 300 7
消除通货膨胀影响的币值	1	0.952 4	0.898 5	0.855 7	0.814 9	0.768 8

（四）折现率

折现率就是投资者要求的最低报酬率，筹资者的资本成本率。

1. 折现率与币值的关系

通过对货币的时间价值、投资的风险价值，以及通货膨胀的分析可知，投资者要求的最低报酬率应考虑三项因素：

(1) 资金的时间价值，即无风险和通货膨胀的报酬率 i_f；

(2) 投资的风险价值，即风险报酬率 i_r；

(3) 通货膨胀的补偿价值，即通货膨胀补偿率 g。

前两项因素之和称为实际报酬率 i_1 为：

$$i_1 = i_f + i_r$$

对于第三项因素，在定率通货膨胀情况下，可包括在折现率之中，记为：

$$i = i_f + i_r + g = i_1 + g$$

i 称为货币报酬率或名义报酬率。（注意：这里的通货膨胀补偿率 g 不等于通货膨胀率 f，由 $i = r + g = (1+r)(1+f) - 1$ 知，$g = f + r \cdot f$）

包含 t 年时间因素、风险因素和通货膨胀因素的一元货币，消除 t 年 3 项因素影响后的币值为：$1/(1+i)^t$。

在变率通货膨胀情况下，利用实际利率 i_1 和累计通货膨胀率 F_t，也可综合计算通货膨胀的影响，包含 t 年时间因素、风险因素和通货膨胀因素的一元货币，消除 t 年 3 项因素影响后的币值为：$1/[(1+i_1)^t \cdot (1+F_t)]$。

注：如果不考虑通货膨胀，上两式就变为 $\dfrac{1}{(1+i_1)^t}$，此时折现率 $i = i_1$ 为实际报酬率。

本章对投资项目的财务可行性评价，主要是通过项目建设期和生产经营期各年的现金、净流量，按投资者要求的最低报酬率 i 统一换算为现值，据以对投资方案进行决策。

由于在决策中不同的投资者对待风险的态度不同以及投资项目所实际面临的风险不同，投资者所要求的最低报酬率是不同的；同时，通货膨胀对不同投资项目影响程度一般也是不同的。这两个方面的不同，导致了各投资者最低报酬率的不同，甚至各投资项目最低报酬率的不同，从而导致币值的不同。

2. 确定折现率的规定

(1) 在定率通货膨胀情况下，无论折现率取国家有关部门制定颁发的行业基准收益率 i_c，还是取资金成本率 K，均假定为名义报酬率 i，即折现率包含了资金的时间价值 i_f、投资的风险价值 i_r、通货膨胀的补偿价值 g，并按 $\dfrac{1}{(1+i)^t}$ 计算 t 年 3 项因素影响后的币值。

(2) 在变率通货膨胀情况下，折现率取实际报酬率 i_1，并结合累计通货膨胀率为 F_x，按

$\frac{1}{(1+i_1)^t(1+F_t)}$ 计算 t 年 3 项因素影响后的币值。因为通货膨胀率是预计的，很少出现变率通货膨胀，通常都是定率通货膨胀，并按 $\frac{1}{(1+i)^t}$ 计算 t 年 3 项因素影响后的币值。

之所以作出上述规定，是因为除了按上述规定综合消除三项因素影响外，还可单独消除每项因素的影响，如：单独消除风险因素影响的风险调整贴现率法、风险调整现金流量法（即肯定当量法），其基本原理是相同的，但费时费事，故本书略而不谈。

二、项目计算期

项目计算期是指项目从投资建设开始到最终清理结束整个过程的全部时间，即该项目的有效持续时间。完整的项目计算期包括建设期和生产经营期。其中建设期（记为 S，$S \geqslant 0$）的第一年初（记为第 0 年）称为建设起点，建设期的最后一年末（第 S 年）称为投产日；项目计算期的最后一年末（记为第 n 年）称为终结点，从投产日到终结点之间的时间间隔称为生产经营期（记为 P）。项目计算期、建设期和生产经营期之间有如下关系：$n=S+P$。

确定生产经营期有两个标准：一个是项目的自然寿命，另一个是项目的经济寿命。自然寿命是指项目从全新投产使用到报废，按其物理性能所使用的期限。它是由项目的有形损耗所决定的。经济寿命是指项目年均使用成本最低的使用期限。它往往低于项目的自然寿命，是由项目的有形损耗和无形损耗共同决定的。从理论上讲，生产经营期应采用项目的经济寿命标准。在实际工作中，不同项目有着不同的标准，可参看企业财务通则有关固定资产使用年限的规定或参看中国投资银行关于项目评估方面的年限标准。

三、现金流量

现金流量是评价长期投资项目可行性的主要依据和信息。估计投资项目的预期现金流量是投资决策的首要环节，也是长期投资决策最重要、最困难的步骤。

（一）现金流量的概念及其决策意义

所谓现金流量，在长期投资决策中是指一个项目引起的企业现金支出和现金收入增加的数量。这时的“现金”是广义的现金，它不仅包括各种货币资金，而且还包括项目需要投入企业拥有的非货币资源的变现价值。例如，一个项目需要使用原有的厂房、设备和材料等，则相关的现金流量是指它们的变现价值，而不是其账面成本。必须注意的是，这里的现金流量，与财务会计学中编制现金流量表所使用的现金流量相比，无论是具体内容还是计算口径都存在较大差异，不能混为一谈。

一个项目的现金流量包括现金流出量、现金流入量和现金净流量三个基本部分。其中，现金流出量是指投资项目在整个投资和回收过程中发生的各项现金支出；现金流入量是指投资项目在整个投资和回收过程中发生的各项现金收入；现金净流量是指一定时期某投资项目现金流入量与流出量的差额，可按以下公式计算：

现金净流量＝现金流入量－现金流出量

由此看来，企业项目投资支出和收回，实际上就是一个现金流的过程。

在财务会计里我们是按权责发生制计算企业的收入和成本，并以收入减去成本后的利润作为收益，用来评价企业的经济效益，它全面地概括了企业在增收节支等方面的成果。但是，在长期投资决策中则不能以按这种方法计算的收入和支出作为评价项目经济效益高低的基础，因为，任何一项长期的项目投资，从筹建、设计、施工、正式投产到项目清理的整个周期内，除了发生一定数额的利润或亏损外，还会引起大量的持续不断的现金流入和流出。科学的长期投资决策就应以现金流入作为项目的收入，以现金流出作为项目的支出，以净现金流量作为项目的净收益，并在此基础上评价投资项目的经济效益。长期投资决策之所以要把按收付实现制计算的现金流量作为评价项目经济效益的基础，主要有以下两方面原因：

1. 采用现金流量有利于科学地考虑资金时间价值因素

科学的投资决策必须认真考虑资金的时间价值，这就要求在决策时一定要弄清每笔预期收入款项和支出款项的具体时间，因为不同时间的资金具有不同的价值。在衡量方案优劣时，应根据各投资项目寿命周期内各年的现金流量，按照资本成本，结合资金的时间价值来确定。而利润的计算，并不考虑资金收付的时间，它是以权责发生制为基础的。利润与现金流量的差异主要表现在以下几个方面：

（1）购置固定资产付出大量现金时不计入成本，因而不影响利润；

（2）将固定资产的价值以折旧或折耗的形式逐期计入成本时影响利润，却又不需要付出现金；

（3）计算利润时不考虑垫支的流动资产的数量和回收的时间；

（4）在确认销售收入时，只要符合收入的确认条件，就确认为当期的销售收入，从而增加了利润，尽管其中可能会有一部分并未于当期收到现金而形成应收账款。

可见，在长期投资决策分析中只有用现金流量（而不是利润）才能很好地考虑资金时间价值的因素，借以正确衡量项目的优劣。

2. 采用现金流量才能使投资决策更符合客观实际情况

在长期投资决策中，应用现金流量才能科学、客观地评价投资方案的优劣，而对利润的分析则明显地存在不科学、不客观的成分。这是因为：

（1）利润的计算在一定程度上要受存货估价、费用摊配和折旧计损的不同方法的影响，因而净利润的计算比现金流量的计算有更大的主观随意性，作为决策的重要依据不太可靠。

（2）利润反映的是某一会计期“应计”的现金流量，而不是实际的现金流量。以未实际收到现金的收入作为收益，具有较大风险，容易高估投资项目的经济效益，存在不科学、不合理的成分。

（3）利润计算时没有明确地将投资项目投产后额外费用所能带来的税金节约额（如新

增资产的折旧等可以抵免应税收益，从而少交纳所得税）考虑在内，而税金节约额恰恰是衡量投资项目经济效益的重要组成部分，因为它实际上减少了以税金形式表现的现金支出。以现金流量作为评价基础时，税金节约额要么被当做现金流出量的一个减项，要么被当做一项独立的现金流入。无论以何种方式表示，税金节约额都被明确地当做投资经济效益评价的一个重要因素。

为简化且便于理解，现金流量的计量通常建立在如下假设前提基础上：

(1) 假设现金流量以年为时间单位发生，并且由第 0 年开始，至第 n 年结束。0 表示第一年的年初，1 既代表第 1 年的年末，又代表第 2 年的年初，以下依此类推。

(2) 将年度内不同时间发生的现金流量均汇集于某时点，主要是各年年初或年末。其中，建设投资在建设期内有关年度的年初或年末发生，流动资金投资则在年初发生；经营期内务年的收入、成本、折旧、摊销、利润、税金等项目的确认均在年末发生；项目最终报废或清理均发生在终结点（但更新改造项目除外）。

(3) 全投资假设。即假设项目所需全部投资均为自有资金，或者说项目相关现金流量不会受投资资金取得方式的影响。即使实际存在借入资金也将其作为自有资金对待（但在计算固定资产原值和投资总额时，还需考虑借款利息因素）。

（二）投资项目相关现金流量的内容

1. 现金流出的内容

投资项目相关的现金流出是指该项目所直接导致的企业现金流出的增加额，通常包括如下内容：

(1) 建设性投资。

包括固定资产、无形资产、开办费等方面的投资，比如固定资产的购置、建造、安装、调试等支出。最为简化的建设性投资是一次性的支出，它仅表现为第 0 年的现金流出，但现实经济生活中也有不少为分期多次投入，即第 0 年始至整个建设期均有此现金流出。

(2) 垫支营运资金。

营运资金是指经营所需流动资产与当期流动负债的差额。资本支出项目相关的垫支营运资金是指项目投产前一次或分次投入的、用以应付项目投产后与该项目直接相关的材料购买、工资支付等所发生的垫付资金。垫支营运资金必须是该投资项目直接引起的，而且它在整个项目有效期内不能挪作他用，只有在该投资项目终了方能收回，并转移用途。当然，并不是所有投资项目均需要追加营运资金。

(3) 经营支出。

包括项目投产后生产经营过程中发生的各项付现成本及各项税金，是项目投产后最主要的现金流出。其中，税金应包括营业税、消费税、所得税等，但通常未包含增值税。而且由于营业税、消费税等均在所得税前列支，已经作为企业营业总成本的一部分，因此在确定经营支出所导致的现金流出时通常只将所得税项目单列。应该特别注意的是，年付现成本不同于各期与收入配比的营业成本的概念，总成本包含一部分非付现成本，如固定资产折旧、无形资产和其他长期资产摊销费等，它们均未构成项目生产经营中的实际现金流出，所以对现金流出没有直接影响。但是，这些非付现成本的存在，无疑会抵减各期的应税收入，从而抵减了部分所得税。当然，非付现成本的抵税额既然是现金流出的减少，其性质就相当于现金流入。另外，在全投资假设下，利息费用支出通常也不包括在相关现金流出中。所以，经营支出导致的现金流出就等于营业总成本加所得税减折旧等非付现成本及利息费用。

此外，经营支出的节约额本质上应是一种现金流入，但有时也将其以负值方式计入现金流出项目。

(4) 其他现金流出。

除上述内容以外的其他现金流出项目，比如项目导致的营业外支出，投资的机会成本等。

2. 现金流入的内容

投资项目的现金流入是指该项目直接引起的企业现金流入的增加额，通常包括如下内容:

(1) 经营收入。

指该项目直接引起的经营收入，如因此而扩大企业的生产经营能力所增加的销售收入或节约的经营支出等。它是投资项目的最主要的现金流入。在期初、期末应计项目基本相当的假设下，我们可用项目投产后预期实现的年销售收入额直接作为经营收入的现金流入额。

(2) 固定资产残值收入。

即投资项目终了处置固定资产所得的清理净收益，通常表现为第 n 年的一次性现金流入。至于更新改造决策中因购置新设备而处置旧设备所取得的中途变价收入，实为继续使用旧设备的机会成本，所以通常将其作为旧设备的初始投资考虑，而不作为现金流入处理。在此还应注意处置固定资产的收益或损失所导致的税收影响：当处置收入大于固定资产的账面净值时，发生营业外收入从而导致所得税支出的增加，因此其对现金净流量的影响额就是其净收益额减所得税增加额的差额。

(3) 垫支营运资金的收回。

投资项目终了，垫支营运现金即可收回移作他用，因而亦是项目相关的现金流入。

(4) 其他现金流入。

除上述各项以外的其他现金流入。

3. 现金流量按发生阶段分类

现实经济生活中，通常将投资项目相关的现金流量按其在投资全过程中的发生阶段进行归类，这样既便于现金流量的预期，也方便对其进行项目评价时所需的时间价值计算。项目投资过程往往包括建设期、经营期两个阶段，最后一个经营期又叫做终结点。以此相对应，现金流量也可归集为初始投资、营业现金流量、终结现金流量三类。

(1) 初始投资。

初始投资是指建设期所发生的现金流量总额，主要包括购建固定资产等建设性支出及营运现金的垫支，通常表现为第 0 年或建设期内各年的现金流出。

(2) 营业现金流量。

营业现金流量是指项目投产后，在整个生产经营期内正常经营所发生的现金流量，主要包括营业收入和经营支出两大部分，通常以其差额，即年营业现金净流量表示。通常表现为第 0～n 年间各年的现金净流入。

(3) 终结现金流量。

终结现金流量是指项目寿命终结时发生的现金流量，包括固定资产的净残值收入、垫支营运资金的收回等，通常表现为第 n 年的现金流入。

(三) 投资项目相关现金流量的确定

1. 现金流量的预期

现金流量的预期是现金流量确定乃至整个资本预算的基础，投资项目评价中大量的前期工作即进行现金流量的预期。

预期现金流量必须遵循如下基本原则：一是相关性。即必须是投资项目直接相关的现金流入、流出量，也就是指将随投资项目取舍而增减的现金流量。沉没成本不能包含其中，上级主管部门或其他部门分配来的成本、费用不能包含其中。二是应考虑机会成本。机会成本尽管并未构成实际的现金流出，但它放弃了收益的机会，减少了现金流入，因此亦是项目相关的成本（流出）。

现金流量的预期主要包括以下方面：

(1) 初始投资的发生金额及其发生时间的预期：不同的投资项目具有不同的初始投资，对其预期有时较简单，比如机器设备的更新决策，其初始投资往往在投资起点一次发生，其发生金额有机器设备的市价为依据；有时此预期则较复杂，比如企业扩建的决策，其建设期往往较长，有的历时 1 年以上，资金分次投入，既涉及固定资产投资，又涉及流动资产投资。此时，最经济、有效的预期依据是有关技术管理部门（如技改部门或建设部门）的预算及其与工程承建单位的合同。

(2) 营业现金流量的预期：营业现金流量的预期最为关键，同时也最为复杂，它包括项目寿命期的预期、相关经营收入的预期、相关付现成本的预期等等。在经营收入的预期中，又包含着产销量的预期、售价及其变动趋势预期，预期资料主要来源于营销部门；在经营付现成本预期中，则涉及各项生产要素的投入量情况及其价格变动趋势，预期资料主要来源于生产、技术管理部门及生产资料供给部门。对于老产品，预期收入和成本可建立在对相关历史资料及其变动趋势的分析基础上；对于新产品，预期收入必须建立在细致的市场调研基础上，并且参考行业内企业的具体情况，充分考虑市场需求和市场现有的供给数量、质量、价格等因素，而且应就试产期、到产期等不同阶段分别进行预测分析。预期成本则有赖于建立在有关生产、技术部门进行充分的生产、技术分析基础上。在市场经济环境中，预期营业现金流量时，无论是对有关数量的预期，还是对相关价格的预期，均应注意与市场对接。当然，在此还必须预计所得税因素及其变动对营业现金流量的影响。由于全投资假设下利息费用为不相关现金流出，所以在营业现金流量的预期时可对其忽略不计，正是基于此，在下列现金流量的计算中，我们不再将其单独列出。

(3) 终结现金流量的预期：终结现金流量的内容较少，数额亦不大，对整个现金流量的分析影响较小，对其预期也相对较简单，通常只需根据财会部门的净残值率及其对项目相关的垫支流动资金预算进行估计即可。

现金流量预期正确与否，是长期投资决策正确与否的关键。由于投资项目相关的现金流量所涉及的不确定因素较多，因而不可避免地存在着取数风险和取数成本的问题，特别是对于其中营业现金流量尤其是经营收入的预期：若投入较多的人力和精力，选用更稳妥的取数方法时，取数风险将减小，但取数的外显成本会加大；反之，其外显成本会减少，但取数风险无疑会加大。所以，在此应进行风险与成本的权衡。现实中经常采用权宜之法是：根据具体项目的预期内容，选择恰当的肯定当量系数，将预期现金流量调整为肯定当量现金流量。

2. 现金流量的计量

由于现金流量由现金流入量和现金流出量两部分所组成，所以现金流量的计量通常是计算各期的现金净流量。

$$\text{各期现金净流量}=\text{各期现金流入量}-\text{各期现金流出量}$$

显然，其结果为正数时表示现金净流入，结果为负数时表示现金净流出。

现金净流量的计量有全额法和差额法两种基本方法，分述如下：

（1）全额计算法。

即对投资项目各阶段所涉及的所有现金流量金额如实计算的方法。根据各阶段现金流量的内容，可分别计算简单投资状况下的全额现金净流量如下：

$$\begin{aligned}\begin{matrix}\text{建设期某年}\\\text{现金净流量}\end{matrix}&=\text{该年现金注入}-\text{该是年现金流出}\\&=0-(\text{该年建设性投资额}+\text{该年垫支营业资金额})\\&=-\text{该年初始投资额}\end{aligned}$$

$$\begin{aligned}\begin{matrix}\text{经营期某年营}\\\text{业现金净流量}\end{matrix}&=\text{该年经营收入}-\text{该年经营支出}\\&=\begin{matrix}\text{该年销}\\\text{售收入}\end{matrix}-\left(\begin{matrix}\text{该年营业}\\\text{总 成 本}\end{matrix}-\begin{matrix}\text{折旧等非}\\\text{付现成本额}\end{matrix}-\begin{matrix}\text{该年所得}\\\text{税支出额}\end{matrix}\right)\\&=\text{该年销售收入}-\text{该年付现成本}-\text{该年所得税}\\&=\text{该年税后净利}+\text{折旧等该年非付现成本额}\\&=\begin{matrix}\text{销售}\\\text{收入}\end{matrix}\times(1-\text{税率})-\begin{matrix}\text{付现}\\\text{成本}\end{matrix}\times(1-\text{税率})+\begin{matrix}\text{折旧等非}\\\text{付现成本}\end{matrix}\times\text{税率}\end{aligned}$$

$$\text{终结点净现金流量}=\text{固定资产残值净收入额}+\text{垫支营运资金收回额}$$

【例 7.20】 某公司拟组建一年产 1 000 台机床的分厂。该投资项目的有关资料为：

（1）固定资产投资总额 400 万元，分三年于各年年初投入。第一年投入 200 万元，第二年投入 100 万元，第三年投入 100 万元。固定资产寿命期为 6 年，终结时有残值 40 万元。用直线法计提折旧。

（2）垫支营运资金 200 万元，于第三年末一次投入。

（3）预计机床的年销量与产量相同，其单位售价为 1 万元，单位成本为 7 000 元（其中折旧费 600 元）。所得税率为 30%。

要求：确定该投资项目的现金流量。

分析 在现金流量各部分内容中，营业现金流量所涉及的内容最为复杂，因此往往首先计算营业现金净流量。本例营业现金净流量以年金方式发生，不需逐期计算。营业现金净流量计算如下：

销售收入＝1×1 000＝1 000（万元）

销售成本＝0.7×1 000＝700（万元）

其中：折旧＝$\frac{400-40}{6}$＝60（万元）

税前利润＝1 000－700＝300（万元）

所得税＝300×30%＝90（万元）

税后利润＝300－90＝210（万元）

所以 年现金净流量＝210＋60＝270（万元）

或 年现金净流量＝1 000－(700－60)－90＝270（万元）

或 年现金净流量＝1 000×(1－30%)－(700－60)×(1－30%)＋60×30%＝270（万元）

将项目相关的全部现金流量编制为现金净流量表见表 7.5。

表 7.5 投资项目现金流量表（单位：万元）

时 间	0	1	2	3	4	5	6	7	8	9	合 计
固定资产投资	－200	－100	－100								－400
垫支营运资金				－200						200	0
年营业现金净流量					270	270	270	270	270	270	1 620
终结现金流量										40	40
各期现金净流量	－200	－100	－100	－200	270	270	270	270	270	510	—

当投资项目的现金流量数据充分，能够完整表述时，或者是仅涉及单一投资项目的评价分析时，我们可以采用全额法进行现金流量的计量。

（2）差额计算法

即只计算确定投资项目相关的各类现金流量的差量（通常用Δ表示差量）的方法。即

$$\Delta_{初始投资}=\text{A方案初始投资额}-\text{B方案初始投资额}$$

$$\begin{aligned}\Delta_{营业现金净流量}&=\text{A方案营业现金流量}-\text{B方案营业现金流量}\\&=\Delta_{销售收入}-\Delta_{付现成本}-\Delta_{所得税}\\&=\Delta_{税后净利}+\Delta_{折旧等非付现成本}\\&=\Delta_{收入}\times(1-税率)-\Delta_{付现成本}\times(1-税率)+\Delta_{折旧等非付现成本}\times税率\end{aligned}$$

$$\Delta_{终结现金流量}=\text{A方案终结现金流量}-\text{B方案终结现金流量}$$

【例 7.21】 某公司拟更新某旧设备，旧设备原值为 100 000 元，已用 5 年，账面净值为 50 000 元，若继续使用，估计还可用 5 年，期满后无残值。新设备购价 100 000 元，可用 5

年，期满有残值 10 000 元。使用新设备后，企业销售收入不变，但销售成本可节约 20 000 元。旧设备的可变现净值为 30 000 元。又假设所得税率为 30%。

要求：确定该方案的现金流量。

分析　此例中，是拟在继续使用旧设备和售旧换新两者之间进行选择。我们可计算售旧换新与使用旧设备之间的现金流量差量。

旧设备账面净值为沉没成本，在此只应考虑其变现价值。

所以　$\Delta_{初始投资}=-100\ 000-(-30\ 000)=-70\ 000$（元）

又由资料知：旧设备年折旧额为 10 000 元，新设备年折旧额＝（100 000－10 000）/5＝18 000 元，据以计算营业现金流量差量如下：

$\Delta_{付现成本}(1)$	−20 000
$\Delta_{折旧}(2)$	+8 000
$\Delta_{税前利润}(3)=0-(1)-(2)$	+12 000
$\Delta_{所得税}(4)=(3)\times 30\%$	+3 600
$\Delta_{税后利润}(5)=(3)-(4)$	+8 400
$\Delta_{营业现金流量}(6)=(5)+(2)=0-(1)-(4)$	+16 400

再计算终结现金流量差量，即两者残值之差。

$$\Delta_{终结现金流量}=10\ 000-0=+10\ 000$$

最后，将计算结果归集为差量现金流量表，见表 7.6。

表 7.6　差量现金流量表（单位：元）

项　目	第 0 年	第 1～4 年	第 5 年
初始投资差量	−70 000		
营业现金流量差量		+16 400	+16 400
终结现金流量差量			+10 000
现金流量合计	−70 000	+16 400	+26 400

注：例中初始投资差量为负数值表示现金流出的增加额，营业现金流量差量和终结现金流量差量为正值则表示现金流入的增加额。

差额计算法适用于多个方案间比较选优，且方案相关的现金流量是用差量方式表达的情况。此时采用差额法要么可简化计量，要么是不具备采用全额法的充分条件。

在现金流量的计量中，应特别注意所得税对此所产生的影响。所得税作为一种现金流出，它与企业或投资项目的纳税所得相关：收入增加时，所得税将增加；成本增加时，所得税将减少。由此而得出它与现金流量的关系是：各项收入增加时，一方面导致了现金流入量的增加，同时由于所得税因此增加而导致了现金流出量的部分增加，所以，与此相关的现金流入量的净增加额应是税后收入额；同理，各项成本增加时，一方面导致了现金流出量的增加，同时也由于所得税因此减少而导致了现金流出量的部分减少，所以，与此相关的现金流出量的净增加额也应该是税后成本额。在此尤其应注意折旧等非付现成本：由于它们计入成本时并未付现，从而并没有构成现金流出。但是它们作为成本，必然由于其存在而减少了所得税支出，这就是所谓的抵税作用。正是由于折旧等非付现成本的抵税作用，使我们在计算现金净流量时必须对它们加以考虑，具体表现为折旧等非付现成本增加所抵减的所得税额构成了现金净流量的增加额。上述营业现金净流量的计算公式正是因此而产生。

现金流量是投资项目相关的成本、收入以收付实现制反映时的直接表现，因而也是评价投资项目财务效益好坏的主要依据。初始投资是投资项目最主要的现金流出，营业现金净流量则是投资项目最主要的现金流入，终结现金流量多数情况下也表现为现金流入，但并非必然存在。营业现金净流量和终结现金流量等现金流入相对于初始投资而言，是投资导致的未来收益。评价投资项目的效益好坏，即比较用现金流量方式表示的项目初始投资及其未来收益。

第三节　静态评价指标的计算

静态指标，是不考虑货币时间价值因素，直接按项目形成的现金流量进行计算的指常用的静态评价指标包括原始投资回收率、会计收益率、静态投资回收期等。

一、原始投资回收率

原始投资回收率是指投资项目在一个正常经营年度净现金流量 NCF 或年均经营现金净流量 $\overline{\text{NCF}}$ 占原始投资 I 的百分比。即

$$\text{原始投资回收率}\,K=\frac{\text{NCF或}\overline{\text{NCF}}}{I}\times 100\%$$

式中：分子可直接利用经营期的年利润、年折旧摊销和年利息来计算经营净现金流量，但不考虑回收额；分母可根据建设投资和流动资金投资计算，不考虑建设期资本化利息，即

$$I=\left|\sum_{t=0}^{s}\text{NCF}_t\right|$$

该指标是一个静态的相对量正指标。利用该指标对项目进行评价时，应事先确定一个企业要求的最低投资回收率，一般应不小于项目经济寿命的倒数，如某项目经济寿命为 5 年，则企业要求的最低投资回收率应不小于 20%。对单一项目，当原始投资回收率大于等于企业要求的最低回收率，项目才可行；否则，不可行。对多个互斥可行项目选优，应选择原始投资回收率最大的项目。

【例 7.22】 根据例 7.20 资料，计算该项目的原始投资回收率，公司要求的最低投资回收率为 17%，要求：评价该项目是否可行。

分析　$\overline{\text{NCF}}=\dfrac{270\times6}{6}=\text{NCF}=270$（万元）

$I=400+200=600$（万元）

所以　原始投资回收率 $K=\dfrac{\overline{\text{NCF}}}{I}=\dfrac{270}{600}=45\%>17\%$

故该项目可行。

该指标优点是可以直接利用净现金流量信息，公式比较简单，便于计算。其缺点是没有考虑货币的时间价值和投资的风险价值（假定不存在通货膨胀因素）；不能正确反映建设期长短、投资方式的不同、回收额的有无和建设期资本化利息的有无对项目的影响；而且该指标的分子分母其时间特征不一致（一个是时期指标，一个是时点指标），因而可比基础较差。

二、会计收益率

会计收益率也称投资利润率（记作 ARR）是最常用的经济评价指标之一。由于对投资收益和投资成本的方法不同，会计收益率的计算具有多种方式，其中较有代表性的是：

$$\text{ARR}=\frac{\text{年均税后净利润}}{\text{初始投资总额}}\times100\%$$

或

$$\text{ARR}=\frac{\text{年均税后净利润}}{\text{平均投资额}}\times100\%$$

式中：平均投资额 $=\dfrac{\text{初始投资}+\text{残值}}{2}\times100\%$。其理由是随着折旧的逐期减少的，所以应计算其整个有效期的平均投资额。

进行投资决策时，应将投资方案的平均报酬率同投资者期望的平均报酬率相比：

投资方案的 ARR≥期望的 ARR，接受投资方案；

投资方案的 ARR<期望的 ARR，拒绝投资方案。

如果有若干投资方案可供选择，应选择 ARR 最高的投资方案。

【例 7.23】　某公司有 A、B 两个备选投资项目。A 方案设备投资 20 000 元，寿命期 5 年，期末无残值，由此而产生的年销售收入为 20 000 元，付现成本为 7 000 元。B 方案设备投资 30 000 元，寿命期 5 年，期末残值 2 000 元，由此而导致的年税后净利分别为：12 000 元、11 000 元、10 000 元、5 000 元、5 000 元。该公司采用直线法计提折旧，其资本成本率为 14%。企业所得税率为 30%。要求：计算 A、B 两个备选投资项目的会计收益率（ARR），并据此进行投资评价。

分析　对于 A 方案：

$$\text{年折旧额}=\frac{20\,000}{5}=4\,000\ (\text{元})$$

$$\text{年平均净利润}=(20\,000-7\,000-4\,000)\times(1-30\%)=6\,300\ (\text{元})$$

$$平均投资额=\frac{20\,000}{2}=10\,000\ (元)$$

所以 $$ARR=\frac{6\,300}{20\,000}\times100\%=31.5\%$$

或 $$ARR=\frac{6\,300}{10\,000}\times100\%=63\%$$

对于 B 方案：

$$年折旧额=\frac{30\,000-2\,000}{5}=5\,600\ (元)$$

$$年平均净利润=\frac{12\,000+11\,000+10\,000+5\,000+5\,000}{5}=8\,600\ (元)$$

$$平均投资额=\frac{30\,000+2\,000}{2}=16\,000\ (元)$$

所以 $$ARR=\frac{8\,600}{30\,000}\times100\%=28.67\%$$

或 $$ARR=\frac{8\,600}{16\,000}\times100\%=53.75\%$$

显然，不同方式下的会计收益率值差异较大，而无论在何种方式计算下，A 方案均优于 B 方案。

会计收益率所采用的数据基本与现有会计系统的数据产生方式相同，所以采用该指标具有取数成本较低、便于计算且简单易懂等优点。而且，会计收益率通常作为管理者对分部、项目或下属进行业绩评价的基础，将其同于资本预算中的决策制定阶段有利于保证目标导向上的一致性。但是，会计收益率也存在几个明显的不足：

(1) 没有考虑货币的时间价值，把各年的 1 元等值视之，难以反映项目建设期长短及收益时间分布对项目的影响。

(2) 以会计利润为分析基础，容易受到企业会计政策差异的影响，不同的会计处理方法得出的结果是不一样的。

(3) 它是一个相对性指标，没有考虑投资规模的影响。

三、静态投资回收期

静态投资回收期又称全部投资回收期，简称回收期，是指以投资方案执行后形成的净现金流入或现金流出节约抵偿原始总投资所需要的时间。一般以年为计算单位。

考虑到建设期的影响，静态投资回收期还可以分为包括建设期的静态投资回收期（记作 PP）和不包括建设期的静态投资回收期（记作 PP′），显然，在建设期为 s 时，$PP'+s=PP$。实务中，PP 指标的应用要广一些。包括建设期的静态投资回收期的一般公式为：

$$PP = M + \frac{\left|\sum_{t=0}^{M} NCF_t\right|}{NCF_{M+1}}$$

式中：M为使$\sum_{t=0}^{M} NCF_t \leqslant 0, \sum_{t=0}^{M+1} NCF_t > 0$的年数，即$M$是使累计现金净流量第一次为正值时的年数减1。此时有

$$PP' = PP - s$$

静态投资回收期可以衡量收回投资额时间的长短。静态投资回收期越短，则该项目承受的风险也越小；多个方案中，投资回收期最短的方案最好；将方案的静态投资回收期与基准回收期相比，只有小于或等于基准回收期的方案才是可行的。

不论在何种情况下，都可以通过列表计算“累计现金净流量”的方式，来确定包括建设期的投资回收期。只有在特殊情况下，可直接计算出不包括建设期的投资回收期PP，然后再计算包括建设期的投资回收期PP′＋s＝PP，可达到简化计算的目的。

【例7.24】　以例7.23资料。要求：确认A、B方案的静态投资回收期。

分析　A方案的年现金净流量＝销售收入－付现成本－所得税

＝20 000－7 000－(20 000－7 000－4 000)×30%

＝10 300（元）

当经营期前Q年现金净流量相等（记为NCF）且满足$Q \cdot NCF \geqslant I$（I为原始投资总额）时有不包括建设期的投资回收期：

$$PP' = \frac{I}{NCF}$$

对于A方案，因为

$Q = 5$年，且$Q \cdot NCF = 5 \times 10\,300 = 51\,500$元$> I = 20\,000$元

所以　$PP'_A = \frac{20\,000}{10\,300} \approx 1.94$ (年) $= PP_A$ (因为$s = 0$)

B方案的现金净流量＝税后净利＋折旧，分别为17 600元、16 600元、15 600元、10 600元、10 600元。由于其各年NCF不等，因此，首先计算其累计现金净流量，见表7.7。

表7.7　B方案累计现金净流量（单位：元）

年数 t	0	1	2	3	4	5
每年现金净流量 NCF_t	－30 000	17 600	16 600	15 600	10 600	10 600
累计现金净流量 $\sum NCF_t$	－30 000	12 400	4 200	19 800	30 400	41 000

由于$\sum_{t=0}^{1} NCF_t = -12\,400 < 0$，$\sum_{t=0}^{2} NCF_t = 4\,200 > 0$，故

$$PP = 1 + \frac{|-12\,400|}{16\,600} \approx 1.75\ (年)$$

A、B 两方案的静态投资回收期均短于其寿命期的一半，其中又以 B 更短，故 B 方案优于 A 方案。

静态投资回收期回答了"这个项目要多长时间才能收回投资"这样一个基本问题。作为一个决策指标，静态投资回收期简单易懂，而且根据投资回收期时间长短评价投资方案的优劣，有利于加速资本回收，减少投资风险。但是，它也存在几个明显的不足：

(1) 没有考虑货币的时间价值。

(2) 只考虑了回收资本的时间，而没有考察投资本身的效益性。即只注重于投资的现金流量中小于、等于初始投资额的部分，而没有分析超出投资额的部分。

(3) 它考虑了现金流量时间上的风险，却没有考虑这些现金流量的变化性。

(4) 它不能区别回收期相同的项目的优劣。

(5) 容易导致投资的短期化。

可见，静态投资回收期仅是一个"先期筛选指标"，通过对方案回收期的分析于控制投资项目的风险。

第四节 动态评价指标的计算

动态评价指标是考虑了货币时间价值因素的投资决策评价指标。常见的动态评价指标包括动态投资回收期、净现值、净现值率、现值指数、内部收益率和年均净现值等。

一、动态投资回收期

动态投资回收期又称折现投资回收期，是指以按投资项目的行业基准收益率或设定折现率计算的折现经营净现金流量补偿原始投资现值所需要的全部时间。其计算原理与静态投资回收期基本一致，不同之处在于要考虑货币时间价值的影响，并且通常只计算包括建设期的动态投资回收期。具体公式为：

$$PP = M + \frac{\left|\sum_{t=0}^{M}\frac{NCF_t}{(1+i_c)^t}\right|}{\frac{NCF_{M+1}}{(1+i_c)^{M+1}}}$$

式中：i_c 是国家有关部门制定颁布的行业基准收益率或投资者事先设定的折现率；M 是使 $\sum_{t=0}^{M}\frac{NCF_t}{(1+i_c)^t} \leqslant 0$，$\sum_{t=0}^{M+1}\frac{NCF_t}{(1+i_c)^t} > 0$ 的年数。

动态投资回收期指标通过列表计算"累计现金净流量的现值"来确定的，比较简便易行。

利用动态投资回收期对项目进行评价时，应根据行业特点制定一个投资者要求的最低动态投资回收期，对于单一方案，若计算的动态投资回收期小于等于要求的最低动态投资回收期，则方案可行，否则不可行；对于多个互斥可行方案选优，应选择动态投资回收期最短的方案。

【例 7.25】 仍用例 7.23 资料，设投资者的预期收益率为 10%，计算动态投资回收期，若投资者要求的包括建设期的最低投资回收期为 3 年，评价项目是否可行。

分析 根据例 7.23 的现金净流量资料，列表计算见表 7.8 和表 7.9。

表 7.8　A 方案累计现金净流量的现值（单位：元）

年数 t	0	1	2	3	4	5
现金净流量 NCF_t	−20 000	10 300	10 300	10 300	10 300	10 300
复利现值系数 $\frac{1}{(1+10\%)^t}$	1	0.909	0.826	0.751	0.683	0.621
现金净流量现值 $\frac{NCF_t}{(1+10\%)^t}$	−20 000	9 362.7	8 476.9	7 735.3	7 034.9	6 396.3
累计现金净流量现值 $\sum\frac{NCF_t}{(1+10\%)^t}$	−20 000	−10 637.3	−2 160.4	5 574.9	12 609.8	19 006.1

表 7.9　B 方案累计现金净流量的现值（单位：元）

年数 t	0	1	2	3	4	5
现金净流量 NCF_t	−30 000	17 600	16 600	15 600	10 600	10 600
复利现值系数 $\frac{1}{(1+10\%)^t}$	1	0.909	0.826	0.751	0.683	0.621
现金净流量现值 $\frac{NCF_t}{(1+10\%)^t}$	−30 000	15 998.4	13 711.6	11 715.6	7 239.8	6 282.6
累计现金净流量现值 $\sum\frac{NCF_t}{(1+10\%)^t}$	−30 000	−14 001.6	−290	11 425.6	18 665.4	24 948

对于 A 方案：因

$$\sum_{t=0}^{2}\frac{NCF_t}{(1+10)^t}=-2160.4<0,\ \sum_{t=0}^{3}\frac{NCF_t}{(1+10)^t}=5\,574.9>0$$

故包括建设期的动态投资回收期

$$PP_A=2+\frac{|-2160.4|}{7\,735.3}\approx 2.28\ (年)$$

对于 B 方案：因

$$\sum_{t=0}^{2}\frac{NCF_t}{(1+10)^t}=-290<0,\ \sum_{t=0}^{3}\frac{NCF_t}{(1+10)^t}=11\,425.6>0$$

故包括建设期的动态投资回收期

$$PP_B = 2 + \frac{|-290|}{11\,715.6} \approx 2.02\ (\text{年})$$

显然，$PP_B < PP_A <$ 最低投资回收期 3 年，故 A、B 都是可行方案，且 B 方案优于 A 方案。

动态投资回收期的评价标准和指标特点基本类似于静态投资回收期，只是由于动态投资回收期的计算考虑了货币时间因素的影响，得出的结果会比较符合实际。

二、净现值

净现值是指在项目计算期内，按行业基准收益率或其他设定的折现率计算的各年现金净流量现值的代数和;也就是各年现金流入量现值之和减去各年现金流出量现值之和的差额(记为 NPV)，其基本模型为:

$$\begin{aligned} NPV &= \sum_{t=0}^{n} \frac{NCF_t}{(1+i_c)^t} = \sum_{t=s+1}^{n} \frac{NCF_t}{(1+i_c)^t} - \sum_{t=0}^{n} \frac{I_t}{(1+i_c)^t} \\ &= \sum_{t=0}^{n} \frac{CI_t}{(1+i_c)^t} - \sum_{t=0}^{n} \frac{CO_t}{(1+i_c)^t} \end{aligned}$$

式中：NCF_t 为第 t 年现金净流量 $= CI_t - CO_t$；i_c 为折现率；s 为建设期或投资年数；I_t 为第 t 年的投资额；n 为项目计算期（包括建设期和经营期）；CI_t 为第 t 年现金流入量；CO_t 为第 t 年现金流出量。

采用净现值法的决策标准是:

投资方案的 NPV⩾0，该方案可行；

投资方案的 NPV<0，该方案不可行。

如果 n 个互斥方案的投资额相同，且净现值均大于零，那么净现值最大的方案为最优方案。

【例 7.26】 以 7.25 资料为例。要求：采用净现值法平价 A、B 方案的可行性。

分析 因为 $s = 0$

所以 $$NPV = \sum_{t=1}^{n} \frac{NCF_t}{(1+i_c)^t} - I$$

对于 A 方案:

$$\sum_{t=1}^{n} \frac{NCF_t}{(1+10\%)^t} = 9\,362.7 + 8\,476.9 + 7\,735.3 + 7\,034.9 = 39\,006.1$$

$$NPV_A = 39\,006.1 - 20\,000 = 19\,006.1\ (\text{元}) > 0$$

对于 B 方案:

$$\begin{aligned} \sum_{t=1}^{n} \frac{NCF_t}{(1+10\%)^t} &= 15\,998.4 + 13\,711.6 + 11\,715.6 + 7\,239.8 + 6\,282.6 \\ &= 54\,948\ (\text{元}) \end{aligned}$$

$$NPV_B = 54\,948 - 30\,000 = 24\,948\ (元) > 0$$

显然 A、B 方案均可行，但因为 $NPV_B > NPV_A$，所以 B 方案比 A 方案更优。

净现值的确定包含两个关键步骤：

（1）正确确定投资项目相关的所有现金流量，尤其是其营业现金净流量。

（2）运用基准收益率或其他给定折现率对现金流量进行正确的现值计算。

【例 7.27】 某公司有一投资项目，其初始投资包括：机器设备投资 70 万元，垫支营运资金 20 万元。该项目寿命期为 5 年，固定资产采用直线法折旧，寿命期终了有固定资产残值为 5 万元。投产后每年可获销售收入 60 万元，第 1～2 年付现成本为 30 万元，第 3～5 年付现成本为 35 万元。若企业所得税率为 40%，基准收益率为 10%。要求：用净现值法评价该投资项目是否可行?

分析 首先，确定相关现金流量如下：

初始投资＝70＋20＝90（万元）

终结现金流量＝20＋5＝25（万元）

年折旧＝(70 V)÷5＝13（万元）

第 1～2 年营业现金净流量＝60×(1－40%)－30×(1－40%)＋13×40%＝23.2(万元)

第 3～5 年营业现金净流量＝60×(1－40%)－35×(1－40%)＋13×40%＝20.2(万元)

其次，计算净现值如下：

$$\begin{aligned} NPV &= 23.2\times(P/A,10\%,2)+20.2\times(P/A,10\%,3)\times(P/F,10\%,2)+ \\ &\quad (20+5)\times(P/F,10\%,5)-(70+20) \\ &\approx 7.3\ (万元)>0 \end{aligned}$$

所以方案可行。

净现值法的主要优点在于：

(1) 考虑了货币的时间价值。由于未来的报酬与投资支出发生在不同时期，如果简单相比，就显得不合情理，二者必须建立在同一时期的基础上进行比较，才能看出投资是否会增加企业的总价值。因此，用未来报酬的现值与投资进行比较，增强了投资经济性的评价。

(2) 考虑了项目计算期内的全部净现金流量，体现了流动性与收益性的统一。

(3) 考虑了投资的风险性。项目涉及风险的大小可以通过折现率得到反映，风险越大，折现率越高。

净现值法也有其缺点，一是不能揭示各个投资方案本身可达到的实际收益率水平；二是折现率的确定比较困难，而其正确性对计算净现值有着重要的影响；三是它只考虑了方案未来不同时期现金净流量在价值上的差别，而没有考虑不同方案原始投资在量上的差别。即它只侧重于按净现值这一绝对数的大小来解析评价方案的优劣，而在各方案原始投资额不同时，单纯看净现值的绝对量并不能做出正确的评价。因为在这种情况下，不同方案的净现值实际上是不可比的。此时，以单位投资额所产生的现金净流量的现值进行评价更为合适，而净现值率法和现值指数法正可以弥补这一缺陷。

三、净现值率、现值指数

净现值率（NPVR）和现值指数（又称获利指数 PI）这两个评价指标，是针对净现值指标难以评价投资额不等的项目这一缺陷而设定的。

净现值率计算模型为:

$$NPVR=\frac{NPV}{\sum_{t=0}^{s}\frac{|NCF_t|}{(1+i_c)^t}}$$

利用该指标对项目进行评价的标准是：对单一方案，NPVR⩾0，方案可行；反之，不可行。对多个互斥可行方案选优，一般应选择净现率大的方案。

例 7.26 中：A 方案的净现值率 $NPVR_A=\frac{19\,006.1}{20\,000}=95.03\%$

B 方案的净现值率 $NPVR_B=\frac{24\,948}{30\,000}=83.16\%$

因为 $NPVR_A>NPVR_B>0$，所以 A、B 方案均可行，且 A 方案优于 B 方案。

净现值率的优点是可用于原始投资额不同的多个互斥可行方案的比较，比其他动态相对量指标更容易计算；缺点是不能从动态的角度反映投资方案的实际收益率水平，且对于经济寿命不同的多个互斥可行方案，单纯利用净现值率法可能会得出错误结论。

现值指数是指投产后按行业基准收益率或设定折现率 i_c 计算的经营期各年现金净流量的现值合计与原始投资的现金合计之比，其计算模型为:

$$PI=\frac{\text{经营期各年现金净流量的现值合计}}{\text{原始投资的现值合计}}$$

特别地，当原始投资均在建设期（s 年）投入，则

$$PI=\frac{\sum_{t=s+1}^{n}\frac{NCF_t}{(1+i_c)^t}}{\sum_{t=0}^{s}\frac{NCF_t}{(1+i_c)^t}}$$

利用该指标对项目进行评价的标准是：对单一方案，PI⩾1，方案可行；反之对多个互斥可行方案选优，一般应选择现值指数大的方案。

例 7.26 中：A 方案的现值指数 $PI_A=\frac{39\,006.1}{20\,000}\approx1.95$

B 方案的现值指数 $PI_B=\frac{54\,948}{30\,000}\approx1.83$

显然 $PI_A>PI_B>1$。A、B 方案均可行，且 A 方案优于 B 方案。

通过上述可见，当原始投资在建设期全部投入时，净现值率与现值指数之间存在这样的关系恒等式：

$$\mathrm{PI} \equiv \mathrm{NPVR} + 1$$

四、内部收益率

内部收益率也称内含报酬率。内部收益率，是指在项目计算期内各年现金净流量的现值之和为零时的折现率，或者经营期各年现金净流量的现值之和等于原始投资现值之和时的折现率（记为 IRR）；也即指考虑时间价值的项目投资实际可望达到的（平均）收益率。其模型为：

使 $\sum_{t=0}^{n} \frac{\mathrm{NCF}_t}{(1+i)^t} = 0$ 时的折现率 i 记为 IRR。

或 使 $\sum_{t=0}^{n} \frac{\mathrm{NCF}_t}{(1+i)^t} = \sum_{t=0}^{n} \frac{|\mathrm{NCF}_t|}{(1+i)^t}$ 时的折现率 i 记为 IRR。

利用该指标对项目进行评价的标准是：对单一方案，IRR≥要求的最低报酬率，项目可行；反之，不可行。对多个互斥可行方案选优，一般应选择内部收益率大的方案。

下面我们举例说明内部收益率的计算过程：

【例 7.28】 以 7.23 资料为例。要求：分别计算 A、B 方案的内部收益率，并进行项目评价。假定期望投资收益为 40%。

分析 (1) 如果每年的 NCF 相等，则按下列步骤计算：

第一步：计算年金现值系数。

$$\text{年金现值系数} = \frac{\text{初始投资额的现值}}{\text{每年NCF}}$$

方案 A 的每年 NCF 相等，故

$$\text{方案A年金现值系数} = \frac{20\ 000}{10\ 300} \approx 1.942$$

第二步：查年金现值系数表，在相同的期数内，找出与上述年金现值系数一致的系数，所对应的折现率恰好就是所求的内部收益率；若在相同的期数内找不到上述年金现值系数，则找出与其相邻两个年金现值系数所对应的较大和较小的两个折现率。

方案 A 年金现值系数通过查表知其相邻的现值系数分别为 2.035 和 1.737，其对应的折现率分别为 40%和 50%。

第三步：根据上述两个邻近的折现率和已求得的年金现值系数，采用插值法计算出该投资方案的内部收益率。

对于方案 A，其内部收益率：

$$\left.\begin{array}{l}\left.\begin{array}{l}40\% \\ IRR_A\end{array}\right\}x \\ 50\%\end{array}\right\}10\% \quad \left.\begin{array}{l}\left.\begin{array}{l}2.035 \\ 1.942\end{array}\right\}0.093 \\ 1.737\end{array}\right\}0.298$$

$$\frac{x}{10\%}=\frac{0.093}{0.298}\Rightarrow x\approx 3.12\%$$

所以 $IRR_A = 40\% + 3.12\% = 43.12\%$

（2）如果每年的 NCF 不相等，则需要按下列步骤计算：

第一步：先预估一个折现率，并按此折现率计算净现值。如果计算出的净现值为正数，则表示预估的折现率小于该项目的实际内部收益率，应提高折现率，再进行测算；如果计算出的净现值为负值，则表明预估的折现率大于该方案的实际收益率，应降低折现率，再进行测算。经过如此反复测算。找到净现值由正到负并且比较接近于零的两个折现率。

对于 B 方案：当折现率 $i = 40\%$ 时　　NPV = 1 438.4 元

当折现率 $i = 50\%$ 时　　NPV = −2 774.8

$$\left.\begin{array}{l}\left.\begin{array}{l}40\% \\ IRR_B\end{array}\right\}x \\ 50\%\end{array}\right\}10\% \quad \left.\begin{array}{l}\left.\begin{array}{l}1\,438.4 \\ 0\end{array}\right\}1\,438.4 \\ -2\,774.8\end{array}\right\}4\,213.2$$

$$\frac{x}{10\%}=\frac{1\,438.4}{4\,213.2}\Rightarrow x\approx 3.41\%$$

所以 $IRR_B = 40\% + 3.41\% = 43.41\%$

显然 $IRR_B > IRR_A > 40\%$

故 A、B 方案均是可行方案，但 B 方案优于 A 方案。

内部收益率法考虑了资金的时间价值，反映了投资项目的真实报酬率，且概念也易于理解。由于内部收益率指标反映了项目以每年的净收益归还全部投资以后，所获得的最大收益率，也可以作为项目能够接受的资本成本率的上限，有助于筹资决策和投资决策；而且内部收益率克服了比较基础不一（如初始投资额或经济寿命期不同）时，评价和排列各备选方案优先顺序的困难，可按内部收益率从大到小排列各备选方案的优先顺序。所以，内部收益率指标是投资效益评价的主要指标。

但是，内部收益率指标也有其不足之处，主要表现在：

（1）计算过程比较复杂，特别是每年 NCF 不相等的投资项目，一般要经过多次测算才能求得。

（2）内部收益率隐含了再投资假设，即各年的现金净流量流入后，是假定各个项目在其全过程内按各自的内部收益率进行再投资而形成增值，而不是所有项目按统一要求达到；并在统一的资金市场上可能达到的收益率进行再投资而形成增值。这一假定具有较大的主观性，缺乏客观的经济根据。

（3）对于非常规方案（所谓非常规方案，是指那些各年现金净流量的正负号改变超过一次的投资方案），根据上述程序进行计算，可以出现多个内部收益率，使人无法据以判别其真实的内部收益率究竟是多少，为这一指标的实际应用带来困难。对此我们举例说明。

【例 7.29】 某公司正考虑投资 160 万美元开采一个露天煤矿（设为项目 *P*）。该煤矿在第一年末将带来 1 000 万美元的现金净流量，但在第二年末需要支出 1 000 万美元将它恢复到原来的状况，以减少对环境的过度破坏。该投资项目户的现金流动模式见表 7.10。

表 7.10　现金流动模式（单位：万美元）

$t=0$	$t=1$	$t=2$
−160	+1 000	−1 000

这个投资方案的现金流动模式包括了两次“改号”，属于非常规方案，可据以计算出两个内部收益率如下：

$$\frac{1\ 000}{(1+25\%)^1}+\frac{-1\ 000}{(1+25\%)^2}-160=0$$

$$\frac{1\ 000}{(1+400\%)^1}+\frac{-1\ 000}{(1+400\%)^2}-160=0$$

也就是说，25%和 400%可使该投资方案的净现值为零，亦即该方案有两个内部收益率：25%和 400%。

一个投资项目形成的现金流动模式如果出现多次改号，就可据以得出多个内部收益率，这是由于其计算模型的数学特性形成的内在必然性。为了进一步分析，我们不妨在坐标图上绘出该投资方案的净现值（NPV）线。为此，计算出一系列折现率下的净现值，见表 7.11。

表 7.11　净现值（单位：万美元）

折现率	0%	10%	50%	100%	200%	250%	300%	500%
净现值	−160	−77.355 4	62.222 2	90	62.222 2	44.081 6	27.5	−21.111 1

根据以上数据，可以绘出该投资方案的反映净现值与资本成本关系的曲线，即净现值（NPV）线，如图 7.9 所示。

图 7.9 显示：① 当其折现率<25%时，净现值为负数。也就是说，如果我们根据一般的判断，只要投资方案的内部收益率大于其折现率（亦即资本成本），就接受此投资方案的话，那我们就犯了一个错误，因为此时该投资方案的 NPV 是负数，不但不能使企业获益，反而会使企业受损，导致股东财富减少。② 当折现率介于 25%和 400%之间时，如果我们根据第 1 个内部收益率 25%判断，此时不应当接受该投资方案，因为其折现率（亦即资本成本）高于内部收益率。事实上，这也有问题，因为尽管资本成本高于第 1 个内部收益率 25%，但

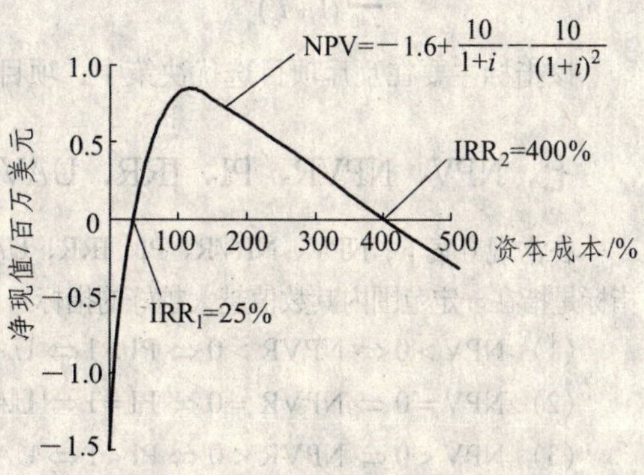

图 7.9　项目 P 的净现值曲线

还是低于第 2 个内部收益率 400%，在此期间内 NPV 表现为正数，采用该投资方案可使企业获益。③ 只有当折现率（亦即资本成本）高于第二个内部收益率 400%，依常规作出的判断才算正确，此时 NPV 为负数，确实应拒绝该投资方案。

因此可以看出，对于非常规方案，一是很难确定其内部收益率，即使求出一个内部收益率，也不一定是真实内部收益率，从而在非常规方案下，不应采用内部收益率对投资方案进行评价。尽管如此，由于非常规方案在实际中极少见，绝大多数为常规方案（所谓常规方案是指在项目计算期内，前若干年现金净流量为负值，后若干年现金净流量为正值，现金净流量由负值改变为正值，只改变一次符号的方案），故内部收益率仍不失为主要评价指标，而在实际中得到广泛应用。

五、年均净现值

年均净现值也称等值年金（记为 UAV），是指把投资项目各年现金净流量按设定折现率 i 折算为第 0 年现值，再除以 n 年的年金现值系数，换算为考虑时间价值的年平均现值，即年余。其实质是将净现值总额平均分摊到每一年。其计算模型为：

$$\text{UAV}=\frac{\text{NPV}}{(P/A,i,n)}$$

该指标主要在互斥项目选优决策中，项目计算期不同，原始投资的现值相同时使用。特别当各个投资方案的现金流入量相等或均无经营现金流入量时，可以只比较各方案的现金流出量，此时，年均净现值也可称为年均成本或年均费用，记为 UAC。

六、年均净现值率

年均净现值率（记为 UAVR）是指年均净现值与原始投资现值之比，其计算模型为：

$$\text{UAVR}=\frac{\text{UAV}}{\sum_{t=0}^{s}\frac{|\text{NCF}_t|}{(1+i_c)^t}}$$

该指标主要在互斥项目选优决策中，项目计算期不同，原始投资的现值也不同时使用。

七、NPV、NPVR、PI、IRR、UAV、UAVR 之间的关系

在常规方案下，NPV、NPVR、PI、IRR、UAV 和 UAVR 指标不仅都属于动态正指标（所谓正指标是指在一定范围内其数值越大越好的指标），而且在常规方案下，它们之间存在以下数量关系：

（1）$\text{NPV}>0\Leftrightarrow\text{NPVR}>0\Leftrightarrow\text{PI}>1\Leftrightarrow\text{UAV}>0\Leftrightarrow\text{IRR}>i_c\Leftrightarrow\text{UAVR}>0$ 。

（2）$\text{NPV}=0\Leftrightarrow\text{NPVR}=0\Leftrightarrow\text{PI}=1\Leftrightarrow\text{UAV}=0\Leftrightarrow\text{IRR}=i_c\Leftrightarrow\text{UAVR}=0$ 。

（3）$\text{NPV}<0\Leftrightarrow\text{NPVR}<0\Leftrightarrow\text{PI}<1\Leftrightarrow\text{UAV}<0\Leftrightarrow\text{IRR}<i_c\Leftrightarrow\text{UAVR}<0$ 。

这里的“$\Leftrightarrow$”表示互为充分必要条件，由净现值指标对项目进行评价的标准，再利用上述数量关系，便可得到利用其他评价指标对项目进行评价的标准。事实上，把上述任何一个

指标作为对项目进行评价的标准，都可根据上述数量关系，得到利用其他指标对项目进行评价的标准，对于单一方案，上述各评价指标的评价结果都是一致的。

对于非常规方案，除内部收益率外，上述关系仍成立。

第五节 评价指标在长期投资决策中的应用研究

计算评价指标的目的，是为长期投资决策提供决策的定量依据，进行项目的评价与选优。由于评价指标的适用范围不同，评价指标的自身特征不同，因此，在运用评价指标进行长期投资决策时，必须具体问题具体分析，不能简单地利用各个评价指标的评价标准进行决策，以避免决策失误。为此我们从单一方案投资决策、互斥方案投资决策、独立方案投资组合决策三个方面来研究评价指标在长期投资决策的应用问题。

一、单一方案投资决策

单一方案投资决策是指只有一个投资项目可供选择的条件下，需要利用评价指标考察该独立项目是否具有财务可行性，从而做出接受或拒绝该项目的决策。

（一）常规方案下的单一方案投资决策

在常规方案下，前述的所有静态评价指标和动态指标都可作为单一方案投资决策的评价指标，其评价标准是：

（1）净现值。当 NPV≥0 时，方案可行。

（2）现值指数。当 PI≥1 时，方案可行。

（3）内部收益率。当 IRR≥基准收益率或设定折现率，方案可行。

（4）净现值率。当 NPVR≥0 时，方案可行。

（5）年均净现值。当 UAV≥0 时，方案可行。

（6）年均净现值率。当 UAVR≥0 时，方案可行。

（7）回收期（包括静态和动态）。当 PP≤基准回收期，方案可行。

（8）原始投资回收率。当 K≥要求的最低投资回收率，方案可行。

（9）会计收益率。当 ARR≥期望的 ARR，方案可行。

在动态评价指标中，根据 NPV、NPVR、PI、IRR、UAV、UAVR 之间的关系，可以肯定，利用这些指标对单一方案进行评价时，会得到相同的结论，其中 NPV、PI 和 IRR 是三个最常用的评价指标。当静态评价指标在评价时与动态指标评价时结论有矛盾，以动态评价指标为准。

（二）非常规方案下的单一方案投资决策

在非常规方案下，除了不得使用内部收益率指标进行评价外，其他评价指标均可使用，其评价标准与常规方案完全相同。

【例 7.30】 金牛公司准备在计划年度添置一台大型设备，以增加产量，扩大现有销售量。预计该设备购置成本为 40 万元，运输、安装、调试等方面费用共计 3 万元。该设备寿命期为 5 年，期满有净残值 3 万元，按直线法计提折旧。使用该设备可使公司每年增加销售收入 38 万元，每年增加的营业付现成本为 22 万元，所得税率为 40%。若该公司的资本成本为 14%。基准回收期为 3 年。要求：对该项投资方案进行评价。

分析 （1）计算各年的现金净流量 NCF：

设备原值＝40＋3＝43（万元）

则 $NCF_0=I_0=-43$（万元）

$$每年计提折旧=\frac{43-3}{5}=8\ (万元)$$

每年税前利润＝$38-(22+8)=8$（万元）

每年所得税＝$8\times40\%=3.2$（万元）

每年税后利润＝$8-3.2=4.8$（万元）

每年营业 $NCF=38-22-3.2=12.8$（万元）

或 $NCF=4.8+8=12.8$（万元）

项目期末净残值收入（回收额）3 万元，则

$NCF_{1\sim4}=12.8$（万元）

$NCF_5=12.8+3=15.8$（万元）

（2）计算净现值 NPV：

$$\begin{aligned}NPV&=12.8(P/A,14\%,4)+15.8(P/F,14\%,5)-43\\&=12.8\times2.914+15.8\times0.519-43\\&=2.499\,4\ (万元)>0\end{aligned}$$

所以该投资方案可行。

（3）计算现值指数 PI：

$$PI=\frac{45.499\,4}{43}\approx1.058>1$$

所以该投资方案可行。

（4）计算内部收益率 IRR：

$$12.8(P/A,IRR,4)+15.8(P/F,IRR,5)-43=0$$

因为 $12.8(P/A,16\%,4)+15.8(P/F,16\%,5)-43=0.335\,2$

$12.8(P/A,17\%,4)+15.8(P/F,17\%,5)-43=-0.684\,8$

所以可采用内插法，求 IRR：

$$\left.\begin{array}{l}\left.\begin{array}{l}16\%\\IRR\end{array}\right\}x\\17\%\end{array}\right\}1\%\qquad\left.\begin{array}{l}\left.\begin{array}{l}0.335\,2\\0\end{array}\right\}0.335\,2\\-0.684\,8\end{array}\right\}1.02$$

$$\frac{x}{1\%}=\frac{0.335\,2}{1.02}\Rightarrow x\approx0.329\%$$

故　　$\text{IRR}=16\%+0.329\%=16.329\%>14\%$

所以该投资方案可行。

（5）计算净现值率 NPVR：

$$\text{NPVR}=\frac{2.499\,4}{43}\approx 0.058>0$$

所以该投资方案可行。

（6）计算年均净现值 UAV：

$$\text{UAV}=\frac{2.499\,4}{(P/A,14\%,5)}=\frac{2.499\,4}{3.433}\approx 0.728>0$$

所以该投资方案可行。

（7）计算年均净现值率 UAVR：

$$\text{UAVR}=\frac{0.728}{43}\approx 0.017>0$$

所以该投资方案可行。

（8）计算回收期 PP：

$$\text{静态回收期 PP}=3+\frac{|38.4-43|}{12.8}\approx 3.36\,(\text{年})>3(\text{年})$$

$$\text{动态回收期 PP}=4+\frac{|-5.700\,8|}{8.200\,2}\approx 4.70\,(\text{年})>3(\text{年})$$

所以该投资方案不可行。

（9）计算原始投资回收率 K：

$$K=\frac{12.8\times 4+15.8}{5/43}\times 100\%\approx 31.16\%>14\%$$

所以该投资方案可行。

（10）计算会计收益率 ARR：

$$\text{ARR}=\frac{4.8}{43/2}\approx 22.33\%>14\%\Rightarrow \text{投资方案可行}$$

或　　$$\text{ARR}=\frac{4.8}{43}\approx 11.16\%<14\%\Rightarrow \text{投资方案不可行。}$$

从本例可以看出，利用动态评价指标评价常规单一方案，得出的结论是一致的，而利用静态评价指标评价常规单一方案，可能与之出入，此时，应以动态评价指标为准，就举例而言，最后的结论应是该投资方案可行。

二、互斥方案投资决策

（一）互斥方案投资决策的内容及其评价原理

所谓互斥方案是指多个相互排斥，不能同时并存的方案。互斥方案投资决策就是在每个入选方案已具备财务可行性的前提下，比较各个方案的优劣，利用评价指标从各个备选方案中选出一个最优方案。因此，互斥方案投资决策也称互斥方案选优。互斥方案投资决策的内容主要包括完整工业投资项目的决策和单纯固定资产投资项目的决策。

互斥方案投资决策所采用的方法主要有相关分析法和差量分析法，其原理和短期经营决策中的相关分析法和差量分析法完全相同。

这里的相关分析法是指在多个可行备选方案中，分别就同一个指标进行计算，根据各个备选方案评价指标的大小来确定最优方案的方法。其评价标准按前面所述进行。但有时对互斥方案的评价，运用相关分析法评价可能会得出相互矛盾的结论。

【例 7.31】 有 A 和 B 两个相互排斥的投资方案，要求达到的最低投资收益率为 10%。试用相关分析法对 A、B 方案进行评价。（只计算 NPV 和 1RR，相关资料见表 7.12。）

表 7.2 A、B 方案的相关现金流量（单位：元）

年 度	现金流量	
	A 方案	B 方案
0	−12 000	−15 500
1	15 000	19 000

分析 通过计算可知：

$$NPV_A = 1\,636.36\text{元} > 0 \Rightarrow A\text{方案可行}$$
$$NPV_B = 1\,772.73\text{元} > 0 \Rightarrow B\text{方案可行}$$

由于 $NPV_B > NPV_A$

所以 B 方案优于 A 方案。

$$IRR_A = 125\% > 10\% \Rightarrow A\text{方案可行}$$
$$IRR_B = 22.58\% > 10\% \Rightarrow B\text{方案可行}$$

由于 $NPV_A > NPV_B$

所以 A 方案优于 B 方案。

结论是互相矛盾的，这给两方案的对比与选优带来了困难。

此时，可以运用差量分析原理进行比较。所谓差量分析法（也称差额分析法），是指在两个可行备选方案差量现金净流量 $\Delta NCF_t = NCF_t(\text{甲}) - NCF_t(\text{乙})$（假设有甲、乙两个备选方案，且甲方案的原始投资额大于等于乙方案的原始投资额）的基础上，计算出某个评价指标的数值，以此来判断甲、乙方案孰优孰劣的方法。具体来说有两种方法：

（1）差额净现值法。

当 $\Delta NPV > 0$ 时，选择甲方案；

当 $\Delta NPV = 0$ 时，选择甲方案与选择乙方案都一样；

当 $\Delta NPV < 0$ 时，选择乙方案。

(2) 差额内部收益率法。

当 $\Delta IRR < i_c$（基准收益率）时，选择甲方案；

当 $\Delta IRR = i_c$ 时，选择甲方案与选择乙方案都一样；

当 $\Delta IRR < i_c$ 时，选择乙方案。

虽然求解差量内部收益率与求解内部收益率的方法相同，但两个收益率的含义却大相径庭，内部收益率的实质是反映投资项目的实际收益率水平，而差量内部收益率的实质是反映两个投资项目净现值相等时折现率。

【例 7.32】 仍按例 7.31 资料。要求：采用差量分析法对 A、B 方案进行评价。

分析 $\Delta NPV_{B-A} = (19\,000 - 15\,000) \times (P/F, 10\%, 1) - (15\,500 - 12\,000) = 136.36$（元）$> 0$

所以，方案 B 优于方案 A。

又 $(19\,000 - 15\,000) \times (P/F, \Delta IRR_{B-A}, 1) - (15\,500 - 12\,000) = 0$

$$\Delta IRR = 14.29\% > 10\%$$

所以，方案 B 优于方案 A。

除了用差额净现值法和差额内部收益率法评价结论一致以外，我们还发现，用差量分析法进行判别与相关分析法中用净现值法决策的结果是一致的，这也从一定程度上揭示了净现值法在长期投资决策中的优越性。

事实上，在ΔNCF，也只有一次变号（即为互斥常规方案）时，可以证明，对于互斥投资决策，净现值法、差量净现值法、差量内部收益率法的评价结论总是一致的，设 i_c 为基准收益率（折现率），⇔ 表示等价，则有：

结论 1：$NPV_{甲}(i_c) > NPV(i_c) \Leftrightarrow \Delta NPV_{乙}(i_c) > 0 \Leftrightarrow \Delta IRR > i_c$

结论 2：$NPV_{甲}(i_c) = NPV(i_c) \Leftrightarrow \Delta NPV_{乙}(i_c) = 0 \Leftrightarrow \Delta IRR = i_c$

结论 3：$NPV_{甲}(i_c) < NPV(i_c) \Leftrightarrow \Delta NPV_{乙}(i_c) < 0 \Leftrightarrow \Delta IRR < i_c$

结论 1、结论 2、结论 3 的基本图形分别如图 7.10、图 7.11、图 7.12 所示。

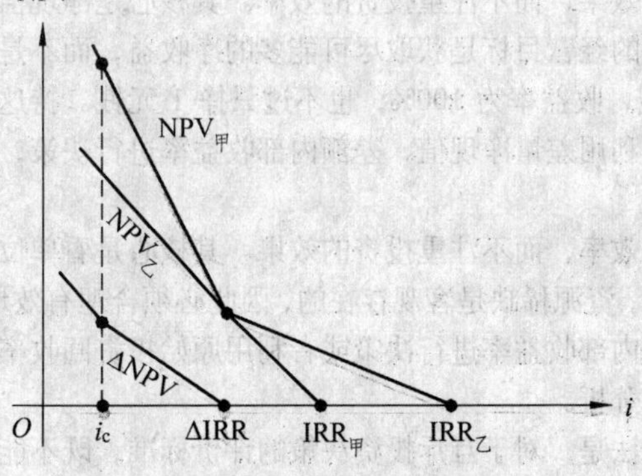

图 7.10 结论 I 的图形

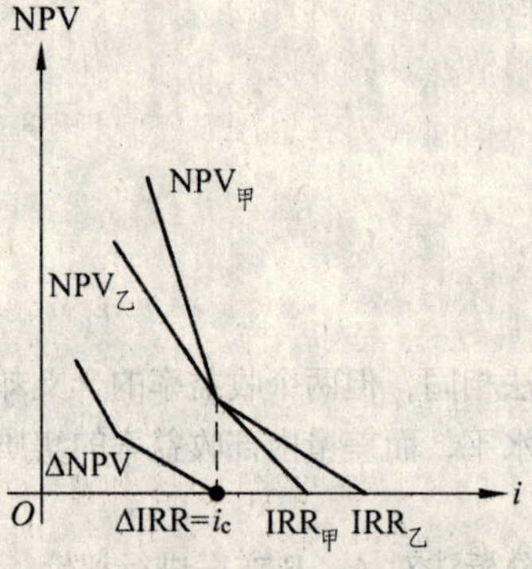

图 7.11　结论 2 的图形

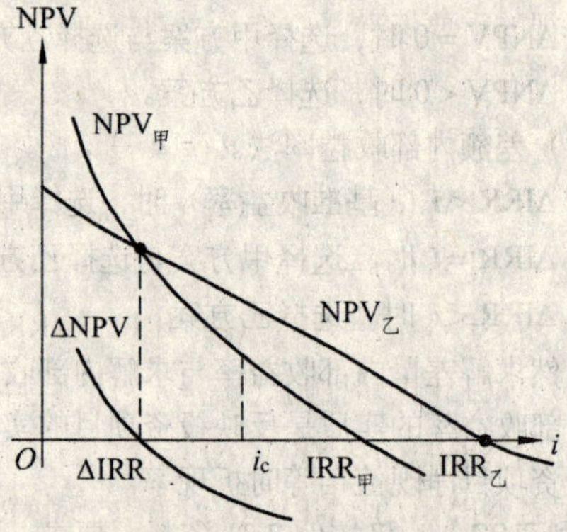

图 7.12　结论 3 的图形

通过以上分析，我们至少可以总结出以下两点：

(1) 差量净现值法与差量内部收益率法的实质都是以净现值大者为优，因而不是必不可少的评价方法，但有时会使问题变得简化或提供净现值指标不能提供的一些其他相关信息，如果只从投资的效果来考虑互斥方案的财务可行性，净现值法完全可取代差量净现值法和差额内部收益率法，作为评价投资效果的主要评价指标。

(2) 净现值法与内部收益率法的评价结果并不总是一致的，也就是说，投资的效果与投资的效率有时也会出现矛盾，从而使互斥方案投资决策变得复杂化。从图 7.10、图 7.11、图 7.12 依次可以看出，当 $IRR_{甲}(i_c) < IRR_{乙}$ 时，$NPV_{甲}(i_c) > NPV_{乙}(i_c)$、$NPV_{甲}(i_c) = NPV_{乙}(i_c)$、$NPV_{甲}(i_c) < NPV_{乙}(i_c)$ 都有可能存在。即从投资的效率看，应选择乙方案，但从投资的效果看，既可能选择甲方案，也可能选择乙方案，甚至选择甲方案和乙方案都一样。如果只从投资的效率来考虑互斥方案的财务可行性，在常规方案下，内部收益率可以取代净现值率、现值指数，作为评价投资效率的主要评价指标。

（二）互斥方案投资决策

关于互斥方案投资决策的选优标准，虽然众说纷纭，但主要有以下两种观点：

(1) 只注重投资的效果，而不注重投资的效率。其核心是净现值大者为优，前提是资金无限量，其理由是企业的经营目标是获取尽可能多的净收益，而不是要获取尽可能高的收益率，如果只投资 1 元钱，收益率为 100%，也不过只挣 1 元钱。持这种观点者可利用净现值指标进行选优决策或者利用差量净现值、差额内部收益率进行决策，因为三种评价方法总是相同的。

(2) 只注重投资的效率，而不注重投资的效果。其核心是看单位投资收益的大小，其理由是资金不可能无限量，资源稀缺是客观存在的，因此必须合理有效地利用所有的经济资源。持此种观点者主要利用内部收益率进行决策或者利用原始投资回收率、会计收益率、净现值率、获利指数进行相关分析。

我们对此问题的看法是，对于互斥投资决策的评价标准，既不能单纯地看效果，以净现值最大为择优标准；也不能单纯地看效率，以内部收益率最大为择优标准。效果和效率都是不可忽视的重要标准。应综合二者因素，区别不同情况进行择优选择：

假设有甲、乙两个互斥方案，$\hat{I}$ 表示原始投资的现值，其择优标准分别是：

（1）项目计算期相同（$n_{甲}=n_{乙}$），原始投资的现值相同（$\hat{I}_{甲}=\hat{I}_{乙}$）。

① 若 $NPV_{甲}(i_c)>NPV_{乙}(i_c)$，选择甲方案。

② 若 $NPV_{甲}(i_c)=NPV_{乙}(i_c)$, $IRR_{甲}>IRR_{乙}$,，选择甲方案。

③ 若 $NPV_{甲}(i_c)=NPV_{乙}(i_c)$, $IRR_{甲}=IRR_{乙}$，选择甲、乙方案都一样。

（2）项目计算期相同（$n_{甲}=n_{乙}$），原始投资的现值不同（设 $\hat{I}_{甲}<\hat{I}_{乙}$）。

① 若 $NPV_{甲}(i_c)>NPV_{乙}(i_c)$ 选择甲方案。

② 若 $NPV_{甲}(i_c)<NPV_{乙}(i_c)$, $IRR_{甲}>IRR_{乙}$，选择乙方案。

③ 若 $NPV_{甲}(i_c)<NPV_{乙}(i_c)$, $IRR_{甲}=IRR_{乙}$，分以下两种情况：

a. $NPVR_{甲}\times(\hat{I}_{乙}-\hat{I}_{甲})>NPV_{乙}(i_c)-NPV_{甲}(i_c)$，选择甲方案；

b. $NPVR_{甲}\times(\hat{I}_{乙}-\hat{I}_{甲})<NPV_{乙}(i_c)-NPV_{甲}(i_c)$，选择乙方案。

（3）项目计算期不同（设 $n_{甲}<n_{乙}$），原始投资现值相同（$\hat{I}_{甲}<\hat{I}_{乙}$）。

① 若 $NPV_{甲}(i_c)>NPV_{乙}(i_c)$，选择甲方案；

② 若 $NPV_{甲}(i_c)<NPV_{乙}(i_c)$, $IRR_{甲}<IRR_{乙}$，选择乙方案；

③ 若 $NPV_{甲}(i_c)=NPV_{乙}(i_c)$, $IRR_{甲}=IRR_{乙}$，分以下两种情况：

a. 若，$AV_{甲}>UAV_{乙}$，选择甲方案；

b. 若，$AV_{甲}<UAV_{乙}$，选择乙方案。

（4）项目计算期不同（设 $n_{甲}<n_{乙}$），原始投资现值也不同（$\hat{I}_{甲}<\hat{I}_{乙}$）。

① 若 $NPV_{甲}(i_c)>NPV_{乙}(i_c)$, $IRR_{甲}>IRR_{乙}$，选择甲方案；

② 若 $NPV_{甲}(i_c)<NPV_{乙}(i_c)$, $IRR_{甲}<IRR_{乙}$，选择乙方案；

③ 若 $NPV_{甲}(i_c)>NPV_{乙}(i_c)$, $IRR_{甲}<IRR_{乙}$，或 $NPV_{甲}(i_c)<NPV_{乙}(i_c)$, $IRR_{甲}>IRR_{乙}$，分以下两种情况：

a. $UAVR_{乙}\times(\hat{I}_{甲}-\hat{I}_{乙})<\dfrac{NPV_{甲}(i_c)-NPV_{乙}(i_c)}{(P/A,i_c,n_{乙}-n_{甲})}$，选择甲方案；

或 $UAVR_{甲}\times(\hat{I}_{甲}-\hat{I}_{乙})>\dfrac{NPV_{乙}(i_c)-NPV_{甲}(i_c)}{(P/A,i_c,n_{乙}-n_{甲})}$，选择甲方案。

b. $UAVR_{乙}\times(\hat{I}_{甲}-\hat{I}_{乙})>\dfrac{NPV_{甲}(i_c)-NPV_{乙}(i_c)}{(P/A,i_c,n_{乙}-n_{甲})}$，选择乙方案；

或 $UAVR_{甲}\times(\hat{I}_{甲}-\hat{I}_{乙})<\dfrac{NPV_{乙}(i_c)-NPV_{甲}(i_c)}{(P/A,i_c,n_{乙}-n_{甲})}$，选择乙方案。

其中：当 $\hat{I}_{甲}<\hat{I}_{乙}$，有

① 若 $NPV_{甲}(i_c)>NPV_{乙}(i_c)$，选择甲方案。

② 若 $NPV_{甲}(i_c) < NPV_{乙}(i_c)$, $IRR_{甲} < IRR_{乙}$，选择乙方案。

③ 若 $NPV_{甲}(i_c) > NPV_{乙}(i_c)$, $IRR_{甲} < IRR_{乙}$，分以下两种情况：

a. $UAVR_{乙} \times (\hat{I}_{甲} - \hat{I}_{乙}) > \dfrac{NPV_{乙}(i_c) - NPV_{甲}(i_c)}{(P/A, i_c, n_{乙} - n_{甲})}$，，选择甲方案。

b. $UAVR_{甲} \times (\hat{I}_{乙} - \hat{I}_{甲}) < \dfrac{NPV_{乙}(i_c) - NPV_{甲}(i_c)}{(P/A, i_c, n_{乙} - n_{甲})}$，选择乙方案。

（三）互斥方案投资决策应用举例

下面分完整的工业投资项目的决策和单纯固定资产投资项目的决策两个方面来介绍评价指标和方法的应用。

1. 完整工业投资项目的决策

完整工业投资项目的决策主要包括投资项目决策和投资建设期决策。

(1) 投资项目决策。

投资项目决策是指从多个可行的完整工业投资项目中选优。

【例 7.33】 某公司决定新建一分厂，有甲、乙两个方案可供选择，甲方案原始投资 50 万元于第 0 年投入，一年后投产，投产前需垫支流动资金 10 万元，项目经济寿命 3 年，其现金净流量经测算分别为 25 万元、30 万元、32 万元。乙方案需在第 0 年投入 100 万元，也是一年后投产，投产前需垫支流动资金 10 万元，项目经济寿命也是 3 年，其现金净流量经测算分别是 40 万元、56 万元、60 万元，设基准收益率为 10%。要求：试作出投资决策。

分析 因为 $n_{甲} = 4 = n_{乙}$，所以

$$\hat{I}_{甲} = 50 + \frac{10}{1+10\%} = 59.09 \text{（万元）}$$

$$\hat{I}_{乙} = 100 + \frac{10}{1+10\%} = 109.09 \text{（万元）}$$

显然 $\hat{I}_{甲} < \hat{I}_{乙}$

又
$$\begin{aligned} NPV_{甲}(10\%) &= -59.09 + 25 \times (P/F,10\%,2) + 30 \times (P/F,10\%,3) + 32 \times (P/F,10\%,4) \\ &= 5.946 \text{（万元）} > 0 \end{aligned}$$

$$\begin{aligned} NPV_{乙}(10\%) &= -109.09 + 40 \times (P/F,10\%,2) + 56 \times (P/F,10\%,3) + 60 \times (P/F,10\%,4) \\ &= 6.986 \text{（万元）} > 0 \end{aligned}$$

显然 $NPV_{甲} < NPV_{乙}$

又令 $-50 - 10 \times (P/F,i,1) + 25 \times (P/F,i,2) + 30 \times (P/F,i,3) + 32 \times (P/F,i,4) = 0$

得 $IRR_{甲} = 13.77\%$

令 $-100 - 10 \times (P/F,i,1) + 40 \times (P/F,i,2) + 56 \times (P/F,i,3) + 60 \times (P/F,i,4) = 0$

得 $IRR_{乙} = 12.35\%$

根据上述选优标准 2 中的第（3）种情况，还需计算：

$$NPVR_{甲} \times (\hat{I}_{乙} - \hat{I}_{甲}) = \frac{5.946}{59.09} \times (109.09 - 59.09) = 5.03 \text{ (万元)}$$

$$NPV_{乙}(10\%) - NPV_{甲}(10\%) = 6.986 - 5.946 = 1.04$$

显然 $NPVR_{甲} \times (\hat{I}_{乙} - \hat{I}_{甲}) > NPV_{乙}(10\%) - NPV_{甲}(10\%)$

所以应选择甲方案。因为乙方案比甲方案多 1.04 万元（6.986－5.946），净现值是多投入 50 万元（109.09－59.09）资金的代价，如果按甲方案的净现值率计算，多投入 50 万元资金可得到 5.03 万元的净现值。

（2）投资建设期决策。

有的建设项目可以通过采用某些措施，如集中施工力量、交叉作业、加班加点等缩短建设期，使项目提前竣工，早投入生产，早产生现金流入量。但采取上述措施往往要增加投资额，究竟应否缩短项目建设期，这便是投资建设期决策。

【例 7.34】 某公司拟建一项目，正常建设期需 6 年，每年初投入 200 万元，共 1 200 万元，如果把建设期缩短到 3 年，需在第 1 年初一次投入 1 380 万元，假设投产前均需垫支流动资金 40 万元，投产后经济寿命为 10 年，每年现金净流量为 495 万元，项目终结无残值，基准收益率为 16%。要求：试分析应否缩短建设期。

分析 设缩短建设期的方案为甲方案，正常建设期的方案为乙方案，则

$$n_{甲} = 13 < n_{乙} = 16$$

$$\hat{I}_{甲} = 1380 + 40 \times (P/F, 16\%, 3) = 1\,405.6 \text{ (万元)}$$

$$\hat{I}_{乙} = 200 + 200 \times (P/A, 16\%, 5) + 40 \times (P/F, 16\%, 6) = 871.2 \text{ (万元)}$$

显然 $\hat{I}_{甲} > \hat{I}_{乙}$

又 $NPV_{甲}(16\%) = 495 \times (P/A, 16\%, 10) \times (P/F, 16\%, 3) + 40 \times P/F, 16\%, 13) - 1\,405.6 \approx 133.69 \text{ (万元)} > 0$

$$NPV_{乙}(16\%) = 495 \times (P/A, 16\%, 10) \times (P/F, 16\%, 6) + 40 \times (P/F, 16\%, 16) - 871.2 \approx 113.38 \text{ (万元)} > 0$$

显然 $NPV_{甲} > NPV_{乙}$

又设 $NPV_{甲}(i) = 495 \times (P/A, i, 10) \times (P/F, i, 3) + 40 \times (P/F, i, 13) - 1380 - 40 \times (P/F, i, 3) = 0$

解之得 $i = IRR_{甲} \doteq 17.49\%$

设 $NPV_{乙}(i) = 495 \times (P/A, i, 10) \times (P/F, i, 6) + 40 \times (P/F, i, 16) - 200 - 200 \times (P/F, i, 5) = 0$

解之得：$i = IRR_{乙} = 17.79\%$

显然 $IRR_{乙} > NPV_{甲} >$ 基准收益率 16%

根据前述相关选优标准，还需计算：

$$UAVR_{乙} \times (\hat{I}_{甲} - \hat{I}_{乙}) = \frac{113.38 \div (P/A, 16\%, 16)}{871.2} \times (1\,405.6 - 871.2) \approx 12.27 \text{ (万元)}$$

$$\frac{NPV_{甲}(16\%) - NPV_{乙}(16\%)}{(P/A, 16\%, 16-13)} = \frac{133.69 - 113.38}{(P/A, 16\%, 3)} \approx 9.04 \text{ (万元)}$$

显然 $\mathrm{UAVR}_{乙}(\hat{I}_{甲}-\hat{I}_{乙}) > \dfrac{\mathrm{NPV}_{甲}(16\%)-\mathrm{NPV}_{乙}(16\%)}{(P/A,16\%,16-13)}$

所以应选择乙方案，即不应缩短建设期。

从本例可看出，若按净现值或年均净现值，应选择缩短建设期。若按内部收益率和年均净现值率，应选择正常建设期。在这里，投资的效果与投资的效率发生了矛盾，这时就要考虑与项目计算期和原始投资有关的辅助指标，本例中，由于缩短建设期比正常建设期多投入534.4 万元（1 405.6－871.2）净现值，按正常建设期的年均净现值率计算的年均净现值 12.27 万元大于缩短 3 年建设期所获得的年均净现值 9.04 万元。也就是说，为缩短 3 年建设期所支付的 534.4 万元的代价是不值得的，所以选择正常建设期的方案。

2. 单纯固定资产投资项目的决策

单纯固定资产投资项目的决策主要包括固定资产更新决策和固定资产添置决策。

(1) 固定资产更新决策。

这里所说的固定资产更新决策是指在原有旧设备还能继续使用，但市场上出现了性能更好、生产效率更高，能降低生产成本或能生产出质量更好的产品的同类机器时，企业是否使用这种新设备替换旧设备；抑或还是通过修理继续使用旧设备；如果更新，应在何时更新决策。对此要注意：

第一，要把继续使用旧设备和添置新设备看成是两个互斥的方案，而不是一个更换设备的特定方案。出售旧设备的净收益应看做是继续使用旧设备的机会成本，而不能作为购置新设备的一项现金流入，只有这样，才能使两个互斥方案建立在可比的基础上。也就是说，不能把是否购置新设备建立在旧设备变现收入的大小上。新设备的原始投资就是购入新设备所发生的投资，不能扣减出售旧设备的净收益——旧设备变现价值＋（账面价值一变现价值）×所得税率，而应将其作为继续使用旧设备的原始投资。

第二，关于固定资产的大修理费用，通常的做法是：将引起现金流出的大修理费用作为长期待摊费用在规定年限内摊销或者计入固定资产原值，有时为简化计算而作为收益性支出直接计入当年付现成本。

固定资产更新决策又包括固定资产是否更新、是大修还是更新、何时更新三个方面。

① 固定资产是否更新决策。

【例 7.35】 锦江公司有一生产设备已使用 4 年，原值为 50 000 元，预计还可使用 6 年，期满无残值。采用直线法计提折旧，年折旧额为 5 000 元，已提折旧 20 000 元，年付现成本 12 000 元。如果现在出售该设备，可获变价收入 29 500 元，使用该设备进行生产，每年可获销售收入 30 000 元。现在市场上出售一种自动化程度较高的设备，可取代目前正在使用的旧设备。新设备的买价及安装费共需投资 53 500 元，其经济寿命为 6 年，期满净残值为 8 500 元，采用直线法计提折旧，每年折旧额为 7 500 元，使用新设备，每年可获得销售收入 38 000 元，年付现成本 6 000 元，所得税税率为 33%，若该企业行业折现率为 12%。问：该设备应否更新。

分析 $n_{旧}=6=n_{新}$

$$\widehat{I}_{旧} = 29\,500 + (30\,000 - 29\,500) \times 33\% = 29\,655\ (元)$$

$$\widehat{I}_{新} = 53\,500(元)$$

显然: $\widehat{I}_{旧} < \widehat{I}_{新}$

又 $NCF(旧) = -29\,665\ (元)$

$$NCF_{1\sim6}(旧) = (30\,000 - 12\,000 - 5\,000) \times (1 - 33\%) + 5\,000 = 13\,710\ (元)$$

$$NCF_0(新) = -53\,500\ (元)$$

$$NCF_{1\sim5}(新) = (38\,000 - 6\,000 - 7\,500) \times (1 - 33\%) + 7\,500 = 23\,915\ (元)$$

$$NCF_6(新) = 23\,915 + 85\,000 = 32\,415\ (元)$$

$$NCF_{旧}(12\%) = -29\,665 + 13\,710 \times (P/A, 12\%, 6) = 26\,696.81\ (元)$$

$$NCF_{新}(12\%) = -53\,500 + 23\,915 \times (P/A, 12\%, 5) + 32\,415 \times (P/F, 12\%, 6) = 49\,147.98\ (元)$$

显然 $NPV_{新}(12\%) > NPV_{旧}(12\%) > 0$

因为 $NPV_{旧}(40\%) = -29\,665 + 13\,710 \times (P/A, 40\%, 6) = 58.28\ (元)$

$$NPV_{旧}(50\%) = -29\,665 + 13\,710 \times (P/A, 50\%, 6) = -4\,657.96\ (元)$$

所以 $IRR_{旧} = 40\% + \dfrac{58.28}{58.28 + 4\,657.96} \times 10\% \approx 40.12\% > 12\%$

又因为 $NPV_{新}(35\%) = -53\,500 + 23\,915 \times (P/A, 35\%, 5) + 32\,415 \times (P/F, 35\%, 6)$

$$= 4\,939.775\ (元)$$

$$NPV_{新}(40\%) = -53\,500 + 23\,915 \times (P/A, 40\%, 5) + 32\,415 \times (P/F, 40\%, 6) = -521.78(元)$$

所以 $IRR_{新} = 35\% + \dfrac{4\,939.775}{4\,939.775 + 521.78} \times 5\% \approx 39.52\% > 12\%$

显然 $IRR_{旧} < IRR_{新}$

根据前述选优标准 2 中（3），还需计算：

$$NPVR_{旧} \times (\widehat{I}_{新} - \widehat{I}_{旧}) = \frac{29\,696.81}{29\,665} \times (53\,500 - 29\,665) = 21\,450.14\ (元)$$

$$NPVR_{新}(12\%) - NPV_{旧}(12\%) = 49\,147.98 - 26\,696.81 = 22\,451.17\ (元)$$

显然 $NPVR_{旧} \times (\widehat{I}_{新} - \widehat{I}_{旧}) < NPV_{新}(12\%) - NPV_{旧}(12\%)$

根据选优标准，应选择更新设备的方案。

② 固定资产是大修还是更新的决策。

只需将大修理费用的现值作为原始投资，其他与上述固定资产更新决策完全相同。

③ 固定资产何时更新决策。

一种设备在使用一段时间后，会产生两个问题：一是效能衰退；二是技术陈旧。因此，为提高生产效率、提高产品质量、降低产品成本，使产品更具竞争力，到了一定时期，旧设备就应更新，虽然企业财务通则规定了各种设备的预计使用年限，但并不等同于更新年限，固定资产的更新时间，既可以在预计使用年限之前，也可以在预计使用年限之后，这里所说的何时更新，是指确定最佳的更新周期。所谓最佳更新周期，是指在考虑货币时间价值的前提下，固定资产年均成本最低的使用年限，也称为固定资产的经济寿命。与经济寿命相联系的是固定资产的自然寿命，它是指固定资产从全新投入使用到报废，按其物理性能所使用的期限，它大于等于固定资产的经济寿命。这里的年均成本，实质是年均净现值的特殊情况，是在不考虑经营损益的前提下，专门就使用固定资产所发生的费用求年均净现值的绝对值。年均成本与年均净现值绝对值相等，符号相反。这是因为，年均净现值中成本费用是现金流出量，用负数表示，年均成本中成本费用用正数表示；年均净现值中现金流入用正数表示，年均成本中现金流入用负数表示，从而，年均净现值是正指标，越大越好，年均成本是反指标，越小越好。

确定固定资产最佳更新期，即经济寿命，实际上就是在设备自然寿命为 m 的情况下，分别取固定资产的使用年限 $n=1,\ 2,\ 3,\ \cdots,\ m$，计算出 m 个年均成本，从中选取年均成本最低的使用年限，就是最佳更新期（经济寿命），因此，固定资产何时更新决策就是在 m 个互斥方案中选优。其相关计算模型为：

$$
\begin{aligned}
\text{年均成本}A&=\frac{\begin{matrix}\text{原始}\\\text{价值}\end{matrix}-\begin{matrix}\text{第}n\text{年出售}\\\text{价或净残值}\end{matrix}\times\begin{matrix}n\text{年现}\\\text{值系数}\end{matrix}+\sum\limits_{t=1}^{n}\begin{matrix}\text{第}t\text{年维}\\\text{护修理费}\end{matrix}\times\begin{matrix}t\text{年现}\\\text{值系数}\end{matrix}}{n\text{年年金现值系数}}\\
&=\frac{\begin{matrix}\text{原始}\\\text{价值}\end{matrix}-\begin{matrix}\text{第}n\text{年出售}\\\text{价或净残值}\end{matrix}+\sum\limits_{t=1}^{n}\begin{matrix}\text{第}t\text{年维}\\\text{护修理费}\end{matrix}\times\begin{matrix}t\text{年现}\\\text{值系数}\end{matrix}}{n\text{年年金现值系数}}+\begin{matrix}\text{第}n\text{年出售}\\\text{价或净残值}\end{matrix}\times\text{折现率}\\
&=\frac{\begin{matrix}\text{原始}\\\text{价值}\end{matrix}+\sum\limits_{t=1}^{n}\begin{matrix}\text{第}t\text{年维}\\\text{护修理费}\end{matrix}\times\begin{matrix}t\text{年现}\\\text{值系数}\end{matrix}}{n\text{年年金现值系数}}-\frac{\begin{matrix}\text{第}n\text{年出售价}\\\text{或净残值}\end{matrix}}{n\text{年年金终值系数}}
\end{aligned}
$$

特别当各年维护修理费为一常数 D 时，上述模型中，$\dfrac{\sum\limits_{t=1}^{n}\begin{matrix}\text{第}t\text{年维}\\\text{护修理费}\end{matrix}\times\begin{matrix}t\text{年现}\\\text{值系数}\end{matrix}}{n\text{年年金现值系数}}=\text{年维修理费}D$。

由此可知，固定资产何时更新决策，就是求固定资产的经济寿命，也就是求年均成本最低的使用年限，所采用的方法，就是年均净现值法的特殊情况，计算项目在计算期不同，原始投资相同的各个年均成本。

【例 7.36】 金牛公司用 80 万元购买了一设备，预计该设备使用年限 10 年，无残值。直线法计提折旧，各年的运行维护成本分别为 10 万元、10 万元、10 万元、11 万元、11 万元、12 万元、13 万元、14 万元、15 万元、16 万元，资本成本率为 10%，求该设备的最佳更新年限（即经济寿命）。

分析 年折旧额 $=\dfrac{80}{10}=8$（万元）

各年的折余价值依次为：72 万元、64 万元、56 万元、48 万元、40 万元、32 万元、24 万元、16 万元、8 万元、0 万元。

据此计算不同使用年限的年均成本：

$$A_1=\frac{80-72\times(P/F,10\%,1)+10\times(P/F,10\%,1)}{(P/A,10\%,1)}\approx 26.009\ (万元)$$

$$A_2=\frac{80-64\times(P/F,10\%,2)+10\times(P/F,10\%,1)+10\times(P/F,10\%,2)}{(P/A,10\%,2)}\approx 25.626\ (万元)$$

$$A_3=\frac{80-56\times(P/F,10\%,3)+10\times(P/F,10\%,1)+10\times(P/F,10\%,2)+10\times(P/F,10\%,3)}{(P/A,10\%,3)}$$

$$\approx 25.253\ (万元)$$

同理可得：$A_4\approx 25.107$ (万元), $A_5\approx 24.892$ (万元), $A_6\approx 24.777$ (万元), $A_7\approx 24.721$ (万元), $A_8\approx 24.690$ (万元), $A_9\approx 24.685$ (万元), $A_{10}\approx 24.691$ (万元)

比较上述计算结果，年均成本最低的使用年限为 9 年，即最佳更新年限为 9 年，也就是经济寿命为 9 年。

上面我们探讨的是新固定资产的经济寿命，而对于现有固定资产剩余的经济寿命，可将现有固定资产同可以取代它的新的固定资产进行对比，以确定现有固定资产最优的剩余寿命。

【例 7.37】 企业现有一项固定资产，目前（年初）的账面价值为 12 000 元，若现在出售可得 8 000 元。未来 3 年预计的年使用费和资产价值的变动情况见表 7.13。

表 7.13 变动情况

年 度	年末可回收金额	年末账面价值	年使用费
1	6 000	9 000	40 000
2	5 000	6 000	50 000
3	4 000	3 000	60 000

现有一同类的新的固定资产可以取代它。新资产的购买价格为 60 000 元，预计经济寿命为 12 年，期满有残值 6 000 元，按直线法计提折旧。预计每年使用费为 32 000 元。企业要求的最低投资收益率为 15%，所得税税率为 50%。要求：现有固定资产剩余经济寿命为几年？

分析 （1）新固定资产的平均年成本。

$$\text{经济寿命期内投资的年摊销额}=\frac{60\,000-6\,000}{(P/A,15\%,12)}+6\,000\times 15\%=10\,861.26\ (元)$$

$$\text{年折旧额}=\frac{60\,000-6\,000}{12}=4\,500\ (元)$$

考虑所得税后的年使用费为：

32 000－(32 000＋4 500)×50%＝13 750（元）

所以新固定资产的平均年使用成本为：

$$A = 10\,861.26 + 13\,750 = 24\,611.26 \text{（元）}$$

（2）现有固定资产继续使用 n 年的代价。

① 当 $n=1$ 时：

企业失去年初可收回价值 8 000 元，支付使用费 40 000 元，第 1 年年末可回收残值 6 000 元。考虑所得税的影响：

该固定资产年初账面价值为 12 000 元，与出售价 8 000 元相差 4 000 元（资产损失），企业继续使用该资产，失去 8 000 元的变现价值的同时，也将失去资产损失的节税利益 4 000×50%＝2 000（元）。因此，现有固定资产继续使用 1 年，在固定资产投资上的代价为 8 000＋2 000＝10 000（元）。

该资产继续使用 1 年的折旧费为 3 000 元（12 000－9 500），抵税作用 3 000×50%＝1 500（元）；使用费 40 000 元，实际负担为 40 000×(1－50%)＝20 000（元）。因此，企业负担的年使用费为 20 000－1 500＝18 500（元）。

第 1 年年末可回收残值 6 000 元，同时，该残值与 1 年末账面价值 9 000 元相差 3 000 元，这一资产损失将使得企业少交所得税 3 000× 50%＝1 500（元）。因而第 1 年年末可回收的残值相当于 6 000＋1 500＝7 500（元）。

综合起来可知，现有固定资产继续使用 1 年的代价为：

$$A_1 = \frac{10\,000 - 2\,500}{(P/A,15\%,1)} + 75\,000 \times 15\% + 18\,500 \approx 22\,498.56 \text{（元）}$$

② 当 $n=2$ 时：

该资产使用第 2 年的折旧费为 3 000 元（9 000－6 000），抵税作用 3 000×50%＝1 500（元）使用费 5 000 元，实际负担为 50 000×(1－50%)＝25 000（元）。因此，企业负担的年使用费为 25 000－1 500＝23 500（元）。

第 2 年年末可回收残值 5 000 元，同时，该残值与第 2 年年末账面价值 6 000 元相差 1 000 元，这一资产损失将使得企业少交所得税 1 000×50%＝500（元）。因而第 2 年年末可回收的残值相当于 5 000＋500＝5 500（元）。

综合起来可知，现有固定资产继续使用 2 年的平均年成本为：

$$A_2 = \frac{10\,000 - 5\,500}{(P/A,15\%,2)} + 55\,000 \times 15\% + \frac{[18\,500 \times (P/F,15\%,1) + 23\,500 \times (P/F,15\%,2)]}{(P/A,15\%,2)}$$
$$\approx 24\,417.25 \text{（元）}$$

③ 当 $n=3$ 时：

该资产使用第 3 年的折旧费为 3 000 元（6 000－3 000），抵税作用 3 000×50%＝1 500（元）；使用费 60 000 元，实际负担 60 000×（1－50%）＝30 000（元）。因此，企业负担的年使用费为 30 000－1 500＝28 500（元）。

第 3 年年末可回收残值 4 000 元，同时，该残值比第 3 年年末账面价值 3 000 元高出 1 000 元，这一资产收益将使得企业多交所得税 1 000×50%＝500（元）。因而第 3 年年末可回收的残值相当于 4 000－500＝3 500（元）。

综合起来可知，现有固定资产继续使用 3 年的平均年成本为：

$$A_3=\frac{10\,000-3\,500}{(P/A,15\%,3)}+3\,500\times15\%+\frac{[18\,500\times(P/F,15\%,1)+23\,500\times(P/F,15\%,2)+28\,500\times(P/F,15\%,3)]}{(P/A,15\%,3)}$$

$$\approx26\,418.12\ (元)$$

从以上分析的现有固定资产使用的 3 个不同年限的年使用成本来看，使用 1 年的年使用成本 22 498.56 元是最低的，且低于新固定资产的平均年成本，故现有固定资产应于 1 年末更新。

对以上结论可作进一步地验证分析：从新、旧固定资产平均的年使用成本看，现有固定资产继续使用 2 年的年均使用成本 24 417.25 元也小于新固定资产的平均年使用成本 24 611.26 元，似乎现有固定资产的经济寿命应为 2 年。其实不然，如果进一步用边际分析法进行分析，有以下结论：

以第 1 年年末为起点，在第 2 年使用现有固定资产的追加成本，可以计算如下：

(7 500－5 500)＋7 500×15%＋23 500＝26 625（元）

这是因为，现有固定资产在第 2 年继续使用，其可收回的真实价值（考虑所得税的影响）由年初（也就是第 1 年末）的 7 500 元降低为年末的 5 500 元，共失去 2 000 元；加上年初 7 500 元的应计利息和本年实际负担的使用费 23 500 元，总计达到 26 625 元，显然大于新固定资产平均的年使用成本 24 611.26 元。因而，现有固定资产应于第 1 年年末进行更新为宜，即其剩余的经济寿命只有 1 年。

(3) 固定资产添置决策。

所谓固定资产添置决策是指固定资产已经决定要添置，但是，究竟添置何种固定资产，以什么方式添置的决策。

① 添置何种固定资产的决策。

添置何种固定资产决策是指固定资产已经决定要购买，但到底是购买 A 设备还是购买 B 设备，是购买新设备还是购买旧设备的决策。

【例 7.38】 新都公司拟购置一部客车，现有两个可供选择的方案，一是刚好汽车运输公司有一部旧客车要出售，二是自己可另行购置新车。有关资料如下：如果购买旧客车，购价为 50 000 元，需进行大修方可使用，修理费为 8 000 元，并预计第 4 年末还需大修一次，预计大修费 6 000 元，如果修得好，尚可使用 10 年，期满后残值为 4 000 元，该车每年的使用费估计为 30 000 元。如果另行购置新车，购价为 90 000 元，使用年限为 10 年。预计新车在第 4 年末需大修一次，预计大修费为 3 000 元，使用期满净残值为 4 000 元，每年使用费为 20 000 元，该公司规定的投资报酬率为 16%，所得税率为 40%，要求：

试决策采用哪种方案对公司有利（修理费一律计入当年付现成本）。

分析 $n_{旧}=10=n_{新}$

$$\hat{I}_{旧}=50\ 000元<\hat{I}_{新}=90\ 000元$$

本例显然是假设新、旧客车各年的现金流入量相等，因此，用“差量净现值法”更简单，设

$$\Delta NCF = NCF(新) - NCF(旧)$$

$$旧客车年折旧额 = \frac{50\,000 - 4\,000}{10} = 4\,600 \ (元)$$

$$新客车年折旧额 = \frac{90\,000 - 4\,000}{10} = 8\,600 \ (元)$$

$$\Delta NCF_0 = -90\,000 - (-58\,000) = -32\,000 \ (元)$$

$$\Delta NCF_{1\sim3} = [-20\,000 - (-30\,000)](1 - 40\%) + (8\,600 - 4\,600) \times 40\% = 7\,600 \ (元)$$

$$\Delta NCF_4 = [(-20\,000 + 30\,000) + (-3\,000 + 6\,000](1 - 40\%) + (18\,600 - 4\,600) \times 40\% = 9\,400 \ (元)$$

$$\Delta NCF_{5\sim9} = 7\,600 \ (元)$$

$$\Delta NCF_{10} = 7\,600 + (4\,000 - 4\,000) = 7\,600 \ (元)$$

所以 $\Delta NPV(16\%) = -32\,000 + 7\,600 \times (P/A, 16\%, 10) + (9\,400 - 7\,600) \times (P/F, 16\%, 4) \approx 5\,724.4 \ (元) > 0$

由前述可知：

$$NPV_{旧}(16\%) < NPV_{新}(16\%)$$

设 $\Delta NPV(i) = -32\,000 + 7\,600 \times (P/A, i, 10) + (9\,400 - 7\,600) \times (P/F, i, 4)$

有 $\Delta NPV(20\%) = 726.8 \ (元)$

$$\Delta NPV(25\%) = -4\,122.4 \ (元)$$

$$\Delta NPV = 20\% + \frac{726.8}{726.8 + 4\,122.4} \times 5\% = 20.75\% > i_c = 16\%$$

由图 7.10 可知：$IRR_{旧} > IRR_{新}$

因此，本例属于选优标准 2 中（3）的情况。

由于不知旧客车的净现值 $NPV_{旧}(16\%)$，因此采用无差别分析法，令

$$NPVR_{旧} \times (\hat{I}_{新} - \hat{I}_{旧}) = NPV_{新}(16\%) - NPV_{旧}(16\%) = \Delta NPV(16\%)$$

即 $\dfrac{NPV_{旧}(16\%)}{50\,000} \times (90\,000 - 50\,000) = 5\,724.4 \ (元)$

求解知 $NPV_{旧}(16\%) = 7\,155.5 \ (元)$

故当 $NPV_{旧}(16\%) > 7\,155.5$ 元时，添置旧客车；当 $NPV_{旧}(16\%) < 7\,155.5$ 元时，添置新客车。

本例若按净现值指标决策，应添置新客车，若按内部收益率指标决策，应添置旧客车，投资的效果与投资的效率产生了矛盾。在不知道旧、新客车现金流入量的情况下，一般认为产生的现金流入量相等，而只计算各个方案成本费用的净现值，以其最小者为优。实际上，这样做也不一定合理，在本例中，投资 50 000 元添置的旧客车，假设其净现值为 20 000 元（大于 7 155.5 元），投资 90 000 元（接近旧客车的两倍）购置新车的净现值只有 25 724.4 元，远远小于旧客车净现值的两倍 40 000 元，远远没有达到旧客车的净现值率，多投资 40 000 元只

产生 5 724 元的净现值是不值得的，因此，应添置旧客车。反之，若旧客车的净现值小于 7 155.5 元，应添置新客车。这说明，互斥项目选优，在现金流入量相等的情况下，也要考虑各自净现值的大小，如果甲方案的净现值为 100 万元，乙方案比甲方案多 1 万元的净现值是微不足道的；如果甲方案的净现值为 0.1 万元，乙方案比甲方案多 1 万元则是至关重要的。

② 如何添置固定资产的决策。

如何添置固定资产的决策是指已决定添置某种固定资产的基础上，进一步决定用什么方式取得该种固定资产的决策。这类决策问题一般涉及是自制还是外购固定资产的决策；是分期付款还是一次付款购买固定资产的决策；是购买还是租赁固定资产的决策等。显然，这是在添置何种固定资产决策的基础上所进行的决策。其选优标准与添置何种固定资产决策完全相同。

三、独立方案投资组合决策

独立方案投资组合决策是指决策涉及多个相互独立的可行方案，这些方案之间可以实现任意组合，企业筹集到的资金不能满足全部可行方案，只能满足其中一部分方案（两个或两个以上），此时应选择哪几个方案的投资决策，也称为资金限量决策或资金分配决策。

独立方案投资组合的一般方法是，先按获利指数 PI 或净现值率 NPVR、内部收益率 IRR、年均净现值 UAV 从大到小，将各独立投资方案排序，然后在资金约束条件下找出所有最大可能的投资组合，并计算其净现值之和，最后选择净现值之和最大的投资组合。

【例 7.39】 崇州公司在拟定某年度投资计划时有 A、B、C、D、E、F 六个独立项目初步入选，有关资料见表 7.14。当年有 95 万元资金可用于投资。要求：试确定最优的投资组合。

表 7.14 A、B、C、D、E、F 六个项目有关资料（单位：万元）

投资方案	优先排序	投资额	现值指数 PI	净现值 NPV
A	1	30	1.25	7.5
B	2	15	1.20	3
C	3	40	1.12	4.8
D	4	20	1.09	1.8
E	5	10	1.08	0.8
F	6	5	1.05	0.25

分析 按照排定的优先次序，找出资金总额不超过 95 万元最大可能的投资组合见表 7.15。

表 7.15 A、B、C、D、E、F 投资组合（单位：万元）

投资组合	投资总额	净现值之和
ABCE	95	16.1
ABCF	90	15.55
ACDF	95	14.35
ACEF	85	13.35
ABDEF	80	13.10
BCDEF	90	10.65

这里的 ABC、ACD、ACE、ABDE、BCDE 都不是最大可能的投资组合。因为它们包含在上述投资组合之中，不必考虑，从而可以看出，ABCE 投资组合的净现值之和最大，因而可确认 ABCE 为最优投资组合。

总之，独立方案投资组合决策的主要依据，就是能否保证在充分利用资金的前提下，获得尽可能多的净现值总量。

我们认为，在各独立可行方案经济寿命相同时，可以以 PI、NPVR、IRR 为标准进行排序；当各独立可行方案经济寿命不同且相差较大时，应以年均净现值从大到小排序，从而把各独立项目的预计使用年限也考虑进去。

第六节　长期投资决策分析评价中的几个专门问题

一、长期投资决策中的敏感性分析

（一）为什么要进行敏感性分析

正确的长期投资决策是在各相关因素可预测的前提下作出的，然而，进行长期投资决策分析评价所依据的各相关因素——原始投资额、各年现金流量、固定资产使用年限和残值等，均是估计数，其准确性会不同程度地受到主客观因素的影响和约束。从而使以这些参数为基础计算出的主要经济评价指标（如 NPV、IRR 等）的准确性也将难以完全得到保证。进行敏感性分析的目的就在于：使我们能够准确预见到各相关因素在多大范围内变动，不会影响原来结论的有效性，超过一定范围原来的结论就可能要进行修正。也就是说，原来分析认为经济上可行的方案，可能变为不可行；原来最优的方案可能不再是最优了。

敏感性分析是长期投资决策中常用的一种分析方法。它是用来衡量当投资方案中某个因素发生变动时，对该方案预期结果的影响程度。如果某一因素在较小范围内发生变动，就会在很大程度上影响原定方案的经济效果，即表明该因素的敏感性强；如果某一因素在较大范围内变动，才会影响原定方案的经济效果，即表明该因素的敏感性弱。

对长期投资决策分析评价主要指标进行敏感性分析，从相互联系中具体把握各因素变动幅度对评价指标的影响程度，可以避免对原来评价指标作绝对化的理解，从而预先制订灵活的对策和措施，争取主动，减少投资决策的失误。

（二）怎样进行敏感性分析

在长期投资决策中，敏感性分析通常用来研究有关投资方案的现金流量或在固定资产寿命发生变动时，对该方案的净现值和内部收益率的影响程度。同时，它也可以用来研究有关投资方案的内部收益率变动时，对该方案的现金流量或使用年限的影响程度。

1. 长期投资决策指标受相关因素影响程度的分析

在相关因素（如项目期限、现金净流量、折现率等）变动的情况下，测算长期投资决策指标（如净现值和内部收益率）受其影响而发生变动的幅度，以评价有关因素的敏感性。分析某一因素发生变动的影响时，通常假设其他因素不变。

【例 7.40】　龙泉公司有一固定资产，原始投资为 900 000 元，使用寿命为 10 年，采用直线法计提折旧，期满后无残值。10 年中每年可生产产品 10 000 件，单价 50 元，单位付现成本 23 元。假设所得税率为 40%，投资要求的最低报酬率为 8%。要求：分析单价、产销量、使用寿命、付现成本、原始投资额和最低报酬率变动 10%时，对项目净现值和内部收益率的影响（为便于比较，假定各因素均是朝着不利方面变动）。

分析　为了进行敏感性分析，首先必须计算出该项目的净现值和内部收益率。

$$\text{年折旧额}=\frac{900\ 000}{10}=90\ 000\text{（元）}$$

$$\text{每年营业现金净流量}\ NCF_{1\sim10}=[10\ 000\times(50-23)-90\ 000]\times(1-40\%)+90\ 000=198\ 000\text{（元）}$$

所以　$NPV(8\%)=198\ 000\times(P/A,8\%,10)-90\ 000=428\ 580$（元）

设　$NPV(i)=198\ 000\times(P/A,i,10)-90\ 000=0$

有　$(P/A,i,10)=\dfrac{90\ 000}{198\ 000}=4.545$

查表知：$(P/A,17\%,10)=4.659$

$(P/A,18\%,10)=4.494$

$$\left.\begin{array}{l}\left.\begin{array}{l}17\%\\ i\end{array}\right\}x\%\\ 18\%\end{array}\right\}1\%\qquad\left.\begin{array}{l}\left.\begin{array}{l}4.659\\ 4.545\end{array}\right\}0.114\\ 4.494\end{array}\right\}0.165$$

$$\frac{x}{1}=\frac{0.114}{0.165}\Rightarrow x=0.691$$

所以　$i=IRR=17\%+0.691\%=17.691\%$

（1）单价降低 10%对 NPV 和 IRR 的影响。

单价降低 10%后为 45 元，年折旧额 90 000 元，则

$$NCF_{1\sim10}=[10\ 000\times(45-23)-90\ 000]\times(1-40\%)+90\ 000=168\ 000\text{（元）}$$

$$NPV(8\%)=168\ 000\times(P/A,8\%,10)-900\ 000=227\ 280\text{（元）}$$

净现值下降的幅度为：$\dfrac{428\ 580-227\ 280}{428\ 580}\times100\%=46.97\%$

下面计算 IRR：

$$(P/A,i,10)=\frac{900\ 000}{168\ 000}=5.357$$

同时运用插值法可知：$IRR\approx13.329\%$

内部收益率下降的幅度为：$\dfrac{17.691\%-13.329\%}{17.691\%}\approx24.66\%$

（2）产销量下降 10%对 NPV 和 IRR 的影响。

产销量下降 10%后为 9 000 件，年折旧额仍为 90 000 元，则

$$NCF_{1\sim10}=[9\,000\times(50-23)-90\,000]\times(1-40\%)+90\,000=181\,800 \text{（元）}$$

$$NPV(8\%)=181\,800\times(P/A,8\%,10)-900\,000=319\,878 \text{（元）}$$

净现值下降的幅度为：$\dfrac{428\,580-319\,878}{428\,580}\times100\%\approx25.36\%$

又 $(P/A,i,10)=\dfrac{900\,000}{181\,800}\approx4.950$

查表并运用插值法计算知：$IRR\approx15.371\%$

内部收益率下降的幅度为：$\dfrac{17.691\%-15.371\%}{17.691\%}\approx13.11\%$

（3）使用寿命缩短 10%对 NPV 和 IRR 的影响。

使用寿命缩短 10%后为$10\times(1-10\%)=9$年，年折旧额为 100 000 元，则

$$NCF_{1\sim9}=[10\,000\times(50-23)-100\,000]\times(1-40\%)+100\,000=202\,000 \text{（元）}$$

所以 $NPV(8\%)=202\,800\times(P/A,8\%,9)-900\,000=361\,894$（元）

净现值下降的幅度为：$\dfrac{428\,580-361\,894}{428\,580}=15.56\%$

又 $(P/A,i,9)=\dfrac{900\,000}{202\,000}\approx4.455$

查表并运用插值法计算知：$IRR\approx16.974\%$

内部收益率下降的幅度为：$\dfrac{17.691\%-16.974\%}{17.691\%}\approx4.05\%$

（4）付现成本上升 10%对 NPV 和 IRR 的影响。

付现成本上升 10%后为$10\,000\times23\times(1+10\%)=253\,000$，年折旧额仍是 90 000 元，则

$$\text{每年税后净利}=[10\,000\times50-(253\,000+90\,000)]\times(1-40\%)=94\,200 \text{（元）}$$

$$NCF_{1\sim10}=94\,200+90\,000=184\,200 \text{（元）}$$

所以 $NPV(8\%)=184\,200\times(P/A,8\%,10)-900\,000=361\,894$（元）

净现值下降的幅度为：$\dfrac{428\,580-335\,982}{428\,580}\approx21.61\%$

又 $(P/A,i,10)=\dfrac{900\,000}{184\,200}\approx4.886$

查表并运用插值法计算知：$IRR\approx15.715\%$

内部收益率下降的幅度为：$\dfrac{17.691\%-15.715\%}{17.691\%}\approx11.17\%$

（5）原始投资额上升 10%对 NPV 和 IRR 的影响。

原始投资额上升 10%后为 990 000 元，年折旧额是 99 000 元，则

$$每年税后净利=[10\ 000\times(50-23)-99\ 000]\times(1-40\%)=102\ 600\ （元）$$

$$NCF_{1\sim10}=102\ 600+99\ 000=201\ 600(元)$$

所以　$NPV(8\%)=201\ 600\times(P/A,8\%,10)-990\ 000=362\ 736\ (元)$

净现值下降的幅度为：$\dfrac{428\ 580-362\ 736}{428\ 580}\approx15.36\%$

又　$(P/A,i,10)=\dfrac{900\ 000}{201\ 600}\approx4.911$

查表并运用插值法计算知：$IRR\approx15.581\%$

内部收益率下降的幅度为：$\dfrac{17.691\%-15.581\%}{17.691\%}\approx11.93\%$

（6）要求的最低报酬率上升 10%对 NPV 和 IRR 的影响。

要求的最低报酬率上升 10%后为$8\%\times(1+10\%)=8.8\%$，年折旧额仍是 90 000 元，每年营业现金净流量（NCD）仍是 198 000 元。另外，可以通过插值法计算出$(P/A,8.8\%,10)=6.476$，则

$$NPV=(8.8\%)=198\ 000\times(P/A,8.8,10)-900\ 000=382\ 248\ （元）$$

净现值下降的幅度为：$\dfrac{428\ 580-382\ 248}{428\ 580}\approx10.81\%$

要求的最低报酬率上升为8.8%后，方案的内部收益率17.691%仍大于要求的最低报酬率，并不影响决策的结果。

将上述因素变动对 NPV 和 IRR 的影响程度汇总见表 7.16。

表 7.16　各因素 10%不利变动对 NPV 和 IRR 的影响程度

	单价	产销量	付现成本	使用寿命	原始投资额	最低报酬率
NPV	46.94%	25.36%	21.61%	15.56%	15.36%	10.81%
IRR	24.66%	13.11%	11.17%	4.05%	11.93%	

从上述计算结果可以看出，售价、产销量、付现成本、使用寿命、原始投资额和最低报酬率六项因素分别以 10%的幅度向不利方向变动，对净现值和内部收益率的影响程度是不一样的。其中，价格因素变动对净现值和内部收益率的影响最大，使用寿命和原始投资额变动的影响相对较小，而最低报酬率变动只影响净现值而不影响内部收益率。就对净现值的影响而言，各因素的敏感性也不同，由强到弱的顺序为：单价、产销量、付现成本、使用寿命、原始投资额和最低报酬率。各因素敏感性的强弱还可通过计算敏感系数作进一步分析，大家可参考 CVP 分析中的敏感性分析有关内容，在此不赘述。

2. 长期投资决策指标的相关因素变动临界值分析

【例 7.41】　金益公司有一固定资产投资方案，投资额为 200 000 元，使用寿命为 8 年，

每年的现金净流量为 50 000 元，投资要求的最低报酬率为 10%。要求：对该方案进行敏感性分析。

分析 （1）以净现值为基础进行敏感性分析。

以最低报酬率 10%为衡量标准，可首先计算方案的净现值如下：

$$NPV(10\%) = 50\,000 \times (P/A, 10\%, 8) - 200\,000 = 66\,750 \text{ （元）} > 0$$

说明方案是可行的。但可行是有条件的，也就是要看影响净现值的两个主要因素：每年现金净流量 50 000 元是否可靠，8 年的使用寿命期是否准确。如果这两个因素发生了变化，就会影响到方案的可行性。为此必须进行敏感性分析，以了解这两个因素在多大范围内变化而不至于影响方案的可行性，即对相关因素变动的临界值进行分析。

① 确定每年现金净流量的下限临界值。

假设使用年限 8 年不变，每年现金净流量的下限临界值就是使得该方案的净现值等于零的那个金额。即

$$NPV(10\%) = NCF \cdot (P/A, 10\%, 8) - 200\,000 = 0$$

所以 每年现金净流量的下限临界值$=\dfrac{200\,000}{(P/A, 10\%, 8)} \approx 37\,488.28$ （元）

上述计算结果表明，该投资方案在使用年限不变的情况下，每年现金净流量由 50 000 元下降到 37 488.28 元，下降 25%$\left(\dfrac{50\,000 - 37\,488.28}{50\,000} = 25\%\right)$还是可行的，即还可以达到最低报酬率 10%的要求。如果每年现金净流量低于 37 488.28 元，净现值就会出现负数，方案就变为不可行了。

② 确定有效使用年限的下限临界值。

假设每年现金净流量的数额不变，仍旧为 50 000 元，有效使用年限的下限临界值应是使得该方案的净现值等于零的那个使用年限。即

$$NPV(10\%) = 50\,000 \times (P/A, 10\%, n) - 20\,000 = 0$$

$$(P/A, 10\%, n) = 4$$

查表并运用插值法计算可知：$n \approx 5.371$ （年）

由此可见，该投资方案在每年现金净流量不变的情况下，有效使用年限至少要达到 5.371 年，方案才是可行的，如果有效使用年限低于 5.371 年，净现值就会出现负数，方案就变得不可行了。

上述分析计算结果表明，该方案的每年现金净流量和资产使用寿命容许变动的范围是比较大的，每年现金净流量下降 25%，或使用寿命缩短 2.629 年（即 8 年－5.371 年），方案仍然可行，也在一定程度上反映出方案的敏感性弱。此类方案投产后风险相对较小。

（2）以内部收益率为基础进行敏感性分析。

首先计算方案的内部收益率如下：

令 $$NPV(i)=50\,000\times(P/A,i,8)-200\,000=0$$

$$(P/A,i,8)=4$$

查表并运用插值法计算知：$i=\text{IRR}\approx18.629\%>10\%$

故该方案是可行的。

下面进行敏感性分析：

① 确定内部收益率变动对每年现金净流量的影响。

假设使用年限不变，内部收益率变动的最大范围是 8.629%（18.629%－10%），对每年现金净流量的影响为：

$$\frac{原始投资额}{(P/A,18.62\%,8)}-\frac{原始投资额}{(P/A,10\%,8)}=\frac{200\,000}{4}=\frac{200\,000}{5.335}=12\,511.72(元)$$

计算结果表明，方案在使用年限不变的情况下，若内部收益率降低 8.629%，会使每年的现金净流量减少 12 511.72 元。这是很显然的，实际收益率水平下降，每年的现金净流量自然会减少。

② 确定内部收益率变动对有效期限的影响。

假设每年现金净流量不变，内部收益率变动的最大范围是 8.629%，对资产使用期限的影响为：

$$\begin{aligned}净现值(\text{NPV})&=50\,000\times(P/A,18,629\%,8)-200\,000\\&=50\,000\times(P/A,10\%,n)-200\,000=0\end{aligned}$$

所以 $$(P/A,18,629\%,8)=(P/A,10\%,n)=4$$

查表并运用插值法计算知：$n\approx5.371$（年）

计算结果表明，方案在每年现金净流量不变的情况下，若内部收益率降低 8.629%，会使资产使用期限减少 2.629 年（即 8 年－5.371 年）。

综合起来可以看出，以内部收益率为基础进行的敏感性分析的结论，刚好与以净现值为基础进行的各影响因素下限临界值的分析结论是一致的。

二、长期投资决策的概率分析

敏感性分析只能指出项目评价指标对各影响因素的敏感程度，但没有考虑各影响因素的不确定性，也就没有说明各不确定性因素变化对评价指标的影响发生的可能性究竟有多大，以及在各可能性情况下对评价指标的影响程度。因此，根据长期投资决策的特点和实际情况，对评价指标的各影响因素在一定范围内的可能性进行概率分析，会使决策更加接近实际。

【例 7.42】 双流公司有一固定资产投资方案，投资额为 240 000 元，使用寿命为 6 年，期满无残值，采用直线法计提折旧。预计建成投产后所生产产品的单价为 25 元，单位变动成本（付现）为 12 元，年固定成本总额（付现，不包含折旧）为 80 000 元。预计产品将可能面对繁荣、一般和萧条三种市场状况，相应的销量分别为 15 000 件、12 000 件和 10 000 件。投资要求的最低报酬率为 10%，所得税税率为 40%。要求：进行投资决策分析。

分析 首先，分三种市场状况计算年现金净流量：

（1）市场状况繁荣时。

$$NCF_{1\sim6}=\left[25\times15\ 000-\left(12\times15\ 000-80\ 000-\frac{240\ 000}{6}\right)\right]\times(1-40\%)+\frac{240\ 000}{6}$$
$$=85\ 000\ (元)$$

（2）市场状况一般时。

$$NCF_{1\sim6}=\left[25\times12\ 000-\left(12\times12\ 000-80\ 000-\frac{240\ 000}{6}\right)\right]\times(1-40\%)+\frac{240\ 000}{6}$$
$$=61\ 600\ (元)$$

（3）市场状况萧条时。

$$NCF_{1\sim6}=\left[25\times10\ 000-\left(12\times10\ 000-80\ 000-\frac{240\ 000}{6}\right)\right]\times(1-40\%)+\frac{240\ 000}{6}$$
$$=46\ 000\ (元)$$

其次，按三种市场状况分别计算该投资方案的净现值和内部收益率：

（1）在市场状况繁荣时。

$$NPV_1(10\%)=85\ 000\times(P/A,10\%,6)-240\ 000=130\ 175\ (元)>0$$

设内部收益率为 IRR_1，则

$$85\ 000\times(P/A,IRR_1,6)-240\ 000=0$$
$$(P/A,IRR_1,6)=2.824$$

查表并运用插值法计算知：$IRR_1\approx27.06\%>10\%$

（2）在市场状况一般时。

$$NPV_2(10\%)=61\ 600\times(P/A,10\%,6)-240\ 000=28\ 268\ (元)>0$$

设内部收益率为 IRR_2，则

$$61\ 600\times(P/A,IRR_2,6)-240\ 000=0$$
$$(P/A,IRR_2,6)=3.896$$

查表并运用插值法计算知：$IRR_2\approx13.936\%>10\%$

（3）在市场状况萧条时。

$$NPV_3(10\%)=46\ 000\times(P/A,10\%,6)-240\ 000=-39\ 670\ (元)<0$$

设内部收益率为 IRR_3，则

$$46\ 000 \times (P/A, \mathrm{IRR}_3, 6) - 240\ 000 = 0$$

$$(P/A, \mathrm{IRR}_3, 6) = 5.217$$

查表并运用插值法计算知：$\mathrm{IRR}_3 = 4.151\% < 10\%$

上述计算结果表明：针对三种不同的市场状况，该方案的净现值与内部收益率有三种可能的数值。为了使决策的结果更加客观，就应考虑三种情况可能出现的概率。结合该方案面临的三种市场状况的概率分布，可计算出预期的“现金净流量期望值”见表 7.17。

表 7.17　现金净流量的期望值计算表

现金净流量（元）	概　率	期望值（元）
85 000	0.25	21 250
61 600	0.5	30 800
46 000	0.25	11 500
预期的现金净流量期望值（元）		63 550

表 7.17 所计算的现金净流量的期望值 63 550 元，是各种可能结果（概率）的综合表现，可据此计算方案的净现值和内部收益率如下：

$$\mathrm{NPV}(10\%) = 63\ 550 \times (P/A, 10\%, 6) - 240\ 000 = 36\ 760.25\ (\text{元}) > 0$$

设内部收益率为 IRR，则

$$63\ 550 \times (P/A, \mathrm{IRR}, 6) - 240\ 000 = 0$$

$$(P/A, \mathrm{IRR}_3, 6) \approx 3.777$$

查表并运用插值法计算知：$\mathrm{IRR} \approx 15.071\% > 10\%$
由此可见方案是可行的。

本例中，只有销售量一个因素受市场的影响出现多种可能性，从而形成了不确定的现金净流量，而在企业的长期投资决策实践中，有时影响经济评价指标的多个因素同时存在不确定性，出现多种可能性，此时的概率分析会复杂得多。

【例 7.43】 邛崃公司有一固定资产投资方案，投资额 200 000 元在建设起点一次性投入，需要建设期 1 年。根据预测，项目的使用年限和每年现金净流量均存在不确定性。每年现金净流量有 120 000 元、90 000 元和 50 000 元三种情况，在每一现金流量水平下的使用年限又有 2 年、4 年和 5 年三种情况。有关数值及其概率见表 7.18。投资要求的最低报酬率为 10%。要求：进行投资决策分析。

表 7.18　每年现金净流量和使用年限的概率分布表

每年现金净流量（元）	概　率	使用年限	概　率
120 000	0.3	2	0.2
90 000	0.5	4	0.6
50 000	0.2	5	0.4

考虑每年现金净流量和使用年限的概率分布，可以形成不同的组合，各组合均存在一个相应的净现值。各组合净现值的计算如下（0.909 是 10%、1 年的复利现值系数）：

$$\text{NPV}_1 = 50\,000 \times (P/A,10\%,2) \times 0.909 - 200\,000 = -121\,098.8\ (\text{元}) < 0$$

$$\text{NPV}_2 = 50\,000 \times (P/A,10\%,4) \times 0.909 - 200\,000 = -55\,923.5\ (\text{元}) < 0$$

其余组合的净现值计算结果见表 7.19。

各组合净现值出现的概率应是每年现金净流量和使用年限的联合概率，以此为基础计算的净现值的期望值见表 7.19。

表 7.19 净现值的期望值计算表

现金净流量（元）	使用年限（年）	组　合	净现值（元）	联合概率	期望值（元）
50 000 P=0.2	2 P=0.7	1	−121 098.8	0.04	−4 843.952
	4 P=0.6	2	−55 923.5	0.12	−6 710.82
	5 P=0.2	3	−27 699.05	0.04	−1 107.962
90 000 P=0.5	2 P=0.7	4	−57 977.84	0.1	−5 797.784
	4 P=0.6	5	59 337.7	0.3	17 801.31
	5 P=0.2	6	110 141.71	0.1	11 014.171
120 000 P=0.3	2 P=0.7	7	−10 637.12	0.06	−638.227 2
	4 P=0.6	8	145 783.6	0.18	26 241.048
	5 P=0.2	9	213 522.28	0.06	12 811.336
净现值的期望值（元）					48 769.12

根据计算结果可知，考虑各种不确定性因素变化的可能性（概率），该方案的净现值的期望值为 48 769.12 元，大于零，方案可行。

长期投资决策的概率分析虽然工作量较大，但由于在其分析过程中把各种可预计到的可能性及其概率都考虑进去了，所以决策的结果会更准确。

三、对长期投资决策评价指标的修正

前面所述长期投资决策中应用的各项评价指标是建立在项目整个建设期和生产经营期各年现金净流量的基础上，采用定量分析的方法确定其财务可行性。实际上，长期投资决策的财务可行性研究绝非这么简单、规范，长期投资时间长、耗资多、风险大及不可逆转等特点决定了长期投资决策的复杂性，对投资项目的评价和取舍，不能仅仅依据上述指标，机械地做出决策，还必须考虑以下情况，做出恰当的修正。

（一）定量分析与定性分析相结合

对于有些影响长期投资决策，却又很难量化的因素，如项目所在的地理位置、资源的供求状况、市场发展前景和税收政策对项目的影响；投资项目的结果对生产的灵活性、质量的适当性和企业生产经营管理协调性的影响；甚至从战略的角度出发，考虑项目的选择能否给企业带来开发“联产品”的机会、扩大市场份额的机会、扩展生产能力的机会和进行投资组合的机会等，还必须结合定性分析的方法，综合起来进行分析。

（二）具体问题具体分析

每个企业都不能离开自己所处的内、外部环境，机械地套用一些评价模型，只能具体问题具体分析，如在资金紧张时，可能选择投资总额较多的分次投资项目，而不选择投资总额较少的一次性投资项目；在经营风险较大的情况下，可能选择项目计算期短、净现值较小的项目，而不选择项目计算期长、净现值较大的项目；对于更新换代较快的高新技术项目，可能选择建设期短、原始投资较大的项目，而不选择建设期长、原始投资较小的项目等。

（三）项目的不确定性分析

项目评价指标计算所使用的信息，绝大部分来自预测和估算，有相当程度的不确定性。为确保投资项目在财务上的可行性，还必须对项目的不确定性进行分析，如前面对评价指标进行的敏感性分析、对投资项目进行的概率分析等。

由此可见，项目的评价与取舍不能采用僵化的模式，而必须充分注意企业的内、外部环境，具体问题具体分析，数量因素与质量因素并重，货币计量与非货币计量并重，定量分析与定性分析相结合，才能作出符合企业长远目标的投资决策。

课后练习

一、单项选择题

1. 某企业正在考虑卖掉现有设备，该设备于 5 年前购置，买价为 50 000 元，税法规定的折旧年限为 10 年，按照直线法计提折旧，预计净残值为 5 000 元。目前该设备可以以 20 000 元的价格出售，该企业适用的所得税税率为 30%，则出售该设备引起的现金流量为（　　）元。

A. 20 000　　B. 17 750　　C. 22 250　　D. 5 000

2. 下列说法不正确的是（　　）。

A. 动态投资回收期法考虑了时间价值

B. 静态投资回收期法没有考虑回收期以后的收益

C. 会计收益率法在计算时使用的是现金流量表的数据

D. 静态投资回收期法主要用来测定方案的流动性

3. 计算原始投资额时不涉及（　　）。

A. 资本化利息　　B. 流动资金投资

C. 无形资产投资　　D. 开办费投资

4. 计量投资方案的增量现金流量时，不需要考虑（　　）。

A. 重置成本　　B. 差额成本

C. 未来成本　　D. 账面成本

5. A 企业投资 20 万购入一台设备，无其他投资，没有建设期，预计使用年限为 20 年，无残值。设备投产后预计每年可获得净利 3 万元，则该投资的静态投资回收期为（　　）年。

A. 5　　B. 3　　C. 4　　D. 6

6. A 企业投资 20 万元购入一台设备，无其他投资，没有建设期，预计使用年限为 20 年，无残值。项目的折现率是 10%，设备投产后预计每年可获得净利 22 549 元，则该投资的动态投资回收期为（　　）年。

A. 5　　B. 3　　C. 6　　D. 10

7. 下列各项因素中，不会对投资项目内含报酬率指标产生影响的是（　　）。

A. 原始投资　　B. 现金流量

C. 项目计算期　　D. 设定的折现率

8. 某投资方案第 4 年的营业收入 100 万元，生产经营费用 60 万元（其中折旧 10 万元），所得税率为 40%，该年的营业现金流量为（　　）。

A. 40 万元　　B. 50 万元　　C. 34 万元　　D. 26 万元

9. 某公司当初以 100 万元购入一块土地，目前市价为 80 万元，如欲在这块土地上兴建厂房，则（　　）。

A. 项目的机会成本为 100 万元　　B. 项目的机会成本为 80 万元

C. 项目的机会成本为 20 万元　　D. 项目的沉没成本为 80 万元

10. 某公司拟新建一车间用以生产受市场欢迎的甲产品，据预测甲产品投产后每年可创造 120 万元的收入；但公司原生产的 A 产品会因此受到影响，使其年收入由原来的 200 万元降低到 180 万元。假设不考虑所得税，则与新建车间生产甲产品项目相关的现金流入量为（　　）万元。

A. 100　　B. 80　　C. 20　　D. 120

11. 某项目全部投资均于建设起点一次投入，建设期为零，投产后每年净现金流量均相等，该项目的静态投资回收期为 5 年，则计算内含报酬率的年金现值系数应等于（　　）。

A. 5　　B. 4　　C. 3　　D. 无法计算

12. 关于风险因素调整法，下列说法不正确的是（　　）。

A. 风险调整折现率法的基本思路是对高风险项目应当采用较高的折现率计算净现值

B. 肯定当量法对风险价值进行调整，没有调整时间价值

C. 肯定当量法中，用无风险报酬率作为折现率

D. 风险调整折现率法存在夸大远期风险的缺点

13. 某项目在建设起点发生全部投资 2 000 万元，按照期望值决策法进行决策，计算得出

的期望净现值是 500 万元，项目现金流量的标准离差是 500 万元，则该项目现金流量的变异系数是（　　）。

A. 1　　B. 0.25　　C. 0.2　　D. 5

14. 关于项目投资，下列说法不正确的是（　　）。

A. 项目计算期是指从投资建设开始到最终清理结束整个过程的全部时间

B. 项目计算期＝建设期＋生产经营期

C. 达产期是指从投产日到完全达到设计生产能力之间的时间间隔

D. 项目资金投入的方式包括一次投入和分次投入

15. 建设投资中不包括（　　）。

A. 固定资产投资　　B. 无形资产投资

C. 流动资产投资　　D. 开办费投资

二、多项选择题

1. 项目投资的特点包括（　　）。

A. 影响时间长　　B. 投资数额大

C. 变现能力强　　D. 不经常发生

2.下列属于不确定性投资决策方法的有（　　）。

A. 期望值决策法　　B. 敏感性分析法

C. 决策树法　　D. 差额投资内含报酬率法

3. 不确定性投资决策的敏感性分析法存在的局限性包括（　　）。

A. 这一方法仅仅提供了针对一组数值的分析结果，但是无法给出每一个数值发生的可能性

B. 在进行敏感性分析时，只允许一个假设发生变动，而其他假设必须保持不变

C. 对敏感性分析结果的主观性应用

D. 只能给出每一个数值发生的可能性

4. 某公司拟于明年初新建一生产车间用于某种新产品的开发，与该投资项目有关的现金流量包括（　　）。

A. 需增加的 20 万元流动资金投资

B. 需要使用公司拥有的一块土地，该土地出售可以获得 12 万元

C. 两年前公司曾支付 10 万元的咨询费请专家论证此事

D. 该产品的上市会导致另一种该公司类似产品的销售收入每年减少 50 万元

5. 公司拟一次性投资一项目 20 万元，全部是固定资产投资，没有建设期，投产后年均收入 96 000 元，付现成本 26 000 元，预计有效期 10 年，按直线法提折旧，无残值。所得税率为 30%，则该项目（　　）。

A. 年现金净流量为 55 000 元　　B. 静态投资回收期 3.64 年

C. 会计收益率 17.5%　　D. 会计收益率 35%

6. 净现值法与获利指数法的共同之处在于（　　）。

A. 都是相对数指标，反映投资的效率
B. 都必须按预定的贴现率折算现金流量的现值
C. 都不能反映投资方案的实际投资收益率
D. 都没有考虑货币时间价值因素

7. 在投资决策评价方法中，不需要以预先设定的贴现率作为计算依据的有（　　）。
A. 会计收益率法　　B. 获利指数法
C. 内含报酬率法　　D. 动态投资回收期法

8. 净现值率是项目净现值与全部投资现值之比，关于净现值率的说法正确的有（　　）。
A. 净现值率法适用于投资额相等或相差不大的互斥方案之间的比较
B. 只要项目的净现值率为正，就意味着能为公司带来财富
C. 净现值率可以反映项目真实的收益率
D. 在单个项目的决策中，净现值率与净现值得到的结果相同

9. 在不确定性投资决策中，对于同一个方案，可能得出不同的预测结果的决策方法包括（　　）。
A. 期望值决策法　　B. 决策树法
C. 场景概况分析　　D. 蒙特卡洛模拟分析

10. 下列关于项目投资类型的说法正确的有（　　）。
A. 按照投资对企业的影响，分为战略性投资和战术性投资
B. 按照项目投资的对象，分为固定资产投资和无形资产投资
C. 按照项目投资的顺序与性质，分为先决性投资和后续性投资
D. 按照项目投资之间的关系，分为相关性投资和互斥性投资

11. 净现值率属于（　　）。
A. 折现指标　　B. 绝对量指标　　C. 正指标　　D. 反指标

12. 下列说法正确的有（　　）。
A. 利用会计收益率进行决策时，只要会计收益率高于必要报酬率，该项目就是可以接受的
B. 当项目静态投资回收期大于基准回收期时，该项目在财务上是可行的
C. 只要净现值为正，就意味着其能为公司带来财富
D. 净现值法所依据的强理是，假设预计的现金流入在年末肯定可以实现，并把原始投资看成是按预定折现率借入的

13. 下面说法正确的有（　　）。
A. 获利指数法的主要优点是可以进行独立投资机会获利能力的比较
B. 对互斥项目进行评价时，应以内含报酬率法为主要方法，因为内含报酬率反映了投资项目的真实报酬率
C. 对独立项目进行评价时，应利用多种评价方法，考虑企业的实际情况，进行综合评定
D. 净现值法应用的主要问题是如何确定折现率，可以根据企业要求的最低资金利润率来确定

14. 下列关于固定资产更新决策的说法正确的有（　　）。

A. 通常，设备更换并不能改变企业的生产能力，不会增加企业的现金流入

B. 基本上不能用贴现现金流量指标进行分析评价

C. 如果新旧设备的投资寿命期不相等，分析时主要采用平均年成本法

D. 若新旧设备的投资寿命期相等，则可采用差额分析法

15. 下列关于平均年成本法的说法正确的有（　　）。

A. 如果考虑时间价值，固定资产的平均年成本是指未来使用年限内的现金流出总额与使用年限的比较

B. 平均年成本法是把继续使用旧设备和购置新设备看成是两个独立的方案

C. 不能将旧设备的变现价值作为购置新设备的一项现金流入

D. 假设前提是将来设备再更换时，可以按原来的平均年成本找到可代替的设备

三、判断题

1. 期望值决策法（又称概率决策法），它以用概率分析法确定的投资项目期望净现值作为实际值的代表，计算投资项目决策指标的期望值大小。（　　）

2. 决策分析法（又称网络分析法），它是在事件发生概率的基础上，使用简单树枝图形，明确地说明投资项目各方察的情况，完整反映决策过程的一种决策方法。这种方法只适用于长期投资决策问题。（　　）

3. 场景概况分析是不经常使用的一种反映和评价项目风险的分析方法。场景概况分析的方法类似于敏感性分析，只是包含了各种变量在某种场景下的综合影响。（　　）

4. 投资项目优劣的评价标准，应以资本成本为基础。（　　）

5. 所谓现金流量，在投资决策中是指一个投资项目引起的企业现金支出和现金收入增加的数量。其中的现金指的是各种货币资金。（　　）

6. 项目的现金流入量中包括收回的固定资产余值，指的是投资项目报废或中途转让时，固定资产报废清理或转让的变价收入。（　　）

7. 某投资项目建设期为 2 年。第 5 年的累计净现金流量为－100 万元，第 6 年的累计净现金流量为100万元.则不包括建设期的投资回收期为5.5年。（　　）

8. 某完整工业投资项目，预计第一年有关的流动资产需用领额 6 000 万元，流动负债可用额 3 000 万元；第二年有关的营运资金需用额为 4 500 万元，流动负债可用额 1 500 万元，则第二年的营运资金投资额应为1 500万元。（　　）

9. 如果项目是独立的，应该选择净现值大的项目，而不是选择获利指数大的项目。（　　）

10. 获利指数法需要一个适合的贴现率，以便将现金流量折为现值，贴现率的高低有可能会影响方案的优先次序。（　　）

11. 受通货膨胀的影响，实际折现率与名义折现率不相等，用实际折现率计算的净现值与用名义折现率计算的净现值不相等。（　　）

12. 一般情况下，使某投资方案的净现值小于零的折现率，一定高于该投资方案的内含报酬率。（　　）

13. 若一个风险投资项目的内含报酬率大于风险报酬率，则该方案一定具有财务可行性。（　　）

14. 某企业正在讨论购买新的生产线，有两个备选方案：A 方案的净现值为 200 万元，内含报酬率为 10%；B 方案的净现值为 100 万元，内含报酬率为 15%。据此可以认定 A 方案较好。（　　）

15. A 公司对某投资项目的分析与评价资料如下：

该投资项目适用的所得税率为 30%，年税后营业收入为 700 万元，税后付现成本为 350 万元，税后利润 210 万元。那么，该项目年营业现金流量为 410 万元。（　　）

16. 项目的现金净流量指的是 1 年内现金流量和现金流出量的差额。（　　）

17. 在蒙特卡洛模拟分析中，借助计算机可以合理确定出一个项目的 NPV 的预测值。（　　）

18. 在新、旧设备的投资寿命相同的情况下，一般普遍运用的分析方法是差额分析法，用以计算继续使用旧设备和出售旧设备购置新设备的现金流量之差以及净现值之差，如果净现值差额大于零，则购置新设备，否则，继续使用旧设备。（　　）

19. 如果项目的净现值是正的，就意味着其能为公司带来财富，因此应该立即投资。（　　）

20. 建设投资又叫原始投资，建设投资加上垫支的营运资金再加上资本化利息.构成项目投资总额。（　　）

2l. 已知通货膨胀率为 3%，第 5 年的实际现金流量为 1 000 万元，实际折现率为 10%，则第 5 年的名义现金流量为 1 030 万元，名义折现率为 13.3%。（　　）

四、计算分析题

1. 复利现值与终值的计算：

（1）以 100 元存入银行，年利率 7%，年复利一次，6 年的复利终值是多少？

（2）以 100 元存入银行，年利率 8%，3 个月复利一次，30 年的复利终值是多少？

（3）年利率 8%，年计复利一次，8 年后的 1 000 元，其现在的价值是多少？

（4）年利率 6%，每月复利一次，其实际利率是多少？

2. 年金终值与现值的计算：

（1）采用“零存整取”方式;，每年存入银行 10 000 元，十年后的终值是多少？设年利率为 8%，每年计复利一次。

（2）某企业设置一项偿债基金，每年向银行存入一定数额的款项，以偿还其第六年初到期的借款本金合计 2 000 000 元。设银行年利率为 9%，年计息一次，该企业每年应存入多少？

（3）采用“整存零取”方式，年利率 6%，年计复利一次，每年取款 1 000 元，共五年，则最初的那笔存款应为多少？

（4）一台机器设备购价为 100 000 元，使用寿命为 7 年，每年可带来 25 000 元的净收益，若银行同期存款利率为年 8%，年计复利一次，则购买这台机器是否值得（与银行同期存款收益率相比较）？

3. 计算下列各题：

（1）设有一投资项目，分三次投资，每年年初投入 100 万元，预计第三年末建成。若该项投资的资金成本为 12%，则该项目投资总额是多少？

（2）某企业年初存入一笔资金，从第五年年末起每年取出 10 000 元，至第十年末取完，若年利率为 12%，年计息一次。试计算最初一次存入的款额。

（3）一项奖学金，每年评奖一次，每次发放 8 000 元，年利率 5%，年计复利一次，第一次要存入多少钱？

4. 运用货币时间价值系数表和“内插法”计算：

（1）一企业于年初向银行借款 100 000 元，每一年末还本付息额均为 20 000 元，连续 8 年还清，计算其复利年利率是多少？

（2）若上题中有关金额不变，若其年利率（复利）为 8%，则需多少年还清？

5. 现有如下资料：

方案一：原始投资 10 000 元，年现金流入量 1 750 元；有效期限 10 年，无残值。

方案二：原始投资 10 000 元，年现金流入量 1～5 年每年 2 000 元，6～10 年每年 1 500 元；有效期限 10 年，无残值。

方案三：原始投资 10 000 元，年现金流入量 1～5 年每年 1 500 元，6～10 年每年 2 000 元；有效期限 10 年，无残值。

方案四：原始投资 10 000 元，年现金流入量 1 350 元；有效期限 10 年，残值 4 000 元。

方案五：原始投资 10 000 元，年现金流入量 1 750 元；有效期限 15 年，无残值。

要求：根据上述资料，分别计算其“会计收益率”“静态回收期”“净现值（设 $i=10\%$）”“现值指数”（设 $i=10\%$）和“内部收益率”，并作简要的对比分析。

6. 甲公司现有一个投资方案，有关资料见表 7.20（单位：万元）。

表 7.20　有关资料

年份	0		1		2		3	
项目	现金流量	概率	现金流量	概率	现金流量	概率	现金流量	概率
好	−5 000	1.00	3 000	0.25	4 000	0.20	2 500	0.30
一般			2 000	0.50	3 000	0.60	2 000	0.40
差			1 000	0.25	2 000	0.20	1 500	0.30

已知现金流量的变化系数为 0.16～0.23 时，肯定当量系数为 0.8；现金流量的变化系数为 0.33～0.42 时，肯定当量系数为 0.6。无风险报酬率为 6%，该项目包含风险的必要报酬率为 7.5%。要求：

（1）计算第 1～3 年各年现金流量的期望值、标准差和变化系数。

（2）利用肯定当量法计算项目的净现值。

（3）利用风险调整折现率法计算项目的净现值。

7. 正保公司准备购入一台设备以扩大生产能力，要求的收益率为 10%。市场好的概率是 0.6，市场不好的概率是 0.4。项目计算期是 5 年，初次投资额为 500 万元。

(1) 如果计算期前两年市场处于好的情况，两年后可以考虑是否再投资，再投资额为750万元，如果再投资，则计算期的前两年每年末的现金净流量均为300万元，后三年每年年末的现金净流量均为600万元；如果两年后不再投资，计算期内每年年末的现金净流量均为300万元。

(2) 如果市场不好，则计算期内每年年末的现金净流量均为200万元。

要求：(1) 在市场好的情况下，分别计算两年后再投资和不再投资情况下项目的净现值，判断两年后是否应该追加投资。

(2) 在市场不好的情况下，计算项目的净现值。

(3) 计算项目的期望净现值，并判断该项目是否可行。

8. 你是ABC公司的财务顾问。该公司正在考虑购买一套新的生产线，估计初始投资为3 000万元，预期每年可产生500万元的税前利润(按税法规定生产线应以5年期直线法折旧，净残值率为10%。会计政策与此相同)，并已用净现值法评价方案可行。然而，董事会对该生产线能否使用5年展开了激烈的争论。董事长认为该生产线只能使用4年，总经理认为能使用5年，还有人说类似生产线使用6年也是常见的。假设所得税率33%，资本成本10%，无论何时报废净残值收入均为300万元他们请你就下列问题发表意见：

(1) 该项目可行的最短使用寿命是多少年（假设使用年限与净现值呈线性关系，插补法求解。计算结果保留小数点后两位?

(2) 他们的争论是否有意义（是否影响该生产线的购置决策）？为什么?

9. 某公司拟用新设备取代已使用3年的旧设备。旧设备原价14 950元，当前估计尚可使用5年，每年操作成本2 150元，预计最终残值1 750元，目前变现价值为8 500元；购置新设备需花费13 750元，预计可使用6年。每年操作成本850元，预计最终残值2 500元。该公司预期报酬率12%，所得税率30%。税法规定该类设备应采用直线法折旧，折旧年限6年，残值为原价的10%。要求：进行是否应该更换设备的分析决策，并列出计算分析过程。

10. 某企业拟进行一项固定资产投资（均在建设期内投入），该项目的现金流量表（部分）见表7.21。

表7.21　现金流量表（部分）(单位：万元)

	建设期		运营期			
	0	1	2	3	4	5
净现金流量	−800	−200	100	600	B	1 000
累计净现金流量	−800	−1 000	−900	A	100	1 100
折现净现金流量	−800	−180	C	437.4	262.44	590.49

要求：(1) 计算表中用英文字母表示的项目的数值。

(2) 计算或确定下列指标：

① 净现值；

② 包括建设期的投资回收期；

③ 原始投资以及原始投资现值；

④ 净现值率；

⑤ 获利指数；

⑥ 年均净回收额。

11. 假设东大公司目前有三个项目可供选择，每个项目的预期现金流量模式见表 7.22。

表 7.22 预期现金流量模式

项目/年份	0	1	2
A	－1 000	900	600
B	－800	600	400
C	－600	500	300

假设该公司的资本成本是 100%，该年的投资预算限额是 15 000 万元，每个项目均可拆分。要求：计算该公司可以获得的最大净现值。

12. 设有一投资方案，原始投资为 50 000 元，经济寿命为 5 年。各年的现金净流入量见表 7.23。

表 7.23 各年的现金净流入量

年 份	1	2	3	4	5
现金流入量（元）	20 000	17 000	15 000	12 000	10 000

要求：根据上述资料，运用逐次测试法计算该投资方案的内部收益率（$i=17\%$）。

12. 设某厂的机器 B 购价 800 元，可用 6 年，无残值；维修成本第一年为 100 元；以后每年增加 100 元。

要求：计算 $i=10\%$，机器 B 的经济寿命为几年?

13. 某企业为降低生产成本，考虑购置一台新机器替换旧机器。旧机器原值为 97 000 元，每年折旧额 10 000 元，估计还可使用 5 年，残值为 7 000 元。若现在变卖可获得 40 000 元。使用该台旧机器每年的营业收入为 100 000 元，经营成本为 70 000 元。新机器价值 130 000 元，可使用 6 年，报废时残值为 10 000 元，年折旧额 20 000 元。使用新机器不会增加收入，但可使每年的经营成本降低 28 000 元。设所得税率为 33%。

要求：运用差量内部收益率方法确定是否替换（$i=10\%$）。

五、综合题

1. 某公司有一台设备，购于两年前，现在考虑是否需要更新。该公司所得税率为 25%。需求的最低投资报酬率为 10%，如果更新，每年可以增加销售收入 100 万元，有关资料见表 7.24。

表 7.24　有关资料

项　目	旧设备	新设备
原　价	520	630
税法规定残值	20	30
税法规定使用年限（年）	5	5
已用年限	2	
尚可使用年限	4	4
每年付现成本	200	150
两年末大修成本	40	
最终报废残值	5	10
目前变现价值	207.2	

按照税法规定，旧设备采用双倍余额递减法计提折旧。新设备投入按照年数总和法计提折旧。预计未来的四年每年都需要交纳所得税。要求：

（1）按照税法规定计算旧设备和新设备每年的折旧额；

（2）计算使用新设备之后，每年增加的折旧以及折旧抵税；

（3）按照税法规定计算旧设备目前的账面价值以及变现损失抵税或收益纳税；

（4）计算旧设备变现的相关现金流量；

（5）计算使用新设备增加的投资额；

（6）计算继续使用旧设备时，第 4 年年末设备变现的相关现金流量；

（7）计算使用新设备，第 4 年年末设备变现的相关现金流量；

（8）计算新设备每年增加的税后收入和节约的税后操作成本；

（9）计算使用新设备第 1～4 年每年增加的现金流量；

（10）按照差量现金流量，计算更新设备方案的内含报酬率，并做出是否更新的决策；

（11）按照差量现金流量，计算更新设备方案的差量净现值，并做出是否更新的决策。

2. 星海公司有一投资项目，有关资料如下：

（1）需要在第一年初投资 9 000 万元（其中 8 000 万元用于购买设备，1 000 万元用于购买无形资产）。该项目的建设期为 2 年，贷款 5 000 万元，期限 2 年，利率 6%。按照复利计算资本化利息。

（2）预计投资该项目可使公司第一年增加 5 000 万元销售收入（不含增值税，下同）；第二年增加 6 000 万元销售收入；第三年增加 7 000 万元销售收入；第四年增加 8 000 万元销售收入。第四年末项目结束。

（3）第一年不包括财务费用的总成本费用为 3 150 万元；第二年外购的原材料 800 万元，工资及福利费 200 万元，修理费 20 万元，其他费用 120 万元；第三年、第四年的付现成本在第二年的基础上分别增加 240 万元和 730 万元。

（4）项目投产时第一年预计需要流动资产 1 000 万元，流动负债可用额 500 万元，预计各年需要的流动资产以及流动负债可用额与销售收入的比例不变，当年需要垫支的营运资金于年初投入。

（5）该公司所得税税率为 20%，固定资产的折旧期限为 4 年（在经营期内按照直线法计提折旧，残值为 618 万元），预计使用 4 年后的变现价值为 918 万元；无形资产的摊销年限为两年（在经营期内按照直线法摊销，期末无残值）。公司的资金成本率为 10%。

要求：（1）计算各年需要的营运资金、各年投入得营运资金和第 4 年末收回的营运资金。

（2）计算各年的折旧与摊销以及期末固定资产处置产生的现金流量。

（3）计算第 1～4 年各年的付现成本。

（4）计算项目各年度现金净流量。

（5）采用净现值法评价该企业应否投资此项目。

3. 某公司拟与外商合作生产国际著名品牌的服装，通过调查研究提出以下方案：

（1）设备投资。设备买价 400 万元，预计可使用 10 年，报废时无残值收入；按税法要求该类设备折旧年限为 8 年，使用直线法折旧，残值率为 10%，计划在 2004 年 5 月 1 日购进并立即投入使用。

（2）厂房装修。装修费用预计 10 万元，在 2004 年 5 月 1 日装修完工时支付，预计在 5 年后还要进行一次同样的装修。

（3）购买该品牌的商标使用权 10 年，一次性支付使用费 100 万元，按照直线法摊销。

（4）占用一套即将出售的旧厂房，税法账面价值为 100 万元，目前变现价值为 20 万元，按照税法规定，该厂房还可以使用 5 年，税法预计残值为 5 万元，按照直线法计提折旧，企业预计该厂房还可以使用 10 年，10 年后的残值变现收入为 1 万元。

（5）收入和成本预计：预计每年收入 300 万元；每年付现成本为 200 万元。该项目的上马会导致该企业其他同类产品的收益减少 10 万元，如果该公司不上该项目，外商会立即与其他企业合作。

（6）营运资金：投产时垫支 50 万元。

（7）所得税率为 40%。

（8）加权平均资本成本为 5%。

要求：（1）计算项目各年度现金流量。

（2）用净现值法评价该企业应否投资此项目。

六、案例分析

案例 7.1

长江轮渡公司拥有渡轮多艘，其中一艘已相当陈旧，所以财务经理向总经理提出淘汰旧船、购置新船的建议。

新船的买价为 40 000 元，可望运行 10 年，该船每年的运行成本为 12 000 元。估计 5 年后需大修一次，其成本为 2 500 元，10 年结束时，估计该船的残值为 5 000 元。

业务经理不同意财务经理的意见，凭借多年的工作经验，他认为该船虽然陈旧，但通过全面翻新，尚能继续发挥其运行效益。所以他向总经理提出了翻修旧船的方案。据该方案预算，立即翻修的成本为 20 000 元，估计 5 年后还需大修一次，其成本为 8000 元。如这些修理计划得到实施，该船可望运行的期限也将是 10 年。10 年内该船每年的运行成本为 16 000 元。10 年后，其残值也将是 5 000 元。

根据当前的市场情况，该旧船的现时折让价格为 7 000 元，年利率为 18%。

这两个方案报给总经理，假如你是总经理，应该选择哪一个方案？为什么？

案例 7.2

成化公司现有闲置资金 400 000 元，如何有效地使用这笔资金，公司经理要求各有关部门提供决策资料。技术情报科从近期收集的资料中，经过初步筛选，提供以下供公司投资的信息：

1. 目前国内销售市场上中档照相机紧缺，预计今后 15 年内总需求量为 6 000 000 架，目前国内的年生产能力为 200 000 架，而且品种单调，功能不全。我公司有生产中档照相机的技术能力，力量雄厚，不但可以保证产品质量，而且对改进功能，增加花色品种有潜力，对顾客有吸引力。

2. 生产照相机需新建生产车间一幢，新增生产流水线一条。新建车间厂房预计投资 155 000 元，可使用 15 年，15 年后报废残值约 5 000 元。购建生产流水线有以下两个方案可供选择：

（1）从国内市场订购生产流水线，并请设备安装公司施工安装，投资额为 310 000 元，预计整个工程工期 2 年，2 年后可正式投产，年生产能力 6 000 架。该流水线可连续使用 10 年，预计 10 年后报废有残值 6 000 元。

（2）国际市场现有一条中档照相机旧生产流水线装置待售，售价折合人民币为 150 000 元，如购买该流水线还需支付进口关税、运杂费和安装费计入民币 96 000 元，预计建筑安装工程需施工一年，一年后可正式投产，年生产能力为 5 000 架，该流水线可连续使用 6 年，预计 6 年后报废残值 6 000 元。

不论从国内市场购入，还是从国际市场购入生产流水线，一切投资费用支出均需预先支付。

3. 汉盛联营电器有限公司是生产 47 厘米彩色电视机的企业，目前产品销路较好，该厂为了扩大生产规模，正准备发行五年期公司债券，债券年利息率为 18%。

公司销售科经过市场调查，证实公司技术情报科提供的信息基本正确，照相机市场需求量很大，公司如生产该种产品，在能保证产品质量的前提下，定价 350 元/台，年销售量可望达到 15 000 架。财会科根据上述部门提供的资料，进行了成本预测，为决策投资提供下列资料：

（1）如从国内市场购入流水线进行生产，年固定成本为 120 000 元（包括厂房、流水线折旧费等，该厂固定资产折旧费用计算采用使用年限法）。如从国际市场购入流水线进行生产，年固定成本增加 4 000 元。

（2）照相机生产的变动成本为 252 元（两条流水线一样）。

（3）照相机销售税率为 8%，所得税率为 5 596，银行贴现率为 10%。

（4）车间厂房使用 6 年后，如不使用，可转让给其他厂，预计收回价款 95 000 元。如使用 10 年后不再使用，可转让收得价款 55 000 元。

根据上述各资料，应如何进行决策?

案例 7.3

蜀报社现用一台印报机，购置于 3 年前，其时成本为 56 000 元。此项印报机采用直线法折旧，无残值。该印报机尚可继续使用：4 年，但 2 年后需翻修一次，翻修成本将为 8 000 元。此项翻修费用将可以完全免税。该台印报机的每年操作成本为 48 000 元，折旧除外。虽然税法规定可以不计该印报机的残值，但事实上再使用 4 年后，尚有残值 3 000 元。

该报社现阶段正在考虑将其现有的旧印报机售出，另购新印报机一台，旧印报机如果立即出售，可得款 25 000 元。新印报机的成本将为 50 000 元，将仅能使用 4 年，4 年后售出可得 5 000 元。设该报社购置新机后，改用年数比例法计提折旧，按税法规定可不列残值。新印报机之每年操作成本将为 40 000 元（不包括折旧）。

所得税税率为 60%，该日报对于一切固定资产之投资，均需有税后报酬率 10%（贴现率 10%）。

在此案例中，蜀报社究竟应继续留用现有的印报机，还是应购置新的印报机?

第八章　全面预算管理

☞ 学习指导

【学习目标】

本章主要讲述编制全面预算的意义和作用以及全面预算的编制程序和编制预算的集中方法。应了解编制全面预算的意义和作用，掌握全面预算的编制程序，掌握编制预算的几种方法，即弹性预算、零基预算和滚动预算。

【学习建议】

1. 学习时间：12 小时

第一节建议学习时间：2 小时

第二节建议学习时间：4 小时

第三节建议学习时间：4 小时

第四节建议学习时间：2 小时

2. 学习方法

（1）学习前可以对前面几章（尤其是预测和决策一章）进行回顾复习.

（2）点播学习网络课程第八章。

（3）参加第 3 次在线导学直播。

（4）第五节学习完成后提交作业。

【学习重难点】

重点掌握全面预算的意义和编制方法。

企业经营者通过开展科学的预测、决策活动来权衡利弊得失，从而形成了未来的经营目标，以及为实际经营目标所做的各种决策行动方案。但是，为使决策行动方案顺利付诸实施，保证经营目标的如期实现，还必须进一步研究如何合理调度和安排企业的各种资源；怎样协调企业各职能部门和员工的活动乃至生产经营技巧，使之能够有效配合，为实现共同的目标而付出各自应有的努力，对决策方案进行科学具体地分解落实等等，最终都要借助于编制企业生产经营全面预算，并监督其执行来实现。因此，企业生产经营全面预算既是企业经营决策的继续和延伸，又是有效从事生产经营活动的前提。加强企业的全面预算管理，将成为连接经营决策和经营活动的重要桥梁，也是企业现代经营管理的重要手段。

第一节　全面预算概述

一、全面预算及其机制作用

全面预算是管理者将企业的决策目标及其资源配置以预算的方式加以量化，并通过影响企业组织中全体成员以使目标得以实现的一系列方式或过程，这一过程由预算编制、预算执行、预算调控、预算考评等四个环节组成，它们构成了预算管理的循环，这一循环的载体即预算。所谓预算则是指企业对某一特定期间如何取得和使用其财务资源的详细计划。针对预算涉及的范围，包括全面预算和局部预算两方面。所谓全面预算是企业未来计划及目标的全面性数量说明，是以货币形式具体体现的企业未来特定期间的全部经营活动及其决策目标，具有系统化、全面性的特点，企业各项经济活动无一例外地全部纳入预算的范畴；局部预算则是仅就企业某方面或某些方面的经济活动及其目标所进行的预先规划。由于企业经济活动本身具有系统性特征，除非出于某些特定需要或处于某种特定时期，预算通常应采用全面预算方式，因此，如无特别说明，我们所说的预算均是指全面预算。

全面预算管理是涉及全方位、全过程和全员的一种整合性管理系统，具有全面控制和约束力，绝不只是财务部门的事情。理解和把握全面预算管理应该立足于公司治理机制，它不仅是一种管理制度和控制方略，更是一种管理理念。

1. 全面预算是公司治理结构下出资者与经理层的“游戏规则”之一

从形式上，公司预算基本上表现为价值指标和财务表格，所以很容易把全面预算管理与一个单位财务部门具体的会计业务与财务工作联系在一起，甚至完全等同起来，这是极其“错误和有害”的认识。我们翻开《公司法》，可清楚地看到：“股东大会行使下列职权……审议批准公司的年度财务预算方案、决策方案”“董事会行使下列职权……制定公司的年度财务预算方案、决算方案”“经理对董事会负责，行使下列职权：主持公司的生产经营管理工作，组织实施董事会决议；组织实施公司年度经营计划和投资方案”等相关条款。由此可知，预算是公司内部一个非常严肃的制度概念，在现代公司制度中，出资者与经理人之间是一种委托代理关系，经理人受控于出资人的谋利要求、战略决策和财务监控。在具体的管理框架中，必须也只有通过预算才能明确出资人和经理人各自负有哪些责任和义务，规范他们各自的权益。不难看出，提出预算目标的主体是出资人。这不仅反映了出资人进行投资的目的，也体现了出资人的基本权益以及对经营者的约束，同时也表明了经营者对出资人的责任。

在现代企业制度中，出资者与经理人之间是一种委托代理关系，这种代理关系纽带是资本意识，资本意识的核心就是盈利和股东财富最大化。治理结构的基本任务是确保和实现股东权益，重拳出击企业中的“越位”“越权”行为。界定企业法人治理结构，明确出资人、经理人的权力、责任、利益关系有多种“游戏规则”，主要包括三个：一个是《公司法》；另一个是《公司章程》；再一个就是公司预算。其中公司预算正是以《公司法》《公司章程》为依据，具体落实股东大会、董事会、经营者、各部门乃至每个员工的责、权、利关系，明晰它们各自的权限空间和责任区域，所以公司预算是最具操作性的游戏规则。

一个健全企业的预算制度实际上是完善的法人治理结构的体现，良好、有效的预算管理又必须以产权清晰、权责明确、政企分开、管理科学的现代企业制度为条件，以规范的法人治理结构为前提，否则预算管理就可能变成纸上谈兵的东西，空的花架子。反过来，预算管理的实施也将促进现代企业制度的建立和公司治理结构的完善。

2. 全面预算管理是公司战略实施的保障与支持系统

对于现代企业来说，战略的重要性是不言而喻的，但什么是战略呢？简单说来，战略就是企业未来定位是什么，该做什么，不该做什么，为什么、什么时间或以何种节奏做，投资多少去做，具体的行动方案是什么，而收入将会是多少，从而形成了企业一整套关键的经营模式和财务运行机理。公司战略管理的任务就是要通过战略来明确未来的具体目标、统一管理思想，这样也就只有通过预算定量化的指标体系才能完成。之所以强调预算管理是一种战略管理，首先，预算目标实际上是企业战略目标，没有战略意识的预算不可能增强企业竞争优势。从这个角度来说预算管理应该具有整体性、长期性和相对稳定性的特征。其次，预算的战略性还应该体现不同类型企业的战略重点的差异。一般而言，企业战略包括地域扩张，多元化经营、产品开发、市场渗透、收缩与剥离。战略的不同确定了企业的发展思路与方针的差异，所以不同企业和同一企业的不同时间预算管理的目标与重点绝对应该不一样。最后，预算管理的战略性体现于它沟通了企业战略与经营活动的关系，使企业的战略意图得以具体贯彻，长短期预算计划得以衔接。一般来说，企业战略是企业经营的总括方针，应体现在长期预算中，而短期预算作为一种行动的安排，使日常的经营活动和企业的战略部署得以沟通，形成了具有良好循环的预算系统。可以说没有预算支撑的公司战略是不具备操作性的、空洞的公司战略；而没有战略引导为基础的公司预算是没有目标的预算，也就难以提升公司竞争能力和公司价值。如图 8.1 所示，图中 SWOT 分析为优势、劣势、机会、挑战分析。

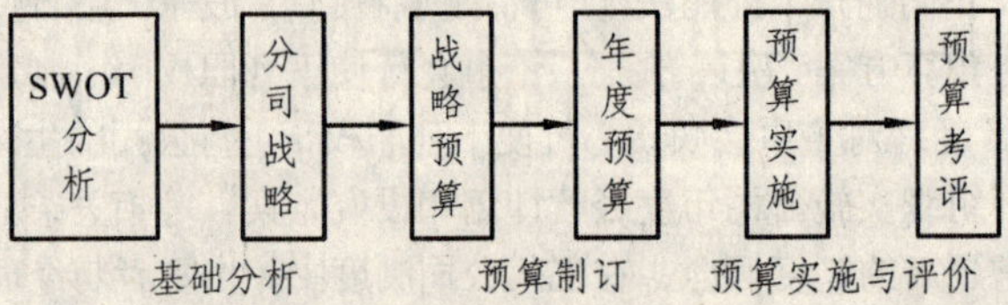

图 8.1　全面预算管理流程图

所以，预算对于公司战略实施非常重要，原因在于：① 它是配置资源的基础；② 它是监测业务运行过程，使其向现实长期战略目标推进的工具；③ 它突出了公司、分公司和各职能部门的工作重点；④ 它是评价经理人的主要尺度。为此，在强调战略管理的企业，一定要投入相当多的时间和精力，以保证年度目标恰当合理、与长期目标一致并支持企业战略的实施，批准、修改或否决年度预算绝不只是橡皮图章的过程。

3. 全面预算管理是一种整合性管理系统，具有全面控制的能力

公司预算不仅是出资者与经理人之间的游戏规则，还体现出经营者与其下属员工之间的权力、责任安排，即在为实现整体利益的目标下，明确各单位的权利和责任区间。预算使各责任单位的权力得以用表格化的形式体现，这样分权以不失去控制为最低限度。预算是权力控制者采用的合理方式，否定预算也即是否定经营者自身，经营的权威也就无从谈起。经理人需要协同各种业务活动和管理方案，使企业内部各部门、各环节均能统筹规划，协调行动，需要有效地聚集各项经济资源，包括人力、物力、财力、信息等，使之形成一种强有力的、有序的集合；所以从内容上分析企业预算既是由销售、采购、生产、盈利、现金流量等单项预算组成的责任指标体系，又是公司的整体“作战方案”。各个预算应该统一于总预算体系，所以称之为“全面预算”。它不只是财务部门的事情，而是企业综合的、全面的管理，是具有全面控制约束力的机制。如图 8.2 所示。

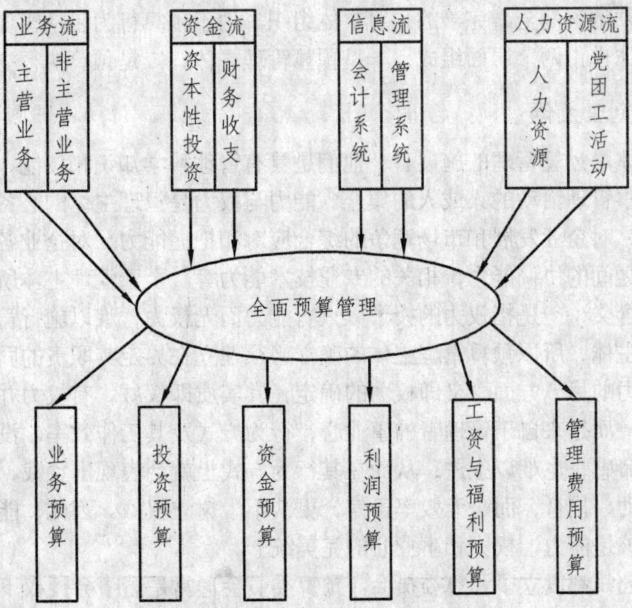

图 8.2 全面预算管理的内容框架图

4. 预算是企业日常经营业务、财务收支活动的控制标准

有人说过这样一句话：企业的成功 30%在于决策，70%在于执行。我们认为全面预算管理也不例外，预算的显著特征应该体现在它的控制力。在日常业务活动和财务收支过程中，企业一切成本费用支出和现金流量都必须纳入预算轨道，以预算指标为基础，不容许超预算

运行或无预算运行，对因特殊情况确实需要突破预算的，应先提出预算修订报告，经批准后方可实施。

著名管理学家彼得 · 德鲁克曾经形象地指出：包括预算在内的经营指标当然不是列车时刻表，它可以被比作是轮船航行用的罗盘。罗盘是准确的，但是在实际航行中，轮船可以偏离航线很多英里。然而如果没有罗盘，航船既找不到它的港口，也不可能估算到达港口所需要的时间。

5. 预算指标是业绩奖惩的标准以及激励和约束制度的重心

预算为考核评价各部门及员工工作业绩提供了依据。定期或不定期检查考评各职能部门所承担的经济责任和工作任务的完成情况，确保企业总目标的实现，是企业管理工作的重要组成部分。所以，预算是考核评价各责任层次与单位的工作成绩和经营成果的重要“标杆”。

概括上述内容加起来是 20 个字：“制度安排、战略体系、盈利模式、控制标杆、考核标准”五个要点，这就明确一个基本命题：全面预算管理是整合公司管理的最佳工具。

二、预算运行主体

预算运行主体即在预算系统运行中起主导作用的集合体，亦即预算活动的行为主体。预算目标的实现必须依赖健全、完善的预算主体组织。由于预算行为包括管理行为和执行行为两方面，预算主体也由两个层面组成：一是预算管理主体；二是预算执行主体。

（一）预算管理主体

预算管理主体是预算管理的施展者，他们是具有管理科学知识和技能、拥有相应的权威和权力、直接从事管理活动的人或人的集合。能力与权力是管理主体的必备禀赋。他们应该具备的能力包括：对企业发展和市场竞争的综合应对和把握能力；对企业各种资源，尤其是不同层面主体人之间的协调能力；相关的专业技术能力等。至于管理主体所应具备的权力，则包含两方面的含义：一是指权力的授予。只有能力而无权力，难以施行管理，从而不能称其为真正的管理主体，所以预算管理主体的确立必须建立在界定其职责的同时授予其一定权力的基础上。权力的另一方面含义即权力的确定，其实质即权威。有权力并不一定有权威，权威不是靠授予，而是来自于管理者的事业心，行为方式及其工作效率。没有事业心，就不会有责任感和使命感，也难以上进，从而在其行为方式上就会表现出独裁、以自我为中心，或者是消极、被动、拖沓，而毫无效率可言，更谈不上树立权威。因此，能够尽职尽责而有效地管理主体应该是能力、权力和事业心的完美统一。

目前大多数公司都设立了预算委员会。预算委员会通常是董事会授权下的预算管理专业委员会，是企业内涉及预算事项的最高权力机构。它主要由企业的高级管理人员组成。典型的预算委员会成员除总经理、一个或多个副总经理、战略经营单位负责人、财务总监等，通常还应包括外部专家型的独立董事。预算委员会的主要责权包括：

（1）提出预算总目标、总方针和预算运行基本要求；

（2）审查重大项目预算、年度预算，设定和批准企业及主要经营部门的预算目标；

（3）协调企业预算冲突，解决预算运行过程中可能出现的矛盾和分歧；

（4）审批预算期内对预算的重大调整；

（5）批准预算奖惩办法并在预算期末评价经营成果。

除此之外，常见的预算管理主体还包括预算监控机构、预算信息反馈机构等。预算监控机构的基本职责是对企业及各层次、各环节预算组织的日常活动进行全面、系统的监督和控制。预算监控的关键是通过建立有效的激励和约束机制，实现全员的自发的相互的自我监督、控制，从而达到“以人为本”的境界。另一方面，由于预算监控的对象是预算的执行，而预算的执行者是整个企业各个环节、各个部门，所以有效的监控也必须借助各部门、各成员的共同努力，以实现预算执行者之间的自我监控和相互监控。因此，预算监控机构通常并非某一专设机构，而应该是一个与各项职能及各专业对应的纵横交错的监控网。

预算规划和控制职能都离不开反馈，预算委员会、预算监控机构发挥作用的前提必须以完善的预算信息反馈作后盾，预算反馈机构亦是重要的预算管理主体。预算反馈机构即预算执行过程的报告主体，由于预算信息包括业务流和资金流两方面，因此预算信息反馈机构也分为专设和非专设两部分。非专设反馈机构是指各预算责任单位，它们需对自身预算责任履行情况进行报告。专设反馈机构则通常是指财务部门，它要对整个企业预算运行中与资金流或价值流相关的信息进行总负责。

（二）预算执行主体

预算执行主体即责任预算主体，严格地讲，他们应该属于管理的客体，因为他们首先是作为预算管理的人，与物一样，是预算管理主体施展管理活动的对象和不可缺少的因素。由于物必须通过人来领受管理，所以人是第一类的管理客体。尤其是在预算管理中，各执行人员在领受管理的同时，均在自己的责权范围内施行管理，实施主动的控制和分析，因此他们已不是单纯意义上的管理客体，实际上已经上升为主体的地位。当然他们只是责任预算的执行主体。作为预算的执行主体，他们已不再是消极地领受管理主体的管理指令，而是或主动或被动、或全部或局部、甚至可能无视或抵制管理主体的管理指令。因此，如何正确处理并协调两个层面的主体的关系，使得预算执行主体能够密切配合、协助管理主体的工作，使企业预算目标得以更好的实现，是预算系统运行的关键问题之一。

需要特别说明的是：预算执行主体是根据各环节、各部门在企业预算总目标的实现过程中的作用和职责，分层设置。而在企业组织中，任何一个责任单位既具有一定的管理职能，同时又具有一定的执行职能，由于两者的分层依据不同，因此，同一部门或人员在不同组织中可能具有不同的阶层，亦即其在整个预算体系中具有双重主体身份。比如企业最高决策层具有全面预算决策管理权，是预算管理主体。但他们不仅需要对企业总预算目标的实现负责，而且在正常开展相应的工作的同时，他们也会发生耗费，根据功能可控原则和权责相当原则，他们还应该对其耗费负责，也就是说他们又是费用预算的执行主体；又如，各职能管理部门在实施其管理职能的同时，也不可避免地存在着各项资源的耗费，因此它们同样也成为成本费用预算的执行主体。总之，作为一种全面预算，预算责任网络应该是包容、明确了每一个部门、每一个人员职责的全方位网络，预算主体无疑具有双重性特征。

至于预算执行主体的构建，则与权责直接相关，我们将在第十章具体讨论。

三、全面预算系统的构成

作为现代企业管理的重要模式之一，全面预算系统应该由预算编制、预算执行预算调控、预算考评、预算反馈等环节构成，如图 8.3 所示。

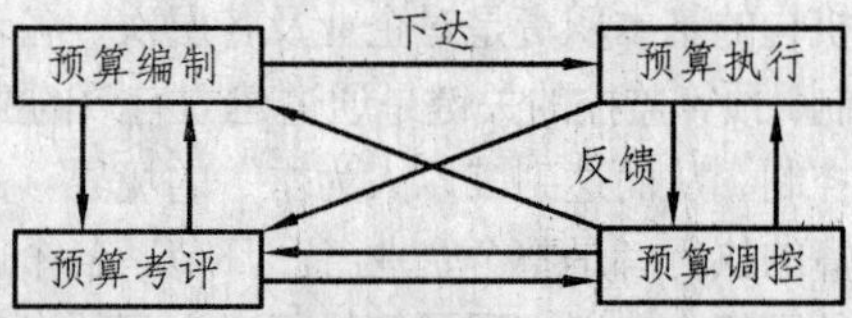

图 8.3　全面预算系统的构成

由上图可见，预算系统中各环节相互依据又相互反馈。它们之间的具体关系如下：

1. 预算编制

预算编制是全面预算系统的基础，预算系统运行关键的开端即预算编制。预算编制与预算目标密切相关：预算编制必须以预算目标为依据，而预算目标正是通过预算编制得以具体化和量化。由于目标是行为的方向，因此决定了预算编制是全面预算系统的关键性起点环节。根据企业预算组织层次的不同，预算目标可分为企业预算目标和责任预算目标，所编制的预算也相应地包括企业预算和责任预算。

首先，确定企业预算目标，编制企业预算。在预算目标体系中，企业预算目标始终居于最高统驭地位，它与企业外部环境及企业内部资源状况相对接，明确了企业预算期间的发展的目标方向与必需的竞争水平，规范着企业各项经济资源配置规划的整体结构，而且为责任预算目标的合理确定和行为规划确立了必须遵循的基础。因此，企业预算目标的合理与否及能否实现，不仅关系着责任预算目标的合理性及由此而产生的激励约束机制的有效性，更决定着企业的生死存亡；所以，企业管理者在实施预算管理时首先应确定预算总目标，并用其指导和约束预算编制。预算总目标的确定应体现激励机制和约束机制作用，也就是要先进而且可行，具有科学性。为此，预算目标确定实质上是企业各种资源的协调过程。预算总目标的具体落实通过编制全面预算实现。在此，全面预算编制必须要实现全面预算内容体系之间的协调：生产预算必须与销售预算相衔接，原材料预算又必须与生产预算相衔接等，如此构成严密的预算内容体系，才能真正发挥预算管理的作用。

其次，预算编制是企业预算总目标的具体落实以及将其分解为责任目标下达给预算执行者的过程。责任预算目标既是企业预算目标的细化，又是企业预算目标实现的基础。对于各级责任单位和责任人而言，最具直接激励与约束作用的是其相关的责任目标，因此，各层次的责任目标以及各责任单位、责任人的行为能否依据企业预算目标加以明确分解和有效实施，不仅影响着企业各项经济资源潜能的充分发掘，而且影响着责任人的积极性、创造性和责任感，最终影响着企业预算目标的实现程度和效果。因此，预算的编制、落实过程，实际上是将企业预算目标及企业预算按照预算执行组织结构逐层分解为各责任单位及责任人的责任目标，并通过编制责任预算而加以具体化的过程，也就是说，责任目标的确定和下达通过责任预算的编制来实现。责任预算编制得顺利与否，在很大程度上取决于预算执行组织结构的合理性、责任层次与责任界限的明晰性。由于预算目标的激励、约束作用必然在一定程度上导致预算执行者和目标下达者之间的利益冲突，从而决定了责任预算编制是一个复杂而烦琐的过程，无论是采用自上而下、自下而上、上下并行等何种编制程序，它们都适应于不同的管理体制，各自具有优缺点，其中都免不了存在不同层级执行者之间以及各个同级部门之间的讨价还价、协调平衡、趋同认可这一过程。可见，预算编制本身就是一个小循环过程，它是协调机制作用的结果。

2. 预算执行

预算执行即预算的具体实施，它是预算目标实现与否的关键，因此它是预算系统运行中的核心环节。预算的有效实施，必须借助激励与约束机制，充分调动各级责任人的积极性与创造性，并强化其责任意识。为此，除了依据可靠性原则确定科学、先进的预算目标，还必须要强调各项经济资源，尤其是人力资源的潜能。在此，人本管理思想的运用便显得尤为重要。“人本管理”即以人为本的管理，其本质特征即为“人管”而非“管人”，也就是说应从人的自我需求及追求个人价值实现的愿望出发，设计激励制度，使每一个人均能积极主动地参与管理，并通过个人能力的充分发挥，同时实现企业价值与个人价值，从而实现全员参与及民主决策机制。我们在此主要需解决的是，在预算系统运行中，如何做好预算执行情况的真实、完整的记录，并有效进行相关预算信息的收集与反馈。

3. 预算调控

预算调控是指预算协调职能以及在预算执行过程中的日常控制职能，它是预算目标顺利实现的有力保证。或者说，预算调控是预算协调、预算调整、预算监控及其仲裁等职能的总称，是预算系统的重要环节。

（1）预算协调。为保证预算的顺利执行，在预算编制和预算执行过程中均需要不断地对人力、物力、财力、时间、空间等各项资源在各个预算责任单位之间进行协调。如上所述，预算编制过程就是一个协调过程：预算总目标确定是各自资源协调的结果；全面预算编制是各预算内容体系相互配合协调的结果；责任预算编制是各层级组织及同级组织之间利益协调的结果。除此之外，预算执行过程中也随时需要进行协调，包括协调预算执行人的思想、行为等。当然，预算执行中的协调是一种“微调”，其效力主要是维持全面平衡。所以，协调职能是预算调控中重要的、基本的职能。

(2) 预算调整。预算调整指当企业内外环境变化，预算出现较大偏差，原有预算不再适宜时，所进行的预算修正。它是在“微调”失效的情况下所进行的较大的调整。预算作为企业日常经营行为的依据，通常要求其具有相对稳定的特性。然而，预算毕竟是一种预先的规划，是建立在对未来各种内外环境的预期基础上的。而在当今复杂多变的经济社会中，企业内外经济环境又客观地存在着易变的特点。当内外环境发生了较大变化时，原有预算便失去了存在的基础。为了更好地发挥预算的指导和约束作用，客观地评价预算的执行情况，根据环境变化适时调整预算便是必要的明智之举。因此，预算调整是预算系统良好运行的必要保障。

（3）预算监控。预算监控是指在预算执行过程中对预算执行情况所进行的日常的监督和控制，它是预算目标实现的必要保证。预算执行过程是预算系统的核心环节，在预算执行过程中，由于种种主客观因素的作用结果，实际执行情况难免与预算发生偏离。为了纠正偏差，保证企业按预算预定目标运行，对预算执行进行日常监督和控制便是必不可少的，如图 8.4 所示。

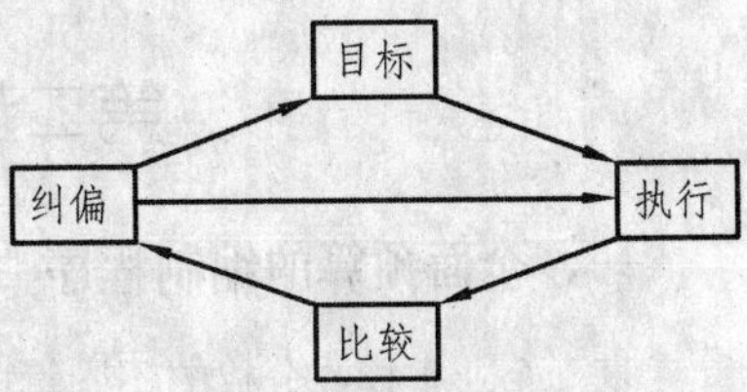

图 8.4　预算监控图

（4）仲裁。仲裁是指当责任预算主体之间发生纠纷，而且调解无效，不能达成共识时进行的裁决，以迫使预算顺利实施。仲裁也是预算系统中的必要手段之一。由于预算管理是通过建立权责利相结合的预算责任网而 进行的管理，责任与利益是紧密相连的。预算责任网通常是一种纵横交织的网络，该网络主观上是要求各主体间必须要有清晰的权责利边界，但企业内部各责任主体的权责利又存在着无法割裂的连带、延续等相互影响关系，从而可能导致各预算主体之间、尤其是同级责任预算主体之间，在执行预算过程中发生有关责任和利益分割的纠纷，甚至可能因此而影响预算的顺利实施。此时，必须借助仲裁维护预算的严肃性。

需要指出的是：预算协调、预算调整、预算监控、仲裁等职能并非孤立地各自发挥作用，它们之间是相互作用的。协调和调整相互补充，它们既对预算执行产生影响，也对预算编制和预算考评产生影响，因此，协调和调整一方面是预算监控的依据，另一方面又是监控的结果。仲裁是预算监控的必要手段，其结果又必然涉及预算的协调甚至调整。

4. 预算考评

预算考评通常通过预算差异分析进行，即对预算实际执行情况与预算目标之间所存在的差异大小及差异原因进行分析。预算考评的重要目的有二：一是通过分析评价，掌握预算的运行状况、成绩、存在的问题及环节，并借以查明产生问题的原因，从而为堵塞漏洞、纠正偏差提供思路；二是提供分析评价，对预算执行结果进行评判并兑现奖惩，并为下一轮预算目标的确定提供重要依据。因此它既是预算系统中的总结环节，又在预算调控中发挥重要作用：无论是预算调整或是预算控制，都应以预算差异分析作为重要依据。另外，通过预算调控，使预算系统始终围绕预算目标进行，从而使预算考评更为客观，而且也更有价值、更有意义。

5. 预算反馈

反馈职能在预算系统中具有举足轻重的作用，没有反馈，预算的诸多职能便失去了根基。从上述分析可见，反馈在预算管理中无处不发挥作用，因此它并非作为某个环节而存在：预算编制有赖于预算管理组织和预算执行组织之间的信息反馈，有赖于企业不同层次之间的信息反馈，还有赖于预算系统各环节之间的信息反馈；预算调控、预算考评的对象是预算执行，所以调整和考评职能的实现也都有赖于预算执行过程的反馈。换言之，预算反馈系统的健全与否，直接关系着预算系统能否正常执行。

显然，全面预算系统是一个全面而庞大的系统，严格地讲，它本身就应该是一个完整的管理控制系统。本章主要解决企业预算的编制问题，它主要是作为管理会计规划经营目标职能实现的一种重要手段而发挥作用，并成为控制的依据。至于责任预算的编制及预算执行过程的反馈和控制以及责任预算考评的相关内容则安排在第十章中。

第二节 全面预算的编制

一、全面预算的编制程序

基于企业集权或分权的不同管理模式，预算编制程序主要可分为自上而下式、自下而上式和上下结合式三种。

（一）自上而下式

自上而下式与集权制的管理思想与风格一脉相承，比较适用于集权制企业。

自上而下式的特点是：总部将下属各子公司或分部（包括各级职能部门）视为预算管理的被动主体，预算目标完全来自于上层管理者，下层只是被动的执行单位，没有独立的决策权。

自上而下式具有能够防止本位主义泛滥，保证预算目标最大化实现的优点；但其缺点是基层人员的参与程度低，既可能使预算偏离实际，也可能影响预算顺畅的贯彻执行。

（二）自下而上式

自下而上式强调预算来自下属预算主体的预测，来自于下级，总部只设定目标，只监督目标的执行结果，而不过多地介入过程的控制。

自下而上式的最大优点在于能发挥二级单位的积极性，强化其参与意识，并且有管理的认同感；而其最大的缺点就在于难以避免下级预算单位在预算编制上的“宽打窄用”。可能导致严重的本位主义，使预算留有较大的余地，从而影响到最优化预算目标的实现。

自下而上式更多地适用于分权制公司。

（三）上下结合式

顾名思义，上下结合式博采了上述两式之长，在预算编制过程中，经历了自上而下和自下而上的往复。

事实上，预算制定过程中相关问题的解决只能在经过几上几下、讨价还价，从而使得预算为各方所接受。任何可行的预算方案都离不开这一过程。没有这一过程，预算可能是一种由上而下的“武断”，也可能是自下而上的“欺瞒”。

我国财政部颁布的《关于企业实行财务预算管理的指导意见》中，要求企业编制预算一般应按照“上下结合、分级编制、逐级汇总”的程序进行。具体分为以下五个步骤：

第一步，下达目标。企业董事会或经理办公会根据企业发展战略和预算期经济形势的初步预测，在决策的基础上，一般于每年 9 月底以前提出下一年度企业财务预算目标，包括销售或营业目标、成本费用目标，利润目标和现金流量目标，并确定财务预算编制的政策，由财务预算委员会下达各预算执行单位。

第二步，编制上报。各预算执行单位按照企业财务预算委员会下达的财务预算目标和政策，结合自身特点以及预测的执行条件，提出详细的本单位财务预算方案，于 10 月底前上报企业财务管理部门。

第三步，审查平衡。企业财务管理部门对各预算执行单位上报的财务预算方案进行审查、汇总，提出综合平衡的建议。在审查、平衡过程中，财务预算委员会应当进行充分协调，对发现的问题提出初步调整的意见，并反馈给有关预算执行单位予以修正。

第四步，审议批准。企业财务管理部门在有关预算执行单位修正调整的基础上，编制出企业财务预算方案，报财务预算委员会讨论。对于不符合企业发展战略或者财务预算目标的事项，企业财务预算委员会应责成有关预算执行单位进一步修订、调整。在讨论、调整的基础上，企业财务管理部门正式编制企业年度财务预算草案，提交董事会或经理办公会审议批准。

第五步，下达执行。企业财务管理部门对董事会或经理办公会审议批准的年度总预算，一般在次年3月底以前，分解成一系列的指标体系，由财务预算委员会逐级下达各预算执行单位执行。

西方一些大公司在5月份就着手来年的预算。对于一个大中型企业来说，高质量的预算方案没有四五个月的时间是难以完成的。有的大型企业仅仅安排1个月的时间就完成3年度预算的编制，难免过于草率。

但在具体运用这一规范意见时，也应注意：

(1) 上下结合模式仅仅是模式之一。不同的企业文化和管理模式适用于不同的程序。

(2) 从预算的刚性考虑，企业一般应在年度以前把预算分解成一系列的指标体系，并逐级下达各预算执行单位执行。制度规定次年3月底前下达执行预算可能使预算滞后。

无论采用何种预算编制程序，预算的编制过程均包含着预算指标上下沟通和上下传达，这就意味着博弈或讨价还价。为减少此过程的低效或无效成本，对下应强调整体目标要求和预算指标支持信息的充分性，对上则要求把握预算指标的关键点，充分了解业务信息，掌握谈判的主动权。

某公司在关于预算编制的具体步骤安排中就对此进行了较具体和详细的规定，可供我们借鉴：

(1) 制订预算方案并下发《预算编制通知及说明》。

由企业预算委员会开会研究，根据公司战略确定预算追求的目标及实现目标的方针和原则，为预算的制订确定大的方向，并下发《预算编制通知及说明》。

(2) 各职能部门提供基础资料并充分相互沟通和交流。

就预算所需使用的一些关键性假定在企业各职能部门达成一致，为预算的编制提供坚实的基础。

(3) 预算编制采取“自下而上”信息流程。

经营中心、业务部按照公司预算委员会下发的《预算编制通知及说明》编制预算，内容包括：① 本中心、业务部战略规划及第一年目标概述、预算及其前提假设；② 主要经营业绩指标、年度及月度销售预算；③ 为达到战略目标以及主要经营业绩指标的主要经营举措（包括开拓市场及客户、建立新销售渠道）、时间表、责任人及资源需求等；④ 现状和集团目标要求之间的差异及填补缺口之具体举措；⑤ 影响目标完成的主要风险，发生的可能性、影响程度及防范举措；⑥ 互相协调并确定各预算的方案。

(4) 各业务部在规定的时间内将其预算上报经营中心预算管理部门，经经营中心预算管理部门审核、质询、调整、汇总后，在规定的时间上报企业预算委员会。

(5) 企业预算委员会下属的预算专职部门会同其他职能管理部门，初步审核经营中心上报的预算，并与经营中心交换意见，反复沟通并反馈；汇总各经营中心及职能部门的预算后，与目标期望值及相关经营控制线、资源配置指标进行对比分析，并提交公司领导，作为年度预算质询会的重要参考资料。

(6) 企业在既定的时间召开预算质询会，对预算进行审核质询。

会议的目的是对各中心/业务部的年度预算进行质询，提出修改意见，以确保各中心、业务部的经营目标有相当的高度且实际可行，并尽量保证公司总体经营目标/财务目标的实际。

会议参加人员包括总裁，财务总监，公司战略发展、风险控制、国际业务及人力资源部门负责人，财务计划科相关人员（列席），海外集团总裁（列席），各商品/经营中心副总裁及中心下属业务部总经理（只在质询本中心计划时列席）。

会议规划包括：① 质询及对质询的应答要求以事实及数据为基础；② 质询对事不对人；③ 与会人员对中心计划及预算有质询权，总裁对修正要求有终结权。

(7) 财务总监总结、分发会议关于各中心预算修改的要求及时间表，预算委员会的预算专职部门跟踪预算的修改，重新汇总，直至与公司要求达成一致。

(8) 修改后，总体汇总预算方案由预算委员会负责人向董事会汇报，最终获得审批通过。

(9) 层层负责，由上级单位对下级单位或个人的下一年度预算进行确认，并签订业绩合同。

二、预算编制内容及其逻辑关系

（一）预算内容体系

全面预算是一种全过程、全方位、全员的预算。它需要全员的参与，并且应全方位地涉及企业经营的全过程。任何的遗漏之处也许正是孕育"毒瘤"的温床。因此，从内容上看，全面预算也应注意全面性和系统性特征。所谓全面性即预算内容必须涵盖企业经营业务和财务的全部；所谓系统性即各项预算之间存在着密切的内在联系，它们环环相扣，按照一定的逻辑顺序编制而成。

我们知道，企业经营涉及三大基本要素：人、财、物。预算管理就是要对财和物的运行方式——资金流和业务流进行事前的规划，并将其按照权责范围落实到相应的责任人身上，从而实现三者的统一。为此，预算的内容至少应该由业务预算和财务预算两部分构成，二者缺一不可。

业务预算旨在规划各项具体业务，又可进一步将其区分为基本业务预算和特殊业务预算。顾名思义，基本业务预算是反映企业基本业务活动的预算，它因不同业务类型而异。比如：制造业的基本业务预算包括销售预算、生产预算、直接材料采购预算、直接人工预算、制造费用预算、管理费用预算等等；流通业的基本业务预算则包括：销售预算、采购预算、经营费用预算、管理费用预算等等。特殊业务预算是反映企业基本业务活动之外的特殊业务的预算，通常包括资本支出及其收益预算、融资预算等等。显然，业务预算，尤其是基本业务预算是预算内容体系中的基础，没有业务预算，预算将是无源之水、无本之木、预算目标的实现也就无从谈起。

财务预算旨在综合反映各项业务对企业现金流量和经营成果的影响，从而规划企业的现金流量和经营成果，通常包括：现金流量预算、预计损益表和预计资产负债表。从成本效益的角度考虑，多数企业选择了不作预计资产负债表的方式，这种做法是可取的。然而，如果因此忽视甚至拒绝所有的财务预算，则会使整个预算存在严重缺陷。首先，资金运动是企业的"血液循环"系统，"血液循环"是否顺畅，无疑也是关系企业"生命"的问题。现金流作为其中的"主动脉"，在整个"血液循环"系统中又处于核心地位，不重视对它的管理，就有可能导致“血栓”甚至“血液枯竭”。因此，现金流量预算不仅不能缺少，而且必须加强。其次，经营成果是企业绩效目标的最基本表现，绝大多数企业的预算目标中均少不了利润这一基本指标，而这一目标是否得以落实，还需要预计损益表的事前检验。同时，通过对预计损益表与上期实际或业内先进指标的比较分析，还能发现企业经营收支的薄弱环节或预算的不实之处，从而使预算或经营更趋完善，可见，预计损益表也具有非常重要的意义。

业务预算是针对企业生产经营活动中某一方面的特定职能而编制的，具有各自特定的作用领域，通常又可称之为“职能预算”或“分预算”。财务预算是以货币形式对各项职能预算的汇总，因而又可称之为“总预算”。

全面预算内容体系中还包含着另一个非常重要的组成——责任预算体系，全面预算的落实必须有待于责任预算的支撑。责任预算是全面预算按权责关系进行的责任分别，是全面预算的延续及具体化。由于各企业的具体业务差异和权责划分差异，责任预算的内容更是因企业、组织而异，请见第十章。

（二）预算内容间的逻辑关系

1. 确定预算编制起始点

预算编制起始点即第一项开始编制的预算，它在预算内容体系中居于基准的地位，其合理性和准确性关系着整个预算内容体系的有效性。因此，合理确定预算编制起始点是解决预算内容逻辑联系中的重要问题。

在企业目标实现过程中，始终存在着约束企业发展和目标最大化实现的若干因素，而其中必有一个最主要、最严峻的约束因素，这就是所谓的“瓶颈”或者说是最短的那块“木桶板”，它决定了企业的最大“盛水量”。预算目标的确定及其实现均受制于该约束因素，预算的编制也就应该由与此因素直接相关的业务预算开始。在市场经济环境下，销售数量是绝大多数企业的约束因素，因此包含该因素的销售预算便是通常意义上的全面预算编制的起始点。作为全面预算的编制起点，销售预算的准确性决定着整个预算的有效性。为此，我们必须结合企业目标的要求和科学的销售预测，认真地进行销售规划。

但是，并非所有企业都必须以销售预算为起点。某些企业可能存在其他主要约束因素，如稀有矿产业，其主要约束因素是产能；而稀有原材料的企业，其主要约束因素则是原材料可供给量。此时，前者的预算编制起点就应该是生产预算，后者的预算编制起点则应该是原材料采购预算。

在任何情况下，预算的编制都必须从包含约束因素的业务预算开始，而预算系统的目标之一也就是要尽可能缩小约束因素对企业业绩的不良影响。所以，合理地确定了预算编制的起点，意味着预算系统运行的良好开端。

2. 各预算之间的连接

全面预算的内容体系具有系统性特征，业务预算和财务预算两者不仅缺一不可，而早它们是一个整体，相互支撑，相互依赖，是一个完整而紧密的系统。因此，在确定预算编制起点的基础上，还应进一步弄清各预算之间的逻辑顺序。比如，我们以某家以销定产的制造企业的主要预算内容为例，各项预算的相互连接关系如图 8.5 所示。

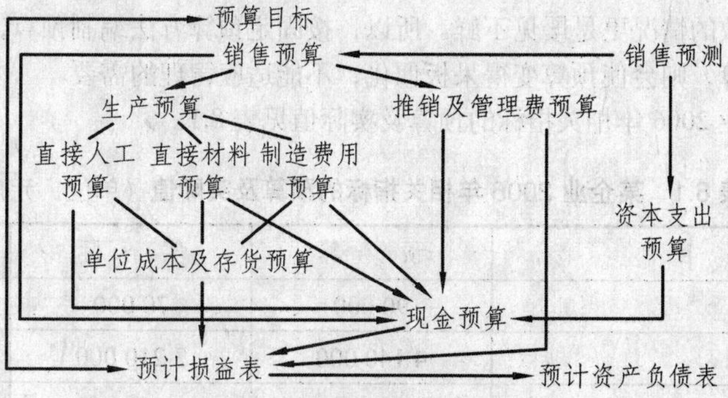

图 8.5 各预算间的逻辑顺序

显然，对大多数企业而言，销售预算制约着其他预算，它们的准确与否决定着整个预算内容体系的有效与否。为此，首先应由营销部门提供编制销售预算的各项资料，并提供销售预算初稿。在某些大型企业或特别重视销售预测的企业，会成立专门的市场调研部，或者至少在营销部门下设市场调研组，专门负责市场调研、销售预测等，并可由其提供销售预算的有关资料。预算管理委员会将其与目标销售相比较，并将经过反复初步认定的销售预算，分发给各部门，使之成为其他部门提供预算初稿的参考依据。随后，生产部门结合销售的需要、各项资源的许可，提供生产预算及相关成本预算初稿及其编制依据。供应部门根据生产的需要，提供原材料采购及相关现金流的预算初稿及其编制依据。其他部门根据其与供、产、销之间的关系，提供本部门相关费用预算初稿及其编制依据。

三、预算编制方法

全面预算的编制方法多种多样。从理论上讲，预算可以根据不同的预算项目，分别采用固定预算、弹性预算、滚动预算、零基预算和概率预算等方法进编制。

（一）传统预算编制方法的缺陷

传统预算方法往往采用固定预算方式。所谓固定预算，也叫静态预算，是根据预算内正常的、可实现的某一业务量水平编制的预算，一般适用于固定费用或者数额比较稳定的预算项目。固定预算方法的运用范围最广，使用最简单。

但是，传统预算编制方法存在诸多不足，其主要表现为：

(1)“呆板僵化”：由于传统预算采用固定预算的方式，因而不能实时反应市场状况变化对预算执行的影响。当实际业务量偏离预算编制所依据的业务量时，预算便失去了其作为控制和评价标准意义。尤其是成本费用预算，它们涉及的项目较多，各成本费用项目对于业务量的变动又有不同的反映，亦即成本、费用具有不同性态，不同性态的成本、费用与业务量变动之间存在截然不同的依存关系，变动成本、费用会因业务量的变动而成正比例变动，固定成本却不受业务量变动的影响，具有相对固定性。另一方面，在复杂多变的经济社会里，业务量完全按照预测的结果而发生的现象比较少见，再加之预测本身的局限性，实际业务量的发生偏离预算数的情况更是屡见不鲜。所以，按固定预算方法编制预算，如果在预算执行过程中又盲从预算，则会使预算变得呆板僵化，不能适应管理的需要。

比如，某企业2006年相关指标的预算及实际值见表8.1。

表8.1　某企业2006年相关指标的预算及实际值（单位：元）

项　目	预　算	实　际	预算差异
销售数量	90 000	70 000	20 000
销售收入	4 140 000	3 210 000	930 000（U）
变动成本	2 952 000	2 383 050	568 950（F）
其中：变动制造费用	2 835 000	2 269 050	565 950（F）
变动销售费用	81 000	75 000	6 000（F）
变动管理费用	36 000	39 000	3 000（U）
贡献毛益	1 188 000	826 950	361 050（U）
固定成本	735 000	766 500	31 500（U）
其中：固定制造费用	388 500	423 500	35 000（U）
固定销售及管理费用	346 500	343 000	3 500（F）
营业利润	453 000	60 450	392 550（U）

注：表中U表示不利差异，F表示有利差异。

显然，此时预算的意义已变得非常微弱。更有甚者，如果预算销量是70 000元，而实际销量是90 000元，若我们不对相关的成本费用进行调整，也没有相应的资金资源准备，则会捆住预算执行者的手脚，甚至错失良机，影响企业的发展。

(2)“迎头痛击”：采用传统预算编制方法，上下级之间往往处于对立面。考虑到下级有可能“宽打窄用”，上级通常会简单地采用“迎头痛击”的做法，即对所有项目均提高或删减同样的百分点。

(3)“戴高帽”：上有政策，下有对策。为了应对上级的“迎头痛击”，下级往往在上报预算时就大大地留有余地，高估预算。在传统预算编制方式下，上下级之间的这种“对抗”可能愈演愈烈，从而导致一种恶性循环，使预算的客观性、准确性越来越差。

(4)“期末狂欢”：由于传统预算的定期性特征，容易导致预算执行中的“期末狂欢”，即在邻近预算期末时，将尚未消化的预算额度，无论需要与否，尽可能花光耗尽，以防下期预算被砍，同时也为下期“戴高帽”做准备。其结果则可能是资源的无谓浪费。

为此，我们应有效地选择预算编制方法。

（二）弹性预算

弹性预算是指按照预算期内可预见的多种业务量水平所编制的、能够适应不同业务量情况的预算。这种方法正是针对固定预算的主要不足而设计的，其预算的编制依据不是某一固定的业务量，而是一个可预见的业务量范围，因此预算具有伸缩弹性，增强了预算的适用性。

弹性预算方法应用的要点是使预算具有伸缩弹性，能够适应实际执行过程中各种不同业务量变化的需求。

从理论上说，要使预算具有弹性，关键是应该按照收入、成本、费用、利润的不同性态特征，分别规划其在不同业务状况下对资源的不同影响，所以，其常用的方式就是多栏式预算编制，即在可预见的业务量范围内，根据收入、成本、费用、利润的不同性态，按照一定业务量间隔，分别确定其预算额并汇总列入一个预算表格中。而且业务量的间隔通常以5%~15%为宜，因为间隔太大将失去弹性预算的优点，间隔太小会增加不必要的预算编制工作量。

仍以上述某企业为例，可编制其弹性预算见表8.2。

表8.2　某企业弹性预算（单位：元）

项　目	单位预算	弹性预算		
销售数量		70 000	80 000	90 000
销售收入	46.00	3 220 000	3 680 000	4 140 000
变动成本	32.80	2 296 000	2 624 000	2 952 000
其中：变动制造费用	31.50	2 205 000	2 520 000	2 835 000
变动销售费用	0.90	63 000	72 000	81 000
变动管理费用	0.40	28 000	32 000	36 000
贡献毛益	13.20	924 000	1 056 000	1 188 000
固定成本	73 500	735 000	735 000	735 000
其中：固定制造费用	388 500	388 500	388 500	388 500
固定销售及管理费用	346 500	346 500	346 500	346 500
营业利润		189 000	321 000	453 000

显然，弹性预算的适用性更强，但其工作量也较大。

在现实运用中，我们关键是要掌握弹性预算的理念及其原理，至于是否用多栏式表格反映则是次要的、形式的问题。

预算弹性原理的关键点就在于收入、成本、费用的性态特征及其对利润的影响，要点如下：① 收入和变动性成本、费用由于其金额均随业务量呈正比例增减变动，我们应重点把握、控制其单位额；② 固定性的成本、费用由于其金额不受业务量变动的影响，相对固定不变，我们应重点把握、控制其总额。

因此，如果我们据此掌握了上表中的“单位”预算，预算就自动地具备了弹性的特征，我们可在需要时随时对预算进行弹性调整。也就是说，弹性预算具体运用时应将重心放在“单位预算”上，这样既能具备更强的弹性，又不至于过多地增大预算编制工作量。

弹性预算的优点主要体现在预算作为控制的依据和评价的标准两方面。由于它按多种业务量水平编制，任何实际业务量都可找到相同或相近的参照物，所以弹性预算可直接作为事中控制依据和事后评价标准使用。

理论上说，所有预算都可采用弹性预算的方法。但在实际工作中，从经济的角度出发，弹性预算多用于与预算执行单位业务量有关的成本、费用、利润、资金规模预算的编制。

从上面也可以看出：弹性预算对成本性态分析的要求很高，这是决定弹性预算方法运用效果的重要前提。

（三）零基预算

固定预算和弹性预算都是在过去实际数值的基础上，结合预算期内可能发生的各种变化对预算产生的影响，从而测算出各种预算值。其基本指导思想是：承认现状是基本合理的，并且未来还将是现在的继续，因此，编制出的预算可以称之为增量预算。由此而形成的预算的最大缺陷是：没有超脱于过去的框框，将预算编制人员的思维仍然束缚在过去实际的范围内，很难发挥预算编制的创造性和开拓性，从而使预算的结果在先进性上受到很大影响。

为了克服这些缺点，1970 年美国德州仪器公司的彼得 · 派尔（Peter Pyhrr）在该公司首次创造并运用了零基预算法（Zero-base planning and budgeting），并很快在美国企业界和政府机构引起了浓厚的兴趣，不少大公司相继开始推行零基预算法。

仅从字面上理解：零基预算即以零为基础编制预算的方法或者说零基预算是彻底摒弃现有的既成事实，一切从零开始，对所有业务都重新开始进行详尽的审查、分析、考核，从而据以编制预算的方法。应该注意的是，简单地将零基预算理解为一切从零开始是不恰当的。在大多数情况下，项目都将继续执行，对此我们应将注意力集中于对其效率与效益的评估，而非绝对的从头开始。

因此，我们可将零基预算定义为建立在对预算年度中意欲实施的所有事项进行严格审核、评估基础上编制预算的方法。其基本操作步骤如下：

（1）确定决策单位：所谓决策单位即零基预算的基本组成部分，亦称基本预算单位。确定决策单位即将整个企业按照部门、主要业务或作业中心划分为若干决策单元，它实施零基预算的基础。在此应注意，决策单位与企业内部的各机构并非恒等的概念，决策单位更偏重于管理当局所欲规划、评估的一项或一组作业，其前提是基于企业对该作业功能的需要。因此，当某一机构实施几项内容、职能均不相同的作业时，可将其划分为几个决策单位，比如某公司计量部具有三项相对独立的职能，计量器具的采购保管、计量器具的维修、提供公正的计量数据，就可将其分解为三个决策单位。反之，如果有几个机构从事相同或相似的作业，则可将它们合并为一个决策单位，也就是说，决策单位的确定应建立在作业分析的基础上。

(2) 制订一揽子决策：所谓一揽子决策即就每一决策单位的作业进行分析和描述的文件。它通常包括以下内容：本单位从事作业的目的；不从事此作业将产生的后果；此项作业的成本与效益；完成该作业有无其他可供选择的途径；获得不同程度的资源满足时所取得的不同效果等。为此，各决策单位通常应做好如下工作：分析、评价并选择从事本决策单位作业的行动方案；预测所选方案在不同资源满足情况下的不同结果；分析活动所能取得的效益及其不能实施的后果；提出备选方案。

（3）进行成本效益分析，排列优先顺序：即将所有一揽子决策汇总之后，按照项目的重要性排列先后顺序；在同等重要的情况下，则通过成本效益分析，按效益大小顺序排列。如此逐级而上，直至排出最终的顺序。

（4）分配资源，落实预算：即由企业最高管理当局按照最终的项目顺序，根据可动用的资源，进行资源分配。当资源有限，不能满足所有项目的全额所需时，应该根据其轻重缓急进行安排：对于正常经营所必不可少的开支，必须加以保证；对于其他开支，则可按其先后顺序，按由大到小的比例予以安排。

零基预算的核心是对预算收支以零为基点，对预算期内各项支出的必要性、合理性或者各项收入的可行性以及预算数额的大小逐项审议决策，从而予以确定收支水平的预算，一般适用于不经常发生的或者预算编制基础变化较大的预算项目，如管理费用预算。

如某公司的管理费用编制就要求各费用主管部门按照年经营目标的要求，严格编制各项费用预算，必须分出每一项费用的若干明细项目，进行编号管理，逐项核定费用预算，并制定相应的费用管理办法和开支标准。其中变动性费用随产量变化发生总额变化，固定性费用原则上不允许超过上年实际发生额。

从增量预算到零基预算，它不仅是方法的变更，也是对预算思想理解的深化。一切成本费用都置于零基的概念，强调了预算中资源配置源于资源消耗、而资源消耗源于作业所需这样一个基本逻辑。传统的在过去基础上通过增减变量来确定未来预算所消耗的资源，是在外在环境不会有太大变动情况下的一种简单方法，它在某种程度上是有效的。而零基预算强调作业的必要性、强调资源消耗及所需的资源配置，从而使预算更具科学性。

（四）滚动预算

滚动预算也称连续预算或永续预算，是指始终保持预算期为一个固定期间，连续进行预算编制的方法。

滚动预算的预算期通常以 1 年为固定长度，每过去一个月或一个季度，便补充一个月或一个季度，永续向前滚动。

滚动预算的理论依据是：生产经营活动是永续不断地进行的，作为其控制依据的预算也应该与此相符，保持其连续不断性；而且，生产经营活动是复杂多变的，而人们对它的认识又是有限的，往往需经历由粗到细、由模糊到具体的过程，若能做到长计划、短安排，就能最大限度地克服预算的盲目性。

滚动预算的优点主要体现在：① 遵循了生产经营活动的变动规律，保证了预算的连续性和完整性；② 长计划、短安排的具体做法，使预算能适时反映实际经营状况，从而更增强了预算的指导作用。滚动预算的运作方式如图 8.6 所示。

滚动预算强调固定期限的滚动性，但由于预算作为战略计划实现的机制与工具，必须将动态与固定预算年度内的静态进行有机结合，在这种情况下，滚动预算如何滚动就成为预算编制甚至预算控制、考评的重要议题。

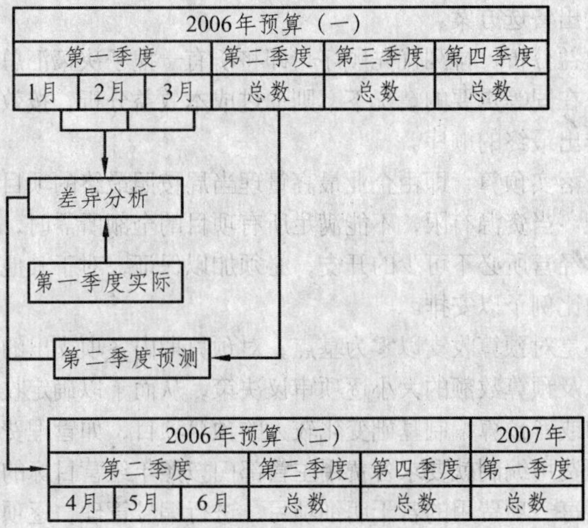

图 8.6 滚动预算示意图

在实际运用中，关于滚动预算应该如何“滚动”的问题，主要有两种解决方式：

1. 以固定预算期内的月度滚动作为基础

比如，公司预算大多体现为年初至年末 12 个月的固定期，但当预算执行到 2 月份时，我们会发现 1 月份所发生的实际情况与我们在编制预算时（上一年度）所依据的假设发生重大偏差。在这种情况下，我们一方面强调本年度的预算目标不作大的调整，但根据过去已经发生的事实，可以滚动调整本年度内的预算执行方案，即在年度预算目标和固定预算期不作变动的情况下，微调该年度预算各季、各月的目标，并实行有效的滚动。

具体操作如下：① 在年度预算的基础上，根据月度生产经营和资金安排，考虑到主要预算项目的发生规律，编制年度分月分解预算，即将年度预算利润目标和主要预算指标一次分解到月，按月编制月度执行预算，作为预算控制的目标；② 在实施过程中，月度执行预算没有完成的指标，各责任单位需要在以后月度进行弥补；③ 月度执行预算对需弥补的预算缺口累计计算，并单独列示；④ 将月度执行预算作为公司预算考核的依据。

由此可见，采用月度滚动预算的方法会大大增加预算编制的工作量，因此，妨碍了其大量使用。即便我们不能让所有预算均采用滚动预算的方法，但它所体现的长计划、短安排的理念也应该在预算编制过程中得以反映，而且在现实中，现金流量（收支）预算最好采用滚动预算的方法编制。

2. 年与年之间的预算编制与预算滚动衔接

下一年度的预算目标按照上一年度的预算（注意不是上一年度预算实现情况），加减预算期的投资增减变动和其他因素变动情况来确定，从而保证年与年之间的预算滚动。年内预算实行刚性原则，除非重大事件一般不作调整。

当然，在实施滚动预算方法时，应该避免产生另一个新的问题，即：不能使公司战略和年度基本预算目标因“滚动”而发生“松动”。

（五）概率预算

上述各种预算编制方法，都是采用确定数值的方式来编制预算期内的各种预算数值，这些方法中实际上都隐含着这样一种假定：即假定对未来预算期内影响预算内容的各种因素已确知或基本确知的前提下，测定出与此相对应的预算数值。这与预算期是“未来”这一现实肯定难以完全吻合，因而得出的预算结果的准确性自然将受到或轻或重的影响。固定预算和零基预算下的预算数值均以一个定数反映，准确程度可想而知；弹性预算法下虽然将各种变量尽可能多地予以列示，从而形成了相应变动的多元预算数值，但在变动的相关范围内也只是承认了业务量的变动，而与业务量对应的另一因素如单价、单位变动成本（或费用）、费用分配率等却仍以定值出现，因而形成的预算也是多水平下的定值预算；滚动预算对下期预算值在执行前进行了修订调整，一定程度上减少了预算的主观性和盲目性，但也只是将预算数值最终确定的时间缩短，定值预算的结果并未改变。

为克服上述预算编制方法中以肯定的方式来确定未来变动的预算数值所产生的影响准确性的缺陷，在西方开始提出了运用现代数学方法即概率理论的方法来编制预算，有人将其称之为概率预算。即利用概率理论的基本原理，将预算期内各项预算内容中的各种数值（无论是变动性还是固定性）出现的可能性事先分别做出概率估计，然后进行概率综合来求出相应概率预算值的预算编制方法。

运用概率预算的基本步骤是：首先，预测各种预算因素可能出现的具体数值，此时不论是变量或常量均以变动的观点来考虑；其次，预测估计所列示的具体数值出现可能性的概率；第三，将各种预算因素出现的各种概率按照与预算因素之间的关系进行组合，求出不同条件下的联合概率；第四，以各种联合概率来测算其相应预算数值的结果并将其汇总形成不同情况下的可能的预算内容。

概率预算的最大优点是：在预算管理中应用了现代数学手段，从而减少了预算的盲目性，提高了准确性，并使多种预算值出现的可能性都能在预算中做出充分科学的展示，为预算管理提供了更为科学的方法和手段，使预算管理更具有针对性，因此，这种方法被誉为当今世界上最为科学的预算编制方法。但这种方法也存在一定的缺点，主要是对预算编制人员的数学水平要求较高，计算内容过于复杂，编制的工作量也较大，在当今的经营管理水平下全面采用尚有一定的困难。如企业现代管理水平较高，可以先对一些影响较大的预算采用此种方法编制，待时机成熟后逐步扩大应用范围。

由此可见，各种预算方法均有所长，也有所短，企业应根据自身的业务特点和需要，选择适当的方法进行预算编制，尤其应该注意各种方法的结合应用。

第三节　全面预算编制案例

本节以制造企业为例，对全面预算具体编制加以说明。

一、基本业务预算

制造企业的基本业务预算主要包括销售预算、生产预算和管理预算。其中生产预算又包括直接材料预算、直接人工预算与制造费用预算等三项附属预算；管理预算主要有销售费用、管理费用及其他杂项费用的预算。

（一）销售预算

销售预算左右整个企业的所有业务，并且是其他分预算编制的基础。企业只有在了解期望的销售水平之后才能对其他经营活动作出规划。

不知道要生产多少产品，企业就无法作出生产安排。企业只有明确了预算期内所要销售的产品数量才能确定产量。

产量确定之后，原材料的采购量、需要雇佣的职员数以及所需的制造费用才能随之确定。

预计的销售费用和管理费用也在一定程度上取决于期望销售量。

所以，企业生产经营全面预算大多数情况下是以销售预算作为编制起点。生产、材料采购、成本—费用等方面的预算都要以销售预算为基础，准确的销售预算能够增强预算作为规划控制工具的作用。

准确的销售预算应建立在销售预测的基础上，就此而言，销售预测又是编制销售预算的起点。销售预测的性质是主观的，为减少预测的主观性，许多企业都准备了多个独立的销售预测并将此作为一种惯例。例如，企业可以让市场研究部门、经营部门及预算单位的销售部门等分别进行销售预测，这样，销售预测中的销售量就是各单位都认为最可能的那个数。

有关销售预测的问题我们在第五章作了详细论述。销售预算则是在战略规划的指导下，结合整体市场情况，客观详细地分析企业外部和内部环境的优劣势，制定总体市场份额目标，研究竞争策略，确定下一年度所用资源和优先行动，形成以满足市场需求、取得竞争优势为导向的市场开拓、目标客户开发计划，同时参考各种产品历史销售量的分析，结合市场预测中各种产品发展前景等资料，按产品、地区、客户或其他项目形成下一年度销售预算。

销售预算应列示预期销售价格下的预期销售量、销售收入额及由此导致的现金流入状况，并将相关预算责任落实到具体责任人。

【例 8.1】 成蓉公司生产并销售 A、B、C 三种产品，2007 年度预计的销售量、销售单价、销售收入及分季预算数见表 8.3。根据历史经验及对未来的合理估计，上述任一产品每季发生的销售中，分别有 70%、60%、50%可于当季收现，其余部分将分别于次季收讫。基期（2006 年）期末应收账款余额 800 万元，A、B、C 三种产品分别为 400 万元、240 万元、160 万元。成蓉公司适用增值税率 17%。

表 8.3　成蓉公司销售预算

预算年度：2007 年　　　　金额单位：万元

结构	项　目	一季度	二季度	三季度	四季度	年　度
销售预算项目预计	预计销售量（件）					
	A 产品	1 100	1 000	900	800	3 800
	B 产品	500	900	800	600	2 800
	C 产品	220	180	190	210	800
	预计销售单价					
	A 产品	1.2	1.20	1.2	1.2	
	B 产品	0.9	0.85	0.85	0.9	
	C 产品	1.5	1.40	1.4	1.5	
	预计销售额					
	A 产品	1 320	1 200	1 080	960	4 560
	B 产品	450	765	680	540	2 435
	C 产品	330	252	266	315	1 163
	销售收入合计	2 100	2 217	2 026	1 815	8 158
	增值税销项税额					
	A 产品	224.4	204	183.6	163.20	775.20
	B 产品	76.5	130.05	115.6	91.80	413.95
	C 产品	56.1	42.84	45.22	53.55	197.71
	销项税额合计	357	376.89	344.42	308.85	1 386.86
	销售价税款总计	2 457	2 593.89	2 370.42	2 123.55	9 544.86
现金收入	期初应收账款	800.00				800
	一季度销售收现	1 590.03	866.97			2 457
	二季度销售收现		1 667.25	926.64		2 593.89
	三季度销售收现			1 517.49	852.93	2 370.42
	四季度销售收现				1 349.60	1 349.60
	合　计	2 390.03	2 534.22	2 444.13	2 202.53	9 570.91

注：预算期末应收账款余额 77 395 百元，A、B，C 产品分别为 33 696 百元、25 272 百元、18 427 百元。

（二）生产预算

生产预算通常依据销售预算进行编制。生产预算就是根据销售目标和预计预算期末的存货量决定生产量，并安排完成该生产量所需资源的取得和整合的整套规划。生产量取决于销售预算、期末产成品的预计余额以及期初产成品的存货量。确定预计生产量的公式如下：

预计生产量＝预计销售量＋预计期末产成品存货－预计期初产成品存货

企业产成品存货的预算，需要进行统一的规划，平衡两个相冲突的目标，即：避免过多存货，形成资金积压、浪费；避免存货不足，影响销售活动的正常进行，从而给企业带来不利影响。

因此，企业必须确定在需求增加时，它能以多快的速度增产，然后设定相应的生产和存货水平。例如，企业使用即时管理系统，它的期初、期末存货量就是零或很小的数额。

影响生产预算的其他因素还有：① 企业关于稳定生产和为降低产成品存货而实施的灵活生产方面的态度；② 生产设备的状况；③ 原材料及人工等生产资料的可得性；④ 生产数量和质量方面的经验，等等。

主管生产的经理或部门应对生产预算进行复审，以确保利用现有设备能够达到预算的生产水平，并明确预算期内其他的活动安排。

如果所需生产水平超过可利用的最大生产能力，管理者可以调整销售预算水平或者采取其他措施来满足需要。如：加班或将部分生产分包给他人；额外购置或租赁机器设备等。

如果可利用的生产能力超过预算生产水平，管理者可以为闲置的生产能力寻找一些其他用途或者安排其他活动，如：增加广告或推销支出，以增加销量；降价刺激销售；外包部分剩余的生产能力；处理多余的设备等。

可见，生产预算还具有协调销售需求和生产活动的益处。它能使企业发现生产能力和要求的产量之间的不配比情况，以稳定和平衡生产。

而且，稳定的生产状况可以使企业保持较稳定的雇员水平，当然，这种趋势与产量增长并不同步。

但需要强调的是：近年来随着新的制造技术和即时管理方法的运用，日益增多的企业必须根据销量的变化来调整生产，而不是坚持生产稳定。

编制生产预算时还应注意：年度预算的数据通常都是年内各季度数据的合计数，季度预算的数据通常是季度内各月份数据的合计数，但年末或季末的产成品存货数量就是年末或季末当月的预计期末存货量，而不是各期期末存货量的合计数。期初存货量亦是如此。也就是说，期初、期末数是年度或季度内特定时点的数额而不是整个期间的数额。

【例 8.2】 承例 8.1，假定成蓉公司 2006 年年末 A、B、C 三种产品的产成品存货分别为 100 件、70 件和 20 件，各自的产成品期末存货均按本季度销量的 10%计算。据此编制生产预算见表 8.4。

表 8.4 成蓉公司生产预算

预算年度：2007 年　　　　单位：件

项　目	一季度	二季度	三季度	四季度	年　度
A 产品：					
预计销售量	1 100	1 000	900	800	3 800
加：预计期末存货量	110	100	90	80	80
预计存货需要量	1 210	1 100	990	880	3 880
减：预计期初存货量	100	110	100	90	100
预计本期生产量	1 110	990	890	790	3 780

续表 8.4

项 目	一季度	二季度	三季度	四季度	年 度
B 产品：					
预计销售量	500	900	800	600	2 800
加：预计期末存货量	50	90	80	60	60
预计存货需要量	550	990	880	660	2 860
减：预计期初存货量	70	50	90	80	70
预计本期生产量	480	940	790	580	2 790
C 产品：					
预计销售量	220	180	190	210	800
加：预计期末存货量	22	18	19	21	21
预计存货需要量	242	198	209	231	821
减：预计期初存货量	20	22	18	19	20
预计本期生产量	222	176	191	212	801

生产预算揭示出企业生产与销售、存货间的协调关系，明确了生产活动的总进程。然而单纯的生产预算尚不足以充分显示出其具体的活动内容以及对预计现金支出的需要，还必须进一步确定相关的直接材料、直接人工、制造费用等构成要素的预算，并估计预计的现金支出需要量，故应对其进行细化。

1. 直接材料预算

直接材料预算是指在生产预算的基础上，对各期材料耗用量以及所需的材料采购量及采购成本进行的规划和安排。

该预算编制的主要依据是：满足生产量预算所需的直接材料消耗量、单位产品材料消耗定额、解决供应和生产矛盾所需设置的必要供产缓冲即材料库存、材料计划单价以及采购材料的付款条件等等。其中最为关键的因素是预计期初期末存货量，即供产缓冲的设置，设置原理如同产销缓冲。利用供产缓冲来平衡材料耗用量、采购量和存货水平三者的关系时，可按下式测算：

预计材料采购量＝预计生产需用量＋预计期末存货量－预计期初存货量

式中，预计生产需用量根据生产量预算中各期预计生产量和单位产品材料消耗定额来确定；预计期初存货量除年初存货量依据预算年初实际库存量外，其余各期均依据上期末存货量来确定；因此，此式中最关键的因素是预计期末存货量，同样也是在充分考虑最低、最高库存量的基础上，先根据经验估计出预算年末存货量，然后再倒算出预算年度内各期末存货量。

在编制该预算时，由于需要付现支出，因此，还要附注列示现金支出情况，为以后编制现金收支预算提供资料。

该预算主要由物资供应部门负责编制，生产部门和财务部门应及时提供所需资料。

【例 8.3】 承前诸例，假定预算期成蓉公司 A、B、C 三种产品生产所需材料甲、乙、丙、丁各季度的采购款项均于当季付现 50%，余款于下季度付讫。各季度材料期末库存量都按下季度生产耗用量的 25%计算。其中 A 产品耗用甲、乙材料，单耗量分别为 5 kg、3 kg；

B 产品耗用丙、丁材料，单耗量分别为 4 kg、2 kg；C 产品耗用乙、丙材料，单耗量为 4 kg、3 kg。甲、乙、丙、丁四种材料计划单价分别为 800 元、600 元、900 元和 500 元。成蓉公司预算期初（2007 年 1 月 1 日）购料应付账款余额为 2 200 000 元，甲、乙、丙、丁材料的应付账款余额分别为 1 000 000 元、600 000 元、500 000 元和 100 000 元。材料采购适用 17% 的增值税率。根据以上资料编制直接材料预算表 8.5。

表 8.5 成蓉公司直接材料预算

预算年度：2007 年　　　　金额单位：元

结构	项　目	一季度	二季度	三季度	四季度	年　度
直接材料预算项目	预计生产量（件）					
	A 产品	1 100	990	890	790	3 780
	B 产品	480	940	790	580	2 790
	C 产品	222	176	191	212	801
	材料单耗量（kg）					
	A 产品					
	甲材料	5	5	5	5	5
	乙材料	3	3	3	3	3
直接材料预算项目	B 产品					
	丙材料	4	4	4	4	4
	丁材料	2	2	2	2	2
	C 产品					
	乙材料	4	4	4	4	4
	丙材料	3	3	3	3	3
	预计生产耗用量（kg）					
	甲材料	5 550	4 950	4 450	3 950	18 900
	乙材料	4 218	3 674	3 434	3 218	14 544
	丙材料	2 586	4 288	3 733	2 956	13 563
	丁材料	960	1 880	1 580	1 160	5 580
	加：预计期末存料量（kg）					
	甲材料	1 238	1 113	988	1 430#	1 430#
	乙材料	919	859	805	1 150#	1 150#
	丙材料	1 072	933	739	690#	690#
	丁材料	470	395	290	300#	300#
	预计材料需要量（kg）					
	甲材料	6 788	6 063	5 438	5 380	20 330
	乙材料	5 137	4 533	4 239	4 368	15 694
	丙材料	3 658	5 221	4 472	3 646	14 253
	丁材料	1 430	2 275	1 870	1 460	5 880

续表 8.5

结构	项目	一季度	二季度	三季度	四季度	年度
直接材料预算项目	减：预计期末存料量（kg）					
	甲材料	1 390	1 238	1 113	988	1 398
	乙材料	1 050	919	859	805	1 050
	丙材料	640	1 072	933	739	640
	丁材料	240	470	395	290	240
	预计材料采购量（kg）					
	甲材料	5 398	4 825	4 325	4 392	18 940
	乙材料	4 087	3 614	3 380	3 563	14 644
	丙材料	3 018	4 149	3 539	2 907	13 613
	丁材料	1 190	1 805	1 475	1 170	5 640
	材料计划单价（元/kg）					
	甲材料	800	800	800	800	800
	乙材料	600	600	600	600	600
	丙材料	900	900	900	900	900
	丁材料	500	500	500	500	500
	预计材料采购成本					
	甲材料	4 318 400	3 860 000	3 460 000	3 513 600	15 152 000
	乙材料	2 452 200	2 168 400	2 028 000	2 137 800	8 786 400
	丙材料	2 716 200	3 734 100	3 185 100	2 616 300	12 251 700
	丁材料	595 000	902 500	737 500	585 000	2 820 000
	材料采购成本成本合计	10 081 800	10 665 000	9 410 600	8 852 700	39 010 100
直接材料预算项目	增值税进项税额					
	甲材料	734 100	656 200	588 200	597 300	2 575 800
	乙材料	416 900	369 600	344 800	363 400	1 493 700
	丙材料	461 700	634 800	541 500	444 800	2 082 800
	丁材料	101 100	153 400	125 400	99 500	479 400
	增值税进项税额合计	1 713 800	1 813 000	1 599 900	1 505 000	6 631 700
	材料采购价税款合计					
	甲材料	5 052 500	4 516 200	4 068 200	4 110 900	17 727 800
	乙材料	2 869 100	2 537 000	2 372 800	2 501 200	10 280 100
	丙材料	3 177 900	4 368 900	4 368 900	3 061 100	14 334 500
	丁材料	696 100	1 059 900	862 900	684 500	3 299 400
	材料采购价税款总计	11 795 600	12 478 000	11 010 500	10 357 700	45 641 800

续表 8.5

结构	项　目	一季度	二季度	三季度	四季度	年　度
预计现金支出	预算期初应付账款余额	2 200 000				2 200 000
	一季度购料现金支出	5 897 800	5 897 800			1 175 600
	二季度购料现金支出		6 239 000	6 239 000		12 478 000
	三季度购料现金支出			5 505 200	5 505 300	11 010 500
	四季度购料现金支出				5 178 800	5 178 800
	合　计	8 097 800	12 136 800	11 744 200	10 684 100	42 662 900
期末材料存货预算	甲材料	预计期末存料量（kg）			143 000	
		单价标准（元/kg）			800	
		预计期末存货金额（元）			1 144 000	
	乙材料	预计期末存料量（kg）			15 000#	
		单价标准（元/kg）			600	
		预计期末存货金额（元）			690 000	
	丙材料	预计期末存料量（kg）			69 000#	
		单价标准（元/kg）			900	
		预计期末存货金额（元）			621 000	
	丁材料	预计期末存料量（kg）			30 000#	
		单价标准（元/kg）			500	
		预计期末存货金额（元）			150 000	
	预计期末材料存货总计金额				2 605 000	

注：预算期末应付账款余额 5 178 900 元，甲、乙、丙、丁材料分别为 2 055 500 元、1 250 600 元、1 530 500 元、342 300 元；带#者为估计数。

2. 直接人工预算

直接人工预算是指在生产预算的基础上，对各期生产量预算中所需的直接人工工时、小时工资率及直接人工成本进行的规划和测算。直接人工工时及小时工资率均为定额数，在多工种情况下，该定额数应为平均定额数。

该预算编制较为简单，主要由生产部门负责，财会部门和劳动人事部门应及时提供所需资料。直接人工成本一般均为当期付现支出，编制现金收支预算时可直接利用。

【例 8.4】　承前诸例，假定成蓉公司 A、B、C 三种产品的单位产量工时标准（定额）分别为 3 小时、2 小时和 4 小时；标准小时工资率分别为 600 元、400 元和 800 元。据此编制直接人工预算见表 8.6。

表 8.6　成蓉公司直接人工预算

预算年度：2007 年　　　　金额单位：元

结构	项　目	一季度	二季度	三季度	四季度	年度
直接人工预算项目	A 产品：					
	预计生产量（件）	1 110	990	890	790	3 780
	单位产品标准工时（小时/件）	3	3	3	3	3
	直接人工工时总数（小时）	3 330	2 970	2 670	2 370	11 340
	标准单位工时工资率（元）	600	600	600	600	600
	预计直接人工成本总额（元）	1 998 000	1 782 000	1 602 000	1 422 000	6 804 000
	B 产品：					
	预计生产量（件）	480	940	790	580	2 790
	单位产品标准工时（小时/件）	2	2	2	2	2
	直接人工工时总数（小时）	960	1 880	1 580	1 160	5 580
	标准单位工时工资率（元）	400	400	400	400	400
	预计直接人工成本总额（元）	384 000	752 000	632 000	464 000	2 232 000
	C 产品：					
	预计生产量（件）	222	176	191	212	801
	单位产品标准工时（小时/件）	4	4	4	4	4
	直接人工工时总数（小时）	888	704	764	848	3 204
	标准单位工时工资率（元）	800	800	800	800	800
	预计直接人工成本总额（元）	710 400	563 200	611 200	678 400	2 563 200
	预计直接人工成本合计	3 092 400	3 097 200	2 845 200	2 564 400	11 599 200
预计现金支出	一季度直接人工现金支出	3 092 400				3 092 400
	二季度直接人工现金支出		3 097 200			3 097 200
	三季度直接人工现金支出			2 845 200		2 845 200
	四季度直接人工现金支出				2 564 400	2 564 400
	预计现金支出合计	3 092 400	3 097 200	2 845 200	2 564 400	11 599 200

3. 制造费用预算

制造费用预算是指在生产预算的基础上，对各生产单位预计生产规模所需的各种制造费用分别进行规划预计并汇总而编制的预算。

制造费用属于列入产品制造成本的各项间接费用，内容较为繁杂。为了配合成本计算和控制，在编制该预算时，应按成本性态区分为变动性制造费用和固定性制造费用分别列示。

该预算编制的主要依据是：满足生产预算所需的业务量水平（直接人工小时总数等）、劳动用工计划、成本费用降低率指标、各项制造费用的具体构成等。

该预算中的固定制造费用部分，可在上年实际的基础上，考虑预算期内的变化趋势做出适当调整后进行预计。变动性制造费用则根据各项内容的定额分摊率及业务量水平分别测算。

该预算编制时，还应区分付现支出和非付现支出，附注列示出现金支出情况，为编制现金收入预算提供资料。

该预算主要由生产部门编制，财会部门和其他相关部门应及时提供所需资料。

【例 8.5】 承前诸例，假定成蓉公司在编制制造费用预算时，对变动性制造费用采用直接人工标准工时分配率。在整个制造费用中，除固定资产折旧费外，其余均属付现性成本，且其中除了间接材料于发生当季和次季各付现 50%外（设预算期初间接材料未付余额 110 000 元），余者均于发生当季付现。同时假设 2007 年度成蓉公司间接材料、间接人工、维修费、水电费、润滑剂、其他费等变动制造费用分别为 1 200 000 元、2 100 000 元、800 000 元、1 600 000 元、500 000 元、600 000 元；维护费、折旧费、管理费、保险费、其他杂费等固定性制造费用额分别为 520 000 元、1 600 000 元、1 500 000 元、400 000 元、235 000 百元。预算年度除维修费需增加 80 000 元外，其余各项变动性制造费用均要求降低 8%，固定性制造费用中管理费用和其他杂费要求分别降低 20%和 15%，其他固定性制造费用则保持不变。上述费用中，变动性制造费用各季发生额与直接人工工时相关，固定性制造费用在各季度间均衡分布。据此编制制造费用预算见表 8.7。

表 8.7 成蓉公司制造费用预算

预算年度：2007 年　　　　金额单位：元

结构	类别	项　目	一季度	二季度	三季度	四季度	年度	费用分配率
制造费用预算项目	变动性制造费用	间接材料	284 100	304 700	275 100	240 200	1 104 00	1 104 000/20 124＝54.86
		间接人工	497 100	533 200	481 300	420 300	1 932 000	1 932 000/20 124＝96
		维修费	226 400	242 900	219 300	191 400	880 000	880 000/20 124＝43.73
		水电费	378 800	406 300	368 800	320 200	1 472 000	1 472 000/20 124＝73.15
		润滑剂	118 400	127 000	114 600	100 000	460 000	460 000/20 124＝22.86
		其他	142 000	152 300	137 500	120 100	552 000	552 000/20 124＝27.43
		合计	1 646 800	1 766 400	1 594 600	1 392 200	6 400 000	6 400 000/20 124＝318.03
	固定性制造费用	维护费	150 000	150 000	150 000	150 000	600 000	600 000/4＝150 000
		折旧费	400 000	400 000	400 000	400 000	1 600 000	1 600 000./4＝400 000
		管理费	300 000	300 000	300 000	300 000	1 200 000	1 200 000/4＝300 000
		保险费	100 000	100 000	100 000	100 000	400 000	400 000/4＝100 000
		其他杂物	50 000	50 000	50 000	50 000	200 000	200 000/4＝50 000
		合计	1 000 000	1 000 000	1 000 000	1 000 000	4 000 000	4 000 000/4＝1 000 000
预计现金支出		变动性制造费用	1 646 800	1 76600	1 594 600	1 392 200	6 400 000	备注：间接材料当季与次季各付现 50%；当季付现变动性制造费用中包括了预算期初未付现间接材料余额 110 000 元；预算期末间接材料未付现余额 120 100 元
		其中：当季付现	1 614 800	1 756 200	1 609 400	1 409 600	6 390 000	
		固定性制造费用	1 000 000	1 000 000	1 000 000	1 000 000	4 000 000	
		减：折旧费	400 000	400 000	400 000	400 000	1 600 000	
		付现固定性制造费用	600 000	600 000	600 000	600 000	1 800 000	
		制造费用合计	2 646 800	2 766 400	2 594 600	2 392 200	10 400 000	
		付现制造费用合计	2 214 800	2 356 200	2 209 400	2 009 600	8 790 000	

直接材料、直接人工、制造费用预算是制造企业生产预算的三个主要的附属预算。当企业完成了这三项预算的编制工作后，便可以据以计算产品的单位生产成本，并汇总形成产品单位生产成本预算。

【例 8.6】　承前诸例，以变动成本法为基础汇总编制企业的单位生产成本预算见表 8.8

表 8.8　成蓉公司产品单位生产成本预算

预算年度：2007 年

产品	成本项目	价格标准	用量标准	合　计
A 产品	直接材料			
	其中：甲材料	800 元/kg	5 元/kg	4 000 元
	乙材料	600 元/kg	3 元/kg	1 800 元
	直接人工	600 元/工时	3 工时	1 800 元
	变动性制造费用	318 元/工时	3 工时	954 元
	单位变动生产成本			954 元
B 产品	直接材料			
	其中：丙材料	900 元/kg	4kg	36 百元
	丁材料	500 元/kg	2kg	10 百元
	直接人工	400 元/工时	2 工时	8 百元
	变动性制造费用	318 元/工时	2 工时	6.36 百元
	单位变动生产成本			60.36 百元
C 产品	直接材料			
	其中：乙材料	6 百元/kg	4kg	24 百元
	丙材料	9 百元/kg	3kg	27 百元
	直接人工	8 百元/工时	4 工时	32 百元
	变动性制造费用	3.18 百元/工时	4 工时	12.72 百元
	单位变动生产成本			95.72 百元
期末存货预算	A 产品	期末存货数量（生产预算）		80 件
		单位变动生产成本		85.54 百元
		期末存货金额（变动生产成本）		6 843.20 百元
	B 产品	期末存货数量（生产预算）		60 件
		单位变动生产成本		60.36 百元
		期末存货金额（变动生产成本）		3 621.60 百元
	C 产品	期末存货数量（生产预算）		21 件
		单位变动生产成本		95.72 百元
		期末存货金额（变动生产成本）		2 010.12 百元
		期末存货总计金额		12 474.92 百元

如果采用完全成本法（相当于我国的制造成本法）编制单位产品生产成本的话，只要加上单位产品的固定制造费用即可。

（三）管理预算

管理预算也叫营业费用预算或销售及管理费用预算，它是指除制造费用以外的企业日常销售和经营管理活动所发生的各项费用的预算，主要包括销售费用及管理费用等。销售费用预算是为了实现销售预算需支付的费用预算，其编制应以销售预算为基础。管理费用预算是对整个企业的经营活动进行组织管理并提供服务而发生的费用所编制的预算，随着企业管理职能的提高，社会交往活动的扩大，互动成本也不断增加，因此对管理费用的控制越来越成为预算管理的一项重要任务。编制销售费用和管理费用预算时，应将各季度销售费用、管理费用按其成本性态分为变动和固定两部分。销售及管理费用通常有沉没成本和不需要当期支付现金的费用项目，因而也应编制预计现金支付预算。

【例 8.7】 承前诸例，假定成蓉公司 2006 年度销售与管理费用实际开支情况如下：变动销售费用 50 000 百元，其中销售佣金 9 000 百元、装运费 6 000 百元、包装费 5 000 百元、销售人员工效挂钩工资 17 500 百元、商品销售损耗 6 000 百元、其他杂项变动销售费用 6 500 百元；固定销售费用 30 200 百元，其中广告费 7 000 百元、展览费 2 000 百元、销售人员基础工资 10 000 百元、业务招待费 10 000 百元，其他固定销售费用 1 200 百元；管理费用总额 29 000‘百元，其中职工保险费 5 000 百元、职工培训费 3 000 百元、会计师公费 3 000 百元、法律顾问费 4 000 百元、管理设备折旧 10 000 百元、各项推销费用 4 000 百元。2006 年度销售收入总额为 700 000 百元。预算期要求商品销售损耗、其他杂项变动销售费用降低 50%，业务招待费减少 2 000 百元，工效挂钩工资与销售额的比率不变；广告费需要增加 1 000 百元，其余各项费用总额不变。上述各项费用，除管理设备折旧费与各项摊销费用外，均属当季付现成本。据此编制成蓉公司管理预算见表 8.9。

表 8.9 成蓉公司管理预算

预算年度：2007 年　　　　金额单位：万元

结构	项　目	一季度	二季度	三季度	四季度	年度	费用分配率
变动销售费用	销售佣金	23.16	24.46	22.35	20.03	90	90/8 158 = 0.011
	装运费	15.45	16.30	14.90	13.35	60	60/8 158 = 0.007 35
	包装费	12.88	13.59	12.41	11.12	50	50/8 158 = 0.006 1
	工效工资	52.50	55.42	50.65	45.38	203.95#	175/7 000 = 0.025#
	商品销售损耗	7.70	8.16	7.45	6.69	30	30/8 158 = 0.003 68
	其他杂物	8.37	8.83	8.07	7.23	32.50	32.50/8 158 = 0.000 4
	合　计	120.06	126.76	115.83	103.80	466.45	466.45/8 158 = 0.057 18

续表 8.9

结构	项目	一季度	二季度	三季度	四季度	年度	费用分配率
固定销售费用	广告费	20	20	20	20	80	80/4 = 20
	展览费	5	5	5	5	20	20/4 = 5
	基础工资	25	25	25	25	100	100/4 = 25
	业务招待费	20	20	20	20	80	80/4 = 20
	其他	3	3	3	3	12	12/4 = 3
	合计	73	73	73	73	292	29 200/4 = 7 300
管理费用	职工保险费	50				50	预算期初一次支付
	职工培训费	15		15		30	一、三季度各付 15
	会计师公费				30	30	预算期末支付
	法律顾问费	20			20	40	预算期初期末各付 20
	管理设备折旧	25	25	25	25	100	100/4 = 25
	各项摊销费用	10	10	10	10	40	40/4 = 10
	合计	120	35	50	85	290	—
销售及管理费用总计		313.06	234.76	238.83	261.80	1 048.45	—
预计现金支出	一季度付现	278.06				278.06	备注：销售及管理费用中的设备折旧费和各项摊销费用属于非付现成本，计现金支出预计额时予以扣除
	二季度付现		199.76			199.76	
	三季度付现			203.83		203.83	
	四季度付现				223.80	226.80	
	合计	278.06	199.76	203.83	226.80	908.45	

注：#预算期销售人员工效工资与销售额的比例仍保持基础水平，即 175/7 000 = 0.025；工效工资预算额 203.95 元是根据预算期各季度预计销售额与 0.025 的乘积相加而得。

二、特殊业务预算——资本预算

我们在预算编制过程中，或多或少地忽略了对资本预算的编制和控制。这是当前预算管理中的一大不足。

产生这一问题的原因有两方面：一是资本预算概念不清，以为资本预算就是项目投资的管理决策，而不是项目决策加项目控制；二是资本预算一般都有涉及部门多、金额大、非经常性的特点，从而都将其归为专门预算，不纳入公司总部预算安排中。

我们认为，日常预算可以采用经营预算、成本费用预算和财务预算等编制逻辑和程序来解决，具有程序性，但资本预算的编制具有战略性，因此不仅需要纳入全面预算管理体系，而且还必须从战略角度来看待资本支出预算的管理问题。

从总部及子公司的预算管理程序看，资本预算包括两方面：① 资本支出决策；② 资本支出及相应的融资预算，它又进一步融入现金预算中。

也就是说，资本预算不仅要解决项目的经济可行性等决策问题，更应该从资本支出项目的投资总额来确定不同时期的现金流出预算。这是因为，从时间序列看，项目投资总额并不完全等于现时付现总额。在项目建设期内，其现金流出并没有固定的模式：有些是在初期一次性投入；有些则是先期投入大后期投入小；有些则是先期投入小而后期投入不敷出大，等等。

因此，资本预算不仅要确定项目支出总额，而且还要在时间上规划现金流出的时间分布。更为重要的是，当多个项目重叠发生并在时间上有不同的交叉时，其投资总额与付现总额会出现明显的差额，在这种情况下，详细的不同时期的付现总额预算就显得尤为重要。它是确定企业未来现金投入的指示器。

【例 8.8】 承前诸例，成蓉公司基于市场开发的目的，拟于 2008 年始至 2012 年间生产、销售 D 产品。前期调研工作已于 2006 年度完成。按照投资规划，公司将于预算期 2007 年第四季度末投资 600 万元（其中价款 500 万元，运费及安装费各 50 万元）添置生产设备一台，使用期与产品的生产经营期限相同，预计期末残值 40 万元；为保证 2008 年初该设备能投入正常运转，2007 年一、三季度初各需投资 150 万元对现有厂房及生产线进行配套改造（分别需要资金 200 万元、100 万元），该项费用中的 200 万元计入厂房价值，因此使得每年制造费用中的折旧费增加 20 万元（设折旧期为 10 年），其余 100 万元作为其他长期资产自 2008 年起分 5 年平均摊销；此外还需于 2007 年末投入配套流动资金 400 万元购置所需原材料，设备价款及其他款项于发生时直接付现。上述款项均来自银行贷款，年利率 10%。据市场预测，D 产品投产后年均可增加销售收入 2 000 万元，变动成本率 60%，年均固定成本（不包括折旧费、其他长期资产摊销费及利息支出）150 万元（均为付现成本）。企业所得税率 33%。据此编制投入资本预算如表 8.10 及投资效益预计见表 8.11。

表 8.10　成蓉公司资本预算

预算年度：2007 年　　　　单位：万元

项　目	一季度	二季度	三季度	四季度	年　度
生产设备				600	600
厂房、生产线改造	100		100		200
生产线调整	50		50		100
流动资金				400	400
合　计	150		150	1 000	1 300

表 8.11　成蓉公司 D 产品投资效益预计

估算期间：2007—2012 年　　　　单位：万元

项　目			2007 年	2008 年	2009 年	2010 年	2011 年	2012 年
资本预算	固定资产		−800					
资本预算	其他长期资产		−100					
资本预算	流动资金		−400					
资本预算	固定资产残值							40
资本预算	流动资金收回							180
资本预算	合计		−1 300					220
营业现金率流量	销售收入			2 000	2 000	2 000	2 000	2 000
营业现金率流量	变动成本（60%）			1 200	1 200	1 200	1 200	1 200
营业现金率流量	固定成本	折旧费		132	132	132	132	132
营业现金率流量	固定成本	摊销费		20	20	20	20	20
营业现金率流量	固定成本	利息费	37.50	130	130	130	130	130
营业现金率流量	固定成本	其他		150	150	150	150	150
营业现金率流量	固定成本	合计	37.5	432	432	432	432	432
营业现金率流量	税前利润		（37.50）	368	368	368	368	368
营业现金率流量	所得税（33%）		（12.38）	121.44	121.44	121.44	121.44	121.44
营业现金率流量	税后利润		（25.12）	246.56	246.56	246.56	246.56	246.56
营业现金率流量	营业现金净流量		（25.12）	398.56	398.56	398.56	398.56	398.56
内部收益率（IRR）≈23%（计算过程略）								

注：37.50 = 150 × 10% + 150 × 10% ÷ 2 + 600 × 10% ÷ 4。

三、财务预算

在企业完成基本业务预算和资本预算的编制工作后，便需要进一步汇总编制财务预算，包括预计损益表、预计现金流量表（或现金流量预算）、预计资产负债表，以综合反映各项预算对企业财务的影响。财务预算并非是对基本业务预算及资本预算的简单汇总，还必须同时考虑财务活动自身的内容。

（一）预计损益表

编制预计损益表主要是用于综合反映企业整个预算期间的经营管理的财务成果、须履行的纳税义务以及通过留存收益可帮助企业解决的融资来源。构成预计损益表的收支项目主要来自两个方面：一是企业生产经营管理活动的收支；二是企业财务活动的收支。对企业各种营业外项目的收支一般不予以考虑。有关生产经营管理活动的收支数据可直接取自各项职能预算；如果企业在进行生产经营活动的同时，还专门从事金融投资活动，如控股、参股或证券投资、投机等，则会给企业带来相应的投资收益或投资损失。有关的财务活动，在形成现金流出与现金流入的同时，必然还会产生相关的财务费用，包括利息及各项财务管理费用。

【例 8.9】 承前诸例，成蓉公司预算年度除进行 A、B、C 产品的生产经营外，还计划出资 1 000 万元投资股票，预计每季可获利 90 万元，股票投资的资金来源通过社会集资解决（如果政策允许企业借款投资股票的话），集资利息率 12%；2006 年末企业银行借款余额 2 000 万元，预算年度已获展期一年，平均贷款利率 10%。据此编制预计损益表见表 8.12。

表 8.12 成蓉公司预计损益表

预算年度：2007 年　　　　单位：万元

项　目	资料来源	一季度	二季度	三季度	四季度	年度
销售收入	表 8.3	2 100.00	2 217.00	2 026.00	1 815.00	8 150.00
减：变动成本		1 573.38	1 679.70	1 550.44	1 351.29	6 172.81
变动生产成本	表 8.3	1 453.32	1 570.94	1 434.61	1 247 49	5 706.36
变动销售费用	表 8.8、表 8.9	120.06	126.76	115.83	103.80	466.45
贡献毛益		526.62	519.30	475.56	463.71	1985.19
减：期间成本						
固定制造费用	表 8.7	100.00	100.00	100.00	100.00	400.00
固定销售费用	表 8.9	73.00	73.00	13.00	73.00	292.00
固定管理费用	表 8.9	120.00	35.00	85.00	85.00	290.00
营业利润（息税前）		233.62	311.30	252.56	205.71	1 003.19
加：投资收益	例 8.9	90.00	90.00	90.00	90.00	360.00
减：财务费用		117.50#	80.00#	80.00#	80.00#	357.50
税前利润		206.12	321.30	262.56	215.71	1 005.69
所得税		68.02	106.03	86.64	71.18	331.87
税后利润		138.10	215.27	175.92	144.53	673.82

注：$117.50^{\#} = 37.50 + 2\,000 \times 10\% \div 4 + 1\,000 \times 12\% \div 4$；$80^{\#} = 2\,000 \times 10\% \div 4 + 1\,000 \times 12\% \div 4$。

（二）现金流量预算

提高现金流转效率，合理组织现金流入与现金流出间的匹配关系，是企业财务管理工作的核心。现金流量状况如何，不仅直接关系到企业的获利能力，而且对企业财务风险的大小具有决定性的影响。因此，不仅要求在编制各项职能预算、资本预算时需要预计相关的现金的流入与流出数额，还必须从企业整体角度对现金的流入与流出以及现金的净流量做出较为准确的预计，以便事先采取必要的财务对策，避免因现金多余或不足而给企业造成损失。这一工作主要是借助编制现金流量预算进行的。

现金流量预算综合了所有预算活动对现金的预计影响，它应该列示预算期内的所有现金流入和流出状况。现金流量预算的数据几乎来自所有的分预算。在编制现金流量预算时，企业需要复查所有的预算来确定所有对现金有影响的收入、支出和其他事项。理论上说，现金流量预算由现金收入、现金支出、现金多余或不足以及资金的筹集与运用四个部分构成。其中影响现金流量的关键性项目有：

1. 可使用的现金

详列了经营活动可利用现金的来源，通常包括预算期初的现金余额和预算期内的现金收入。现金收入包括现金销售和应收票据或应收账款的现金回收。

影响现金销售收入和应收账款的现金回收额的因素包括：① 企业的销售水平；② 企业的信用政策；③ 企业的收账经验等。

企业从事非经常性交易也会产生现金。如出售设备、建筑物等经营性资产或出售企业不再需要的已购置的建厂土地等非经营性资产。这些销售所得的所有收入也都应包括在可使用现金部分。

2. 现金支出

列示了所有的支出，包括直接材料和物品的采购支出、工资奖金支出、利息支出和税金等。

3. 投资、融资

可使用现金和现金支出的差额就是期末现金余额。一方面，如果现金余额低于管理者设定的最低现金持有量时，公司就需融资补足资金；另一方面，如果公司预计的现金持有量有多余，它就要决定将多余资金进行投资。在可选择的投资项目中应权衡收益、流动性和风险性三个因素。贷款计划和投资计划都包括在融资部分中。

然而在我国现实实务中，由于投资、融资决策权通常集中于集团总部，各子、分公司的现金流量预算主要反映以经营活动为主的现金余缺状况，在此基础上再由总部统一安排筹资预算，因此现金流量预算和筹资预算也可分别作为不同预算，由总部和子、分公司分别编制。

【例 8.10】 承前诸例，并假设成蓉公司 2006 年 12 月 31 日资产负债表见表 8.13。

表 8.13　成蓉公司资产负债表

2006 年 12 月 31 日　　　　单位：万元

资产项目	金额	负债及所有者权益	金额
流动资产：		流动负债：	
现金与银行存款	1 100	银行周转借款	2 000
短期投资	0	银行临时借款	740
应收账款	800	其他短期借款	900
其他应收款	200	应付账款	220
原材料	243.80	流动负债合计	3 860
其他材料	110	长期负债	0
产成品	150	所有者权益：	
流动资产合计	2 603.80	股本	1 000
固定资产（净值）	2 400	留有收益	303.80
其他长期资产	160	所有者权益合计	1 303.80
资产总计	5 163.80	负债及所有者权益合计	5 163.80

预算年度初始，成蓉公司的银行短期借款 74 000 百元及其他短期借款 900 万元已经到期；银行周转贷款虽预算期 1 年，但预算期末要求偿还其中的 1 200 万元；现金及银行存款各季度余额应不低于 100 000 百元；如果现金多余，可以购买变现力强的短期债券，利率 6%；若现金不足，可向银行申请临时贷款解决，期限为 3 个月，利率 8%；年末拟按税后利润的 30% 派发现金股利 20 215 百元。除此，企业再无其他现金流入或流出事项。据此，成蓉公司编制 2007 年现金流量预算见表 8.14。

表 8.14 成蓉公司现金流量预算

预算年度：2007 年 单位：万元

结构	项 目	数据来源	一季度	二季度	三季度	四季度	年 度
	期初现金余额	表 8.13	1 100	1 100	1 100	1 100	1 100
	本期现金流入：						
	销售收入	表 8.3	1 590.03	1 667.25	1 517.49	1 349.60	6 124.37
	应收账款收回	表 8.3	800	866.97	926.64	852.93	3 446.54
	其他短期借款	表 8.9	1 000				1 000
现金流入	银行长期贷款	表 8.10	150		150	600	900
	银行周转贷款	表 8.10				400	400
	投资收益	表 8.9	90	90	90	90	360
	增加留存收益	表 8.12	138.10	215.27	175.92	144.53	673.82
	本期现金流入合计		3 768.13	2 839.49	2 860.05	3 437.06	12 904.73
	本期可动用现金总计		4 868.13	3 839.49	3 860.05	4 437.06	14 004.73
	本期现金流出：						
	现购直接材料	表 8.5、表 8.10	589.87	623.90	550.52	917.88#	2 682.17
	支付应付账款	表 8.5	220.00	589.87	623.90	550.53	1 984.30
	支付直接人工	表 8.6	309.24	309.72	284.52	256.44	1 159.92
	支付制造费用	表 8.7	221.48	235.62	220.94	200.96	879.00
现金流出	支付销售及管理费用	表 8.9	278.06	199.76	203.83	226.80	908.45
	支付增值税	表 8.3、表 8.5	185.62	195.59	184.43	158.05	723.69
	支付所得税	表 8.12、表 8.11	55.64	106.03	86.64	71.18	319.49
	派发股利	表 8.12				202.15	202.15
	偿还银行周转借款	例 8.10				1 200.00	1 200.00
	偿还银行临时借款	例 8.10	740.00				740.00

续表 8.14

结构	项　目	数据来源	一季度	二季度	三季度	四季度	年　度
现金流出	偿还其他短期借款	例 8.10	900.00			500.00	1 400.00
	偿付债息	表 8.12	117.50	80.00	80.00	80.00	357.50
	购置生产设备	表 8.10				600.00	600.00
	改造厂房、生产线	表 8.10	150.00		150.00		300.00
	本期现金流出合计		3 767.41	2 340.49	2 384.78	4 963.99	13 456.67
	期末现金余额		1 000.00	1 000.00	1 000.00	1 000.00	1 000.00
	本期现金需要总计		4 767.41	3 340.49	3 384.75	5 963.99	14 456.67
现金余绌（现金净流量）			100.72	499.00	475.27	(1 526.93)	(451.94)
现金融通	偿还银行临时借款本息						
	偿还银行周转借款本息						
	购买短期债券		(100.72)	(499.00)	(475.27)		(1 074.99)
	申请银行周转借款						
	申请银行临时借款					425.31	425.31
	出售短期证券					1 101.62#	1 101.62
	合　计		(100.72)	(499.00)	(475.27)	1 526.93	451.94

注：917.88# = 517.88(表 7.5) + 400.00(表 7.10)；1 101.62# = 100.72×(1 + 6%÷12×9) + 499.00×(1 + 6%÷12×6) + 475.27×(1 + 6%÷12×3)。

（三）预计资产负债表

预计资产负债表是用于反映预算期末企业资产占用总额、分布结构以及负债和所有者权益等资金来源状况的预算报表。预计资产负债表通常是以预算期初的实际资产负债表为基础，依据上述各项预算的数据资料，通过一定的分析调整而编制的。

但是，预计资产负债表的编制非常烦琐，相对而言，其有用性较预计损益表和现金流量预算差很多。依据经济性原则，在实务中通常可省略预计资产负债表的编制，本例中亦从略。

第四节　推行全面预算管理的前提条件

为保证预算管理发挥预期的作用，企业需要从多方面着手，建立相应的预算保障制度，从而系统构成全面预算管理的前提条件。

1. 公司高层的支持与参与

全面预算管理因其性质是一个“一把手”工程，不应该仅属于财务部门的事情，而应该在整个企业高层（董事会、总经理）领导的直接领导和参与之下进行方案设计和实施。因为全面预算管理既涉及公司战略，又影响到日常管理；既涉及资金营运，又涉及采购、生产和销售、服务等各个部门和整个流程。企业内部的高层管理者必须承担起项目负责人的角色，才能让预算管理实施顺利完成部门之间的协同及文化转变。这不仅要求董事会、总经理挂帅

"预算管理委员会"，直接介入预算管理的授权、预算的审批等具体环节，而且在预算管理的整个落实过程都要求具有权威性的领导阶层来加以推动，要求高层领导将其作为企业的一项全面管理系统工程来加以重视。否则，预算管理很难取得预期效果，我国国有企业管理成功的经验中很重要的一条即是最高管理人员的全力支持和投入，如我国上海宝钢、新兴铸管的预算管理模式都无不显示高层领导重视和参与的重要。这是时代对企业家和经营者精神的呼唤。

2. 预算模型与发展战略、经营模型的吻合度

预算在很大程度上定位于战略的具体化，所以预算的有效性基本上取决于公司战略的合理性、科学性和操作性。我们认为一批公司的失败是战略的失败，故中国公司对战略的重视是空前的，这是好事。但是一些公司的发展战略显得比较宽泛，不具备操作性，比如某公司的投资战略是"强本固基、同业兼并、纵向延伸、跨业拓展"；还有个公司提出了"四跨四化"战略发展目标，即建成跨行业、跨地区、跨所有制、跨国经营和产业多元化、经营国际化、管理现代化、组织集团化的新型现代企业集团。我们不认为这类"战略"能够提升公司价值。有效的和可操作性战略应该准确地回答三个问题：① 企业的远景和核心竞争能力是什么；② 年度最为基本的经营目标及其基本策略；③ 需要配置的财务资源。

麦肯锡的《增长炼金术》一书认为持续增长之谜，在于对资金、业务、人力资源三个层面的平衡管理，也许这就是战略与预算的偶合点之所在。

3. 基础数据相对准确和完整、先进科学的信息系统的支持

预算管理的成功要求有力的信息支持，这种信息支持大大超出常规财务会计信息的范畴。不仅要求财务信息，而且要求非财务信息；不仅要求反馈信息，而且要求前瞻信息；不仅要求企业整体信息，而且要求分部信息，以及企业内部信息和外部信息等等。要及时地满足预算管理如此广泛的信息要求，如果没有一套规范的、制度化的信息保障体系显然是不行的，这一信息保障体系包括对于外部信息的及时收集、传输和整理的程序与职责规定，对于前瞻信息获取方式的研究及职责规定，对于内部信息反馈系统的设计，等等。这一信息保障体系的建设除了如上述要求各部门人员配合外，也要求财会人员素质的提高。

4. 预算管理的成功需要全面提高财务人员素质

尽管我们强调预算管理不仅仅是财务部门的工作，但它的确需要财务部门的全力投入。预算管理的核心是财务管理，它不仅要求财务人员熟悉本身业务，而且要能将财务管理和生产营销管理密切结合，使财务管理真正落实到每一个具体环节。这必然对财务人员提出了更高的要求。

5. 预算实施和考评的严肃性

围绕实现企业预算、落实管理制度，提高预算的控制和约束力。预算一经确定，在企业内部便具有"法律效力"，企业各部门在生产营销及相关的各项活动中，要充分地按预算办事，围绕实现预算开展经济活动。企业的决策执行机构按照预算的具体要求，按季分月滚动下达预算任务，建立每周资金调度会、每月预算执行情况分析会等例会制度。按照预算方案跟踪实施预算控制管理，重点是围绕资金管理和成本管理两大主题，严格执行预算政策，及时反映和监督预算的执行情况，适时实施必要的制约手段，把企业管理的方法策略全部融贯于执行预算的过程中，没有严肃性也就没有预算管理的权威。预算控制也就可能由法治"沦为"

人治，从而失去预算管理在企业管理中的核心地位和作用。

课后练习

一、单项选择题

1. 下列预算中，属于财务预算的是（　　）。

A. 销售预算　　B. 生产预算　　C. 产品成本预算　　D. 财务状况预算

2. 某公司生产甲产品，一季度至四季度的预计销售量分别为 1 000 件、800 件、900 件和 850 件，生产每件甲产品需要 2 kg A 材料。公司的政策是每一季度末的产品存货数量等于下一季度销售量的 10%，每一季度末的材料存量等于下一季度生产需要量的 20%。该公司二季度的预计材料采购量（　　）kg。

A. 1 600　　B. 1 620　　C. 1 654　　D. 1 668

3. 下列关于弹性预算的说法不正确的是（　　）。

A. 适用于与业务量有关的预算的编制

B. 编制根据是本、量、利之间的联动关系

C. 按照一系列业务量水平编制

D. 仅用于编制各种利润预算

4. 已知 A 公司在预算期间，销售当季度收回货款 60%，下季度收回货款 30%，下下季度收回货款 10%，预算年度期初应收款金额 28 万元，其中包括上年第三季度销售的应收款 4 万，第四季度销售的应收账款 24 万元，则下列说法不正确的是（　　）

A. 上年第四年度的销售额是 60 万元

B. 上年第三季度的销售额是 40 万元

C. 题中上年第三季度的销售的应收款 4 万元载预计年度第一季度可以全部收回

D. 第一季度收回的期初应收账款为 24 万元

5. 某企业编制“直接材料预算”，预计第四季度期初存量 800 kg，生产需用量 2 000 kg，预计期末存量为 500 kg，材料单价为 10 元，若材料采购货款有 40% 在本季度内付清，另外 60% 在下季度付清，假设不考虑其他因素，则该企业预计资产负债表年末“应付账款”项目为（　　）元。

A. 12 000　　B. 10 200　　C. 13 800　　D. 10 150

6. 与生产预算无关的预算是（　　）。

A. 销售费用和管理费用预算　　B. 制造费用预算

C. 直接人工预算　　D. 直接材料预算

7. 某企业预计前两个季度的销量为 1 000 件和 1 200 件，期末产成品存货数量一般按下季度销量的 10% 安排，则第一季度的预算产量为（　　）件。

A. 1 020　　B. 980　　C. 1 100　　D. 1 000

8. 下列各项中，不能再现金流量预算中反应的是（　　）。

A. 期初期末现金余额　　B. 现金收支

C. 现金筹措或利用　　　　　　　　　　　D. 生产预算

9. 适用于业务量水平较为稳定的生产和销售业务的成本费用预算的编制的预算方法是（　　）。

A. 增量预算法　　B. 弹性预算法　　C. 固定预算法　　D. 滚动预算法

10. 按照编制预算时的基础不同，预算可以分为（　　）。

A. 增量预算法和滚动预算法　　　　　　B. 调整预算法和零基预算法

C. 增量预算法和定期预算法　　　　　　D. 定期预算法和调整预算法

11. 下列说法中，不正确的是（　　）。

A. 资本预算包括长期投资预算和长期筹资预算

B. 财务预算包括现金预算、费用预算、财务状况预算等

C. 营业预算包括销售预算、生产预算、成本预算等

D. 全面预算包括营业预算、资本预算、财务预算

12. 下列计算等式中，不正确的是（　　）。

A. 本期生产数量＝(本期销售数量＋期末产成品存量)－期初产成品存量

B. 本期购货付现＝本期购货付现部分＋以前期赊购本期付现的部分

C. 本期材料采购数量＝(本期生产耗用数量＋期末材料存量)－期初材料存量

D. 本期销售商品所收到的现金＝本期的销售收入＋期末应收账款－期初应收账款

二、多项选择题

1. 产品成本预算是（　　）的汇总。

A. 直接材料预算　　　　　　B. 直接人工预算

C. 制造费用预算　　　　　　D. 生产预算

2. 现金流量预算由（　　）组成。

A. 现金多余或不足　　　　　B. 现金收入

C. 现金支出　　　　　　　　D. 现金不足部分的筹措和多余部分的利用

3. 已知 A 公司在预算期间，销售当月收回货款 50%，次月收回货款 35%，再次月收回货款 15%。预计 8 月份货款为 20 万元，9 月份货款为 30 万元，10 月份货款为 50 万元，11 月份货款为 100 万元，未收回的货款通过“应收账款”核算，则（　　）。

A. 10 月份到货款 38.5 万元

B. 10 月末的应收账款为 29.5 万元

C. 10 月末的应收账款有 22 万元在 11 月份收回

D. 11 月份的货款有 15 万元计入年末的应收账款

4. 某企业本月支付当月货款的 60%，支付上月货款的 30%，支付上上月货款的 10%，未支付的货款通过“应付账款”核算。已知 7 月份货款 20 万元，8 月份货款为 25 万元，9 月份货款为 30 万元，10 月份货款为 50 万元，则下列说法正确的有（　　）。

A. 9 月份支付 27.5 万元　　　　　　B. 10 月初的应付账款为 14.5 万元

C. 10 月末的应付账款为 23 万元　　　D. 10 月初的应付账款为 11.5 万元

5. 下列说法正确的有（ ）。

A. 现金流量预算都是针对年度现金流量的预算

B. 利润预算中的“所得税”项目痛处不是根据“利润总额”和所得税税率计算出来的

C. 资产负债表预算是企业最为综合的预算

D. 现金流量预算可以分开编成短期现金收支预算和短期信贷预算两个预算

6. 编制弹性预算的基本步骤包括（ ）。

A. 选择业务量的计算单位 B. 确定适用的业务量范围

C. 研究确定成本与业务量之间的数量关系 D. 评价和考核成本控制业绩

7. 下列说法不正确的有（ ）。

A. 生产预算是整个预算的编制起点

B. 生产预算中不涉及现金收支

C. 产品成本预算的主要内容是产品的单位成本

D. 销售费用和管理费用预算以销售预算为基础

8. 下列各项中，属于短期预算的有（ ）。

A. 资本预算 B. 销售预算

C. 销售费用和管理费用预算 D. 财务预算

9. 关于全面预算的特征，正确的说法有（ ）。

A. 以战略规划和经营目标为导向 B. 以业务活动环节及部门为依托

C. 以人、财、物等资源要素为基础 D. 与管理控制相衔接

10. 关于增量预算和零基预算的说法正确的有（ ）。

A. 增量预算是在基期水平上编制的，可能导致预算不准确。

B. 零基预算的前提之一是原有的各项业务都是合理的

C. 用零基预算编制费用预算时，不考虑以往期间的费用数额，但要考虑以往的费用项目

D. 增量预算不利于调动各部门达成预算目标的积极性

11. 下列关于编制弹性预算中业务计量单位选择的说法，正确的有（ ）。

A. 制造单一产品的部分，可以选用实务数量

B. 以手工操作为主的车间，应该选用人工工时

C. 修理部门可以选用直接修理工时

D. 机械化程度较高的企业可以选用机器工时

12. 下列各预算，在编制利润预算时需要考虑的有（ ）。

A. 销售预算 B. 销售费用预算 C. 产品成本预算 D. 财务费用预算

13. 关于编制预算的方法，下列说法正确的有（ ）。

A. 按编制预算的基础不同，可分为增量预算方法和零基预算方法

B. 按静态与动态的区别，可分为固定预算方法与弹性预算方法

C. 按预算期间的固定性和滚动性，可分为定期预算方法和预算方法

D. 按预算期间的固定性和滚动性，可分为定期预算方法和滚动预算方法

三、判断题

1. 制造费用预算都是以生产预算作为编制基础的。 (　　)

2. 预计财务报表的编制程序是先编制预计资产负债表，然后编制预计利润表。 (　　)

3. 直接人工预算不需另外预计现金支出，直接参加现今预算汇总。 (　　)

4. 一般来说，弹性预算业务量范围可定在正常生产能力的 80%～120%。 (　　)

5. 与固定预算法相比，弹性预算法扩大了预算的适用范围。 (　　)

6. 财务预算是计划工作的成果，既是决策的具体化，又是控制生产经营活动的依据。(　　)

7. 在运用公式法编制预算时，如果要评价和考核实际成本，这需要使用插补法计算实际业务量的预算成本。 (　　)

8. 在弹性预算的公式法下，阶梯式成本和曲线成本只能用数学方法修正为直线后才能运用公式法。 (　　)

9. 采用滚动预算法编制预算，能使预算期间保持与会计期间相一致。 (　　)

10. 成本性态分析的可靠性，在很大程度上决定了弹性预算法编制预算的准确性。(　　)

四、计算分析题

1. 某家具公司生产和销售 A、B、C 三种型号的家具，过去四年的销售记录见表 8.15。

表 8.15　边去四年的销售记录

型号＼销售量（件）＼年份	1	2	3	4
A	400	450	500	550
B	500	520	540	560
C	200	190	170	140

假定第五年的销售量变动趋势与前四年一致。存货预测为（单位：件），见表 8.16。

表 8.16　存货预测

型　号	A	B	C
第五年年初	50	100	60
第五年年末	100	100	20

要求：进行第五年的销售和生产预测。

2. 某工厂计划本年度销售 20 000 件产品，每件产品的预算成本为：直接材料费 60 元，直接人工费 40 元，变动性制造费用 100 元。该厂年初有 1 000 件产成品库存，预计年末存货 1 500 件产成品，并假定期初和期末均无在产品存货。要求：编制该厂本年度变动生产成本预算计划。

3. 某机床厂在 2007 年的年初余额为：现金 45 000 元，存货 94 000 元，设备 800 000 元（净值）。假定设备剩余使用寿命均为 20 年，无残值。第一季度销售额为 360 000 元，第二季度增加一倍，第三季度的销售额为 1 080 000 元。预计坏账损失为销售额的 1%，毛利为销售收入的 30%。（变动性销售费用为销售额的 12%，固定性销售费用每季度为 48 000 元（不含折旧）。变动性管理费用（不含坏账损失）为销售额的 3%，固定性管理费用（不含折旧）每季度为 34 200 元。要求：编制该厂 2007 年第二季度的预计损益表。

4. 某公司计划期间（2007 年度）制造费用的明细项目见表 8.17。

表 8.17　制造费用的明细项目

成本项目	具体情况
（1）物料费	每工时负担 0.50 元
（2）间接人工	基本工资为 5 000 元；另加每工时的津贴 1.00 元
（3）折旧费	10 000 元
（4）维护费	当生产工时在 2 000～4 000 工时范围时，基数为 3 000 元；另加每工时应负担 0.80 元
（5）水电费	基数为 1 000 元；另加每工时应负担 0.30 元

要求：为该公司在生产处于 2 000～4 000 工时的相关范围内，编制一套能适应多种业务量（间隔 1 000 工时）的制造费用弹性预算。

5. 已知 MC 公司 2007 年按公式法编制的制造费用弹性预算见表 8.18（其中较大的混合成本项目已经被分解）。

直接人工工时：22 596～35 508（小时）

生产能力利用程度：70%～110%

表 8.18　制造费用弹性预算（单位：元）

项　目	固定成本（a）	单位变动成本（b）
管理人员工资	8 700	
保险费	2 800	
设备租金	2 680	
维修费	1 661.2	0.21
水费	500	0.12
辅助材料	1 075.6	0.18
燃油		0.05
辅助工人工资		0.55
检验人员工资	300	0.02

要求：按照列表法编制 MC 公司 2007 年制造费用预算（按 10%为业务量间距）。

6. ABC 公司 2006 年度设定的每季末预算现金余额的额定范围为 50～60 万元，其中，年末余额已预定为 60 万元。假定当前银行约定的单笔短期借款必须为 10 万元的倍数，年利息率为 6%，借款发生在相关季度的期初，每季末计算并支付借款利息，还款发生在相关季度的期末。2006 年该公司无其他融资计划。

ABC 公司编制的 2006 年度现金流量预算的部分数据见表 8.19。

表 8.19　2006 年度 ABC 公司现金流量预算（金额单位：万元）

项　目	第一季度	第二季度	第三季度	第四季度	年度
期初现金额	40	*	*	*	（H）
销售现金收入	1 010	*	*	*	5 536.6
可供使用现金	*	1 396.30	1 549	*	（I）
现金支出合计	1 000	1365	*	1 602	5 553.7
现金多余或不足	（A）	31.3	−37.7	132.3	*
短期借款	0	（C）	0	−20	0
支付短期借款利息	0	（D）	（F）	0.3	*
购买有价证券	0	0	−90	（G）	*
期末现金余额	（B）	（E）	*	60	（J）

注：表中“*”表示省略的数据。

要求：计算上表中用字母“A～J”表示的项目数值（除“H”和“J”项外，其余各项列出计算过程）。

7. 某企业生产和销售 A 种产品，计划期 2007 年四个季度预计销售数量分别为 1 000 件、1 500 件、2 000 件和 1 800 件；A 种产品预计单位销售价 100 元。假设每季度销售收入中，本季度收到现金 60%，另外 40%要到下季度才能收回，上年末应收账款余额为 62 000 元。要求：

（1）编制 2007 年销售预算；

（2）确定 2007 年末应收账款余额。

表 8.20　销售预算（单位：元）

项　目	一季度	二季度	三季度	四季度	全年
销售数量（件）					
销售单价（元/件）					
销售收入					

表 8.21　预计现金流入（单位：元）

上年应收账款					
第一季度					
第二季度					
第三季度					
第四季度					
现金流入合计					

五、综合题

1. ABC公司是一零售业上市公司，请你协助完成2008年的盈利预测工作。上年度的财务报表见表8.22、表8.23。

表8.22　利润表

2007年12月31日　　单位：万元

销售收入	5 000
销售成本	3 000
毛　利	2 000
经营和管理费用：	
变动费用（付现）	850
固定费用（含折旧）	220
利息支出	6
利润总额	924
所得税	324
税后利润	600

表8.23　资产负债表

2007年12月31日　　单位：万元

资　产	年初数	年末数	负债和所有者权益	年初数	年末数
货币资金	100	140	应付账款	680	760
应收账款	160	190	长期借款	190	210
存　货	280	320	负债合计	870	970
固定资产原值	1000	1000	股本（每股面值1元）	500	500
减：折旧	80	100	资本公积	200	200
固定资产净值	920	900	留存收益	400	660
无形资产	510	780	股东权益合计	1 100	1 360
资产总额	1970	2 330	负债和所有者权益	1 970	2 330

其他财务信息如下：

（1）销售收入预计为6 000万元；

（2）预计毛利率下降2个百分点；

（3）预计经营和管理费的变动部分与销售收入的百分比不变；

（4）预计经营和管理费的固定部分增加330万元；

（5）购置固定资产支持800万元，并因此使公司年折旧额达到120万元；

（6）2008年销售活动取得的现金流入为5 960万元，存货周转率保持不变；

（7）平均在 3 个月后支付仅货款；

（8）3 月份增发股票 10 万股，获得现金 76 万元；

（9）现金多余时，购买有价证券，金额必须是 10 万元的倍数（不考虑利息收入）；

（10）假设 2008 年不归还长期借款本金，年末付息，借款利息按照年初年末平均借款额计算。年末现金余额不少于 150 万元；

（11）预计所得税为 300 万元。

要求：（1）确定 2008 年现金流入、现金流出和购买有价证券数额，并计算期末现金余额。

（2）预测 2008 年税后利润。

2. A 公司 6 月份现金收支的预计资料如下：

（1）6 月 1 日的现金余额为 12 000 元，已收到未入账支票 3 000 元。

（2）产品售价 10 元/件，4 月销售 10 000 件，5 月销售 12 000 件，6 月预计销售 15 000 件，7 月预计销售 20 000 件。根据经验，商品售出后当月可收回货款的 40%，次月收回 30%，再次月收回 25%，另外 5%为坏账。

（3）进货成本为 8/件，平均在 18 天后付款（每月按 30 天计算）。编制预算时月底存货为次月销售的 10%加 500 件。5 月底的实际存货为 1 500 件，应付账款余额为 50 000 元。

（4）6 月的费用预算为 14 000 元，其中折旧为 4 000 元，其他费用须当月用现金支付。

（5）预计 6 月份将购置设备一台，支出 50 000 元，须当月付款。

（6）6 月份预交所得税 20 000 元。

（7）现金不足时可从银行借入，借款额为 10 000 元。

六、案例分析

案例 8.1

成化公司为一家全国性的零售商。该公司获得一项新型打火机的独家经销权。过去数年间，此项打火机的销路急剧上升，故成化公司不得不增聘管理人员。假定你应该公司之聘，负责有关预算制度的推行。公司总经理交付你的第一项任务，是要编制一份从 4 月 1 日起的 3 个月的总预算。你极切盼望能做好该项工作。因此，你先收集了如下资料：

公司对于每月的期末现金额，希望能保持至少 10 000 元。该项新型打火机的售价将为每只 8 元。最近数月以及预测今后数月的打火机销售量如下：

1 月份（实际销售量）20 000 只

2 月份（实际销售量）24 000 只

3 月份（实际销售量）28 000 只

4 月份（预计销售量）35 000 只

5 月份（预计销售量）45 000 只

6 月份（预计销售量）60 000 只

7 月份（实际销售量）40 000 只

8 月份（预计销售量）36 000 只

9 月份（预计销售量）32 000 只

各月份的期末存货，应为下个月销售量的 90%。该项打火机的进货成本为每只 5 元。

该公司进货付款方法如下：

进货当月份付款 50%，其余 50% 于次月份付清。该公司之销货，全部为记账，无折扣。销售当月底前能收得货款 25%，次月份收得 50%，再次 1 月收得其余的 25%。坏账极少，可以不计。

以下为该公司每月之营业费用：

变动费用

销货佣金	1 元/每只打火机

固定费用

工资	36 000 元
水电	1 000 元
应摊保险费	1 200 元
折旧	1 500 元
其他	2 000 元

在上述各项营业费用中，除折旧及保险费外，均需于费用发生的当月以现金付清。该公司预计 5 月份将需购置固定资产 25 000 元，以现金支付。该公司宣布其上缴税利为每季 12 000 元，于下一季第 1 个月内上缴。以下为该公司 2006 年 3 月 31 日资产负债表，见表 8.24。

表 8.24　资产负债表

2006 年 3 月 31 日　　　　单位：元

资　产	
现金	14 000
应收账款（2 月份销货 48 000 元、3 月份销货 168 000 元）	216 000
存货（打火机 31 500 只）	157 500
预付保险费	14 400
固定资产（减折旧）	172 700
资产合计	574 600
负债及所有者权益	
应付账款——进货	85 757
应付税利	12 000
资本	300 000
保留盈余	176 850
负债及权益合计	574 600

该公司能向其往来银行借款，年利 10%。该公司多于月初借款，还款则在月底。利息计算及付息系于还本时一并办理。借款之还本，以 1 000 为单位，但借款可为任何金额。

现总经理要求你编制该公司至 6 月 30 日为止 3 个月的总预算，并应包括下列各分项预算：

（1）按月及全季合计的销货预算；销货及应收账款的分月及全季现金收账预算表；按月及全季合计的进货预算；按月及全季总额的进货现金支出预算表。

（2）请编制一份总预算，列明分月预算及全季预算。

（3）请编制该公司至 6 月 30 日为止三个月期间的预计收益表。

第九章　成本控制

☞ 学习指导

【学习目标】

本章主要讲述以下几个问题：成本控制的原则、成本控制的程序、标准成本的种类、标准成本的制定方法、标准成本的差异分析以及标准成本的账务处理、作业成本的基本概念。重点掌握成本差异的有关公式、相应的账务处理。

【学习建议】

1. 学习时间：10 小时

第一节建议学习时间：2 小时

第二节建议学习时间：6 小时

第三节建议学习时间：2 小时

2. 学习方法

（1）学习前可以对成本会计学有关成本核算和计算以及前面章节进行回顾。

（2）点播学习网络课程第九章。

（3）参加第 3 次在线导学直播。

（4）第二节学习完成后提交作业。

【学习重难点】

重点掌握成本差异分析。

全面预算编制完毕后，为保证全面预算所确定的各项目标和任务能够顺利完成，就必须对企业日常发生的一切经济活动进行事前与日常的控制。如发现问题，应迅速采取相应的对策和有效的措施进行促进、指导、干预和调节，借以巩固成绩、纠正缺点或修改原订的目标。这里所说的一切经济活动，当然包括供应、生产、销售、成本、财务等各个方面，而其中成本控制是最关键的一环，也是管理会计中“执行会计”的核心内容。

第一节　成本控制概述

一、成本控制的含义

按照控制论的基本原理，控制是对客观控制对象，按照一定标准，借助信息和一定手段，对其施加影响以实现目标的过程。所谓成本控制就是成本管理者根据成本计划（预算），对业务流程中发生的成本费用，采用一定的控制方法，对其施加影响以实现成本控制目标的过程。成本控制又有广义成本控制和狭义成本控制之分。广义成本控制强调对企业生产经营的各个方面、各个环节以及各个阶段的所有成本的控制。它不仅要控制产品生产阶段的成本，而且要控制产品的设计试制阶段的成本和销售及售后服务阶段的成本；不仅要控制产品成品，而且要控制产品成本以外的成本，如质量成本和产品生命周期成本；不仅要加强日常的反馈性成本控制，而且要做好事前的前馈性成本控制。而狭义成本控制主要是指对生产阶段产品成本的控制，它比较重视对日常生产阶段产品成本的限制。显然广义的成本控制在空间上渗透到企业的方方面面，在时间上贯穿了企业生产经营的全过程，它与成本预测、成本决策、成本预算、成本考核共同构成了现代成本管理的完整系统。

二、成本控制的对象和目标

成本控制的对象，顾名思义就是“成本”，从成本控制的角度出发，将成本控制的对象——成本，按如下标志进行分类：

（一）按成本控制的内容分

按成本控制的内容可将成本分为生产成本、非生产成本（期间成本）、研发成本、设计成本、采购成本、销售成本、储存成本、质量成本、功能成本、工程成本、劳务成本等。

（二）按成本控制的性态分

按成本控制的性态可将成本分为固定成本、变动成本和混合成本。

（三）按成本控制的时段分

按成本控制的时段可将成本分为事前成本、事中成本、事后成本。

成本控制目标是预期成本应该控制的水平及控制标准。制定成本目标是确定成本控制的出发点。成本控制的标准因采用成本控制的方法不同而有所不同，尽管成本控制的标准有很多，最为实际的是各种成本控制方法自身所确定的标准，如：全面预算管理成本控制的标准是“预算标准”，标准成本制度成本控制的标准就是标准成本，如此等等。

所谓成本控制方法是指为实现成本控制目标所采用的手段。成本控制的方法很多，如：全面预算管理、标准成本制度、作业成本制度、综合业绩考评制度、目标成本管理、质量成本管理、战略成本管理等，所以叫做××××制度或管理，而不叫××××法，有两个原因：一是成本控制不能就控制谈控制，必然涉及成本控制的标准（通常表现为成本计划或成本预算），成本控制过程中的调查以及对成本控制结果的考评，这实质上是一项管理；二是上述某些制度或管理蕴含着成本控制的方法，但不仅仅是对成本的控制，还有对其他内容的控制（如销售、生产、财务等），除了控制以外还包括计划和考评等。

成本控制方法的全面预算管理已在第八章介绍，本章只介绍标准成本制度和作业成本制度，综合业绩考评制度在第十章中介绍，其他控制方法从略。

三、成本控制的原则

成本控制的原则可以概括为以下四条：

1. 经济原则

它是指因推行成本控制而发生的成本，不应超过因缺少控制而丧失的收益。任何管理工作和销售、生产、财务活动一样，都要讲求经济效果。为建立某项控制，要花一定的人力或物力，付出一定的代价。这种代价不能太大，不应超过建立这项控制所能节约的成本。

通常，增加控制环节发生的成本比较容易计量，而控制的收益比较难于确定，但不能因此否定这条原则。在一般情况下，控制的收益会明显大于其成本，人们可以做出定性的判断。当然，确有一些企业为赶时髦，不计工本，搞了一些华而不实的烦琐手续，经济效果不大，甚至得不偿失。这是不符合经济原则的控制办法，是没有生命力的，是不可能持久的。

经济原则在很大程度上决定了我们只在重要领域中选择关键因素加以控制，而不对所有成本都进行同样周密的控制。

经济原则要求成本控制要能起到降低成本、纠正偏差的作用，具有实用性。成本控制系统应能揭示何处发生了失误，谁应对失误负责，并能确保采取纠正措施。只有通过适当的计划工作、组织工作和领导工作纠正脱离目标的偏差，才能证明成本控制系统是有用的。

经济原则要求在成本控制中贯彻“例外管理”原则，对正常成本费用支出可以从简控制，而对各种例外情况格外关注。例如，对脱离标准的重大差异展开调查，对超出预算的支出建立审批手续等。

经济原则还要求贯彻重要性原则。应把注意力集中于重要事项，对成本细微尾数、数额很小的费用项目和无关大局的事项可以从略。

经济原则要求成本控制系统应具有灵活性。面对已更改的计划，出现了预见不到的情况，控制系统仍能发挥作用，不至于在市场变化时控制系统成为无用的“装饰品”。

2. 因地制宜原则

它是指成本控制系统必须个别设计，适合特定企业、部门、岗位和成本项目的实际情况，不可照搬别人的做法。

适合特定企业的特点，是指大型企业和小型企业，老企业和新企业，发展快和相对稳定的企业，这个行业和那个行业的企业，同一企业的不同发展阶段，它们的其管理重点、组织结构、管理风格、成本控制方法和奖金形式都应当有区别，不存在适用所有企业的成本控制模式。例如，新建企业的管理重点是销售和制造，而不是成本；正常营业后管理重点是经营效率，要开始控制费用并建立成本标准；扩大规模后管理重点转为扩充市场，要建立收入中心和正式的业绩报告系统；规模庞大的老企业，管理的重点是组织的巩固，需要周密的计划和建立投资中心。

适合特定部门的要求，是指销售部门、生产部门、技术开发部门、维修部门和管理部门的成本形成过程不同，建立控制标准和实行控制的方法应有区别。

适合职务与岗位责任要求，是指总经理、厂长、车间主任、班组长需要不同的成本信息，应为他们提供不同的成本控制报告。

适合成本项目的特点，是指材料费、人工费、制造费用和管理费用的各明细项目，以及资本支出等，有不同的性质和用途，控制的方法应有区别。

3. 全员参加原则

企业的任何活动，都会发生成本，都应在成本控制的范围之内。任何成本都是人的某种作业的结果，只能由参与或者有权干预这些活动的人来控制，不能指望另外的人来控制成本。任何成本控制方法，其实质都是设法影响执行作业或有权干预作业的人，使他们能自我控制。所以，每个职工都应负有成本责任。成本控制是全体职工的共同任务，只有通过全体职工的协调一致的努力才能完成。

成本控制对员工的要求是：具有控制成本的愿望和成本意识，养成节约成本的习惯，关心成本控制的结果；具有合作精神，理解成本控制是一项集体的努力过程，不是个人活动，必须在共同目标下同心协力；能够正确理解和使用成本控制信息，据以改进工作，降低成本。

有效控制成本的关键，是调动全体员工的积极性。一般说来，人是不希望别人控制自己的。严格的成本控制并不是一件令人愉快的事情，不论对各级主管人员还是一般职工都是如此。但是，控制总是必须的。

为了调动全体员工成本控制的积极性，应注意以下问题：

(1) 需要有客观的、准确的和适用的控制标准。虽然管理必然有许多主观成分，但对一名下属的业绩评价，应尽可能实事求是，减少个人偏见和主观性。

(2) 鼓励参与制定标准。当一个人真正参与了制订计划和标准时，他常会在心理上觉得介入了该项工作，并愿意承担责任。或者，至少也要让下级充分了解控制标准建立的依据和必要性。

(3) 让员工了解企业的困难和实际情况。采用压制和强硬的控制，常会导致不满，而了解实情会激发员工的士气，自觉适当工作的需要。

(4) 建立适当的激励措施。努力工作就会取得好的业绩，并得到较多的物质或精神的奖励，从而使人更努力地工作。如果努力之后未得到肯定的评价，取得好的业绩而未得到奖励，或者没有努力的人却得了奖励，成本控制的积极性都会受到挫伤。

(5) 冷静地处理成本超支和过失。在分析成本不利差异时，应始终记住其根本目的是寻求解决问题的办法，而不是寻找“罪犯”。

4. 领导推动原则

由于成本控制涉及全体员工，并且不是一种令人欢迎的事情，因此必须由最高当局来推动。

成本控制对企业领导层的要求是：

(1) 重视并全力支持成本控制。各级人员对于成本控制是否认真，往往视最高当局是否全力支持而定。

(2) 具有完成成本目标的决心和信心。管理当局必须认定，成本控制的目标或限额必须而且可以完成。成本控制的成败，也就是他们自己的成败。

(3) 具有实事求是的精神。实施成本控制，不可好高骛远，更不宜急功近利，操之过急。唯有脚踏实地，按部就班，才能逐渐取得成效。

(4) 以身作则，严格控制自身的责任成本。

第二节 标准成本制度

一、标准成本制度概述

(一) 标准成本制度的基本概念及内容

标准成本制度也称标准成本管理，是指围绕标准成本的相关指标而设计的，将成本的事前控制、事中控制、事后控制及核算功能有机结合而形成的一种成本控制系统。它产生于20世纪20年代的美国，是泰罗制与会计相结合的产物，是最早的管理会计方法之一。当时它仅是一种比较简单的统计分析方法，配合泰罗制的实施来应用，目的在于向管理者及时提供实际成本脱离标准的情况，以便使管理者及时采取措施，消除偏差，实现对成本的有效控制。第二次世界大战后，随着管理会计的发展，标准成本制度在成本预算和控制方面得到广泛的应用，并发展成为包括标准成本的制定、差异的分析、差异的处理等三个组成部分的完整成本控制系统，而不单纯是一种成本计算方法。长期以来，标准成本系统一直作为一种行之有效的成本控制手段被世界各国广泛采用，同时也构成了管理会计的一项重要内容。

标准成本系统与一般的成本计算方法的不同，体现在日常核算与差异分析相结合、成本控制与成本计算相结合。主要表现在：以目标成本（标准成本）为基础，把实际发生的成本与标准成本进行比较，揭示出成本差异，使差异成为向人们发出的一种“信号”；以此为线索，企业可进一步查明形成差异的原因和责任，并据以采取相应的措施，巩固成绩，克服缺点，实现对成本的有效控制。它既可以通过一定的方法将标准成本和成本差异结合起来，又可以确定产品的实际成本。由此可见，标准成本系统以标准成本为核心，将一系列成本管理环节有机联系在一起；不仅实现了成本的事前、事中控制和事后分析，而且还将成本管理与核算有机地结合起来；不仅大大提高了成本核算速度，最大限度地发挥了成本核算的功能，而且还大大提高了成本管理的效率，的确不失为一种科学完善的成本管理手段。具体地讲，标准成本制度主要由以下三个部分构成。

1. 制定标准成本

制定标准成本，即根据企业已经达到的生产技术水平，各项成本标准和与此相关的业务量之间的关系，通过精密的调查、分析和技术测定，分别确定出相应的标准成本内容，经汇总后再确定出产品标准成本的一系列行为过程。在标准成本制定过程中，其指导思想是：从现实出发，立足于先进，并给人们指明一种激励性的目标。因此，它必须是在消除一切不利的条件下，制定出先进可行的考评尺度，通过制定过程，实现事前成本控制的目的。标准成本制定完成后，便于分清成本责任，为成本控制与考核提供客观尺度，并为成本决策提供依据，进一步它就可以在简化成本核算等方面发挥重要作用。

2. 计算分析成本差异

计算分析成本差异，即通过记录当期发生的实际成本，根据成本项目的标准开支数和当期实际业务量，分别计算出当前产品各项标准成本，在产品生产过程中随时同实际成本进行比较，分析评价实际成本与标准成本之间的差异性质及其原因，并及时提醒有关责任者，尽早采取有效措施，达到降低成本之目的的一系列行为过程。通过这一过程，不仅可以及时发现实际工作同目标要求之间的差距，促使其不断改进工作，避免今后工作中重复出现失误，达到事中控制的目的，而且还可为成本管理工作的绩效考核提供充足的资料和依据。

3. 处理成本差异

处理成本差异，即在成本核算中对各成本项目以标准成本为基础，结合相应的成本计算方法及时地进行核算和账务处理，并利用差异分析，将产品的标准成本调整为符合要求的产品实际成本的一系列行为过程。通过这一过程，不仅在加快成本计算与核算速度的基础上满足了实际成本核算的需要，而且还可明确各种成本差异对产品成本高低的影响程度，为成本管理提供反馈信息，使之实现事后成本控制的目的。

上述标准成本制度中的三个组成部分，第一部分不仅实现了事前控制，而且为后两部分提供了客观依据；第二部分不仅实现了事中纠正，而且还使第一部分的目的进一步得到落实，并为第三部分提供了客观依据；第三部分不仅实现了事后控制，而且通过成本计算，为前两部分工作进行客观总结，同时也为下期的标准成本制度的形成收集和整理了非常有用的素材。这三部分如果能实现相互有机配合，将可以充分体现出标准成本制度的科学性和先进性，使成本管理水平大为提高。

（二）标准成本制度的特点及其意义

标准成本制度区别于其他成本核算方法的最显著特点在于：其他成本核算方法均是对产品生产过程中各项生产成本的实际耗费进行核算，从而计算出产品的实际成本；而标准成本制度是对产品生产过程中各项生产成本的标准耗费进行核算，计算归集产品的标准成本，并对实际成本脱离标准成本的成本差异用专门账户另作专门反映，其计算得出的产品成本是产品的标准成本。正是由于这一特点，使得标准成本制度绝不仅仅是一种单纯的成本计算方法，而是上升为一种有效的成本控制制度。其意义体现在以下几方面：

（1）标准成本作为一种预计成本或目标成本，既可以成为成本控制的依据，也可成为有关长、短期决策，如定价决策的依据，而且还可作为预算编制的基础。

(2) 实施标准成本制度，可以增强全员的成本意识，促进各项资源的有效运用，从而有效地控制成本支出。

(3) 实施标准成本制度，可以随时发现成本偏差，并针对其原因进行及时、有效的管理，从而实现成本的有效控制。

(4) 标准成本制度有助于责任会计制度的实施。标准成本是责任成本预算的编制依据，差异分析是责任中心业绩评价的基础。

(5) 在标准成本制度下，各成本要素均按标准成本进行账务处理，简化了成本核算工作量。

二、标准成本的制定

(一) 标准成本的概念

标准成本是通过精确的调查、分析与技术测定而制定的，用来评价实际成本、衡量工作效率的一种预计成本。在标准成本中，基本上排除了不应该发生的“浪费”，因此被认为是一种“应该成本”。标准成本和估计成本同属于预计成本，但后者不具有衡量工作效率的尺度性，主要体现可能性，供确定产品销售价格使用。标准成本要体现企业的目标和要求，主要用于衡量产品制造过程的工作效率和控制成本，也可用于存货和销货成本计价。

“标准成本”一词在实际工作中有两种含义：

一种是指单位产品的标准成本，它是根据单位产品的标准消耗量和标准单价计算出来的，准确地说来应称为“成本标准”。

成本标准＝单位产品标准成本＝单位产品标准消耗量×标准单价

另一种是指实际产量的标准成本，是根据实际产品产量和单位产品成本标准计算出来的。

标准成本＝实际产量×单位产品标准成本

标准成本与预算成本既有联系，又有区别。标准成本是预算成本的基础。多数情况下，标准成本是与单位产品相联系的，它是单位产品成本目标或成本标准的概念；预算成本则是一种总额的概念，它是某一预算期的产品或某批、某类产品的标准成本。但预算成本也不同于实际产量下的标准成本，预算成本是以预计产量为基础的，是预计产量与单位产品标准成本的乘积。

(二) 标准成本的种类

1. 理想标准成本和正常标准成本

标准成本按其制定所依据的生产技术和经营管理水平，分为理想标准成本和正常标准成本。

理想标准成本是指在最优的生产条件下，利用现有的规模和设备能够达到的最低成本。制定理想标准成本的依据，是理论上的业绩标准、生产要素的理想价格和可能实现的最高生产经营能力利用水平。这里所说的理论业绩标准，是指在生产过程中毫无技术浪费时生产要素消耗量，最熟练的工人全力以赴工作、不存在废品损失和停工时间等条件下可能实现的最优业绩。这里所说的最高生产经营能力利用水平，是指理论上可能达到的设备利用程度，只扣除不可避免的机器修理、改换品种、调整设备等时间，而不考虑产品销路不佳、生产技术故障等造成的影响。这里所说的理想价格，是指原材料、劳动力等生产要素在计划期间最低的价格水平。因此，这种标准是“工厂的极乐世界”，很难成为现实，即使暂时出现也不可能持久。它的主要用途是提供一个完美无缺的目标，揭示实际成本下降的潜力。因其提出的要求太高，不能作为考核的依据。

正常标准成本是指在效率良好的条件下，根据下期一般应该发生的生产要素消耗量、预计价格和预计生产经营能力利用程度制定出来的标准成本。在制定这种标准成本时，把生产经营活动中一般难以避免的损耗和低效率等情况也计算在内，使之切合下期的实际情况，成为切实可行的控制标准。要达到这种标准不是没有困难，但它们是可能达到的。从具体数量上看，它应大于理想标准成本，但又小于历史平均水平，实施以后实际成本更大的可能是逆差而不是顺差，是要经过努力才能达到的一种标准，因而可以调动职工的积极性。

在标准成本系统中，广泛使用正常的标准成本，具有以下特点：它是用科学方法根据客观实验和过去实践经充分研究后制定出来的，具有客观性和科学性；它排除了各种偶然性和意外情况，又保留了目前条件下难以避免的损失，代表正常情况下的消耗水平，具有现实性；它是应该发生的成本，可以作为评价业绩的尺度，成为督促职工去努力争取的目标，具有激励性；它可以在工艺技术水平和管理有效性水平变化不大时持续使用，不需要经常修订，具有稳定性。

2. 现行标准成本和基本标准成本

标准成本按其适用期，分为现行标准成本和基本标准成本。

现行标准成本指根据其适用期间应该发生的价格、效率和生产经营能力利用程度等预计的标准成本。在这些决定因素变化时，需要按照改变了的情况加以修订。这种标准成本可以成为评价实际成本的依据，也可以用来对存货和销货成本计价。基本标准成本是指一经制定，只要生产的基本条件无重大变化，就不予变动的一种标准成本。所谓生产的基本条件的重大变化是指产品的物理结构变化，重要原材料和劳动力价格的重要变化，生产技术和工艺的根本变化等。只有这些条件发生变化，基本标准成本才需要修订。由于市场供求变化导致的售价变化和生产经营能力利用程度变化，由于工作方法改变而引起的效率变化等，不属于生产的基本条件变化，对此不需要修订基本标准成本。基本标准成本与各期实际成本对比，可反映成本变动的趋势。由于基本标准成本不按各期实际修订，不宜用来直接评价工作效率和成本控制的有效性。

（三）标准成本的制定

1. 标准成本的制定原理

标准成本的确定主要取决于两个尺度：具体的业务活动以及对该业务活动的量的描述，以公式表示为：

$$标准成本=数量标准\times价格标准$$

其中：数量标准是以绝对数形式表示的成本要素消耗量，价格标准是单位成本要素的价格。

根据数据来源的差异，数量标准和价格标准可以根据如下几种常见的方式确定：

(1) 历史标准。

历史在一定程度上解释了未来。如果企业在成熟产品的生产上已经积累了大量的经验，那么就可以选择以历史标准制定标准成本。当产品的生产流程、生产技术没有发生大的变动，料、工、费的消耗量通常不会发生大的变动，因此，历史标准就是相关的。

此外，采用历史标准所需的数据比较容易取得，这也是许多企业选择该标准的重要理由。

历史标准的最大缺陷在于，该标准往往容易忽视未来可能发生的重大变化，并且被动接受无效率状态（在现在条件下是可改进的）继续存在，不利于企业提高生产经营的管理水平。

(2) 综合标准。

综合标准是通过分析生产的业务流程后建立起来的预定标准，它分析的是“应该”消耗多少。如通过动作研究，分析完成一个作业或一组作业所需的时间，进而确定该生产环节的联合动作的时间定额总和，并以之作为该生产环节的直接人工小时定额。

(3) 外来指标。

外来指标是指企业借用外部数据作为标准成本的制定依据，常见的如：采取已公布的行业或一般经济数据、行业先进企业的指标等。但使用外来标准时要特别小心，通常要求这些外来指标可以很好地与企业现实结合起来，并可以追溯出产生差异的原因。

在制订标准的过程中应尽可能吸收专业人员参与，如请工程师或现场管理人员参与生产成本标准制定，请采购部参与材料价格标准的制定。吸收多种知识背景的人员参与标准的制定，一方面有利于提高标准的科学性、严密性；另一方面也有助于他们从主观上认同标准，在执行过程中自觉遵守标准。

2. 直接材料的标准成本

单位产品直接材料的标准成本可以通过如下公式制定：

直接材料标准成本＝单位产品的标准耗用量×材料标准单价

如果产品生产需耗用一种以上的原材料，那么，应将各种材料分别计算后加总，即

$$\begin{matrix}\text{直接材料}\\\text{标准成本}\end{matrix}=\sum_{i=1}^{n}\left(\begin{matrix}\text{单位产品生产第}i\text{种}\\\text{材料的标准耗用量}\end{matrix}\times\begin{matrix}\text{第}i\text{种材料}\\\text{的标准单价}\end{matrix}\right)$$

其中，数量标准既要考虑构成产品实体的材料，还要考虑生产过程中必不可少的损耗和不可避免的废品所占用的材料数额。价格标准就是采购材料所需的费用，除买价外，还包括运杂费等。

3. 直接人工的标准成本

单位产品的直接人工的标准成本可以通过如下公式制定：

直接人工标准成本＝单位产品的标准工时×小时标准工资率

其中，数量标准，即“单位产品的标准工时”是指在现有生产技术条件下生产单位产品所必需的工作时间，既包括产品的直接加工时间、必要的间歇和停工时间，也包括耗用在不可避免的废品上的加工时间。

价格标准，即“小时标准工资率”，是指直接人工的小时标准工资。采用计时工作制的企业，直接人工的标准成本就是生产单位产品应支付的计件工资。

如果一个企业有不同等级的工资标准，那么，可以采取类似制定直接材料标准成本的方法加以确定，即

$$\begin{matrix}\text{直接材料}\\\text{标准成本}\end{matrix}=\sum_{i=1}^{n}\left(\begin{matrix}\text{单位产品生产第}i\text{种}\\\text{直接人工的标准工时}\end{matrix}\times\begin{matrix}\text{第}i\text{种等级直接人工}\\\text{的小时标准工资率}\end{matrix}\right)$$

当然，也可以将不同等级人工的标准工时和小时标准工资率换算为同一等级的人工标准，再确定直接人工的标准成本。

4. 制造费用的标准成本

由于制造费用包含的种类繁多，差异比较大，各种具体费用细目的数量标准、价格标准和直接材料、直接人工有所差异。其中，数量标准，就是根据制造费用分配标准确定的分配数量，如：以直接人工小时作为分配标准，那么数量标准就是生产单位产品所需的直接人工小时数；以机器小时作为制造费用的分配标准，那么数量标准就是生产单位产品所需的机器小时数。在作业成本体制下，就是消耗的成本运动次数，如材料搬运次数、机器调整次数等。

制造费用标准成本的价格标准就是制造费用的分配率，通常根据制造费用预算确定。预算的编制应建立在现有生产能力得到充分利用的基础上，并针对固定性制造费用和变动性制造费用分别编制。

（1）变动性制造费用的标准成本。

单位产品的变动性制造费用可以根据费用额与业务量之间的性态关系确定，也可以通过费用预算确定。假定某公司以直接人工工时为基础分配制造费用，则

$$\begin{matrix}\text{直接人工工时变动性}\\\text{制造费用分配率标准}\end{matrix}=\frac{\text{变动性制造费用总预算}}{\text{直接人工工时总数}}$$

$$\begin{matrix}\text{单位产品变动性制}\\\text{造费用的标准成本}\end{matrix}=\begin{matrix}\text{单位产品耗用的}\\\text{直接人工工时}\end{matrix}\times\begin{matrix}\text{直接人工工时变动性}\\\text{制造费用分配率标准}\end{matrix}$$

（2）固定性制造费用的标准成本。

固定性制造费用与产量之间并没有明显的线性关系，要在预算期间生产的产品之间进行分摊。假设仍以直接人工工时作为分配标准，分配率标准可以以下公式确定：

$$\begin{matrix}\text{直接人工工时固定性}\\\text{制造费用分配率标准}\end{matrix}=\frac{\text{固定性制造费用总预算}}{\text{直接人工工时总数}}$$

$$\begin{matrix}\text{单位产品变动性制}\\\text{造费用的标准成本}\end{matrix}=\begin{matrix}\text{单位产品耗用的}\\\text{直接人工工时}\end{matrix}\times\begin{matrix}\text{直接人工工时固定性}\\\text{制造费用分配率标准}\end{matrix}$$

将通过上述程序确定的直接材料、直接人工和变动性制造费用及固定性制造费用的标准成本加总即为产品的单位标准成本。

（四）案　例

下面结合案例，具体说明标准成本的制定。

【例 9.11】　成蓉公司专业产销一种产品——产品甲，公司准备在生产管理中推行标准成本制度。通过分析，收集的会计及生产技术资料如下：

(1) 生产一件产品甲，需耗用直接人工 0.5 小时，小时工资率 20 元。

(2) 生产一件产品甲，需耗用三种材料：

材料 K—1，每件耗用 2 kg，单价 10 元/kg，每千克材料运杂费 0.1 元；

材料 K—2，每件耗用 10 kg，单价 1 元/kg，每千克材料运杂费 0.05 元；

材料 K—3，每件耗用 1 个，单价 50 元/个，运杂费 1 元/个。

(3) 在材料采购后 10 天内支付货款可以获得 2%的现金折扣，该公司准备利用该现金折扣。

(4) 生产耗用的材料 K—2，在运输及使用中会发生合理损耗 5%，实际应用到产品生产的只有 95%。

(5) 生产中会产生 5%的废品，且这些废品没有残余价值。

(6) 公司实行 8 小时工作制，每天用于机器调整及准备的时间大致需要 0.5 小时。

(7) 生产的变动性制造费用总预算是 300 000 元，以直接人工小时为分配基础。

(8) 公司期间的固定性制造费用发生额为 500 000 元。

(9) 预计期间销售产品 40 000 件。

根据以上材料分别确定标准成本如下：

1. 直接材料的标准成本

制造一件合格的产品 A，需要耗用三种原材料。各种原材料的标准耗用量和标准价格分别计算如下：

(1) $\begin{matrix}\text{材料K—1的}\\\text{标准耗用量}\end{matrix}=\dfrac{2}{1-5\%}=2.105\ \text{(kg)}$

价格标准＝采购单价×(1－现金折扣率)＋运杂费＝10×(1－2%)＋0.1＝9.9（元/kg）

(2) $\begin{matrix}\text{材料K—2的}\\\text{标准耗用量}\end{matrix}=\dfrac{10}{95\times(1-5\%)}\approx 11.08\ \text{(kg)}$

价格标准＝1×(1－2%)＋0.05＝1.03（元/kg）

(3) $\begin{matrix}\text{材料K—3的}\\\text{标准耗用量}\end{matrix}=\dfrac{1}{1-5\%}\approx 1.053\ \text{(个)}$

价格标准＝50×(1－2%)＋1＝50（元/个）

根据 i 直接人工标准成本$=\sum_{i=1}^{n}\left(\begin{matrix}\text{单位产品生产中第}i\text{等}\\\text{级直接人工的标准工时}\end{matrix}\times\begin{matrix}\text{第}i\text{等级直接人工}\\\text{的小时标准工资率}\end{matrix}\right)$，可以确定单位产品直接材料的标准成本为：

直接材料标准成本＝2.105×9.9＋11.08×1.03＋1.053×51＝85.96（元/件）

2. 直接人工的标准成本

由于本案例只涉及一种直接人工等级，因此可以直接采用直接人工标准成本＝单位产品的标准工时×小时标准工资率的公式，制定直接人工的标准成本，其中：

$$\text{单位合格产品标准工时}=\frac{\text{单位产品工时标准}}{(1-\text{废品率})\times\text{有效工作时间率}}=\frac{0.5}{(1-5\%)\times\frac{8-0.5}{8}}=0.561\ (\text{小时})$$

因此，直接人工标准成本＝0.561×20＝11.22（元/件）

3. 变动性制造费用的标准成本

由于采用直接人工工时作为变动性制造费用的分配基准，因此可以确定：

$$\text{直接人工小时变动性制造费用分配率标准}=\frac{\text{变动性制造费用总预算}}{\text{总的直接人工小时}}=\frac{300\,000}{40\,000\times0.561}=13.37\ (\text{元/直接人工工时})$$

单位产品分配的变动性制造费用为：

$$\text{单位产品变动性制造费用的标准成本}=\text{单位产品耗用的直接人工小时}\times\text{直接人工小时变动性制造费用分配率标准}=13.37\times0.561=7.5\ (\text{元})$$

4. 固定性制造费用的标准成本

由于采用直接人工工时作为唯一基础，分配固定性制造费用，因此单位产品的固定性制造费用的标准成本可以制定如下：

$$\text{单位机器小时固定性制造费用分配率标准}=\frac{\text{固定性制造费用总预算}}{\text{总的直接人工小时}}=\frac{500\,000}{40\,000\times0.561}=22.281\ (\text{元/直接人工小时})$$

单位产品分摊的固定性制造费用为：

$$\text{单位产品固定性制造费用的标准成本}=\text{单位产品耗用直接人工小时}\times\text{直接人工小时固定性制造费用分配率标准}=0.561\times22.281\approx12.50\ (\text{元})$$

综合前面的各个项目，可以计算出单位合格产品的标准成本为：

直接材料的标准成本	85.96 元
直接人工的标准成本	11.22 元
制造费用	
变动性制造费用的标准成本	7.50 元
固定性制造费用的标准成本	12.50 元
单位合格产品的标准成本	117.18 元

三、成本差异分析

标准成本是一种目标成本，由于种种原因，产品的实际成本会与目标不符。实际成本与标准成本之间的差额，称为标准成本的差异，或称为成本差异。成本差异是反映实际成本脱离预定目标程度的信息。为了消除这种偏差，要对产生的成本差异进行分析，找出原因和对策，以便采取措施加以纠正。

（一）变动成本差异的分析

直接材料、直接人工和变动制造费用都属于变动成本，其成本差异分析的基本方法相同。由于它们的实际成本高低取决于实际用量和实际价格，标准成本的高低取决于标准用量和标准价格，所以其成本差异可以归结为价格脱离标准造成的价格差异与用量脱离标准造成的数量差异两类。

$$\begin{aligned}\text{成本差异} &= \text{实际成本} - \text{标准成本} = \text{实际数量} \times \text{实际价格} - \text{标准数量} \times \text{标准价格} \\ &= \text{实际数量} \times \text{实际价格} - \text{实际数量} \times \text{标准价格} + \text{实际数量} \times \text{标准价格} - \text{标准数量} \times \text{标准价格} \\ &= \text{实际数量} \times (\text{实际价格} - \text{标准价格}) + (\text{实际数量} - \text{标准数量}) \times \text{标准价格} \\ &= \text{价格差异} + \text{数量差异}\end{aligned}$$

有关数据之间的关系如图 9.1 所示。

$$\left.\begin{array}{l}①\text{实际数量}\times\text{实际价格}\\ ②\text{实际数量}\times\text{标准价格}\\ ③\text{标准数量}\times\text{标准价格}\end{array}\right\}\left.\begin{array}{l}\text{价格差异}\\ ①-②\\ \text{数量差异}\\ ②-③\end{array}\right\}\begin{array}{l}\text{成本差异}\\ ①-③\end{array}$$

图 9.1　成本差异有关数据之间的关系

1. 直接材料成本差异分析

直接材料实际成本与标准成本之间的差额，是直接材料成本差异。它由直接材料用量差异和直接材料价格差异两部分所组成。

（1）直接材料用量差异。

直接材料用量差异是指由于直接材料用量差而导致的直接材料成本差异。即

$$\text{直接材料用量差异} = \text{材料标准价格} \times (\text{材料实际耗用量} - \text{材料标准耗用量})$$

直接材料用量差异的形成原因是多方面的，有生产部门的原因，也有非生产部门的原因。用料的责任心强弱、技术技艺状况、废品废料率的高低、设备工艺状况等，是材料用量差异的主要原因；材料质量状况、材料规格的适应程度等，也会导致材料用量差异。正因为此，材料用量差异的责任需要通过具体分析方能明确，但其主要责任部门往往是生产部门。

（2）直接材料价格差异。

直接材料价格差异是指由于直接材料价格差而导致的直接材料成本差异差异不同的是，直接材料价格差异有两种计算方式。一种方式是：

$$\text{材料采购价格差异}=\text{材料实际采购量}\times\left(\text{材料实际价格}-\text{材料标准价格}\right)$$

由于在标准成本制度中，材料也应采用标准成本核算，因此在材料入库时便需按标准价格入账，其价格差异因而也需于入库时同时确认入账。或者说，材料价格差异主要是因采购部门的工作情况而决定，它与材料耗用量的多少无关，通过计算材料采购价格差异便可以较全面地考核采购部门的成本控制业绩，所以材料采购价格差异在标准成本制度中具有非常重要的意义。但是，在进行各期的成本差异分析时，直接材料实际价格与其标准价格的不同必然也是直接材料成本差异的重要原因，因此差异额只与本期耗用量有关，所以在进行产品成本差异分析时，还应使用另一种方式，即

$$\text{材料耗用价格差异}=\text{材料实际用量}\times\left(\text{材料实际价格}-\text{材料标准价格}\right)$$

材料耗用价格差异是本期直接材料成本差异中不应由生产部门负责的成本差异，在成本差异核算中它可能并不体现，但在成本差异分析中计算材料耗用价格差异，一方面可以区分部门责任，另一方面能使各项具体成本差异之和等于产品成本总差异，从而使成本差异分析的正确性可检验，因此它同样具有重要意义。

材料价格差异的形成原因较为复杂，有主观原因，也有客观原因。如是否享受采购优惠、市场价格的变动、供货厂商的变动、运输方式及其路线的变动、采购批量的变动等等，都可以导致材料的价格差异。但由于它与采购部门的工作情况关系更密切，所以其主要责任部门是采购部门。

对于材料的价格差异分析应注意两个问题：第一，应采用谨慎原则，因为如果使用价格较低但品质较差的材料，材料价格的降低可能导致产品成本的上升，如废品的增加、返修率的提高等，最终导致销售失败。第二，材料价格差异确认的时间。一般情况下，材料采购价格差异在材料采购时确认；材料耗用价格差异在材料领用时确认。区别差异确认的时间，一方面及早确认材料采购价格差异，使企业的生产决策对外部环境的变化及时做出反应，另一方面又可以真实反映产品成本。

【例 9.2】 某公司生产甲产品所用的原材料的标准价格为 4 元/kg，其用量标准为 2kg/件。本期购进该原材料 800 kg，实际价格为 5 元/kg。本期实际生产了甲产品 400 件，耗用原材料 700 kg。要求：对直接材料的成本差异进行分析。

分析 计算直接材料成本差异如下：

材料采购价格差异＝800×(5－4)＝800（元） （不利差异）

$$\text{直接材料成本总差异}=\text{本期生产用直接材料的实际成本}-\text{标准成本}$$

$$=700\times5-400\times4\times2=300\ (\text{元})$$ （不利差异）

其中： 直接材料用量差异＝(700－800)×4＝－400（元） （有利差异）

直接材料（耗用）价格差异＝700×(5－4)＝700（元） （不利差异）

实际材料费用总额	实际耗用量预算费用	分配到产品中的材料费用
700×5	700×4	400×2×4

材料差异分析：价格差异:700 用量差异 量差异：－400

材料成本差异:300

对上述成本差异的原因进行具体分析如下：本期直接材料发生300元的不利差异主要是采购部门的过失造成的。由于它们未能按经济批量订货，且运输途中保管不善，因而增加了700 元的采购费用，形成了不利差异。就生产部门而言，其成本控制情况是有利的：生产部门由于材料耗用量节约，发生了有利差异400元。经调查发现，其材料用量节约的主要原因是企业实行了分期发料，超定额领料必须主管领导批准的办法，并建立了相应的奖惩制度，调动了工人节约用料的积极性。

2. 直接人工成本差异

直接人工成本差异包括直接人工效率差异和工资率差异。

(1) 直接人工效率差异。

直接人工效率差异即直接人工用量差异，因为人工耗用量的多少反映着效率的高低，所以称之为效率差异更为确切。

直接人工效率差异＝(实际人工工时－标准人工工时)×标准工资率

式中，标准人工工时是指实际产量下的标准人工工时。

直接人工效率差异的形成原因，包括工作环境不良。工人经验不足、劳动情绪不佳、新工人上岗太多、机器或工具选用不当、设备故障较多、作业计划安排不当、产量太少无法发挥批量节约优势等。它主要是生产部门的责任，但这也不是绝对的。例如，材料质量不好，也会影响生产效率。

(2) 工资率差异。

工资率差异即直接人工的价格差异。人工的价格表现为小时工资率，因而通常将直接人工的价格差异直接表述为工资率差异。

工资率差异＝实际人工工时×(实际工资率－标准工资率)

工资率差异形成的原因，包括直接生产工人升级或降级使用、奖励制度未产生实效、工资率调整、加班或使用临时工、出勤率变化等，原因复杂而且难以控制。一般说来，应归属于人事劳动部门管理，差异的具体原因会涉及生产部门或其他部门。

【例 9.3】 成蓉公司甲产品的直接人工标准成本为20元/件（2小时×10元/时），本期生产甲产品400件，实际耗时890小时，支付直接人工工资9 078元。要求：对直接人工成本差异进行分析。

分析 首先，对成本差异计算如下：

直接人工成本总差异＝实际人工成本－标准人工成本

＝9 078－400×20＝1 078（元）（不利差异）

其中：直接人工效率差异＝(890－400×2)×10＝900（元）（不利差异）

$$工资率差异=890\times\left(\frac{9\ 078}{890}-10\right)=178（元）\qquad（不利差异）$$

实际人工费用总额	实际产量预算人工费用	分配到产品中的人工费用
$890\times\frac{9\ 078}{890}$	890×10	$400\times2\times10$

人工费用差异分析：　工资率差异:178　　效率差异:900

材料成本差异:1078

对人工成本差异原因分析如下：

直接人工成本总体上超支了 1 078 元，其中人工效率差异发生的不利差异超支了 900 元，工资率差异发生的不利差异超支了 178 元。工资率超标，是因为为适应甲产品的质量要求，调用了部分技术级别和工资级别均较高的技工，使小时工资率增加了 0.2 元/时。但也正是由于用工结构的改变，这些工人为适应新的环境，在作业计划重新调整后还有不适应的方面，虽然提高了产品质量，却降低了工作效率，使工时的耗用由标准的 800 小时，提高为 890 小时，超工时 90 小时，从而导致了最终的成本超支。可见生产部门在生产组织上还需要重新协调。

3. 变动性制造费用成本差异

变动性制造费用成本差异由效率差异和耗费差异两部分所组成。

（1）效率差异。

变动性制造费用效率差异即变动性制造费用的用量差异，它是因实际耗用工时脱离标准而导致的成本差异，其计算公式为：

$$\frac{变动性制造费}{用效率差异}=\frac{变动性制造费用}{标准分配率}\times(实际工时-标准工时)$$

变动性制造费用效率差异，是由于实际工时脱离了标准，多用工时导致的费用增加，因此其形成原因与人工效率差异相同。

（2）耗费差异。

变动性制造费用耗费差异即变动性制造费用的价格差异，它是因变动性制造费用的实际耗费（即开支额）脱离标准而导致的成本差异，也叫变动性制造费用开支差异。计算如下：

$$\frac{变动性制造费}{用耗费差异}=实际工时\times\left(\frac{实际变动性制造}{费用分配率}-\frac{标准变动性制造}{费用分配率}\right)$$

变动性制造费用的耗费差异，是实际支出与按实际工时和标准费率计算的预算数之间的差额。由于后者是在承认实际工时是必要的前提下计算出来的弹性预算数，因此该项差异反映耗费水平即每小时业务量支出的变动性制造费用脱离了标准。耗费差异是部门经理的责任，他们有责任将变动性制造费用控制在弹性预算限额之内。

【例 9.4】 成蓉公司甲产品的变动性制造费用分配率标准为 4 元/时，其标准工时为 2 小时/件。本期实际生产 400 件，耗用工时 890 小时，实际发生变动性制造费用 3 916 元。要求：对变动性制造费用成本差异进行分析。

分析 变动性制造费用成本总差异 $=3\,916-400\times2\times4=716$（元） （不利差异）

其中：变动性制造费用效率差异 $=4\times(890-400\times2)=360$（元） （不利差异）

变动性制造费用耗费差异 $=890\times\left(\dfrac{3\,916}{890}-4\right)=356$（元） （不利差异）

实际变动性制造费用分配率	实际产量预算费用	分配到产品中的变动性制造费用
890×3 916×890	890×4	400×2×4

变动性制造费用差异分析： 耗费差异:356 效率差异:360

材料成本差异:716

可见，该公司变动性制造费用总体上超支了 716 元，其中由于效率降低，延长工时，而超支变动性制造费用 360 元；由于费用开支额增加，提高了费用分配率，从而超支了变动性制造费用 356 元。这说明该公司变动性制造费用控制情况不好。

（二）固定性制造费用的差异分析

由于固定性制造费用与各项变动成本具有不同的性态：固定性制造费用在相关范围内不受产量及工时变动的影响，其总额具有相对固定不变性，因此，固定性制造费用的成本差异分析与其他成本项目的差异分析有所不同，通常存在着“二因素分析法”和“三因素分析法”两种不同分析方法。

1. 二因素分析法

二因素分析法，是将固定性制造费用差异分为耗费差异和能量差异。

耗费差异是指固定性制造费用的实际金额与固定性制造费用预算金额之间的差额。固定费用与变动费用不同，不因业务量而变，故差异分析有别于变动费用。在考核时不考虑业务量的变动，以原来的预算数作为标准，实际数超过预算数即视为耗费过多。其计算公式为：

$$\text{固定性制造费用耗费差异}=\text{固定性制造费用实际数}-\text{固定性制造费用预算数}$$

能量差异是指固定性制造费用预算与固定性制造费用标准成本的差额，或者说是实际业务量的标准工时与生产能量的差额，用标准分配率计算的金额。它反映未能充分使用现有生产能量而造成的损失。其计算公式如下：

$$\frac{固定性制造}{费用能量差异}=\frac{固定性制造}{费用预算数}-\frac{固定性制造}{费用标准成本}$$

$$=\frac{固定性制造费用}{标准分配率}\times 生产能量-\frac{固定性制造费用}{标准分配率}\times\frac{实际产量}{标准工时}$$

$$=\left(\frac{生产}{能量}-\frac{实际产量}{标准工时}\right)\times\frac{固定性制造费用}{标准分配率}$$

【例 9.5】 成蓉公司本月实际产量 400 件，发生固定制造成本 1 424 元，实际工时为 890 小时；企业生产能量为 500 件即 1 000 小时；每件产品固定性制造费用标准成本为 3 元/件，即每件产品标准工时为 2 小时，标准分配率为 1.50 元/时。要求：分析有关固定性制造费用差异。

分析 固定性制造费用耗费差异＝1 424－1 000×1.5＝－76（元） （有利差异）

固定性制造费用能量差异＝1 000×1.5－400×2×1.5＝300（元） （不利差异）

验算：

固定性制造费用成本差异＝实际固定性制造费用－标准固定性制造费用

＝1 424－400×3＝224（元） （不利差异）

固定性制造费用成本差异＝耗费差异＋能量差异

＝－76＋300＝224（元） （不利差异）

2. 三因素分析法

三因素分析法，是将固定性制造费用成本差异分为耗费差异、效率差异和闲置能量差异三部分。耗费差异的计算与二因素分析法相同。不同的是要将二因素分析法中的“能量差异”进一步分为两部分：一部分是实际工时未达到标准能量而形成的闲置能量差异；另一部分是实际工时脱离标准工时而形成的效率差异。其计算公式如下：

$$\frac{固定性制造费用}{闲置能量差异}=\frac{固定性制造}{费用预算}-\frac{实际}{工时}\times\frac{固定性制造费用}{标准分配率}$$

$$=\left(\frac{生产}{能量}-\frac{实际}{工时}\right)\times\frac{固定性制造费用}{标准分配率}$$

$$\frac{固定性制造费用}{效率差异}=\frac{实际}{工时}\times\frac{固定性制造费用}{标准分配率}-\frac{实际产量}{标准工时}\times\frac{固定性制造费用}{标准分配率}$$

$$=\left(\frac{实际}{工时}-\frac{实际产量}{标准工时}\right)\times\frac{固定性制造费用}{标准分配率}$$

【例 9.6】 资料同例 9.5，用三因素分析法进行固定性制造费用成本差异分析。

分析 固定性制造费用耗费差异＝1 424－1 000×1.5＝－76（元） （有利差异）

固定性制造费用闲置能量差异＝(1 000－890)×1.5＝165（元） （不利差异）

固定性制造费用效率差异＝(890－400×2)×1.5＝135（元） （不利差异）

三因素分析法的闲置能量差异（165 元）与效率差异（135 元）之和 300 元，与二因素分析法中的“能量差异”数额相同。

由此可见，三因素分析法与二因素分析法的区别仅在于：“三因素”是将“二因素”中的能量差异进一步区分为闲置能量差异和效率差异，从而弥补了二因素分析法的不足，能够更好地说明生产能力的利用程度和生产效率所导致的成本差异情况。并且便于分清责任，即效率差异的责任往往在于生产部门，而闲置能量差异的责任则在最高管理阶层。

四、成本差异账务处理

有的企业将标准成本作为统计资料处理，并不记入账簿，只提供成本控制的有关信息。但是，把标准成本纳入账簿体系不仅能够提高成本计算的质量和效率，使标准成本发挥更大功效，而且可以简化记账手续。

（一）标准成本系统账务处理的特点

为了同时提供标准成本、成本差异和实际成本三项成本资料，标准成本系统的账务处理具有以下特点：

1.“原材料”“生产成本”和“库存商品”账户登记标准成本

通常的实际成本系统，从原材料到库存商品的流转过程，使用实际成本记账。在标准成本系统中，这些账户改用标准成本，无论是借方和贷方均登记实际数量的标准成本，其余额亦反映这些资产的标准成本。

2. 设置成本差异账户分别记录各种成本差异

在标准成本系统中，要按成本差异的类别设置一系列成本差异账户，如“材料价格差异”“材料数量差异”“直接人工效率差异”“直接人工工资率差异”“变动制造费用耗费差异”“变动制造费用效率差异”“固定制造费用耗费差异”“固定制造费用效率差异”“固定制造费用能量差异”等。差异账户的设置，要同采用的成本差异分析方法相适应，为每一种成本差异设置一个账户。

在需要登记“原材料”“生产成本”和“库存商品”账户时，应将实际成本分离为标准成本和有关的成本差异，标准成本数据记入“原材料”“生产成本”和“库存商品”账户，而有关的差异分别记入各成本差异账户。

为了便于考核，各成本差异账户还可以按责任部门设置明细账，分别记录各部门的各项成本差异。

3. 各会计期末对成本差异进行处理

各成本差异账户的累计发生额，反映了本期成本控制的业绩。在月末（或年末）对成本差异的处理方法有两种：

（1）结转本期损益法。

按照这种方法，在会计期末将所有差异转入“本年利润”账户，或者先将差异转入“主营业务成本”账户，再随同已销产品的标准成本一起转至“本年利润”账户。

采用这种方法的优点是能够确信标准成本是真正的正常成本，成本差异是不正常的低效率和浪费造成的，应当直接体现在本期损益之中，使利润能体现本期工作成绩的好坏。此外，这种方法的账务处理比较简便。但是，如果差异数额较大或者制定的标准成本不符合实际的正常水平，则不仅使存货成本严重脱离实际成本，而且会歪曲本期经营成果，因此，在成本差异数额不大时采用此种方法为宜。

(2) 调整销货成本与存货法。

按照这种方法，在会计期末将成本差异按比例分配至已销产品成本和存货成本。

采用这种方法的依据是税法和会计制度均要求以实际成本反映存货成本和销货成本。本期发生的成本差异，应由存货和销货成本共同负担。当然，这种做法会增加一些计算分配的工作量。此外，有些费用计入存货成本不一定合理，例如闲置能量差异是一种损失，并不能在未来换取收益，作为资产计入存货成本明显不合理，不如作为期间费用在当期参加损益汇总。

成本差异的处理方法选择要考虑许多因素，包括差异的类型（材料、人工或制造费用）、差异的大小、差异的原因、差异的时间（如季节性变动引起的非常性差异）等。因此，可以对各种成本差异采用不同的处理方法，如材料价格差异多采用调整销货成本与存货法，闲置能量差异多采用结转本期损益法，其他差异则可因企业具体情况而定。值得强调的是，差异处理的方法必须保持一贯性，以便使成本数据保持可比性，并防止信息使用人发生误解。

（二）标准成本账务处理程序

下面通过举例说明标准成本账务处理的程序

1. 有关资料

(1) 单位产品标准成本:

直接材料（100 kg×0.3 元/kg）	30 元
直接人工（8 小时×4 元/时）	32 元
变动制造费用（8 小时×1.5 元/时）	12 元
固定制造费用（8 小时×1 元/时）	8 元
单位产品标准成本	82 元

(2) 费用预算:

生产能量	4 000 小时
变动制造费用	6 000 元
固定制造费用（6 000/4 000）	4 000 元
变动制造费用标准分配率（6 000/4 000）	1.5 元/时
固定制造费用标准分配率（4 000/4 000）	1 元/时
变动销售费用	2 元/件
固定销售费用	24 000 元
管理费用	3 000 元

(3) 生产及销售情况:

本月初在产品存货 50 件，其标准成本为 2 800 元。由于原材料一次投入，在产品存货中含原材料成本 1 500 元（=50 件×30 元/件）。其他成本项目采用约当产量法计算，在产品约当完工产品的系数为 0.5；50 件在产品的其他成本项目共 1 300 元（=50 件×0.5×[32 元/件+12 元/件+8 元/件]）。本月投产 450 件，完工入库 430 件，月末在产品 70 件。

本月初产成品存货 30 件，其标准成本为 2 460 元（=30 件×82 元/件）。本月完工入库 430 件，本月销售 440 件，月末产成品存货 20 件。销售单价 125 元/件。

2.原材料的购入与领用

本月购入第一批原材料 30 000 千克，实际成本每千克 0.27 元，共计 8 100 元。

标准成本：30 000×0.3＝9 000（元）

实际成本：30 000×0.27＝8 100（元）

价格差异：30 000×(0.27－0.3)＝－900（元）

(1) 借：原材料　　9 000
　　贷：材料价格差异　　900
　　　　应付账款　　8 100

本月购入第二批原材料 20 000 千克，实际成本每千克 0.32 元，共计 6 400 元。

标准成本：20 000×0.3＝6 000（元）

实际成本：20 000×0.32＝6 400（元）

价格差异：20 000×(0.32－0.3)＝400（元）

(2) 借：原材料　　6 000
　　　　材料价格差异　　400
　　贷：应付账款　　6 400

本月投产 450 件，领用材料 45 500 kg。

应耗材料标准成本：450×100×0.30＝13 500（元）

实际领料标准成本：45 500×0.3＝13 650（元）

材料数量差异：(45 500－450×100)×0.3＝150（元）

(3) 借：生产成本　　13 500
　　　　材料数量差异　　150
　　贷：原材料　　13 650

3. 直接人工工资

本月实际使用直接人工 3 500 小时，支付工资 14 350 元，平均每小时 4.10 元。

(4) 借：应付职工薪酬　　14 350
　　贷：银行存款　　14 350

为了确定应计入“生产成本”账户的标准成本数额，需计算本月实际完成的约当产量。在产品约当完工产品的系数为 0.5，月初在产品 50 件，本月完工入库 430 件，月末在产品 70 件。

本月完成的约当产品为：70×0.5＋430－50×0.5＝440（件）

标准成本：440×8×4＝14 080（元）

实际成本：3 500×4.10＝14 350（元）

人工效率差异：(3 500－440×8)×4＝－80（元）

人工工资率差异：3 500×(4.10－4)＝350（元）

(5) 借：生产成本　　14080
　　　　直接人工工资率差异　　350
　　贷：直接人工效率差异　　80
　　　　应付职工薪酬　　14 350

4. 变动制造费用

本月实际发生变动制造费用 5 600 元，实际费用分配率为 1.6 元/时（5 600÷3 500）。

（6）借：变动制造费用　　5 600

　　贷：各有关账户　　5 600

将其计入产品成本，则

标准成本：440×8×1.5＝5 280（元）

实际成本：3 500×1.6＝5 600（元）

变动制造费用效率差异：（3 500－440×8）×1.5＝－30（元）

变动制造费用耗费差异：3 500×(1.6－1.5)＝350（元）

（7）借：生产成本　　5 280

　　　变动制造费用耗费差异　　350

　　贷：变动制造费用效率差异　　30

　　　　变动制造费用　　5 600

5. 固定制造费用

本月实际发生固定制造费用 3 675 元，实际费用分配率为 1.05 元/时（3 675/3 500）。

（8）借：固定制造费用　　3 675

　　贷：各有关账户　　3 675

将其计入产品成本，则

标准成本：440×8×1＝3 520（元）

实际成本：3 500×1.05＝3 675（元）

固定制造费用耗费差异：3 675－4 000＝－325（元）

闲置能量差异：(4 000－3 500)×1＝500（元）

固定制造费用效率差异：(3 500－440×8)×1＝－20（元）

（9）借：生产成本　　3 520

　　　固定制造费用能量差异　　500

　　贷：固定制造费用耗费差异　　325

　　　　固定制造费用效率差异　　20

　　　　制造费用　　3 675

6. 完工产品入库

本月完工库存商品 430 件。

完工产品标准成本：430×82＝35 260（元）

（10）借：库存商品　　35 260

　　贷：生产成本　　35 260

上述分录过账后，“生产成本”账户余额为 3 920 元（见图 9.2），其中材料标准成本 2 100 元（70×30），直接人工 1 120 元（70×32×0.5），变动制造费用 420 元（70×12×0.5），固定制造费用 280 元（70×8×0.5）。

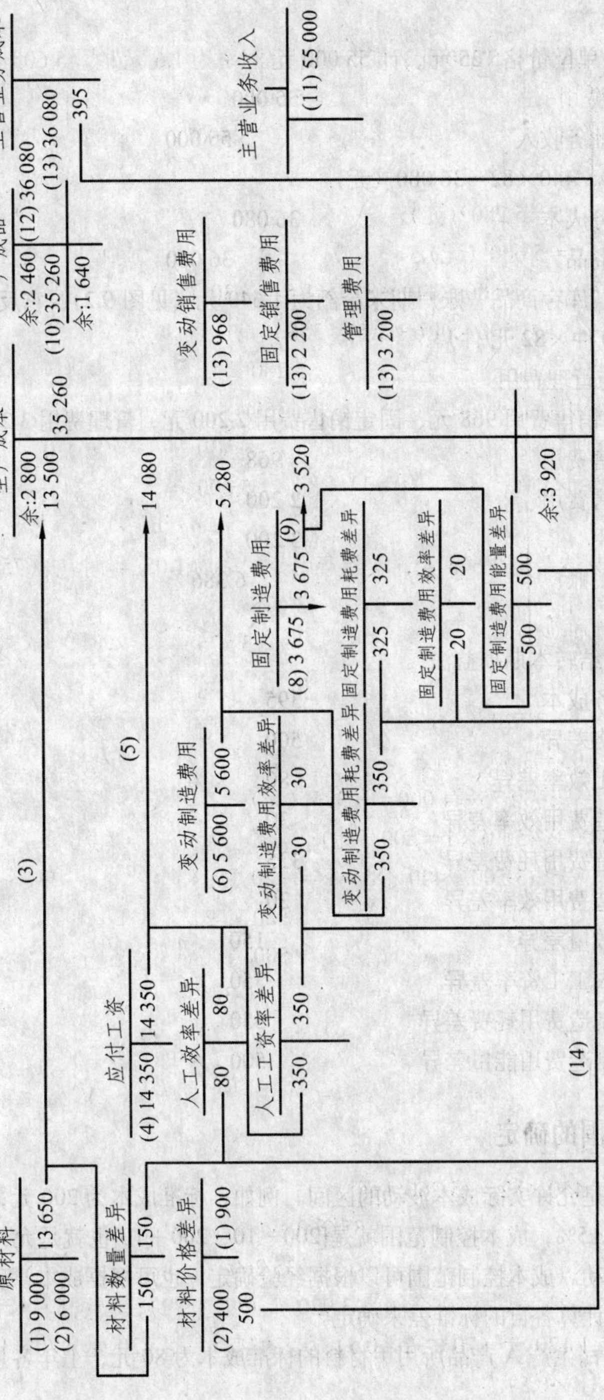

图 9.2　标准成本系统的账务处理

7. 产品销售

本月销售 440 件，单位价格 125 元，计 55 000 元。

(11) 借：应收账款　　55 000
　　贷：主营业务收入　　55 000

结转已销产品成本：440×82=36 080（元）

(12) 借：主营业务成本　　36 080
　　贷：库存商品　　36 080

上述分录过账后，“库存商品”账户期末余额为 1 640 元（见图 9.2），它反映了 20 件期末存货的标准成本（20 件×82 元/件）。

8. 发生销售费用与管理费用

本月实际发生变动销售费用 968 元，固定销售费用 2 200 元，管理费用 3 200 元。

(13) 借：变动销售费用　　968
　　固定销售费用　　2 200
　　管理费用　　3 200
　　贷：各有关账户　　6 386

9. 结转成本差异

假设本公司采用“结转本期损益法”。

(14) 借：主营业务成本　　395
　　材料价格差异　　500
　　直接人工效率差异　　80
　　变动制造费用效率差异　　30
　　固定制造费用耗费差异　　325
　　固定制造费用效率差异　　20
　　贷：材料数量差异　　150
　　直接人工工资率差异　　350
　　变动制造费用耗费差异　　350
　　固定制造费用能量差异　　500

五、成本控制范围的确定

成本控制的范围就是允许实际成本波动的区间。例如，标准成本为 200 元，实际成本波动范围不超过标准成本±5%，成本控制范围就是[200－10，200＋10]也就是允许实际成本在 190 元和 210 元之间波动。成本控制范围可以根据经验确定，也可根据成本管理要求利用最近成本资料分成本项目计算各自的标准差来确定。

【例 9.7】 成蓉公司生产 A 产品所用甲材料的标准成本为 80 元，上年各月的成本差异资料见表 9.1。

表 9.1 甲材料成本差异资料

月份	标准成本 $\overline{x}$	实际成本 x_i	差异 $(x_i-\overline{x})$	$(x_i-\overline{x})^2$
1	80	78	−2	4
2	80	79	−1	1
3	80	81	1	1
4	80	82	2	4
5	80	83	3	9
6	80	80	0	0
7	80	77	−3	9
8	80	76	−4	16
9	80	78	−2	4
10	80	79	−1	1
11	80	81	1	1
12	80	82	2	4
合 计				54

$$\text{标准差}\ \delta=\sqrt{\frac{\sum(x_i-\overline{x})^2}{n}}=\sqrt{\frac{54}{12}}\approx 2.12$$

根据数理统计的理论，在正态分布情况下，实际成本与标准成本相差不到 1 个标准差的概率为 68.26%, 2 个标准差的概率为 95.45%, 3 个标准差的概率为 99.73%, 即控制范围越小，实际成本脱离控制范围的可能性越大，反之则越小。根据甲材料在成本控制中的重要程度，假定波动范围为±1 个标准差，则甲材料的成本控制范围应该在 77.88～82.12 元，也就是说，当单位产品的甲材料实际成本在 77.88～82.12 元，被认为是正常的，若超过这个范围，则必须进行成本差异分析。

第三节 作业成本制度

一、新制造环境对传统成本计算方法的冲击

（一）新的企业观要求以作业为基础计算产品或服务的成本

当代高新科技的蓬勃发展，尤其是在现代制造技术方面，数控机床、智能机器人、电脑辅助设计和制造、柔性制造系统以及电脑整合制造的广泛使用，为生产经营管理进行革命性的变革提供了技术上的可能。为了有效地运用当代高科技的优势，适应富裕社会顾客个性化的需求，进而实现现代企业经营目标，企业管理思想发生了深刻的革命性的转变，形成了新的企业观。

这种新的企业观，就是把企业看做是为最终满足顾客需要而设计的"一系列作业"(a series of activities) 的集合体，形成一个由此及彼、由内到外的作业链 (activity chain)。每完成一项作业要消耗一定的资源，而作业的产出又形成一定的价值并转移到下一个作业。按此逐步推移，直到最终把产品提供给企业外部的顾客，以满足他们需要。最终的产出（包括产品和服务），作为企业内部一系列作业的集合体，它凝聚了在各个作业上形成而最终转移给顾客的价值。因此，作业链同时也表现为"价值链"(value chain)，作业的推移，是价值在企业内部的逐步积累与转移，最终形成转移给企业外部顾客的总价值。从顾客那里收回转移给他们的价值，形成企业的收入；扣除各有关作业消耗资源的价值的余额，便成为从转移给顾客的价值中赢得的利润。在企业的生产经营实践中，并不是所有的作业都可以增加转移给顾客的价值，有些作业可以增加转移给顾客的价值，称为可增值作业 (value-added activities)，有些则不能增加转移给顾客的价值，称为不可增值作业 (non value-added activities)。企业管理应溯本求源，尽可能消除不可增值作业，对可增值作业，也要尽可能提高其效率，减少完成它们的资源消耗，并尽可能提高可从顾客收回的价值。企业管理深入到作业水平，形成"以作业为基础的管理"，或简称作业管理，是继被誉为"科学管理之父"的泰罗于20世纪初创立"科学管理学说"以来，在企业管理上的又一新的重大突破。它以"作业"作为企业管理的起点和核心，大大地深化了管理层次，这标志着企业管理历史上发生了一个重大的革命性变革。这种管理革命提出了以作业为核心计算产品或服务成本的客观要求，成本计算方法的革新势在必行。

（二）高新科技制造环境下的间接费用的合理分配

在高新技术环境下，企业自动化程度的提高，可以及时满足顾客多样化、个性化、小批量的商品需求。企业生产方式的变化，机器设备的价值越来越高，机器设备的维护费用、折旧费用也越来越高，以及高技术环境维持费等间接费用的增加，造成了产品成本结构的重大变化，直接人工成本的比例大大减少，而间接费用的比例大幅度增加。70年前，间接费用仅仅为直接人工成本的 50%～60%，而今天大多数公司的间接费用为直接人工成本的 400%～500%；以往直接人工成本占产品成本的40%～50%，而今天不到10%，甚至仅占产品成本的3%～5%。在这样的环境下，再沿用忽视正确分配间接费用的传统成本计算方法，就容易出现成本高估或低估。产品成本高估，即某产品虽耗用了相对较低水平的资源但报告的成本却相对较高；产品成本低估，即某产品虽耗用了相对较高水平的资源但报告的成本却相对较低。其结果是，企业若低估产品成本，则可能接受表面上盈利而实际上亏本的业务；若高估产品成本，则将会有被竞争者抢占其市场的风险，因为这些产品的成本实际上低于报告给管理当局的数字，因而使企业丧失了在仍能获利的前提下降低售价以阻止竞争者进入其市场的机会。

（三）发展多种基础分配间接费用的方法势属必然

传统成本计算方法常用一个全企业范围的费用分配率，或是分部门的一系列的部门费用分配率来解决间接费用分配问题，这就是间接费用单一基础分配制度。在此制度下，制造费用按共同的基础及比率分配于各种产品。经常使用的分配基础有生产的直接人工工时、直接人工工资、机器工时、产品产量、材料成本或主要成本、计划成本等。这种分配率的合理性取决于制造费用是否完全与生产数量相联系。传统做法虽然部分地满足了与生产数量有关的制造费用的分配，然而，在现代制造过程中，许多制造费用并不单一地与生产数量相关，一些当代最重要的制造费用（比如机器调整准备费用）并不受生产数量或与其相连带的指标所影响。而且，单一基础分配间接费用的方法往往造成了成本信息的失真，因为它忽视了发生这些间接费用具有多种原因，而不同原因对各种产品生产的影响是不等的。由此，必须改为按多种基础来分配各相关间接费用。

在劳动密集型生产模式下，人工对生产环境起主导作用，这时，人工小时表现出了与产品制造成本的因果关系；在技术密集型或资金密集型生产模式下，往往是机器设备对生产环境起主导作用，这时，机器小时与产品制造成本有明显的因果关系。而且，在后一种生产模式下，往往会发生更多的辅助的、支持性的间接费用。

（四）反映真实的成本已成为时代发展的一种强烈呼声

适时生产系统是日本于 20 世纪 70 年代首创，随后在西方经济发达国家也得到广泛应用的一种新的生产管理系统。适时生产系统与传统生产系统的主要区别在于：传统生产系统是一种程序由前向后推动式的生产系统（push-through production systern），该系统由原材料仓库向第一个程序供应原材料，把它们加工成在产品、半成品后转入第一生产程序的在产品、半成品仓库，然后向第二个生产程序供应在产品、半成品，由它们继续进行深加工，如此由前向后顺序推移，直至最终完成全部生产程序，转入产成品仓库等待对外发运销售。由此可见，传统的推动式的生产系统，前面的生产程序居于主导地位，后面的生产程序只是被动地接受前一生产程序转移下来的加工对象。推行这种生产系统，导致了大量的原材料、在产品、半成品库存的存在。新的适时生产系统则与此相反，它是采取由后向前拉动式的生产系统（pull-through production system）。在此生产模式下，企业要根据顾客订货所提出的有关产品数量、质量和交货时间等特定要求作为组织生产的基本出发点，即以最终满足顾客需要为起点，由后向前进行逐步推移，全面安排生产任务（美国的著名个人电脑生产商 Dell 公司即采用拉动式生产经营模式）。前一生产程序只能严格按照后一生产程序所要求的有关在产品、半成品的数量、质量和交货时间来组织生产，前一生产程序生产什么、生产多少、质量要求和交货时间等只能根据后一生产程序提出的具体要求来进行。之所以称这一生产系统为适时生产系统，是因为它要求原材料、外购零部件的供应能“适时”到达生产，直接交付使用，而无须建立原材料、外购零部件仓库储备；生产的各个环节紧密地协调配合，生产的前阶段按生产的后阶段进一步加工的要求，保质、保量地生产在产品、产成品，并“适时”地送达后一加工阶段直接投入生产，而无须建立在产品、半成品库存储备；在销售阶段，生产出来的产品能保质、保量地适应顾客的需要，并按照顾客的要求，“适时”地送到顾客手中，而无须建立产成品库存储备。由此可见，适时生产系统要求整个企业生产经营的各个环节像钟表一样相互协调、准确无误地进行运转，使之达到很高的效率和效益。

适时生产系统要求成本计算要揭示与生产成本有关的成本动因，而这一点，恰恰是传统成本计算方法无能为力的。为此，发展以成本动因为核心的成本计算方法，已成为新的生产技术环境对成本计算方法改革的一种迫切要求。作业成本计算方法应运而生，它围绕生产经营作业，揭示成本发生的真实原因，并按各产品、劳务、作业耗用资源的实际情况合理地分配成本，从而提供了比较真实地反映产品、劳务、作业成本的信息。

作业成本计算方法以确定作业（成本动因）为起点，重点放在如何设计和改进过程，而不是增加投入和盲目地调整资源耗用结构，从而有效地降低和控制成本，通过剔除不可增值作业，切实地保证成本耗费的效益性。

二、作业成本计算

（一）相关的基本概念

1. 作业和作业链

所谓作业，就是企业为提供一定量的产品或劳务所消耗的人力、技术、原材料、方法和环境等的集合体。作业成本法视作业为基本的成本对象，以作业成本作为将成本分配给其他成本对象（产品、服务或顾客）的基础，如图 9.3 所示。

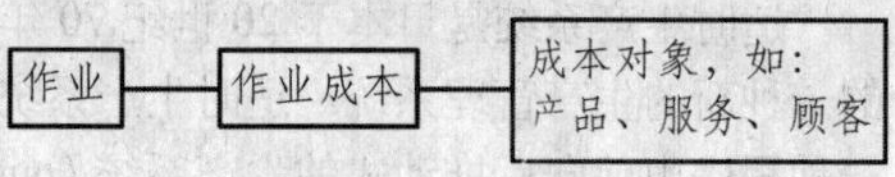

图 9.3　作业链

在作业会计中，对作业可从不同的角度进行分类。下面是几种具有代表性的分类。

(1) 杰夫·米勒（Jeff Miller）和汤姆·沃尔曼（Tom Vollman）两位现代制造过程的研究者将作业分为如下四类：

① 逻辑性作业。它是指订购、执行和确保材料移动的作业。忙于逻辑性作业的人员包括间接场地巡视工人，以及从事接收、运输、数据登记、电子计算机处理的人员和会计人员。

② 平衡性作业。它是指将原材料、人工和机器供应与需求配比的作业。采购、材料计划、生产控制、预测和计划的人员执行平衡性作业。

③ 质量作业。它是指确保生产和规范一致的作业。质量控制、间接工程技术、采购等人员从事质量作业。

④ 变化作业。它是指使生产信息现代化的作业。涉及计划、程序规范标准和材料清单的编制以及质量工程师从事的作业。

(2) 按成本层次分类，罗宾·库珀（Robin Cooper）将作业分为以下四类：

① 单位作业（unit activity）。它是指使单位产品受益的作业，如机器的折旧和动力等。这种作业的成本与产品产量成比例变动。

② 批量作业（batch activity）。它是指使一批产品受益的作业，例如对每批产品的检查、机器设备、原材料的处理、订单处理等。这种作业的成本与产品的批数成比例变动。

③ 产品作业（product activity）。它是指使某种产品的每个单位都受益的作业，例如对一种产品编制数控规划、材料清单。这种作业的成本与产品产量及批数无关，但与产品项目成比例变动。

④ 工序作业（process activity）。它是指是计算加工成本的基础。在库珀（Cooper）作业分类的基础上，彼得·托尼（Peter. B. B. Turney）又提出了顾客作业。

⑤ 顾客作业（cutomer activity）。它是指为特定顾客服务的作业，如为顾客提供售后技术服务。

(3) 按成本可归属性分类，托尼教授认为，若是小型公司，作业可分为两类：

① 成本对象作业（cost object activity）。它是指使产品或顾客受益的作业。它为顾客提供技术服务即是一个典型的成本对象作业。

② 维持性作业（sustaining activity）。它是指使某个部门或机构受益的作业，它与产品的种类和某种产品的多少无关。

(4) 按成本性质分类，詹姆士 · 布林森（James A. Bulinson）将作业分成了三种情况：

① 重复作业（repetitive activity）和不重复作业（non-repectitive activity）。它是指前者是以连续性为基础的，在作业会计系统内不断地维持投入、产出和处理过程的作业；后者是一次性作业，主要用于一次性工程。

② 初级作业（primary activity）和二级作业（second activity）。它是指前者是指一个部门或一个组织单位的基本职责，例如工程部门的初级作业是产品设计和制造；后者是支持组织初级作业的作业，例如支持整个组织或组织中某个部门的初级作业的二级作业，包括：行政管理、监督、训练、秘书工作等。

③ 必须的作业（required activity）和酌量性作业（discretionary activity）。它是指前者是一个组织必不可少的作业；后者是可以根据管理者的判断进行选择的作业。

通过从不同角度对作业进行分类，可以发现：现代企业实际上就是一个为了满足顾客需要而建立的一系列前后有序的作业集合体。这个有序的集合体，被称之为作业链（activity chain）。

2. 价值链

价值链是分析企业竞争优势的根本，它与服务于顾客需求的作业链相关联。按照作业会计的原理，产品消耗作业，作业消耗资源，作业的转移同时伴随着价值的转移，最终产品是全部作业的集合，同时也表现为全部作业的价值集合。因此，可以说作业链的形成过程也就是价值链的形成过程。改进作业必须分析企业的价值链。

价值链分析是作业管理的关键，它的目标是发现和消除对企业价值链无所贡献的作业（例如：根据 JIT 安排生产和采购计划，消除存货积压），提高其他部门的工作成效（如改善顾客服务质量，提高反馈速度等），这为作业成本管理明确了努力方向。

3. 成本动因

成本动因是构成成本的决定性因素。由于它远离生产等原因，成本动因不容易被人们发现。例如，以规模或范围表示的报酬率的增加或减少，生产或经营过程复杂程度的增加，某些成本动因可能引起其他作业成本的变动。

(1) 成本动因按在作业成本会计中的作用分类。

① 资源动因（resource driver）。按照作业成本会计原则，作业量的多少决定着资源的消耗量，资源消耗量的高低与最终的产量没有直接的关系，资源消耗量与作业量的这种关系称作资源动因。资源动因作为一种分配基础，它反映了作业中心对资源的耗费情况，是将资源成本分配到作业中心的标准。在分配工作过程中，由于资源是一项一项地被分配到作业中的，

于是就产生了作业成本要素（cost element）。将每个作业成本要素相加就形成了作业成本库。通过对成本要素和成本库的分析，可以揭示哪些资源需要减少，哪些资源需要重新配置，最终确定如何改进和降低作业成本。

② 作业动因（activity driver）。作为成本动因的一种形式，它是将作业中心的成本分配到成本对象（产品、劳务或顾客）的标准，它也是将资源消耗与最终产出相沟通的中介。通过实际分析，可以揭示哪些作业是多余，应该减少，整体成本应该如何改善、如何降低。

(2) 成本动因按其性质分类。

① 积极性成本动因（positive cost driver），即能够产生收入、产品或利润的作业的动因。例如销售订单、生产通知单等。

② 消极性成本动因（negative cost driver），即引起不必要的工作和利润减少的作业的动因。例如重复运送产品等。

4. 成本库

成本库（cost pool）是由同质的成本动因组成的成本费用，应对库内同质费用的耗用水平负责。

5. 作业成本观

作业成本观是一个“二维”的观念，它包括成本分配观和过程分析观，如图 9.4 所示。

图 9.4 中垂直部分，反映了成本分配观。它说明成本对象引起作业需求，而作业需求又引起资源的需求。这是成本分配的“资源流动”。成本分配观的“成本流动”却恰好相反，它从资源到作业，而后从作业到成本对象（产品、服务或顾客）。成本分配观从“成本流动”与“资源流动”两个侧面全面地提供有关资源、作业和成本对象的信息。图 9.4 中的水平部分，反映了过程分析观。它为企业提供有关何种原因引起作业成本分配观（成本动因），以及作业完成得如何（业绩计量）的信息。企业利用这些信息，可以改进作业链，提高从企业外部顾客获得的价值。作业成本计算法从纵横两个侧面为企业改进作业链，减少作业耗费，提高作业的效益提供信息。

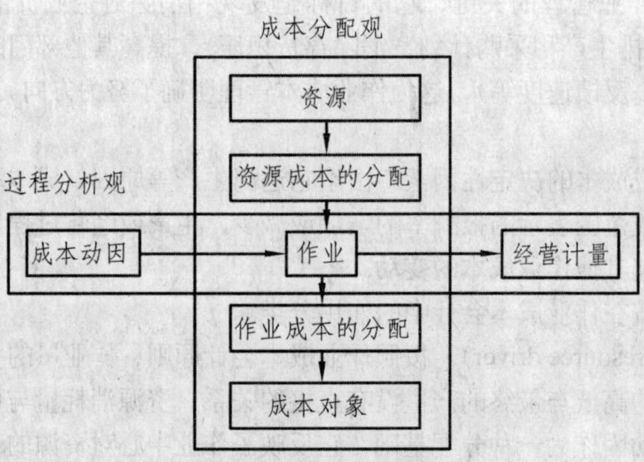

图 9.4 作业成本观图示

（二）作业成本计算的含义及本质

作业成本计算（Activity-Based Costing），简称ABC，是通过对作业进行动态的追踪，反映计量作业和成本对象的成本。评价作业业绩和资源利用情况的方法。由于它是以资源流动为线索，以资源耗用的因果关系为成本分配的依据，从而大大拓展了成本核算的范围，改进了成本分配方法，优化了业绩评价尺度，提供了比较准确的成本信息，更好地满足了各方面对会计信息的要求。

作业成本计算贯穿于企业生产经营管理的始终，通过追踪所有作业活动而进行动态反映，从而更好地发挥在决策、计划和控制中的作用，以促进企业生产经营管理水平的不断提高。因此，作业成本计算不仅是先进的成本计算方法，同时也是实现成本计算与成本管理控制相结合的有效的全面成本管理控制制度。它和传统成本计算方法不同，从以产出为中心转移到以作业为中心上来，通过对作业成本的确认、计量，为尽可能消除不可增值作业，改进可增值作业及时提供有用信息，从而促使有关的损失、浪费减少到最低限度。

作业成本计算与传统成本计算最大的不同，在于它不是就成本论成本，而是把着眼点放在成本发生的前因后果上。从前因看，成本是由作业引起，用于分析一个作业的必要性；从后果看，作业的执行完成资源实际耗费，这些资源的耗费可对产品最终提供给顾客的价值作多大的贡献。分析这一过程，可以有效地促进企业改进产品设计、提高作业完成的效率和质量水平、在所有环节上减少浪费并尽可能降低资源消耗、寻求最有利的产品和顾客以及相应的最有利的投资方向，从而使企业赢得不断改进的环境，企业整个生产经营价值链的水平得以不断提高。所以作业成本计算提供的动态信息可以促使作业管理把重点放在产品设计、适时生产系统和全面质量管理这些基本环节的改进和提高上。

作业成本计算法的重点是要解决费用的正确归集和合理分配问题。从成本的构成看，在生产电脑化、自动化的条件下，一方面，制造费用在产品成本中所占的比重大大提高；另一方面，它的构成内容也大大地复杂化。为此，无论从提高产品成本计算的正确性看，还是从提高成本控制的有效性看，都要求作业成本计算把工作重点放在制造费用上，实现制造费用核算的革命性变革。在传统的成本计算中，产品成本除直接材料、直接人工外，其余的都归入制造费用；对归集起来的混杂的制造费用，采用单一的分配标准，按各产品所用的直接人工小时或机器工作小时的比例进行分配，形成了各种产品应负担的制造费用份额。这样做的结果，往往会使生产量大、技术上不很复杂（不是很精密）的产品成本偏高，而生产量较小、技术上比较复杂（比较精密）的产品成本偏低，形成不同产品之间成本的严重扭曲，成本指标不能如实反映不同产品耗费的基本面貌。而以作业成本计算法取代传统的成本计算法，就能够较好地解决这一方面存在的问题。解决问题的基本途径是：缩小制造费用的分配范围——由全厂统一分配改为由若干个成本库分别进行分配，即按引起制造费用发生的多种成本动因进行分配。作业成本计算法通过分别设置多样化的成本库并按多样化的成本动因进行制造费用分配，使成本计算，特别是使比重日趋增长的制造费用按产品对象分配的过程大大明细化了，从而使成本的可归属性大大提高。与此同时，在采用适时生产系统的条件下，由于要求在供、产、销各个环节实现零库存，意味着按照作业成本计算所确定的产品成本就是这一期间所发生的期间成本，使产品成本和期间成本趋于一致，成为一种非积累性的成本计算。它同传统的期初、期末存货成本结转影响的积累性的成本计算相比，是成本计算上的一个重大转变。作业成本计算，作为一种明细化的非积累性成本信息系统，可区分不同产品，对所有作业活动进行动态反映，自始至终追踪其现金流入与流出的全过程。这样，就使管理上可经常、全面地掌握不同产品在不同时期的现金流量，为正确计量与考评各经营项目、单位、个人提供了十分有用的成本信息。

此外，由于作业成本计算系统一方面把资源的消耗（成本）和作业联系起来，进而把作业和产品联系了起来；另一方面，把企业内部系列作业提供给顾客的积累价值和企业的收入(顾客的认同价值) 联系了起来。顾客认同价值综合反映了企业产品、劳务对顾客需要的满足程度。作业成本计算完整、正确地描述提供给顾客的最终价值的形成过程（由价值链体现）和各种资源耗费的真实过程和数量(体现在作业链中)，这种系统信息可以促进企业生产经营的各个环节协调一致，共同为实现企业经营目标作出最大的贡献。

（三）作业成本计算的一般过程

1. 分析与确认作业

如前所述，作业是一个组织为达到其组织目标而开展的具体活动。在此，我们以典型的社会组织——企业为主要对象。在企业中，作业就是为提供一定量的产品或劳务所消耗的人、财、物、信息等的活动。

(1) 作业的分类。

为了充分发挥作业成本会计的管理作用，必须对作业进行合理的分类，以利于满足各种管理对成本信息的需要。企业作业一般可分为以下几类:

① 加工作业。它是指那些直接同组织提供的产品或劳务相关的作业。它们是为生产产品或提供劳务必然要发生的一系列事项中的一部分。

② 加工支持作业。它是指那些在组织内为其他作业提供支持的作业，但与组织的产品或劳务没有直接关系。在制造业中，设备的维修、质量的保证、产品的控制和安排进度表往往被归为这一类作业。

③ 组织和设施支持作业。它是指那些与组织整体的管理和提供设施（其他作业发生在这些设备上）相关的作业，包括计划、全面监督管理、房屋和场地维修、照明等。

④ 与顾客或市场相关的作业。它是指那些用来支持组织的顾客或市场的作业。

⑤ 与产品或产品线相关的作业。它是指那些用来支持组织特定产品的作业。此类作业的每一种都是与组织商业活动的组成部分——产品、劳务或生产线相关的。

(2) 寻找作业的方法。

寻找作业的方法主要有业务职能活动分解法、过程定位法、价值链分析法和生产经营活动或作业流程图分析法。

① 业务职能活动分解法。按作业成本计算目标和重要性原因来分解，作业成本计算目标不同，分解作业的要求就不同。若要制定价格策略和生产发展战略，那么应准确地确定各产品的成本及创利能力。为此，要求作业的定义较为广泛，分解作业要求十分细致。如果仅

是要求找出不可增值的作业，有效地降低现有成本，则只需要分析特定活动的真实成本，作业的定义较为狭窄，分解作业就不需要很细。重要性原则要求规模大的活动划分作业要细，规模小的活动划分作业可相对粗些。

② 过程定位法。找出生产经营阶段上的不同作业，按这些作业的不同地位及作用，分别确认为过程作业，或支援作业、产品线作业等。过程定位，根据作业是直接随某一特定产品而确认为加工作业，还是取而代之被分类为加工支持作业、组织和设施支持作业、顾客或市场支持作业及产品或产品线作业来将作业进行定位。这个过程也被称为产品成本的层次分解。

③ 价值链分析法。价值链分析是把企业职能的每个部分看做是基本的和有价值的因素。按前面已做的介绍，可列示如图 9.5。

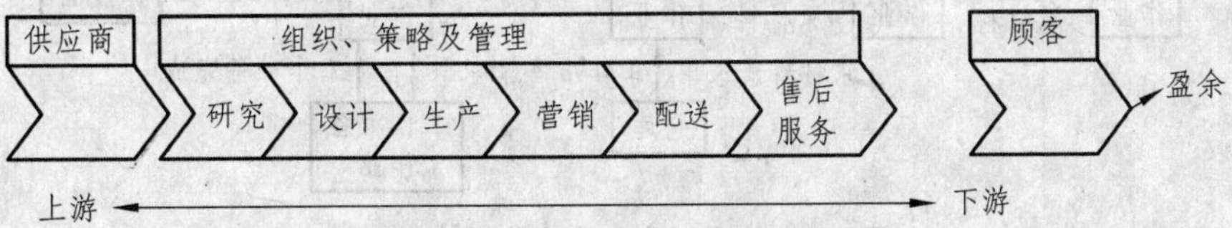

图 9.5　作为扩展价值链的组织

“扩展的价值链”阶段强调一种观念：“上游”各方（如供货商）和“下游”各方（如顾客）是总体价值链分析的基本组成部分。“优先考虑顾客的满意程度”强调了对价值链各方总体把握的重要性。

价值链分析具有多种功能。首先，它能找出无效或低效的作业，从而为降低企业成本、提高企业竞争能力提供有用的分析工具。其次，它能协调企业内部各项活动，使之按成本最小、收益最大的原则进行、创造企业的竞争优势。再次，对比同行的价值链，可以发现价值链的异同，重新配置优化企业价值链，从而改变企业成本构成，树立新的经营理念，在激烈的市场竞争中扬长“改”短，立于不败之地。最后，价值链分析为企业控制成本驱动因素提供了可靠依据。价值链分析提供了控制成本驱动因素的主要领域：第一，控制规模。通过兼并，扩大产品品种、扩大市场等方式可以降低成本，但必须要保持各作业创造价值上的平衡，否则，一个作业价值提高，可能会导致另一些作业价值降低，最终降低企业总体价值。第二，控制学习效应。学习效应，是指随着个体、群体或组织的某方面经验的增加，对应于这方面的单位成本会下降。保护并促进学习效应，是提高企业竞争力的关键，尤其是确保企业学习效应不外流，更是当前商业竞争制胜的诀窍。第三，控制联系。改善企业内部与外部各项作业的联系，缩短作业间衔接时间；减少各作业滞留资源数量，提高各作业的效率，能有效地降低总体成本。第四，控制时机。对各种作业，要准确把握衔接的时机，才能取得高附加值。

④ 作业流程图法。作业分析试图描述企业所做的一切，即时间、资源等是如何被消耗的，作业的投入和产出各是什么。但是，作业不一定正好与组织的传统职能部门一致，有时候作业是跨部门的，有时候一个部门要完成好几项作业。因此，可借助作业流程图来构造作业体系。

现以普通制造业公司为例，说明作业流程图分析法的基本做法。一个普通制造业公司的作业流程图可描述如图 9.6 所示。

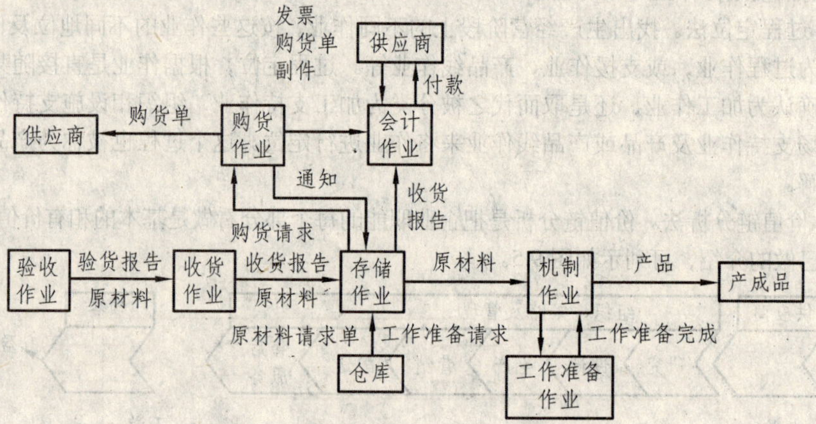

图 9.6　普通制造业公司的作业流程图

图 9.6 清楚地描绘了购货、验货、收货、会计、机器制造、工作准备等作业是怎样进行的以及它们的相互联系。

很多时候，一个作业带动另一个作业的执行。从图中可以看出，系统的起点是仓库，它向存储作业发出原材料请求单。若还有原材料，就将原材料送往机制作业，如现在无原材料，就要向购货作业发出购货请求，购货作业向供应商发出购货单，再把一个购货单副件送往验货作业。验货中心检查货物的质量和规格后，把收到的原材料连同一个验货报告送往存储作业。如果存储管理人员接收了货物（送来的货物也可能因损坏而被拒收），所需要的原材料立即被送往机制作业加工。同时，向会计作业送去收货报告，用作付款凭据。有时候机制作业会发出工作准备请求，工作准备作业收到请求后，即进行工作准备，一旦机制作业完成，加工的产品即被送往产成品（终点）。

① 建立作业中心。作业中心是构成经营过程的各种作业的集合。当一个职能部门被分解为多项作业后，作业中心就显得特别有用，这个系统的主要目标是正确反映经营过程的成本。

例如，企业想了解经营过程中为取得所需的原材料、元件、间接材料和外加工服务而发生的成本。为确定这些成本，职能部门，例如采购部、材料处理部、运输部、收货部、检验部、应付款部和质量控制部门将被分解为包括与其努力相关的所确认的几种经营过程在内的各种作业。每一职能部门的作业将加入每个经营过程的作业中心以获得满意的成本信息。

这表明，作业成本计算以作业为核算对象，成本的收集不再像传统成本计算方法下按环节或空间进行，而是按成本动因自始至终贯彻到底，即以作业中心归集成本。这样，成本性态和责任成本概念就赋予了新的含义。

② 成本的重新分类。依据新的作业成本理念，企业成本将被重新分为材料成本和作业成本两大类。

材料成本是指明显的同某一特定产品或劳务相关，并且能非常容易将其追溯到特定的产品或劳务的成本。这类成本在传统的成本计算中一般当做直接成本处理，其正确性不受成本分配方法的影响，这种处理方式在作业成本会计中将被保留。

作业成本是发生在组织内部的为完成或支持作业所涉及的转换成本，这些成本将包括全部的人工和追加的福利费用以及在传统成本会计系统中被当做制造费用处理的其他成本。

作业成本计算对成本组成的新见解，如图 9.7 所示。

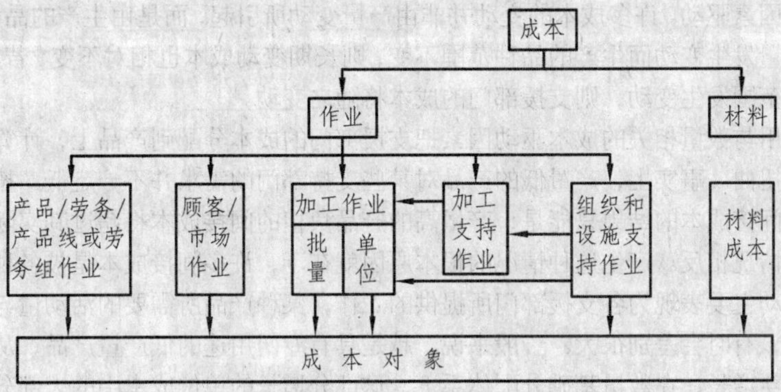

图 9.7 成本分解图

材料成本可以直接追溯到产品或劳务上，其产量指标即耗用量指标驱动了成本。作业成本可以追溯至作业，作业动因导致成本发生。每一作业累积的成本最终将追溯至每一产品、劳务或其他作业上，这成为作业成本计算的主要内容。

将组织和设施支持作业成本追溯至产品或劳务上是否适宜，这取决于情况的不同和信息的使用。在大多数部门中，由于这种类型的作业是同组织内发生的其他作业无关的，因而当观察组织的产品或劳务的任一特定子集的成本时，将这些作业排队是合适的。

在加工支持作业上积累的成本可以追溯至包含有使支持作业成为必要的成本动因的加工作业上。机器作业的设备维修、操作房的护理支持、焊接作业的工程支持或支援整个组织的人力资源都可以通过诸如机器小时、操作的数量、新焊接操作的数量或雇员的人数等成本动因进行追溯。

最有代表性的成本动因通过采用每一种产品或服务作业的消耗量将加工作业成本追溯到产品或劳务上，要牢记一些作业是支持每一批量的产品，而有些作业则是支持每一个单位的产品。也可以选择动因将积累在这种顾客、市场、产品、服务或产品线/劳务组作业上的成本追溯至一些企业的产品或劳务的子集上，是这些产品或劳务使得成本成为必要。单个作业会有多个成本动因，在这种情况下，必须决定是选择最有代表性的成本动因来追溯作业的全部成本还是将单个作业进一步细分以满足多个成本动因的需要。

2. 分析与确认成本动因

(1) 成本动因理论。

卡普兰（Kaplan）和库珀（Cooper）批评传统成本计算系统仅仅是分配了间接成本，却没有研究这些成本究竟从何而来。他们认为作业成本计算法是把间接成本与隐藏其后的推动力联系起来。这种隐藏在间接成本之后的推动力，就是他们所称的成本动因。成本动因是决定成本产生的那些重要的活动（activities）或事项（transactions）。成本行为由成本动因支配。要把间接成本分配到各产品上去，首先要了解成本行为，以便识别出真正的成本驱动因素，如直接人工工时、机器小时、直接材料成本等。但是，对于长期变动成本中的绝大部分，采用与数量相关的成本动因却是不适宜的。因为这些成本由各种各样复杂得多的因素驱动，而并非由数量因素驱动。许多成本的变动并非由产量变动所引起，而是由生产的品种范围决定。如果仅是产量发生变动而生产的品种范围不变，则长期变动成本也相对不变；若是产量不变，生产的品种范围发生变动，则支援部门的成本将随之变动。

因此，用与数量相关的成本驱动因素把支援部门的成本分配到产品上，计算出的产品成本势必发生扭曲。事实上，产量低的产品对某些支持部门的需求并不一定低。按数量成本驱动因素分配间接成本的结果只能是：产量高的产品负担的间接成本将超过其实际耗费，产量低的产品则情况相反。产生这种情况的根本原因就在于，许多间接成本是被各种活动所驱动的，这些活动主要表现为各支援部门所提供的工作，某种产品所需要的活动量与该产品产量并不成比例，有时会差别很大。一般来说，越是具有专门用途的低产量产品，从长期看，其间接成本越会增长，在数量基础分配体系下，这部分增长的单位成本中的大部分却被那些产量高、发展平衡和连续生产的产品所负担，从而造成成本信息的扭曲，甚至导致企业管理当局在产品决策上的失误。

从上述内容不难看出，成本驱动因素划分为两类：第一类是数量相关成本驱动因素，或称数量基础成本驱动因素，它们导致了短期变动成本的发生，因此也是短期变动成本的分配基础；第二类是作业量或事项基础成本驱动因素，它们导致了长期变动成本的发生，因此也应成为长期变动成本的分配基础。

至于作业量基础成本驱动因素的具体内容，卡普兰和库珀认为就是各支援部门所从事的各种活动，主要包括以下四种：①各种产品的生产批次，它驱动了生产计划制定、产品检验、材料管理和设备调试等成本的发生；②接收货物订单的数量，它导致了收货部门成本的发生；③发送货物订单的数量，它导致了发货部门的成本；④采购、供应和顾客的订单数量，它们导致了与原材料库存、在产品和产成品库存有关的成本。除以上四种外，卡普兰和库珀正在尝试的其他成本驱动因素还包括：每月工程变动指令的平均数、原材料供应商数量、平均每一产品的零部件数、目前能满足其要求的客户数。

成本动因理论的提出，充实完善了流行已久的成本会计中的成本性态理论。过去人们按照成本与产量之间的变动关系，将成本区分为变动成本与固定成本两类，所有的混合成本最终也要分解划归为变动成本或固定成本。卡普兰和库珀认为：应当将变动成本进一步区分为短期变动成本和长期变动成本。其中，短期变动成本即指原来意义上的变动成本，这些成本以数量为基础，并与产品产量成比例地变动；长期变动成本则是以作业量为基础，并随作业量的变动而变动。例如，生产计划制订成本主要是由每种产品的生产批次所引发的，在大量生产的情况下，生产计划制订成本的高低，将取决于有多少生产批次需要制订计划，而并非取决于有多少数量单位的产品被生产。在这个例子中，决定成本高低的不是数量基础——产量的多少，而是作业量基础——需要制订计划的生产批次。需要说明的是，作业量的变化与长期变动成本的变动并不是同步进行的，两者之间往往存在一个时间差，也就是说，本期活动量的增减，并不一定会引起本期长期变动成本的相应变化，其影响可能要到下期或更长一些时间之后才能显现出来。而这一点恰恰是长期变动成本与短期变动成本之间的区别所在。正是由于长期变动成本的这一特点，所以在传统成本计算系统中，通常把这部分成本视为固定成本。在作业量基础成本系统中，固定成本仅指那些在一个既定时期内不随任何作业量的变动而变动的成本。根据库珀在 1987 年进行研究所取得的证据表明，这种固定成本在全部制造成本中只占较小的比例。

(2) 成本动因的三大模式。

成本动因与相应成本之间是否存在因果关系，是确认成本动因的基本前提。否则，就不能确认相应的作业单元与作业中心，作业成本计算就无法进行。成本动因与相应成本的因果关系大致有三种模式：

① 成本与成本动因之间存在实物关系。例如，以产品产量作材料成本动因就是实物关系。显然，产量增减与材料成本存在着同比例的增减关系。

② 合同协议决定因果关系。若某公司就使用一条成都至北京的电话专线，与电话局进行谈判。对此，电话局提出三个方案：一为电话使用费每分钟 2 元，这样这条专线电话费就成了与通话时间相关的变动成本；二为每月租金 7 000 元，则这条专线电话费就是与通话时间长短无关的固定成本；三为每月基本租金 4 000 元，另外电话使用费每分钟 1 元，这样使这条专线电话费成为一种包括 4 000 元固定成本和随通话时间长短同比例增减的每分钟 1 元的变动成本，从而决定了不同的通话时间单位通话成本不等。同一事项的三种方案，成本动因就不一样，企业成本动因究竟怎样，则取决于企业选择哪种方案。在这里合同协议决定了成本动因的因果关系。

③ 经营逻辑体现的因果关系。例如，一个由许多个部件组成的产品，会比由很少部件组成的简单产品发生更多的设计成本。

然而，并不能轻易地把两个变量之间的高度相关性或联系解释为两者存在着因果关系，A 和 B 两个变量之间的高度相关性仅仅表明两个变量同时变动。A 可能引起 B 的变动，B 也可能引起 A 的变动，A 和 B 可能相互作用，或者两者都受到第 3 个变量的影响，或者两者之间的相互关系可能出于偶然。高度相关并不能保证有因果关系。例如，一般来说，产量越高，发生的材料成本和人工成本就越高。材料成本和人工成本高度相关，但并不互为原因。因此，在确定成本动因时，应正确把握并运用确立成本因果关系的基本原则。

(3) 确定成本动因关系的四大原则。

选择确定成本因果关系，最终确定成本动因，通常采用回归分析的办法。为使回归分析得出正确的结论，必须遵循以下原则：

① 经济上的合理性。如前所述，因变量与自变量之间的基本关系应具有经济意义，并

与管理人员和会计人员的直觉相吻合。例如，通用汽车公司灯具部的管理人员认为复杂的灯具比功能单一的灯具的测试和检查成本更高。

② 技术上的适合性。适合性计量根据成本动因估计的成本预期值与实际成本观测值之间的吻合程度作出。回归分析法可以利用相关系数对适合性的大小进行计量。

经济的合理性和技术的适合性可以相互检验。如果统计观测资料显示的关系同时具备经济合理性和技术适合性，成本会计人员就会更有信心地认为：这种关系是客观存在的。

③ 自变量的显著性。对成本会计人员来说，自变量的变动对总成本是否产生显著影响是非常重要的。而回归分析可以进行显著性检验，即 t 检验。如果 t 值很低（小于 2），就可以推断自变量不是成本动因。

④ 假设条件的现实性。要对回归分析的假设作出检验，这些假设是：相关范围内的线性关系，残值的方差不变性，残值的独立性及残值的正态性。如果统计模型满足这些假设，使用者可从简单的回归程序中得到对成本规律的令人满意的估计。

成本动因是回归模型中那些满足上述四个标准的自变量。借助回归分析，以历史资料为基础，可以确定成本动因。管理人员和会计师必须利用不同自变量建立的不同的成本因果关系进行选择。例如，第 1 个成本动因可能用机器小时作为自变量，第 2 个成本动因的自变量可能是直接人工小时数，第 3 个成本动因则可兼用这两个自变量。

管理人员要利用上述四项原则对这些不同的成本动因进行选择其中经济合理性和技术适合性尤为重要。

（4）分析成本动因层次。

成本动因层次表明不同水平的成本动因（如件数、次数、批数等）对成本的影响。正确认识成本动因层次，可以确定关键作业，从而建立作业中心，有的放矢地实施作业成本计算。一般地，企业成本动因可分为四个层次：①单位产出成本。每单位产品或服务所消耗的资源，属于混合成本。②批数成本。一组产品或服务而不是每一单位的产品或服务所消耗的资源，这类成本包括设备调整成本、订货成本、材料处理成本等，这些成本受调试次数、交货次数、处理批数影响，而不受设备使用时间、订货总额、处理数量影响。③产品维持成本。为支持特定的产品或服务而消耗的资源，它不能追溯到产品的单位个数或批数，其成本动因极其复杂。④企业运行成本。无法分配到特定的产品或服务，它是用于支持整个组织运作所消耗的资源。期间费用的大部分就属于这类成本。

对成本动因作如此层次分析，见表 9.2。

表 9.2 成本动因的层次

层　次	一	二	三	四
成　本	企业运行成本	单位产出成本	批数成本	产品维持成本
会计处理	计入当前损益	计入产品或劳务	计入特定作业	计入特定产品或服务

结合上面介绍的成本动因层次与价值链分析理论，列出价值链中不同经营活动中的重要成本动因。见表 9.3。

表 9.3 各经营活动的成本动因

公司不同职能	成本动因举例
研究与开发	计划的数量、计划上所费的工时、计划的技术复杂性
产品、劳务及过程的设计	产品的数量、产品零部件数量、设计的时间
生产	生产的数量、生产步骤或阶段、技术变化指令次数、直接制造人工工时
销售	广告次数、销售人员、销售数额
配送	配送产品数量、顾客规模、配送产品的重量、配送的距离
顾客服务	服务电话次数、服务产品数目、产品服务时间、服务调研次数
策略与管理	董事会成员数、政府新条例数目、法定工作时间

上述活动的成本动因，有的是产出单位成本动因（如生产或发货数量），有的是批数成本动因（设备调试或服务要求的次数），还有的是产品维持成本动因（工程变化指令数量），另一些则可能既有产出单位成本动因特性，又有批数成本动因特性。这些成本动因，有的可纳入会计制度来计量，另有一些则属于非财务度量，是现行会计制度无法计量的。作业成本会计的产生，为克服传统会计制度的不足开辟了一条新路。

3. 确定资源动因，建立作业成本库明细账

资源动因揭示了资源耗费分配给不同作业的基础，是建立作业成本及明细账的依据。下面以某制造公司为例来分析如何确定资源动因，并建立作业成本明细账。

制造甲公司的有关数据见表 9.4。

表 9.4 甲公司资源分配数据（单位：元）

作业	资源动因	分配给作业成本库的资源
存储原料	$(100\ 000\times 6)$	600 000
购　货	$\left(900\ 000\times\dfrac{10}{30}\right)$	300 000
收　货	$\left(900\ 000\times\dfrac{9}{30}\right)$	270 000
验　货	$\left(900\ 000\times\dfrac{5}{30}\right)$	150 000
会　计	$\left(900\ 000\times\dfrac{6}{30}\right)$	180 000
机　制	$(3\ 320\ 000\times 0.90)$	2 988 000
工作准备	$(3\ 320\ 000\times 0.10)$	332 000
作业成本库成本合计		4 820 000

对上述资料按资源动因归类如图 9.8 所示。

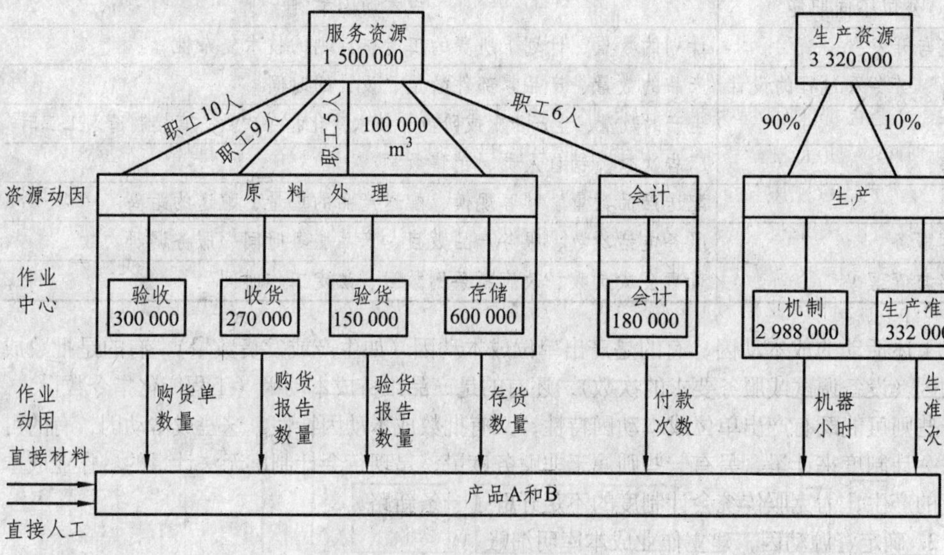

图 9.8 甲公司资源动因图示（单位：元）

图 9.8 中，存储作业的资源动因是存货体积，共有 100 000 m^3，每立方米是 6 元，所以存储作业耗费的服务资源是 600 000 元（100 000×6），剩下 900 000 元的服务资源须分配给购货、收货、验货、会计作业，这几个作业的资源动因是职工人数（总人数为 30 人），其中购货 10 人，收货 9 人，验货 5 人，会计 6 人。每个作业按人头分得各自耗费的服务资源。

总数为 3 320 000 元的生产资源耗费须分配给机制和生产准备两个作业。经过大量的分析，项目组决定把其中 90%（2 988 000 元）分给机制作业，把其中 10%（332 000 元）分给生产准备作业。

4. 确定作业动因，并将作业成本库的成本分配至成本计算对象

一旦将资源耗费分配给作业成本库后，就可以确定作业动因，作业动因经常就是作业流程图中一个作业的产出。例如，购货作业的主要产出是购货单，所以购货单数量就是购货作业成本库的作业动因。如果一个有着数百个部件的产品，比一个只有两三个部件的产品需要处理更多的购货单的话，它也就应该分得更多的购货成本。若购货作业有一个投入和三个产出，这时候，我们就应找出其中最主要、最基本的产出作为作业动因。在这里假定是购货单，依据在于购货作业履行的主要职能就是发出购货单。

确定作业动因应注意两个问题：① 如果一个作业有多个产出，就应分析是否应当把这个作业分解成几个更小的有自己特定产出的作业。如果这个作业功能十分明确，不能再分解，就应按上面所述地找到最主要的产出作为作业动因。② 如果两个或两个以上的作业含有相同的基本产出时，它们应该整合入一个作业，组成作业中心，把几个作业成本库归入一个成本

中心。如图 9.8，把购货、收货、验货、存储几个作业归入“原材料处理”作业中心，把机制和生产准备两个作业归入“生产”作业中心。把相关的作业成本归入作业中心，能更清晰地了解组织及其运作。

在作业成本计算中，应按作业中心设置作业成本明细账。这样，每一个成本明细账所代表的是它那个中心所执行的作业。将收集起来的投入成本或资源分配到每一个成本明细账中，实质上就是要确认每个作业中心的资源耗用量。在这一过程中，作业量的多少决定着资源的耗用量，资源耗用量的高低与最终产出量没有直接关系。这种资源消耗量与作业量的关系称作资源动因，是接下来按成本动因分配成本的基础。成本收集到作业中心后，应按成本动因作业量来分配作业成本，总的规则是产出量的多少决定着作业的耗用量，这种作业消耗量与企业产出量的关系称为作业动因。上述过程如图 9.8、图 9.9 所示。

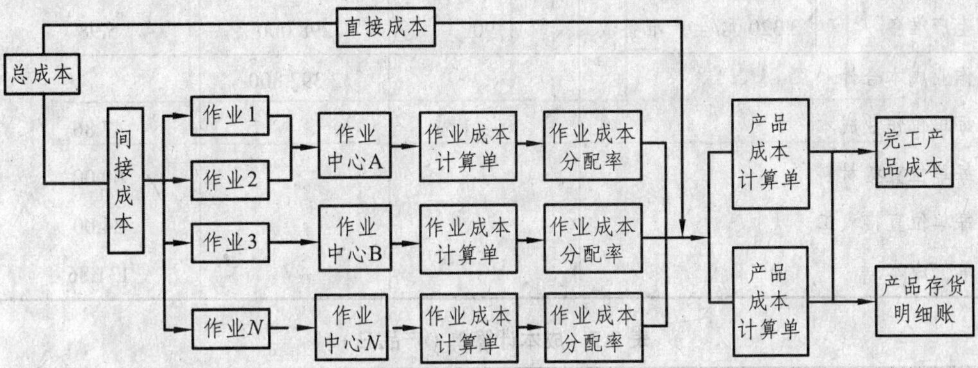

图 9.9　成本作业动因

下面以上述甲制造公司为例，说明作业成本的计算。

除了以上的资料外，以上各作业的作业动因数量资料见表 9.5。

表 9.5　甲公司各作业动因数量

作业	作业动因数量			作业	作业动因数量		
	产品 A	产品 B	合计		产品 A	产品 B	合计
购货	4 000	1 000	5 000	会计	1 500	1 000	2 000
收货	2 500	500	3 000	机制	1 000	2 000	2 000
验货	2 500	500	3 000	生产准备	90	10	100
存储	20 000	10 000	30 000				

将作业成本库的成本分配到成本计算对象产品 A 和产品 B 的成本计算单见表 9.6 和表 9.7。

表 9.6　成本计算单（产品 A）

作业成本库	作业动因单位成本	产品 A（50 000 单位）		
		作业动因数量	作业成本（元）	单位作业成本(元）
购货	60 元/购货单	4 000	240 000	4.80
收货	90 元/收货报告	2 500	225 000	4.50
验货	50 元/验货报告	2 500	125 000	2.50
存储	20 元/存储件	20 000	400 000	8.00
会计	72 元/付款次	1 500	108 000	2.16
机制	996 元/机器小时	1 000	996 000	19.92
生产准备	3 320 元/生产准备次	90	298 000	5.98
作业成本合计			2 392 800	
每单位作业成本				47.86
每单位直接材料				60.00
每单位直接人工				24.00
单位成本				131.86

表 9.7　成本计算单（产品 B）

作业成本库	作业动因单位成本	产品 A（50 000 单位）		
		作业动因数量	作业成本（元）	单位作业成本(元）
购货	60 元/购货单	1 000	60 000	0.60
收货	90 元/收货报告	500	45 000	0.45
验货	50 元/验货报告	500	25 000	0.25
存储	20 元/存储件	10 000	200 000	2.00
会计	72 元/付款次	1 000	72 000	0.72
机制	996 元/机器小时	2 000	1 192 000	19.92
生产准备	3 320 元/生产准备次	10	332 000	0.33
作业成本合计			2 427 200	
每单位作业成本				24.27
每单位直接材料				50.00
每单位直接人工				24.00
单位成本				98.27

从表9.6和表9.7中可以看出，产品A比产品B要复杂，所以A从作业成本库分来的成本也就多。这说明用作业成本计算方法计算的产品成本比较准确地反映了企业的成本信息。

三、作业成本管理

（一）作业管理与作业成本管理的含义

如前所述，作业成本计算本身具有成本分配观和过程分析观两种观念。具体来说，首先要确定实物的消耗量，其次是确定生产经营过程消耗了何种资源。耗用资源就会发生成本，一旦明确了资源的消耗形态，就可以直接追踪消耗资源作业的全过程，从根本上对成本进行控制，支持生产经营的持续改进。过程分析观承认多层次作业，既强调在一个过程中作业的相对独立性，又强调作业的链接关系。在过程分析的基础上，作业管理得以实现。

作业成本管理就是将企业看做由顾客需求驱动的一系列作业组合而成的作业集合体，在管理中努力提高增加顾客价值的作业效率，消除或遏制不增加顾客价值的作业，实现企业生产经营的持续改善。作业管理的基本管理思想是：以顾客链为导向，以作业链—价值链为中心，对企业的作业流程进行根本性、彻底的改造，强调协调企业内外部顾客的关系，从企业整体出发，协调各部门各环节的关系，要求企业物质供应、生产和销售等环节的各项作业形成连续、同步的作业流程，消除作业链中一切不能增加价值的作业，使企业处于持续改进状态，促进企业整体价值链的优化，增强企业竞争优势。因此，作业管理与其说是一项管理工作，还不如说是不断改进和完善企业作业链—价值链的过程。由于作业管理除了涉及作业成本管理外，还涉及诸如生产周期、质量管理、灵活性、柔性和顾客服务等非成本方面，在此我们主要讨论作业成本管理的问题。

作业成本管理是应用作业成本计算提供的信息，从成本的角度，合理安排产品或劳务的销售组合，寻找改变作业和生产流程，改善和提高生产率的机会。作业成本管理主要从成本方面来优化企业的作业链和价值链，是作业管理的一个中介，是作业管理的核心方面。不增加顾客价值的作业以及增加顾客价值但无效率的作业都是不增值作业，由不增值作业引起的成本是不增值作业成本。作业成本管理就是要努力找到不增值作业成本并努力消除或将之降低到最小。作业成本管理一般包括确认和作业分析、作业链—价值链分析和成本动因分析、业绩评价以及报告不增值作业成本四个步骤。作业分析又包括辨别不必要或不增值的作业；对重点增值作业进行分析；将作业与先进水平比较；分析作业之间的联系。下面主要论述价值链分析并探讨降低作业成本的主要方法。

（二）作业成本的价值链分析

1. 企业生产经营过程的价值链

为了便于价值链分析需树立横向的组织观点，从产品投入开始，直到产出并和顾客见面为止。这样，企业生产经营过程由特定顾客或市场生产产品的一系列作业组成。实现价值链分析，关键是根据其对公司竞争优势的贡献大小来区分价值作业。例如，如果订货对于公司与顾客之间的作用很重要，那么这个作业就应该属于营销领域。总之，虽然每一企业都存在着技术、产品设计、制造过程、营销、顾客服务等一般过程，但不同的行业其价值链的构成是不同的，有的长一些，有的短一些。如纯商业性的公司就不存在生产制造活动。每一类活动的重要性也不相同，批发商认为进货后勤和发货后勤最重要，而对于一般制造企业而言，质量和服务却是最重要的。为了实现企业价值链内部优化和整体优化的目标，必须从企业实际出发，分析企业特定的价值链构成及相应的竞争力，通过比较，真正达到提高企业价值的目的。

2. 确定产品或劳务总成本的构成

价值链分析的下一步是追溯或分配成本和评估各价值生产过程。尽管企业还保存有内部报表和成本会计信息，但这种信息根本不能适应作业成本及价值链分析的要求，企业不得不将数据重新分类，或者利用成本研究来分配成本和评估各过程。

为了估算出每个价值生产作业的完全成本，通常涉及作业生产能力或实际生产能力的完全利用。企业管理者和设备销售商往往能较正确地估算出生产能力。如果生产能力估算相差悬殊，企业要分析最终成本，以评估不同生产能力分析的敏感度。一旦成本发生戏剧性的变化，企业应该为更真实的长期能力估算收集更多的信息。

3. 识别各过程的成本动因

企业价值链分析的下一步是识别各价值生产过程的成本因素。通过了解影响成本的因素，企业可以在其成本改进的初始阶段就有的放矢。为了确定相关成本优势，企业也应该了解竞争者的成本因素。

4. 识别各过程的中间环节

单一的价值作业是不连续的，但也不是完全独立的，同一条价值链中的大多数作业都相互依赖。公司一定不要忽略互相依赖的作业之间的价值链联系，因为它很可能会影响到总成本。例如，一个价值链过程的成本改进程序可以降低或增加另外过程中的成本和（或）收入。在价值链中，将一个过程中的货物和服务运送到另一个过程，会增加成本，而去掉这种运送则会降低购货、开发票以及其他的登记成本。

5. 鉴定获得相关成本优势的机遇

许多企业实行全面成本降低（如每个部门都降低 10%），但因为缺乏战略性，这类企业的努力常以失败而告终。这种全面成本降低法往往会对一些重要问题的解决产生误导。关键并不是要提高不重要作业的效率，而是要更好地满足顾客的要求。

利用价值链分析法，一个企业不再简单地全面削减成本，而是要在各价值生产过程中降低成本，提高效率。例如，某公司可能要降低各过程的投入费用，如工资、采购以及是自制还是外购的选择。降低过程投入费用经常是指降低工资、将生产转移到劳动力成本较便宜的国家。供应商与企业协商长期合同时，可能愿意降低价格。企业可利用买卖伙伴关系，在成本、质量、时间、交货以及技术方面取得优势。一些过程可以提供比其他过程更多的机会。为了最大限度地降低成本，公司应该优化其价值创造过程。

开展成本价值链分析可以大幅度地降低成本。例如，美国运输公司数年来为达到其收入目标，依靠减少员工来降低经营成本。但是，这种减少是很有限的，该公司不得不寻找与人力资源无关的领域。因此，它通过三种途径重新设计其经营方式——即成本再设计（使用更有效的加工过程或减少操作阶段），结构再设计（使用比以前少的设备），以及战略再设计（要求工作完成方式的根本改变）。这些措施合在一起大大节约了成本。

（三）降低作业成本的主要方法

1. 作业消除

作业消除就是消除不增值的作业，即先确定不增值的作业，进而采取有效措施予以消除。例如将原材料从集中保管的仓库搬运到生产部门，将某部门生产的零部件搬运到下一个生产部门都是不增值作业。如果条件许可，将原材料供应商的交货方式改为直接送达原材料使用部门，将功能性的工厂布局转变为单元制造式布置，就可以缩短运输距离，削减甚至清除不增值作业。

2. 作业选择

作业选择就是尽可能列举各项可行的作业并从中选择最佳的作业。不同的策略经常产生不同的作业，例如不同的产品销售策略会产生不同的销售作业，而作业引发成本，因此不同的产品销售策略，引发不同的作业及成本。在其他条件不变的情况下，选择作业成本最低的销售策略，可以降低成本。

3. 作业减低

作业减低就是改善必要作业的效率或者改善在短期内无法消除的不增值作业，例如减少整备次数，就可以改善整备作业及其成本。世界著名的机车制造商 Hardley-Davidson，就通过作业减低方式减少了 75% 的机器整备作业，从而降低了成本。

4.作业分享

作业分享就是利用规模经济效益提高必要作业的效率，即增加成本动因的数量但不增加作业成本，这样可以降低单位作业成本及分摊于产品的成本。例如新产品在设计时如果考虑到充分利用其他现有产品已使用的零件就可以免除新产品零件的设计作业，从而降低新产品的生产成本。

总之，作业成本计算方法已经发展成为以作业为核心，成本分配观和过程分析观二维导向，作业成本计算与作业管理相结合的全面成本管理制度。

课后练习

一、单项选择题

1. 在效率良好的条件下，根据下期一般应该发生的生产要素消耗量，及预计价格和预计生产经营能力利用程度制定出来的标准成本称为（　　）。

A. 理想标准成本　　B. 现行标准成本

C. 标准成本　　D. 正常标准成本

2. 期末标准成本差异的下列处理中，错误的是（　　）。

A. 结转成本差异的时间可以是月末，也可以是年末

B. 本期差异全部按本期损益负担

C. 本期差异按比例分配给期末产成品成本和期末在产品成本

D. 本期差异按比例分配给已销产品成本和存货成本

3. 下列说法不正确的是（　　）。

A. 理想标准成本不能作为考核的依据

B. 在标准成本系统中，广泛使用现行标准成本

C. 现行标准成本可以成为评价实际成本的依据

D. 基本标准成本不宜用来直接评价工作效率和成本控制的有效性

4. 计算价格差异的公式是（　　）。

A. 实际数量×实际价格－标准价格）　　B. 标准数量×(实际价格－标准价格)

C. 标准价格×(实际数量－标准数量)　　D. 实际价格×(实际数量－标准数量)

5. 固定制造费用的能量差异，可以进一步分解成（　　）。

A. 闲置能量差异和耗费差异　　B. 闲置能量差异和效率差异

C. 耗费差异和效率差异　　D. 以上任何两种差异

6. 本月生产甲产品 1 000 件，实际耗费 A 材料 2 000 kg，其实际价格为每公斤 20 元。该产品 A 材料的用量标准为 2.5 kg，标准价格为每公斤 18 元，其直接材料数量差异为（　　）元。

A. －9 000　　B. －10 000　　C. 90 000　　D. 10 000

7. 下列变动差异中，无法从生产过程的分析中找出产生原因的是（　　）。

A. 变动制造费用效率差异　　B. 变动制造费用耗费差异

C. 材料价格差异　　D. 直接人工差异

8. 固定制造费用效率差异是（　　）。

A. 实际产量标准工时未达到生产能量而形成的差异

B. 实际工时未达到生产能量而形成的差异

C. 实际工时脱离标准工时而形成的差异

D. 固定制造费用的实际金额脱离预算金额而形成的差异

9. 本月生产产品 400 件，使用材料 2 500 kg，材料单价为 0.55 元/ kg，直接材料的单位产品标准成本为 3 元，即每件产品耗用 6 kg 直接材料，每千克材料的标准价格为 0.5 元。则（　　）。

A. 直接材料价格差异为 125 元　　B. 直接材料价格差异为 120 元

C. 直接材料标准成本为 1250 元　　D. 直接材料用量差异为 55 元

10. “直接人工效率差异”科目出现借方余额表明（　　）。

A. 标准工时超过实际工时

B. 实际工时超过标准工时

C. 标准工资率与标准工时超过实际工资率与实际工时

D. 实际工资率与实际工时超过标准工资率与标准工时

11. 利用二因素分析法固定制造费用的耗费差异是（　　）。

A. 利用生产能量工时与实际工时的差额，乘以固定制造费用标准分配率计算出来的

B. 利用固定制造费用实际数减去制造费用预算数计算出来的

C. 利用实际工时与实际产量标准工时的差额，乘以固定制造费用标准分配率计算出来的

D. 利用实际制造费用减去实际产量标准工时乘以固定制造费用标准分配率计算出来的

12. 下列说法正确的是（　　）。

A. 材料数量差异应该全部由生产部门承担责任

B. 直接人工工资率差异的具体原因会涉及生产部门或其他部门

C. 数量差异的大小是由用量脱离保准的程度以及实际价格所决定

D. 数量差异＝(实际数量－标准数量)×标准价格，其中“标准数量＝标准产量×单位产品标准用量”

13. 下列关于正常标准成本的说法不正确的是（　　）。

A. 应大于理想的标准成本

B. 应小于历史平均水平

C. 实施以后实际成本极有可能产生顺差

D. 制定时考虑了一般难以避免的损耗和低效率等情况

14. 某产品的单位产品标准成本为：工时消耗 3 小时，变动制造费用小时分配率 5 元，固定制造小时分配率为 2 元，本月生产产品 500 件，实际使用工时 1 400 小时，生产能量为 1 620 小时，实际发生变动制造费用 7 700 元，实际发生固定制造费用 3 500 元，则下列有关制造费用差异计算不正确的是（　　）。

A. 变动制造费用耗费差异为 700 元

B. 变动制造费用效率差异为－500 元

C. 固定制造费用耗费差异为 260 元

D. 固定制造费用闲置能量差异为 240 元

15. 通常应对不利的材料价格差异负责的部门是（　　）。

A. 质量控制部门　　B. 采购部门

C. 工程设计部门　　D. 生产部门

16. 下列关于成本控制的说法不正确的是（　　）。

A. 对正常成本费用支出可以从简控制

B. 成本控制系统应该具有灵活性

C. 有效控制成本的关键是调动全体员工的积极性

D. 成本控制系统应该具有通用性

二、多项选择题

1. 成本控制的原则包括（　　）。

A. 因地制宜　　B. 全员参加

C. 领导推动　　D. 靠自身的力量

2. 影响变动制造费用效率差异的原因有（　　）。

A. 工作环境不良　　B. 新工人上岗太多

C. 加班或使用临时工　　D. 工资率调整

3 形成直接材料数量差异的原因经常有（　　）。

A. 操作疏忽　　B. 技术改进

C. 采购时舍近求远使途耗增加　　D. 机器工具不试用

4. 下列表达是正确的有（　　）。

A. 变动制造费用标准分配率＝变动制造费用预算总额/直接人工标准总工时

B. 固定制造费用标准分配率＝固定制造费用预算总额/直接人工标准总工时

C. 固定制造费用标准分配率＝固定制造费用预算总额/生产能量标准工时

D. 变动制造费用标准成本＝单位产品直接人工的实际工时×每小时变动制造费用标准分配率

5. 下列成本差异中，通常不属于生产部门责任的有（　　）。

A. 直接材料价格差异　　B. 直接人工工资率差异

C. 直接人工效率差异　　D. 变动制造费用效率差异

6. 正常的标准成本具有（　　）。

A. 客观性和科学性　　B. 现实性

C. 激励性　　D. 稳定性

7. 关于现行标准成本的下列说法正确的有（　　）。

A. 可以成为评价实际成本的依据

B. 可以用来对存货和销货成本计划

C. 需要经常修订

D. 与各期实际成本相比，可反映成本变动的趋势

8. 标准成本包括（　　）。

A. 实际标准成本　　B. 现行标准成本

C. 基本标准成本　　D. 预定标准成本

9. 造成直接人工效率差异的原因有（　　）。

A. 劳动情绪不佳　　B. 产量太少无法发挥批量节约优势

C. 设备故障较多　　D. 工人经验不足

10. 对于班组成本控制的说法正确的有（　　）。

A. 班组成本控制是成本控制的第一道关口

B. 班组指定的成本控制制度主要是对厂部，车间的制定进行进一步的细化，进行具体的落实

C. 班组核算的最终目标是监督各班组增收节支，提高企业的经济效益

D. 班组核算的目的是划清责任，通过对职工进行奖惩提高工作效率

11. 标准成本下，应按标准成本登记的账户有（　　）。

A. 生产成本　　B. 原材料　　C. 库存商品　　D. 制造费用

12. 需要修订基本标准成本的情况包括（　　）。

A. 产品的物理结构变化　　B. 重要原材料和劳动力价格的重要变化

C. 生产技术和工艺的根本变化　　　　D. 由于市场供求变化导致的售价重大变化

13. 以下关于固定制造费用差异的分析的表述中，错误的有（　　）。

A. 根据二因素分析法，固定制造费用差异分为耗费差异与效率差异

B. 固定制造费用闲置能量差异是生产能量与实际产量的标准工时之差，与固定制造费用标准分配率的乘积

C. 固定制造费用的实际金额与固定制造费用预算金额之间的差额，称为固定制造费用效率差异

D. 固定制造费用能量差异反应实际产量实际工时未能达到生产能量而造成的损失

14. 下列有关制定正常标准成本的表述中，正确的有（　　）。

A. 直接材料的标准消耗量包括各种损失

B. 固定制造费用的标准价格＝固定制造费用预算总额/直接人工标准总工时

C. 可以采用机器工时作为变动制造费用的数量标准

D. 固定制造费用的用量标准与变动制造费用的用量标准可以不同

15. 在会计期末对成本差异进行账务处理的方法有（　　）。

A. 调整销货成本与存货法　　　　B. 三因素分析处理法

C. 结转本期损益法　　　　D. 二因素分析处理法

16. 在标准成本系统中，直接材料价格标准包括（　　）。

A. 发票价格　　B. 运费　　C. 检验费　　D. 正常损耗成本

17. 下列属于数量差异的有（　　）。

A. 工资率差异　　　　B. 人工效率差异

C. 变动制造费用耗费差异　　　　D. 变动制造费用效率差异

三、判断题

1. 在标准成本系统中，广泛使用的是正常标准成本，不能用现行标准成本对存货计价。（　　）

2. 成本控制使用统一的货币计量单位来对企业的生产经营活动进行反映和控制，因此它在整个行业的控制系统中起着综合的控制作用。（　　）

3. 在材料成本差异分析中，价格差异是根据单价偏差乘以“标准”用量计算的，而数量差异却是根据用量差异乘以“实际”价格计算的。（　　）

4. 基本标准成本一经制定则不予变动。（　　）

5. 材料价格差异多采用结转本期损益法处理。（　　）

6. 企业厂部在制定成本控制制度时，应该进行充分的调查研究，根据本企业生产的特点和管理要求，以及国家的各项财经法规，制定出实用与本企业的成本控制制度；成本控制制度一经制定，不能进行修改和完善。（　　）

7. 无论哪种变动成本项目的实际价格上升，都会引起整个变动成本差异的不利变化。（　　）

8. 标准成本是一种预计成本。（　　）

9. 可以成为评价实际成本的依据，也可以用来对存货和销货成本计价的是正常标准成本。（　　）

10. 本月生产产品 400 件，实际使用工时 840 小时，支付工资 4 300 元；直接人工的标准成本为 10 元/件，即每件产品标准工时为 2 小时，标准工资率为 5 元/小时。则工资率差异为 100 元，人工效率差异为 200 元。（ ）

11. 凡是同产品或劳务成本有关的经济业务，都应建立完善的成本控制制度和成本控制方法，其控制手段越严谨、完善，效果越好。（ ）

12. 正常标准成本从数额上看，它应当小于理想标准成本，但又大于历史平均成本。（ ）

13. 如果企业采用完全成本法计算成本，固定制造费用不计入产品成本，因此单位产品的标准成本中不包括固定制造费用的标准成本，不需要制定固定制造费用的标准成本。（ ）

14. 如果企业采用变动成本计算，则单位产品的标准成本中只包括直接材料和直接人工，不包括制造费用。（ ）

15. 变动制造费用耗费差异是实际变动制造费用支出与按标准工时和变动制造费用标准分配率的乘积之间的差额。（ ）

16. 在标准成本系统中，直接材料价格标准是指预计下年度实际需要支付的材料价格。（ ）

17. 在分析成本不利差异时，其根本目的是追究责任，以控制成本差异。（ ）

四、计算分析题

1. 某企业使用标准成本法，某一产品的正常生产能力为 1 000 单位产品，标准成本为：

项　目	金　额	标准单位成本
直接材料	0.2 吨×100 元/吨	20 元
直接人工	5 小时×4 元/小时	20 元
变动制造费用	4 000 元/1 000 单位	4 元

本月份生产 800 单位产品，实际单位成本为：

项　目	金　额	标准单位成本
直接材料	0.22×90 元/吨	19.8 元
直接人工	5.5 小时×3.9 元/小时	21.45 元
变动制造费用	4 000 元/800 单位	5 元

试对该产品进行变动成本差异分析。

2. 甲公司2008 年 12 月产量及部分制造费用有关资料如下：本月实际发生制造费用 8 000 元，其中固定制造费用 3 000 元，变动制造费用 5 000 元。实际生产工时 3 200 小时，本月生产能量为 3 000 小时。制造费用预算为 10 000 元，其中：固定制造费用 4 000 元，变动制造费用 6 000 元。

月初在铲平 40 件，平均完工率 60%，本月投产 452 件，月末在产品 80 件，平均完工程度为 40%，本月完工 412 件。单位产品标准工时为 6 小时。要求：

（1）计算本月加工产品的约当产量；

（2）计算分析变动制造费用差异；

（3）计算分析固定制造费用差异（三因素法）；

（4）结转本月变动制造费用和固定制造费用。

3. A 工厂是一个生产某种汽车零件的专业工厂，产品成本计算采用标准成本计算系统，有关资料如下：

（1）成本计算账户设置。

设置“原材料”“库存商品”“生产成本”等存货账户，均按标准成本计价。

成本差异账户设置 8 个：材料价格差异、材料数量差异、直接人工工资率差异、变动制造费用效率差异、变动制造费用耗费差异、固定制造费用能量差异、固定制造费用耗费差异。

（2）费用分配和差异结转方法。

原材料在生产开始时一次投入，在产品直接材料成本约当产成品的系数为 1；除直接材料外的其他费用陆续发生，其在产品约当产成品的系数为 0.5。

成本差异采用“结转本期损益法”，在每月末结转“主营业务成本”账户。

直接材料　　30 元（10 千克×3 元/千克）

直接人工　　16 元（4 小时×4 元/小时）

变动制造费用　　6 元（4 小时×1.5 元/小时）

固定制造费用　　4 元（4 小时×1 元/小时）

单位产品标准成本　　56 元

（3）本月生产及销售情况。

生产能量	11 000 小时
月初在产品数量	600 件
本月投产数量	2500 件
本月完工入库数量	2400 件
月末在产品数量	700 件

（4）有关成本计算的业务数据。

本月购入原材料 30 000 千克，实际成本 88 500 元（已用支票支付）；本月生产领用原材料 25 500 千克。

实际耗用工时 9 750 小时；应付生产工人工资 40 000 元；实际发生变动制造费用 15 000 元；实际发生固定制造费用 10 000 元。

要求：编制以下业务会计分录。

（1）购入原材料；

（2）领用原材料；

（3）将生产工人工资计入有关成本账户；

（4）结转本期变动制造费用；

（5）结转本期固定制造费用；

（6）完工产品入库；

（7）期末结转本期成本差异。

4. ABC 公司甲产品经两道工序加工，采用约当产量比例法分配各项生产费用。2006 年 4 月份，甲产品生产完工 500 件，本月投产 450 件；月初在产品数量为：第一道工序 300 件，第二道工序 300 件；月末在产品数量为：第一道工序 350 件，第二道工序 200 件。其他有关资料如下：

（1）原材料在开始生产前一次性投入，单位产品的标准材料消耗定额为 40 kg。

（2）甲产品标准工时定额为 50 小时，其中第一道工序为 40 小时；第二道工序为 10 小时。每道工序在产品工时定额（本工序部分）按本工序工时定额的 50%计算。

（3）材料的标准价格为 10 元/kg，标准工资率为 8 元/小时，变动制造费用标准分配率为 5 元/小时。

（4）假设该公司采用标准成本和变动成本计算制度相结合的方式计算产品成本。

（5）本月购入原材料 50 000 kg，材料的实际价格为 12 元/kg，本月生产产品实际领用 19 000 kg；本月实际使用直接人工 20 000 小时，实际支付工资 200 000 元；本月实际发生变动制造费用 120 000 元。

要求：（1）按工时定额计算甲产品各工序在产品的完工率；

（2）按根据工时定额确定的完工率计算甲产品在产品和本月完成的约当产量；

（3）根据标准成本计算制度，分别计算本月生产费用、完工产品成本和月末在产品成本；

五、案例分析

成化机床附件厂有职工 800 人，主要产品为分度头，月生产能力为 800 只。该厂生产设备落后，成本管理较差。企业年初采用标准成本制度进行成本控制，为缩短与先进水平之间的差距，该厂以同行业的先进水平作为制定成本标准的依据，修改原有的定额指标，并以此考核职工的业绩。

1. 制订产品各成本项目的标准如下：

（1）材料。

	标准用量（千克）	标准价格（元）	标准成本（元）	
铸铁	20	0.50	10	
合金钢	5	2.60	13	

（2）人工工资。

	标准工时	标准工资率	标准成本（元）	
平均工资级别	180	0.5	90	

（3）制造费用。

变动制造费用			固定制造费用		
标准分配率	标准工时	标准成本	标准产量（件）	预算费用	标准成本（元）
0.1	180	18	800	32 000	40

企业对变动成本实行弹性控制，固定成本实行总额控制。

2. 该企业7月份计划产量800件，预算标准变动成本104 800元，固定成本32 000元，预计总成本为136 800元。标准单位成本为171.00元。

实际执行的结果超过了预计的范围：实际成本高达148 757元，与标准总成本（实际产量×单位标准成本）比较成本差异达15 377元。为此，厂长派你深入各部门了解情况，分析成本差异，提出意见。

3. 从财务科了解到，自实行标准成本制度以来，今年1～6月份的成本情况如下：

月　份	标准成本			实际成本		
	变动成本	固定成本	合计	实际产量	实际总成本	单位成本
1	140 800	32 000	136 800	800	140 600	177
2	130 490	32 000	135 490	490	142 200	180
3	102 180	32 000	134 180	790	139 620	179
4	104 800	32 000	136 800	800	144 800	181
5	100 870	32 000	132 870	770	141 680	184
6	102 180	32000	134 180	780	145 080	186

7月份的产量和成本资料如下：

（1）实际产量　　　　　　780件

（2）材料耗用

铸铁：18 000 kg　　　　实际成本：9 000元

合金钢：4 400 kg　　　实际成本：12 320元

（3）工资支出

实际工时：144 300小时

实际工资：74 593元

（4）变动制造费用15 444元

（5）固定制造费用37 400元

从劳动工资科了解到：7月份按国家规定给职工增加了工资，平均每人增加4元，共3 200元，其中生产工人2 400元，管理人员800元。

从生产计划科了解到，有近60%的职工未能完成生产定额，厂里经常组织工人加班，并发给加班工资。

从供应科了解到，供应单位提高了合金钢的价格，每公斤提高0.20元。

从设备部门了解到，上月新增两台设备，每台100 000元，月折旧率0.4%，替代4台不适用的旧设备，每台原值30 000元，月折旧率0.4%。新设备使用后，旧设备未及时处置。

另外，本月支出的各种捐款、资助费、社会事业费等共计3 000元，比上月增长一倍，其他情况同上月份相差不多。

在深入各部门的过程中，还听到一些人对成本标准的议论：有人认为标准制定得不合理，也有人认为标准是合理的（主要是执行的原因）；有人认为标准反映基本情况，也有人认为有些情况是难以估计的，所以偏离标准是正常的；等等。对现行的标准提出评价，如要修改标准，你认为在何种水平较好？

第十章　业绩评价

☞学习指导

【学习目标】

本章主要就业绩评价中的责任会计和平衡计分卡做了讲述，重点是责任会计的概念及实施。应了解责任会计的概念、分类，掌握不同类型的责任中心的主要特点、内部转移价格，了解具有中国特色的责任会计的主要特点。

【学习建议】

1. 学习时间：10 小时
第一节建议学习时间：2 小时
第二节建议学习时间：6 小时
第三节建议学习时间：2 小时
2. 学习方法
（1）学习前可以回顾前面几章所学。
（2）点播学习网络课程第十章。
（3）参加第 3 次在线导学直播。
（4）第二节学习完成后提交作业。

【学习重难点】

重点掌握责任会计有关责任中心的评价问题。

我们在第八、九章介绍了全面预算管理这一标准成本制度和作业成本制度的计划与控制。本章是前两章的继续，专门介绍其业绩考评。管理大师彼得·F. 德鲁克曾经说过："如果你不能评价，你就无法管理。"可见，业绩评价是前述管理或制度不可缺少的重要环节。本章的业绩评价是指对各部门（责任中心）的业绩考评，是以上述各种管理或制度的计划、预算或目标为标准，将各部门（责任中心）实际执行情况与标准相比较，借以评价和考核各部门（责任中心）的工作成果，并根据业绩评价结果进行经济和其他方式的奖惩，促使各部门（责任中心）积极纠正行为偏差，完成自己所负的责任，以确保上述管理或制度的有效施行。

第一节　业绩评价概述

业绩评价是指运用科学、规范的管理学、财务学和数理统计等方法，对企业或其各责任中心一定经营期间内的生产经营状态、资本运营效益、经营者业绩等进行定量与定性的考核、分析，并做出客观、公正的综合评价。业绩评价通常应该根据业绩报告，财务业绩评价则主要依据财务报表，包括以责任部门为主体的财务报告——责任报告。但业绩评价所关注的不仅包括："结果怎么样"，而且更为关注于这一结果"应由谁求承担"。正因为如此，业绩评价不等于财务报表分析。业绩评价的关键在于通过评价业绩，找出影响业绩的关键点，并明确形成这一业绩的责任行为者。业绩评价所作的这种思考正是实现管理控制职能所不可缺少的重要组成。

一、业绩评价系统的构成要素

业绩评价系统作为管理控制系统中一个相对独立的子系统，通常由以下三个基本要素构成：

1. 业绩评价主体

业绩评价的主体主要可以分为三个层次：一是政府管理部门，作为市场有效运行的管理者和社会公众利益的代言人，对企业的社会贡献进行评价；二是出资者（包括潜在投资者和所有者），作为资本的代言人，对经营者的经营管理业绩进行评价；三是企业内部的经营管理者对其内部各管理层的业绩评价，它是企业内部控制系统的有效组成部分。

2. 业绩评价目标

业绩评价的目标是指整个业绩评价系统运行的指南和目的所在。不同的评价主体其评价目的并非完全相同，它影响着整体评价系统的构建，因此我们在下一个问题中专门探讨。

3. 业绩评价对象

业绩评价对象就是指对谁进行的评价。总括地讲，业绩评价对象不外乎是两大方面，即以企业整体作为业绩评价对象和以企业内部各部门作为业绩评价的对象。评价对象的确定非常重要，对于不同的评价对象，评价的要求、内容、指标等均不相同。比如：对企业整体进行评价时，我们主要评价其整体获利能力、贡献程度、整体价值或发展潜力；以各成本中心为对象时，则主要考核其成本费用的发生和控制情况；而评价对象是投资中心时，我们则会更为关注其投资收益能力等。

4. 业绩评价方法

业绩评价方法体系中又包含两个最重要同时也是最基本的要素，即指标和标杆。

（1）指标。

业绩评价指标是指就评价对象的哪些方面进行评价。业绩评价主体和目标不同，业绩评价指标也存在较大的差异。比如从企业内部管理的角度进行评价时，它作为管理控制的有效组成，必须关注评价对象与企业成败密切相关的各个方面，即所谓关键成功因素，并将这些关键成功因素具体表现为评价指标。关键成功因素有财务方面的，也有非财务方面的，所以业绩评价指标也分为财务评价指标和非财务评价指标。如何选择业绩评价指标使其能够准确反映企业的关键成功因素，是企业业绩评价系统设计中最重要的问题之一。

（2）标杆。

业绩评价标杆亦即业绩评价标准，是指判断评价对象业绩优劣的基准。评价标杆的选择取决于评价的目的。企业业绩评价系统中常用的标杆包括：年度预算标准、市场标准和竞争对手标准等。标杆的选用与评价对象密切相关，且直接影响着评价的功能。为全面发挥业绩评价系统的功能，企业既可依据其管理需要选择不同标杆，也可在同一系统的不同层次中分层使用不同的标准。

5. 业绩评价报告

业绩评价报告是企业业绩评价系统的输出信息，也是业绩评价系统的结论性文件。业绩评价报告的文字与格式应当简洁、清楚，便于理解，应抓住关键的问题与原因以提高效率。业绩评价报告的格式与写法因不同的评价对象与内容而不同，也不存在统一的规定和模式。

以上五个要素共同组成完善的业绩评价系统，它们之间相互联系、相互影响。不同的评价主体具有不同的评价目标，而不同的目标又决定不同的评价对象、评价方法，其评价报告的格式也不尽相同。

二、评价主体与评价目的对业绩评价系统的影响

如前所述，业绩评价系统的关键在于不同评价主体的不同评价目的。首先，政府管理部门从行政管理和社会公众利益代表的角度作为评价主体，其评价目的在于其作为社会管理者对企业为社会所作的整体贡献进行业绩评价，其评价对象通常是企业整体，评价的内容往往包括企业所提供的税金、就业机会，以及对职工的社会福利保障、环境保护等责任义务的履行情况，因此其核心评价指标中可能就会包含着如社会贡献率、人均利税率、就业增长率等。其指标的计算也可以利用统计数据，往往不需要针对特定企业来设计评价系统。其次，作为单一企业组织，在两权分离后，投资者从投资决策角度相对于企业业绩的评价及其成为所有者后对受托的经营者进行的业绩评价。此时，投资者或所有者作为评价主体，其评价目的是对企业潜在的投资价值以及经营者的受托责任履行情况进行评价，评价对象则是企业整体及其高层决策者。前者要对备选投资对象的经营成果、财务状况、未来发展能力进行全面衡量、比较，即进行企业价值分析；后者则从委托人角度对其所投入企业资源的保值增值情况进行关注，是对作为代理人的企业经营者在企业价值创造中的贡献的评价，其评价目的还在于协

调所有者和经营者之间的利益，引导经营者的行为，激发经营者为所有者利益最大而努力的积极性。此时，前者可以利用各种财务模型计算企业价值，通过企业价值和现行股价的比较判断投资价值；后者则注重于评价经营者在特定时期的工作业绩，如净资产收益率、每股收益等。

本章侧重于企业管理者对企业自身业绩进行的评价。它包括两种不同的评价目的。第一，是管理者作为受托人对于投资者和所有者所关注业绩的必然关注，从而对企业价值及其发展潜力进行的自我评价，以满足外部市场对企业发展战略的要求。业绩评价作为企业战略管理的重要组成，应该为管理者制定最优战略及实施战略提供有用信息。因而在战略制定阶段，需通过业绩评价反映企业内部各方面、各部门的优势与劣势，有助于企业最佳战略的制定；在战略实施阶段，通过业绩评价的反馈信息有助于管理者及时发现问题，采取措施以保证预定战略的顺利实现。此时，管理者所关注的也是企业价值，以及企业关键成功因素对企业价值提升的影响。第二，是由于组织内部科层关系所导致的管理者对企业内部各责任中心的业绩评价。在分权管理的企业组织中，由于企业内部的层层代理关系，较高层管理者需要考虑其下属管理部门的权限和责任来选择适当的业绩评价方式，以形成有效的约束和激励机制。这一层面的业绩评价作为企业内部管理控制系统的有效组成部分，一直受到企业管理者的高度关注。在这一层面，任何上一级的管理者都可能成为业绩评价的主体，而任何下一级的责任中心及其管理者均可能成为业绩评价的对象，其中还包括对企业基层员工的业绩评价，它使得业绩评价系统更为丰富、更为有用，同时也更为复杂。

三、业绩评价的基本原则

尽管业绩评价是多主体、多目的的，但无论何种类型的业绩评价，其焦点最终均将落实到业绩上。就企业而言，决定业绩形成的因素有很多，而且不同组织层次对业绩的判断并不完全相同，有时可能还存在一定矛盾，因此，无论是在构建业绩评价系统还是在设定具体评价指标时，均应该遵循以下基本原则：

1. 战略性原则

企业管理是一种战略性管理，因而必须以长期发展的眼光来看待业绩评价，从而为实现企业战略目标服务。战略性原则是业绩评价系统建立时必须考虑的重要方面。它对业绩评价系统的要求表现为：

（1）长期利益与短期利益、整体利益与局部利益的均衡。长期与短期、整体与局部从来都是一对矛盾，在业绩评价过程中，同样不可避免这一矛盾。战略性的业绩评价必须注重长期利益与短期利益、整体利益与局部利益关系的处理，总的原则应该是长、短期利益兼顾，局部利益服从整体利益。某一责任中心的业绩很好，但它与企业整体目标并不相符，它是在违背企业总体经营战略基础上追求的利益最大化，则其经营业绩并非企业所期望的，对此必须给予否定性的评价。

（2）盈利性指标与流动性指标、结果性指标与过程性指标间的均衡。在用财务标准衡量企业业绩时，不能只看其盈利性，还应该了解企业资产的质量及其流动性，也就是说，应当从战略角度考虑企业的盈利性问题。有些企业的账面盈利性很强，但是企业的资产质量不高、流动性很差，它意味着企业可能存在较大的潜在风险。同样的道理，对于战略性的业绩评价而言，不能只是进行定期的结果性评价，还必须同时注重于或更为注重于过程性指标的评价。因为企业战略目标实现的关键是过程，结果只是因过程而导致的产出；评价的首要目的是对过程的控制和改善，结果的评价只是执行薪酬计划的依据，其宗旨也是在于更好地激励和约束执行的过程，因此不能本末倒置地只对结果考核而忽视对过程的追踪评价。

（3）财务业绩与非财务业绩的均衡。一般认为，大多数责任中心都有多重具体目标，其中只有一部门可从财务角度进行表述，如经营利润、投资报酬率等，而其他具体目标在本质上则是非财务性的。财务业绩易于从会计报告中取得，因而容易被计量并取得唯一标准”。但很多非财务业绩指标在管理中却更易被员工和管理者所接受、更易被理解和量化，因此低层管理者和员工更容易受到其激励而努力去实现该业绩目标。事实上，非财务业绩和财务业绩对企业业绩评价同等重要。因此，企业在强调收入、成本等财务业绩的同时，还应该强调对引起收入和成本的作业进行评价，而不仅仅是等到作业发生之后再对收入和成本本身进行解释。基于这一原因，较高层的财务业绩通常服从其非财务业绩，因而在业绩评价系统构建时应注重财务业绩与非财务业绩的均衡。

2. 目标一致原则

企业总目标为其所有者所设定，它具体化为财务上的股东财富最大化、公司价值最大化等目标。对于企业组织来说，为了实现企业总目标（这一目标应该是长期的），必须将它考虑成影响总目标实现的关键变量，完善激励与业绩评价措施，以此作为实现组织总目标的手段。但是，由于管理者的个人目标与企业目标并不完全趋同，因此，在实际经济生活中，它们之间目标的不一致性使得业绩评价系统设计更趋复杂性和人格化。西方企业管理通常认为，当个人与群体都瞄准同一组织目标时，目标一致才能存在，也就是说只有在企业所做的决策一方面有利于员工实现个人利益最大化，另一方面有助于达到组织的总目标时，目标一致才能实现。对于业绩评价而言，目标一致性至关重要，它在很大程度上决定了业绩评价系统的建立与完善，如对投资中心的目标设定与考核，如果只关注资本报酬率的话，就有可能使得投资中心存在短期化的行为趋向，其投资决策的标准也会受之影响，从而可能与企业长期发展理念不符。

目标一致性还表现为进行业绩评价时应注重评价体系与评价指标间的协调性。比如，某一责任中心并没有按照企业整体意图去实现其战略性目标，但却因其在另一些并不重要的方面而受到奖励性的评价，这无疑是不协调的。不协调性会在很大程度上损害甚至于抵消业绩评价的功能，因而是管理控制所不允许的。只有做到目标的唯一性，才能使得业绩评价作为目标与激励的桥梁，发挥其应有的功能与作用。

3. 可控性原则

由于组织的分权及管理环境的多变，在业绩评价实践中，管理者应当而且只能对其可控事件和可控业绩负责。在业绩评价中区分可控与不可控，是出于对管理者责任范围限定的需要，它是相对的。成本中心的可控对象是其成本，管理者只对其可控成本负责；利润中心的可控对象是其利润，管理者只对其可控利润负责等等。可控与不可控的界限有时较难区分，我们通常是依据对过程和结果产生影响的重要程度来界定。

4. 公正与公平原则

业绩评价必须做到公正与公平。业绩评价本身是主观的行为，但主观的行为必须以客观的事实为依据，只有这样才能公正、公平。为了保证主观中的客观，一方面，要强化业绩评价的市场性，因为相对而言只有市场是最公正公平的，因此，通过市场检验对业绩评价不失为一种可行的方法。它要求评价指标设计上加大市场的含量，减少人为的成分。另一方面，在市场不能完全作为评价依据时，则需要从内部机制设置上保证评价的公正与公平。

四、业绩评价方法体系的构建

（一）业绩评价指标的选择

选择业绩评价指标是构建业绩评价方法的首要环节。从目前的理论和实务看，可供选择的业绩评价指标包括会计指标或市场指标，财务指标或非财务指标，综合指标或单一指标。

1. 会计指标与市场指标

会计指标是指能从会计信息系统直接获取数据，或者通过会计信息计算确定的指标，如利润、投资报酬率等。会计指标作业业绩评价指标的主要优点是指标直观、容易理解；其影响因素较为明确，经营者的可控程度强；取数方便等。其缺点则主要表现在两个方面：一是指标由内部会计信息系统生成，容易受会计政策选择的影响，在评价者和被评价者之间存在信息不对称时，会计指标容易受被评价者操纵而不能如实反映其经营业绩；二是会计指标通常属短期指标，作为评价指标，特别是单一评价指标时，容易导致被评价者的短期行为，而损害企业的长期发展能力。

市场指标则是指直接反映在市场上的企业业绩，如股价。采用市场指标最主要的优点是其作为外部市场取数的指标具有客观性，不易受被评价者人为操纵，而且它能够更好地反映企业的长期发展能力和企业价值。市场指标的缺点则在于被评价者对指标的可控程度较低，据以评价并进行奖惩可能有失公允；同时只有上市公司才有可行的市场指标，从而使其应用受到一定限制。

2.财务指标与非财务指标

财务指标是可以用金额单位表示的指标，它可以包括会计指标和市场指标，常用的有如股价、利润、投资报酬率和经济增加值等。传统的业绩评价大多采用财务指标。采用财务指标评价业绩，是将生产经营活动过程视为“黑箱”，仅仅以结果来推测被评价者的行为。因此，财务指标在具有综合性、可比性的同时，其缺陷也是显而易见的：财务指标大多以一定期间已实现的会计收益为基础计算，作为考核指标极易导致决策者的短期行为；财务指标只是对于结果的评价，而难以实现对过程的控制。

非财务指标是不能用货币单位表示的生产技术性指标，如市场占有率、废品率、交货速度等，非财务指标的应用是近年来业绩评价发展的一个重要趋势。由于财务指标有诸多局限，如上述的短期性、可操纵性和重结果性等，而非财务指标更强调过程性和“前瞻性”，因而，企业在进行业绩评价时，通常需要用非财务指标作为财务指标的重要补充。表 10.1 是对 5 个国家的企业运用非财务指标企业业绩的情况所进行的一个排列（表中数字代表重要程度，其中 1 表示最为重要）。

表 10.1 有关国家企业运用非财务指标评价企业业绩情况表

	美 国	澳大利亚	爱尔兰	日 本	英 国
产品质量和次品	1	1	3	1	1
交货业绩	2	2	4	2	2
完成进度	3	–	–	–	–
小时产量	4	–	1	–	–
缺勤	–	3	–	4	3
新产品开发时间	–	4	–	3	4
厂房利用效率	–	–	2	–	–

资料来源：王立彦，等. 成本管理会计[M]. 北京：经济科学出版社，2000。

调查表明，非财务指标应用非常广泛，因为它具有财务指标所没有的优点，即：① 非财务指标包含过程信息，而正是这些过程导致了财务结果；② 非财务指标不易受被评价者操纵；③ 非财务指标能够反映企业的非财务资产价值和长期发展能力；④ 非财务指标容易将业绩评价和业绩管理相结合，从而推动企业价值的增加。但是，由于非财务指标一般不具有财务指标的综合性，因而不能作为单一指标采用。为此，有效的业绩评价指标通常应兼顾财务指标和非财务指标。

3. 单一指标与综合指标

业绩评价可以采用单一指标。尤其是在对企业整体及其高层决策者进行评价时，由于管理者具有较大的经营管理权，对于生产经营活动的可控程度较高，其责任往往是企业的整体生产经营活动，因此，可以采用综合性较强的关键指标来衡量其业绩，如利润、投资报酬率、股价、经济增加值等指标。单一评价指标的优点是简单明了，同时，由于指标所具有的综合性，也能在一定程度上反映企业价值。但由于单一指标毕竟所涉及面有限，从而使其在各方利益协调上不容易做到“天衣无缝”，在对企业关键因素的体系上不可能做到“十全十美”，从而有可能加大被评价者的投机行为。

综合指标是通过一系列指标的采用，使指标之间相互配合，以更好地沟通被评价者行为和企业战略、企业经营目标之间的关系。近年来非财务指标的大量应用也正是和综合指标体系的设计密切相关的。一个良好的业绩评价指标应该满足以下几方面的要求：① 与组织的总目标相关联；② 平衡长期与短期的利益；③ 能反映企业的战略重点；④ 是被评价者行为的影响结果；⑤ 易于为被评价者所理解；⑥ 可用于评价与激励被评价者；⑦ 合理、客观且易于计量；⑧ 保持一致性。可以想象，单一指标要同时满足上述要求几乎是不可能的。因此，设计综合性的指标体系往往是众多企业的现实选择，如其后介绍的平衡计分卡等就是关注了影响企业经营的几乎所有主要关键成功因素，综合了财务指标和非财务指标的综合评价指标体系。

总之，各类业绩评价指标各有利弊，企业应结合业绩评价的原则要求，设计适应于特定组织的业绩评价指标。

（二）业绩评价标杆的选择

业绩评价结果是否公正、公平、公开，需要有参照物，这一参照物即为评价标杆。理论或实务中常用的标杆可以是预测值、预算值、相对值等。

1. 以预测值为标杆

预测值是指根据期初针对所评价指标进行预测而确定的目标值。这种方式能充分考虑被评价者所面临的企业内外环境，给予被评价者合理的目标期望，从而有助于调动其实现目标的积极性。但预测值标杆过于强调客观，不能充分反映外部市场或评价主体对于被评价者的要求；并且由于信息的不对称，预测值往往变成被评价者自定，既难以保证评价的客观公正，也影响目标激励作用的发挥。

2. 以预算值为标杆

预算值即以全面预算管理中的有关预算和责任预算数据确定为评价指标的目标值。预算不同于预测，它是企业结合外部市场和企业外部评价主体对企业的要求而进行的事前规划，是企业战略的分阶段实施保障。它体现了民主与集中的管理原则，既考虑客观情况，也考虑企业战略所要求的企业年度目标。这一方式相对于预测值更充分地体现了企业经营目标和战略的要求，而且与预算管理系统相结合也更有助于将业绩评价和业绩管理相结合，以及对于经营过程中不可控因素的处理，从而使整个管理控制系统更为完善。

3. 以相对业绩标准为标杆

相对业绩标准既可以是采用行业平均或先进水平等外部标杆，也可以是以本企业平均或历史最好水平等企业内部标杆来作为评价指标的目标值。这种标杆方式可以过滤系统性不可控因素的影响，增强业绩评价与努力水平的程度。这种标杆方式可以用于综合性的财务指标，也可以用于技术性的非财务指标，而且，它既可以用于企业整体的业绩评价，也可以用于企业内部、不同责任中心之间的业绩指标的比较。

至于是采用企业内部标杆还是采用外部标杆，亦各有利弊。采用内部标杆的好处在于标杆容易获取，其制定成本较低。内部标杆的缺陷则在于容易受企业自身的束缚，使评价过程和结论有如“井底之蛙”。采用外部标杆的最大优点在于可以充分激励和鞭策被评价者，开阔其眼界，但外部标杆的获取成本相对较高，而且有时由于环境的影响，其有效性也受到一定质疑。

显然，何种标杆为好，也不能一概而论。根据国外的经验，判断标杆好坏应从以下几个方面进行：

（1）可靠且可计量。好标杆应该对行为过程与行为结果用客观的方式加以计量。

（2）内容有效。好标杆在反映或进行比较时必须与业绩活动具有合理的联系，不能用一些无关的标杆来衡量业绩本身。

（3）范围确指。好标杆应该能够涵盖所要评价的业绩活动的行为与结果的全部。

（4）独立公正。重要的业绩行为与结果必须要用独立公正的标杆来衡量。

（5）不交叉重复。好标杆不得相互交叉重复，以避免业绩评价指标间的相互作用抵消。

（6）易于取得。好标杆的获取成本应该较低。

(7) 与企业兼容。好标杆必须与被评价的企业或组织在目标与管理文化等方面具有适应性。离开特有的企业背景，从企业或行业之外寻找标杆来评价管理者业绩，有时是不合适的。

(8) 更新。好标杆必须随着企业组织的变化与外在环境的发展而不断地更新调整，以适应评价的需要。

业绩评价的方法主要可分为：

(1) 传统业绩评价制度——责任会计；

(2) 综合业绩评价制度——平衡计分卡。

第二节 传统业绩评价制度——责任会计

一、责任会计概述

责任会计是在第二次世界大战以后，由于企业规模不断扩大，出现了越来越多的多级公司、跨国公司、跨行业公司。公司产销规模的扩大、管理层次繁多、组织机构复杂、分支机构遍布本国甚至世界各地，企业经营管理者为了有效地监控、管理庞大的经济组织，有必要通过实施分权管理机制。分权管理的基本特征是将决策权在不同层次和不同地区的管理人员之间进行适当划分。例如董事会与总经理、总经理与部门经理或地区经理之间进行划分等，并通过适应的授权，使不同层次的管理人员都能对日常的经营活动及时地作出有效的决策，以迅速适应不断变化的市场，并据此调动各级管理人员的积极性、主动性和创造性。然后，在这种体制下，发挥分权管理优势的关键在于总部能够及时了解、评价和考核各级、各部门的工作业绩，要求建立与各责任区域管理者权责相应的业绩衡量标准和完善的考核评价制度，责任会计即应运而生。也就是说，责任会计正是为了解决分权制下各责任中心的业绩计量、评价而产生的，并成为分权管理的必要条件之一。

我国在责任会计方面积累了丰富的经验。在 20 世纪 50 年代，为适应当时增产节约运动的要求，会计工作者创造了单车核算、柜组核算和班组核算等形式。这既使会计人员能深入生产、技术第一线进行调查研究，参与经营管理，又调动了职工关心自己利益的积极性，从而实现了群众管理。应该说，柜组、班组等核算形式形成了中国式责任会计的雏形。在 20 世纪 60 年代初期，我国会计工作者又推出了“三级核算”、“四级核算”等形式，实行资金、成本等指标的归口分级管理。通过指标的分解落实并据以考核而实现财会核算、业绩管理一体化，把我国责任会计又向前推进了一大步。改革开放以后，随着经济体制改革的深化，各种形式的经济责任制在企业的推行，使责任会计与内部经济责任制相结合，并以内部银行为契机，制订内部结算价格，从而实现全面经济核算，创立了各种形式的责任会计。

（一）责任会计的含义

标准成本制度和全面预算管理的业绩评价，是通过“责任会计”进行的。责任会计是现代分权管理模式的产物，它是根据授予各级单位的权力、责任以及对其业绩的评价方式，将企业内部各单位划分成若干个不同种类、不同层次的责任中心，并对其分工负责的经济活动进行规划和控制，以实现业绩评价的一种内部控制制度。

（二）责任会计的基本内容

（1）建立责任中心，确定各责任中心的目标及管理人员和职工个人对他们所能控制因素承担的责任。

（2）建立完整的收集、记录、计算等核算体系，随时积累各责任中心的成本、收入、利润、资金等有关资料，作为评价责任中心的依据。

（3）编制责任报告，评价各责任中心的业绩。

二、成本中心的业绩评价

建立责任会计制度，首先应建立与企业组织机构相适应的责任中心，凡是管理上可以控制，责任可以划清，业绩可以单独评价的单位，都可以划分为责任中心，大到分公司、车间、部门，小到班组甚至个人。根据企业内部责任单位权责范围以及业务活动的特点，责任中心通常分为成本中心；利润中心和投资中心。

（一）什么是成本中心

一个责任中心，如果不形成或者不考核其收入，而着重考核其所发生的成本和费用，这类中心称为成本中心。

成本中心往往是没有收入的。例如，一个生产车间，它的产品或半成品并不由自己出售，没有销售职能，没有货币收入。有的成本中心可能有少量收入，但不成为主要的考核内容。例如，生产车间可能会取得少量外协加工收入，但这不是它的主要职能，不是考核车间的主要内容。一个成本中心可以由若干更小的成本中心所组成。例如，一个分厂是成本中心，它由几个车间所组成，而每个车间还可以划分为若干个工段，这些工段是更小的成本中心。任何发生成本的责任领域，都可以确定为成本中心，大的成本中心可能是一个分公司，小的成本中心可能是一台卡车和两个司机组成的单位。成本中心的职责，是用一定的成本去完成规定的具体任务。

成本中心有两种类型：标准成本中心和费用中心。

标准成本中心，必须是所生产的产品稳定而明确，并且已经知道单位产品所需要的投入量的责任中心。通常，标准成本中心的典型代表是制造业工厂、车间、工段、班组等。在生产制造活动中，每个产品都可以有明确的原材料、人工和间接制造费用的数量标准和价格标准。实际上，任何一种重复性的活动都可以建立标准成本中心，只要这种活动能够计量产出的实际数量，并且能够说明投入与产出之间可望达到的函数关系。

因此，各种行业都可能建立标准成本中心。银行业根据经手支票的多少，医院根据接受检查或放射治疗的人数，快餐业根据售出的盒饭多少，都可建立标准成本中心。

费用中心，适用于那些产出物不能用财务指标来衡量，或者投入和产出之间没有密切关系的单位。这些单位包括一般行政管理部门，如会计、人事、劳资、计划等；研究开发部门，如设备改造、新产品研制等；以及某些销售部门，如广告、宣传、仓储等。一般行政管理部门的产出难以度量，研究开发和销售活动的投入量与产出量之间没有密切的联系。对于费用中心，唯一可以准确计量的是实际费用，无法通过投入和产出的比较来评价其效果和效率，从而限制无效费用的支出，因此，有人称之为“无限制的费用中心”。

（二）成本中心的考核指标

一般说来，标准成本中心的考核指标，是既定产品质量和数量条件下的标准成本。标准成本中心不需要作出价格决策、产量决策或产品结构决策，这些决策由上级管理部门作出，或授权给销货单位作出。标准成本中心的设备和技术决策，通常由职能管理部门作出，而不是由成本中心的管理人员自己决定。因此，标准成本中心不对生产能力的利用程度负责，而只对既定产量的投入量承担责任。如果采用完全成本法，成本中心不对闲置能量的差异负责，他们对于固定成本的其他差异要承担责任。

值得强调的是，如果标准成本中心的产品没有达到规定的质量，或没有按计划生产，则会对其他单位产生不利的影响。因此，标准成本中心必须按规定的质量、时间标准和计划产量来进行生产。这个要求是“硬性”的，很少有伸缩余地。完不成上述要求，成本中心要受到批评甚至惩罚。过高的产量，提前产出造成积压，超产以后销售不出去，同样会给企业带来损失，也应视为未按计划进行生产。

确定费用中心的考核指标是一件困难的工作。由于缺少度量其产出的标准，以及投入和产出之间的关系不密切，运用传统的财务技术来评估这些中心的业绩非常困难。费用中心的业绩涉及预算、工作质量和服务水平。工作质量和服务水平的量化很困难，并且与费用支出关系密切。这正是费用中心与标准成本中心的主要差别。标准成本中心的产品质量和数量有良好的量化方法，如果能以低于预算水平的实际成本生产出相同的产品，则说明该中心业绩良好。而对于费用中心则不然，一个费用中心的支出没有超过预算，可能该中心的工作质量和服务水平低于计划的要求。

通常，使用费用预算来评价费用中心的成本控制业绩。由于很难依据一个费用中心的工作质量和服务水平来确定预算数额，一个解决办法是考察同行业类似职能的支出水平。例如，有的公司根据销售收入的一定百分比来制定研究开发费用预算。尽管很难解释为什么研究开发费与销售额具有某种因果关系，但是百分比法还是使人们能够在同行业之间进行比较。另外一个解决办法是零基预算法，即详尽分析支出的必要性及其取得的效果，确定预算标准。还有许多企业依据历史经验来编制费用预算。这种方法虽然简单，但缺点也十分明显。管理人员为在将来获得较多的预算，倾向于把能花的钱全部花掉。越是勤俭度日的管理人员，将越容易面临严峻的预算压力。预算的有利差异只能说明比过去少花了钱，既不表明达到了应有的节约程度，也不说明成本控制取得了应有的效果。因此，依据历史实际费用数额来编制预算并不是个好办法。从根本上说，决定费用中心预算水平有赖于了解情况的专业人员的判断。上级主管人员应信任费用中心的经理，并与他们密切配合，通过协商确定适当的预算水平。在考核预算完成情况时，要让有经验的专业人员对该费用中心的工作质量和服务水平作出有根据的判断，才能对费用中心的控制业绩作出客观评价。

（三）责任成本

责任成本是以具体的责任单位（部门、单位或个人）为对象，以其承担的责任为范围所归集的成本，也就是特定责任中心的全部可控成本。

可控成本是指在特定时期内、特定责任中心能够直接控制其发生的成本。其对应的是不可控成本。

可控成本总是针对特定责任中心来说的。一项成本，对某个责任中心来说是可控的，对另外的责任中心则是不可控的。例如，耗用材料的进货成本，采购部门可以控制，使用材料的生产单位则不能控制。有些成本，对于下级单位来说是不可控的，而对于上级单位来说则是可控的。例如，车间主任不能控制自己的工资（尽管它通常要计入车间成本），而他的上级则可以控制。

区分可控成本和不可控成本，还要考虑成本发生的时间范围。一般说来，在消耗或支付的当期成本是可控的，一旦消耗或支付就不再可控。有些成本是以前决策的结果，如折旧费、租赁费等，在添置设备和签订租约时曾经是可控的，而使用设备或执行契约时已无法控制。

从整个企业的空间范围和很长的时间范围来观察，所有成本都是人的某种决策或行为的结果，都是可控的。但是，对于特定的人或时间来说，则有些是可控的，有些是不可控的。

可控成本与直接成本、变动成本是不同的概念。

直接成本和间接成本的划分依据，是成本的可追溯性。可追溯到个别产品或部门的成本是直接成本；由几个产品或部门共同引起的成本是间接成本。对生产的基层单位来说，大多数直接材料和直接人工是可控制的，但也有部分是不可控的。例如，工长的工资可能是直接成本，但工长无法改变自己的工资，对他来说该成本是不可控的。最基层单位无法控制大多数的间接成本，但有一部分是可控的。例如，机物料的消耗可能是间接计入产品的，但机器操作工却可以控制它。

变动成本和固定成本的划分依据，是成本与产量的变动性。随产量正比例变动的成本，称为变动成本。在一定幅度内不随产量变动而基本上保持不变的成本，称为固定成本。对生产单位来说，大多数变动成本是可控的，但也有部分不可控。例如，按产量和实际成本分摊的工艺装备费是变动成本，但使用工装的生产车间未必能控制其成本的多少，因为产量是上级的指令，其实际成本是制造工装的辅助车间控制的。固定成本和不可控成本也不能等同，与产量无关的广告费、科研开发费、教育培训费等酌量性固定成本都是可控的。

责任成本计算、变动（边际）成本计算和制造成本计算，是三种不同的成本计算方法。它们的主要区别是：第一，核算的目的不同：计算产品的完全成本是为了按会计准则确定存货成本和期间损益；计算产品的变动成本是为了经营决策；计算责任成本是为了评价成本控制业绩。第二，成本计算对象不同：变动成本计算和制造成本计算以产品为成本计算的对象；责任成本以责任中心为成本计算的对象。第三，成本的范围不同：制造成本计算的范围是全部制造成本，包括直接材料、直接人工和全部制造费用；变动成本计算的范围是变动成本，包括直接材料、直接人工和变动制造费用，有时还包括变动的管理费用；责任成本计算的范围是各责任中心的可控成本。第四，共同费用在成本对象间分摊的原则不同：制造成本计算按受益原则归集和分摊费用，谁受益谁承担，要分摊全部的间接制造费用；变动成本计算只分摊变动成本，不分摊固定成本；责任成本法按可控原则把成本归属于不同责任中心，谁能控制谁负责，不仅可控的变动间接费要分配给责任中心，可控的固定间接费也要分配给责任中心。责任成本法是介于制造成本法和变动成本法之间的一种成本方法，有人称之为“局部吸收成本法”或“变动成本和吸收成本法结合的成本方法”。

责任成本与标准成本、目标成本有区别又有密切关系。标准成本和目标成本主要强调事先的成本计算，而责任成本重点是事后的计算、评价和考核，是责任会计的重要内容之一。标准成本在制定时是分产品进行的，事后对差异进行分析时才判别责任归属。目标成本管理要求在事先规定目标时就考虑责任归属，并按责任归属收集和处理实际数据。不管使用目标成本还是标准成本作为控制依据，事后的评价与考核都要求核算责任成本。

计算责任成本的关键是判别每一项成本费用支出的责任归属。

1. 判别成本费用支出责任归属的原则

通常，可以按以下原则确定责任中心的可控成本：

(1) 假如某责任中心通过自己的行动能有效地影响一项成本的数额，那么该中心就要对这项成本负责。

(2) 假如某责任中心有权决定是否使用某种资产或劳务，它就应对这些资产或劳务的成本负责。

(3) 某管理人员虽然不直接决定某项成本，但是上级要求他参与有关事项，从而对该项成本的支出施加了重要影响，则他对该成本也要承担责任。

2. 制造费用的归属和分摊方法

将发生的直接材料和人工费用归属于不同的责任中心通常比较容易，而制造费用的归属则比较困难。为此，需要仔细研究各项消耗和责任中心的因果关系，采用不同的分配方法。一般是依次按下述五个步骤来处理：

(1) 直接计入责任中心。将可以直接判别责任归属的费用项目，直接列入应负责的成本中心。例如，机物料消耗、低值易耗品的领用等，在发生时可判别耗用的成本中心，不需要采用其他标准进行分配。

(2) 按责任基础分配。对不能直接归属于个别责任中心的费用，优先采用责任基础分配。有些费用虽然不能直接归属于特定成本中心，但它们的数额受成本中心的控制，能找到合理依据来分配，如动力费、维修费等。如果成本中心能自己控制使用量，可以根据其用量来分配。分配时要使用固定的内部结算价格，防止供应部门的责任向使用部门转嫁。

(3) 按受益基础分配。有些费用不是专门属于某个责任中心的，也不宜用责任基础分配，但与各中心的受益多少有关，可按受益基础分配，如按装机功率分配电费等。

(4) 归入某一个特定的责任中心。有些费用既不能用责任基础分配，也不能用受益基础分配，则考虑有无可能将其归属于一个特定的责任中心。例如，车间的运输费用和试验检验费用，难以分配到生产班组，不如建立专门的成本中心，由其控制此项成本，不向各班组分配。

(5) 不能归属于任何责任中心的固定成本，不进行分摊。例如，车间厂房的折旧是以前决策的结果，短期内无法改变，可暂时不加控制，作为不可控费用。

三、利润中心的业绩评价

（一）什么是利润中心

成本中心的决策权力是有限的。标准成本中心的管理人员可以决定投入，但产品的品种和数量往往要由其他人员来决定。费用中心为本企业提供服务或进行某一方面的管理。收入中心负责分配和销售产品，但不控制产品的生产。当某个责任中心被同时赋予生产和销售职能时，该中心的自主权就会显著的增加，管理人员能够决定生产什么，如何生产，产品质量的水平，价格的高低，销售的办法，以及生产资源如何在不同产品之间进行分配等。这种责任中心出现在大型分散式经营的组织中，小企业很难或不必采用分散式组织结构，如果大企业采用集权式管理组织结构也不会使下级具有如此广泛的决策权。这种具有几乎全部经营决策权的责任中心，可以被确定为利润中心或投资中心。

一个责任中心，如果能同时控制生产和销售，既要对成本负责又要对收入负责，但没有责任或没有权力决定该中心资产投资的水平，因而可以根据其利润的多少来评价该中心的业绩，那么该中心称为利润中心。

利润中心有两种类型：一种是自然的利润中心，它直接向企业外部出售产品，在市场上进行购销业务。例如，某些公司采用事业部制，每个事业部均有销售、生产、采购的职能，有很大的独立性，这些事业部就是自然的利润中心。另一种是人为的利润中心，它主要在企业内部按照内部转移价格出售产品。例如，大型钢铁公司分成采矿、炼铁、炼钢、轧钢等几个部门，这些生产部门的产品主要在公司内部转移，它们只有少量对外销售，或者全部对外销售由专门的销售机构完成，这些生产部门可并称为人为的利润中心。再如，企业内部的辅助部门，包括修理、供电、供水、供气等部门，可以按固定的价格向生产部门收费，它们也可以确定为人为的利润中心。

通常，利润中心被看成是一个可以用利润衡量其一定时期业绩的组织单位。但是，并不是可以计量利润的组织单位都是真正意义上的利润中心。利润中心组织的真正目的是激励下级制定有利于整个公司的决策并努力工作。仅仅规定一个组织单位的产品价格并把投入的成本收集到该单位，并不能使该组织单位具有自主权或独立性。从根本目的上看，利润中心是指管理人员有权对其供货的来源和市场的选择进行决策的单位。一般说来，利润中心要向顾客销售其大部分产品，并且可以自由地选择大多数材料、商品和服务等项目的来源。根据这一定义，尽管某些企业也采用利润指标来计算各生产部门的经营成果，但这些部门不一定就是利润中心。把不具有广泛权利的生产或销售部门定为利润中心，并用利润指标去评价它们的业绩，往往会引起内部冲突或次优化，对加强管理反而是有害的。

（二）利润中心的考核指标

对于利润中心进行考核的指标主要是利润。但是，也应当看到，任何一个单独的业绩衡量指标都不能够反映出某个组织单位的所有经济效果，利润指标也是如此。因此，尽管利润指标具有综合性，利润计算具有强制性和较好的规范化程度，但仍然需要一些非货币的衡量方法作为补充，包括生产率、市场地位、产品质量、职工态度、社会责任、短期目标和长期目标的平衡等。

（三）部门利润的计算

在计量一个利润中心的利润时，我们需要解决两个问题：第一，选择一个利润指标，包括如何分配成本到该中心；第二，为在利润中心之间转移的产品或劳务规定价格。在此我们先讨论第一个问题，后一个问题将单独讨论。

利润并不是一个十分具体的概念，在这个名词前面加上不同的定语，可以得出不同的概念。在评价利润中心业绩时，我们至少有四种选择：贡献毛益、可控贡献毛益、部门贡献毛益和税前部门利润。

【例 10.1】 成化公司的某一部门的数据如下（单位：元）：

部门销售收入	15 000
已销商品变动成本和变动销售费	10 000
部门可控固定间接费用	800
部门不可控固定间接费用	1 200
分配的公司管理费用	1 000

假设该部门的利润表如下：

收入	15 000
变动成本	10 000
（1）贡献毛益	5 000
可控固定成本	800
（2）可控贡献毛益	4 200
不可控固定成本	1 200
（3）部门贡献毛益	3 000
公司管理费用	1 000
（4）部门税前利润	2 000

以贡献毛益 5 000 元作为业绩评价依据不够全面。部门经理至少可以控制某些固定成本，并且在固定成本和变动成本的划分上有一定选择余地。以贡献毛益为评价依据，可能导致部门经理尽可能多发生固定成本以减少变动成本支出，尽管这样做并不能降低总成本。因此，业绩评价时至少应包括可控制的固定成本。

以可控贡献毛益 4 200 元作为业绩评价依据可能是最好的，它反映了部门经理在其权限和控制范围内有效使用资源的能力。部门经理可控制收入，以及变动成本和部分固定成本，因而可以对可控贡献毛益承担责任。这一衡量标准的主要问题是可控固定成本和不可控固定成本的区分比较困难。例如，折旧、保险等，如果部门经理有权处理这些有关的资产，那么，它们就是可控的；反之，则是不可控的。又如，雇员的工资水平通常是由企业集中决定的，如果部门经理有权决定本部门雇佣多少职工，那么，工资成本是他的可控制成本；如果部门经理既不能决定工资水平，又不能决定雇员人数，则工资成本是不可控成本。

以部门贡献毛益 3 000 元作为业绩评价依据，可能更适合评价该部门对企业利润和管理费用的贡献，而不适合于部门经理的评价。如果要决定该部门的取舍，部门贡献毛益是有重要意义的信息。如果要评价部门经理的业绩，由于有一部分固定成本是过去最高管理阶层投资决策的结果，现在的部门经理已很难改变，部门贡献毛益则超出了经理人员的控制范围。

以税前部门利润 2 000 元作为业绩评价的依据通常是不合适的。公司总部的管理费用是部门经理无法控制的成本，因为分配公司管理费用而引起部门利润的不利变化，不能由部门经理负责。不仅如此，分配给各部门的管理费用的计算方法常常是任意的，部门本身的活动和分配来的管理费用高低并无因果关系。普遍采用的销售百分比、资产百分比、工资百分比等，会使其他部门分配基数的变化影响本部门分配管理费用的数额。许多企业把所有的总部管理费用分配给下属部门，其目的是提醒部门经理注意各部门提供的贡献毛益必须抵补总部的管理费用，否则企业作为一个整体就不会盈利。其实，通过给每个部门建立一个期望能达到的可控贡献毛益标准，可以更好地达到上述目的。这样，部门经理可集中精力增加收入并降低可控制成本，而不必在分析那些他们不可控的分配来的管理费用上花费精力。

（四）内部转移价格

分散经营的组织单位之间相互提供产品或劳务时，需要制定一个内部转移价格。转移价格对于提供产品或劳务的生产部门来说代表收入，对于使用这些产品或劳务的购买部门来说则代表成本。因此，转移价格会影响到这两个部门的获利水平，使得部门经理非常关心转移价格的制订，并经常引起争论。

制订转移价格的目的有两个：防止成本转移带来的部门间责任转嫁，使每个利润中心都能作为单独的组织单位进行业绩评价；作为一种价格引导下级部门采取明智的决策，生产部门据此确定提供产品的数量，购买部门据此确定所需要的产品数量。但是，这两个目的往往有矛盾。能够满足评价部门业绩的转移价格，可能引导部门经理采取并非对企业最理想的决策；而能够正确引导部门经理的转移价格，可能使某个部门获利水平很高而另一个部门亏损。我们很难找到理想的转移价格来兼顾业绩评价和制定决策，而只能根据企业的具体情况选择基本满意的解决办法。

可以考虑的转移价格有以下几种：

1. 市场价格

在中间产品存在完全竞争市场的情况下，市场价格减去对外的销售费用是理想的转移价格。

产品内在经济价值计量的最好方法是把它们投入市场，在市场竞争中判断社会所承认的产品价格。由于企业为把中间产品销售出去，还需追加各种销售费用，如包装、发运、广告、结算等，因此，市场价格减去某些调整项目才是目前未销售的中间产品的价格。从机会成本的观点来看，中间产品用于内部而失去的外销收益，是它们被内部购买部门使用的假计成本。这里失去的外销收益并非是市场价格，而需要扣除必要的销售费用，才是失去的净收益。

完全竞争市场这一假设条件，意味着企业外部存在中间产品的公平市场，生产部门被允许向外界顾客销售任意数量的产品，购买部门也可以从外界供应商那里获得任意数量的产品。由于以市场价格为基础的转移价格，通常会低于市场价格，这个折扣反映与外销有关的销售费，以及交货、保修等成本，因此可以鼓励中间产品的内部转移。如果不考虑其他更复杂的因素，购买部门的经理应当选择从内部取得产品，而不是从外部采购。

如果生产部门在采用这种转移价格的情况下不能长期获利，企业最好是停止生产此产品而到外部去采购。同样，如果购买部门以此价格进货而不能长期获利，则应停止购买并进一步加工此产品，同时应尽量向外部市场销售这种产品。这样做，对企业总体是有利的。

值得注意的是外部供应商为了能做买卖可能先报一个较低的价格，同时期望日后抬高价格。因此，在确认外部价格时要采用可以长期保持的价格。另外，企业内部转移的中间产品比外购产品的质量可能更有保证，并且更容易根据企业需要加以改进。因此，在经济分析无明显差别时，一般不应该依靠外部供应商，而应该鼓励利用自己内部的供应能力。

2. 以市场为基础的协商价格

如果中间产品存在非安全竞争的外部市场，可以采用协商的办法确定转移价格，即双方部门经理就转移中间产品的数量、质量、时间和价格进行协商并设法取得一致意见。

成功的协商转移价格依赖于下列条件：① 要有一个某种形式的外部市场，两个部门经理可以自由地选择接受或是拒绝某一价格。如果根本没有可能从外部取得或销售中间产品，就会使一方或双方处于垄断状态，这样谈判结果不是协商价格而是垄断价格。在垄断的情况下，最终价格的确定受谈判人员的实力和技巧影响。② 在谈判者之间共同分享所有的信息资源。这个条件能使协商价格接近一方的机会成本，如双方都接近机会成本则更为理想。③ 最高管理阶层的必要干预。虽然尽可能让谈判双方自己来解决大多数问题，以发挥分散经营的优点，但是，对于双方谈判时可能导致的企业非最优决策，最高管理阶层要进行干预，对于双方不能自行解决的争论有必要进行调解。当然，这种干预必须是有限的、得体的，不能使整个谈判变成上级领导裁决一切问题。

协商价格往往浪费时间和精力，可能会导致部门之间的矛盾，部门获利能力大小与谈判人员的谈判技巧有很大关系，是这种转移价格的缺陷。尽管有上述不足之处，协商转移价格仍被广泛采用，它的好处是有一定弹性，可以照顾双方利益并得到双方认可。少量的外购或外卖是有益的，它可以保证得到合理的外部价格信息，为协商双方提供一个可供参考的基准。

3. 变动成本加固定费转移价格

这种方法要求中间产品的转移用单位变动成本来定价，与此同时，还应向购买部门收取固定费，作为长期以低价获得中间产品的一种补偿。这样做，生产部门有机会通过每期收取固定费来补偿其固定成本并获得利润；购买部门每期支付特定数额的固定费之后，对于购入的产品只需支付变动成本，通过边际成本等于边际收入的原则来选择产量水平，可以使其利润达到最优水平。

按照这种方法，供应部门收取的固定费总额为期间固定成本预算额与必要的报酬之和，它按照各购买部门的正常需要量比例分配给购买部门。此外，为单位产品确定标准的变动成本，按购买部门的实际购入量计算变动成本总额。如果总需求量超过了供应部门的生产能力，变动成本不再表示需要追加的边际成本，则这种转移价格将失去其积极作用。反之，如果最终产品的市场要求很少时，购买部门需要的中间产品也变得很少，但它仍然需要支付固定费。在这种情况下，市场风险全部由购买部门承担了，而供应部门仍能维持一定利润水平，显得很不公平。实际上，供应和购买部门都受到最终产品市场的影响，共同承担市场变化引起的市场波动。

4. 全部成本转移价格

以全部成本或者以全部成本加上一定利润作为内部转移价格，可能是最差的选择。在例 10.1 中已说明了这一点，它既不是业绩评价的良好尺度，也不能引导部门经理作出有利于企业的明智决策。它的唯一优点是简单。

首先，它以目前各部门的成本为基础，再加上一定百分比作为利润，在理论上缺乏说服力。以目前成本为基础，会鼓励部门经理维持比较高的成本水平，并据此取得更多的利润。越是节约成本的单位，越会有可能在下一期被降低转移价格，使利润减少。成本加成率的确定也是个困难问题，很难说清楚它为什么会是 5%、10%或 20%。

其次，在连续式生产企业中成本随产品在部门间流转，成本不断积累，使用相同的成本加成率会使后续部门利润明显大于前序部门。如果扣除半成品成本转移，则会因各部门投入原材料出入很大而使利润分布失衡。

因此，只有在无法采用其他形式转移价格时，才考虑使用全部成本加成办法来制定转移价格。

四、投资中心的业绩评价

（一）什么是投资中心

投资中心是指某些分散经营的单位或部门，其经理所拥有的自主权不仅包括制定价格、确定产品和生产方法等短期经营决策权，而且还包括投资规模和投资类型等投资决策权。投资中心的经理不仅能控制除公司分摊管理费用外的全部成本和收入，而且能控制占用的资产。因此，不仅要衡量其利润，而且要衡量其资产并把利润与其所占用的资产联系起来。

（二）投资中心的考核指标

评价投资中心业绩的指标通常有以下三种选择：

1. 投资报酬率

它是最常见的考核投资中心业绩的指标。这里所说的投资报酬率是部门贡献毛益除以该部门所拥有的资产额。

假设某个部门的资产额为 20 000 元，部门贡献毛益为 4 000 元，那么投资报酬率为：

$$\text{投资报酬率}=\frac{4\ 000}{20\ 000}\times100\%=20\%$$

用投资报酬率来评价投资中心业绩有许多优点：它是根据现有会计资料计算的，比较客观，可用于部门之间，以及不同行业之间的比较。投资人非常关心这个指标，公司经理也十分关心这个指标，用它来评价每个部门的业绩，促使其提高本部门的投资报酬率，有助于提高整个企业的投资报酬率。投资报酬率可以分解为投资周转率和销售利润率两者的乘积，并可进一步分解为资产的明细项目和收支的明细项目，从而对整个部门经营状况作出评价。

投资报酬率指标的不足也是十分明显的：部门经理会放弃高于资本成本而低于目前部门投资报酬率的机会，或者减少现有的投资报酬率较低但高于资金成本的某些资产，使部门的业绩获得较好评价，但却伤害了企业整体的利益。

假设上面提到的企业资金成本为15%。部门经理面临一个投资报酬率为17%的投资机会，投资额为10 000元，每年净利1 700元。尽管对整个企业来说，由于投资报酬率高于资金成本，应当利用这个投资机会，但是它却使这个部门的投资报酬率由过去的20%下降到19%，即

$$投资报酬率=\frac{4\,000+1\,700}{20\,000+1\,000}\times 100\%=19\%$$

同样道理，当情况与此相反，假设该部门现有一项资产价值5 000元，每年获利850元，投资报酬率为17%，超过了资金成本，部门经理却愿意放弃该项资产，以提高部门的投资报酬率：

$$投资报酬率=\frac{4\,000-850}{20\,000-5\,000}\times 100\%=21\%$$

当使用投资报酬率作为业绩评价标准时，部门经理可以通过加大公式分子或减少公式的分母来提高这个比率。实际上，减少分母更容易实现。这样做会失去不是最有利但可以扩大企业总净利的项目。从引导部门经理采取与企业总体利益一致的决策来看，投资报酬率并不是一个很好的指标。

2. 剩余收益

为了克服由于使用比率来衡量部门业绩带来的次优化问题，许多企业采用绝对数指标来实现利润与投资之间的联系，这就是剩余收益指标。

剩余收益＝部门贡献毛益－部门资产应计报酬

＝部门贡献毛益－部门资产×资金成本

剩余收益的主要优点是可以使业绩评价与企业的目标协调一致，引导部门经理采纳高于企业资金成本的决策。

根据前边的资料计算：

目前部门剩余收益＝4 000－20 000×15%＝1 000（元）

采纳增资方案后剩余收益＝(4 000＋1 700)－(20 000＋1 000)×15%＝1 200（元）

采纳减资方案后剩余收益＝(4 000－850)－(20 000－5 000)×15%＝900（元）

部门经理会采纳增资的方案而放弃减资的方案，这正是与企业总目标相一致的。

采用剩余收益指标还有一个好处，就是允许使用不同的风险调整资金成本。从现代财务理论来看，不同的投资有不同的风险，要求按风险程度调整其资金成本。因此，不同行业部门的资金成本不同，甚至同一部门资产也可能属于不同的风险类型。例如，现金，短期应收款和长期资本投资的风险有很大区别，要求有不同的资金成本。在使用剩余收益指标时，可以对不同部门或者不同资产规定不同的资金成本百分数，使剩余收益这个指标更加灵活；而投资报酬率评价方法无法分别处理风险不同的资产。

当然，剩余收益是绝对数指标，不便于不同部门之间的比较。规模大的部门容易获得较大的剩余收益，而它们的投资报酬率并不一定很高。在此，我们再次体会到引导决策与评价业绩之间的矛盾。因此，许多企业在使用这一方法时，事先建立与每个部门资产结构相适应的剩余收益预算，然后通过实际与预算的对比来评价部门业绩。

3. 现金回收率

在长期投资决策一章中，我们曾经强调要使用现金流量分析，并指出以利润为项目评价主要指标的局限性。然后，在评估实际业绩时，重点又转移到收益或以收益为基础的衡量指标上（如投资报酬率或剩余收益）。显然，投资决策的评估方法和投资决策执行结果的评价方法之间存在矛盾。这样，我们就违背了一个原则，即事先的预算和事后的评价要采用统一口径的指标，以便检查设想的实现程度，或者说检查是否执行了既定决策。在目前的实践中，投资评估的标准与业绩评价的标准之间不存在直接联系，前者以现金流量为基础，后者以收益为基础。一个通过现金流量分析被认为足够好的项目被决定采纳了，因其有较好的净现值、内部收益率和回收期。这个项目执行以后，我们不再根据实际数据计算这些指标，它们好像被遗忘了，而是另外建立一套以收益为基础的指标，如投资报酬率和剩余收益，这些指标在项目实施以前从未计算过。

为了使项目评估和业绩评估趋于一致，我们有两种选择：一种是投资决策改为以利润指标为基础；另一种是业绩评价改为以现金流量为基础。前一种选择会受到间接费用分配方法多样性的困扰，而且难以处理货币的时间价值因素；后一种选择要容易得多。

以现金流量为基础的业绩评价指标是现金回收率和剩余现金流量。

$$现金回收率=\frac{营业现金净流量}{总资产}\times 100\%$$

式中：分子是年现金流入与现金流出的差额，分母是部门资产的历史成本平均值。

假设某部门营业的现金净流量为 5 000 元，资产的历史成本平均值为 20 000 元，则现金回收率：

$$现金回收率=\frac{5\ 000}{20\ 000}\times 100\%=25\%$$

如果各年的现金净流量相同，则现金回收率为回收期的倒数。对于长期资产来说，例如，寿命在 15 年以上的资产，现金回收率近似于内部收益率，即接近实际的投资报酬率。因此，这个指标可以检验投资评估指标的实际执行结果，减少为争取投资而夸大项目获利水平的现象。

尽管在计算现金回收率时未遵循权责发生制，但实际经验表明企业的现金回收率相对稳定，并且从长期来看与净利率相关程度很高，因而可以作为业绩评价的标准。

由于现金回收率是一个相对数指标，也会引起部门经理投资决策的次优化，出现与投资报酬率类似的缺点。为克服这个缺点，可以同时使用剩余现金流量来评价部门业绩：

剩余现金流量＝经营现金流入－部门资产×资金成本率

假设前述企业的资金成本率为 15%。则

剩余现金流量＝5 000－20 000×15%＝2 000（元）

五、部门业绩的报告与考核

业绩的考核涉及成本控制报告、差异调查和奖惩等问题。考核的目的是纠正偏差，改进工作。

（一）成本控制报告

成本控制报告是责任会计的重要内容之一，也称为业绩报告。其目的是将责任中心的实际成本与限额比较，以判别成本控制业绩。

1. 控制报告的目的

（1）一个正式的报告制度的形成，使人们知道他们的业绩将被衡量、报告和考核，会使他们的行为与没有考核时大不一样。这就与学生对于考试课与非考试课花费的精力不同类似。当人们明确知道考核标准并肯定知道面临考核时，会尽力为达到标准而努力。

（2）控制报告显示过去工作的状况，提供改进工作的线索，指明方向。

（3）控制报告向各级主管部门报告下属的业绩，为他们采取措施纠正偏差和实施奖惩提供依据。

2. 控制报告的内容

（1）实际成本的资料。它回答“完成了多少”。实际资料可以通过账簿系统提供，也可以在责任中心设置兼职核算员，在账簿系统之外搜集加工。

（2）控制目标的资料。它回答“应该完成多少”。控制目标可以是目标成本，也可以是标准成本，一般都要按实际业务量进行调整。

（3）两者之间的差异和原因。它回答“完成得好不好，是谁的责任”。

3. 良好的控制报告应满足的要求

（1）报告的内容应与其责任范围一致。

（2）报告的信息要适合使用人的要求。

（3）报告的时间要符合控制的要求。

（4）报告的列示要简明、清晰、实用。

（二）差异调查

成本控制报告将使人们注意到偏离目标的表现，但它只是指出问题的线索。只有通过调查研究，找到原因，分清责任，才能采取纠正行动，收到降低成本的实效。

发生偏差的原因很多，可以分为三类：

（1）执行人的原因，包括过错、没经验、技术水平低、责任心差、不协作等。

（2）目标不合理，包括原来制定的目标过高或过低，或者情况变化使目标不再适用等。

（3）实际成本核算有问题，包括数据的记录、加工和汇总有错误，故意的造假等。

只有通过调查研究，才能找到具体原因，并针对原因采取纠正行动。

（三）奖励与惩罚

奖励是对超额完成目标成本行为的回报，是表示赞许的一种方式。目前奖励的方式主要是奖金，也会涉及加薪和提升等。奖励的原则是：奖励的对象必须是符合企业目标、值得提倡的行为；要让职工事先知道成本达到何种水平将会得到何种奖励；避免奖励华而不实的行为和侥幸取得好成绩的人；奖励要尽可能前后一致。

惩罚是对不符合期望的行为的回报。惩罚的作用在于维持企业运转所要求的最低标准，包括产量、质量、成本、安全、出勤、接受上级领导等。如果达不到最低要求，企业将无法正常运转。达不到成本要求的惩罚手段主要是批评和扣发奖金，有时涉及降级、停止提升和免职等。惩罚的目的是避免类似的行为重复出现，包括被惩罚人的行为和企业里其他人的行为。惩罚的原则是：在调查研究的基础上，尽快采取行动，拖延会减弱惩罚的效力；预先要有警告，只有重犯者和违反尽人皆知准则的人才受惩罚；惩罚要一视同仁，前后一致。

（四）纠正偏差

纠正偏差是成本控制系统的目的。如果一个成本控制系统不能揭示成本差异及其产生原因，不能揭示应由谁对差异负责从而保证采取某种纠正措施，那么这种控制系统仅仅是一种数字游戏，白白浪费了职能人员的许多时间。

纠正偏差是各责任中心主管人员的主要职责。如果成本控制的标准是健全的并且是适当的，评价和考核也是按这些标准进行的，则产生偏差的操作环节和责任人已经指明。具有责任心和管理才能的称职的主管人员就能够通过调查研究找出具体原因，并有针对性地采取纠正措施。

纠正偏差的措施通常包括：第一，重新制订计划或修改目标；第二，采取组织手段重新委派任务或明确职责；第三，采取人事管理手段增加人员，选拔和培训主管人员或者撤换主管人员；第四，改进指导和领导工作，给下属以更具体的指导和实施更有效的领导。

成本指标具有很强的综合性，无论哪一项生产作业或管理作业出了问题都会引起成本失控。因此，纠正偏差的措施必须与其他管理职能结合在一起才能发挥作用，包括计划、组织、人事及指导与领导。

纠正偏差最重要的原则是采取行动。一个简单的道理是不采取行动就不能纠正偏差。由于管理过程的复杂性和人们认识上的局限性，纠正行动不一定会产生预期的效果，从而会出现新的偏差。这种现象不是拒绝采取行动的理由，反而表明需要不断地采取行动。这就如同在高速公路上驾车，要不断调整方向盘，才能确保汽车顺利前进，把定方向盘不动的后果是尽人皆知的。

第三节　综合业绩评价制度——平衡计分卡

一、传统业绩评价指标的缺陷及平衡计分卡的产生与发展

（一）传统业绩评价指标的缺陷

传统的业绩评价制度，都离不开对财务指标的分析，但是，在现代市场竞争环境下，各种不确定因素对企业前景有着众多影响，仅仅通过一些财务指标已经不能满足企业业绩评价

的需要，它在设计思路、具体内容和运作方式上都过于陈旧，在评价的广度、深度和远度上都过于局限，主要表现在：

（1）只注重对过去经营业绩的评价，不能对未来应采取的行动提供充分的指导。传统的业绩评价作为一种基于过去经营数据的评价，只能获取滞后指标，不能及时地捕捉到后期乃至更远的会计期间的各部门（责任中心）的行为给企业创造了多少价值或对企业的价值增值有什么破坏性影响，因而不能对未来创造企业价值而采取的行动提供充分的指导。

（2）只注重财务因素，不反映非财务因素。传统的业绩评价只注重对财务业绩的评价，而对于许多对企业经营管理有着重要影响的非财务因素，都不能作为业绩评价的内容进行评价。

（3）只注重短期财务成果，不关注长期价值创造。传统业绩评价会造成企业部门（责任中心）过分重视取得和维持短期的财务成果，急功近利，在短期绩效方面投资过多，而在长期价值创造方面，特别是使未来增长得以实现的知识资产方面投资过少。

（4）只注重内部各种因素，不考虑外部因素影响。传统业绩评价只注重内部各种因素，而对企业经营业绩有重要影响的许多外部因素，如供应商、客户、合作伙伴、竞争对手等许多外部因素的影响，在业绩考评指标方面都没有考虑进去。

因此，传统的业绩评价只能发现问题而不能提供解决问题的思路，只能做出评价而难以改善企业的状况。而对企业日益复杂的内、外部环境，单纯的财务指标已难以全面评价企业的经营业绩，只有突破单一的财务指标，采用包括财务指标和非财务指标相结合的多元化指标体系，才能对企业各个部门的经营业绩，做出全面正确的评价。由此，综合业绩评价制度——平衡计分卡应运而生。

（二）平衡计分卡的产生与发展

平衡计分长的创始人为罗伯特 · S. 卡普兰（Robert S. Kaplan）和戴维 · P. 诺顿（David P. Norton）。平衡计分卡的概念最早可追溯到 1990 年，当时诺顿研究所对美国的若干公司进行了为期一年的研究，在诺顿研究所的课题“衡量未来组织的业绩”的研究成果基础上，诺顿研究所所长兼带头人戴维 · P. 诺顿和美国管理会计学权威罗伯特 · S. 卡普兰教授提出了平衡计分卡的概念。并在 1992 年《哈佛商业评论》上发表了关于平衡计分卡的第一篇文章《平衡计分卡——业绩衡量与驱动的新方法》，文章提出，不能只从财务指标来评价一家企业的业绩，而应从财务、顾客、内部经营过程以及学习与成长四个方面来评价企业业绩。这篇文章的发表，在理论界和实务界引起了巨大轰动。至此，一种崭新的综合业绩评价制度——平衡计分卡产生了。

平衡计分卡自 20 世纪 90 年代初以来，便迅速受到广泛关注，并取得了长足发展，越来越多的人了解平衡计分卡，越来越多的企业应用平衡计分卡，平衡计分卡已成为企业的一项综合业绩评价制度。以美国为例，有关统计数据显示，1997 年，美国财富 500 强企业已超过 60% 采用了平衡计分卡，在银行、保险公司等金融服务行业，这一比例则更高。今天，当人们谈及业绩评价时，大多指的是以平衡计分卡为主的体系。正如 A. 阿伯尔所说，“对于落实战略决策，更有效地评价和管理企业，平衡计分卡是业绩管理程序方面最好的解决方案”。

二、平衡计分卡的基本结构

（一）平衡计分卡的基本内容

平衡计分卡（Blanced Score Card，简称 BSC）是为全面评价企业而设计的战略蓝图。它强调非财务业绩和非财务指标的重要性，通过对财务、顾客、内部作业、创新与学习四个各有侧重又相互影响的方面来评价业绩，以达到沟通目标、战略与企业经营活动三者间的和谐关系，实现短期利益与长期利益、局部利益与整体利益的协调发展，追求企业的可持续发展。其基本框架如图 10.1 所示。

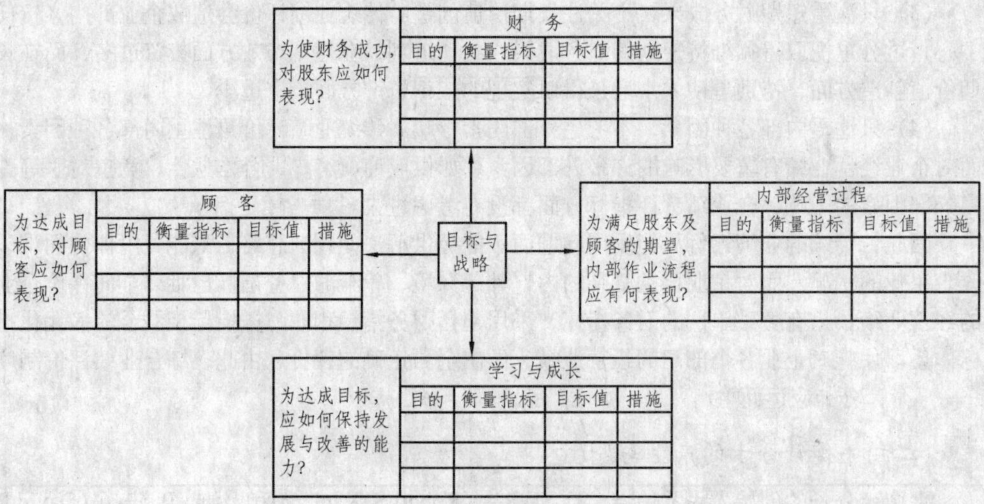

图 10.1　平衡计分卡的框架

1. 财务方面

财务衡量在平衡论分卡中不仅占据一席之地，是一个单独的衡量方面，而且是其他几个衡量方面的出发点和落脚点。一套平衡记分卡应该反映企业战略的全貌，从长远的财务目标开始，然后将它们同一系列行动相联系（这些行动包括财务过程、客户、内部经营过程和学习成长过程），最终实现长期经营目标。

处于生命周期不同阶段的企业，其财务衡量的重点也有所不同。在成长阶段，企业要进行数额巨大的投资，因此，其现金流量可以是负数，投资报酬率亦很低，财务衡量应着重于销售额总体增长百分比和特定顾客群体、特定地区的销售额增长率；处于维持阶段的企业应着重衡量获利能力，比如营业收入和毛利、投资报酬率、经济增加值；有收获阶段的财务衡量指标主要是现金流量，企业必须力争实现现金流量最大化，并减少营运资金占用。

2. 客户方面

在客户方面，核心的衡量指标包括市场占有率、老客户回头率、新客户获得率、客户满意度和从客户处所获得的利润率。这些指标存在着内在的因果关系：① 客户满意度决定着新客户获得率和老客户回头率；② 后两者将决定市场份额的大小；③ 客户满意度、新客户获得率、老客户回头率和市场份额共同决定了从客户处获得的利润率；④客户满意度又源于企业对客户需求的反应时间。其间的关系如图 10.2 所示。

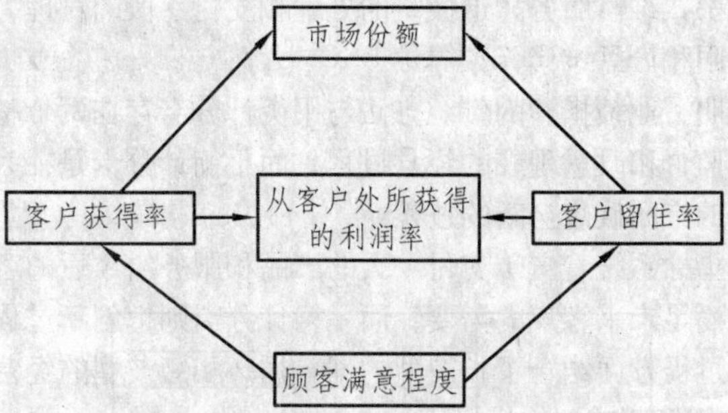

图 10.2 客户方面核心衡量指标

在这些指标中，最根本的指标是关于顾客满意程度的衡量。我们把客户方面的图 10.2 客户方面核心衡量指标分为过程指标和结果指标两类，所谓过程指标是指如果成功地实现，就会支持其他行动指标的指标。对于顾客而言，主要关心的是高质量、低成本和及时供给等。而结果指标是指对于一个组织的战略目标而言最关键的指标体系。对顾客而言，主要有顾客满意度、市场占有率等。两者有时是重复的。对于财务人员来说，关键是要找到二者之间的联系，以便找到一个合适的过程指标组合来实现最优的结果指标。

表 10.2 列出了一般顾客绩效衡量指标。

表 10.2 顾客绩效衡量指标

<table>
<tr><td colspan="4">过程指标</td></tr>
<tr><td>成　本</td><td>质　量</td><td colspan="2">及时性</td></tr>
<tr><td rowspan="2">顾客购买成本
顾客分销成本
顾客安装成本
顾客维修成本</td><td rowspan="2">退货率
市场调查反映</td><td>可靠的营销</td><td>快捷的营销</td></tr>
<tr><td>准时销货比率
产品中断次数</td><td>对顾客订货的时间
完成合同时间
产品生命周期</td></tr>
</table>

<table>
<tr><td colspan="3">结果指标</td></tr>
<tr><td>顾客忠诚度</td><td>吸引新顾客能力</td><td>市场份额</td></tr>
<tr><td>顾客回头率
背叛顾客人数
挽留顾客成本</td><td>新顾客比率
新顾客人数
吸引顾客成本</td><td>占总额的百分比
占顾客总消费百分比
占总产品百分比</td></tr>
</table>

3. 内部经营过程

内部经营过程指的是企业从输入各种原材料和顾客需求到企业创造出对顾客有价值的产品（或服务）过程中的一系列活动，它是企业改善其经营业绩的重点。内部经营过程主要涉及创新、经营和售后服务。企业要想成为市场中最具竞争力的企业，就必须创新，讲求质量，缩短产品的生产周期。创新指标与企业产品或服务的设计和开发费用的衡量有关，主要有新产品开发所用时间、新产品销售收入占总收入的比例、损益平衡时间等。经营指标主要用于衡量企业的经营过程，涉及的具体指标有循环时间指标、质量指标和成本指标。售后服务主要包括质量保证书、维修服务、退换货的处理和支付手段的管理，它的具体指标有产品退货率、产品保修期限和产品维修天数等。

内部经营过程表明，业绩指标的传统方法与平衡计分卡存在两个基本的不同点：

(1) 传统方法是监督和改进现在的经营过程，而平衡计分卡是在为达到企业财务目标和客户要求而必须做好的方面确定全新的过程。

(2) 传统的业绩指标系统着重于交付今天的产品和服务给今后的客户过程，来考虑生产全新的产品和服务来满足未来客户的需要，而平衡计分卡则把创新过程结合到了内部经营过程上，它在内部经营过程方面结合了长波型的创新循环和短波型的经营循环的目标和指标。

表 10.3 列出了内部经营的评价指标。

表 10.3 内部经营评价指标

内部企业程序的绩效评价指标			
类 别	革新过程	营业过程	售后服务过程
成本指标	每项新产品研究开发成本 研究开发成本回报率	单位成本水平 组别成本水平 生产线成本	每次服务成本 产品退货率
质量指标	每项设计的修改次数 新产品销售收入百分比	每百万废品数 顾客服务差错数	对顾客首次要约回应次数 消费者调查反映
及时性指标	研制时间 设计周期	投产准备期间 生产周期	订货交货时间 产品保修期限 产品维修天数

4. 学习和成长

在学习和成长方面，最关键的因素是人才、信息系统和组织程序。企业管理观念的转变使人力资源在企业中的作用越来越受到重视。

过去企业管理的观念是：公司应使工人出色地完成具体工作，公司的上层人员规定工人的工作任务，并制定出相应的标准和监督体制，确保工人能按计划完成任务，工人的任务是干活而不是思维。然而在最近几十年中，这种管理哲学发生了重大变化。人们认识到，公司若想超越现有的业绩、取得学习和成长的收获、获得未来持续的成功，那么仅仅墨守公司上层制定的标准经营程序是不够的，还必须尊重、重视和尽可能采纳第一线员工对改善经营程序和业绩的建议和想法，因为他们离企业内部的工序和企业的客户最近。

正如福特汽车的一个修理厂厂长所言：职工的任务是思考问题，确保质量，而不是看着零部件生产出来。在此，职工被看成问题的解决者，而不是可变成本。此外，要促进企业的学习和成长，还必须加强对员工的培训，改善企业内部的信息传导机制，激发员工的积极性，提高员工的满意度。

表 10.4 列出了学习和成长的指标体系，包括过程指标和结果指标两部分。

表 10.4 学习与成长评价指标

过程指标			
类别	雇员能力	信息系统	组织结构能力
成本指标	人均在岗培训费用 人均脱产培训费用	计算机系统投入成本 研究开发费用占系统总费用比率	评价和建立交流机制的费用 统一各部门行动目标的费用
质量指标	新等级或资格证书数 受教育职工比率	相对竞争者的信息系统能力 接触个人电脑的员工比例	信息覆盖率 每个员工提出建议的数量 被采纳建议的比例 采纳建议后的成效
时间指标	年均受教育时数 完成某一任务受教育时数	个人电脑的平均生命周期 系统更新所需时数	团队工作时间与个别工作时间比 传达信息或接受反馈的平均时间

结果指标		
雇员忠诚度	雇员满意度	雇员生产力
雇员周转率 雇员平均工作年度 女性管理者人数 雇员平均年龄	雇员满意度 调查表雇员获提升几率 管理者的内部提升与外界聘用比率 工作团队成员彼此的满意度	人均产出 人均会客时间（服务业） 人均新设想或专利 雇员被顾客认知度

（二）平衡计分卡的基本特点

作为综合业绩评价体系，平衡计分方式有其自身的特点。主要表现在：

1. 将目标与战略具体化，加强内部沟通

首先，平衡计分方式的设计要分析企业目标与基本战略，并由此而确定各方面工作的着眼点，有利于保证目标与战略在具体经营活动中的体现。其次，由于从业绩评价体系构建的方法上加强了内部沟通，也就使各个层次的员工与管理者能更好地理解企业的目标与战略，有助于促进内部决策目标的一致。在下面 A 公司案例中，该公司以每一类顾客为发展重点，其竞争战略是通过产品和服务质量来增强竞争优势，而这些都通过顾客调查名次表、顾客满意度调查以及在内部作业过程考核中得以体现。

2. 以顾客为导向，重视竞争优势获取与保持

顾客是企业的重要资产，是企业生存发展的重要原动力。显然如何确认、增加和保持这项资产的价值，对竞争优势的取得至关重要。平衡计分方式将顾客的服务满足与满足程度作为单独的一个方面来加以考核，并通过内部过程、学习与创新来保证和促进这种业绩，不仅在观念上促进了企业内部各个层次对顾客价值的重视，而且提供了贯彻企业竞争战略的具体方式。在下面 A 公司案例中，通过顾客服务业绩方面几个指标的设计，既清楚反映了企业对顾客特征的基本认识，也明确地表达了不同的竞争优势：价格竞争与服务质量竞争。而关于内部作业过程的考核指标，提供了具体的获取和保持这种竞争优势的途径：与顾客保持更密切的关系、更好更快地满足顾客的要求等。

3. 重视非财务业绩的计量与评价，促进结果考核与过程考核的统一

平衡计分方式在综合业绩评价时考虑了财务指标与非财务指标、结果与过程之间的关系，它不但是业绩结果的考核，而且将业绩考核作为承上启下的管理循环中重要一环.具有促进业绩改进的作用。

4. 利用多维因素，促进短期利益与长期利益的平衡

企业战略目标往往具有长期性，而在对财务业绩评价，特别是采用单一指标进行业绩评价时，往往是具体的管理人员更关注短期目标的实现。因此，在实践中如何解决长期与短期这一对矛盾是非常重要的。建立平衡计分卡，明确了企业的远景目标，能协助管理人员建立一个得到大家认同的远景和战略，并将这些远景和战略转化为一系列相互联系的衡量指标，确保组织各个层面了解长期战略，驱动各级部门采取有利于实现远景和战略的行动，相互补充，围绕企业战略建立完整的因果关系链条，贯穿于平衡计分卡的四个方面，这条因果关系链条的最终结果就是实现企业战略目标。

三、平衡计分卡的应用案例

A 公司是美国 500 强企业之一，业界一致认为其是一个眼光远、管理良好的公司。它拥有 25 000 名员工，年销售收入约 60 亿美元。为进一步提高竞争力，公司计划实施一种顾客导向型战略，并强化管理控制系统和绩效衡量系统，欲以平衡计分卡作为实施该战略的工具。

1. A 公司引入平衡计分卡的目的

为与 A 公司新采用的以顾客为导向的战略相对应，公司最近把它的分公司战略从运营管理转向长期客户关系的管理，并引入平衡计分卡作为实施该战略的工具。在引入平衡计分卡以前，公司一直依据财务指标和市场份额衡量分公司业绩。公司文件显示，平衡计分卡由专门委员会以自上而下的方式制定，该委员会宣传其引入平衡计分卡的目的是：① 为需要发展客户关系的分公司提供帮助；② 提供一套与公司新战略保持一致的客观标准，引导并衡量分公司绩效表现。

以上目的正如美国管理会计学家卡普兰和诺顿定义的一样。同时，管理层还定义了另外两个目的，这两个目的对分公司意义重大：① 将以平衡计分卡衡量的业绩作为下一个三年合同的起点；② 以平衡计分卡作为对分公司定级和奖励的标准。

引入平衡计分卡以后，A 公司首次使用了包括非财务衡量指标的评估和管理方法，带来了公司在交流、协作、母子公司关系等方面的巨大改变。其中，最主要的是上述后两点目标给分公司带来了巨大的利益驱动，使分公司的积极性极大提高。

2. 平衡计分卡的结构

A 公司编制的平衡计分卡除包括了我们前面所讨论的平衡计分卡的四个方面：财务、客户、内部经营过程、学习与成长外，它还包括了公司的社会责任，共五个方面。另外，公司按照自己的偏好和企业文化对这些指标进行归类，各分公司需随时监测平衡计分卡指标的执行情况，而总公司每季度做一次平衡计分卡的汇集、分析和传播工作，并向公司上下传达。A 公司实践的平衡计分卡结构分为以下四大分类方面：① 竞争优势（客户价值和内部经营

过程）；② 盈利能力和增长能力（内部经营过程和财务）；③ 人力资本投资（学习与成长）；④ 其他一些对分公司业绩重要的指标（内部经营过程）。

每一大类都包括了一些具体的指标和标杆值。表 10.5 列出了 A 公司平衡计分卡中的指标及权重。为理解方便，将其按照我们阐述的平衡计分卡的四方面归类，同时，表中也标出了这些指标在 A 公司的原始归类。

表 10.5 A 公司平衡计分指标体系及权重

指标类型	指　标	权重（%）
学习与成长	员工技能和个人发展计划（HC）	1
	员工勤奋度（HC）	1
	培训（HC）	2
合　计		4
内部经营过程	顾客订单及时处理率（CA）	3
	顾客服务，1 小时内处理顾客问题（CA）	5
	顾客服务，4 小时内解决顾客问题（CA）	5
	管理效率（CA）	3
	学习先进（CA）	1
	存货周转率（PG）	4
	销售业绩良好日占总日期比（PG）	2
	服务优良率（PG）	2
	安全（CC）	2
	担保（other）	8
	房产状况（other）	3
	其他项目（other）	3
合　计		41
客　户	顾客满意度（CA）	4
	传统市场份额（CA）	28
	新市场份额（CA）	6
	环境保护（CC）	2
合　计		40
财务	息税前利润，以销售的百分比表示（PG）	4
	经营活动现金流量，以销售的百分比表示（PG）	2
	销售增长率（PG）	9
合　计		15
总　计		100

注：HC＝人力资本投资；CA＝竞争优势；PG＝盈利能力和增长能力；CC＝社会责任；other＝杂项。

显然，平衡计分卡中的权重反映了公司对各方面指标的重视程度，此权重一经确定并非固定不变，它们将根据平衡计分卡执行中得到的反馈进行调整，这里的反馈主要包括指标的受冲击性、可靠性、受操纵程度，一些软指标由于上述特征更需要调整。

A 公司最初赋予人力资本投资方面（学习与成长方面）的权重是 20%，但此权重一年后降到 4%。相应地，社会责任方面的权重由 10%降为 4%，公司将这些调整过来的权重主要赋予了传统的市场份额衡量手段上（它是搞好客户关系的结果体现），此方面的权重由 12%提升到 28%，这体现了建立与客户的长期关系的重要性，因为它最终会带来企业市场份额的提高；另外，公司将诊断与解决客户问题指标上的权重由 2%提升为 10%，它反映了公司对客户的重视程度。这些权重及其改变反映了分公司对平衡计分卡中的“衡量”及真正重要的指标两者的理解。

3. 利用平衡计分卡进行计分

表 10.6 为该公司下属 6 个主要分公司平衡计分卡的评价情况。其中：红色 R（Red）代表未达到的指标要求，黄色 Y（Yellow）代表符合指标要求，绿色 G（Green）代表超额完成目标。根据具体执行情况，公司总部对各分公司进行排名并公布表现良好的分公司名单。

表 10.6　A 公司下属 6 个分公司的平衡计分卡得分和级别

指　标	权重（%）	分　公　司					
		1	2	3	4	5	6
竞争优势（顾客方面和内部经营过程方面）							
顾客满意度	4	Y	Y	R	R	R	R
传统市场份额	28	Y	G	Y	Y	G	Y
新市场份额	6						
顾客订单及时处理率	3	Y	G	Y	Y	Y	Y
顾客服务，1 小时内处理顾客问题	5	Y	Y	Y	Y	Y	Y
顾客服务，4 小时内解决顾客问题	5	Y	Y	Y	R	Y	Y
管理效率	3	R	G	G	G	G	G
学习先进	1	R	G	R	G	R	G
总　计	55	Y	G	Y	Y	Y	Y
盈利能力和增长能力							
息税前利润销售百分率（以销售的百分比表示）	4	G	G	Y	Y	G	G
经营活动现金流量（以销售的百分比表示）	2	R	Y	R	Y	G	G
存货周转率	4	Y	Y	Y	R	R	Y
销售业绩良好日占总日期比	2	G	Y	Y	R	R	Y
服务优良率	2	R	Y	Y	R	Y	Y
销售增长率	9	G	G	Y	G	G	G
总计	23	G	G	Y	Y	Y	G

续表 10.6

指标	权重（%）	分公司					
		1	2	3	4	5	6
社会责任							
环境保护	2	Y	G	Y	G	G	R
安全	2	Y	Y	Y	R	R	R
总 计	4	Y	G	Y	Y	Y	R
人力资本投资							
员工技能和个人发展计划	1	R	G	R	R	G	Y
员工勤奋度	1	Y	G	Y	G	G	G
培训	2	Y	G	Y	Y	Y	Y
总 计	4	Y	G	Y	Y	Y	R
其他							
担保	8	Y	G	G	R	G	Y
房产状况	3	Y	G	Y	Y	Y	Y
其他项目（杂项）	3	R	G	G	R	G	Y
总 计	14	Y	G	Y	R	G	Y
总括情况——级别	100	R	G	Y	R	G	Y
总括情况——得分	100	64	84	67	61	75	70

经过多年的实践，A 公司管理者认为，利用平衡计分卡系统达到了以下目的：① 由于与战略保持一致，平衡计分卡成为公司改变、调整和进取的推动力；② 平衡计分卡是一个全面衡量企业绩效的系统，能够带来高效管理；③ 平衡计分卡中各要素形成因果链并与具有战略意义的回报相联系；④ 确定合理的目标值，这个目标值能有效引导企业革新。

课后练习

一、单项选择题

1. 成本中心有两种类型：标准成本中心和费用中心。下列通常不适合建立标准成本中心的是（　　）。

A. 车间　　B. 制造业工厂　　C. 班组　　D. 会计部门

2. 标准成本中心需要承担的责任是（　　）。

A. 生产能力的利用程度　　B. 既定产量的投入量

C. 闲置能量差　　D. 实际费用

3. 根据（　　）原则，各责任中心只对其可控制的生产经营活动负责，而不对其不可控业务活动负责。

A. 总体优化　B. 反馈性　C. 公平合理　D. 责、权、绩结合

4. 各责任中心目标的实现要有助于企业总体目标的实现，使两者的目标保持一致是（　　）原则的要求。

A. 责、权、绩结合　B. 总体优化

C. 重要性　D. 全局性

5. 考核利润中心部门经理业绩的最好指标是（　　）。

A. 边际贡献　B. 部门边际贡献

C. 可控边际贡献　D. 部门税前利润

6. 某投资中心的资产额为 100 000 元，最低投资报酬率为 20%，剩余收益为 20 000 元，则该中心的投资报酬率为（　　）。

A. 10%　B. 20%　C. 30%　D. 40%

7. 以下责任指标中，使投资中心项目评估与业绩紧密相连，又可以使用不同的风险调整资本成本的是（　　）。

A. 剩余收益　B. 部门边际贡献

C. 投资报酬率　D. 可控边际贡献

8. 投资报酬率作为评价中心业绩的优点很多，下列不属于其优点的一项是（　　）。

A. 它是根据现有会计资料计算的，比较客观，可用于部门间及不同行业间的比较

B. 它容易引起投资人和总经理的关注，可促进本部门甚至整个企业投资报酬率的提高

C. 它使得部门利益与企业整体利益相一致，最终目的是提高整个企业的投资报酬率

D. 它可以分解为资产周转率和部门边际贡献率，从而可对整个部门经营情况作出评价

9. 某公司某部门的有关数据为：销售收入 20 000 元，已销售产品变动成本 10 000 元，可控固定间接费用 3 000 元，不可控固定间接费用 2 0002 元，分配来的公司管理费用为 1 000 元，那么，部门边际贡献为（　　）元。

A. 8 000　B. 3 000　C. 5 000　D. 2 000

10. 更适合于考核利润中心对企业利润和管理费用的贡献，但不适合于评价部门经理业绩的指标是（　　）。

A. 边际贡献　B. 部门边际贡献

C. 可控边际贡献　D. 部门税前利润

11. 下列关于利润中心的说法不正确的是（　　）。

A. 利润中心分为自然利润中心与人为利润中心

B. 利润中心能同时控制生产和销售

C. 有权决定该中心资产投资的水平

D. 既要对成本负责又要对收入负责

12. 企业某部门本月销售收入为 50 000 元，已销售商品的变动成本和变动销售费 25 000 元，部门可控固定间接费用 5 000 元，部门不可控固定间接费用 3 000 元，分配给该部门的公

司管理费用 2 000 元，则最能反映该部门经理业绩的金额是（ ）。

A. 15 000 元 B. 17 000 元 C. 20 000 元 D. 25 000 元

13. 下列表述中错误的是（ ）。

A. 高层责任中心的不可控成本，对于较低层次的责任中心来说，一定是不可控的

B. 底层次责任中心的不可控成本，对另一个责任中心来说则可能是可控的

C. 某一责任中心的不可控成本，对另一个责任中心来说则可能是可控的

D. 某些从短期看属于不可控的成本，从较长的期间看，可能又成为可控成本

14. 下列说法不正确的是（ ）。

A. 计算产品的完全成本是为了按会计准则确定存货成本和期间损益

B. 计算产品的变动成本是为了经营决策

C. 计算责任成本是为了评价成本控制业绩

D. 计算责任成本是为了经营决策

15. 作为利润中心的业绩责任指标，“可控边际贡献”的计算公式是（ ）。

A. 部门营业收入－已销售商品变动成本

B. 部门营业收入－已销售商品变动成本－变动销售费用

C. 部门营业收入－已销售商品变动成本－变动销售费用－可控固定成本

D. 部门营业收入－已销售商品变动成本－可控固定成本

16. 下列关于利润中心的说法不正确的是（ ）。

A. 能同时控制生产和销售 B. 要对成本负责

C. 有责任或权力决定资产投资水平 D. 要对收入负责

17. 在计算责任成本时，对于不能直接归属与个别责任中心的费用，应该（ ）。

A. 优先按责任基础分配 B. 按受益基础分配

C. 归入某一个特定的责任中心 D. 不进行分摊

18. 以下关于内部结算价格作用的说法，不正确的是（ ）。

A. 内部结算价格是厘清责任指标的依据

B. 内部结算价格是测定责任资源的依据

C. 内部结算价格是产品对外售价的依据

D. 内部结算价格是考核责任业绩的依据

19. 下列关于标准成本中心的说法正确的是（ ）。

A. 一般来说，其责任指标是既定产品数量下的标准成本

B. 不需要作出价格决策、产量决策或产品结构决策

C. 设备和技术决策通常由成本中心的管理人员自己决定

D. 实际产量不可以低于计划产量，但是可以高于计划产量

20. 下列关于市场价格型内部结算价格不正确的是（ ）。

A. 是以单位产品的市场销售价格为内部结算单价

B. 适用于完全的认为利润中心之间的结算

C. 能够较好地体现公平原则

D. 有利于促使各责任中心参与市场竞争，加强生产经营管理

21. 大型集团的子公司、分公司、事业部一般都是独立的法人，享有投资决策权和较充分的经营权，这些责任中心大多属于（　　）。

A. 成本中心　　B. 利润中心　　C. 投资中心　　D. 费用中心

22、下列指标中，能够使业绩评价与企业目标协调一致，并引导投资中心部门经理避免本位主意的决策指标是（ ）

A. 投资报酬率　　B. 可控边际贡献率

C. 部门边际贡献　　D. 剩余收益

23、对责任成本预算进行分解中，有关变动成本分解说法不正确的是（　　）。

A. 变动成本预算一般可以根据预算期的产量计划和单位产品变动成本预算来编制

B. 固定成本预算只需要编制总成本预算，不需要在各种产品之间进行分配

C. 和完全成本分解法相比，优点是能够清晰的描述成本与产量的关系

D. 和完全成本分解法相比，加强了固定成本和产量的联系，促进车间成本中心对提高产量的积极性

24. 下列说法错误的是（　　）。

A. 可控成本总是针对特别的责任中心来说

B. 一项成本，对某个责任中心来说是可控的，对另外的责任中心一定是不可控的

C. 一般来说，在消耗或支付的当期成本是可控的，一旦消耗或支付就不再可控

D. 从整个企业的空间范围和很长的时间范围来观察，所有成本都是可控的

二、多项选择题

1. 在计算责任成本的过程中，对制造费用的处理要分析各种消耗与责任中心的相互联系，采用下列（　　）办法进行处理。

A. 直接计入某责任中心　　B. 按责任基础分配

C. 按受益基础分配　　D. 列作不可控费用不进行分摊

2. 费用中心的业绩，可以通过（　　）来考核。

A. 剩余收益指标　　B. 标准成本指标

C. 费用预算　　D. 零基预算

3. 适合于建立费用中心进行成本控制的单位是（　　）。

A. 研究开发部门　　B. 餐饮店的制作间

C. 医院的放射治疗室　　D. 行政管理部门

4. 下列有关标准成本的说法中，正确的是（　　）。

A. 不对生产能力的利用程度负责　　B. 不进行设备购置决定

C. 不对固定成本差异负责　　D. 应严格执行产量计划，不应超过或减产

5. 通常使用费用预算来评价费用中心的成本控制业绩，确定预算数额的方法包括（　　）。

A. 考察同行业类似只能得支出水平　　B. 零基预算法

C. 依据历史经验　　D. 滚动预算法

6. 对于利润中心考核的指标主要是利润，但有时也需要用一些非货币的衡量方法作为补充，这些方法包括（　　）。

A. 职工态度　　B. 产品质量　　C. 市场地位　　C. 生产率

7. 某公司的甲部门的收入为 15 000 元，变动成本为 10 000 元，可控固定成本为 800 元，不可控固定成本为 1 200 元，公司管理费用为 1 000 元，则下列说法正确的是（　　）。

A. 边际贡献为 5 000 元　　B. 可控边际贡献为 4 200 元
C. 部门边际贡献为 3 000 元　　D. 部门税前利润为 2 000 元

8. 利润中心进行考核的主要指标是利润，下列等式不正确的是（　　）。

A. 边际贡献＝部门销售收入－已销售商品变动成本
B. 税前利润＝可控边际成本－不可控固定成本－公司管理费用
C. 可控边际贡献＝部门销售收入－变动成本
D. 部门边际贡献＝可控边际贡献－固定成本

9. 投资中心具备的特征有（　　）。

A. 拥有投资决策权　　B. 处于责任中心的最高层次
C. 承担最大的责任　　D. 一般都是独立法人

10. 影响部门剩余收益的因素有（　　）。

A. 变动成本　　B. 销售收入　　C. 投资额　　C. 资本成本

11. 作为评价投资中心业绩的指标，剩余收益的优点包括（　　）。

A. 可以使业绩评价与企业目标保持一致
B. 使部门管理投资决策次优化
C. 建立责任中心的依据并非限制于各种业务的规模，而是依据业务发生与否和是否能分清责任
D. 责任中心按照业务特点和责任范围，只能分为成本中心、利润中心和投资中心

13. 以下关于内部结算价格说法正确的是（　　）。

A. 内部结算价格是内部经济往来中实行计价结算过程中使用的价格
B. 这种计价结算需要各责任中心动用企业货币资金进行结算
C. 内部结算价格是实施责任会计的条件之一
D. 内部结算价格对实施责任会计具有基础性的作用

14. 变动成本型内部结算价格的优点有（　　）。

A. 符合成本性态，能够明确揭示成本与产量之间的关系
B. 能够正确反映责任中心的成本节约或超支
C. 有利于调动各责任中心增加产量的积极性
D. 有利于企业及各责任中心进行生产经营决策

15. 不利于调动各责任中心增加产量积极性的内部结算价格有（　　）。

A. 完全成本加利润型内部结算价格
B. 变动成本型内部结算价格
C. 变动成本加固定成本型内部结算价格

D. 制造成本型内部结算价格

16. 对一下责任指标的分解，可以用直接分割法的有（　　）。

A. 销售利润率　　B. 收入总额　　C. 权益乘数　　D. 成本总额

17. 对于认为利润中心而言，影响责任利润变动的因素有（　　）。

A. 内部销售数量的变化　　B. 外部销售数量的变化

C. 销售成本的变化　　C. 品种结构的变化

18. 责任成本计算、变动成本计算和制造成本计算，是三种不同的成本计算方法，它们的主要区别有（　　）。

A. 核算的目的不同　　B. 成本计算对象不同

C. 成本的范围不同　　D. 共同费用在成本对象之间的分摊的原则不同

19. 关于责任成本的计算范围的叙述不准确的是（　　）。

A. 直接材料、直接人工和制造费用

B. 直接材料、直接人工和变动制造费用

C. 直接材料、直接人工和全部制造费用

D. 各责任中心的可控成本

20. 下列说法不正确的是（　　）。

A. 直接成本一直是可控成本

B. 区分可控成本和不可控成本，并不需要考虑成本发生的时间范围

C. 最基层单位无法控制任何间接成本

D. 广告费、科研开发费属于可控成本

21. 下列说法正确的是（　　）。

A. 固定成本可能是可控成本　　B. 变动成本一定是可控成本

C. 直接成本可能是不可控成本　　D. 变动成本可能是不可控成本

22. 纠正偏差的措施通常包括（　　）。

A. 重新制订计划　　B. 重新委派任务

C. 撤换主管人员　　D. 改进领导工作

三、判断题

1. 一般情况下，标准成本中心需要对生产能力的利用程度和既定的产量的投入量承担责任。但是如果采用全部成本法，成本中心不对闲置能量差异负责，他们对于固定成本的其他差异要承担责任。（　　）

2. 直接成本是可控成本，间接成本是不可控成本。（　　）

3. 可以计算其利润的组织单位，都是真正意义上的利润中心。（　　）

4. 与成本中心相比，利润中心的权力和责任都相对要大得多。（　　）

5. 例外管理原则就是要求各责任中心对其生产经营过程中的重点差异进行分析、控制。（　　）

6. 不直接决定某项成本的人员，若对该项成本的支出施加了重要影响，也对该项成本承担责任。（　　）

7. 在其他因素不变的条件下，一个投资中心的剩余收益的大小与企业成本的高低呈反向变动。（ ）

8. 采用双重内部结算价格，就是提供产品的责任中心产品和接受产品的责任中心转入产品，分别按照不同的内部结算价格，其差额由共同的上级部门调整。（ ）

9. 已知某投资中心的投资周转率为 3 次，部门边际贡献率为 10%，则投资报酬率为 30%。（ ）

10. 剩余收益指标是绝对数，不能反映实现利润与投资之间的联系。（ ）

11. 某项会导致个别投资中心的投资报酬率提高的投资，不一定事实上会使整个企业的投资报酬率提高，但某项会导致个别投资中心的剩余收益增加的投资，则一定会使整个企业的剩余收益增加。（ ）

12. 一般而言，凡是组织职能能够分开、业绩可以单独考核的内部组织，都可以划分为责任中心。（ ）

13. 要素分析法是将原型指标分解为构成总指标的若干要素的变形指标的一种方法。（ ）

14. 建立责任会计制度的目的，一方面是需要核算记录，以便分析考核，另一方面需要激励企业的各个部门和员工，使其更加努力的工作，以便实现企业的经营目标。（ ）

15. 考核成本中心的业绩必须使用既定产品质量和数量条件下的标准成本。（ ）

16. 通常使用费用预算来评价费用中心的成本控制业绩。（ ）

17. 制造成本计算按受益原则归集和分摊费用，变动成本计算只分摊变动成本。（ ）

18. 企业职工个人不能构成责任实体，因而不能成为责任控制体系中的责任中心。（ ）

19. 变动成本计算与制造成本计算以产品为成本计算对象，责任成本计算以利润中心为成本计算对象。（ ）

20. 责任成本法按可控原则把成本归属于不同责任中心，只把可控的变动费用分配给责任中心。（ ）

21. 变动成本法是介于制造成本法和责任成本法之间的一种成本方法。（ ）

22. 从整个企业的空间范围和很长时间范围来观察，所有成本都是可控的。（ ）

四、计算分析题

1. 彩虹公司下设 A、B 两个投资中心，A 投资中心的投资额为 1 000 万元，投资报酬率为 20%，B 投资中心的投资报酬率为 18%，剩余收益为 45 万元，彩虹公司的资本成本为 15%。目前有一项目需要投资额 500 万元，投资后可增加部门边际贡献 95 万元。要求：

（1）计算追加投资前公司的投资报酬率和剩余收益。

（2）从投资报酬率的角度看，A、B 投资中心是否会接受该投资。

（3）从剩余收益的角度看，A、B 投资中心是否会愿意接受该投资。

（4）说明以投资报酬率和剩余收益作为投资中心业绩评价指标的优缺点。

2. 某企业下设置甲投资中心和乙投资中心，两投资中心均有一投资方案可供选择，预计产生的影响见表 10.7。

表 10.7 预计产生的影响（单位：万元）

项 目	甲投资中心		乙投资中心	
	追加投资前	追加投资后	追加投资前	追加投资后
总资产	50	150	100	200
部门边际贡献	4	10.5	11	21.6
投资报酬率	8%	A	11%	C
剩余收益	−1	B	1	D

要求：(1) 填列上表中用字母表示的位置的频数；

(2) 运用剩余收益指标判断两投资中心是否应该追加投资。

3. 甲公司有三个业务类似的投资中心，使用相同的预算进行控制，其 2006 年的有关资料见表 10.8。

表 10.8 有关资料（单位：万元）

项 目	预算数	实际数		
		A	B	C
销售收入	200	180	210	200
部门边际贡献	18	19	20	18
资 产	100	90	100	100

在年终进行业绩评价时，董事会对三个部门的评价发生分歧，有人认为 C 部门全面完成预算，业绩最佳；有人认为 B 部门销售收入和部门边际贡献均超过预算，并且部门边际贡献最大，应是最好的；还有人认为 A 部门边际贡献超过预算并且节省了资金，是最好的。假设该公司资本成本是 16%，请你对三部门的业绩进行分析评价并排出优先次序。

4. 东大集团的全资子公司 A 公司拥有独立的采购、生产、销售和资产购置处理权利，2006 年 A 公司资产的平均总额为 4 000 万元，其总额资产报酬率（息税前利润/平均总资产）为 20%，权益乘数为 4，负债平均利率为 10%，包括利息费用在内的固定成本总额为 600 万元，所得税税率为 40%，东大公司所处行业的平均投资报酬率为 16%。要求：

(1) 东大集团应将 A 公司作为何种责任中心进行考核?

(2) 计算 A 公司 2006 年的权益净利率、已获得利息倍数、总杠杆系数。

(3) 如果 A 公司 2007 年打算不亏损，年度内普通股股数不会发生变动，销售量下降的最大幅度是多少?

(4) 集团根据 A 公司剩余收益责任指标确定 A 公司员工薪酬，如果 2007 年行业平均投资报酬率下降，A 公司盈利能力和资产规模不变，A 公司员工收益将提高还是降低?

5. 公司投资中心的有关数据（金额单位：万元）见表 10.9。

表 10.9 有关数据

项目	数据
中心拥有资产	100 000
中心风险是公司平均风险的倍数	1.5
销售收入	200 000
变动销售成本和费用	120 000
中心可控固定成本	20 000
中心不可控固定成本	0
分配的公司管理费用	10 000
公司所得税率	30%
公司无风险报酬率	6%
公司平均必要报酬率	10%

要求：（1）计算该投资中心的部门边际贡献率、部门税前利润、投资报酬率和剩余收益。

（2）如果有一项目风险与该中心相同，需投资 20 000 万元，未来 10 年内每年的投资报酬率为 18%，请分别根据投资中心的投资报酬率和剩余收益决定项目的取舍。

五、案例分析

成都某制药厂主要产品为大补膏和人参素，其市场旺销，特别在春节前后，市场上常常脱销，供不应求。

今年春节期间，该厂销售部门要求进行加班加点，突击生产，生产更多的产品以增加销售，提高利润。然而厂生产部门却反对这一做法，认为这样做要打乱全年生产计划，花费的代价太大。另外，生产部门知道，由于节假日加班加点往往要支付双倍甚至于 3 倍的工资，因此产品成本很高。在进行一系列成本指标考核时，显然对生产部门十分不利，甚至会影响奖金。所以该厂生产部门竭力反对，并抱怨销售部门只顾自己的一系列销售指标，而不考虑生产部门的苦衷。

但销售部门马上提出，生产部门是否愿意承担失去大量客户的责任，是否考虑到销售收入和企业利润等各项经济指标。当然，生产部门是不愿承担这些责任的。但双方互争不休，最后矛盾上交厂部。

厂长请财务科科长提出意见，是否接受各项加班加点任务？怎样处理生产部门和销售部门之间的矛盾？假如你是财务科科长，应该怎样回答这两个问题。

附　录

附录一　复利终值系数表 $(F/P,i,n)=(1+i)^n$

$n\backslash i$(%)	1	2	3	4	5	6	7
1	1.010	1.020	1.030	1.040	1.050	1.060	1.070
2	1.020	1.040	1.061	1.082	1.103	1.124	1.145
3	1.030	1.061	1.093	1.125	1.158	1.191	1.225
4	1.041	1.082	1.126	1.170	1.216	1.262	1.311
5	1.051	1.104	1.159	1.217	1.276	1.338	1.403
6	1.062	1.126	1.194	1.265	1.340	1.419	1.501
7	1.072	1.149	1.230	1.316	1.407	1.504	1.606
8	1.083	1.172	1.267	1.369	1.477	1.594	1.718
9	1.094	1.195	1.305	1.423	1.551	1.689	1.838
10	1.105	1.219	1.344	1.480	1.629	1.791	1.967
11	1.116	1.243	1.384	1.539	1.710	1.898	2.105
12	1.127	1.268	1.426	1.601	1.796	2.012	2.252
13	1.138	1.294	1.469	1.665	1.886	2.133	2.410
14	1.149	1.319	1.513	1.732	1.980	2.261	2.579
15	1.161	1.346	1.558	1.801	2.079	2.397	2.759
16	1.173	1.373	1.605	1.873	2.183	2.540	2.952
17	1.184	1.400	1.653	1.948	2.292	2.693	3.159
18	1.196	1.428	1.702	2.206	2.407	2.854	3.380
19	1.208	1.457	1.754	2.107	2.527	3.026	3.617
20	1.220	1.486	1.806	2.191	2.653	3.207	3.870
25	1.282	1.641	2.094	2.666	3.386	4.292	5.427
30	1.348	1.811	2.247	3.243	4.322	5.743	7.612
40	1.489	2.208	3.262	4.801	7.040	10.286	14.974
50	1.645	2.692	4.384	7.107	11.467	18.420	29.457

$n\backslash i$(%)	8	9	10	11	12	13	14
1	1.080	1.090	1.100	1.110	1.120	1.130	1.140
2	1.166	1.188	1.210	1.232	1.254	1.277	1.300
3	1.260	1.295	1.331	1.368	1.405	1.443	1.482
4	1.360	1.412	1.464	1.518	1.574	1.630	1.689
5	1.469	1.539	1.611	1.685	1.762	1.842	1.925
6	1.587	1.677	1.772	1.870	1.974	2.082	2.195
7	1.714	1.828	1.949	2.076	2.211	2.353	2.502
8	1.851	1.993	2.144	2.305	2.476	2.658	2.853
9	1.999	2.172	2.358	2.558	2.773	3.004	3.252
10	2.159	2.367	2.594	2.839	3.106	3.395	3.707

续附录一

n\i(%)	8	9	10	11	12	13	14
11	2.332	2.580	2.853	3.152	3.479	3.836	4.226
12	2.518	2.318	3.138	3.498	3.896	4.335	4.818
13	2.720	3.066	3.452	3.883	4.363	4.898	5.492
14	2.937	3.342	3.797	4.310	4.887	5.535	6.261
15	3.172	3.642	4.177	4.785	5.474	6.254	7.138
16	3.426	3.970	4.595	5.311	6.130	7.067	8.137
17	3.700	4.328	5.054	5.895	6.866	7.986	9.276
18	3.996	4.717	5.560	6.544	7.690	9.024	10.575
19	4.316	5.142	6.116	7.263	8.613	10.197	12.056
20	4.661	5.604	6.727	8.062	9.646	11.523	13.743
25	6.848	8.623	10.835	13.585	17.000	21.231	26.462
30	10.063	13.268	17.449	22.892	29.960	39.116	50.950
40	21.725	31.409	45.259	65.001	83.051	132.78	188.88
50	46.902	74.358	117.39	184.57	239.00	450.74	700.23

n\i(%)	15	16	17	18	19	20	25	30
1	1.150	1.160	1.170	1.180	1.190	1.200	1.250	1.300
2	1.323	1.346	1.369	1.392	1.416	1.440	1.563	1.690
3	1.521	1.561	1.602	1.643	1.685	1.728	1.953	2.197
4	1.749	1.811	1.874	1.939	2.005	2.074	2.441	2.856
5	2.011	2.100	2.192	2.288	2.386	2.488	3.052	3.713
6	2.313	2.436	2.565	2.700	2.840	2.986	3.815	4.827
7	2.660	2.826	3.001	3.185	3.379	3.583	4.768	6.276
8	3.059	3.278	3.511	3.759	4.021	4.300	5.960	8.157
9	3.518	3.803	4.108	4.435	4.785	5.160	7.451	10.604
10	4.046	4.411	4.807	5.234	5.696	6.192	9.313	13.786
11	4.652	5.117	5.624	6.176	6.777	7.430	11.642	17.922
12	5.350	5.936	6.580	7.288	8.064	8.916	14.552	23.298
13	6.153	6.886	7.699	8.599	9.596	10.699	18.190	30.288
14	7.076	7.988	9.007	10.147	11.420	12.839	22.737	39.374
15	8.137	9.266	10.539	11.947	13.590	15.407	28.422	51.186
16	9.358	10.748	12.330	14.129	16.172	18.488	35.527	66.542
17	10.761	12.468	14.426	16.672	19.244	22.186	44.409	86.504
18	12.375	14.463	16.879	19.673	22.091	26.623	55.511	112.46
19	14.232	16.777	19.748	23.214	27.252	31.948	69.389	146.19
20	16.367	19.461	23.106	27.393	32.429	38.338	86.736	190.05
25	32.919	40.874	50.658	62.669	77.388	95.396	264.70	705.64
30	66.212	85.850	111.07	143.37	184.68	237.38	807.79	2620.0
40	267.86	378.72	533.87	750.38	1 051.7	1 469.8	7 523.2	36 119
50	1 083.7	1 670.7	2 566.2	3 927.4	5 988.9	9 100.4	70 065	497.929

附录二　复利现值系数表 $(P/F, i, n) = (1+i)^n$

$n\backslash i$(%)	1	2	3	4	5	6	7	8	9
1	0.990	0.980	0.971	0.962	0.952	0.943	0.935	0.926	0.917
2	0.980	0.961	0.943	0.925	0.907	0.890	0.873	0.857	0.842
3	0.971	0.942	0.915	0.889	0.864	0.840	0.816	0.794	0.772
4	0.961	0.924	0.888	0.855	0.823	0.792	0.763	0.735	0.708
5	0.951	0.906	0.863	0.822	0.784	0.747	0.713	0.681	0.650
6	0.942	0.888	0.837	0.790	0.746	0.705	0.666	0.630	0.596
7	0.933	0.871	0.813	0.760	0.711	0.665	0.623	0.583	0.547
8	0.923	0.853	0.789	0.731	0.677	0.627	0.582	0.540	0.502
9	0.914	0.837	0.766	0.703	0.645	0.592	0.544	0.500	0.460
10	0.905	0.820	0.744	0.676	0.614	0.558	0.508	0.463	0.422
11	0.896	0.804	0.722	0.650	0.585	0.527	0.475	0.429	0.388
12	0.887	0.788	0.701	0.625	0.557	0.497	0.444	0.397	0.356
13	0.879	0.773	0.681	0.601	0.530	0.469	0.415	0.368	0.326
14	0.870	0.758	0.661	0.577	0.505	0.442	0.388	0.340	0.299
15	0.861	0.743	0.642	0.555	0.481	0.417	0.362	0.315	0.275
16	0.853	0.728	0.623	0.534	0.458	0.394	0.339	0.292	0.252
17	0.844	0.714	0.605	0.513	0.436	0.371	0.317	0.270	0.231
18	0.836	0.700	0.587	0.494	0.416	0.350	0.296	0.250	0.212
19	0.828	0.686	0.570	0.475	0.396	0.331	0.277	0.232	0.194
20	0.820	0.673	0.554	0.456	0.377	0.312	0.258	0.215	0.178
25	0.780	0.610	0.478	0.375	0.295	0.233	0.184	0.146	0.116
30	0.742	0.552	0.412	0.308	0.231	0.174	0.131	0.099	0.075
40	0.672	0.453	0.307	0.208	0.124	0.097	0.067	0.046	0.032
50	0.608	0.372	0.228	0.141	0.087	0.054	0.034	0.021	0.013

$n\backslash i$(%)	10	11	12	13	14	15	16	17	18
1	0.909	0.901	0.893	0.885	0.877	0.870	0.862	0.855	0.847
2	0.826	0.812	0.797	0.783	0.769	0.756	0.743	0.731	0.718
3	0.751	0.731	0.712	0.693	0.675	0.658	0.641	0.624	0.609
4	0.683	0.659	0.636	0.613	0.592	0.572	0.552	0.534	0.516
5	0.621	0.593	0.567	0.543	0.519	0.497	0.476	0.456	0.437
6	0.564	0.535	0.507	0.480	0.456	0.432	0.410	0.390	0.370
7	0.513	0.482	0.452	0.425	0.400	0.376	0.354	0.333	0.314
8	0.467	0.434	0.404	0.376	0.351	0.327	0.305	0.285	0.266
9	0.424	0.391	0.361	0.333	0.300	0.284	0.263	0.243	0.225
10	0.386	0.352	0.322	0.295	0.270	0.247	0.227	0.208	0.191
11	0.350	0.317	0.287	0.261	0.237	0.215	0.195	0.178	0.162
12	0.319	0.286	0.257	0.231	0.208	0.187	0.168	0.152	0.137
13	0.290	0.258	0.229	0.204	0.182	0.163	0.145	0.130	0.116
14	0.263	0.232	0.205	0.181	0.160	0.141	0.125	0.111	0.099
15	0.239	0.209	0.183	0.160	0.140	0.123	0.108	0.095	0.084

续附录二

n\i(%)	10	11	12	13	14	15	16	17	18
16	0.218	0.188	0.163	0.141	0.123	0.107	0.093	0.081	0.071
17	0.198	0.170	0.146	0.125	0.108	0.093	0.080	0.069	0.060
18	0.180	0.153	0.130	0.111	0.095	0.081	0.069	0.059	0.051
19	0.164	0.138	0.116	0.098	0.083	0.070	0.060	0.051	0.043
20	0.149	0.123	0.104	0.087	0.073	0.061	0.051	0.043	0.037
25	0.092	0.074	0.059	0.047	0.038	0.030	0.024	0.020	0.016
30	0.057	0.044	0.033	0.026	0.020	0.015	0.012	0.009	0.007
40	0.022	0.015	0.011	0.008	0.005	0.004	0.003	0.002	0.001
50	0.009	0.005	0.033	0.002	0.001	0.001	0.001	0	0

n\i(%)	19	20	25	30	35	40	50
1	0.840	0.833	0.800	0.769	0.741	0.714	0.667
2	0.706	0.694	0.640	0.592	0.549	0.510	0.444
3	0.593	0.579	0.512	0.455	0.406	0.364	0.296
4	0.499	0.480	0.410	0.350	0.301	0.260	0.198
5	0.419	0.402	0.320	0.269	0.223	0.186	0.132
6	0.352	0.335	0.262	0.207	0.165	0.133	0.0A
7	0.296	0.279	0.210	0.159	0.122	0.095	0.059
8	0.249	0.233	0.168	0.123	0.091	0.068	0.039
9	0.209	0.194	0.134	0.094	0.067	0.048	0.026
10	0.176	0.162	0.107	0.073	0.050	0.035	0.017
11	0.148	0.135	0.086	0.056	0.037	0.025	0.012
12	0.124	0.112	0.069	0.043	0.027	0.018	0.008
13	0.104	0.093	0.055	0.033	0.020	0.013	0.005
14	0.088	0.078	0.044	0.025	0.015	0.009	0.003
15	0.074	0.065	0.035	0.020	0.011	0.006	0.002
16	0.062	0.054	0.028	0.015	0.008	0.005	0.002
17	0.052	0.045	0.023	0.012	0.006	0.003	0.001
18	0.044	0.038	0.018	0.009	0.005	0.002	0.001
19	0.037	0.031	0.014	0.007	0.003	0.002	0
20	0.031	0.026	0.012	0.005	0.002	0.001	0
25	0.013	0.010	0.004	0.001	0.001	0	0
30	0.005	0.004	0.001	0	0	0	0
40	0.001	0.001	0	0	0	0	0
50	0	0	0	0	0	0	0

附录三　年金终值系数表 $(F/A,i,n)=\frac{(1+i)^n-1}{i}$ 3

n\i(%)	1	2	3	4	5	6	7
1	1.000	1.000	1.000	1.000	1.000	1.000	1.000
2	2.010	2.020	2.030	2.040	2.050	2.060	2.070
3	3.030	3.060	3.091	3.122	3.153	3.184	3.215
4	4.060	4.122	4.184	4.246	4.310	4.375	4.440
5	5.101	5.204	5.309	5.416	5.526	5.637	5.751
6	6.152	6.308	6.468	6.633	6.802	6.975	7.153
7	7.214	7.464	7.662	7.898	8.142	8.394	8.654
8	8.286	8.583	8.892	9.214	9.549	9.897	10.260
9	9.369	9.755	10.159	10.583	11.027	11.491	11.978
10	10.462	10.950	11.464	12.006	12.578	13.181	13.816
11	11.567	12.169	12.808	13.486	14.207	14.972	15.784
12	12.683	13.412	14.192	15.026	15.917	16.870	17.888
13	13.809	14.680	15.618	16.627	17.713	18.882	20.141
14	14.947	15.974	17.086	18.292	19.599	21.015	22.550
15	16.097	17.293	18.599	20.024	21.579	23.276	25.129
16	17.258	18.639	20.157	21.825	23.657	25.673	27.888
17	18.430	20.012	21.762	23.698	25.840	28.213	30.840
18	19.615	21.412	23.414	25.645	28.132	30.906	33.999
19	20.811	22.841	25.117	27.671	30.539	33.760	37.379
20	22.019	24.294	26.870	29.778	33.066	36.786	40.995
25	28.243	32.030	36.459	41.646	47.727	54.856	63.249
30	34.785	40.588	47.575	56.085	66.439	79.085	94.461
40	48.886	60.402	75.401	95.026	120.80	154.76	199.64
50	64.463	84.579	112.80	152.67	209.35	290.34	406.53

n\i(%)	8	9	10	11	12	13	14	15
1	1.000	1.000	1.000	1.000	1.000	1.000	1.000	1.000
2	2.080	2.090	2.100	2.110	1.120	2.130	2.140	2.150
3	3.246	3.278	3.310	3.342	3.374	3.407	3.440	3.473
4	4.506	4.573	4.641	4.710	4.779	4.850	4.921	4.993
5	5.867	5.985	6.105	6.228	6.353	6.480	6.610	6.742
6	7.336	7.523	7.716	7.913	8.115	8.323	8.536	8.754
7	8.923	9.200	9.487	9.783	10.089	10.405	10.730	11.067
8	10.637	11.028	11.436	11.859	12.300	12.757	13.233	13.727
9	12.488	13.021	13.579	14.164	14.776	15.416	16.085	16.786
10	14.487	15.193	15.937	16.722	17.549	18.420	19.337	20.304
11	16.645	17.560	18.531	19.561	20.655	21.814	23.045	24.349
12	18.977	20.141	21.384	22.713	24.133	25.650	22.271	29.002
13	21.495	22.953	24.523	26.212	28.029	29.985	32.089	34.352
14	24.215	26.019	27.975	30.095	32.393	34.883	37.581	40.505
15	27.152	29.361	31.772	34.405	37.280	40.417	43.842	47.580

续附录三

n\i(%)	8	9	10	11	12	13	14	15
16	30.324	33.003	35.950	39.190	42.753	46.672	50.980	55.717
17	33.750	36.974	40.545	44.501	48.884	53.739	59.118	65.075
18	37.450	41.301	45.599	50.396	55.750	61.725	68.394	75.836
19	41.446	46.018	51.159	56.939	63.440	70.749	78.969	88.212
20	45.762	51.160	57.275	64.203	72.052	80.947	91.025	102.44
25	73.106	84.701	98.347	114.41	133.33	155.62	181.87	212.79
30	113.28	136.31	164.49	199.02	241.33	293.20	356.79	434.75
40	259.06	337.89	442.59	581.83	767.09	1 013.7	1 342.0	1 779.1
50	573.77	815.08	1 163.9	1 668.8	2 400.0	3 459.5	4 994.5	7 217.7

n\i(%)	16	17	18	19	20	25	30
1	1.000	1.000	1.000	1.000	1.000	1.000	1.000
2	2.160	2.170	2.180	2.190	2.200	2.250	2.300
3	3.506	3.539	5.572	3.606	3.640	3.813	3.990
4	5.006	5.141	5.215	5.291	5.368	5.766	6.187
5	6.877	7.014	7.154	7.297	7.442	8.207	9.043
6	8.977	9.207	9.442	9.683	9.930	11.259	12.756
7	11.414	11.772	12.142	12.523	12.916	15.073	17.583
8	14.240	14.773	15.327	15.902	16.499	19.842	23.858
9	17.519	18.285	19.086	19.923	20.799	25.802	32.015
10	21.321	22.393	23.521	24.701	25.959	33.253	42.619
11	25.733	27.200	28.755	30.404	32.150	42.566	56.405
12	30.850	32.824	34.931	37.180	39.581	54.208	74.327
13	36.786	39.404	42.419	45.244	48.497	68.760	97.625
14	43.672	47.103	50.818	54.841	59.196	86.949	127.91
15	51.660	56.110	60.965	66.261	72.035	109.69	167.29
16	60.925	66.649	72.939	79.850	98.442	138.11	218.47
17	71.673	78.979	87.068	96.022	105.93	173.64	285.01
18	84.141	93.406	103.74	115.27	128.12	218.05	371.52
19	98.603	110.29	123.41	138.17	154.74	273.56	483.97
20	115.38	130.03	146.63	165.42	186.69	342.95	630.17
25	249.21	292.11	342.60	402.04	471.98	1 054.8	2 348.8
30	530.31	647.44	790.95	966.71	1 181.9	3 227.2	8 730.0
40	2 360.8	3 134.5	4 163.21	5 519.8	7 343.9	30 089	120 393
50	10 436	15.090	21 813	31 515	45 497	280 256	165 976

附录四 年金现值系数表 $(P/A,i,n)=\dfrac{1-(1+i)^{-n}}{i}$ 3

n\i(%)	1	2	3	4	5	6	7	8	9
1	0.990	0.980	0.971	0.962	0.952	0.943	0.953	0.926	0.917
2	1.970	1.942	1.913	1.886	1.859	1.833	1.808	1.783	1.759
3	2.941	2.884	2.829	2.775	2.723	2.673	2.624	2.577	2.531
4	3.902	3.080	3.717	3.630	3.546	3.465	3.387	3.312	3.240
5	4.853	4.713	4.580	4.452	4.329	4.212	4.100	3.993	3.890
6	5.795	5.601	5.417	5.242	5.076	4.917	4.767	4.623	4.486
7	6.728	6.475	6.230	6.002	5.786	5.582	5.389	5.206	5.033
8	7.652	7.325	7.020	6.733	6.463	6.210	5.971	5.747	5.535
9	8.566	8.162	7.786	7.435	7.108	6.802	6.515	6.247	5.995
10	9.471	8.983	8.530	8.111	7.722	7.360	7.024	9.710	6.418
11	10.368	9.787	9.253	8.760	9.306	7.887	7.499	7.139	6.805
12	11.255	10.575	9.954	9.385	9.963	9.384	7.943	7.536	7.161
13	12.134	11.348	10.635	9.986	9.394	8.853	8.358	7.904	7.487
14	13.004	12.106	11.296	10.563	9.899	9.295	8.745	8.244	7.786
15	13.865	12.849	11.938	11.118	10.380	9.712	9.108	8.559	8.061
16	14.718	13.578	12.561	11.652	10.838	10.106	9.447	8.851	8.313
17	15.562	14.292	13.166	12.166	11.274	10.477	9.763	9.122	8.544
18	16.398	14.992	13.754	12.659	11.690	10.828	10.059	9.372	8.756
19	17.226	15.678	14.324	13.134	12.085	11.158	10.336	9.604	8.950
20	18.046	16.351	14.877	13.590	12.462	11.470	10.594	9.818	9.126
25	22.023	19.523	17.413	15.622	14.094	12.783	11.654	10.675	9.823
30	25.808	22.396	19.600	17.292	15.372	13.765	12.409	11.258	10.274
40	32.835	27.355	23.115	19.793	17.159	15.046	13.332	11.925	10.757
50	39.196	31.424	25.730	21.482	18.256	15.762	13.801	12.233	10.962

n\i(%)	10	11	12	13	14	14	16	17	18
1	0.909	0.901	0.893	0.885	0.877	0.870	0.862	0.855	0.847
2	1.736	1.713	1.690	1.668	1.647	1.626	1.605	4.585	1.566
3	2.487	2.444	2.402	2.361	2.322	2.283	2.246	2.210	2.174
4	3.170	3.102	3.037	2.974	2.914	2.855	2.789	2.743	2.690
5	3.791	3.696	3.605	3.517	3.433	3.352	3.274	3.199	3.127
6	4.355	4.231	4.111	3.998	3.889	3.784	3.685	3.589	3.498
7	4.868	4.712	4.564	4.423	4.288	4.160	4.039	3.922	3.812
8	5.335	5.146	4.968	4.799	4.639	4.487	4.344	4.207	4.078
9	5.759	5.537	5.328	5.132	4.946	4.472	4.607	4.451	4.303
10	6.145	5.889	5.650	5.426	5.216	5.019	4.833	4.659	4.494
11	6.495	6.207	5.938	5.687	5.453	5.234	5.029	4.836	4.656
12	6.814	9.492	6.194	5.918	5.660	5.421	5.197	4.988	4.793
13	7.103	6.750	9.424	6.122	5.842	5.583	5.342	5.118	4.910
14	7.367	6.982	6.628	6.302	6.002	5.724	5.468	5.229	5.008
15	7.606	7.191	6.811	6.462	6.142	5.847	5.575	5.324	5.092

续附录四

n\i(%)	10	11	12	13	14	14	16	17	18
16	7.824	7.379	6.974	6.604	6.265	5.954	5.668	5.405	5.162
17	8.022	7.549	7.102	6.729	6.373	6.047	5.749	5.475	5.222
18	8.201	7.702	7.250	6.840	6.467	6.128	5.818	5.534	5.273
19	8.365	7.839	7.366	6.938	6.550	6.198	5.877	5.584	5.316
20	8.514	7.963	7.469	7.025	6.623	6.259	5.929	5.628	5.353
25	9.077	8.422	7.843	7.330	6.873	6.464	6.097	5.766	5.467
30	9.427	8.694	8.055	7.496	7.003	6.566	6.177	5.829	5.517
40	9.779	8.951	8.244	7.634	7.105	6.642	6.233	5.871	5.548
50	9.915	9.042	8.304	7.675	7.133	6.661	6.246	5.880	5.554

n\i(%)	19	20	25	30	35	40	50
1	0.810	0.833	0.800	0.769	0.741	0.714	0.667
2	1.547	1.528	1.440	1.361	1.289	1.224	1.111
3	2.140	2.106	1.952	1.816	1.696	1.589	1.407
4	2.639	2.589	2.362	2.166	1.997	1.849	1.605
5	3.058	2.991	2.689	2.436	2.220	2.035	1.737
6	3.410	3.326	2.951	2.643	2.385	2.168	1.824
7	3.706	3.605	3.161	2.802	2.508	2.263	1.883
8	3.954	3.837	3.329	2.925	2.598	2.331	1.922
9	4.163	4.031	3.463	3.019	3.665	2.379	1.948
10	4.339	4.192	3.571	3.092	2.715	2.414	1.965
11	4.486	4.327	3.656	3.147	2.752	2.438	1.977
12	4.611	4.439	3.725	3.190	2.779	2.456	1.985
13	4.715	4.533	3.780	3.223	2.799	2.469	1.990
14	4.802	4.611	3.824	3.249	2.814	2.478	1.993
15	4.876	4.675	3.859	3.268	2.825	2.484	1.995
16	4.938	4.730	3.887	3.283	2.834	2.489	1.997
17	4.988	4.775	3.910	3.295	2.840	2.492	1.998
18	5.033	4.812	3.928	3.304	2.844	2.494	1.999
19	5.070	4.843	3.942	3.311	2.848	2.496	1.999
20	5.101	4.870	3.954	3.316	2.850	2.497	1.999
25	5.195	4.948	3.958	3.329	2.856	2.499	2.000
30	5.235	4.979	3.995	3.332	2.854	2.500	2.000
40	5.258	4.997	3.999	3.333	2.857	2.500	2.000
50	5.262	4.999	4.000	3.333	2.857	2.500	2.000

附录五　正态分布表 Z个标准离差的面积

偏离平均值的标准差个数Z	向左侧或向右侧的面积（单侧）	偏离平均值的标准差个数Z	向左侧或向右侧的面积（单侧）	偏离平均值的标准差个数Z	向左侧或向右侧的面积（单侧）
0.00	0.500	1.05	0.146 9	2.05	0.020 2
0.05	0.480 1	1.10	0.135 7	2.10	0.017 9
0.10	0.460 2	1.15	0.125 1	2.15	0.015 8
0.15	0.440 4	1.20	1.115 1	2.20	0.013 9
0.20	0.420 7	1.25	0.105 6	2.25	0.012 2
0.25	0.401 3	1.30	0.096 8	2.30	0.010 7
0.30	0.382 1	1.35	0.088 5	2.35	0.009 4
0.35	3.363 2	1.40	0.080 8	2.40	0.008 2
0.40	0.344 6	1.45	0.073 5	2.45	0.007 1
0.45	0.526 4	1.50	0.066 8	2.50	0.006 2
0.50	0.308 5	1.55	0.060 6	2.55	0.005 4
0.55	0.291 2	1.60	0.054 8	2.60	0.004 7
0.60	0.274 3	1.65	0.049 5	2.65	0.004 0
0.65	0.257 8	1.70	0.044 6	2.70	0.003 5
0.70	0.242 0	1.75	0.040 1	2.75	0.003 0
0.75	0.226 4	1.80	0.035 9	2.80	0.002 6
0.80	0.211 9	1.85	0.032 2	2.85	0.002 2
0.85	0.197 7	1.90	0.028 7	2.90	0.001 9
0.90	0.184 1	1.95	0.025 6	2.95	0.001 6
0.95	0.171 1	2.00	0.022 8	3.00	0.001 3
1.00	0.157 7				

参考文献

[1] 杜学森. 管理会计实训教程[M]. 1 版. 南京：东南大学出版社，2005.

[2] 王忠,周剑杰,胡静波. 管理会计学教学案例[M]. 1 版. 北京:中国审计出版社,2001.

[3] 吴大军，牛彦秀，王满. 管理会计[M]. 大连：东北财经大学出版社，2004.

[4] 潘爱香. 管理会计学[M]. 3 版. 北京：经济科学出版社，2006.